北京联合大学年鉴

（2015）

《北京联合大学年鉴》编纂委员会　编著

北京大学出版社
PEKING UNIVERSITY PRESS

图书在版编目（CIP）数据

北京联合大学年鉴.2015/《北京联合大学年鉴》编纂委员会编著.—北京：北京大学出版社，2017.10
ISBN 978-7-301-28781-1

Ⅰ.①北… Ⅱ.①北… Ⅲ.①北京联合大学—2015—年鉴 Ⅳ.①G649.281-54

中国版本图书馆 CIP 数据核字(2017)第 227077 号

书　　　名	北京联合大学年鉴（2015）
	BEIJING LIANHE DAXUE NIANJIAN（2015）
著作责任者	《北京联合大学年鉴》编纂委员会　编著
责 任 编 辑	颜克俭
标 准 书 号	ISBN 978-7-301-28781-1
出 版 发 行	北京大学出版社
地　　　址	北京市海淀区成府路 205 号　100871
网　　　址	http://www.pup.cn　新浪微博：@北京大学出版社
电 子 信 箱	zyjy@pup.cn
电　　　话	邮购部 62752015　发行部 62750672　编辑部 62704142
印 刷 者	北京中科印刷有限公司
经 销 者	新华书店
	787 毫米×1092 毫米　16 开本　21.75 印张　彩插 18 页　864 千字
	2017 年 10 月第 1 版　2017 年 10 月第 1 次印刷
定　　　价	135.00 元（精装）

《北京联合大学年鉴(2015)》编纂委员会

主　任：韩宪洲　李学伟

副主任：张　楠(常务)　付晨光　周志成　张连城
　　　　鲍　泓　杨　宜　张　辉

委　员：(按姓氏笔画排序)

于　深	于　熙	于水波	王　玮	王　琪	王　静
王　鹤	王文杰	王维国	毛连生	叶　晓	丛　森
毕玉兰	仲计水	刘　庄	刘在云	齐再前	苏幼香
李志祺	杨　鹏	杨奇红	杨积堂	肖　芳	肖春林
肖富宁	沈　洪	张　伟	张文杰	张宝秀	张俊玲
张祖明	张健民	张殿恩	陈志刚	范　蓓	范宝祥
范清惠	周小华	庞　明	赵　辉	姜素兰	耿晓冬
夏　莉	黄　标	黄　巍	曹长兴	谢职安	谭文丛
翟金忠	滕祥东				

《北京联合大学年鉴(2015)》编辑人员名单

主　　编：韩宪洲　张　楠

执行主编：姜素兰　宋　秦　吴中平

副 主 编：王　岩　张树蕊　文　松　张　宇

编　　辑：（按姓氏笔画排序）

　　　　　闫　龚　李　达　杨　影　张　琳　张远利　柳　鹄

特约编辑：（按姓氏笔画排序）

王　丹	王　莹（网）	王　莹（继）	王　锐	王安琪
王恩江	王爱琴	石　乐	白　琦	朱　超	刘　杨
刘　欣	刘立平	刘伟光	刘春玲	刘振斌	许　静
孙俊青	李　壮	李　芳	李　超	李　敬	李　焱
李淑芳	李嘉胤	杨　哲	杨晓麟	何　芳	何霄云
张宝秀	张春菊	张晓华	范　维	周月朋	孟佳宁
赵　宗	勇天奇	姚志敏	秦　霞	秦冬霞	夏木美
高　燕	龚文婷	董　媛	虞思旦	路连英	谭　兵
黎松炎	潘卫国	薛　晶	薛玉翠	操静涛	

编辑说明

一、《北京联合大学年鉴(2015)》[以下简称《年鉴(2015)]是北京联合大学建校以来连续出版的第四本年鉴,是在学校党委的指导和年鉴编纂委员会的领导下,由档案(校史)馆和全校各单位共同完成的一部资料文献类工具书。

二、《年鉴(2015)》汇集了 2014 年度学校事业发展及重大活动的基本情况,是学校发展轨迹的历史记载,旨在为学校各部门及社会有关单位与个人了解、研究学校现状和发展轨迹提供参考。

三、《年鉴(2015)》以文章和条目为基本载体,条目为主,配文前彩图,全书设置北京联合大学概况、特载、重要文件选登、机构与队伍、主要工作、毕业生名录、表彰与奖励、人物、大事记、媒体报道、北京联合大学 2014 年各项统计资料 11 个栏目。

四、《年鉴(2015)》记述 2014 年 1 月 1 日至 2014 年 12 月 31 日学校在人才培养、科学研究、社会服务、队伍建设、学校管理、对外交流合作及党建和思想政治工作等方面的发展轨迹、重要活动、重大事项,各领域的新进展、新成果、新信息等,部分内容根据实际情况在时限上前后略有延伸。

五、《年鉴(2015)》中所用学校各单位简称,按机构与队伍栏目中关于各机构简称的注释。

六、《年鉴(2015)》中校级领导及各机构负责人任职时间,仅标注 2014 年有任职变动的时间,未标注为起任时间在 2014 年 1 月 1 日以前、至 2014 年 12 月 31 日在任。

七、《年鉴(2015)》主要工作栏目内容由各单位确定专人提供,其他各类统计数据主要由党校办、校教务处、组织部、宣传部、校学生处、校团委、校工会、培训中心、校人事处、研究生部(处)提供,档案(校史)馆负责组织编纂、审核,承担稿件收集、整理、分类,文字编辑、修饰,数据编排、整理、核对,文、图、表等资料的协调,内容交叉稿件的处理,部分内容的撰写,以及全文统稿和体例协调完善等工作。

领导关怀

2014年（下同）3月27日，中国残疾人联合会主席张海迪到特殊教育学院调研（特殊教育学院、宣传部供图）

5月19日，北京市政协主席吉林到校为人民政协理论与实践研究中心揭牌（宣传部供图）

6月14日，教育部部长袁贵仁来北京联大视察工作（党校办供图）

12月17日，共青团中央第一书记秦宜智与京津冀晋蒙青少年生态环保项目展示评审会上的北京联大参展团学生代表交谈（校团委供图）

教学科研

3月17日，京台文化交流研究中心举行揭牌仪式暨首次学术委员会会议（台湾研究院供图）

4月22日，北京市西城区区委书记王宁等一行9人来北京联大调研（宣传部供图）

9月29日，国家旅游局同意北京联大旅游学院建立国家智慧旅游重点实验室（旅游学院供图）

10月25日，新入职教师参加2014年新教师研习营团队拓展训练（教师发展中心供图）

12月27～28日，全国首个面向视力残疾人的硕士点——北京联大临床医学硕士专业学位授权点在特殊教育学院进行单考单招考试，中国残疾人联合会副理事长程凯（中）巡视考场（特殊教育学院供图）

11月15～16日，北京联大参赛队参加2014中国智能车挑战赛，京龙1号（C70）参赛车在起跑线上整装待发（党校办供图）

第二辆参赛车京龙2号（C30）顺利到达终点，京龙2号是此次比赛中唯一的纯电动车，获第三名并承担了中央电视台直播实况采访用车任务（党校办供图）

人才培养

9月，大一军训新生阅读北京联大自编的英语军训教材（宣传部供图）

10月25日，北京联大教育基金会成立仪式举行（宣传部供图）

12月26日晚，"联大华音"校园歌手大赛总决赛在北四环校区体育馆隆重举行（宣传部供图）

9月，特殊教育学院荣获全国教育系统先进集体荣誉称号（特殊教育学院供图）

11月21日，"北京联合大学心理素质教育中心"完成项目验收并正式投入使用（学生处供图）

12月4日，北京联大各校区举行"国家宪法日"主题升旗仪式。上图为北四环校区，下图为学院路校区（宣传部、校团委供图）

服务保障

9月，位于北四环校区校园网新核心机房顺利建成并投入使用（信息网络中心供图）

11月28日，学校接受首都高校"平安校园"检查验收工作组进校检查验收（宣传部供图）

文化建设

6月21日，北京联大第三届教职工暨工会会员代表大会第四次会议审议《北京联合大学章程（草案）》（宣传部供图）

10月，《北京联合大学志（2001—2010）·学校篇》正式出版发行［档案（校史）馆供图］

12月14日，学校举办"家乡的味道"学生厨艺大赛（校团委供图）

12月30日晚，以"唱联大颂歌 做联大好人"为主题的"唱响联大"校园原创歌曲演唱会举行（宣传部供图）

合作交流

4月18日，师范学院学生应邀参加"庆祝中华人民共和国与加蓬共和国建交40周年"庆典活动（师范学院供图）

9月18日，南非国家旅游局副局长一行来校访问交流（旅游学院供图）

12月14日，白银市干部教育培训北京联合大学基地合作签约与揭牌仪式在北四环校区举行（宣传部供图）

10月18日，由北京联大与北京动漫游戏产业联盟联合主办的"微时代　微动漫　微传播——2014数字动漫艺术与文化传播"国际论坛隆重召开（宣传部供图）

12月9日，商务学院与北京市朝阳区委六里屯街道工作委员会举行校地共建合作协议签约仪式（商务学院供图）

12月13日，由教育部科技发展中心主办、北京联大承办的2014年全国高校移动互联网应用开发创新大赛总决赛在北四环校区成功举行（宣传部供图）

社会服务

1月18日，商务学院学生积极参加"绿色环保出行"系列志愿服务活动并获嘉奖（商务学院供图）

7月3日，"当代雷锋"、全国道德模范孙茂芳同志指导机电学院"当代雷锋"孙茂芳工作室志愿服务实践团的工作（机电学院供图）

10月21日，特殊教育学院视力残疾大学生在重阳节为东铁匠营街道光彩养老护理中心的老人表演节目（特殊教育学院供图）

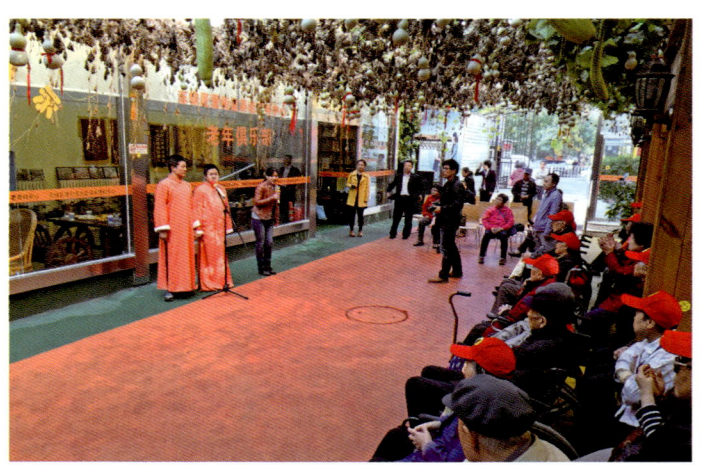

目　　录

· 北京联合大学概况 ·

北京联合大学是 1985 年经教育部批准成立的北京市属综合性大学，其前身是 1978 年北京市依靠北京大学、清华大学、中国人民大学、北京师范大学等 25 所高校创办的 36 所大学分校中的 24 所。学校以培养适应国家特别是首都经济社会发展需要的高素质人才为己任，经过 30 多年的建设和发展，形成了以本科教育为主，研究生教育、高职教育和继续教育协调发展的完备人才培养体系，形成了以北四环校区为中心，集中与分散相结合的办学布局，是北京地区规模最大的高校之一。北京联合大学网址 http://www.buu.edu.cn。

2014 年，北京联合大学占地面积 40.67 万平方米，学校产权校舍建筑面积 46.40 万平方米，非产权校舍建筑面积 15.41 万平方米。全年教育经费投入 158170.10 万元，其中，国家拨款 135211.10 万元、自筹经费 22959 万元。固定资产总值 16.52 亿元，其中，教学、科研仪器设备资产值 7.43 亿元。图书馆建筑面积 1.70 万平方米，纸质图书 243.57 万册、电子图书 10000GB。拥有计算机 21432 台。学校信息化当年经费投入 2608.63 万元，多媒体教室 397 个，信息化设备资产 30837 万元，网络信息点 18400 个，校园网出口总带宽 4600Mbps，电子邮件系统用户 14700 个，上网课程 5950 门，数字资源量 221353GB，管理信息系统数据总量 281.11GB。全校设置 14 个学院、5 个直属教学部；开设 67 个专业，覆盖 10 个学科门类；具有一级学科硕士点 5 个，硕士学位授权点 6 个和专业学位授权点 4 个。北京市重点建设学科 6 个。全校教职工 3045 人，其中，专任教师 1631 人，包括教授 194 人、副教授 610 人；博士生导师 13 人、硕士生导师 235 人；长期外籍教师 11 人，其中，教授 2 人、副教授 2 人。毕业生 9089 人，其中，学历教育学生中全日制研究生 39 人、普通本专科生 7361 人（本科生 5733 人、专科生 1628 人）、成人教育本专科生 1689 人（本科生 585 人、专科生 1104 人）。招生 9373 人，其中，学历教育学生中全日制硕士研究生 97 人、普通本专科生 7106 人（本科生 5827 人、专科生 1279 人）、成人教育本专科生 2170 人（本科生 757 人、专科生 1413 人）。2014 年在京二批本科提档线为文史 507 分、理工 495 分；在京普通高职提档线为 150 分，单招高职提档线为 105 分。

在校生 30895 人，其中，学历教育学生中全日制硕士研究生 216 人、普通本专科生 25545 人（本科生 20554 人、专科生 4991 人）、成人教育本专科生 5134 人（本科生 1875 人、专科生 3259 人）。留学生毕业 685 人、招生 859 人、在校生 1131 人。

2014 年，学校获得"北京市党的建校和思想政治工作先进普通高等学校提名奖"，获全国教科文卫体系统"模范职工之家"称号。特殊教育学院获"全国教育系统先进集体"、全国助残先进"残疾人之家"称号，习近平总书记接见学院代表。

课程"英美诗歌名篇选读"获评 2014 年国家级精品视频公开课，这是学校本科课程建设首次获得国家级称号。2 项高职与本科衔接的教学成果获第七届国家级教学成果奖，实现学校国家级教学成果奖一等奖零的突破。金融学、教育学、法学和临床医学 4 个硕士专业学位授权点获批并开始招生，其中临床医学硕士学位授权点为国内首个面向视障生招生的授权点；设立了旅游信息化与文化遗产区域保护与综合利用两个博士培育项目。《北京联合大学学报（人文社会科学版）》获"全国高校精品社科期刊"称号；继 2012 年、2013 年两度入选后，《旅游学刊》第三次被评为"中国最具国际影响力学术期刊"称号。

科研项目有新突破，首次获国家自然科学重大计划项目 1 项。智能车研究取得重大进展，团队在 2014 年"中国智能车未来挑战赛"中创佳绩，中央电视台新闻频道做全赛程直播。"生物质废弃物资源化利用"获批北京市重点实验室；"功能食品检测中心"通过国家食品药品监督管理局验收；国家智慧旅游重点实验室获国家旅游局批准。

人才培养质量进一步提升。学生参加各类学科竞赛累计近 4000 人次，获国家级特等奖 1 项，国家级一、二、三等奖共 20 项，市级各等次奖项共 108 项。高水平健美操队下半年在全国级比赛中获 11 金 6 银 6 铜的成绩，并获 2014—2015 年全国啦啦操联赛暨中国啦啦操之星争霸赛银牌。学生党员先锋工程和红色"1+1"支部共建活动，获 2014 年北京高校红色"1+1"示范活动优秀组织奖和 1 个一等奖等多个奖项，成功实现北京市三连冠。深入推动社会实践，首次获全国大中专学生志愿者暑期"三下乡"社会实践活动先进单位称号。学院路校区建立学知书院，探索学生教育管理新模式。

2014年，学校两位教师获"北京市高等学校教学名师奖"称号。为推进教师专业性发展，在旅游学院等学院建立教师分中心、教师俱乐部，开展了双语教学等紧密结合各学院专业教师发展的特色活动；支持"设计类教师产学研修工作坊""英语教师学术研修工作坊"等教师自主性发展组织开展系列学术实践活动。学校获评北京高校德育工作先进集体4个、优秀德育工作者11人、优秀辅导员5人。

学校理论宣传工作卓有成效。《实施"健康幸福工程"汇聚事业发展正能量》和《学专融合学生工作模式的创新与实践》2项成果获北京高校党建和思想政治工作优秀成果三等奖；2人入选2014年度北京市宣传文化系统"四个一批"人才建议人选。

学校以"优秀"成绩顺利通过市教委验收，获得"北京市属高校数字校园示范校"称号；建成总面积1000余平方米学校核心机房并投入使用；实现校本部和学院路校区等八个分校区的万兆互连。

进一步优化拓宽学生交流交换项目。新开辟德国佛莱堡大学暑期学习、匈牙利伊戈尔大学长短期交流等项目；校内417名学生参加各类长短期交流交换生项目。2014年学校与北京卫星制造厂、故宫博物院、北京农产品中央批发市场管委会、河北大学及陇南市人民政府等单位签订校级合作协议9项。

校史编研取得重大成果，出版《北京联合大学志（2001—2010）·学校篇》，全书近90万字。

后勤和卫生保健服务质量进一步提高。优化通勤车线路，调整、新增站点53个，服务校区增至10个；学校门诊部升级变更为"北京联合大学校医院"。

以质量为核心用标志性成果带动学校全面发展

——徐永利在四届六次全委（扩大）会上的讲话

（联办通报〔2014〕第3期,2014年2月19日）

同志们：

刚才卢校长做了重要讲话,各位校领导也从总结的角度、从分管工作部署的角度做了很重要的发言,各位校领导的讲话和发言,把十八大、十八届三中全会精神、习总书记重要讲话精神和市委市政府的各项工作部署精神融入到了分管的工作之中。

经过多年的艰苦努力,学校各项工作取得了长足的进步,社会美誉度持续上升。当前,"十二五"已进入第四年,在未来两年时间里,我们要深入思考如何客观地认识自己、科学地分析面临的形势,有针对性地采取有力措施,在学科、教学、科研、人才、保障等方面取得新的"高水平有特色"标志性成果,带动应用型大学建设。

一、要抓紧学习、认真学习习近平总书记系列重要讲话精神,特别是近期的讲话

最近的常委会将专门原文学习习总书记的重要讲话精神,认认真真地学。习近平总书记1月22日主持召开中央全面深化改革领导小组第一次会议并发表重要讲话。他强调,全面深化改革,我们具备有利条件,具备实践基础,具备理论准备,也具备良好氛围,要把握大局、审时度势、统筹兼顾、科学实施,充分调动各方面积极性,坚定不移朝着全面深化改革目标前进。

习近平在讲话中指出,党的十八届三中全会以后,各地区各部门迅速行动,深入学习宣传全会精神,全党全国思想认识高度一致,抓改革的机遇意识、责任意识、紧迫意识普遍增强,主动性、自觉性明显提高。各地区各部门结合实际情况,制定和采取一系列改革举措,涉及经济体制、政治体制、文化体制、社会体制、生态文明体制和党的建设制度方方面面,突出了凝聚全社会改革共识和合力、致力于推进国家治理体系和治理能力现代化,突出了使市场在资源配置中起决定性作用和更好发挥政府作用,突出了促进社会公平正义、增进人民福祉,突出了对社会热点问题的积极回应,行

动比较快,指向比较准,落点比较实,反响比较好。

习近平强调,对改革行政审批制度、改革工商注册制度、推进社会主义核心价值体系建设、实施单独两孩政策、废止劳动教养制度、改革和完善干部考核评价制度、改进干部选拔任用机制、坚持厉行节约反对浪费、深入开展党风廉政建设和反腐败斗争等全社会高度关注、各方面抱有急切期盼的问题,我们及时组织有关部门研究出台了政策措施和制度文件,有的还作出了法律决定。总的看,当前贯彻落实三中全会精神,上上下下热情很高。

习近平指出,我们也要看到,贯彻落实三中全会精神,也存在一些值得注意的问题。主要是有的地方、单位、干部对三中全会精神理解不深、把握不准,对全面深化改革的艰巨性、复杂性、关联性、系统性估计不足;有的对全面深化改革的重要性和紧迫性认识不足,抓改革作风不扎实、工作不到位。还要看到,随着改革不断推进,对利益关系的触及将越来越深,对此也要有足够思想准备。对改革进程中已经出现和可能出现的问题,困难要一个一个克服,问题要一个一个解决,既敢于出招又善于应招,做到"蹄疾而步稳"。

习近平强调,中央全面深化改革领导小组的责任,就是要把党的十八届三中全会提出的各项改革举措落实到位。要深入学习领会三中全会精神,党的十八大和十八届三中全会作出的各项部署是我们议事决策的总依据,领导小组要带头学习好、理解深、消化透,善于观大势、谋大事,站在国内国际两个大局、党和国家工作大局、全面深化改革全局来思考和研究问题。要牢牢把握改革正确方向,在涉及道路、理论、制度等根本性问题上,在大是大非面前,必须立场坚定、旗帜鲜明。要严格按规则和程序办事,坚持集思广益、民主集中,凡是议定的事要分头落实,不折不扣抓出成效。要强化改革责任担当,看准了的事情,就要拿出政治勇气来,坚定不移干。要充分调动各方面积极性,改革任务

越繁重，我们越要依靠人民群众支持和参与，善于通过提出和贯彻正确的改革措施带领人民前进，善于从人民的实践创造和发展要求中完善改革的政策主张。

习近平指出，专项小组、中央改革办、牵头单位和参与单位，要建好工作机制，做到既各司其职、各负其责又加强协作配合，形成工作合力。一要抓统筹，既抓住重点也抓好面上，既抓好当前也抓好长远，处理好重大关系，统筹考虑战略、战役、战斗层面的问题，做好政策统筹、方案统筹、力量统筹、进度统筹工作。二要抓方案，全面深化改革总体部署已经有了，要抓紧出台施工方案，按照施工方案推进各项改革举措落地。三要抓落实，三中全会各项具体改革举措，要有时间表，一项一项抓落实，以多种形式督促检查，指导和帮助各地区各部门分解任务、落实责任。四要抓调研，加强对重大改革问题的调研，尽可能多听一听基层和一线的声音，尽可能多接触第一手材料，做到重要情况心中有数。要推动各地区各部门加强调研，注重发挥有关专家学者、研究机构对全面深化改革的调研咨询作用。

习近平强调，一年之计在于春。专项小组和中央改革办要尽快运转起来。各省、自治区和直辖市要尽快建立全面深化改革领导小组，有关部委的改革责任机制也要尽快建立起来，并同领导小组形成联系机制。要抓紧研究提出领导小组 2014 年工作要点，把握大局、扎实推进，战略上勇于进取，战术上稳扎稳打。把三中全会对全面深化改革的总体部署落实下来，要在总体工作思路上多动脑筋、多下功夫。

我们要全面理解、认真学习贯彻落实讲话精神，结合联大实际，结合整改措施，迅速行动。尤其要认真学习习近平总书记对北京工作的重要指示精神，要深刻领会、贯彻落实，促进北京联合大学的发展。

二、要认真分析我校面临的新形势和新要求

这段时期以来，改革发展和过去比，有了很多变化。

1. 发展思路发生了变化。一是跟过去比，认识更自觉、更坚定了，不是改不改、早改晚改的问题，而是一定要改，而且要改成功；二是跟过去比，实践更科学、更实事求是、更讲效果、更具体了；三是跟过去比，党的要求更全面、党的组织性更突出。

2. 十八大后、三中全会后，最大的特征、新的起点是什么？有了第二次思想解放和改革的感觉，全面深化改革要有重大突破，北京联合大学面临着重要的机遇。要认清资源配置市场起决定性作用；在已有基础上开始新一轮的发展。要研究、统筹并使用两个资源、两个大局、两个市场。

3. 科学发展要讲内涵，突出质量。内涵发展要讲方式、讲方向、效果一致性，要讲质量与数量统一。今后发展方式、内容、方法、结构都会发生重大变化。质量更强调评价标准、实力标志。两者侧重不同。比如有了冰、冰鞋、滑板等，人运行的速度就变了，比如速滑 500 米仅 40 多秒。条件、方式、机遇的变化，加上主观的努力，就可以有新的创造、新的纪录，我们要认真研究，要创造条件、抓住机遇、改善条件、提升质量。

面对近几年首都经济社会结构性调整，板块化发展，人才需求快速变化。面对近几年首都高校，特别是市属高校竞争性调整、战略性发展。我校改革发展问题千头万绪，关键是要抓住主要矛盾：抓改革，注重人才队伍结构调整，注重师资和干部队伍建设；抓发展，注重资源和经费整体增长，注重办学功能和学院特点；抓宏观谋划，注重学校体制机制问题解决，注重选择突破口和稳定性，这是长远问题；抓微观推进，注重先易后难量力而行，注重现时困难和难点对全校的影响。

三、学校"十二五"发展的阶段特征

我校"十二五"发展的最大的特征：前三年是夯实基础，我们做到了，后两年我们要深化改革，现在条件具备，学校处在新的起点上。

1. 历史主客观原因延续下来的一些突出问题。

资源紧张（基建项目少，基础设施差，人均占率低）。

办学分散（本身多个校区：新增廊坊、涿州、温泉镇、平谷）。

规模庞大（摊子大，总量大）。

人员众多（教职工多、学生多、处级干部多等）。

管理粗放（体制层次、机制交叉，形不成规模效应）。

观念滞后（整体实力较弱，对学科和科研的重视程度等）。

2. 我们取得的主要成绩，前三年取得显著成绩，学校处在新的起点。内涵集约发展取得巨大进步，在内涵集约化的道路上前行。

（1）观念上的变化

① 要持续整合改革和全面推进办学发展；

② 在全校形成学科建设为龙头的共识；

③ 分类指导、分层培养、因材施教、突出特色的育人理念逐步贯彻；

④ 教师的质量意识、科研意识不断增强。

（2）集约化的集中表现

① 校区少了：撤平谷校区、机电学院顺义校区，回迁廊坊校区，东信与网通及国语合并组建应用科技学院，广告学院改制并搬迁到昌平等。

② 办学条件好了：新建工程项目，改造项目，资源调整（特教学院、盆儿胡同、昌平校区、计生委楼等）。

③ 管理体制逐步调整了：校院二级干部管理体制确立，全校职工总数控制和招聘标准、人数统筹；学科专业整合；招生来源更广、生源质量提升，多省区一本招生等。

④ 队伍素质提升了：师资人才和干部师资队伍结构调整；积极稳妥推进一级财务管理，用好已有经费，多想筹资办法。

四、"十二五"发展的阶段性要求我们采取哪些措施

"十二五"后两年，尤其是今年我们采取哪些措施，来应对、保证和推进各项任务，当一所高校发展到一定水平时，决定高校地位和实力增长不再主要依靠土地、建筑、经费和设备等物质资源和师生规模数量，而是高校自身的创新集聚能力、为社会服务的贡献力和对学生的吸引力，我们距离这一目标还很遥远。我们现在需要团结一致，需要能力和耐心，需要全校持续发展、全面深化改革、"三个战略"综合推进。从六个方面着力，稳扎稳打、稳中向好。

1. 以招生为抓手，优化招生结构：均衡生源地、男女比例，提升新生素质和健康水平。国家的高招政策将发生重大变化，我们要提早深入研究、反复研究，及时把握政策动向，采取应对措施，保证我们的招生数量和质量。

2. 以学科建设为抓手，教学科研并举，巩固突破并举，优化办学结构，让优秀人才脱颖而出。这方面，我们的思想、政策、措施是明确的，我们要把好的势头保持下去，关键是要做精、做细，提高质量。

3. 以控制职工总量为抓手，优化人员队伍结构，抓住师德品行规范，提高整体能力和素质。这些年，我们一直朝着这个目标像拧螺丝一样前进，既要稳定规模，又要保持活力。

4. 以功能校区为抓手，突出办学保障，稳定经费总量，我们要在功能上下功夫，重在学院特色发展。

5. 以民生工作为抓手，突出学校治理体系和治理能力现代化建设，服务管理相互推进，提高师生幸福度。习总书记讲要提高国家的治理体系和治理能力的现代化，大家要研究"治理"和"管理"的区别，体会中央精神内涵。

6. 以整改计划为抓手，集中力量解决突出问题，老的、新的、大的、小的问题并举，务必重在实效。

阶段性措施的特点是综合性和整体性，"六个抓手"重在明确思路；坚持重点；重在因地制宜、扬长避短；重在打牢基础、寻求突破。

五、在新的起点上，在"十二五"后两年要以标志性成果向高水平有特色更高台阶迈进

各单位要思考高水平有特色大学内部各单位要是什么样的？比如高水平有特色大学的后勤、财务、学生管理、图书馆、网络中心、基础部等都是什么样的，大家要思考如何体现"高水平"和"有特色"。

（一）什么是"高水平"和"有特色"

1. 多所市属高校目标定为"高水平、有特色"。据对16所市属高校的办学目标进行的统计，北京工业大学、首都师范大学、北京工商大学、北京建筑大学、北方工业大学、北京印刷学院、北京物资学院、北京石油化学工程学院等8所院校，在办学目标中都明确提出了建设"高水平有特色"或"高水平特色型""特色鲜明的高水平"大学。

2. 高水平有特色的标准。"高水平""有特色"如何界定，目前国内学者各抒己见，有的学者认为高水平、有特色大学是指"211""985"和"2011计划"大学，有的学者则直接论述如何将地方本科院校办成高水平有特色大学。普遍的观点为："高水平"大学要拥有高水平师资、能够产生原创性研究成果、培养创新性人才。

在现有成果中，上海海洋大学的郑卫东研究员对高水平特色大学的研究，列出了具体指标，其观点如下。

高水平特色大学的"高"表现在："相对集中了一批该领域学术造诣深厚、国内外知名的专家学者，人才梯队优化合理，科研实力雄厚，学科设置齐全，具有先进的教学科研体系，所培养的人才具有鲜明的特色，适合该领域对应行业生产和建设的需要，是领导和推动该行业发展的中坚力量"。

高水平特色大学的"特"表现在："总体的治校方略、办学理念、办学思想、教育模式、培养目标、培养方案、教学方法和教学管理运行体系中，因而对学校的人才培养、科学研究和服务社会的质量影响深远、作用巨大。特色是在长期的办学过程中逐渐形成的，它具有一定的稳定性并在社会上产生影响而得到公认。特色又具有动态性，它的形成是一个渐进过程，因而只有起点没有终点，其内涵伴随着学校的发展而不断丰富和深化。从大学承担社会功能的角度分，有育人特色、科研特色、服务特色；从大学的组织运行角度分，有定位特色、学科特色、文化特色、地域特色。"

各位校领导的讲话，就是对我校"高"和"特"的诠释，如果说的事都能实现，我们就能实现目标，关键要量化，要做到责任到人。

（二）我们新的标志——支撑高水平有特色

1. 努力完成"十二五"规划未完成的20项指标。"十二五"规划的后两年，需要认真把握党的十八届三中全会精神，不断适应新的形势变化，促进"十二五"规划的顺利实施。规划中有35个直接量化指标，目前有15项指标已经提前实现，甚至超额完成，但仍有20个指标在落实过程中存在问题。

一部分是通过努力会实现的，有以下10个指标。

（1）10万平方米以上教学基本建设工程。

（2）全校5万平方米以上的学生宿舍楼。

（3）增加2个学术型硕士授权点、5个专业硕士授权点。

（4）2～3个在北京市乃至全国有重要影响的品牌专业（专业群）。

（5）新建至少5个北京市级及以上特色专业（专业群）。

（6）到"十二五"末，当年到账科研项目经费不少于5000万元。

（7）5项省部级及以上政府科研奖项。

（8）硕士及以上学位的处级干部占80%以上。

（9）20%以上的党支部达到学校"十佳党支部"建设标准。

（10）在校本科生中的党员比例达到并保持在12%左右。

还有一部分是相对较难实现的，需要天时地利，主要是以下几点。

（11）拥有高级职称和博士学位的专任教师在SCI、SSCI、A&HCI及EI期刊发表论文人均多于1篇。

（12）在国家级平台培养和引进10名左右国内知名学者或市级以上教学名师。

（13）在市级平台及一级学科引进和培养20名左右领军人物。

（14）专业教师中具有半年及以上行业企业实践经历的比例达到80%。

（15）到"十二五"末，本科生、研究生中有出国经历的比例达到5%。

（16）外籍教师占全体专职教师的比例达到5%。

（17）管理人员有1个月及以上国（境）外学习、工作经历的比例达到5%。

（18）教师中具有3个月以上国外研修经历的比例达到15%～20%。

（19）"十二五"末在校研究生达到500人左右。（上级对我校"十二五"规划批复为300人）

（20）新建10门精品课程。（可能政策原因无法实现）

以上这些指标，好完成的我们要抓紧完成，有困难的更要积极想办法，更要抓紧。

2. 各系统体现高水平有特色的主要"标志"。

（1）学科的"高"和"特"：

① 硕士学科点布局到每所学院；

② 专业硕士实现零的突破，保2争3；

③ 保持考古学、软件工程等几个学科在北京市属高校中的优势；

④ 继续培育国家特殊需求博士项目，争取下一次评审（预计2016年）有突破；

（2）科研的"高"和"特"：各主要科研指标（项目、专利、经费）在市属高校中排中上游。

① 国家级项目不低于20项/年；

② 科研竞争性经费5000万元/年。

（3）人才培养模式的"高"和"特"：

① 以学分制改革为重点，调动教师和学生的积极性，带动全校人才培养质量的提升；

② 探索地方普通高校拔尖人才培养模式改革。

（4）硬件的"高"和"特"：

① 功能校区——北四环、学院路校区基本建设完成；

② 继续推进10万平方米的建设工程，即北四环综合楼二期工程3万平方米、应用文理学院第二教学楼2万平方米竣工，垡头校区学生宿舍楼1.8万平方米争取竣工、实验楼3万平方米争取开工。

（5）师资的"高"和"特"：有高端人才，教师队伍整体水平。

① 新增1～2个市级创新团队；

② 新增2～3个长城学者培养计划名额；

③ 教师中的博士比例提高10个百分点；

④ 教职工绩效工资平均增长10%。

（6）社会服务的"高"和"特"：

① 参与更多、体现更高水平的国家及北京市各级各类服务。

② 更多的优秀毕业生（知名）。

（7）党建工作的"高"和"特"：

① 继续推进校内管理体制改革，创新运行机制，如：加强处级干部队伍建设，处级岗位较大比例竞聘上岗，保持活力；

② "十佳党支部"建设常态化，党的基层组织有战斗力。

（8）整改方案中今年有42项要完成的任务

我校党的群众路线教育实践活动开展以来，坚持边查边改、立行立改。根据各单位工作实际和学校领导班子整改方案，全校共梳理整改事项265项，目前已完成223项。今年有42项整改任务要完成，根据整改方案的分类，42项任务中，加强十八届三中全会等政治理论学习的3项；改进作风、清理制度，提升教学、科研、人事和学生等管理水平，改进工作的35项；加强公务用车和三公经费管理等专项整治的4项。整改落实是最终检验活动成效的重要环节，也是评价活动成败的关键所在，要继续把功夫下在落实上，确保整改措施取得实效。

目前，面临的新问题：统筹的多，但正向激励不足；一些领导和部门工作积极主动性不够，工作不扎实；有些工作针对性不强，推不动事、管不住人；有些同志"等靠要"，有怨气，得过且过；这些问题党员看得见、师生有意见，党委要专门研究，该解决的解决、该改进的改进、该完善的完善。

同志们，2014年的工作已经启动，我们每个部门、每位干部都要开足马力，想方设法战胜困难；要全神贯注，发扬钉钉子、啃硬骨头精神，综合施策，形成合力，全面完成今年的任务。

我们要在"十二五"期间，抓住难得的机遇期，继续改革，持续发展，把几所学院办得比较有实力、比较有特色、比较有水平，为全校改革发展上新台阶打下坚实基础。

谢谢！

徐永利在北京联合大学深入开展党的
群众路线教育实践活动总结大会上的讲话

（联办通报〔2014〕第 4 期，2014 年 2 月 21 日）

同志们：

按照中央和市委的统一部署，我校深入开展党的群众路线教育实践活动自 2013 年 7 月份正式启动，历时 7 个多月。我们把贯彻落实中央八项规定和市委十五条意见作为切入点，严格按照"照镜子、正衣冠、洗洗澡、治治病"的总要求，紧紧围绕"为民务实清廉"的活动内容，进一步突出作风建设，坚决反对形式主义、官僚主义、享乐主义和奢靡之风，紧密结合学校工作实际和党员干部思想实际，在市属高校群众路线教育实践活动领导小组的正确领导下，在市委第 30 督导组的精心指导下，全校 18 个二级党组织、140 多个处级单位、5300 余名党员干部积极参与，顺利完成了各项工作任务。在北京市属高校党的群众路线教育实践活动总结大会上，我校做了经验交流发言。

下面，我代表校党委和校群众路线教育实践活动领导小组做工作总结。

一、教育实践活动的基本情况和主要做法

（一）党委高度重视，精心组织实施

校党委把群众路线教育实践活动作为 2013 年的首要政治任务，高度重视，本着转作风、强组织、促发展的目标，接地气、纳民意、察实情、出实招、办实事、求实效，把活动开展作为贯彻落实十八大和十八届三中全会精神，推动建设首都人民满意的应用型大学的重要契机，加强领导，精心组织，周密安排，有力、有序、有效地推进各项工作。

一是提前思考谋划，确保思想认识到位。校党委在活动开展前就召开了领导干部务虚会，及时传达学习上级有关会议精神，多视角审视"四风"问题在校内的表现，认识到我校绝大多数领导班子和党员干部，在学校改革和发展事业中是忘我投入和任劳任怨的，但是"四风"问题仍然不同程度地存在，对此要不推诿、不畏惧，下大力气去解决，以作风建设的新成效凝聚起推动学校事业发展的强大力量，为实现"联大梦"提供坚强保证。

二是建立组织机构，确保职责落实到位。校党委

以及 18 个二级党组织都成立了教育实践活动领导小组及办公室。全校 22 名局级党员领导干部，建立了 47 个联系点，带头深入联系点调查指导。成立 2 个学校督导组，抽调 2 名副局级退休干部任组长，对副局级学院、处级学院及其他单位的教育实践活动进行督促检查和指导。校党委对教育实践活动办公室和督导组工作人员进行了业务培训，建立了办公室和督导组联席会议制度，定期召开会议，学习传达上级精神和要求，对需要把握的政策及注意事项进行解释和说明，对活动开展中出现的时间紧、任务重、工作交叉等困难，提前沟通安排，合理推进，确保了整个活动有组织、有计划、有步骤、高效率地进行。

三是精心设计方案，确保扎实推动到位。为确保教育实践活动取得实效，学校注重做实活动方案、强化顶层设计。校党委除制定了活动的总体方案外，三个环节还都分别制定了具体的实施方案，使每一项工作都有所遵循。除了完成"规定动作"外，我校还精心设计了"三查""三省""三问"的自选动作。领导班子做好"三查"：一查聚力作用是否发挥；二查服务群众是否务实；三查推动发展是否给力。党员领导干部做好"三省"：一省政治意识是否到位；二省责任意识是否明晰；三省廉政意识是否稳固。党员做好"三问"：一问对照党章自己做了什么？二问对照党章自己做得怎样？三问对照党章自己要改进哪些？"三查""三省""三问"显示了工作的主动性，突出了我校的工作特色。

四是广泛宣传发动，确保教育引导到位。活动开展前，学校编印了《活动学习资料汇编》，印制了活动学习笔记本，在校园网上开通了教育实践活动专题网站，加强舆论引导，营造良好的教育实践活动氛围。学校和各二级党组织都召开动员部署大会，思想动员工作覆盖全体处级干部和党员，形成了学校带学院、正职带副职、干部带党员的全方位工作格局。

（二）强化学习教育，广泛听取意见

坚持把学习教育作为贯穿始终的一项重要任务常抓不懈，引导党员、干部边学习边改造主观世界，边学

习边分析自身问题,边学习边提高思想认识。深入开展调查研究,广泛听取干部群众意见。

一是学习教育贯穿始终。校党委始终坚持政治理论学习不间断,理想信念教育不断线,通过个人自学、集中学习、研讨交流、专题培训、参观考察等方式,围绕树立宗旨意识、群众观点,组织全校现职局级干部参加了12次集中学习,学深、学透约近平总书记的重要讲话精神、北京市委有关文件精神;研读批评与自我批评的经典论著,以论坛形式组织开展了2次领导班子专题研讨会。全校处级以上党员领导干部完成不少于3天的集中学习。召开了5场机关系统和学院领导班子群众路线教育实践活动专题研讨会;组织观看系列专题教育片,参观"北京市反腐倡廉警示基地"等4200多人次。校党委举办了《忠实践行党的群众路线,努力推动首都人民满意的应用型大学建设》专题党课。通过学习,提高了认识,统一了思想,增强了开展活动的自觉性和主动性。

二是民主评议统筹兼顾。针对各级领导班子和党员领导干部开展了民主评议,全校共发出评议表15374份,收回评议表14493份,征求到意见6051条,意见涉及"四风"、改进学校工作、群众路线教育实践活动三个方面,体现了教职工对学校工作的特别关注和热情。民主评议表发放范围包括校、院领导班子成员及机关部门和直属单位处级干部、一般工作人员、党外人士、教代会代表、党代会代表、离退休代表等各方面人士,具有广泛的代表性。

三是访谈座谈覆盖全面。校党委要求在全校范围内广泛征求有关部门、用人单位、家长和师生员工的意见,重点在反对"四风"方面的意见和建议。校领导班子成员和全校处级以上党员干部每人各自访谈8名在职教职工,实现全校3000多名教职工思想工作的全覆盖。访谈对象涵盖了教师、管理人员、工勤人员、党外人士等。校党委组织召开了基层党支部书记、青年教师、机关一般干部和党外人士代表四个座谈会,参加座谈会的60余名教职工对领导班子和党员领导干部在"四风"方面存在的突出问题以及对搞好教育实践活动提出了中肯的意见和建议。校党委责成相关部门对这些意见建议进行整理和消化,并及时给予答复办理。

四是走访调研形式多样。本着为民务实的原则,学校所有局级干部通过深入教学一线、课堂、宿舍以及参加基层党支部活动,过双重组织生活等方式广泛听取群众意见。在第一环节中,共走访联系点68次,参加各类座谈会64次,走访调研89次。学校督导组也分别与18个二级党组织班子成员共67人进行了谈话,征集意见内容涵盖党支部建设、教学管理、学科建设、校外实践基地建设、后勤服务、学生管理、教职工权益保护等多个方面。

（三）深入查摆问题,开展批评与自我批评

围绕为民务实清廉要求,通过群众提、自己找、上级点、互相帮,认真查摆"四风"方面存在的突出问题,进行深刻的党性分析和自我剖析,推动教育实践活动不断向纵深开展。

一是交心谈心通透全面。校党委对谈心有要求、有督促、有检查。在谈心范围上,要求校党委书记要与班子每名成员谈心,班子成员之间要相互谈心,班子成员要与分管部门主要领导谈心、要与联系学院主要领导谈心。各二级党组织书记要与班子成员逐个谈心,班子成员之间要相互谈心。学校统一安排了书记、校长与班子成员之间,班子成员相互之间的谈话时间。

在谈心内容上,要做到"三个必谈":即自身问题和整改措施必谈、对方不足和改进建议必谈、拟在会上开展批评的问题必谈。班子成员相互之间谈心都达到2次以上,学校领导班子成员谈心谈话听取意见共计37人次。

在谈心过程中,学校各级领导班子成员结合督导组反馈的意见、结合自身分管工作的实际特点,有针对性地开展重点谈心,学校领导班子带头聚焦"四风"问题,既说自己,也讲对方;既肯定成绩,更要找出问题;既谈工作,更谈思想认识,坚持做到谈心交心与解决问题相结合,力求"实谈""谈实",把即将在民生生活会上开展批评的问题预先亮出来,做到真红脸、真出汗、真鼓劲。

在谈心交心后各级班子及班子成员都及时进行了反思,对照"四风"问题深入剖析、查找根源、提出改进方向和具体措施,并认真撰写班子及个人对照检查材料,积极整改落实。通过会前善意提醒、推心置腹的交流谈心,做到了有话讲在会前、讲在台前,不发泄私愤,不搞突然袭击,不搞无原则的纷争,达到相互沟通思想、化解矛盾、增进共识的目的。

二是对照检查材料剖析深刻。按照衡量尺子严、查摆问题准、原因分析深、整改措施实的要求,校领导班子、班子成员认真查摆,撰写对照检查材料,进行深刻透彻的党性分析和自我剖析。校领导班子对照检查材料分析了"四风"方面存在的18个突出问题,并从思想认识、工作方法、精神状态、制度机制四个方面剖析了原因,从五个方面提出了整改措施。要求在坚定理想信念上突出一个"真"字,在正风肃纪问题上突出一个"严"字,在推动学校事业发展的指标上突出一个"硬"字,在对问题进行整改、让师生见效果、改善民生上要突出一个"实"字,在防范"四风"问题的长效机制建设上突出一个"明"字。校领导班子对照检查材料撰写中,先后召开了5次征求意见会,9易其稿。

领导干部的个人对照检查材料也都经过多次修改,都能联系自己的成长经历、思想实际,真正触及灵魂,做到了"像、深、准、诚"。整个过程中,党员领导干部都深有体会。

三是专题民主生活会求真务实。在广泛征求意见、谈心交心的基础上,学校召开了校领导班子专题民主生活会。领导班子对照检查,从遵守党的政治纪律和贯彻中央八项规定、市委十五条意见精神、转变作风方面的情况,班子在"四风"方面存在的突出问题,产生"四风"问题的原因分析,今后的努力方向和改进措施四个方面对班子建设情况进行查摆和剖析。班子成员聚焦"四风",结合学校实际情况,联系工作岗位,从推进学校发展、加强班子建设、建立体制机制和促进个人发展等方面,对照广大师生对学校领导班子及成员作风建设的意见,进行了严肃认真的批评和自我批评。整个专题民主生活会上,开展相互批评53人次。所有会上提出的意见会前都进行了充分沟通和交换意见,取得共识,并形成文字材料。通过同志式的批评帮助,直面问题和矛盾,不遮掩、不回避,达到了加强团结、增进了解、凝聚正能量的目的。

除对以上方面作对照检查外,班子和班子成员还针对全市党员干部群众反映比较强烈的10个突出问题、落实《关于在正风肃纪专项整治中严明若干纪律规定的意见》和《关于在全市开展会员卡专项清退活动的通知》、个人家庭住房情况、公车使用情况和"人情消费""职务消费""三公经费开支"等方面作了明示。

在此基础上,各二级领导班子相继召开了质量较高的专题民主生活会。学校将校领导班子专题民主生活会召开情况向市委督导组作了汇报,并在全校处级及以上干部范围内进行了通报。

四是专题组织生活会严肃认真。全校350多个基层党支部都召开了专题组织生活会,处级以上党员领导干部以普通党员的身份参加所在党支部的专题组织生活会。以《党章》为标准,处级干部做了对照检查,党员准备了发言材料并逐一发言。广大党员能够紧密联系自己实际,着力查找思想作风中的不足、工作实践中的差距,并从世界观、人生观、价值观的高度深刻剖析产生问题的思想根源,明确了今后的努力方向和整改措施。党员之间坦诚相见,既勇于剖析自己,又敢于批评他人,锤炼了党性,增进了和谐,促进了工作。

(四)抓好整改落实,建立长效机制

整改落实、建章立制,是教育实践活动取得实效的关键环节。

一是认真制定整改方案。校党委明确起草整改方案的指导思想,就是坚持以校领导班子对照检查材料、校机关部门和直属单位上报的整改项目(共100项)、制度建设计划(共153件)以及党员校领导的个人整改措施为依据,坚持"三写三不写"。"三写"就是中央和市委规定的整改内容要写,对照检查材料中师生反映

强烈的"四风"问题要写,一年内能够整改完成的要写;"三不写"就是已经即行即改的不写,部门的常规工作不写,没有具体措施的不写。并且整改方案要与2014年全校的重点工作相呼应,每一个校领导承担的任务相对均衡。经过广泛征求意见和反复进行修改,并在学校党委常委会上进行了专题研究,最后从思想改造、工作提升、专项整治、制度建设四个方面提出整改任务。其中整改项目49个(包括思想改造3项、工作提升40项、专项整治6项),制度废、改、立项目一批(包括拟废止制度9项、拟制定制度15项、拟修订制度2项)。对照《北京市开展"四风"突出问题专项整治方案》,将"整治文山会海"项目和"整治'三公'经费开支"项目列入专项整治内容,进行重点整治,整体效果良好。

二是严格落实整改责任。为保证整改实效果,学校将整改落实事项责任进行了分解,明确了整改的责任领导、责任单位和完成时间,建立整改落实责任制,把每项整改措施落实到具体部门。责任部门切实负起主责,协办单位积极配合,共同推进,确保整改落到实处。学校教育实践活动领导小组办公室和督导组将对整改落实工作进行督促检查和工作协调,定期向校党委报告整改进展情况,跟踪问效,形成上下联动、整体推进的工作格局。

三是着力解决突出问题。活动开展以来,我们一直坚持边查边改、立行立改,并将活动整改与学校2013年为师生办的十八件实事相结合,既重视问题的解决,又重视对苗头性、倾向性、代表性和隐患性问题的排查和整改,对一些能够及时解决的问题,切实做到不等、不拖、不推,立即整改;对一时难以解决的问题通过领导一抓到底、上下联动、部门合作等方式想办法解决;对因合理原因不能解决的问题,做好耐心细致的解释工作,赢得师生员工的理解和支持。活动开展中,全校已经整改223项(包括校领导班子整改方案中已经完成整改的7项),在服务群众、推动工作上下功夫,见到了实效。

四是加强制度建设。按照于法周延、于事简便的原则,我们对已有制度进行一次全面梳理,认真做好废、改、立工作。截至到2014年1月30日,新建制度61个(包括校领导班子整改方案中已经完成的新建制度15个),废止制度38个(包括校领导班子整改方案中已经废止的制度9个),修订制度55个(包括校领导班子整改方案中已经完成修订的制度2个)。经实践检验行之有效、群众认可的制度,要长期坚持、抓好落实;对于不适应密切联系群众、加强作风建设要求的,与现行法规制度相抵触、不一致的,要予以废止;对于标准不清、界线不明、刚性不强,与新形势新任务要求不相适应的,要予以修订完善;对于制度缺失的,要立

足当前、着眼长远,把中央和市委要求、学校实际需要、行之有效的新鲜经验结合起来,抓紧研究建立新的制度,切实形成便于遵循、便于落实、便于检查的制度体系。

（五）加强舆论宣传,营造良好氛围

我们通过多种宣传形式,积极营造开展教育实践活动的浓厚氛围,增强了活动的生动性和实效性。

一是开通活动专题网站。我们在OA办公网和外网上建立了党的群众路线教育实践活动专题网站,及时传达上级精神,发布各项通知,提供丰富的学习辅导资料。即时报道学校教育实践活动的进展情况,共发布校级活动新闻37条、基层风采117条,起到了很好的舆论引导作用。

二是编辑印发活动简报。及时发现和挖掘先进典型,认真总结提炼鲜活经验,交流校内各单位活动进展情况,整个活动中编发活动简报20期。

三是认真做好信息报送。注重总结教育实践活动中的好经验和好做法,及时向上级报送我校活动简报及信息。北京市属高校党的群众路线教育实践活动办公室专题编发我校简报3期、内容相关简报6期、活动信息10条,在市属高校中名列前茅。

四是加强对外宣传。《北京晨报》等一些媒体对我校教育实践活动有关情况进行了采访报道,充分展示了我校教育实践活动成果。此外,我们还通过标语、宣传板、橱窗、校报、校园电视台等渠道扩大宣传,提高舆论引导效果。

二、主要成效

通过全校广大干部、党员和群众的共同努力和积极参与,我校的群众路线教育实践活动取得了明显成效。

一是作风建设有了新气象。这次教育实践活动,增强了党员领导干部践行群众路线的主动性和自觉性。校院两级班子成员以及广大党员干部,精神振奋,都把实现好、维护好、发展好广大师生的根本利益作为教育实践活动的出发点和落脚点,广泛深入群众进行调研,听取师生员工的意见和建议,汇聚群众的智慧和力量,拿出切实可行的整改落实措施,进一步密切了党群、干群关系,展示了新的作风和形象。

二是学校凝聚力有了新增强。发动全校师生开展"转作风、促发展"思想大讨论,进一步明确了定位和使命,凝聚了发展共识,校、院的战略视角更加广阔,战略目标更加清晰,战略规划更加务实。宣讲团在全校各校区共开展5场"我的梦、联大梦、中国梦"宣讲活动,覆盖师生近1500余人,同一个联大的梦想更加深入人心,学校向心力、凝聚力持续增强。

三是学校发展有了新动力。办学空间不足和资源紧张一直是制约我校发展的瓶颈。在教育实践活动

中,学校党委直面历史和现实多重困境,坚持"就地整合、就地发展",增强对学校的战略谋划和战略掌控,全力推进学校的改革与发展。新建10万平方米校舍投入使用,办学条件得到有效改善;启动了完全学分制改革;加强统筹管理,实现全校财务一级预算;统筹调整全校教工班车,运行线路由21条增至28条,服务校区从7个扩大到10个。这些实实在在的活动成果,提高了师生的幸福指数,有力地推动了学校的科学发展。

四是解决问题有了新进展。立行立改聚焦"四风",聚焦"惠民"。2013年全校各类会议数量同比减少9%,简报刊数减少27%,文件印刷数量减少69.5%。局级干部公务用车情况每季度公示。严格执行因公出访组的公示和团长承诺制度。严格控制三公经费标准。使活动取得真正实效、惠及师生员工。

三、认识和体会

通过开展群众路线教育实践活动,在领导班子和广大党员中深化了对群众路线的认识,广泛地凝聚了共识,为我校进一步贯彻落实党的十八大和十八届三中全会精神、加快实现"十二五"规划目标奠定了坚实基础。通过教育实践活动,我们有以下几点认识和体会。

一是必须把学习教育贯穿始终。学校教育是活动取得成功的坚实基础。必须不断在深化思想、提高认识上下功夫,在创新学习方式、丰富学习内容上下功夫,在保证学习效果、凸显指导实践上下功夫。原原本本学精神、学原著,不断增强用中国特色社会主义理论体系武装头脑、指导实践、推动工作的自觉性和主动性,开创学校科学发展的新局面。

二是必须把领导带头贯穿始终。领导带头是活动取得实效的关键所在。在活动开展中,学校各级领导干部做到"六个带头":带头参加学习研讨、带头深入基层调研、带头听取群众意见、带头认真查摆问题、带头开展批评和自我批评、带头抓好整改落实,做到高标准、严要求,真正将自己以一个普通党员的身份摆进去,"喊破嗓子,不如甩开膀子",为广大党员树立了榜样,使活动始终保持了良好的势头。

三是必须把开门搞活动贯穿始终。发动依靠群众是活动取得实效的重要保证。只有时刻尊重群众、紧紧依靠群众、善于动员群众、不断造福群众,才能够赢得群众的支持和信任,获取源源不断的智慧和力量。活动开展的过程中,校党委和各个二级党组织广泛听意见、虚心纳建议、坚决抓整改、真心受监督,把师生满意作为检验活动成效的重要标尺,做到透明、公开,确保教育实践活动始终充满生机和活力。

四是必须把解决问题贯穿始终。解决突出问题是搞好活动的出发点和落脚点。活动开展以来,学校党委提出要真正解决问题、真正促进发展。全校各级党

组织通过开展广泛、深入的调研,找准并抓住一些影响学校科学发展、群众反响强烈、当前具备或基本具备解决条件的突出问题,边学边改、边查边改、立行立改,使活动成果惠及全校师生员工。

五是必须把检查指导贯穿始终。市委的正确领导和督导组的悉心指导是教育实践活动取得实效的重要前提。在学习实践活动中,我们自觉坚持重要事项提前请示,重要工作认真汇报,重要文件报请把关,按照要求认真抓好落实。市委第 30 督导组认真履行职责,对我校学习实践活动的每个阶段、各个环节做到全程参与、全程指导、全程帮助,确保我校教育实践活动不走样、不偏向、高质量、有特色地完成。学校督导组的同志们也不辞辛劳,严格审阅相关材料,明察暗访了解情况,及时督促完成任务,出色地完成了各项工作职责。在此,让我们以热烈的掌声向市委第 30 督导组、学校督导组的辛勤工作表示崇高的敬意和衷心的感谢!

四、不足之处和努力方向

我校教育实践活动工作虽然取得明显成效,达到了预期目标,但与中央和市委的要求相比,与师生员工的期盼相比,还存在一些不足和差距,主要表现在:一是理论学习的深度有待进一步提高,特别是与实际工作相结合的成效需要提升;二是活动开展不够均衡,个别单位的工作提升空间较大;三是立行立改力度还要加大。由于时间紧、任务重,整改任务的落实与师生的期待还有差距,下一步整改步伐还要加快。

校领导班子整改方案中尚需整改的 42 项要在今年内全部完成,任务非常繁重。校党委在推进整改方案落实时努力做到"三个硬道理":第一,立言立行,真抓实干,以行动赢得作风的切实转变,才是硬道理;第二,联系群众,查摆问题、确保实效、取信于师生,才是硬道理;第三,步步为营、久久为功、善始善终、善做善成,才是硬道理。我们要把许下的承诺,变成师生的期盼,变成今年的硬任务。

同志们!巩固和扩大党的群众路线教育实践活动成果,是当前和今后一个时期学校广大党员干部的一项重要任务。推动学校各项事业科学发展任重而道远,实现"联大梦"是每一个联大人殷切的期盼和义不容辞的责任。我们要在党的十八大和十八届三中全会精神指引下,进一步凝聚全校师生员工的力量和智慧,以更加饱满的热情、更加坚定的信心、更加扎实的工作,持续巩固活动成果,大力推进整改落实,建立巩固长效机制,真正让学校发展成果惠及师生,举全校之力,把北京联合大学真正办成让首都人民满意的大学,为首都经济社会发展做出更大的贡献。

卢振洋在校党委四届六次全委(扩大)会上的讲话

(联办通报〔2014〕第 5 期,2014 年 2 月 19 日)

同志们:

如何深入总结、分析、探讨 2013 年工作的得与失,可能大家都有自己的看法,但我们应该为过去一年的努力感到欣慰。今天上午几位校领导都根据自己的分工,对过去的工作做了分析,得与失讲得都比较清楚,包括对未来工作的一些想法也有比较深入的思考。下面我结合袁贵仁部长在今年 1 月 15 日全国教育工作会议上的讲话和北京高等教育协作发展计划跟大家做一个交流。

一、关于袁贵仁部长的讲话

袁部长讲话中关于 2013 年总结指出:一些重点领域取得新进展,一些难点问题上有了新突破,一些热点问题上探索新方法。我们 2013 年也大体如此。关于对未来工作,袁部长讲了四点,24 个字:坚定方向,保持定力;统筹兼顾,突出重点;深化改革,狠抓落实;积极稳妥,务求实效。按照这四大点的要求,他提出,2014 年到 2018 年教育改革的重点任务是围绕教育治理体系改革、教育治理能力提高,深化教育综合改革。国内高等教育正在适度地引入竞争机制,或者说适度地引入了市场机制。党的十八大提出,在资源配置中,要让市场起决定性作用,这个决定性作用在教育领域现在已经初见端倪,有若干所学校已经进行了试点。

北京市已提出,要在一些学校做一些综合改革。所谓综合改革实际就是宏观体制上的改革,就是教育治理体系的改革和教育治理能力的提高。在人才支撑和智力支撑两个方面来适应社会的发展。社会有一个现象,一方面用人单位招不到人、一方面毕业生找不到工作,为什么?就是教育出了问题。确实我们的教育不适应社会发展、不适应市场需求。作为教育工作者,我们不能不承认这种现实。联合大学也是如此,而且我们这个任务更紧迫,更需要认真去学习、去反思、去琢磨,到底怎么做能够解决这些问题。

袁部长讲话的核心就是推进教育治理体系和治理能力现代化。重点任务就是根据教育发展的自身规律和教育现代化的基本要求,以构建政府、学校、社会新型关系为核心,以推进管办评分离为基本要求,以转变政府职能为突破口,建立系统完备、科学规范、运行有效的制度体系,形成政府宏观管理、学校自主办学、社会广泛参与的格局，更好地调动中央和地方两个积极性，更好地激发每个学校的活力，更好地发挥全社会的作用。就是说学校、政府和社会三者的关系会发生明显的变化，教育自主权，特别是高校的办学自主权，从财务的角度看已经大踏步地前进，相信还有更大程度的改革，我们现在必须要认清这样一个形势。如何办好适应社会发展需求的高等教育，下一步要多元参与，让每个学校、每位教师都负起责任，才能管好教育。提高整合各方的教育治理能力，要吸引社会的人、政府的人、学生、家长、校友等参与，让社会各界都参与进来，才可能把教育办好，这是一个重大的观念变革。观念决定方向，如果观念转不过来，努力的方向错了，再努力也不会有好效果。希望大家认识到，学校这么做，政府很明确了，学院也得这么做，我们要走出校园，要"开放兴校"，不是说弄几个学生实习基地、搞几个科研项目、经常跟人家交往交往，这就叫"开放兴校"了，人才怎么培养、结构怎么办，要主动吸引社会参与。

关于政府宏观管理、学校自主办学、社会广泛参与方面，袁部长有一个很长的解读。他提出，全国在校生2.6亿，包括中小学生，全国有1600万教师（联大是1600名教师，占了全国教师队伍的万分之一），52万所学校，结构的多样化、水平的差异以及各地的诉求不同。所以教育规模扩大以后，各方面都更加关注教育质量和水平，教育经费投入增多，各方面更加关注教育公平和效益，高校毕业生规模越来越大，经济增长速度明显放缓，就业创业形势严峻。教育作为社会的一个子系统，随着形势的发展变化，迫切需要加快实现由办教育向管教育转变，由微观管理走向宏观管理，由直接管理走向间接管理，由教育管理走向教育治理。只有构建多元参与的现代教育体系，才能把这个问题解决。随着政府职能的转变，学校办学的自主权会大幅度增加，但是权利义务相统一，这是社会运行的基本原则，我们就要尽更多的义务把这个问题解决好。这跟我们的经费一样，到底怎么能花好、怎么能有效益、怎么能够把学办得更好，这是社会评价。现在讲管办评分离，怎么评，现在叫审核评估，距社会承诺式的符合度评估已经接近了，将来的高校评价一定是这样的。审核评估要有一个标准，根据办学条件、地理位置等实际情况，对社会做什么承诺。我们去年暑假搞了一个院长论坛，各位院长都对学院未来的工作做了阐述。按照袁部长讲话精神，结合学校、学院的情况，还要认真去反思。

袁部长提出，当前的教育还存在不少问题：学生创新精神、实践能力不足，学校千校一面，办学活力不够，教育与经济、社会发展的联系还不紧，国际竞争力还不够强等，这些问题原因很多，究其根本，在于我们的管理理念落后、管理制度落后，及其由此带来的管理方式落后、管理能力落后。管理方式单一，只会用分数管学生，用升学率管教师，制约了学生的创造性、教师的创造性。作为对学生的终极教育者，如何认识我们的教育，我们跟其他很多大学不同，他们的教育不是终段教育，是中间阶段教育，因为后面有相当大的比例去读研，去出国深造，而我们的学生绝大部分直接就业。所以我们作为终段教育，人生受教育的最后一段我们应该怎么把握？这就需要因材施教，如何因材施教，这个课题摆在我们面前。

袁部长提出，实现国家现代化，教育要率先现代化。党的十八大明确提出到2020年基本实现教育现代化，先于国家现代化三十年。教育要率先三十年实现现代化，看看我们有多大的差距。所以教育现代化，其中重要的一条是教育观念、教育理念要现代化，这是很重要的，我们召开院长论坛就是要解决这个问题。从目前看，有些学院解决得比较好，有些学院解决得差一些，没有解决的、解决不好的那些学院，学院到底怎么办、系怎么办、专业怎么办、学科到底怎么办、课程怎么办？这需要有跟上时代步伐的现代化的人才培养理念，而不是传统观念的人才培养。

关于重点任务，袁部长提出发挥学校主体作用，加快建设现代学校制度。他指出，中国教育有没有活力，关键要看学校有没有活力。长期以来，我们习惯用管下属单位的办法管学校，用管行政人员的思路管学校、管校长，管了很多不该管的事，办了不少事倍功半的事，做了一些受累不讨好的事，干扰了学校的教育教学。推进教育治理体系和治理能力现代化，必须把学校作为基本立足点，建立以学校发展为需求、以学校发展需求为导向的工作机制，最大程度地激发学校作为教育细胞的活力。这也是我校要解决的问题，要切实研究处理好学校和学院、学院和学科及专业、学院和教师、专业和教师之间的关系。袁部长提出，教育要面向社会，学校只有主动面向社会、服务社会，不断提高服务意识、服务能力、服务水平，才能实现持续健康发展。教育部今年将出台《关于引导地方本科高校转型发展的指导意见》，就是指导地方本科院校要转向应用型。因为联大很早就认识到这个问题，若干年前就开始做这个工作，我们肯定比很多学校更有主动权。我们现在的问题是要认认真真把若干年的经验、得失好好总结，找时间专门就我们的应用型人才培养开一个务虚会，把过去若干年总结一下，提炼出一些有价值的、具有指导意义的、能达成共识的东西，来指导联大未来若干年的发展。

最近应用型高等教育发展研究中心研究了一下台北科技大学（台北科大），是我校的姊妹校，与我校合作很紧密。台北科技大学是一个典型的应用型大学，从本科到博士全是应用型，两岸高校有很多相似之处，台北科大过去 20 年走过的路或许是我们联合大学未来 15—20 年要走的路。台湾地区大学分两类，即一般院校和科技院校，科技院校就是应用型大学。台湾高等教育当时面临的发展困境，一是生源日趋减少带来发展危机问题，二是发展定位与一般院校雷同问题。台北科大近期明确定位为"实务研究型大学"是应对该问题的尝试，联大也应是实务研究型大学。

关于台北科大办学理念主要有两个。第一个是亲产业的理念，其实质就是学校连接产业的需求。袁部长在他的讲话里也反复强调产业的问题。行业、企业是教育的主要服务对象，是毕业生最终的去向，在市场对资源配置起决定性作用的体制下，教育所提供的课程专业、培养的人才、创造的科研成果，最终都要接受市场和社会的检验，这不仅要求我们的办学理念、办学方式和培养模式作出调整，也要求我们的评价主体、评价方式相应变化、变革。第二个是"双师"计划，我们多年都在做"双师计划"，咱们 5% 不到。台北科大有多少呢？兼职教师的总量基本上比专任教师的总量多一点，兼职教师达到了相当比例，这就叫实务研究型大学。我校在"十二五"规划中已明确，要把整个在职人员控制在 3000 人以下，很多学院提出教师不够用，解决办法一是从社会聘请社会兼职教师，二是走国际化道路，聘请国际人士来上课，现在聘任国际教师比学校自己教师成本还低。台北科大在提升教师的实务教学能力方面，专门请产业界的人士给老师开课，培训教师，简化入职手续，人数、学历不拘，惟限制经费，这个办法也不是不可以。所以我们如果跟企业合作的角度，当然这也不能草率行事，要保证质量，程序上可以简化，但质量上要保证。

袁部长提出，要发挥社会评价作用，动员社会参与、支持、监督教育。其中最重要的是发挥行业企业作用。最终要靠市场和社会来检验我们的办学理念、办学方式和培养模式是不是适合市场需求、适合社会发展、适合经济需求。行业企业的评价要作为衡量办学质量的一项重要指标。基本的方向定了，问题是学院怎么去跟行业企业结合，由行业企业来评判你办得好与坏。

总而言之，袁部长的讲话实际上提出两个问题，一是整体管理体制要变，二是社会广泛参与到教育工作当中，尤其是高等教育工作当中。希望大家认真学习研究袁部长讲话。

二、关于北京高等教育协作发展计划 20 条

北京市近期制定了北京高等教育协作发展计划2013—2015 年（20 条），结合这个文件我就学校发展的一些思考跟大家作一些交流。文件提出"需求导向、协作发展、创新引领、服务社会"16 个字。"需求导向"就是引进市场机制，按社会需求、经济需求、市场需求做。

"协作发展"是希望大家能携手干一件事。"创新引领""服务社会"就是要建立校校、校企、校区域等的合作关系，广泛地建立学校与社会的合作关系。学校所有的学科、专业必须走入相关的行业，必须有若干有影响的企业跟我们合作，这作为一项任务布置给各学院、各专业。我们的学生是直接面向市场、面向应用、面向就业的，这方面工作不做或做得不够，显然会影响学校的人才培养质量。北京市为此专门成立了高等教育专家委员会，来规划整个北京高等教育的发展，支持中央高校与市属高校结队共建。

文件还提出，要深化高校教学科研综合改革，实现综合统筹与局部试点的紧密结合，充分发挥高校在开展综合性教学科研改革方面的主动性和积极性。在若干所高校设立综合改革试验区。支持高校结合自身特点和发展需求在专业调整、产学研合作、教师队伍建设方面深化改革，先行先试，努力突破机制壁垒，探索教学科研工作发展的新模式。应该说这几项工作我们都在做、都在想，要进一步研究如何能够跟北京市总体合上拍，把工作落到实处。推进高校学分制改革，支持名校实现完全学分制，建立弹性学制，完善学分制收费机制，引导学生自主选择专业、自主选择课程、自主选择学习进程，激发学生的创新潜能，提高学生责任意识。从 1985 年开始，学生就业双向选择，准市场化，1999 年开始自主择业，就是市场化。学生找工作、人生如何发展没有组织行为了，而学习还是组织行为，这是个矛盾。所以学校现在再往前改一步就是把学习的主动权交给学生，这就是学校现在在生化学院要做的事情。学校将积极稳妥地推进学分制试点工作，把这项工作做好。

有一篇文章，题为《美国大学生为啥不偷懒》。其实不是美国大学生不想偷懒，是偷不了懒，其中非常重要的一个问题，就是教学过程管理问题。过程管理是一个很复杂的问题，在学分制试点过程中，在其他专业改造和教学计划的制定中，要强化过程管理。学习是一个过程，不是一个结果，哪个老师也不敢说 80 分的学生一定比 70 分的学生学得好。我们不能再单纯地用分数去考核一个学生的优劣。学校的考试方法、方式要有重大的改革和变化，没有这样的变化，我觉得我们的应用型教育还停留在以知识为主而不是以学生为中心的阶段。

再说一下学校定位、地位和使命问题，我发现这个问题还没有完全解决。作为应用型大学，如何在各项工作中贯彻"学以致用"，在教学计划上如何贯彻，在每门课程内容上如何贯彻，在学生考核上如何贯彻？这都需要把这个概念具体化，把理性的想法变成具体的计划，经过若干个实施步骤，最终实现学以致用。学校的定位是清晰的，如何能让上级主管部门清晰地接受到我们这一定位很重要。评判一个学校的教育质量甚至一堂课的好坏不是以老师讲得精彩不精彩，而是以多少学生接受了讲课的内容，接受多少为标准，考核教育质量是要看学生的接受程度。各学院要科学、正确地认识学校与学院的关系，认识学院的定位、地位作用和发展，思考面向学校发展、面向北京发展、面向业界发展，学院和专业怎么办。现在仍然很多专业有问题，不是很完美，各个学院、各个专业要进一步讨论这个问题，把它讨论清楚。要对北京未来20—30年的发展有个预期，对所在的专业有个预期、有个评估，有些专业明显是要做改造的，不改造没出路。今后，市场起决定作用，有些专业要放开，随着社会的进步，财富的累计的增多，教育资源的丰富，学生自主选择这天一定会很快到来。所以我们转变观念、主动适应社会发展，是很重要的。

北京的"20条"（北京高等教育协作发展计划2013—2015年）还涉及加强高校特聘教师队伍建设、支持高校探索协同创新模式、促进高校科研成果转化、推进高校国家级科技创新平台建设、推进高校间教学资源共享、推进大学生就业服务对接、支持高校服务地区发展、支持高校企业深化合作、建设高校教育完整的

贯通体系、提升高校信息化水平、提升国际化水平等，下一步我们还要研讨。各学院要把专业和学院、学院和行业的关系搞清楚、关系搞密切，争取有若干个行业的企业支持学院办学，有若干个企业家、若干个行业人士到学院来兼职、上课、开讲座，学生没毕业，就有若干个企业来接收。学院要办好，关键在人，关键在院长。机关职能处室要做好服务工作，要思考为联大14所学院办好提供满意服务，让院长满意、让书记满意、让教授满意，让学校发展得更好。

马云有两句话，第一句讲什么是领导？即"要引得了方向、给得了方法、聚得了人心"。第二句讲什么是人才？即"做得了事、吃得了亏、负得了责"。大家都负责一摊工作，我们怎么能想方法把方向搞明白了、把方法能落实了，还能把人心聚起来，怎么能做得了事、吃得了亏、负得了责了，那就有进步了。整个联大的发展，在座的各位就是中坚力量，每一个人要清醒地认识到这些问题，要去琢磨这些问题，去把自己的位置摆正，把自己那一摊事搞好。

今年是马年，希望我们马到成功，希望联合大学或者某一个学院、某一方面的工作能成为一匹强劲的黑马，真正有几件成功的事推动联大的发展，谢谢！

卢振洋在生物化学工程学院完全学分制改革动员大会上的讲话

（联办通报〔2014〕第16期，2014年5月9日）

刚才，生化学院就学院试点完全学分制的一些基本的框架设想，以及下一步要开展的工作做了整体部署。黄校长简单回顾了过去几年学校教育改革工作的进程、做的几项主要工作，介绍了目前学校根据新的形势，对不同的学院所开展的不同特点的教学改革工作，我都同意。

我就学分制为什么要做？如何做？最后做成什么样？谈几点看法。

一、为什么要做完全学分制改革？

首先，从社会角度来说，北京的生源越来越少，意味着高等教育从过去的卖方市场正在走向买方市场。从办教育的角度，正在从学校选择这样一个基本形式，转向学生选择。高等教育从精英教育走向大众化教育，北京地区已经进入了普及教育。在这样一个大的社会背景下，作为北京市属院校，已经不可能由学校来控制生源结构，来解决生源问题。只能靠我们的质量、信誉、社会知名度和努力工作，来吸引更多的学生到我们学校来读书。包括联合大学在内的北京若干所院校已经进入社会"倒逼机制"状态，学校越办越艰难。这是一个重大的社会形势的变化，使得学校不得不转变。

其次，党的"十八大"提出，让市场在资源配置中起决定性作用。就是说只要市场能决定的，政府就不需决定。中央决定要让市场起决定作用虽然指的是经济领域，但是教育面临一个问题，培养一个计划经济的人才，非要到市场经济里面去摸爬滚打，有生命力吗？有竞争力吗？有未来吗？没有，一定是没有的。大学不可能变成纯市场化，但是大学不可能跟社会隔绝，不可能不受经济的制约，不可能不受经济运转机制的影响，这影响就是市场机制，而完全学分制就是教育领域的市场机制之一。我们去做这项工作，实际上对学校来说是"吃螃蟹"，对生化学院来说也是"吃螃蟹"。尽管学分的概念已经引进若干年了，但是我们没有真正让学分起作用。学分本身对于调动学生积极性、促进学生全面发展，提高人才培养质量方面没有起到它应有的作用。

最后，要办一所首都人民满意的大学，核心一句话，就是要把受教育的选择权交给受教育者。这是核心概念。教师要主动调整自己的观念和想法，跟上社会的进步，与时俱进。与时俱进是人生的基本原则，如果你不这么做，就意味着你会被时代所抛弃。我们现在这个时代是飞速向前，变化太快了，完全学分制试点，我们在生化学院做，中国人民大学、北京师范大学、

北京航空航天大学等若干所学校现在都在做。因为不做不行了,这就是社会的倒逼机制。

二、如何做完全学分制改革?

我们过去的教育主要是以知识为中心的教育,以知识为中心的教育就是以教师为中心。我们过去若干年精英教育就是以教师为中心的,精英教育对于学生,是进来若干种类,毕业一个风格,这就是精英教育,主要是满足国家目标。大众化教育,除去满足国家目标之外,还要满足社会目标、个人发展目标,而后两个目标是学校的主要定位和人才的主要出口。后两个目标的实现必须有市场机制,社会需求是什么,个人想发展成什么样,就应该把他培养成什么样,而不是我们学校想让他什么样,国家想要他什么样,老师想让他什么样。我们要提供首都人民满意的教育,学生满意是第一满意,由此才能使家长满意,才能使社会满意,最后才能使政府满意。完全学分制教育要把选择权交给学生,要以学生为中心,从过去的以知识为中心的教育,转向以学生为中心的教育,这是重大的关键变革。完全学分制本身是一个管理模式的变革,本质意义在于以教师为中心转向以学生为中心,满足学生个性化发展的需要。

那我们要怎么做呢?北京市发了一个文件的征求意见稿,讲"三个自主",要做到学生自主选择专业、自主选择课程、自主选择修业年限。凡不是资源限制的,是人为设置的限制都要放开,这是基本原则。

选在生化学院做试验,做完全学分制的改革,有几个考虑。第一个考虑生化学院的班子强有力。第二个考虑生化学院有相对充裕的办学空间,有相对完整、功能齐全的校园。第三个考虑生化学院有工科和管科,两大学科门类,有可选择的空间,这也很重要。

完全学分制也不是说学生完全自由,只是在现有的条件下尽量地自由、尽量地宽松、尽量多地让学生自主。教师要面对的问题是,我的专业没学生选怎么办?教师是靠讲课吃饭的,看看你能不能说服学生来学你的专业,能不能把你专业的精华表现出来。学生选择后必然出现专业的不平衡。专业之间学生数不平衡了,工作量不平衡了,短期内学校可以承诺大家待遇问题可以保持平衡,但是长期肯定不平衡。学生自主选择专业,不是一个课堂的问题,首先是专业的问题。我们搞了那么多年专业建设,基本停留在计划经济。品牌专业,学生认可不认可?满足学生需求吗?符合学生心愿吗?学生不会因为你是特色专业就选你的专业,要用真才实学,用真正的专业建设、课程建设、用教师真正的本事来吸引学生,这对老师来说是一个重大的变革。"三个自主"实际上就是要解决这个问题。搞学分制试点是社会的倒逼机制,大家必须要认清这个问题。学生的选择决定了我们将来专业的发展、课程的开设,也决定了将来学校在宏观发展中学术、专业、学院的布局。

三、怎样做好完全学分制改革?

做成什么样就算我们做好了,核心就是要提高人才培养的质量。什么叫质量高?就是学生在有限的时间内学到更多、更有用的东西。不一定是知识,包括知识,但不完全是知识。你不上课,不一定不是好老师,你在人生辅导方面,在学生实践方面、在科技方案中做点名堂,那也是不简单的。学生要个性发展,根据个人喜好去选择、构建自己的学习计划,从学校的角度来制定人才培养计划,要分层培养,分类指导,因材施教。而在这个过程当中,导师起很大作用,某种意义上说比上课还重要。把学生往哪儿导、导出什么样子,这是导师水平的集中表现。如何做得更好?

第一,导师要有识人善导的眼力。导师要去琢磨学生的不同特点和差别,设计不同的培养计划,指导不同的发展方向。导师的作用就在原来的基础上有了进一步的提高,变成了知识导师、专业导师、课程导师,更要上升到人生导师,更高层面的思维和认识。

第二,关于课程计划。要从刚性的计划变成有足够弹性的计划。开课要征求学生意见,这是学分制必须的一个环节。相应的课程,没有老师能开,就到社会上去聘,聘也聘不来,就给学生提供条件到其他学校去听,来修这样的课程,实行学分互认、免修机制。学校要为学生读书、成长提供足够多的教育资源,让他得到满意的教育服务。学校的教学计划、课程计划必须要去琢磨通过什么方式、什么手段、什么知识结构、什么课程框架能够吸引学生,能够使学生在有限的时间内获得更多更有用的知识、更有用的东西,这是一个重大的变化。

第三,关于课程评价。很多人对学生评价有异议。也有学校的老师找过我,说这个不科学,不很实际。结果不客观,不等于做法不对。完全学分制,要求课程评价,不再是老师评价,不再是专家评价,不再是校长评价、教务处评价,最主要的评价是学生评价,以学生为中心,要让学生用脚投票。

第四,关于教学模式。实行完全学分制改革,课程的框架、内容,教课的模式和方法教师都可以自己改,教师要开动脑筋,各显神通,允许教师有自己相对有特色的教学模式和教学方法。教学本身就是一种科学,同样一门课,同样一个课程,同样一节课两个小时,不同的人讲的大有差别,完全不一样。教学模式的多样性,这一节课师生相互之间的配合,这门课程跟其他课程的衔接,可能都要重新考虑。评价一节课,教师在构筑自己课程的时候,考虑问题的角度要发生变化。教师教的不光是知识本身,还要把知识的用途、知识未来对你人生发展的作用、职业发展的作用贯彻在里面。

将来的课程，作为教师来说，第一，课堂内外要结合起来；第二，课程内外要结合起来，课程要跟专业、要跟相关课程结合起来；第三，书本内外要结合起来，光有书本还不行，还要有书之外的知识也要结合起来；第四，学校内外要结合起来；第五，动脑和动手要结合起来，或者脑内外要结合起来。把这几个内外能够结合起来，我相信课程就会有所进步。把若干个内外结合起来，要难很多，但是老师的课程自由度加大了、展现教师才华的空间加大了。完全学分制为我们教师展现自己的才华提供了巨大的舞台，提供了更多使老师能够自我发展的可能和机会。

最后，希望老师们能够用自己的智慧，用自己的汗水，用过去几十年的经验，用我们对事业的追求，不辱使命，完成完全学分制的改革。对此，学校抱有很大的期望。为了这次改革，校常委会全体班子专门到生化学院开了研讨会，来看看有什么问题。如果我们的选

修课程不够，学校也安排了校内其他校区的教师，有能力、精力和时间，也可以到垡头校区，给学生开一些选修课，来弥补我们师资力量的不足。因为学生的需求是多种多样的，所以专业的问题、课程的问题，短期不用担心，说专业没了，我们都下岗，不会。课程没了马上下岗不会的，但是长远肯定要担心，人无远虑必有近忧，所以希望各位老师有远虑。当然也有其他问题，比如说一个专业学生申请太多了怎么办？那就是刚才张院长说的资源限制，那就没办法了，学生也都认，但不靠行政限制。所以希望大家能够共同努力，在这过程当中，如果说还有一些政策性障碍、还有一些什么问题，请大家及时向学校反映，学校会极力解决，来满足生化学院改革的要求，使完全学分制的试点能够顺利推进，我相信，经过四五年的努力，能够取得非常好的成果。

谢谢大家！

深刻领会讲话精神　不断推进学校发展

——卢振洋在北京联合大学第三届教职工暨工会会员代表大会第四次会议上的报告

（联办通报〔2014〕第 22 期，2014 年 6 月 21 日）

各位代表，同志们：

我代表学校就 2013 年 5 月 25 日三届三次教代会以来，一年来的主要工作进展情况做报告，请各位代表审议。

一、加强理论武装，党的建设成效明显

1. 深入学习领会、贯彻落实习近平总书记一系列重要讲话及十八届三中全会精神。一年来，学校党委和行政将学习习近平总书记一系列重要讲话和十八届三中全会精神当为最重要的一项政治任务。总书记就坚持和发展中国特色社会主义、做好党和国家的各项工作、实现中华民族伟大复兴的中国梦等重大问题发表一系列重要讲话，提出一系列重要的新思想、新观点、新论断，集中展现了新一届中央领导集体治国理政的理念、思路、目标和信心，为推进党和国家各项事业发展指明了正确方向，注入了强大动力。也为我们深入贯彻落实党的十八大精神、做好新形势下各项工作提供了强大思想武器。学校常委会、党委会等多次认认真真地原文学习习总书记的一系列重要讲话，将学习心得与加强领导班子建设、增强决策科学性、突破学校发展瓶颈相结合，将学习成果转变为推动学校发展的能力和动力。尤其是召开党委全会，专门学习研讨

习近平总书记在北京考察时的重要讲话，研究对首都高等教育、对北京联合大学可能产生的影响。

今年上半年，校党委还专门组织了三期处级干部轮训班，全校近 400 名处级干部进行集中学习，深刻领会讲话和三中全会精神，将学习心得和研究成果用于指导工作实践，取得了较好效果。

2. 党的群众路线教育实践活动取得切实效果。党的群众路线教育实践活动自 2013 年 7 月份正式启动，历时 7 个多月。我们把贯彻落实中央八项规定和市委十五条意见作为切入点，严格按照"照镜子、正衣冠、洗洗澡、治治病"的总要求，紧紧围绕"为民务实清廉"的活动内容，进一步突出作风建设，坚决反对形式主义、官僚主义、享乐主义和奢靡之风，紧密结合学校工作实际和党员干部思想实际，在市属高校群众路线教育实践活动领导小组的正确领导下，在市委第 30 督导组的精心指导下，全校 18 个二级党组织、140 多个处级单位、5300 余名党员干部积极参与，顺利完成了各项工作任务。

通过全校广大干部、党员和群众的共同努力和积极参与，我校的群众路线教育实践活动取得了明显成效：一是作风建设有了新气象，二是学校凝聚力有了

新增强,三是学校发展有了新动力,四是解决问题有了新进展。我校在北京市属高校党的群众路线教育实践活动总结大会上,做了经验交流发言。

3. 获得市委"北京市党的建设和思想政治工作先进普通高等学校提名奖"表彰。全校齐心合力,扎实推进北京市第七次党建和思想政治工作先进校迎检工作。经过专家入校检查、到市委答辩等环节,我校党建工作得到专家的一致认可和肯定,获得市委"北京市党的建设和思想政治工作先进普通高等学校提名奖"表彰,并奖励资金 20 万元。此次获奖标志着我校党建工作已向北京高校先进行列迈进。

二、集约化发展的物质和精神基础更加坚实

4. 对"十二五"规划执行情况进行了中期检查和梳理。2013 年 6 月,上级对我校"十二五"规划进行了批复,对我校规划给予了充分肯定,学校专门召开会议,深入研究落实市教委、市发改委的批复精神。加强过程管理,对"十二五"规划执行情况进行了中期检查和梳理,把握目标完成情况、实施过程中存在困难和问题,分析面临的形势和机遇。规划 9 个方面的建设目标共 35 个直接量化指标,其中多个指标已提前完成或超额完成,部分指标完成过半,另有部分指标仍需加大工作力度。

5. 校园基本建设、修缮改造取得重大成果,学校办学条件得到极大改善。北四环校区综合实训楼一期、体育中心综合楼、应用文理学院学生宿舍楼竣工,通过合格验收并投入使用。北四环校区田径场重建整修完成。应用文理学院第二教学楼项目主体结构封顶。北四环校区教学用房项目开工建设。完成了北苑校区、双清路校区的抗震加固工程。全面启动了堡头校区规划、特殊教育学院康复资源综合楼的立项筹备工作。启动并部分完成了北四环校区资源调配工作;完成了北四环校区学生宿舍、食堂等的装修改造工程等。校园基本建设成果显著,师生工作、学生和生活环境得到极大改善。

6. 信息化建设总体服务能力明显增强。完成校院第二批网络互联线路升级,各校区之间速率由 100M 提升至 1000M,实现了所有校区的千兆速率主干网连接,基本解决了校院间网络近年来存在的带宽瓶颈、网络拥塞问题。

2014 年 4 月,学校通过"北京市属高校数字校园示范校建设项目"验收,且在 7 所市属高校中唯一获得验收"优秀"成绩。

7. 大学章程建设按计划推进。以建立和完善现代大学制度为目标,完善内部治理结构,建立系统、科学、有效的制度体系,推进内部治理的科学化,按照市教委部署,依据国家教育法律法规,积极制订《北京联合大学章程》。一年来,学校遵循高等教育规律,发动群众,集全校智慧,召开了党代表、教代会代表、学院领导、教授代表、党外人士代表、学生代表、职能处室负责人等 7 个座谈会,广泛征求了学校各方代表对章程编制的意见。目前学校章程初稿已经形成,并将提交这次教代会审议。

8. 校史工作成效显著。北京联合大学校史馆于 2013 年下半年正式开馆,到目前参观校史展陈人数已达 2800 人次。制定了《足迹——北京联合大学文库》五年出版计划,已出版首任校长谭元堃的文集,目前正积极编写第三任校长李煌果的文选。学校校史及校本研究的凝聚人心、激发自豪感和归属感的作用体现明显。

三、人才培养、学科科研、师资队伍建设工作进展顺利

9. 招生就业工作运行态势平稳。2013 年学校高考招生 5734 人,计划完成率为 96.05%。高职升本科招生 1696 人,计划完成率为 99.65%。全校毕业生初次就业率达到 98.03%。整体招生及就业工作运行态势平稳。

10. 教学与人才培养。以深入贯彻"教学品质提升计划"为主线全面推进教学建设与改革各项工作。发布了 2014—2016 年本科教学工作行动计划;在生物化学工程学院开展完全学分制改革试点工作,2013 年 10 月,商务学院加入美国国际高等商学院协会(简称 AACSB),成为会员;以 2013 版本科培养方案修订工作为重点,推进人才培养模式改革;对 69 个专业布点进行了校内评估;开展了 2014 年校级精品视频公开课的遴选和课程录制工作;申请并获评"北京市文化创意产业人才培养基地",等等。

在北京高校及社会力量参与小学体育和美育工作中,学校与东城区 171 中学、青年湖小学等 7 所中小学签约,在体育、美育方面给予 7 所中小学支持,助力区域教育均衡化发展。

11. 学科建设稳步推进。完成了考古学、计算机科学与技术、食品科学与工程、软件工程、工商管理 5 个硕士学位授权一级学科点下自主设置"文化遗产区域保护规划、教育智能化技术、制造业信息化技术、食品生物分离技术、信息无障碍辅助技术、数字艺术、投融资管理、商务法律"等 8 个目录外二级学科和"移动商务"1 个二级交叉学科,使硕士学科点建设覆盖到了绝大多数学院;获批法律硕士、金融硕士、教育硕士等 3 个专业硕士学位授权点;研究生教育取得新进展,在校研究生人数 168 人,2014 年学术型研究生招生规模首次突破 100 人。

学报的学术影响力、综合竞争力日益提升,人文社会科学版进入了南京大学"CSSCI(2014—2015 年)来源期刊"。根据中国人民大学人文社会科学学术成果评价研究中心发布的"2013 年度《复印报刊资料》转载学术论文指数排名"，我校学报（人文社科版）全文转载率排名第 27 位，进入前 5％，综合指数排名第 40 位，在北京市属高校主办的学报中位列第二。

12. 高水平科研项目和成果数量稳中有增。2013 年学校获批国家级项目 22 项，其中在国家社科基金重大项目上获得零的突破；教育部人文社科项目获批 9 项，北京市哲社项目共 28 项。至 2014 年 6 月，已获批国家社科基金项目 9 项、教育部人文社科项目 10 项，高层次项目数量继续保持高位，态势良好。

学校与北京市人民政协理论与实践研究会合作建立"人民政协理论与实践研究中心"，市政协主席吉林出席成立仪式。

学校与云南西双版纳州人民政府、福建三明市旅游局研讨旅游项目开发并签署战略合作协议。

13. 顺利完成了 2013 年全员岗位聘任工作及新晋升人员培训。制定系列文件，推进人事制度和聘任机制的改革，明确了校院两级管理职责和权益，落实和推进校院两级岗位聘任、考核和管理。按照新的聘任文件精神，执行全校工资发放工作，提高了教职工待遇，增强了凝聚力。2013 年全校 22 人晋升二级教授。

14. 围绕学生成长，加强了德育工作的针对性和实效性。形成了马克思主义中国化的北京实践、执政党建设、海外中国学和大学生思想政治教育有效性研究等马克思主义理论学科建设 4 个重点方向。深入开展"知北京、爱北京、荣北京"主题教育活动。开展"空军与国防现代化"主题军训，首次尝试双语军训，荣获 2013 年首都大学生思想政治教育工作实效奖二等奖 1 项，承办了北京高校国防教育研讨会。

四、管理与服务更加规范高效

15. 财政收入增长较快，经费使用更加科学。围绕学校内涵发展要求，深化全校一级预算管理改革，理顺财务布局，完善预算申报体系。积极争取上级资金支持，2013 年学校预算资金增幅为 17.55％，极大地支持了学校的发展。进一步规范财务管理，强化财务监管职能，"三公经费"、会议费、培训费等得到控制，财政专项绩效考评成绩取得优良的成绩。进一步推进财务预决算工作的精细化管理，获得市教委 2012 年决算编报工作先进单位二等奖、2013 年预算编制质量评价排名第三的成绩，获得了上级绩效奖励经费。

16. 国际合作范围得到扩大。自去年 5 月至今，我校新与 12 个国家和地区的 23 所学校签署合作协议，接待来自 18 个国家和地区的 56 个校级访问团组。

在对外派出方面，共派出 118 个团组、269 人次出国及赴港澳台交流；共派出 659 名学生出国境交流学习，其中一学期及以上长期学习的学生 307 人、短期交流学生 352 人。

17. 以全面落实党风廉政建设责任制为抓手，推进廉政风险防控管理工作。落实中央"八项规定"，严格落实月报制度，开展了全校处级干部任职廉政谈话和签订《廉政责任和廉洁自律承诺书》工作，严格问责，对 4 人次处级干部进行责任追究。结合党的群众路线教育实践活动，开展反腐倡廉宣传教育活动，4 件师生作品入选第二届全国高校廉政文化作品大赛决赛，推荐 152 幅作品参加中央纪委廉政漫画征集活动。启动"三个体系"建设试点工作和党风廉政评测系统一期建设。梳理 1985 年以来信访件，清理信访案件线索。

18. 民生得到持续改善。北苑校区主食与熟食加工基地投入使用，进一步方便师生生活；对全校班车进行了统筹调整，线路更加科学、受益教职工数量增加；贴近职工需求，开展医疗服务，校门诊部下校区，开展重点人群的健康咨询和管理；爱心互助基金工程 2013 年慰问教职工 105 人次，送达慰问金 29.4 万元；不断深化教职工健康幸福工程，深入开展为教职工"十送温暖"服务，将送温暖工作长效化、日常化；进一步整治和规范了北四环、盆儿胡同、蒲黄榆、昌平等校区的校园交通秩序，启用北四环两个地下车库，缓解了停车难。

19. 确保了校园安全稳定。全校上下高度重视安全稳定工作，认真贯彻"讲政治、保稳定、促发展"的要求，积极推进"平安校园"创建工作，不断完善校园安全管理的软硬件设施，加强领导、加大投入、加强管理，重点做好了安全检查和隐患整改工作，进一步增强了安全保障能力，有效维护了校园安全稳定。

20. 加强社会宣传，不断提升学校社会声誉。邀请中国残联主席张海迪等到特教学院考察、调研指导学院发展工作；两会期间邀请邰丽华等六位全国政协委员进校开展关注关心残疾人教育事业与残疾大学生"手拉手"活动。精心准备并成功举办了第十四届运动会，多家媒体报道运动会盛况，反响良好。

各位代表、同志们，一年来所取得的成绩，是在校党委和各级党组织的坚强领导下，紧紧依靠广大师生员工，开拓创新、聚焦内涵建设的结果。我校正处于快速发展的战略机遇期，学校事业的健康发展需要"双代会"的积极参与，需要集体的智慧和力量，愿我们共同恪尽职守，奋力拼搏，不断开创学校各项事业发展的新局面！

谢谢大家！

徐永利在北京联合大学第三届教职工暨工会会员代表大会第四次会议上的闭幕词

（联办通报〔2014〕第 23 期，2014 年 6 月 21 日）

各位代表、同志们：

我校第三届教职工暨工会会员代表大会第四次会议，经过全体代表的共同努力，圆满完成了各项预定议程，即将闭幕。我代表学校党委、行政，向这次大会的成功召开表示祝贺！特别要对我校工会获得全国教科文卫系统"模范职工之家"称号表示热烈祝贺。

一年来，学校以习近平总书记一系列重要讲话及十八届三中全会精神指导全局工作，坚持依靠全校师生员工，深入扎实开展党的群众路线教育实践活动，全面加强党的建设和党风廉政建设，推进学校各项事业改革发展，取得了明显成绩。本次"双代会"听取了《校长工作报告》、关于《北京联合大学章程》的起草说明，审议了《北京联合大学章程（草案）》《工会、教代会工作报告》《财务工作报告》《工会经审工作报告》《提案工作报告》，通过了《大会决议》，代表们切实履行代表职责，集思广益，认真讨论审议会议报告和文件，对学校工作献计献策，是一次民主、高效、成功的会议。

值此之际，我想讲几点意见。

一、要充分发挥教代会作用，形成党政工的强大合力。教代会是教职工参与学校民主管理的主要形式，充分发扬民主，尊重教代会代表的民主权利，认真落实教代会的职权，坚持提案制度，积极支持代表依法行使监督和建议权，保证信息渠道畅通提高依法治校的自觉性。这次会议上，代表们提出了富有针对性和建设性的意见和建议，学校党政要认真研究代表们的提案和意见，以客观、科学、民主的态度，认真研究落实。工会和教代会要参与加强和改进机关作风建设，我们的干部职工既是机关工作人员，又是会员，有的还是代表，既要身体力行，又要监督批评，要支持和保证教代会和工会发挥作用。

二、工会要当好组织与教职员工的桥梁，发挥政治纽带作用。工会是群众组织，是党密切联系职工群众的桥梁和纽带，工会工作是党的群众工作的重要组成部分。马克思指出："工人阶级的解放应该由工人阶级自己去争取；工人阶级的解放斗争不是要争取阶级特权和垄断权，而是要争取平等的权利和义务。"工会和教代会要筑牢"连心桥"，积极参与构建和谐劳动关系，站在服从和维护学校发展大局的高度，既要做好教职工服从改革发展大局的政治思想工作，为党政排忧解难；又要努力维护教职工合法权益，为师生办好事实事。工会组织不仅要"维权"，更要行使民主权利，发挥主人翁的作用，通过多种途径和各自岗位，在参与中模范工作、在监督中研究管理，在实践中体会脑力劳动和体力劳动的不同艰辛、在维权中实现主人翁的梦想。

三、要全心全意依靠广大师生员工，全面深化学校改革发展。学校党委要继续深刻领会和贯彻落实习近平总书记系列重要讲话和十八届三中全会精神，增强政治意识、大局意识和责任意识，以落实群众路线教育实践活动整改方案为抓手，全心全意依靠广大师生员工，推动学校事业发展。同时，要以整改的切实效果，为广大师生员工办实事、办好事，推动各项工作。工会和教代会要加强自身组织建设，要主动深入到教职工中去，深入到教学科研实践中去，访先进、解难题、问民生、知冷暖，提高教职工队伍建设水平。

各位代表、同志们，今年是推进学校"十二五"规划落实的第四年，我们要用习近平总书记重要讲话精神武装头脑，切实抓住首都经济社会和高等教育改革发展的历史机遇，进一步解放思想、大胆开拓、克服困难，坚定不移地全心全意依靠教职工办学、巩固教职工的主人翁地位，充分发挥工会、教代会民主管理、民主监督作用，为实现"联大梦"而努力奋斗！

谢谢大家！

京联党系列文件

关于印发《北京联合大学权力结构科学化配置体系建设试点方案》的通知

（京联党〔2014〕6 号）

各学院党委，校机关和直属单位党委，离退休党委，广告学院、北苑校区、后勤服务公司党总支，国际交流学院直属党支部，全校各单位：

为扎实稳妥推进"三个体系"建设工作，经校四届党委第 43 次常委会（2014 年 1 月 6 日）研究决定，对权力结构科学化配置体系建设进行试点，试点单位要落实工作任务，其他单位要认真学习，提前规划，为全校整体推进做好准备。现将《北京联合大学权力结构科学化配置体系建设试点方案》印发给你们，请遵照执行。

中共北京联合大学委员会　北京联合大学
2014 年 1 月 15 日

北京联合大学权力结构科学化配置体系建设试点方案

根据《关于进一步加强首都教育系统廉政风险防控管理的通知》（京教工办〔2012〕16 号）和《2013 年全市廉政风险防控管理工作任务安排》（京纪办发〔2013〕2 号）精神，为了进一步落实《北京联合大学 2013 年廉政风险防控管理工作方案》（京联纪〔2013〕5 号），结合学校实际，稳步推进权力结构科学化配置体系建设，以校人事处、国有资产管理处、学生工作部（处）、审计处为试点单位（以下简称试点单位）进行工作试点，特制定本方案。

一、总体要求

在校党委统一领导下，以构建具有我校特点的廉政风险防控管理机制为目标，在试点单位分别开展专业技术职务晋升聘任、学生奖助学金发放、物资采购、工程审计工作权力结构科学化配置的试点，最终形成结构合理、配置科学、程序严密、制约有效的权力结构，制作专业技术职务晋升聘任、学生奖助学金发放、物资采购、工程审计权力明晰表、权力运行流程图、廉政风险防控岗位责任书等文件。

二、工作任务

围绕规范权力运行，2014 年 6 月完成权力结构科学化配置体系建设的试点工作，并在总结经验的基础上，在全校分层分阶段推进。

试点单位根据确定的部门内部试点范围，开展权力结构科学化配置体系建设试点。

1. 梳理权力事项。按照职权法定、权责一致的要求，依据党内法规、行政法规及规章，全面梳理试点职权，编制权力明晰表，明确职权名称、行使对象和范围、行使依据、主责部门和协办部门。

2. 规范权力运行流程。根据编制的权力明晰表，按照权力的运行步骤，结合试点单位已经编制的廉政风险防控管理业务流程图，编制权力运行流程图，确定权力运行的重要环节。将各个环节的办理职责分解到相应部门和岗位，明确办理条件、权限、时限等内容。加强对办理流程的监控，对权力运行过程实行痕迹管理。制定各试点单位牵头的校级集体决策事项目录，完善集体决策事项的启动程序，包括前期论证、材料送审、征求意见等，"三重一大"事项要在决策前征求党委（校长）办公室、党委组织部、纪检监察办公室、人事处、财务处、审计处等部门的意见。

3. 科学配置各类职权。研究试点权力运行的规律和特点，通过试点，探索决策权、执行权、监督权既相互制约又相互协调的权力结构和权力运行机制的建设，加强分权制约和程序制约机制建设。流程内合理分权，将决策、执行、监督分解给不同的责任主体，重要事项都由两个或两个以上的部门或岗位通过独立履行各项职责来完成,加强同一流程内环节之间的制约。优化相应的权力运行程序,使分权制约措施在涉权事项办理流程中得到有效落实。

4. 分解落实防控责任。在科学配置权力的基础上,根据优化后的权力运行程序,按照"全、准、精"的要求再次排查廉政风险点,确定重点防控环节,明确权力事项办理流程各个环节的操作规范。完善风险防控措施。将廉政风险防控责任层层分解落实到相关工作人员,做到全员防控、全过程防控。

三、时间安排

1. 调研培训(2014年2月)

在学校"三个体系"调研的基础上,校纪检监察办公室负责组织培训,对承担试点任务单位的主要负责人和具体工作人员进行权力结构科学化配置体系建设培训。

2. 试点推进(2014年3月—6月中旬)

试点单位按照相关文件和本方案要求,参考协和医学院、中国石油大学(北京)试点经验,开展清权确权试点。试点单位在前期调研成果和专家论证意见的基础上,开展权力科学化配置试点工作。结合学校实际,

在广泛征求意见的基础上,将试点权力和廉政风险责任分解到具体工作岗位,按照权力运行流程图进行试点,加强对办理流程的监控,对权力运行过程实行痕迹管理。对在试点工作中出现的问题进行研究调整,做到权责一致、规范有序、相互协调、运行顺畅。形成与学校实际工作相配套的权力明晰表、权力运行流程图、廉政风险防控岗位责任书等文件。

3. 总结经验(2014年6月下旬)

在试点工作完成后,召开经验交流会,研究制定我校实施权力结构科学化配置体系建设工作方案,在全校分层分阶段推进。

四、工作要求

1. 加强责任落实。试点单位要认真开展工作,确定审定职权目录等重要文件和规定,重点作好决策权、执行权、监督权的科学配置。

2. 加强统筹协调。校纪检监察办公室要按照惩治和预防腐败体系建设要求,结合教育、制度、监督、惩处等工作任务,统筹推进试点工作。

3. 加强检查考核。本项工作的完成情况将作为重要内容纳入对相关部门2014年度党风廉政建设责任制考核工作中。

北京联合大学 2014 年工作要点

(京联党〔2014〕11 号)

各学院党委,校机关和直属单位党委,离退休党委,广告学院、北苑校区、后勤服务公司党总支,国际交流学院直属党支部,全校各单位:

2014年,要深入学习贯彻落实习近平总书记一系列重要讲话和党的十八届三中全会精神,巩固马克思主义在学校意识形态领域的指导地位,巩固全校师生团结奋斗的共同思想基础。落实党的群众路线教育实践活动提出的整改计划,以整改实效取信于广大师生;扎实做好党建先进校的评检工作,展示学校发展成果和进取风貌;着力推进教育教学改革,提升人才培养质量;着力推进校园资源建设,优化资源配置,改善办学条件;着力制订好大学章程,推动建立和完善现代大学制度。推进学校第四次党代会和"十二五"时期改革和规划又好又快落实。

一、学习贯彻十八届三中全会精神,以改革推动科学发展

1. 深入学习贯彻十八届三中全会以及习近平总书记一系列重要讲话尤其是对北京工作重要指示精神,组织对各级各类干部的培训,提高思想政治水平和改革发展意识,增强使命感和紧迫感。巩固党的群众路线教育实践活动成果,完成好校领导班子整改方案

中的42项任务,解决好影响学校发展的一系列实际问题。

2. 按照市教委部署,依据国家教育法律法规,遵循高等教育规律,发动群众,集全校智慧,以建立和完善现代大学制度为目标,抓紧制订《北京联合大学章程》,完善内部治理结构,建立系统、科学、有效的制度体系,推进内部治理的科学化。

3. 加大校区规划布局的推进力度,力争我校土地资源整合、置换、扩大有新的突破。继续推进校园基本建设,改善办学条件。全面推进北四环校区教学用房项目,力争第三季度完成主体结构封顶;完成北四环校区总体规划和资源调配工作,实现工作区与生活区的功能分区,促进校园布局更加合理协调;推进应用文理学院第二教学楼项目建设,力争暑期后竣工并投入使用;加大堡头校区校园总体规划和单体项目市发改委立项批复工作推进力度,年内部分单体项目开工建设;推进特教学院康复资源综合楼建设,力争年内取得立项批复并开工建设。做好有关校区的修缮改造项目,创造更加优美的校园环境。

4. 以"智慧校园"建设为中心,提升学校信息化建设贡献力。提升出口带宽,实现各校区万兆互联;建设

云计算、高存储、同步教室互相支撑的教学资源共享交互的系统与环境；打破信息孤岛，加强全校综合信息服务平台以及人、财、物信息化管理系统的研发与应用，提升管理效能。完成中心机房搬迁及核心网络改造项目，升级拓展一卡通管理服务功能，完善网上办公环境，构建覆盖全校的虚拟社区，方便跨校区交流，提高广大师生对校园网络使用的满意度。

5. 落实开放兴校战略，积极稳妥地推进中关村科学城项目——"宽带文化融合产业创新园和宽带文化融合产业技术研究院"建设，做好开园、科研成果转化、产业集聚工作，力争实现服务首都经济社会发展的新突破。

二、深化教育教学改革，提高人才培养质量

6. 推进学院教学综合改革。积极探索以人才培养模式创新改革为核心、以管理制度改革创新为保障、以学院为基本实施单位的综合性教学改革。重点支持生物化学工程学院实行完全学分制改革试点，引导学生自主选择专业、自主选择课程、自主选择学习进程，促进学生个性发展，激发学生创新潜能；重点支持商务学院对接国际商学院认证，引进国际先进教学理念和培养模式，引进国际优质课程资源，构建学历教育与国际专业认证相结合的课程体系。

7. 探索高水平应用型人才培养新模式。以校级实验班为基础，在教学过程管理、课程教师选聘、课程教学内容改革、教学方式与手段创新、教学效果评价等方面进一步深化改革，探索开展问题引导式教学、案例教学以及 Moocs 背景下的"翻转课堂"等教学模式改革，在保障整体"面"的质量基础上，在"点"上争取突破，为培养高水平应用型人才探索新路。

8. 继续实施校级专业评估。根据教育部新一轮本科教学审核性评估要求，进一步完善专业评估主、客观性指标体系，改革专业评估方式方法，将专业评估结果与对教学单位的评价相联系，以专业评估为抓手，提早准备对接国家级教学评估。进一步加强课程建设，启动课程合格评估，每个教学单位至少开设2门全校性公选课程，并通过同步课堂向全校学生开放选修。

9. 加强实践环节教学。进一步整合优化实践教学资源，改革实践教学管理体制，完善实践教学管理评价办法。加强实践教学顶层规划与设计，大力推进政产学研合作，统筹好校级实践教学中心建设，积极组织学生参与2014年华北五省大学生计算机应用大赛等学科竞赛，认真组织申报国家级虚拟实践教学中心，切实提高学生的实践动手能力。

10. 探索试行招生宣传工作的学院负责制，调动学院积极性，丰富招生宣传的形式，提升招生宣传效果。完善体育特长生、表演类等特殊类型的招生制度与监察力度，做好阳光招生与信息公开工作。

11. 保持较高全员初次就业率。巩固开拓毕业生就业市场，加强就业基地建设。建立毕业生就业质量年报制度，探索就业工作信息化建设。融合校内创业资源，优化大学生创业环境，建成2个校外创业实训基地。制定北控集团毕业生创业奖学金管理办法，全面启动毕业生创业资助项目。

12. 做好继续教育工作。稳定学历教育规模，完成招生计划。调研全校非学历教育培训现状，建立非学历教育培训项目库、师资库，为整合资源、拓展培训奠定基础。围绕提高质量和办学效益，推进专业调整，打造培训品牌，力争申报职业教育师资培训新专业1个、专业点建设项目1项。加强继续教育信息化建设，实现新版继续教育网站运行，试点成人学历教育正方教学管理系统运行，为进一步实现统筹管理奠定基础。

三、完善学科布局，提升科学研究层次和水平

13. 以国家授权学科点评估工作为导向，加强研究生课程质量评估等培养过程管理以及导师队伍建设，提高研究生培养质量。迎接教育部学位办对计算机应用技术、食品科学、专门史三个学科点的评估，以评促建。加强对近两年自主设置的目录外和交叉学科二级硕士学科的基础建设。

14. 根据国务院学位委员会、北京市学位委员会有关文件精神，结合我校学科建设实际，积极申报增列专业硕士学科点，"保2争3"，进一步完善学科布局。以社会需求为导向，选择优势学科开展"授予博士学位的服务国家特殊需求人才培养项目"的培育工作。

15. 有针对性地开展多层次的科研培训与政策宣讲，对学科、学术带头人和各级专业技术人员进行分类指导，加大科研项目培育力度，保持高层次科研项目立项数和竞争性科研经费到账数的稳步增长态势，鼓励横向合作，积极参与京津冀区域合作，力争获得50项省部级及以上科研项目，科研竞争性经费保持20%以上的增长。

16. 以政策为导向，加强管理与考核，强化科研激励机制，促进各级各类科研平台建设。积极申报市级科研平台。通过整合校内外资源，推进协同创新中心的建设工作。落实《加快推进高等学校科技成果转化和科技协同创新若干意见（试行）》，健全科研成果管理，利用市场化运作模式，探索科技成果转化方式。

四、以学科、专业带头人为重点，加强师资建设

17. 做好学科、专业教师队伍建设规划，建设好带头人队伍、建好梯队。贯彻落实"人才强校"四项计划中的提升计划、培育计划，遴选优秀的学科带头人、专业负责人后备人选。搞好对各二级单位领导班子成员、新上岗系主任、科级干部等的培训，投入专项资金对富余人员进行培训，补充到管理和专业技术岗位。

18. 加大高层次人才引进力度，把高层次人才引

进作为相关单位和部门工作的考核指标；开展广泛调研，进行用人制度的改革，在校内一些专业技术岗位试点实行人事代理制，进一步规范编制外用工管理；加强人事工作的信息化管理，完善人事信息管理系统一期工程，向各学院适当开放用库权限，实现各学院人员信息录入与使用标准的统一。

19. 制定并实施"加强中青年教师培养资助工作"配套的实施细则；选派若干名优秀中青年教师到国外著名大学做访问学者或攻读博士学位、进行博士后研究。

20. 做好新一轮全员聘任后续工作。完善并公布部门职责和岗位职责。做好专业技术职务晋升文件的修改制定工作，年内完成文件定稿。指导并开展好教师教学发展学院分中心工作，组织实施教师教学共同体等多样化教师专业化发展活动。

五、围绕学生成长成才，开拓德育工作新局面

21. 提升思想政治理论课教育效果。实施优秀课程建设工程，继续推进和深化问题导入式专题教学。进一步加强执政党建设、马克思主义中国化的北京实践、海外中国学和大学生思想政治教育有效性研究四个重点团队的建设，力争在高水平论文方面取得突破。

22. 加强社会主义核心价值观教育。完善"知北京、爱北京、荣北京"思想教育平台，利用校史馆等平台开展爱国、荣校教育实践活动。

23. 加强学风建设，促进学生良好学习习惯的养成。推进发展辅导和学业辅导，加强心理素质教育，拓展学生事务服务中心，打造学专融合学风建设平台和幸福成长素质拓展平台。规范二级学院学生工作评估。

24. 加强共青团工作。以思想引领为核心，构建丰富的第二课堂活动体系，全面提升学生的综合素质。健全机制，加强对学生组织和学生干部的指导和管理。成立北京联合大学艺术教育中心，大力推进艺术教育。加强学生科创活动项目的培育和孵化，提升成果水平。编制《大学生社会实践教程》，加强对学生社会实践的指导。

25. 迎接市教委对落实《学校体育工作条例》的评估检查，完成《国家学生体质健康标准》测试工作，测试率争取达到98.2%。办好全校第14届运动会，办好高水平运动队，继续在市级及以上比赛中获奖，为学校争得荣誉。认真做好体育中心的运行及管理工作，最大限度地服务师生，同时以体育中心为依托争办市级比赛，提升学校知名度。

六、优化国际交流结构，提升国际化办学内涵

26. 以"北京市高等学校学生公派境外学习奖学金"项目为契机，优化并拓宽我校学生交流交换项目，为学生走出国境提供更周到及优质的服务。规范统筹全校留学生教育管理，加强"北京市政府留学生奖学金"的管理工作，统一全校留学生奖学金评比标准和额度，切实发挥奖学金作用，推进来华留学生入系学习。

27. 加强引智工作，全年至少引进15名长期外教、50名短期外教，提升教学的国际化水平。以商务学院国际贸易和国际商务专业（全英班）为重点，选派优秀外国专家进行长短期教学，为商务学院获得国际高等商学会认证打好基础。

28. 严格执行因公派出计划，以学术团组为主安排因公出国（境）、因公赴台，执行对所有出访团组进行公示制度，重点落实因公出访团组团长负责制、出访后总结及出访成果落实工作。

七、以行动转变作风，提高管理和服务水平

29. 完成2013年度财务决算及分析报告。发挥预算协调小组作用，完善一级预算管理，科学制订2014年学校财务预算。加强预算执行过程监控，厉行节约，完善财务管理制度，提高财务管理水平和经费使用绩效。根据市教委产权登记工作进度要求，做好2014年清产核资工作准备。

30. 推进并力争完成北四环校区北院地上建筑物房屋产权证的办理工作。提高信息化建设程度，力争实现招标信息化管理，逐步规范工作流程，保证招标采购的阳光透明，提高效率。

31. 以二级单位经费使用情况为重点，细化和深化预决算审计。调整和完善绩效评价工作模式，将绩效评价与项目日常管理相结合，实现绩效评价常态化。做好北四环校区综合实训楼、本育中心综合楼和应用文理学院学生宿舍楼等工程的结算审计工作。

32. 根据《足迹——北京联合大学文库》五年出版计划安排，编辑出版原校长李煌果、机电学院已故教师李敬的文选、文集。进一步规范档案的管理和利用，完成干部人事档案装具更换。

33. 加强后勤工作。推进后勤工作科学管理、成本核算、节能降耗，完成堡头校区、学院路校区食堂标准化的软硬件建设，推进蒲黄榆校区标准化宿舍的软硬件建设，为2015年申报专家评审做准备。加强后勤员工的职业道德和岗位技能培训。统筹全校班车资源，启用新的运行方案。

八、以落实整改计划和迎接党建先进校检查为重点，扎实开展党的建设各项工作

34. 切实做好迎接第七次北京市党的建设和思想政治工作先进普通高等学校评选专家进校检查和校党委到北京市的评选答辩工作，展示学校近几年来的发展成果和师生员工的精神风貌，根据评选反馈意见做好相关整改工作。

35. 认真学习贯彻执行《党政领导干部选拔任用工作条例》，依据2013年聘任文件的精神，扎实推进二级单位和处级干部的考核工作，提高管理水平和效率。按照上级要求，做好后备干部的集中调整工作。

36. 加强干部教育培训工作。学校党校将举办 3 期处级及以上干部学习贯彻习近平总书记系列讲话精神培训班，对全校所有实职处级及以上干部进行一次集中轮训。适时举办处级后备干部培训班和党支部书记培训班。按照《北京联合大学二级单位和处级干部考核办法》，开展对二级单位的考核工作，引导基层干部树立正确的政绩观、发展观，促进二级单位的科学发展。

37. 积极推进联大宣传思想文化建设，准确把握与研判校园舆情的特点，广泛开展宣传教育工作，提升党员干部精神境界，通过读原著等活动，深化青年教师对马克思主义理论认知和领悟。开展联大精神大讨论和联大校歌征集活动，增强联大师生归属感、自豪感，激发并巩固全校师生建设首都人民满意的应用型大学的共同思想基础和精神动力。创建无烟校园，营造健康文明的校园环境。

38. 加强党对党风廉政建设和反腐败工作的统一领导，落实中央《建立健全惩治和预防腐败体系 2013—2017 年工作规划》，制定我校实施细则。深入落实中央八项规定精神，持之以恒纠正"四风"。进行"三个体系"建设试点，并启动第二批试点工作。开展党风廉政建设责任制网上考核体系试运行，计划今年年度考核时在全校推开。加强党员干部党性党风党纪学习教育，特别是政治纪律和组织纪律教育。加强对科研经费的监督检查，促进科研经费规范管理。加强信访件办理工作，抓早抓小，保护干部，保障学校事业发展。加强制度落实情况监督检查，发挥制度约束和保障作用。加强廉洁文化建设，推动廉洁文化进课堂。加强专题调研，积极探索新形势下高校党风廉政建设特点和规律。

39. 深入开展创建"平安校园"工作，确保顺利通过上级检查验收，及时化解、稳控和清除突出问题苗头和重大隐患，维护校园的安全稳定。

40. 加大校门诊部软硬件建设力度，为师生提供更优质的医疗服务。继续做好统战、工会、离退休工作。

中共北京联合大学委员会　北京联合大学

2014 年 2 月 25 日

关于成立纪检监察信访工作小组的通知

（京联党〔2014〕16 号）

各学院党委，校机关和直属单位党委，离退休党委，广告学院、北苑校区、后勤服务公司党总支，国际交流学院直属党支部，全校各单位：

为深入贯彻落实市教育纪工委《关于做好反映问题线索处置情况报送工作的通知》的精神，进一步加强对反映领导干部问题线索集中管理和规范处置，防止线索失控、失管和案源流失，提高信访工作水平，经校四届党委第 50 次常委会（2014 年 3 月 24 日）研究决定，成立北京联合大学纪检监察信访工作小组。现将有关事宜通知如下：

一、纪检监察信访工作小组组成人员

组　　长：徐永利、卢振洋

成　　员：付晨光、张　楠、欧阳媛

二、纪检监察信访工作小组主要职责

1. 负责制定并组织实施我校信访总体工作方案；

2. 集体研究信访工作中的重要问题；

3. 集体研究反映问题线索处置方式。

特此通知。

中共北京联合大学委员会　北京联合大学

2014 年 4 月 1 日

关于印发《北京联合大学处级领导干部试用期满考核实施办法》的通知

（京联党〔2014〕17 号）

各学院党委，校机关和直属单位党委，离退休党委，广告学院、北苑校区、后勤服务公司党总支，国际交流学院直属党支部：

经校四届党委第 52 次常委会（2014 年 4 月 8 日）审议通过，现将《北京联合大学处级领导干部试用期满考核实施办法》印发给你们，请遵照执行。

中共北京联合大学委员会

2014 年 4 月 15 日

北京联合大学处级领导干部试用期满考核实施办法

根据 2014 年中共中央《党政领导干部选拔任用工作条例》中第七章任职第四十二条关于实行党政领导干部任职试用期制度的内容要求：提拔担任非选举产生的厅局级以下领导职务的，试用期为一年；试用期满后，经考核胜任现职的，正式任职；不胜任的，免去试任职务。

为深化干部人事制度改革，进一步加强干部队伍建设，根据学校党委的工作部署和要求，结合我校实际，现对我校处级领导干部试用期满考核工作制定本实施办法。

一、组织领导

学校成立考核工作领导小组。

组长：分管组织工作的校领导。

成员：由校党委组织部、纪检监察办公室及学校相关部门负责人组成。

领导小组下设工作小组，考核工作小组的工作人员由校党委组织部和纪检监察办公室选派，负责考核工作的具体实施。

二、考核对象

新提拔的、非选举产生的试用期满处级领导干部。

三、考核内容和等次

1. 考核内容

主要考核干部在德、能、勤、绩、廉方面的情况，适应岗位情况及存在的主要缺点和不足，重点考察任现职以来履行岗位职责、完成上级布置的工作任务、团结协作情况及所取得的工作业绩等，通过工作情况和实绩考察干部的基本素质和能力。

2. 考核等次

考核等次分为胜任、不胜任两个等级。

四、考核程序和方法

（一）考核准备

在试用期满前一个月，校党委组织部征求主管校（院）领导意见，并与考核干部所在单位沟通考核有关事宜，考核干部撰写试用期工作总结，总结内容包括任职以来，在德、能、勤、绩、廉五个方面的表现情况及工作中存在的不足（字数不少于 3000 字），并填写《处级领导干部试用期满考核登记表》（附件 1）。工作总结要在 OA 网上进行公示。工作总结与考核登记表由校党委组织部存档。

（二）考核预告

考核工作小组提前发布考核预告，并在 OA 网上及校内公告栏公示，公示时间不少于 5 个工作日。

（三）民主测评

召开民主测评会，会上由考核工作小组作简要说明，被考核干部进行现场述职，与会人员现场填写《处级领导干部试用期满民主测评表》（附件 2），进行无记名民主测评。考核工作小组现场收回测评表，由校党委组织部统计和汇总。

参与民主测评的人员范围参考如下（具体名单由校党委组织部根据具体情况确定）。

1. 参加学院、校直属单位试用期干部测评的人选范围

（1）校领导

① 参加学院、校直属单位试用期干部班子正职测评的校领导：校党委书记、校长、副书记、纪委书记、主管校领导。

② 参加学院、校直属单位试用期干部班子副职测评的校领导：主管校领导。

（2）学院领导班子成员（或直属单位领导班子成员）。

（3）学院或直属单位内各方面代表：副局级学院应包含学院机关相关职能部门负责人，教授代表，专职纪检监察员，系部负责人及相关代表；处级学院应包含学院综合办、学工办、教科办主任，全体副教授及以上人员，系部负责人及相关代表；直属单位应包含全体副教授及以上人员。

（4）各单位教代会代表。

（5）其他需要参加的人员。

2. 参加校机关职能部门试用期干部测评的人选范围

（1）校领导

① 参加校机关职能部门试用期干部正职测评的校领导：校党委书记、校长、副书记、纪委书记、主管校领导。

② 参加校机关职能部门试用期干部副职测评的校领导：主管校领导。

（2）本部门工作人员。

（3）各学院主管相关工作的院领导需要测评试用期机关职能单位正职干部。

（4）其他需要参加的人员。

（四）个别谈话

在民主测评后，一般由考核工作小组进行个别谈话，进一步了解试用干部的履职情况和对试用干部履职的满意程度。个别谈话人数不少于 15 人，谈话人选范围为：考核对象所在单位的主管校领导，考核对象所在单位党政领导班子成员，与考核对象工作联系较多的部门负责人和有关人员，其他相关人员，具体名单由校党委组织部确定。

（五）形成考核材料

考核材料要在考核组的考核工作结束后，在综合分析的基础上，对考核对象形成完整的书面材料。

内容包括：

1. 德、能、勤、绩、廉等方面的主要表现和主要特长；

2. 主要缺点和不足；

3. 民主测评和个别谈话情况；

4. 其他需要说明的情况。

（六）纪律监督

为保证干部考核工作的公开、公正、客观、真实，试用期满考核应设立专门的举报邮箱和信箱，具体通知见考核预告。对在考核中接到群众来电、来信、来访反映考核对象情况的，按照有关规定进行调查核实。

五、考核结果的使用

（一）考核等次的确定

考核工作小组将考核对象的测评和考核情况汇总、分析，并经考核工作小组确认后，向常委会汇报，由常委会讨论确定考核对象的考核等次。考核各等次的确定主要依据下列标准。

1. 胜任：

（1）坚决拥护党的路线、方针、政策，思想政治素质较高；

（2）组织领导能力较强，密切联系群众，工作作风较好；

（3）能够较好地适应所任职务的工作，认真履行

职责，勤奋敬业；

（4）能做到廉洁自律；

（5）民主测评"胜任"得票率三分之二以上。

2. 试用期满，经考核存在下列情况之一者，不予正式任用：

（1）思想政治素质方面存在严重问题；

（2）组织领导能力弱，工作实绩不突出，不能胜任试用领导岗位；

（3）影响班子团结或工作作风存在严重问题；

（4）发现有以权谋私、贪污腐败等违法违纪行为；

（5）民主测评"胜任"得票低于三分之二或个别谈话满意人数低于二分之一。

（二）考核结果的使用

新聘任干部试用期满经考核为胜任者，正式履行任职手续，任职时间从试任职时间开始算起；经考核确定为不胜任者，免去试任职务，不保留试任职务的相应待遇，由学校视情况安排工作。

六、本办法自发布之日起执行，由校党委组织部负责解释。

附件：

1. 北京联合大学处级领导干部试用期满考核登记表

2. 北京联合大学处级领导干部试用期满民主测评表

（附件略）

关于调整"三育人"评审小组成员的通知

（京联党〔2014〕27 号）

各学院党委，校机关和直属单位党委，离退休党委，广告学院、北苑校区、后勤服务公司党总支，国际交流学院直属党支部，全校各单位：

经研究决定，对北京联合大学"三育人"评审小组成员进行调整，现将调整后的人员组成原则通知如下：

组　长：付晨光

副组长：张俊玲

成　员：范宝祥、王　玮、王维国、曲学利、杨

鹏、黄　巍

办公室主任：罗　丹

今后因工作调整，该评审小组实行替补制，由小组会确认。

中共北京联合大学委员会

2014 年 6 月 4 日

关于调整师德先进评审小组成员的通知

（京联党〔2014〕28 号）

各学院党委，校机关和直属单位党委，离退休党委，广告学院、北苑校区、后勤服务公司党总支，国际交流学

院直属党支部；全校各单位：

经研究决定，对北京联合大学师德先进评审小组

成员进行调整,现将调整后的人员组成原则通知如下:

> 组　　长:付晨光
> 副组长:张俊玲
> 成　　员:范宝祥、王　玮、曲学利、杨　鹏、张文杰
> 办公室主任:罗　丹
> 今后因工作调整,该评审小组实行替补制,由小组

会确认。

> 中共北京联合大学委员会
> 2014 年 6 月 4 日

关于撤销北京市医药培训中心法人的决定

(京联党〔2014〕34 号)

经 2013 年 12 月 27 日学校专题会讨论通过,决定撤销北京市医药培训中心法人。可在办理完注销法人手续后其相关业务并入校培训中心,账务并入校财务处。

> 中共北京联合大学委员会
> 2014 年 6 月 24 日

关于调整部分基层党组织设置及发展党员审批权限的决定

(京联党〔2014〕42 号)

根据《北京市实施〈中国共产党普通高等学校基层组织工作条例〉的办法》(京发〔2011〕26 号)和《中国共产党发展党员工作细则》(中办发〔2014〕33 号)文件要求,经校党委 2014 年 9 月 1 日第 70 次常委会研究决定,将部分基层党组织设置及发展党员审批权限调整如下:

一、成立广告学院党委,撤销广告学院党总支,原广告学院党总支下辖的党支部全部划归广告学院党委管理。由学院党委审批发展党员,并及时向校党委组织部备案,《关于授权广告学院党总支审批发展党员的通知》(京联党组〔2013〕55 号)同时作废。

二、成立北苑校区党支部,撤销北苑校区党总支。原北苑校区党总支下辖党支部合并成立北苑校区党支部,隶属校机关和直属单位党委。由校机关和直属单位党委审批发展党员,并及时向校党委组织部备案,《关于授予北苑校区党总支发展党员及预备党员转正审批权的批复》(京联党组〔2009〕9 号)同时作废。

三、将后勤服务公司党总支隶属关系调整为隶属于校机关和直属单位党委。撤销后勤服务公司党总支审批发展党员授权,由校机关和直属单位党委审批发展党员,并及时向校党委组织部备案,《关于授权后勤服务公司党总支审批发展党员的通知》(京联党组〔2013〕73 号)同时作废。

> 中共北京联合大学委员会
> 2014 年 9 月 2 日

北京联合大学 2014 年上半年工作总结

(京联党〔2014〕44 号)

全校各单位:

2014 年上半年,学校按照《北京联合大学 2014 年工作要点》部署,深入学习领会、贯彻落实习近平总书记一系列重要讲话及十八届三中全会精神,整体发展稳中求进。主要完成了以下工作。

一、以习近平总书记一系列重要讲话及十八大精神为指导,稳步推进学校改革与发展

1. 深入学习领会、贯彻落实十八届三中全会以及习近平总书记一系列重要讲话精神,扎实督办领导班子整改方案中 42 项任务的执行进度,确保完成效果;组织了三期处级干部轮训班,全校近 400 名处级干部进行集中学习。

2. 稳步推进校区的资源调配、基建工程。应用文理学院第二教学楼项目全面进入后期装修阶段;北四环校区教学用房项目进入主体结构施工阶段;开展双清路校区抗震加固改造、北四环校区东院改造项目;堡

头校区规划、特教学院康复资源综合楼立项筹备取得阶段性成果。统一分配新建体育馆、新综合实训楼各房屋使用功能;完成信息学院等多个单位教学用房的装修改造及搬迁工作;完成了有关宿舍楼、办公楼的装修改造。

3. 继续推进"智慧校园"建设。以"优秀"成绩顺利通过市教委验收,获得"北京市属高校数字校园示范校"称号;提升网络服务能力,出口总带宽达3.6GB;完成北四环校区资源调整后的配套网络改造工作;完成人事等多个单位业务系统的深度整合和数据集成;依托网站群,建成校教育基金会网、建设党风廉政专题网等;拓展"一卡通"服务功能和范围,引入校园卡"支付宝"网络充值等;完成安全等级保护系统网上查验,修补风险漏洞,落实市教委关于信息系统等级保护的相关定级工作。

二、深化教育教学改革,人才培养质量进一步提高

4. 继续完善教学管理制度文件,教学运行有序开展。出台《北京联合大学创新实践学分管理办法》《关于双学位、第二专业辅修专业收费管理办法(试行)》《北京联合大学2014—2016年本科教学工作行动计划》《北京联合大学学生转专业实施办法》等教学管理文件;对2014届毕业生中不能正常毕业及授予学位的情况和学生成绩管理中存在的问题进行了分析,提出了对策。

5. 进一步深化教育教学改革。以校级实验班建设为抓手,强化教学管理,改革实验班遴选方式,研究教学方式。开展了Moocs背景下的"翻转课堂"等教学模式改革培训;组织相关学院完成了双二辅培养方案的制定工作。推动量大面广的重要通识教育必修课程大学数学、大学英语、思想政治理论课、计算机基础的教学建设与改革工作,组织完成该四类课程的教育教学研究与改革项目申报及评审工作,立项34项。

6. 加强实践教学建设。组织各级各类实践教学项目的执行、申报,其中执行2013—2014年北京市各类专项108个,批复金额共计28115万元;申报2014年中央地方共建项目——旅游虚拟应用互动实验中心市级工作。修订《北京联合大学创新实践学分管理办法》,创新实践活动形式,参加课外创新实践活动1523人次,获得职业技能证书2987人次。启动第五届北京市计算机应用大赛。实施第五届高等职业教育学生实践能力提升训练计划,立项39项。

7. 全面加强教师执教能力。两人获得北京市教学名师奖;组织19名青年教师到北京科技大学学习观摩;完成第三届校级教学优秀奖半决赛工作和第三届中青年执教能力比赛及前两届教学优秀奖一等奖获奖教师的校级公开课。

8. 持续推进信息化和多媒体及教学资源建设。

完成生物化学工程学院完全学分制试点实施方案,搭建硬件试用环境;完成教务系统硬件升级和口袋大学升级方案;做好2014年各类专项的申报、评审和启动工作;开展4门次校级视频公开课、7门次微课程、3门次直播课程和数十门专题讲座的视频资源制作,推选2名教师参评第十届市级教学名师奖并获相应称号。

9. 积极做好招生工作。出台《北京联合大学招生宣传工作细则》,创新招生宣传方式,加强宣传力度和范围。新增文物与博物馆学2个本科招生专业。1945名考生参加我校表演类专业单独测试,34名考生参加高水平运动员专业单独测试,600名考生参加残疾人单考单招。高职升本科录取新生1535人;招收硕士研究生101名。

10. 多举措加强就业工作,保持了较高的全员初次就业率。深入推进联系学院制度、就业通报制度、招生就业培养联动机制。加强信息化建设。高质量推进北京市大学生职业发展与就业指导课程提升项目和北京市就业特色项目建设。与迪信通建立大学生就业基地,举办校园大中型招聘会14场,839家用人单位参加;加强对就业困难毕业生群体的帮扶工作。制定《创业资助金管理办法》,推动全校首批285名毕业生获得市人社局创业培训资格合格证书。

11. 整合资源,稳定成人学历教育规模,教育教学质量进一步提高。获批"汉语言文学专业"(秘书学方向)专业;2014级新生注册2184人,完成招生计划121%;完成2013年度教育部中职师资培训国家级任务学前教育专业二期班的培训任务,学员评教分数达到90分以上;与丰台职教中心合作组织了第一期"中职教师音乐、舞蹈培训",培训人数30人。

三、落实学术立校战略,学科建设层次与科研管理水平有提高

12. 学科建设工作稳步推进。教育、法律、金融三个专业硕士学位授权点通过国务院学位办的审批;完成2014年信息资源管理、智能交通运输等自主设置交叉学科布置与公示工作;组织专家对2013年学科建设经费进行绩效考评;完成2014年硕士点及各类重点(建设、培育)学科的经费预算、申报和拨付工作;完成《北京联合大学学科建设与研究生教育绩效评估指标》的征求意见和修改工作。《北京联合大学学报(人文社会科学版)》进入CSSCI(2014—2015年)来源期刊。

13. 继续推进科研工作。国家社科基金项目获批9项,教育部人文社科项目获批10项;申请专利63项,授权专利获得39项。推进平台建设工作,获批"生物质废弃物资源化利用"北京市重点实验室;北京学研究基地顺利通过第三期验收并获得优秀成绩;组织申报市教委协同创新中心平台工作;院士科研工作站工作进展顺利,智能车团队完成槐树岭北方测试场的场地实地测试工作,筹建助老助残机器人团队。

14. 加强对基层科研管理工作调研,提升科研管理水平。对基层科研管理部门开展了科研培训与政策宣讲;对全校各学院实验室公共资源的建设、规划发展情况进行调研,推进统筹管理和资源利用与共享;成立"北京联合大学加快推进科技成果转化和科技协同创新"领导小组,为推进"京校十条"的落实奠定基础。

15. 进一步规范研究生教育培养相关制度文件,提高培养质量。制定了《北京联合大学研究生任课教师管理规定》《研究生国家奖学金、学业奖学金、国家助学金管理暂行办法》《研究生科研学术创新项目暂行管理规定》以及《北京联合大学外国来华留学研究生管理办法》等,修订了《北京联合大学研究生课程管理暂行办法》等。

四、加强师资队伍建设,提升队伍建设水平

16. 深化专业技术职务晋升聘任相关工作的改革。制定并宣讲《关于"十二五"期间专业技术职务晋升聘任问题的意见》;试点改革专业技术职务晋升聘任工作申报流程,提高信息化管理水平;修订 2007 年制定的专业技术职务晋升聘任必备条件文件。

17. 落实"人才强校计划"和"高层次人才引进与培养三年行动计划",进一步加强青年教师培养工作。开展了"人才强教深化计划"各项目的结题工作及总结工作;完成了 2012 年"中青年骨干人才"项目的绩效考评。对各层次人才、创新团队执行经费达 2177.6 万元。制定和实施《关于对中青年教师专业发展培养和资助的实施细则》等四个配套实施细则。对新任系(教研室)主任、新晋升副教授和新任科级干部培训。支持设立教师研修工作坊。

18. 有序开展学校各项人事调配工作。制定 2014 年招聘工作方案及工作进度表,有计划地开展人才招聘工作;起草学校科级干部管理文件并广泛征求意见;进行用人制度改革,起草人事代理工作的相关文件。

五、紧抓学生成长成才主线,德育工作成效显著

19. 进一步加强马克思主义理论学科建设。将习近平总书记系列讲话和十八大精神贯彻落实到思政理论课和人文素质各门课程的教学与学科研究中;构建"专题式教学、过程化考核"教学新模式;中国近现代史若干重大问题研究、大学生思想政治教育有效性研究等方向逐步拓展。

20. 加强学生社会主义核心价值观教育。开展"国家利益至上"大讨论和应用型大学德育研究;实施文明课堂建设行动计划;召开"学专融合育良才"工作研讨会;学生德育建设获 2012—2013 年北京高等学校党的建设和思想政治工作优秀成果奖三等奖 1 项。国

防教育工作荣获北京市"2013 年度高校征兵工作先进单位";出版《大学生军训教程》和《北京高校国防教育研究文集》。策划并启动"5·25 心理健康节"系列活动,做好心理中心场地规划及施工。

21. 利用多种方式和渠道加强思想引领。举办纪念"五四"运动 95 周年主题团日活动;开展"光盘"行动;打造"青春联大"微信公众平台;构建"全天候、全方位、全覆盖"第二课堂活动体系;召开第五次学生代表大会;开展"十佳"系列评选;召开共青团北京联合大学后勤服务公司总支部成立大会。

22. 稳步推进体育教育工作。落实《学校体育工作条例》评估工作,完成学校体育工作的自查、自评,完成两万余名学生体质测试工作。成功举办全校第十四届运动会,继续推进学生"健康幸福工程"和"阳光体育"活动,体育竞技成果丰硕,特殊教育学院学生参加 2014 年全国盲人门球锦标赛,女队获 1 金、男队获 1 铜,朱鹏凯同学在全国残疾人田径比赛中获得标枪比赛金牌;8 个重点体育运动代表队共参加 15 项北京高校比赛,取得了 5 金、8 银、13 铜的成绩;健美操队参加市级及国家级比赛,取得 1 金 2 银 4 铜的成绩。

六、落实开放兴校战略,国际合作资源不断拓展、国际化办学水平不断加强

23. 因公出国(境)、赴台工作有序推进。按上级要求,规范我校因公出国(境)行为,共派出 49 个团组 149 人次,其中校级出访组 2 个,出国境团组以学术出访为主,占总数的 60% 以上;学生实习实践团组呈上升趋势,接待来访团组 20 个。

24. 进一步优化拓宽学生交流交换项目。新开辟德国佛莱堡大学暑期学习、匈牙利伊伐尔大学长短期交流等项目;校内 417 名学生参加各类长短期交流交换生项目。上半年有来自 41 个国家的留学生 793 人次,学位生比例达 43.3%,获得北京市政府外国留学生奖学金总计 240 万元。在校港澳台侨学生 25 人;新增台湾彰化师范大学和佛大学 2 个交换生项目。

25. 继续提升引智效益。聘请外国专家 17 名,讲授经济类专业课程 15 门,同时兼顾语言教学;举办外国专家讲座 28 场。以商务学院经济管理类课程为重点扶持专业,选派优秀外国专家进行长短期教学,推进学院申报国际高等商学院协会资格(AACSB)的前期工作。

七、深化内涵建设,作风建设得加强,服务效能得提升

26. 进一步夯实财务工作基础,提升财务管理水平和服务效能。完善一级预算方案;对相关单位、个人有计划、分层次地开展了经费管理与使用业务培训;启动无现金报账,调整后勤服务公司基本运行经费的财务核算方式等;按照上级要求,对全校 18 家事业单位

开展产权登记工作。

27. 国有资产管理工作进一步规范运行。推进"三个体系"试点工作，合理划设采购招标岗位的权力运行流程图，科学编写岗位廉政风险防控责任书，规范采购招标工作；完成财政专项经费2013年3个追加项目和2014年4个项目申报；采购立项83个，中标金额10242余万元，资金利用率96.14%；完成2014年北京市级事业单位及所办企业国有资产产权登记工作的自查、整理等工作。

28. 紧密围绕学校中心工作，履行好审计监督职责。完成修缮工程审计14项，审减金额615万元；特殊教育学院改扩建工程（基建）结算审核，审减金额初步核实为2998万元；基建工程跟踪审计在审项目5个。对211个自查项目检查，抽查金额约2300万元；配合市教委进行了"骨干教师"项目绩效评价。

29. 校史编撰工作有序开展，档案管理稳步推进。校史馆宣传作用凸显，上半年入馆参观达2038人次；年鉴编纂逐步规范；《李煌果文选》编撰有序推进；完成1236卷人事档案的装具更换工作及3724件人事处移交至档案馆的人事档案材料的整理入档工作。

30. 提高后勤服务质量。规范工作流程、加强科学管理；培训员工290余人次；开展各类主题党日活动，饮食服务中心团支部获得北京市"青年文明号"称号；举办"舌尖上的联大"主题食品展销等活动；调整班车线路，满足更多教职工的乘车需求。

31. 加强师生卫生保健工作。较好地对传染病疫情进行了监控、管理与处置；聘请专家开展重点疾病健康教育咨询活动。

八、以落实整改计划和党建先进校迎检为抓手，班子建设得加强，党建工作有成效

32. 按照上级统一部署，组织召开党的群众路线教育实践活动总结会，对教育实践活动满意度进行测评，扎实推进领导班子整改方案和干部个人整改措施的落实，巩固活动成果，完善相关制度，推进建立活动的长效机制。

33. 党建工作扎实开展，成效显著。党建工作获得第七次北京市党建先进校提名奖，获市委表彰；特殊教育学院获全国助残先进"残疾人之家"称号，习近平总书记接见学院代表；对2013—2014"十佳党支部"创建工作进行中期检查；开展党组织和党员到社区为群众服务活动。组织迎接并协助北京市委第四巡视组的巡视工作。

34. 加强领导班子和干部队伍建设。完成2013年校领导考核和一报告两评议工作；完成全校395名局级、处级干部2013年度个人有关事项的报告工作。出台《中共北京联合大学委员会关于对各二级单位进

行考核的通知》，启动相关考核工作；进一步加强因公因私出国审批管理工作；组织开展我校副处级后备干部推荐工作。

35. 创新理论学习形式，提高学习效果，多种宣传方式提升学校声誉。以校党委中心组理论学习（扩大）会为抓手，组织全校处级以上干部近1500人次参加学习贯彻十八大和习近平总书记重要讲话精神。开辟理论专题，登载理论学习体会文章。组织开展第八批党建和思想政治教育研究课题的评审工作，立项10项。启动第三届"我与联大共奋进"宣讲活动，开展12场院级宣讲会。加强学校外宣力度，累计报道120余篇。

36. 以全面落实党风廉政建设责任制为抓手，推进廉政风险防控管理工作。制定《2014年党风廉政建设和反腐败工作主要任务分工》，制定《北京联合大学2014年党风廉政宣传教育工作计划》；对学校305名处级干部开展干部廉政法规知识测试；持续推进"三个体系"建设试点及党风廉政建设责任制网上考核体系建设工作；针对15个重点领域的校级行政事项开展了共计201人次的监察；成立学校纪检监察信访工作小组，坚持案件线索月报制度。转职能、转方式、转作风，进一步加强纪检监察干部队伍建设。

37. 扎实开展校园安防、维稳工作。制定了《校园等级防控工作管理办法》和《创建"平安校园"攻坚阶段工作方案》；落实校园安全网格化管理实施方案，完成《安全管理三级基层网格划分备案表》统计工作；组建"校园反恐防暴小分队"，开展涉稳、涉密等安全稳定方面的摸排工作，确保了校园安全稳定。

38. 工会建设取得新成果。荣获全国教科文卫体系统"模范职工之家"称号；充分发挥教代会建言献策的作用，召开三届四次教代会，开展工会工作理论研究等；实施健康幸福工程汇聚事业发展正能量项目，获得2012—2013年北京高等学校党的建设和思想政治工作优秀成果、创新成果三等奖；组织开展全校教职工竞技比赛及首届亲子运动会等活动。加强师德建设，开展"师德先进""三育人先进"评选活动，弘扬正能量。改革子女医疗统筹报销制度等。

39. 完善离退休人员管理工作制度，制定了《校离退休工作部门党政联席会议事规则》。关心下一代工作委员会荣获北京教育系统"关心下一代优秀主题教育活动"一等奖，并荣获"北京教育系统关工委优秀信息单位"。

中共北京联合大学委员会　北京联合大学
2014年9月5日

北京联合大学 2014 年下半年重点工作

（京联党〔2014〕45 号）

全校各单位：

2014 年下半年,学校要深刻领会和贯彻落实习近平总书记系列重要讲话和十八届三中全会精神,继续积极推动"十二五"规划任务落实,确保圆满完成年初制定的各项工作任务。

一、以习近平总书记系列讲话精神武装头脑,继续做好党的建设各项工作

1. 深入学习贯彻十八届三中全会精神和习近平总书记系列重要讲话精神,提高认识,增强学校改革发展的使命感和紧迫感;巩固党的群众路线教育实践活动成果,解决好影响学校发展的系列问题;结合市委第四巡视组的反馈意见,制定整改措施,切实加以落实。

2. 认真学习贯彻中央新颁布的《党政领导干部选拔任用工作条例》和《中国共产党发展党员工作细则》,制定学校的相应实施细则或办法。加强干部教育管理,开展部分处级职位竞争上岗工作,开展对二级单位干部的考核工作,树立正确的政绩观、发展观。

3. 以党支部建设为抓手,加强基层党建工作,开展 2013—2014 年"十佳党支部"创建答辩评选工作。加强基层党组织建设,指导部分二级党组织完成换届工作,指导并监督各二级党组织完成所属党总支、支部的换届工作。举办党支部书记培训班。

4. 着力巩固全校师生的共同思想基础。开展青年教师理论引领工程,"两网两台一报"质量提升工程,"激扬联大"校园文化工程,继续实施宣传干部工作能力提升计划。

5. 落实党风廉政建设党委主体责任和纪委监督责任,强化统一领导。严明党的政治纪律和组织纪律,坚持不懈落实中央八项规定,纠正"四风"。开展权力结构科学化体系建设全校试点,加强党员干部党性党风党纪学习教育。强化案件线索管理,对干部身上的问题早发现、早提醒、早纠正、早查处。监督检查"七公经费"等使用。迎接上级党风廉政建设和反腐败任务落实情况专项检查。

二、继续推进教育教学改革,突出应用型人才培养

6. 继续推进学院教学综合改革。重点支持生物化学工程学院实行完全学分制改革试点,商务学院对接国际商学院认证,鼓励支持各学院进行教学改革和创新。

7. 探索高水平应用型人才培养新模式。开展应用型教学和 2015 版本科和高职培养方案修订工作,开展 2011 版人才培养方案实施状况调研,为培养高水平应用型人才探索新路。

8. 继续实施校级专业评估。开展 2013—2014 年度本科专业评估及通识教育必修课程评估,开展 2014 年通识教育选修课程精品视频公开课建设。

9. 加强实践教学。试行学生学习效果形成性记录电子档案制度。继续深化改革,整合优化实践教学资源,做好市级校外人才培养基地、市级校内创新实践基地申报及验收工作,举办 2014 年华北五省(市、自治区)及港澳台大学生计算机应用大赛。

10. 做好招生就业工作。做好 2014 年招生录取及其信息公开工作;进一步建设和完善有关招生工作信息系统;开拓毕业生就业市场;完善就业工作奖励制度,建成两个校外创业实训基地;全面开展并完成毕业生就业质量年报工作。

11. 做好继续教育工作。修订成人高等教育学位工作实施办法;调整专业设置,推进校外办学点自主管理模式;拓展非学历培训;加强信息化建设,运行新版继续教育网站,扩展开发继续教育教务管理系统。

三、加强学科建设,提升科学研究层次和水平

12. 做好新批的法律、金融、教育三个专业硕士点建设工作,制定培养方案,遴选硕士生导师;对自主设置交叉学科进行评审,加强学科和学科带头人队伍建设;修改完善学科建设与研究生教育绩效评估指标体系;做好北京市重点建设学科市财政专项经费的预算申报和学科建设工作。

13. 做好研究生培养教育工作。完善研究生管理信息系统;落实研究生 2014 版培养方案,加强研究生思想政治教育和校纪校规教育,编制完成学科与研究生教育年度评估报告。

14. 加强科研平台建设和科研项目管理。做好省部级以上项目中期检查和结题工作;继续开展全校性申报项目培训,支持国家重大重点项目和获奖项目的新突破;完成学术著作出版管理办法、学术委员会章程及科学技术工作指导委员会章程等文件的修订工作;完成校学术委员会的换届工作。

15. 加强科研成果建设和转化工作。完成科研信息系统升级改造,提高科研数据统计分析质量,编写年度《科研竞争力报告》,开展校级优秀科研成果评审;制定落实"京校十条"实施细则,择优培育支持若干个有转化前景的科技成果项目。

四、强化人事管理,加强师资队伍建设

16. 强化编制和岗位管理工作。完成全校机构、编制内外人员的核查工作;制定好科级干部聘任管理办法,做好科级干部管理和培训工作;继续修订职称评聘的相关文件,为"十三五"做好准备,进一步规范编制外用工管理。

17. 加大高层次人才引进力度。完成2014年"高层次人才引进与培养三年行动计划"任务;完成教学技能项目的年度考核验收工作;完成2015年"高层次人才引进与培养三年行动计划"经费申报工作。

18. 做好教师专业化发展工作。开展好教师专业化发展工作;举办中青年教师发展论坛;开展教师自主性发展组织试点,总结并推广设计类教师产学研修工作坊和英语类教师学术研修工作坊经验;加强新进校教师的培训、境内外学习交流。

五、以学生为本,深化德育工作

19. 进一步加强思想政治教育工作。继续开展思政课问题导入式专题教学改革深化工作,着重提高教学质量。加强"海外中国学研究中心"建设。

20. 加强社会主义核心价值观教育。将培育和践行社会主义核心价值观融入教育教学全过程。加强学生党支部和支部书记队伍建设,建立网上业余党校。加强学风建设,推进新生活动课程化建设。组织"我的班级我的家"创建活动,做好2014年学生评优表彰工作。

21. 加强学生事务管理与服务工作。推进学生资助工作信息化,落实新生绿色通道,开展"暖心工程"和建校劳动,打造助学帮困工程。完善学工系统和学生事务大厅建设,试行学生素质成长档案。开展好心理普查、排查与咨询辅导工作。加强国防教育,组织好新生军训和征兵工作。

22. 加强共青团工作。完善、丰富第二课堂学生活动,加强舆论宣传,加强青春联大微信平台建设,打造"青春联大"全媒体平台,推进学生科技创新工作。深入推广艺术教育,打造联合大学品牌实践项目,开展就业、创业项目的培育与孵化。

23. 认真学习并贯彻落实全国学校体育工作座谈会精神。迎接《学校体育工作条例》第二阶段的评估检查。完成我校《国家学生体质健康标准》测试工作,测试率达到98%以上。高水平运动队在各级各类比赛中继续保持好成绩,提高学校知名度。做好体育中心运行管理工作,满足师生需求。

六、优化对外合作项目,开拓国际化办学新局面

24. 做好因公派出工作。按需做好因公派出工作,拓展国际交流合作项目,发展新的合作领域,提高合作层次。统筹优化交流项目,推进英文授课课程建设,扩大学生双向交流项目,增加中外学生同堂上课比例。进一步提高来华留学办学层次和水平,扩大本科及研究生招生规模。

25. 加强引智工作。重点扶持商务学院经济管理类课程,选派优秀外国专家进行长短期教学,助推商务学院在国际高等商学院协会的认证工作;吸引一线教职员工到我校访学,促进我校国际化教育水平;结合各学院学科优势,申报高端人才引进项目。

七、加强作风建设,提高综合治理能力

26. 完成大学章程的报审工作,结合大学章程的颁布,进一步统一规范学校的规章制度。

27. 继续推进校园基本建设,改善办学条件。完成应用文理学院第二教学楼等项目的建设工作。完成垡头校区校园总体规划,力争年内部分单体项目市发改委正式立项。力争特教学院康复资源综合楼建设取得立项批复。完成北四环校区有关校舍的改造工作。

28. 深入推进校园信息化建设工作。继续推进全校性人、财、物信息管理系统的研发与应用;优化网络基础设施环境,提高资源共享与交互;实施应用系统升级,增强信息服务能力;推进信息网络安全建设,增强防护水平。

29. 做好2014年预算执行工作。完成2015年财政经费预算申报工作。完善全校财务账务系统,完成高等学校新旧财务制度衔接、会计科目转换工作。加强资产管理,完成产权占有登记和产权证的各项办理手续,实现智能固定资产凭证转换。加强财务信息建设,完成财务专网和应用系统平台迁移等工作。

30. 做好审计工作。完成二级单位经费使用情况审计报告和管理建议书。继续做好审计意见整改落实工作,调整和完善绩效评价工作模式。做好北四环校区体育中心等工程的结算审计工作。重点做好内控建设的培训和制度汇总分析工作,完善校院两级内部审计工作模式。

31. 扎实推进"平安校园"创建和迎接检查验收工作;做好敏感期和校园重大活动安保工作;强化校园治安管理,加强交通、消防、反恐防暴等安全教育,加大排查力度,消除安全隐患。

32. 积极发挥校史在新生入学教育中的作用;出版《北京联合大学志》《北京联合大学年鉴》和《李煌果文选》;推进档案信息化建设和基础设施建设。

33. 继续做好统战、工会、离退休工作。开展好第30个教师节庆祝活动。加大校门诊部软硬件建设力度。统筹调整全校退休人员经费项目和标准。

34. 加强后勤工作。做好市教委食堂的服务保障工作。举办食品展销活动;对昌平校区浴室锅炉、北四环校区茶炉进行改造。

中共北京联合大学委员会　北京联合大学

2014年9月5日

关于印发《北京联合大学领导班子务虚会制度》的通知

（京联党〔2014〕56 号）

各学院党委，校机关和直属单位党委，离退休党委，国际交流学院直属党支部，全校各单位：

经校四届党委第 80 次常委会（2014 年 11 月 17 日）审议通过，现将《北京联合大学领导班子务虚会制度》印发给你们，请周知。

中共北京联合大学委员会
2014 年 11 月 18 日

北京联合大学领导班子务虚会制度

第一章 总则

第一条 根据中央关于建立领导班子定期务虚会制度的要求，为切实提高我校校级领导班子和领导干部理论政策水平和办学理校、推动科学发展能力，特制定本制度。

第二条 务虚会是学校党政领导班子决策前的一个准备环节，树立全局性、系统性、前瞻性、科学性战略思维的重要平台，是研究发展战略或重要工作任务，从政治、思想、对策等诸方面进行讨论，达成共识，制定计划、提出目标、确立原则的会议。

第三条 通过召开务虚会，提高班子成员的民主决策、科学决策和驾驭学校改革发展全局的能力，加强班子成员的沟通和协调，形成统一认识，发挥集体领导的合力作用，实行党政协同运作，推动学校各项事业发展。

第二章 主要任务

第四条 集中学习党、国家以及北京市的各项方针政策，紧密结合高等教育领域的新形势、新任务和学校工作实际，讨论研究贯彻落实中央、北京市重大部署、重要会议精神的思路措施。

第五条 联系国内外形势，从改革和发展的角度，研究与把握高等教育发展规律与走势，深入思考和分析研究学校改革发展中出现的新动态、新情况和新问题。

第六条 围绕国家中长期教育改革发展规划及教育部、北京市等上级部门年度工作计划，分析、研究学校工作，探讨交流推进学校各项工作的思路及对策，增强工作的预见性、系统性、针对性。

第三章 会议组织

第七条 务虚会参加人员由学校领导班子成员组成。根据会议研究讨论内容需要，校长助理、党委（校长）办公室主任等相关单位负责人员可列席。

第八条 务虚会由党委书记或校长主持。会前要设定主题，对拟列入会议研究讨论的内容认真研究，对比较复杂和涉及面较大的问题要组织力量进行专题调研，并准备分析研究的意向性意见和解决问题的思路。党委（校长）办公室负责会议的组织工作，提前下发会议通知并做好会务工作。

第九条 务虚会的召开，根据学校工作实际，由校党委常委会研究决定。

第十条 学校党政领导要在思想上高度重视，通过务虚会达到相互交流、相互沟通、增长了解、促进工作之目的，会议结束后要传达并落实会议精神。

第四章 纪要

第十一条 会议由校党委（校长）办公室负责记录，会后根据会议内容，形成会议纪要等材料。

第五章 附则

第十二条 本制度自印发之日起实施，由校党委（校长）办公室负责解释。

关于印发《北京联合大学贯彻落实〈建立健全惩治和预防腐败体系 2013—2017 年工作规划〉实施办法》的通知

（京联党〔2014〕59 号）

各学院党委，校机关和直属单位党委，离退休党委，国际交流学院直属党支部，全校各单位：

经校四届党委第 80 次常委会（2014 年 11 月 17 日）审议通过，现将《北京联合大学贯彻落实〈建立健全惩治和预防腐败体系 2013—2017 年工作规划〉实施办法》印发给你们，请遵照执行。

中共北京联合大学委员会
2014 年 11 月 24 日

北京联合大学贯彻落实《建立健全惩治和预防腐败体系2013—2017 年工作规划》实施办法

为贯彻党的十八大和十八届三中、四中全会精神，加强学校惩治和预防腐败体系建设，根据《北京市贯彻落实〈建立健全惩治和预防腐败体系 2013—2017 年工作规划〉的实施意见》（京发〔2014〕12 号）要求，结合学校实际，特制定本办法。

一、总体要求

以邓小平理论、"三个代表"重要思想、科学发展观为指导，深入贯彻落实党的十八大及十八届三中、四中全会精神和习近平同志系列重要讲话精神，紧紧围绕全面推进中国特色社会主义伟大事业和党的建设新的伟大工程，紧紧围绕学校全面深化改革的总体部署和中心工作，坚持标本兼治、综合治理、惩防并举、注重预防，坚定不移转变作风，坚定不移反对腐败，科学有效预防腐败，推进依法治校，形成不敢腐的惩戒机制、不能腐的防范机制和不想腐的保障机制，营造风清气正的校园环境，为建设首都人民满意的应用型大学提供有力保障。

中央提出，全面推进惩治和预防腐败体系建设是全党的重大政治任务和全社会的共同责任。近年来，在党中央、市委和市委教育工委领导下，全校各级党组织、各单位认真落实惩治和预防腐败体系建设任务，党风廉政建设和反腐败工作不断取得新进展。当前，我校事业发展主要任务，是以人才培养为中心，提高教育教学质量；以学科建设为龙头，积极推进协同创新；以文化传承创新为使命，发挥文化育人作用；以队伍建设为核心，落实人才强校战略；以管理体制改革为重点，提高办学治校科学化水平；以精品校园为目标，建设美丽和谐幸福联大。要深刻把握学校发展的阶段性特征，清醒认识党风廉政建设和反腐败形势，按照中央和市委要求，切实把落实《北京市贯彻落实〈建立健全惩治和预防腐败体系 2013—2017 年工作规划〉的实施意见》贯穿到学校改革发展稳定各项工作之中，以更高的标准、更有力的措施深入推进学校党风廉政建设和反腐败工作。

到 2017 年，具有我校特色的惩治和预防腐败体系得到巩固和完善，学校党风廉政建设和反腐败工作取得成效。党风、校风、学风建设深入推进，纪律约束的警戒作用有效发挥，廉政风险防控"三个体系"建设任务基本完成，对权力的制约监督更加有效，党员干部廉洁自律意识和拒腐防变能力明显增强，校园廉洁文化氛围更加浓厚，反腐倡廉工作取得广大师生员工满意的进展和成效。

二、坚持不懈抓好党的作风建设

不正之风是滋生腐败的温床，加强党的作风建设是反腐败的治本之策。要深刻认识作风问题的顽固性、反复性，牢牢把握"坚持、巩固、深化、拓展"的方针，持之以恒贯彻落实中央八项规定精神和市委实施意见，坚定不移转变作风，树立党员干部为民务实清廉形象，不断密切党同人民群众的血肉联系。

1. 坚持党组织从严抓党风，建立健全作风建设长效机制

全校各级党组织要把管党治党作为主要职责和根本任务，落实党风建设的工作责任，以上率下，一级管好一级，一级带动一级，扎实推进党的作风建设。大力弘扬党的优良传统，牢记"两个务必"，大兴理论联系实际、密切联系群众、批评和自我批评以及艰苦奋斗、求真务实的优良作风。坚持对党员干部严格要求、严格管理、严格监督。坚持落实我校《关于改进工作作风、密切联系群众的实施办法》（京联党〔2013〕21 号）、《校领导接待日制度》（京联办〔2013〕20 号）、《关于加强为校区师生服务和人员管理的意见》（京联发〔2013〕30 号）、《信访工作规定》（京联发〔2013〕2 号）、《聘请党风廉政监督员的规定》（京联党〔2C09〕5 号）、《校院领导干部联系离退休老干部制度》（京联发〔2014〕1 号）等制度，不断健全领导干部带头改进作风、深入基层调查研究机制，完善直接联系和服务师生员工制度，畅通诉求反映渠道。改进和完善校院年度考核机制。加强学校党风廉政建设责任制网上考核体系建设，科学利用考核结果。各级领导干部要讲党性、讲原则，自觉践行"严以修身、严以用权、严以律己、谋事要实、创业在实、做人要实"，始终保持共产党人清正廉洁的政治本色。

2. 深入落实中央八项规定精神，坚决纠正"四风"问题

全校各级党组织要持续加强党的作风建设，紧紧

扭住落实中央八项规定精神不放松,以抓铁有痕、踏石留印的劲头,一抓到底。落实中央八项规定精神和市委实施意见,严格执行因公出国(境)、公务用车、公务接待费、培训费、会议费、差旅费等各项管理规定,要在坚持中深化,在深化中坚持。坚持经常抓、长期抓,从具体问题抓起,坚持不懈纠正"四风",持之以恒改进学风文风会风工作作风。从群众反映强烈的突出问题抓起,由浅入深,由易到难,由简到繁,循序渐进,一个时间节点一个时间节点地抓。坚持制度硬约束,针对新情况及时完善制度规定,加强日常管理,提高制度执行力,坚决纠正打折扣、搞变通行为,防止作风问题反弹。继续深入落实党的群众路线教育实践活动各项整改措施,监督检查党的群众路线贯彻执行情况,着力抓好专项整治和正风肃纪等工作,持续巩固整改成果。各级领导干部要带头落实党的群众路线、带头落实中央八项规定精神和市委实施意见,紧密联系思想、工作、生活实际,把自己摆进去对照检查,以身作则,率先垂范。校纪委要执好纪、问好责、把好关,加大监督检查力度,及时发现问题、督促整改,铁面执纪,严肃查处违纪违规行为。

3. 严明党的纪律,保证党的作风建设取得实效

全校各级党组织和广大党员干部要牢固树立党的意识和组织纪律观念,把党的纪律融入立德树人根本任务和教育改革之中。自觉学习党章、遵守党章、贯彻党章、维护党章,自觉反对特权思想、特权现象,自觉按照党的组织原则和党内政治生活准则办事。要把维护党的政治纪律放在首位,讲政治,顾大局,在思想上政治上行动上同以习近平同志为总书记的党中央保持高度一致,自觉维护中央权威,决不允许"上有政策、下有对策",决不允许有令不行、有禁不止,确保中央和北京市的政令在学校畅通。全面加强党的纪律建设,严格执行党的政治纪律、组织纪律、财经纪律、工作纪律和生活纪律等各项纪律,坚持克服组织涣散、纪律松弛问题。校纪委要履行党章赋予的职责,坚决维护党的章程和其他党内法规,加大监督执纪力度,严肃处理违反党的纪律行为,确保中央、市委、市委教育工委和学校关于加强作风建设的决策部署落到实处。

三、坚持以零容忍态度惩治腐败

各级党组织要把坚决遏制腐败蔓延势头作为深入推进惩治和预防腐败体系建设的重要任务,切实加强反腐败工作的组织领导,健全查办案件组织协调机制,加大查办违纪违法案件力度,保持惩治腐败的高压态势。

1. 坚持查办违纪违法案件,警戒震慑党员干部不敢腐

坚持有腐必反、有贪必肃,党纪国法面前没有例外,严格审查和处置党员干部违反党纪政纪、涉嫌违法的行为。严肃查办领导干部贪污贿赂、权钱交易、腐化堕落、失职渎职的案件;严肃查办严重违反政治纪律的案件;严肃查办群体性事件、重大责任事故背后的腐败案件;严肃查办商业贿赂案件,加大对行贿行为的惩处力度;严肃查处违反中央八项规定精神、党风政风、教风学风和廉洁自律各项规定的问题。充分发挥学校纪检监察信访工作小组作用,坚持重要案件线索统一管理制度,健全查办案件组织协调机制。严格执行党内审查审批程序,强化对纪检监察工作的制约和监督。严格党纪政纪处理,涉嫌犯罪的及时移送司法机关处理。严明办案纪律,依法依纪安全文明办案。加强办案队伍建设,提高办案质量和效率。完善重大案件剖析制度,发挥查办案件的警示教育作用和治本功能。

坚持抓早抓小,治病救人。本着对党的事业负责、对干部负责的态度,全面掌握党员干部的思想、工作、生活情况,对苗头性问题早发现、早提醒、早纠正、早查处,防止小问题变成大问题。坚持我校任职廉政谈话、诫勉谈话、警示谈话和函询制度,对反映的问题线索,及时采取约谈、函询等方式向本人和组织核实,加强诫勉谈话工作。对反映失实的问题予以澄清,保护党员干部干事创业的积极性。实行"一案双查",对发生重大腐败案件和不正之风长期滋生蔓延的,既要追究当事人责任,又要追究相关领导责任。

2. 严肃查处用人上的腐败问题,匡正选人用人风气

校党委要坚持党管干部原则,坚持正确用人导向,严格执行《党政领导干部选拔任用工作条例》,选好用好干部。落实我校处级领导干部任免票决、任职前公示、试用期满考核、年度考核、后备干部队伍建设等制度,落实上级有关选人用人专项检查和责任追究等制度,对干部群众举报的选人用人方面的不正之风和腐败问题,组织力量进行查核,依纪依规严肃处理。对违反组织人事纪律的行为决不放过,坚决纠正跑官要官等问题,对拉票贿选、买官卖官的腐败行为决不姑息,发现一起查处一起;对违规用人问题及时发现、迅速处理、严格问责,不仅查处当事人,而且追究责任人。让弄虚作假、不干实事、投机钻营的干部没市场、受惩戒,切实匡正选人用人风气,形成风清气正的用人环境。

3. 坚决查纠不正之风,认真解决群众反映强烈的突出问题

坚持管部门必须管作风,各职能部门要切实担负起纠正部门不正之风的监管职责,认真开展纠风和专项治理,深入贯彻上级查纠不正之风工作的长效机制,巩固学校多年来教育收费管理成果,不断规范学校收费行为。加强学风建设和治理,严厉打击学术造假行为。落实教育部《关于建立健全高校师德建设长效机制的意见》(教师〔2014〕10号)精神,加强师德师风建

设，严肃查处违反师德行为、学术不端行为和群众反映强烈的突出问题。推进"阳光治校"，严把招生录取、基建项目、物资采购、财务管理、科研经费、校办企业、学术诚信等"七个关口"，关注专业技术职务聘任、岗位聘任、学生奖助学金发放等领域，深入治理涉及师生员工切身利益的突出问题。落实上级对"庸、懒、散"和吃拿卡要等问题的专项治理。严格落实领导干部廉洁自律规定，切实执行我校处级以上领导干部礼品登记、收入申报、报告个人重大事项制度，坚决纠正违规收送礼金、有价证券、会员卡、商业预付卡等问题。健全完善纪检监察信访举报统一受理机制，综合运用来信来电来访、网络举报、书记校长信箱、党风廉政监督员信箱等渠道，强化群众监督作用。

四、坚持科学有效预防腐败

坚持惩治和预防腐败两手抓、两手硬，切实增强预防腐败的科学性和有效性。既要坚持有腐必惩、有贪必肃，使领导干部不敢腐；又要加强理想信念教育，增强宗旨意识，使领导干部不想腐，加强体制机制创新和制度建设，强化监督管理，严肃纪律，使领导干部不能腐。

1. 深化党风廉政教育，筑牢思想道德防线

深入开展中国特色社会主义和中国梦教育、理想信念和宗旨教育、社会主义核心价值体系教育，重点加强领导干部党纪国法、廉政法规和官德教育，强化示范教育和警示教育。健全完善学校党风廉政宣传教育联席会议制度，充分发挥各有关部门的优势，形成工作合力，各二级党组织密切配合，增强廉政宣传教育的整体成效。坚持领导干部讲廉政党课制度，推进领导干部任职前廉政法规知识测试工作；党校、干部培训学校、教师发展中心要把廉洁从政、廉洁从教、学术诚信、修身慎行教育作为必修内容，纳入日常教学培训。发挥批评教育的作用，及时教育提醒存在苗头性问题的党员干部。

加强廉政文化建设。坚持开展党风廉政宣传教育月主题活动，组织创作廉洁文化作品，推进运用现代化传播手段释放廉洁文化正能量；开展廉洁校园文化创建活动，持续推进廉洁文化进教材、进课堂、进头脑；积极开展廉政文化研究，结合学校实际，探索建立廉政文化研究中心。扬真抑假、扬善抑恶、扬美抑丑，培育廉荣贪耻的校风学风。

加强宣传和舆论引导。把党风廉政建设和反腐败宣传教育工作纳入党的宣传教育工作总体部署和年度安排。落实《教育系统贯彻落实〈关于培育和践行社会主义核心价值观的意见〉的工作方案》，深入开展中国特色社会主义和中国梦教育、理想信念和宗旨教育、社会主义核心价值体系教育，重点加强领导干部党纪国法、廉政法规和官德教育，强化示范教育和警示教育；

将党风廉政教育纳入学习型党组织建设，党委中心组每年安排廉洁从政专题学习；积极开展廉洁文化研究，把培育廉洁理念融入教学、精神文明建设和法制教育之中；建设反腐倡廉立体化宣传平台，重视利用现代科技手段和新媒体开展反腐倡廉宣传和教育。

2. 加强反腐倡廉制度建设，制度管权管事管人

健全改进作风常态化制度。建立健全并落实我校规范会议、公文、调研、评比达标表彰、节庆论坛、因公出国（境）等方面的制度，完善国内公务接待管理制度、规范和加强因公临时出国（境）管理，严格落实办公用房管理等方面的制度，规范并严格执行领导干部工作生活保障制度，防止发生违反规定和标准享受待遇等问题。

完善反腐倡廉党内法规制度。落实北京市反腐倡廉法规制度建设中长期规划。突出制度建设的重点，建立健全体现师生员工意愿的科学民主决策机制和工作落实机制，健全完善加强和改进党委督促检查工作的规定及重大决策部署监督检查工作机制。按照上级部署健全干部考察工作责任制，干部选拔任用工作责任追究制，强化干部选拔任用工作监督责任。

健全规范领导干部和教职员工从政从教方面的规定。完善领导干部报告个人有关事项制度，按照上级部署适时推行新提任领导干部有关事项公开制度。按照上级部署落实领导干部亲属经商、担任公职和社会组织职务、出国定居等相关制度规定，规范教职员工兼职和离职后行为相关规定。禁止院（系）、教师违规利用学校资源兴办企业，杜绝"一手办学、一手经商"现象。按照上级部署探索防止利益冲突制度。

善于用法治思维和法治方式反对腐败，让法律制度刚性运行。按照上级部署探索开展制度廉洁性审查，将预防腐败要求落实到重大决策和规范性文件中。加强对《中国共产党党员领导干部廉洁从政若干准则》（中发〔2010〕3号）等制度执行情况的监督检查，建立健全制度执行问责机制，切实维护制度的严肃性和权威性。

3. 强化权力运行制约和监督，确保权力正确行使

加强党内监督。强化对民主集中制执行情况的检查监督，充分发挥全委会决策和监督作用，完善常委会议事规则和决策程序，建立决策问责和纠错制度。认真落实集体领导和分工负责、重要情况通报和报告、述职述廉、民主生活会、信访处理、谈话和诫勉、特定问题调查等监督制度。积极发展党内民主，按照上级部署，探索建立党委讨论决定重大问题票决制。各职能处室、直属单位和各学院主要负责同志每年向校党委提交述廉报告。

加强职能部门监督。强化对各职能处室履行监管职责情况的监督，加大问责力度。加强对各职能处室

行使职权的监督,健全内部管理和外部监督。推进学校内部控制体系建设,建立全过程监控的内部控制实施体系,切实提高学校的内部管理水平,完善权力运行机制。加强对校办企业落实"三重一大"制度情况的监督,健全完善执纪、问责和经济责任审计等制度。加强审计监督,推动审计成果运用落实。

加强民主监督。支持党员大会(党员代表大会)、教职工代表大会依法加强对党委、行政的监督和对学校重大决策部署落实情况的监督;支持加强民主监督,听取党风廉政监督员、民主党派、无党派人士的意见、建议和批评。加强教职工代表大会对学校预算决算的审查监督。保证校院学术委员会(教授会)依照章程开展学术咨询、评议、评审和评定。发挥工会、共青团、学生会、研究生会等群团组织的监督作用。落实《高等学校信息公开事项清单》(教办函〔2014〕23号),提高学校工作透明度。继续推进党务公开、校(院)务公开和各领域办事公开,深化校级预算决算、二级单位预算决算、重大建设项目和社会公益事业信息公开。

重视和加强舆论监督。关注反腐倡廉舆情收集,建立健全研判和处置工作机制,及时回应师生员工关注。

4. 深化廉政风险防控"三个体系"建设,切实提高风险防控的有效性

推进权力结构科学化配置体系建设,深入开展清权确权,推行职能处室及学院权力清单制度。全校各单位要科学配置权力和职能,确保决策权、执行权、监督权既相互制约又相互协调,加强和改进对主要领导干部行使权力的制约和监督,完善并落实集体领导和分工负责制度,坚持校主要领导不直接分管人事、财务、工程建设、国有资产等事项制度。推动副局级学院实行主要领导不直接分管人事、财务、工程建设、国有资产等事项制度,形成科学有效的权力制约的协调机制。探索推进权力运行规范化监督体系建设,按照上级部署依法公开权力运行流程,探索推进决策公开、管理公开、服务公开、结果公开,加强对学校重大投资项目、重大资金使用的专项防控,形成权力公开透明运行和有效监督机制。完善并发挥我校数字校园——统一门户平台各项办公系统的基础作用,适时推进廉政风险防控信息系统建设,形成权力规范运行和及时纠错机制。将廉政风险防控纳入二级单位和处级干部年度考核,完善考核评价体系,加强日常督查和年度考核。

5. 深化改革转变职能,消除滋生腐败的体制弊端

认真贯彻党的十八届三中、四中全会部署,严格执行《中共北京市委关于认真学习贯彻党的十八届三中全会精神全面深化改革的决定》,落实国家、北京市《中长期教育改革和发展规划纲要(2010—2020年)》和《首都中长期人才发展规划纲要(2010—2020年)》,积极落实我校《关于进一步深化管理体制改革、促进内涵科学发展的意见》(京联党〔2012〕78号)。深化教育教学、科学研究、组织人事、财务管理、国有资产管理等方面改革,形成权责一致、分工合理、决策科学、执行顺畅、监督有力的管理体制。要更加注重改革的系统性、整体性、协同性,同防范腐败同步考虑、同步部署、同步实施,探索和总结从源头上防治腐败的途径和经验。

五、加强对党风廉政建设和反腐败工作的统一领导

深入推进党风廉政建设和反腐败工作,建立健全惩治和预防腐败体系,必须坚持党委统一领导,紧紧依靠各级党组织,把师生员工作为力量源泉,充分发挥群众支持和参与作用,以深化改革推动党风廉政建设和反腐败工作不断取得新进展。

1. 各级党组织要承担党风廉政建设和反腐败工作主体责任

落实党风廉政建设责任制,党委负主体责任。在上级领导下,不断健全我校反腐败领导体制和工作机制,按照部署改革和完善校院党风廉政建设领导小组职能。校党委和各二级党组织要把贯彻落实本工作任务分工列入重要议事日程,贯穿于学校改革发展稳定各项工作之中,与学校科学内涵发展同部署、同落实、同检查;支持和保证校纪委认真履行职责,发挥监督执纪作用。各级领导班子主要负责人认真履行党风廉政建设和反腐败工作第一责任人职责,做到重要工作亲自部署、重大问题亲自过问、重点环节亲自协调、重要案件亲自督办。领导班子其他成员坚持"一岗双责",根据分工抓好职责范围内的党风廉政建设和反腐败工作。校党委要动员和组织师生员工有序参与,发挥学校各有关方面的积极作用。

2. 加强反腐败机制体制创新和制度保障

校纪委要履行协助党委加强党风廉政建设和组织协调反腐败工作的职责,加快转职能、转方式、转作风。聚焦党风廉政建设和反腐败中心任务,对校纪委、纪检监察办公室牵头、参与的议事协调机构进行梳理,把不该牵头或参与的协调工作交还给主要责任部门,集中精力坚守责任担当,严格监督执纪问责,加强对校党委特别是常委会成员的监督,更好地发挥党内监督专门机关的作用。改进监督执纪方式,开展监督的再监督、检查的再检查,加强和改进行政监察工作,创新监督方法,完善监督程序,提高监督效率。带头改进作风,坚持正人先正己,切实加强自身建设,坚持和完善纪检监察干部队伍定期培训制度,自觉接受党内和群众监督,坚决处理纪检监察干部违规违纪违法行为,用铁的纪律打造过硬队伍。

认真落实中央纪委关于党的纪律检查工作双重领导体制具体化、程序化、制度化意见。加强校纪委对副

局级学院纪检监察工作的领导,加强我校纪检监察干部队伍建设,明确职责任务、机构设置、人员配备和工作保障,建立健全报告工作、定期述职、约谈汇报、考核、激励和责任追究等制度,副局级学院纪检监察员提名和考察以校纪委汇同党委组织部为主。查办纪检监察信访和腐败案件以校纪委领导为主,加大案件线索下管一级的力度,各学院收到纪检监察信访线索,须按照有关规定,及时向纪检监察办公室报备报告。

3. 增加惩治和预防腐败体系建设工作合力

切实抓好本任务分工的组织实施,加强对各职能部门、直属单位和学院的分类指导,整体推进作风建设、惩治和预防腐败各项工作。惩治和预防腐败体系建设牵头单位和协办单位要落实责任,相互支持、相互配合。组织部门要加强对干部经常性的管理监督,坚决纠正选人用人的不正之风;宣传部门要抓好党风廉政建设和反腐败工作宣传,强化舆论引导;纪检监察部门要充分发挥纪律约束和监督管理的作用,各职能部门要健全内部管理,加强科技支撑,多措并举,增强党风廉政建设和反腐败工作综合效果。

4. 狠抓惩治和预防腐败体系建设任务落实

要抓好责任分解和任务分工,有重点、分步骤落实各项任务。各级党组织,各职能处室、直属单位和学院要狠抓任务落实,对阶段性任务,在规定时间内高质量完成;对持续性工作,结合新情况新问题推进提高;对根据新形势新要求充实的工作及时研究安排。建立工作台账制度,完善督促考核,将工作进展情况纳入每年党风廉政建设责任制落实情况考核,总结评估,查找不足,发挥考核评价的导向作用。强化责任追究,对抓党风廉政建设和反腐败工作不力,造成不良影响的,严肃追究领导责任。

各职能处室、直属单位要对照《北京联合大学建立健全惩治和预防腐败体系 2013—2017 年工作任务分工》(附件,以下简称"《任务分工》")制定落实计划,各学院党委(直属党支部)根据《任务分工》,结合实际,制定贯彻落实的实施方案。

附件:

北京联合大学建立健全惩治和预防腐败体系 2013—2017 年工作任务分工

（附件略）

关于印发《北京联合大学处级干部选拔任用工作实施办法》的通知

（京联党〔2014〕67 号）

各学院党委,校机关和直属单位党委,离退休党委,国际交流学院直属党支部:

为进一步规范和加强我校处级干部选拔任用工作,根据 2014 年 1 月中共中央印发的《党政领导干部选拔任用工作条例》和有关文件精神,结合我校实际,校党委制订了《北京联合大学处级干部选拔任用工作实施办法》,经校四届党委第 82 次常委会(2014 年 12 月 1 日)讨论通过,现将文件印发给你们,请遵照执行。

中共北京联合大学委员会
2014 年 12 月 16 日

北京联合大学处级干部选拔任用工作实施办法

第一章　总则

第一条　为认真贯彻执行党的干部路线方针政策,落实从严治党、从严管理干部的要求,建立科学规范的处级干部选拔任用制度,形成有效管用、简便易行、有利于优秀人才脱颖而出的选人用人机制,推进干部队伍革命化、年轻化、知识化、专业化,建设一支高举中国特色社会主义伟大旗帜,以马克思列宁主义、毛泽东思想、邓小平理论、"三个代表"重要思想和科学发展观为指导,信念坚定、为民服务、勤政务实、敢于担当、清正廉洁的高素质处级干部队伍,保证党的基本路线和党的教育方针的全面贯彻执行,加快推动学校事业科学发展,根据 2014 年 1 月中共中央印发的《党政领导干部选拔任用工作条例》(中发〔2014〕3 号)和《中国共产党普通高等学校基层组织工作条例》(中发〔2010〕15 号)等精神,结合学校实际,特制定本办法。

第二条　选拔任用处级干部,必须坚持下列原则:

1. 党管干部原则;

2. 五湖四海、任人唯贤原则;

3. 德才兼备、以德为先原则;

4. 注重实绩、群众公认原则;

5. 民主、公开、竞争、择优原则;

6. 民主集中制原则;

7. 依法办事原则。

第三条　选拔任用处级干部,必须符合把领导班子建设成为坚持党的基本理论、基本路线、基本纲领、基本经验、基本要求,全心全意为人民服务,具有领导所在单位事业科学发展的能力,结构合理、团结坚强的领导集体的要求。

应当注重培养选拔优秀年轻干部,注重使用后备干部,用好各年龄段干部。

第四条 本办法适用于选拔任用学校各单位的处级干部。

第五条 由选举和依据有关章程、规定任免的处级干部,党组织推荐、提名人选的产生,适用本办法,其选举和任免按照有关章程和规定进行。

第六条 学校党委及党委组织部按照干部管理权限履行选拔任用处级干部的职责,负责本办法的组织实施。

第二章 选拔任用条件

第七条 处级干部应当具备下列基本条件。

1. 自觉坚持以马克思列宁主义、毛泽东思想、邓小平理论、"三个代表"重要思想和科学发展观为指导,努力用马克思主义立场、观点、方法分析和解决实际问题,坚持讲学习、讲政治、讲正气,思想上、政治上、行动上同党中央保持高度一致,经得起各种风浪考验。

2. 具有共产主义远大理想和中国特色社会主义坚定信念,坚决执行党的基本路线和各项方针政策,忠诚于党的教育事业,坚持社会主义办学方向,树立正确政绩观,艰苦创业,做出实绩。

3. 坚持解放思想,实事求是,与时俱进,求真务实,认真调查研究,卓有成效开展工作,讲实话,办实事,求实效,反对形式主义。

4. 有强烈的革命事业心和政治责任感,熟悉高等教育规律,有实践经验,有胜任领导工作的组织能力、文化水平和专业知识。

5. 正确行使学校党委和全体师生员工赋予的权力,坚持原则,敢抓敢管,依法办事,清正廉洁,勤政为民,以身作则,艰苦朴素,勤俭节约,密切联系群众,坚持党的群众路线,自觉接受党和群众的批评和监督,加强道德修养,讲党性、重品行、作表率,带头践行社会主义核心价值观,做到自重、自省、自警、自励,反对官僚主义,反对任何滥用职权、谋求私利的不正之风。

6. 坚持和维护党的民主集中制,有民主作风,有全局观念,善于团结同志,包括团结同自己有不同意见的同志一道工作。

第八条 提拔担任处级干部的,应当具备下列基本资格。

1. 具有五年以上工龄。

2. 具有大学本科以上文化程度,其中 1970 年 1 月 1 日以后出生的干部应当具有硕士及以上学位,专业性强的岗位的业务干部应当具有硕士及以上学位和

副高级及以上专业技术职务。

3. 提任副处级干部职务,由管理人员提任的,应当在正科级(主任科员)岗位工作三年以上,具有两个正科级(主任科员)岗位任职的经历(包括交流、挂职、兼职、分工调整等);由教师等专业技术人员提任的,应当具有副高级及以上专业技术职务,或中级专业技术职务三年以上且具有博士学位。

4. 提任正处级干部职务,由副处级干部提任的,应当在副处级岗位工作两年以上,一般应当具有两个副处级岗位任职的经历(包括交流、挂职、兼职、分工调整等);由教师等专业技术人员直接提任的,应当具有正高级专业技术职务。

5. 提任处级学院院长,应当具有正高级专业技术职务和副处级两年及以上任职经历;根据工作需要,也可以由特别优秀的具有正高级专业技术职务的教师担任。

6. 初任处级干部,年龄应当至少能任满一届。处级干部换届聘任调整时,男同志一般不超过 58 岁、女同志一般不超过 53 岁。

7. 应当经过党校、行政院校、干部学院或者党委组织部认可的其他培训机构的培训,培训时间应当达到干部教育培训的有关规定要求。确因特殊情况在提任前未达到培训要求的,应当在提任后一年内完成培训。

8. 具有正常履行职责的身体条件。

9. 符合有关法律规定的资格要求。提任党的领导职务的,必须具有三年以上的党龄。

第九条 处级干部应当逐级提拔。

因工作特殊需要破格提拔的干部,应当符合下列情形之一:领导班子结构需要或者领导职位有特殊要求的;专业性较强的岗位或者重要专项工作急需的。

破格提拔干部必须从严掌握。不得突破本办法第七条规定的基本条件和第八条第九项规定的资格要求。任职试用期未满或者提拔任职不满一年的,不得破格提拔。不得在任职年限上连续破格。不得越两级提拔。

第十条 拓宽选人视野和渠道。处级干部可以从管理人员中选拔任用,也可以从教学科研一线教师等专业技术人员中选拔任用。要重视培养选拔党外干部、女干部。在同等条件下,应当优先选拔任用有援疆、援藏、对口支援及其他有挂职经历者。

第三章 动议

第十一条 处级岗位出现空缺,分管校领导和岗位空缺单位可以根据实际,同分管干部工作的校领导或党委组织部提出启动空缺岗位干部选配工作建议。

第十二条 分管干部工作的校领导和党委组织部根据工作实际,向学校干部工作领导小组汇报启动空

缺岗位干部选配工作建议,学校干部工作领导小组形成启动或暂缓启动意见。

第十三条 对于拟启动空缺岗位选配工作的,党委组织部综合有关方面建议,对领导班子和空缺岗位进行分析研判,就选拔任用的岗位、条件、范围、方式、程序等提出选配工作方案。选配工作方案经学校干部工作领导小组讨论后,提交学校党委常委会研究决定。

第十四条 对于拟暂缓启动空缺岗位选配工作的,由分管干部工作校领导和党委组织部向提出启动干部选配工作建议的相关校领导或岗位空缺单位作出暂缓启动的答复。

第四章 民主推荐

第十五条 选拔任用处级干部,必须经过民主推荐。民主推荐包括会议推荐和个别谈话推荐。推荐结果作为选拔任用的重要参考,在一年内有效。

第十六条 民主推荐由党委组织部负责组织,应当经过下列程序:

1. 召开推荐会,公布推荐职位、任职条件、推荐范围,提供干部名册,提出有关要求,组织填写推荐表;

2. 进行个别谈话推荐;

3. 对会议推荐和谈话推荐情况进行综合分析;

4. 向学校党委常委会汇报推荐情况。

第十七条 参加民主推荐的人员范围。

1. 会议推荐学院领导班子成员,一般由下列人员参加:学院领导班子全体成员,党委委员,中层干部,学术委员会成员代表,全体副高级及以上专业技术人员,教工党支部书记,专(兼)职纪检监察员或党风廉政监督员,人大、政协委员代表,党代会(党员大会)、工会、教代会代表,民主党派和无党派代表人士代表,以及其他需要参加的人员。

2. 会议推荐校、院机关及校直属单位处级干部,由党委组织部根据干部岗位的职责与工作要求确定。

3. 参加个别谈话推荐的人员参照上列范围确定,可以适当调整。

第十八条 领导班子换届、处级干部聘任,根据会议推荐、个别谈话推荐情况和结果,以及领导班子和干部队伍结构需要,可以差额提出初步名单进行二次会议推荐。参加二次会议推荐人员范围由党委组织部参照本办法第十七条规定确定。

第十九条 个别提拔任职的民主推荐程序,可以参照本办法第十六条、第十八条规定进行;也可以先进行个别谈话推荐,根据谈话情况,经学校党委常委会研究,提出初步名单,再进行会议推荐。

第二十条 个别提拔任职参加民主推荐人员范围由党委组织部参照本办法第十七条规定确定。

第二十一条 个人向学校党委推荐处级干部人选,必须负责地写出推荐材料并署名。所推荐入选经党委组织部审核符合条件的,纳入民主推荐范围,缺乏民意基础的,不得列为考察对象。

第五章 考察

第二十二条 确定考察对象,应当根据工作需要和干部德才条件,将民主推荐与平时考核、年度考核、一贯表现和人岗相适等情况综合考虑,充分酝酿,防止把推荐票等同于选举票、简单以推荐票取人。

第二十三条 有下列情形之一的,不得列为考察对象:

1. 群众公认度不高的。

2. 近三年年度考核结果中有被确定为基本称职以下等次的。

3. 有跑官、拉票行为的。

4. 配偶已移居国(境)外;或者没有配偶,子女均已移居国(境)外的。

5. 受到组织处理或者党纪政纪处分影响使用的。

6.其他原因不宜提拔的。

第二十四条 处级干部聘任由学校干部工作领导小组根据党委组织部反馈的情况,对考察对象人选进行酝酿后,经学校党委常委会研究确定考察对象。对拟新提拔担任处级干部的考察对象,应当在一定范围内进行公示。

个别提拔任职,由学校党委常委会研究确定考察对象。考察对象一般应当多于拟任处级干部职务人数,如果意见比较集中,可以进行等额考察,如果意见不集中的,一般应当进行差额考察。

第二十五条 对确定的考察对象,由校党委组织部进行严格考察。

第二十六条 考察处级干部拟任人选,必须依据干部选拔任用条件和不同干部职务的职责要求,全面考察其德、能、勤、绩、廉。

第二十七条 考察处级干部拟任人选,应当保证充足的考察时间,经过下列程序:

1. 组织考察组,制定考察工作方案;

2. 同考察对象所在单位主要领导成员就考察工作方案沟通情况,征求意见;

3. 根据考察对象的不同情况,通过适当方式在一定范围内发布干部考察预告;

4. 采取个别谈话、发放征求意见表、民主测评、实地走访、查阅干部档案和工作资料、同考察对象面谈等方法,广泛深入地了解情况,根据需要进行民意调查、专项调查、延伸考察;

5. 综合分析考察情况,与考察对象的一贯表现进行比较、相互印证,全面准确地对考察对象作出评价;

6. 党委组织部根据考察情况及综合分析提出人选任用建议,经学校干部工作领导小组集体研究提出任用建议方案,向学校党委常委会报告。

第二十八条　考察处级干部拟任人选,个别谈话和征求意见的范围一般为:

1. 考察对象所在单位联系或分管校(院)领导;

2. 考察对象所在单位的党政领导成员和有关人员;

3. 与考察对象工作联系较多的单位或部门有关人员;

4. 其他有关人员。

第二十九条　考察处级干部拟任人选,党委组织部应当就考察对象的党风廉政情况听取纪检监察部门的意见。对拟提拔的考察对象,应当查阅个人有关事项报告情况,必要时可以进行核实。对需要进行经济责任审计的考察对象,应当委托审计部门按照有关规定进行审计。

第三十条　考察处级干部拟任人选,必须形成书面考察材料,建立考察文书档案。已经任职的,考察材料归入本人档案。考察材料必须写实,全面、准确、清楚地反映考察对象的情况,包括下列内容:

1. 德、能、勤、绩、廉方面的主要表现和主要特长;

2. 主要缺点和不足;

3. 民主推荐、民主测评等情况。

第三十一条　学校党委或者党委组织部派出的考察组由两名或两名以上成员组成。考察人员应当具有较高素质和相应资格。考察组负责人应当由思想政治素质好、有较丰富工作经验并熟悉干部工作的人员担任。

实行干部考察工作责任制。考察组必须坚持原则,公道正派,深入细致,如实反映考察情况和意见,对考察材料负责,履行干部选拔任用风气监督职责。

第六章　讨论决定

第三十二条　处级干部拟任人选在讨论决定或者决定呈报前,应当根据职位和人选的不同情况,分别在相关领导成员中进行酝酿,经学校干部工作领导小组研究,提交学校党委常委会决定。

学校机关职能部门及直属单位处级干部拟任人选,应当征求相关校领导的意见。学院领导班子拟任人选,应当征求相关校领导和校相关职能部门的意见。副局级学院各部门处级干部拟任人选,应当征求学院主要党政领导和校相关职能部门的意见。非中共党员拟任人选,应当征求统战部门、民主党派负责人、无党派代表人士等相关人员的意见。

第三十三条　选拔任用处级干部,由学校党委常委会集体讨论作出任免决定,或者决定提出推荐、提名的意见。对拟破格提拔的人选在讨论决定前,必须报经上级组织(人事)部门同意。越级提拔或者不经过民主推荐列为破格提拔人选的,应当在考察前报告,经批复同意后方可进行。

第三十四条　学校党委常委会讨论决定干部任免事项,必须有三分之二以上成员到会,并保证与会成员有足够时间听取情况介绍、充分发表意见。与会成员对任免事项,应当发表同意、不同意或者缓议等明确意见。在充分讨论的基础上,采取无记名投票方式进行表决。

学校党委常委会有关干部任免的决定,需要复议的,应当经学校党委常委会超过半数成员同意后方可进行。

第三十五条　学校党委常委会讨论决定干部任免事项,应当按照下列程序进行:

1. 学校党委分管组织工作的领导成员或者党委组织部负责人,逐个介绍处级干部拟任人选的推荐、考察和任免理由等情况,其中涉及破格提拔的人选,应当说明破格的具体情形和理由;

2. 参加会议人员进行充分讨论;

3. 进行无记名投票表决,以学校党委常委会应到会成员超过半数同意形成决定。

第三十六条　需要报上级党委(党组)审批的拟提拔任职的干部,按照上级有关规定呈报相关材料。

需要报上级备案的处级干部,应当按照规定及时向上级组织(人事)部门备案。

第三十七条　党委按规定程序讨论决定干部任免后,党群干部任免文件由校党委书记签发,行政干部任免文件由校长签发,统一由学校党委发文。

第七章　任职

第三十八条　处级干部实行选任制、委任制和聘任制。对于个别有特殊要求的职务,聘任办法另行规定。

第三十九条　处级干部实行任期制度,每届任期一般为四年。

第四十条　实行处级干部任职前公示制度。

提拔担任处级干部,在学校党委常委会讨论决定后、下发任职通知前,应当在一定范围内进行公示。公示内容应当真实准确,便于监督,涉及破格提拔的,还应当说明破格的具体情形和理由。公示期不少于五个工作日。公示结果不影响任职的,办理任职手续。

第四十一条　实行提拔任用的处级干部任职试用期制度。试用期为一年,试用期间享受试任职务待遇。

试用期满后,经考核胜任现职的,正式任职,试用期计入任职时间;不胜任的,免去试任职务,不保留待遇,一般按试任前岗位或职级安排工作。处级干部在试用期间因工作失误等原因不宜继续试用的,经学校党委常委会讨论决定,免去试用职务,结束试用期。

具体规定参照《北京联合大学处级领导干部试用期满考核办法》(京联党〔2014〕17号)。

第四十二条　实行任职谈话制度。对决定任用的干部,由学校党委指定专人同本人谈话,肯定成绩,指出不足,提出要求和需要注意的问题。学院及直属单位领导班子换届,可采取集体谈话的形式。

第四十三条 处级干部的任职时间,按照下列时间计算:

1. 由学校党委常委会决定任职的,自学校党委常委会决定之日起计算;

2. 由党的代表大会(党员大会)、党的委员会全体会议、党的纪律检查委员会全体会议、教代会、团代会等选举、决定任命的,自当选、决定任命之日起计算。

第八章　公开选拔和竞争上岗

第四十四条 公开选拔、竞争上岗是处级干部选拔任用的方式之一。公开选拔面向社会进行,竞争上岗在学校内部进行,应当从实际出发,合理确定选拔职位、数量和范围。一般情况下,处级干部职位出现空缺且学校内部没有合适人选的,特别是需要补充紧缺专业人才的,可以进行公开选拔;处级干部职位出现空缺,学校内部符合资格条件人数较多且人选意见不易集中的,可以进行竞争上岗。

第四十五条 公开选拔、竞争上岗方案设置的条件和资格,应当符合本办法第七条和第八条的规定,不得因人设置资格条件。资格条件突破规定的,应当事先报上级组织(人事)部门审核同意。

第四十六条 公开选拔、竞争上岗工作在学校党委领导下进行,由党委组织部组织实施,应当经过下列程序:

1. 公布职位、资格条件、基本程序和方法等;

2. 报名与资格审查(资格审查由资格审查工作小组实施),参加公开选拔的应当经所在单位同意;

3. 采取适当方式进行能力和素质测试、测评,比选择优(竞争上岗也可以先进行民主推荐);

4. 研究提出人选方案,经学校干部工作领导小组讨论后,提交学校党委常委会讨论决定;

5. 发布考察预告并组织考察;

6. 考察结果提交学校党委常委会讨论;

7. 公示;

8. 履行任职手续。

第四十七条 公开选拔、竞争上岗应当科学规范测试、测评,突出岗位特点,突出实绩竞争,注重能力素质和一贯表现,防止简单以分数取人。竞争上岗时,同一职位通过资格审查的人选未达到3人的,不进行竞聘答辩;经学校干部工作领导小组研究,可以对该职位提出其他选任方案,报校党委常委会同意后实施。

第九章　交流、回避

第四十八条 实行处级干部轮岗交流制度。

1. 轮岗交流的对象主要是:因工作需要交流的;需要通过交流锻炼提高领导能力的;在一个单位或者部门工作时间较长的;按照规定需要回避的;因其他原因需要交流的。

2. 处级干部在同一职位上连续任职满两个聘期的,原则上应当轮岗,不再推荐、提名或者任命担任同一职务。

同一部门的党政正职一般不同时进行轮岗交流。

3. 加强干部轮岗交流统筹,推进学校各部门之间,学校机关与学院、校直属单位之间,学院与学院之间,党务部门与行政部门之间的干部轮岗交流。积极向地方、企业推荐优秀中青年干部。

4. 干部轮岗交流由学校党委及党委组织部组织实施,严格把握人选的资格条件。干部个人不得自行联系交流事宜,领导干部不得指定轮岗交流人选。同一干部不宜频繁轮岗交流。

5. 轮岗交流的干部接到任职通知后,应当在学校党委或者党委组织部限定的时间内到任,并按照有关规定及时办理工作交接、迁转行政关系、工资关系和党的组织关系。

第四十九条 实行处级干部任职回避制度

处级干部任职回避的亲属关系为:夫妻关系、直系血亲关系、三代以内旁系血亲以及近姻亲关系。有上列亲属关系的,不得在同一机关担任双方直接隶属于同一领导人员的职务或者有直接上下级领导关系的职务,也不得在其中一方担任领导职务的机关从事组织(人事)、纪检监察、审计、财务工作。

第五十条 实行处级干部选拔任用工作回避制度。

学校党委、学校干部工作领导小组及党委组织部讨论干部任免,涉及与会人员本人及其亲属的,本人必须回避。

干部考察组成员在干部考察工作中涉及其亲属的,本人必须回避。

第十章　免职、辞职、降职

第五十一条 处级干部有下列情形之一的,一般应当免去现职:

1. 达到任职年龄界限或者退休年龄界限的;

2. 受到责任追究应当免职的;

3. 辞职或者调出的;

4. 非组织选派,离职学习期限超过一年的;

5. 因工作需要或者其他原因,应当免去现职的。

第五十二条 实行处级干部辞职制度。辞职包括因公辞职、自愿辞职、引咎辞职和责令辞职。

辞职应当符合有关规定,手续依照法律或者有关规定程序办理。

第五十三条 引咎辞职、责令辞职和因问责被免职的处级干部,一年内不安排职务,两年内不得担任高于原任职务层次的职务。同时受到党纪政纪处分的,按照影响期长的规定执行。

第五十四条 实行处级干部降职制度。处级干部在年度考核中被确定为不称职的,因工作能力较弱、受到组织处理或者其他原因不适宜担任现职务层次的,应当降职使用。降职使用的干部,其待遇按照新任职务的标准执行。

降职使用的干部重新提拔,按照有关规定执行。

第十一章　纪律和监督

第五十五条 选拔任用处级干部,必须严格执行本办法的各项规定,并遵守下列纪律:

1. 不准超职数配备、超机构规格提拔处级干部,或者违反规定擅自设置职务名称、提高干部职级待遇;

2. 不准采取不正当手段为本人或者他人谋取职位;

3. 不准违反规定程序推荐、考察、酝酿、讨论决定任免干部;

4. 不准私自泄露动议、民主推荐、民主测评、考察、酝酿、讨论决定干部等有关情况;

5. 不准在干部考察工作中隐瞒或者歪曲事实真相;

6. 不准在民主推荐、民主测评、组织考察和选举中搞拉票等非组织活动;

7. 不准利用职务便利私自干预下级或者原任职单位干部选拔任用工作;

8. 不准在工作调动、机构变动时,突击提拔、调整干部;

9. 不准在干部选拔任用工作中封官许愿,任人唯亲,营私舞弊;

10. 不准涂改干部档案,或者在干部身份、年龄、工龄、党龄、学历、经历等方面弄虚作假。

第五十六条 加强干部选拔任用工作全程监督,严肃查处违反组织人事纪律的行为。对违反本办法规定的事项,按照有关规定对学校党委主要领导成员和有关领导成员、组织(人事)部门有关负责人以及其他

直接责任人作出组织处理或者纪律处分。

对无正当理由拒不服从组织调动或者轮岗交流决定的,依照有关规定予以免职或考降职使用。

第五十七条 实行处级干部选拔任用工作责任追究制度。凡用人失察失误造成严重后果的,学校用人上的不正之风严重、干部群众反映强烈以及对违反组织人事纪律的行为查处不力的,应当根据具体情况,追究学校党委主要领导成员、有关领导成员、组织(人事)部门和纪检监察部门有关负责人以及其他直接责任人的责任。

第五十八条 学校党委及党委组织部对干部选拔任用工作和贯彻执行本办法的情况进行监督检查,受理有关干部选拔任用工作的举报、申诉,制止、纠正违反本办法的行为,并对有关责任人提出处理意见或者处理建议。

纪检监察部门按照有关规定,对干部选拔任用工作进行监督检查。

第五十九条 实行组织(人事)部门与纪检监察部门等有关职能部门联席会议制度,就加强对干部选拔任用工作的监督,沟通信息,交流情况,提出意见和建议。联席会议由校党委组织部召集。

第六十条 学校党委及党委组织部在干部选拔任用工作中,必须严格执行本办法,自觉接受组织监督和群众监督。下级单位和党员、干部、群众对干部选拔任用工作中的违纪违规行为,有权向学校党委及党委组织部、纪检监察部门举报、申诉,受理部门应当按照有关规定查核处理。

第十二章　附则

第六十一条 本办法自发布之日起施行。原《北京联合大学处级干部职务任免暂行规定》(京联党〔2004〕35 号)和《北京联合大学重要干部选拔任用工作暂行规定》(京联党〔2004〕36 号)同时废止。由校党委组织部负责解释。

关于印发《北京联合大学培育和践行社会主义核心价值观实施意见》的通知

(京联党〔2014〕72 号)

各学院党委,校机关和直属单位党委,离退休党委,国际交流学院直属党支部:

经校四届党委第 84 次常委会(2014 年 12 月 16 日)审议通过,现将《北京联合大学培育和践行社会主义核心价值观实施意见》印发给你们,请遵照执行。

中共北京联合大学委员会
2014 年 12 月 24 日

北京联合大学培育和践行社会主义核心价值观实施意见

为深入学习贯彻党的十八大、十八届三中全会、十八届四中全会和习近平总书记系列重要讲话精神，落实中央、教育部和市委关于培育和践行社会主义核心价值观的要求，根据《北京高校培育和践行社会主义核心价值观实施意见》（京办发〔2014〕24号）精神，结合学校实际，现提出如下实施意见。

一、培育和践行社会主义核心价值观的总体思路

1. 我校培育和践行社会主义核心价值观总的思路是：以"一个融入"为主旨，以"两个提升"为基本目标，以"落细落小落实"为着力点，以实施"四大工程"为抓手，以激发师生员工争做"五个表率"为落脚点。具体来讲，就是以使社会主义核心价值观融入教育教学、社会实践、制度建设、文化育人、研究传播为主旨，以提升教师的育人精神和提升学生的思想素质为两个基本目标，以落细落小落实为着力点，以实施"思想引领工程""实践育人工程""文化涵养工程""典型引路工程"为抓手，促进广大师生形成符合社会主义核心价值观要求的思想观念、思维方式和价值取向，最终形成党员干部争做"三严三实"表率，教师争做"立德立教"表率，辅导员、班主任争做学生健康成长的人生导师和知心朋友，管理、服务人员争做"诚信友善"表率，学生争做"勤学、修德、明辨、笃实"表率的人人践行社会主义核心价值观的生动景象。

二、培育和践行社会主义核心价值观的重要意义、指导思想和基本原则

2. 充分认识培育和践行社会主义核心价值观的重要意义。培育和践行以"富强、民主、文明、和谐，自由、平等、公正、法治，爱国、敬业、诚信、友善"为基本内容的社会主义核心价值观，是凝魂聚气、强基固本的基础工程、战略工程。培育和践行社会主义核心价值观，是贯彻党的教育方针，坚持社会主义办学方向，巩固马克思主义在意识形态领域的指导地位，巩固党员干部和师生员工团结奋斗的共同思想基础，培养社会主义合格建设者和可靠接班人的根本要求；是坚持首善要求，办好首都人民满意的教育，服务首都经济社会发展的迫切要求；是激励和引领党员干部和师生员工走中国道路、弘扬中国精神、凝聚中国力量，实现建设有特色、高水平应用型大学的联大梦和中华民族伟大复兴中国梦的必然要求。

3. 培育和践行社会主义核心价值观的指导思想。高举中国特色社会主义伟大旗帜，以邓小平理论、"三个代表"重要思想、科学发展观为指导，深入学习贯彻党的十八大、十八届三中全会、十八届四中全会和习近平总书记系列重要讲话精神，紧紧围绕坚持和发展中国特色社会主义的主题，紧紧围绕实现中华民族伟大复兴中国梦的目标，紧紧围绕社会主义核心价值观的基本内容，紧紧围绕立德树人的根本任务，紧紧围绕师生成长发展需求，注重教育引导、舆论宣传、文化熏陶、实践养成、制度保障相结合，使社会主义核心价值观融入党员干部和师生员工的精神世界，成为日常学习、工作、生活的基本遵循，形成人人践行社会主义核心价值观的生动景象，为全面提高办学水平，培养适应首都经济社会发展要求的有特色、高水平应用型人才提供强大的思想动力和精神支撑。

4. 培育和践行社会主义核心价值观的基本原则。一是坚持育人为本、铸魂为根。以理想信念教育为核心，紧紧围绕世界观、人生观、价值观，铸牢党员干部和师生员工中国特色社会主义共同理想。二是坚持全面覆盖、有机融合。既面向所有党员干部和教职员工，又面向全体学生，把培育和践行社会主义核心价值观渗透到办学治校的方方面面，贯穿于教育教学全过程，体现在党员干部和师生员工日常学习、工作、生活中。三是坚持创新推动、增强实效。在理念创新、手段创新、基层工作创新上下功夫，改进方式，拓宽渠道，搭建平台，注重宣传教育、示范引领、实践养成相统一，使社会主义核心价值观入脑入心，师生自觉践行。四是坚持齐抓共管、形成合力。全校院系、各职能部门等要主动联动协同，形成培育和践行社会主义核心价值观的强大合力和良好校园氛围。

三、培育和践行社会主义核心价值观的实施要点

（一）实施思想引领工程

5. 加强思想理论建设。把社会主义核心价值观学习纳入校院两级党委中心组学习计划，在每年的集中学习中，专题安排社会主义核心价值观的学习研讨不少于一次。把社会主义核心价值观学习列入党员干部培训内容，健全基层单位理论学习制度，坚持不懈用中国特色社会主义理论体系武装师生头脑，不断增强广大党员干部和师生员工的道路自信、理论自信、制度自信。

6. 加强课堂主渠道建设。把社会主义核心价值观纳入思想政治理论课的教材建设和课堂讲授内容，积极推动社会主义核心价值观进教材、进课堂、进学生头脑。将社会主义核心价值观融入专业课的课堂教学活动，把传授知识、培养能力同塑造学生正确的世界观、人生观和价值观结合起来，发挥课堂教学的整体育人作用。围绕社会主义核心价值观组织实施名师专题讲学活动，开展社会主义核心价值观优秀教学案例征集、推广活动。

7. 加强专项理论与实践研究。发挥我校市级、校级科研机构和校人文社科部等单位在哲学社会科学研究上的专业优势,深入研究社会主义核心价值观24字基本内容,深入研究习近平总书记系列重要讲话中关于中国精神与中国梦、社会主义核心价值观的重要论述,充分挖掘社会主义核心价值观和中国精神的精神元素、本质和故事等,编写出便于师生学习理解的通俗读物。邀请校内外知名专家和学者召开培育和践行社会主义核心价值观理论研讨会。在每年的校级课题中专门设立社会主义核心价值观研究项目,推出一批高水平、有分量的理论研究成果。

8. 加强网络宣传教育。坚持网络宣传教育与宣传教育整体工作相统一,把握网络传播规律,发挥网络优势,把社会主义核心价值观体现到校院网络宣传、网络文化、网络服务中。坚持用正面声音和先进文化占领校园网络阵地,不断增强社会主义核心价值观网络宣传教育的效果。推进网络管理员、引导员、评论员等队伍建设,加强校园网络文化建设和管理,规范信息传播秩序,确保用社会主义核心价值观主导校园网络舆论。

(二)实施实践育人工程

9. 加强统筹规划。统筹学校和社会资源,广泛开展社会实践活动,引导师生在实践中领会和践行社会主义核心价值观。积极落实"实践育人共同体建设计划",打造一批实践、学习、实训基地,组织师生参加生产劳动、勤工助学、科技发明等活动。深入开展"走基层、看变化、知国情"学习实践、红色"1+1"党支部共建等工作。深入实施北京高校学雷锋行动计划,推进志愿服务(示范)站、岗建设,将学雷锋和志愿服务紧密结合起来,实现学雷锋活动的常态化、机制化。

10. 加强教育平台建设。积极发挥"北京学讲堂""博学讲堂"、菁英学堂等学术讲座和新生团校、"我与联大共奋进"宣讲团、《燧石》等政治理论类学生社团的作用,各学院每年集中一个时间段开展"社会主义核心价值观宣讲"活动,邀请校院领导和专家学者及宣讲团成员到学院作专题学习报告、宣讲或互动交流活动。开展中国精神主题教育实践活动,以"传承弘扬中国精神、凝聚强大中国力量、立志践行中国梦想"为主旨,以党领导中国人民革命、建设和改革的三大历史时期为主线,教育引导广大师生自觉弘扬中国精神,大力培育和践行社会主义核心价值观,积极投身实现中国梦的伟大实践。各学院通过道德讲堂、道德论坛等形式,加强师生自我道德教育。开展践行社会主义核心价值观"联大微记录"系列活动,鼓励师生员工以微博撰写、微信发布、微电影拍摄、微话剧和微小说创作为主要方式,记录联大师生在践行社会主义核心价值观过程中的所作所为、心得体会。

11. 加强实践体验活动载体建设。引导师生在认知理解社会主义核心价值观基础上自觉践行,做到知行统一。积极开展"爱学习、爱劳动、爱祖国""美丽中国、绿色北京"和"节粮、节水、节电"等主题实践活动,实施"中华美德微博微信传递行动"。以"文明宿舍""榜样班级""和谐处室"和"最美院系"建设为切入点抓好文明创建。大力弘扬雷锋精神,广泛开展"续写雷锋日记",组织学生"学雷锋小组"上街道、进社区示范实践等形式多样的学雷锋活动,推动学雷锋活动常态化。举办"孝老爱亲、善待同学"主题班会、"孝心传递"书信感恩活动,打造大学生爱心团队,积极参与敬老服务活动。开展以诚信为主题的教育实践活动,将学生诚信表现如实写进成长记录,建立守信激励和失信惩戒有效机制。

(三)实施文化涵养工程

12. 增强优秀文化涵养道德的功能。以社会主义核心价值观为引领,建设体现社会主义特点、时代特征、首都品质和联大特色的大学文化。加强中华优秀传统文化教育,开展"中华优秀传统文化进校园",倡导师生诵读中华经典著作,增强师生文化自觉自信。开展党史国史教育,加强对革命传统文化时代价值的阐发,广泛弘扬中国精神。弘扬学校优良传统,总结凝练联大精神,挖掘校训中蕴含的人文精神、科学精神,积极发挥档案(校史)馆等文化设施在文化育人中的重要作用。推动"高雅艺术进校园",推进建立"大学生艺术讲堂",举办艺术讲座、艺术展演,播放经典电影。

13. 培育文明礼仪文化。以"我们的节日"主题活动为重点,培育富有现代内涵的节日文化。利用五四、七一、八一、十一、抗日战争胜利纪念日、南京大屠杀死难者国家公祭日等党史国史上重大事件纪念日和重要人物纪念日等,举办庄严庄重、内涵丰富的师生庆祝和纪念活动。坚持在重大节点、重要场合升国旗、唱国歌,在学校开学、学生毕业时举行庄重简朴的典礼,在春节、清明节、端午节、中秋节等中国传统节日组织文化实践活动,使礼节礼仪成为培育师生主流价值的重要方式。加强对师生文明礼仪的宣传教育、规范约束和管理监督,制定《北京联合大学教师基本文明礼仪规范》《北京联合大学学生基本文明礼仪规范》。

14. 改进文化育人。将社会主义核心价值观融入校园精神文化、制度文化、学术文化和形象文化之中。发挥环境育人功能,继续大力开展社会主义核心价值观宣传展示活动,使社会主义核心价值观基本内容处处可见、人人知晓。加强校风班风学风建设,组织开展丰富多彩、生动活泼的文艺活动、体育活动、科技活动,支持学生社团活动,充分利用校报、橱窗、走廊、广播电视网络等开展专题宣传,营造体现主流意识、时代特征、联大特色的校园文化氛围。

（四）实施典型引路工程

15. 充分发挥党员干部和师生员工的示范引领作用。一是党员干部要争做"三严三实"表率。各级领导干部要率先垂范，严以修身、严以用权、严以律己，谋事要实、创业要实、做人要实，以人格魅力感召师生、引领风尚。广大党员要加强理想信念教育，不断提升党性修养，严格要求，自觉践行，当好先锋模范。二是教师要争做"立德立教"表率。要加强个人修养，增强育人意识，提高育人能力，坚守学术道德，学为人师、行为世范，以高尚情操、丰富学识和人格魅力影响和教育学生。三是辅导员、班主任要争做学生健康成长的人生导师和知心朋友。要不断提升思想政治素质，胸怀理想、坚定信念，以身作则、为人师表，关心学生、爱护学生，做好大学生健康成长的人生导师和知心朋友。四是管理、服务人员要争做"诚信友善"表率。要自觉加强职业道德修养，热情高效服务，诚信友善待人，在自身岗位上自觉践行社会主义核心价值观。五是学生要争做"勤学、修德、明辨、笃实"表率。要下得苦功夫，求得真学问；要加强道德修养，注重道德实践；要善于明辨是非，善于决断选择；要扎扎实实干事、踏踏实实做人。

16. 加强先进典型培育和选树工作。基于信得过、看得懂、学得到，以推举"闪耀联大星 最美北京人"等方式大力在全校选树先进典型。既发现一般典型、培育重大典型，又关注凡人善举，打造联大"群星方阵"，持续放大"群星效应"。建立校院先进典型数据库，通过网络新媒体平台，宣传展示我校师生弘扬践行社会主义核心价值观和中国精神的优秀事迹。

17. 开展学习先进典型的活动。开展全国和首都道德模范、行业楷模进校园活动，通过面对面的交流，教育引导广大师生以先锋模范为榜样，践行弘扬模范精神。开展师德标兵、优秀德育工作者、学生榜样等评选宣传活动，唱响主旋律，传递正能量，引导广大师生在学习先进、崇尚先进、争做先进中传承弘扬中国精神、培育和践行社会主义核心价值观。

四、加强领导，合力推进社会主义核心价值观建设

18. 加强组织领导。学校党委对推进社会主义核心价值观建设负总责。各学院各单位党政主要领导是社会主义核心价值观建设的第一责任人，要把培育和践行社会主义核心价值观摆在办学治校的重要位置，把社会主义核心价值观建设和教学、科研、社会服务工作结合起来，统一做好部署、检查和评估。学校将及时总结推广典型经验。

19. 制定落实方案。各学院及相关单位要根据本实施意见的要求，结合实际，在落细落小落实上下足功夫，积极探索新形势下进一步推进社会主义核心价值观建设的新思路、新途径、新方法，制定本单位的贯彻落实方案，进一步理清思路、明确目标、强化措施，更加有效地推进社会主义核心价值观建设工作，确保取得实效。

20. 强化督查指导。将培育和践行社会主义核心价值观情况纳入学校办学、党建和思想政治工作评估体系，作为领导干部年度考核、交流或提拔任职考察等的首要内容，作为教职员工岗位聘任、教学管理、职称晋升等的首要标准，作为学生入党入团、评优奖励、学业评价等的首要指标。各学院党政主要领导、各部门各单位主要负责人要深入基层开展调查研究和督导检查，了解工作进展，发现解决问题，指导推进工作。定期开展研讨交流，总结经验、改进工作，建立健全培育和践行社会主义核心价值观的长效机制。

京联发系列文件

关于印发《北京联合大学校院领导干部联系离退休老干部制度》的通知

（京联发〔2014〕1号）

全校各单位：

经学校四届党委第42次常委会（2013年12月30日）审议通过，现将《北京联合大学校院领导干部联系离退休老干部制度》印发给你们，请遵照执行。

北京联合大学
2014年1月8日

北京联合大学校院领导干部联系离退休老干部制度

为加强我校党员领导干部同离退休老干部的联系，随时掌握离退休老干部的思想、工作、学习和生活情况,经常倾听离退休老干部的意见、建议和要求,从政治上、生活上对他们给予关心和帮助,密切同他们的联系,充分发挥老干部的作用,推进学校各项事业健康发展,根据前几年工作的实践,建立校院领导干部联系老干部制度。

一、联系范围

校院领导班子的每个成员联系 1—2 名离退休干部。联系的对象主要指本单位离休干部、原领导班子成员和按照干部管理权限由本级党委管理的退休干部。

二、联系的主要内容

1. 检查离退休干部政治理论学习、阅读文件、情况通报、走访慰问、参观考察、参加重要会议和重大活动等各项政治待遇落实情况,老干部党支部活动情况,使离退休干部及时掌握校院党委的工作部署,了解本单位的重要工作动态和情况。

2. 了解离退休干部的思想状况,有针对性地做好正面引导、宣传解释和思想政治工作。

3. 结合校党政的重要工作部署和工作实际,及时征求离退休干部的意见和建议。

4. 了解老干部生活待遇落实情况、家庭状况和身体状况,协调解决离退休干部及家庭的实际困难。

5. 认真办理离退休干部的来信来访。

三、联系的主要方式

结合在职领导干部自己的工作特点和实际情况,每学期至少一次采取走访看望、节日慰问、电话信函、网络平台、会议座谈、接受约谈等形式进行。

四、登记备案,规范管理

坚持以人为本,强化各级党组织和领导干部的责任意识,切实把联系制度落到实处。校院领导班子成员联系离退休干部的情况登记造册、建档立卷、规范管理。

关于成立"北京联合大学艺术教育中心"的通知

(京联发〔2014〕2 号)

全校各单位:

艺术教育是大学实施审美教育和素质教育的重要内容和途径,是全面提高大学生文化素养、促进高校精神文明建设的重要组成部分。为进一步整合我校艺术教育资源、完善艺术教育管理体制,贯彻落实《关于加强全国普通高校学校艺术教育的意见》(教体〔1996〕5号)精神,切实提高艺术教育育人实效,经 2013 年学校第 35 次校长办公会研究决定,成立北京联合大学艺术教育中心(以下简称艺术教育中心),现将有关事项通知如下。

一、机构名称

北京联合大学艺术教育中心。

二、机构设置

1. 办公室:1 个。

2. 教学科研办公室(教科办):1 个。

三、人员编制

1. 兼职 5 人。

2. 专职 1 人。

四、工作职责

统筹、协调、指导、安排全校艺术素质教育工作。

五、岗位设置

(一)主任:1 人,负责艺术教育中心全面工作,由校团委书记兼任。

(二)副主任:1 人,负责艺术教育中心教学、科研工作,由校人文社科部副主任兼任。

(三)艺术总监:1 人,负责艺术教育中心指导校

内艺术社团、培养与发掘校园优秀艺术人才工作,在校内教师中聘任。

(四)办公室:2 人。

1. 主任:1 人(可具有专业技术职务),负责艺术教育中心日常工作的协调和大学生艺术社团的管理和指导工作,由校团委文体艺术部部长兼任。

2. 专职工作人员:1 人,协助办公室主任开展中心日常工作,负责举办和组织参加艺术比赛、艺术展览和演出活动。

(五)教学科研办公室:1 人,协助艺术教育中心副主任开展教学、科研等工作,由校人文社科部艺术教研室专职教师兼任。

六、运行机制

1. 艺术教育中心挂靠校团委,由校团委管理,统筹全校艺术素质教育工作。

2. 办公室负责制定全校艺术素质教育的发展规划、工作计划及重要规章制度等综合性文件材料;统筹全校艺术素质教育教学、科研的协调工作;管理全校艺术素质教育第二课堂、艺术社团的指导工作以及外聘指导教师的管理工作。

3. 教学科研办公室负责制定、执行全校艺术素质教育的教学、科研和课程计划等工作。

4. 办公室的日常工作由校团委文体艺术部承担;教学科研办公室工作以及全校艺术素质教育的教学、科研工作由校人文社科部的艺术教研室承担。

5. 艺术教育中心的人员编制和各级岗位设置不

单独核算,分别占用校团委和人文社科部的人员编制和各级岗位数。

七、经费保障

艺术教育中心工作经费由校团委根据艺术教育中心工作职责编制预算并管理。

特此通知。

北京联合大学

2014 年 1 月 9 日

关于印发《北京联合大学科研机构管理办法》的通知

（京联发〔2014〕3 号）

全校各单位：

经 2013 年学校第 35 次校长办公会审议通过,现将《北京联合大学科研机构管理办法》印发给你们,请遵照执行。

北京联合大学

2014 年 1 月 14 日

北京联合大学科研机构管理办法

第一章　总则

第一条　为了进一步规范和加强我校科研机构的设置和管理,落实学术立校、教学与科研并举的发展战略,促进科研力量的整合,更好地推进我校科学研究、人才培养和社会服务等工作,结合学校科研工作特点,特制定本办法。

第二条　科研机构的基本职责是：以促进学科建设和科学研究为宗旨,立足学科前沿,针对重大学术问题和现实问题,组织跨学科跨学院学术团队,开展科学研究,推动科技成果转化,培养科研人才,推动学术交流与合作。

第三条　我校科研机构分为市级以上科研机构（含市级）、校级科研机构和院（部）级科研机构三种,其中校级科研机构分为"校级校管"与"校级院管"两种类型。

第二章　科研机构设置

第四条　市级科研机构的成立、管理与考核按上级单位的规定执行。

第五条　校级科研机构的设立应坚持"科学设置、分类管理、精简高效、突出特色"的原则。

第六条　新设立的校级校管科研机构不设行政级别,着重考虑关系学校长期发展、能够创造出新的增长点、能够显著提升学校社会影响力以及办学特色和协同创新的情况,采取一事一议。

第七条　校级院管科研机构为非行政机构,不设行政级别,依托属地学院（部）管理。属地学院（部）应在人力、财力和物力上给予必要的支持。

第八条　校级科研机构可以独立设置,学校倡导依托学科专业方向,院所合一、系所合一,鼓励与校外企事业单位合作设置。

第九条　申请校级科研机构的基本条件。

（一）申请校级科研机构要有明确的学科依托和研究方向,明确研究队伍和研究目标,应符合学校科研和人才培养的总体发展需要,对学科平台建设和人才培养具有明显的支撑作用。

（二）申请校级科研机构应已经具备较好的研究基础,具有稳定的研究任务和经费来源,在相应的领域应已有一定的研究成果。

（三）校级科研机构负责人一般应由校内在职且具有正高级专业技术职务,或具有博士学位的副高级专业技术职务人员担任,机构负责人应具有较强的组织协调能力且应为省部级（含）以上课题负责人。一位教师一般只能担任一个校级科研机构的负责人。为保证校级科研机构工作的连续性,自申报之日起,距离退休不足两年的在职人员,一般不应再担任校级科研机构负责人。

（四）校级校管科研机构成员提倡以科研为主型教师为主。校级院管科研机构中自然科学类其校内成员一般应不少于 5 人,社会科学类其校内成员一般应不少于 3 人。申请新增校级校管科研机构,或者新增研究院、重点实验室,其在册科技活动人员自然科学类不得少于 15 人,社会科学类不得少于 10 人。交叉聘用的机构成员最多只可同时受聘于两个校级科研机构,但其任一项科研成果只可统计一次。

（五）校级科研机构命名应规范合理,后级应为"研究中心""研究所""重点实验室"或"研究院"。中文名称应在 25 个汉字以内。校级科研机构统一命名为"北京联合大学××研究所（院）"（英文名称为

"Institute of ××, Beijing Union University"），或"北京联合大学××研究中心"（英文名称为"Center for ××, Beijing Union University"）或"北京联合大学××重点实验室"（英文名称为"Key Laboratory of ××, Beijing Union University"）。

（六）申请新增校级校管科研机构，或者新增研究院、重点实验室，其专职人员的年人均到校竞争性科研经费自然科学类不少于 30 万元、社会科学类不少于 10 万元。

（七）新增校级科研机构研究方向不得与已有校级科研机构重复。原则上同一单位的研究所和研究中心总数不能超过本单位系的个数。

第十条　校级科研机构的审批程序。

（一）符合申请条件的科研机构，可根据本文件要求填报《北京联合大学校级科研机构申请书》，属地学院（部）签署意见并盖章后，提交校科研处。若申请的科研机构属于与校外企事业单位合作设置，需附合作协议和章程等材料。

（二）校科研处会同相关专家，根据我校科技发展的规划、学科建设的规划、现有学科和校级科研机构布局情况，对申请材料的学术水平等进行客观、公正的论证审核，审核通过后，报校长办公会审批通过后发文公布。

第十一条　院（部）级科研机构，可参照校级申报条件自主批准设立，由属地学院（部）管理并考核，报校科研处备案。

第三章　体制与管理

第十二条　校科研处是科研机构的管理职能部门，具体负责科研机构的建设规划与管理。其主要职责如下。

（一）根据学校及上级发展规划，制定相关的政策和规章。

（二）接受上级单位的业务指导，对市级科研机构承担二级管理责任。

（三）负责校级校管科研机构的组织管理与科研业绩考核。

（四）负责校级院管科研机构的业务指导。

（五）负责组织对校级科研机构申报的审核与报批。

第十三条　属地学院（部）具体负责校级院管科研机构的实施建设和运行管理等工作，跨学院（部）组建的校级院管科研机构应明确一个主体学院（部）进行管理。属地学院（部）的主要管理职责如下。

（一）监督所属科研机构依法办事。

（二）负责对本学院（部）校级科研机构的申请、变更、规章制度（含保密规定）的设立等事项进行初步审核。

（三）负责推荐所属校级科研机构负责人。

（四）负责对所属校级科研机构进行年度考核并向校科研处提交年度考核报告（报告内容含校级院管科研机构负责人变化情况，内部规章制度变化情况，人员数量变化情况，参与各级各类项目课题数量、科研成果、学术交流、经费情况等）。

（五）负责院级科研机构的管理。

（六）配合校科研处做好其他相关工作。

第十四条　校级科研机构不具有独立法人资格，但可独立开展学术活动、项目洽谈和承担科研项目。科研机构需要签订协议或合同，须按管理权限报所属单位或校科研处审批。

第十五条　校级科研机构的发展方向要主动适应学校的发展目标，其建设与运行要主动适应学校改革发展的需要。校级科研机构要注重内部规章制度建设，重视学风建设和学术道德建设，加强数据、资料、成果的科学性和真实性审核以及保管工作。

第十六条　校级科研机构不得自行设立子机构、子中心等直属、附属机构。如需下设子机构、子中心，应按照新机构申报程序进行申报、审批。

第十七条　科研机构不得私自开立账户。科研机构可通过科技开发、科技咨询、科技服务和科技成果转化等有偿服务，向社会、企事业单位、团体多渠道筹集研究经费，学校鼓励以科研机构为研究平台积极申请各级各类科研项目。接受个人或海外学术机构、团体的资助时，应事先向校科研处报批。

第十八条　市级和校级校管科研机构的日常经费由学校统一预算安排，校级院管科研机构的日常经费由所属学院（部）经费自主支持。

第十九条　鼓励科研机构负责人实行民主选举或公开招聘，市级机构和校级校管科研机构负责人由学校聘任，校级院管科研机构由主管单位聘任报校科研处、人事处备案。

第二十条　科研机构应当遵守学校有关印章管理的规章制度。

第四章　变更、调整与撤销

第二十一条　市级科研机构的变更、调整与撤销按上级单位的有关规定执行。

第二十二条　校级科研机构确有需要更名、变更研究方向或进行结构调整和重组的，须按照机构设置申请程序，填报《北京联合大学校级科研机构调整、变更申请表》，进行报批。

第二十三条　校级科研机构的撤销。

（一）校级院管科研机构自身有权提出撤销提议，完成善后工作后，经属地学院（部）签字同意，报校科研处审核、报批后备案。

（二）属地学院（部）有权提出校级院管科研机构

撤销提议,可责成校级院管科研机构完成善后工作后,报校科研处审核,由科研处完成后续报批手续后备案。若该机构提出异议,可提交校科研处复议。

（三）校科研处有权提出校级院管科研机构撤销提议,可责成科研机构以及属地学院（部）完成善后工作后,完成后续报批手续。

（四）对于具有下列情形之一的校级科研机构,校科研处提交校长办公会审议后可撤销该科研机构。

1. 管理不善、违反国家或学校有关规定,给学校声誉造成较大不良影响的。

2. 缺乏活力、连续两年无任何科研成果或学术活动的。

3. 缺乏竞争能力、连续两年没有竞争性科研经费到账的。

4. 考核连续两年不合格的校级科研机构。

（五）所有需撤销的校级院管科研机构在完成相应手续后,应报请校长办公会批准后发文公布。

（六）校级校管科研机构的撤销将根据学校总体发展规划,并着重参考考核结果,采取一事一议的办法进行。

第二十四条 院级科研机构的变更、调整与撤销由属地学院（部）负责,报校科研处备案。

第五章　考核与激励

第二十五条 科研机构实行"定期考核、分类要求、滚动发展"的管理模式。

第二十六条 学校对科研机构实行年度目标制考核,由校科研处统一组织。完成当年考核细则中的目标或者完成当年的任务目标视为考核合格。

第二十七条 市级科研机构按上级考核要求执行;校级校管科研机构的考核由学校按二级单位考核要求执行;校级院管科研机构的业务考核由所管学院（部）负责,报校科研处审核备案;院级科研机构由各二级单位考核。

第二十八条 学校对考核不合格的校级科研机构给予一年的调整期,连续两年考核不合格的校级科研机构将予以撤销。

第二十九条 校级科研机构的研究经费采用竞争申请的方式支持,由科研机构负责人向校科研处提出申请经费额度、使用计划、建设进度以及完成目标（如高水平项目、到校科研经费、论文、专利、获奖以及主办会议等）,经评审后对符合学科发展的校级科研机构经费申请给予资助。

第六章　附则

第三十条 本办法自公布之日起施行,原《北京联合大学校级科研机构管理暂行办法》（京联科〔2010〕4号）同时废止。由校科研处负责解释。

关于印发《北京联合大学科研水平提高经费管理办法》的通知

（京联发〔2014〕4号）

全校各单位:

经2013年学校第35次校长办公会审议通过,现将《北京联合大学科研水平提高经费管理办法》印发给你们,请遵照执行。

北京联合大学
2014年1月14日

北京联合大学科研水平提高经费管理办法

第一章　总则

第一条 科研水平提高经费来源于财政拨款,由市教委下达,用于提高学校科研能力建设,以校内项目管理方式实施管理的专门经费。

第二条 科研水平提高经费必须保证用于提高我校科研能力建设工作支出,包括科研平台建设、校级科研立项、科研成果转化、学科建设与研究生教育等。

第三条 为规范科研水平提高经费项目管理,保障科研水平提高经费的使用效益,根据《北京市属高等学校提高科技创新能力建设项目管理办法（试行）》（京教研〔2013〕8号）和《北京市属高等学校科技创新能力

提升计划项目经费管理办法》的精神,结合我校实际情况,特制定本办法。

第四条 科研水平提高项目经费实行学校、学院（部处）和项目组三级管理,以项目组为基础,以项目所在单位为依托,学校统一领导。

第二章　预算管理

第五条 每年年底之前,校财务处根据上级主管部门的工作要求及下年度学校财政预算,结合学校总体工作安排,下达学校下一年度科研水平提高经费额度。

第六条 校科研处、研究生工作部（处）根据学校

总体工作安排负责项目的组织、申报、评审工作,确定学校科研水平提高项目。于次年预算申报期限内将项目预算报送校财务处,由校财务处在安排当年预算时予以批复。

第七条　科研水平提高项目在实施过程中,一般不做调整,因项目发生终止、撤销、变更等情况,确需对项目负责人或实施内容进行调整,须提前报校科研处、研究生工作部(处)审批后,报送财务处方可执行。

第三章　经费支出范围

第八条　科研水平提高经费不得用于与科研水平提高无关的基本建设、基础设施改造等科研以外的经费支出。

第九条　科研水平提高经费按要求单独核算、专款专用。任何部门和单位不得截留、挪用或挤占项目经费。

第十条　科研水平提高经费要严格按照项目执行的实际需要支出,支出范围和比例按上级文件执行,如有变动以上级文件为准,具体如下。

1. 设备购置费:在项目实施过程中购置或试制与项目相关的专用设备和软件,以及对现有专用设备和软件进行升级改造发生的费用。原则上不得购置通用类设备。

2. 专用设备租赁费:指在项目实施过程中,租赁外单位专用设备(不含租赁车辆)而发生的费用。

3. 材料费:指在项目执行过程中消耗的各种原材料、辅助材料等低值易耗品的采购及运输、装卸、整理等费用。

4. 测试化验加工费:是指在项目实施过程中因本单位不具备条件而委托外单位进行检验、测试、化验及加工等发生的费用。

5. 差旅费:指在项目实施过程中开展科学实验(试验)、科学考察、业务调研、学术交流等所发生的国内差旅费等。差旅费的开支标准应当严格执行市财政局、市教委以及学校有关差旅费管理办法的规定,差旅费原则上不超过项目总经费的20%。

6. 公务接待费:指开展国内外科研交流活动所需的合理的接待费用,按照市财政、市教委和《北京联合大学公务接待费用管理办法》(京联党〔2013〕34号)相关要求,各项目应严控公务招待费的支出范围和开支标准。

7. 会议费:指在项目实施过程中,为组织开展学术研讨、咨询以及协调项目等活动而发生的会议费用。原则上鼓励利用校内资源开会,按照上级有关规定,严格控制会议规模、会议数量、会议开支标准和会期。会议费的开支范围和标准应当严格执行市财政、市教委和学校有关会议费管理的规定。

8. 出版/文献/信息传播/知识产权事务费:指在项目实施过程中,需要支付的出版费、论文发表费、文献检索费、专利申请费。其中出版费标准:每本专著支出费用不得超过5万元(含) 期刊发表费标准:国内一般期刊论文发表费每篇不超过1000元(含),全国核心期刊论文发表费每篇不超过3000元(含),国外期刊论文发表费每篇不超过5000元(含)。

9. 图书资料费:指在项目实施过程中,需要支付的零星图书购置费以及资料费。

10. 教师培训费:是指我校教师参加学校安排的科研培训。原则上不超过项目经费的15%。

11. 劳务费:指在项目实施过程中支付给课题组成员中没有工资性收入的相关人员(如在校学生)和课题组临时聘用人员等的劳务性费用。在校学生劳务费每人每月不超过1000元。

12. 专家咨询费:指在项目实施过程中支付给临时聘请的咨询专家的费用,聘请本市专家费用只包括咨询费(外埠专家可含食宿费和交通费)。咨询费标准参照:高级专业技术职称人员300元/(人·天)、其他专业技术人员500元/(人·天)的标准执行。超过两天的,第三天及以后的咨询费标准参照高级专业技术职称人员400元/(人·天)、其他专业技术人员300元/(人·天)执行。专家咨询费不能支付给参与项目研究、管理相关的人员及本单位在职人员。

13. 其他费用:指以上内容未涵盖的,与科研水平提高项目相关的其他必要开支。

第四章　支出管理

第十一条　科研水平提高项目实行项目负责人制。科研水平提高经费支出审批权限以及报销流程,严格按照校(院)有关财务管理规定执行。

第十二条　由科研水平提高经费资助购置的仪器设备、图书资料、数据库、软件等资产,严格执行国有资产管理的审核、招投标等有关规定,统一纳入学校资产管理,涉及政府采购等事项,按照市财政、市教委相关管理规定执行。

第十三条　劳务费以及专家咨询费的发放,要严格控制在标准之内,通过个人银行卡发放,以零现金方式支付,并依法缴纳个人所得税,不得由他人以任何理由代签。

第十四条　科研水平提高经费原则上只用于提高我校科研能力建设工作支出,严格控制直接对外拨款。外拨经费支出应当以合作(外协)项目合同为依据,按照合同约定的外协经费额度、数付方式、开户银行和账号等条款办理。项目负责人应对合作(外协)业务的真实性、相关性负责,项目负责人所在单位按校(院)有关财务管理规定进行审批。

第十五条　科研水平提高经费不得用于各种罚款、捐款、赞助、投资等支出;不得用于各种旅游、工资性津贴（补贴）、各种福利性支出以及其他违反财务管理规定的支出。

第十六条 各项目单位要按照预算批复的科研水平提高经费，认真组织实施，应根据科研工作计划合理安排支出进度并在年内完成，同时要注重效益。项目指标在年度内有效，年末结余经费收归学校。

第五章 绩效评价与监督检查

第十七条 科研水平提高项目实行绩效考核制度。承担学院（部门）和项目负责人有义务接受主管部门对项目的进展情况或完成情况进行的绩效考评；自觉接受审计、财务、纪检等部门的检查、监督、审计。

第十八条 校财务处负责对科研水平提高经费的使用进行监督，加强资金管理，严格财务手续，发现不按规定使用经费、弄虚作假、虚列冒领等违纪行为不予报销相关费用。

第十九条 校科研处、研究生工作部（处）负责对全校科研水平提高经费的执行、效益、验收进行监督检查，各项目负责人所在单位应向科研处、研究生工作部（处）提交年度科研水平提高经费的使用情况与绩效分析报告，校主管部门向校审计处报送全校科研水平提升经费使用绩效报告。

第二十条 科研经费的执行实行责任追究制度，违反国家有关法律、法规和财务规章制度的，要按照国家有关规定进行处理，并对相关责任人进行责任追究。

第六章 附则

第二十一条 本办法自发布之日起执行，原《北京联合大学科研水平提高经费管理办法》（京联发〔2010〕34 号）同时废止。由校财务处、审计处、科研处、研究生工作部（处）按各自职责负责解释。

关于印发《北京联合大学科研项目经费管理暂行办法》的通知

（京联发〔2014〕5 号）

全校各单位：

经 2013 年学校第 35 次校长办公会审议通过，现将《北京联合大学科研项目经费管理暂行办法》印发给你们，请遵照执行。

北京联合大学
2014 年 1 月 14 日

北京联合大学科研项目经费管理暂行办法

第一章 总则

第一条 为规范我校科研项目经费的使用和管理，合理有效地使用科研项目经费，确保各类、各级科研项目顺利完成，根据国家和北京市有关财经法规和科研项目管理规定以及学校财务制度，特制定本办法。

第二条 科研经费管理工作由学校统筹领导，学校承担管理的主体责任；学院、系、所及其他研究机构（简称院系），是科研活动的基本单位，承担经费管理的监管责任；科研项目负责人是科研经费使用的直接责任人，对经费使用的合规性、合理性、真实性和相关性承担法律责任。

第三条 原则上，科研项目经费来自中央或地方财政资金支持的，属于纵向项目经费；经费来自社会资金支持的，属于横向项目经费。

第四条 在执行国家和北京市有关财经法规和科研项目管理规定的基础上，纵向科研项目经费的管理执行国家各类计划项目管理办法，没有明确管理办法的参照本办法执行；横向科研项目经费的管理参照现行北京联合大学横向科研项目的相关办法执行。

第二章 项目预算与经费建账管理

第五条 项目立项的同时要求编制经费预算。学校科研管理部门、院系和财务部门要协助科研项目申请人根据有关科研经费管理办法的规定，结合科研活动的特点和实际需要，按照目标相关性、政策相符性和经济合理性的原则，科学、合理、真实地编制科研经费预算，提高预算编制质量。坚持勤俭节约，合理安排支出，提高资金使用效益。

第六条 建立预算评审制度。学校可根据实际情况，组织校内相关职能部门、咨询专家或中介机构对本校拟申报的财政资金支持的相关科研项目进行预算评审，提出预算审核建议。

第七条 对于在学校立项的国家级重大项目给予配套经费支持，配套经费纳入科研项目经费管理使用。项目配套经费要求单独设立账户，编制预算，合理安排支出。

第八条 完成科研项目立项备案后，应有项目来源单位（批准立项单位）的经费资助且该资助经费或经费指标已到校、院财务处。

第九条　科研项目经费必须全额汇入校、院财务部门指定的开户银行账号，严禁自收自支，账外循环。校、院财务部门应对科研项目经费独立建账、单独核算、专款专用。

第十条　科研项目负责人应根据项目来源单位核准的项目经费数额和开支范围，提交项目完备材料至校、院科研处审核备案，校、院科研处审核后，将入账通知送达校、院财务部门，由校、院财务部门根据入账通知对纵向科研项目经费建账管理，并监督纵向科研项目经费使用情况和进行限额控制。入账通知的具体格式见附件。

第三章　项目经费使用管理

第十一条　科研项目经费的使用，实行项目负责人负责制，由项目负责人严格按照项目来源单位批准的经费预算计划使用科研项目经费，不得超支。

第十二条　项目经费支出的签字审批权限以及报销流程，按照校财务处有关规定执行。

第十三条　纵向科研项目经费开支范围和支出标准，项目来源单位有明确管理办法的，按照相应管理办法执行。项目配套经费以及无明确管理办法的纵向经费，参照现行北京联合大学科研水平提高经费管理办法执行。

第十四条　纵向科研项目的管理费根据项目来源单位的科研项目管理办法的规定提取，未明确规定管理费提取办法的项目，原则上按到校经费的5％提取；在规定的管理费限额内，学校和项目承担学院（部门）按6：4比例分别提取。

第十五条　在纵向科研项目执行过程中因合理原因发生的支出方向变更，纵向科研项目负责人应提出申请，经项目来源单位及校院科研处审核同意后，由校院财务部门执行。

第十六条　横向科研项目经费的开支范围、支出标准、管理费提取，依照现行横向科研项目管理办法执行。在横向科研项目执行过程中因合理原因发生的支出方向变更，经项目来源单位及校院科研处审核同意后，由校院财务部门执行。

第十七条　使用科研项目经费购置仪器设备等物品，凡涉及政府采购和招投标目录时，需按国家、北京市和学校相关规定执行，办理固定资产入账手续后方可报销；横向科研项目合同另有约定的除外。

第十八条　科研项目经费原则上只用于项目研究工作支出，严格控制直接对外拨款。外拨经费支出应当以合作（外协）项目合同为依据，项目合同中应明确外协经费额度、经费开支范围和支出标准、拨付方式、开户银行和账号等条款办理。项目负责人应对合作（外协）业务的真实性、相关性负责，项目负责人所在单位按校院有关财务管理规定进行审批。

第十九条　科研项目经费支出中涉及的个人所得税，由纳税人按国家有关规定自行支付。

第四章　项目经费的监督与审计

第二十条　项目负责人严格执行国家、北京市有关财经法规和科研项目管理规定以及学校财务制度，按照批复预算和项目合同使用经费，接受上级和学校相关部门的监督检查，对科研项目经费的使用承担经济与法律责任。

第二十一条　校院科研处和校院财务处负责对科研项目经费的使用情况进行管理和监督；学校审计部门负责对科研项目经费的使用情况进行审计。

第二十二条　纵向科研项目在结题验收时，须经学校审计部门或副局级学院审计岗位人员按照有关规定对经费使用情况进行审签；横向科研项目在结题验收时，根据项目来源单位的要求对经费使用情况进行审签。

第二十三条　纵向科研项目在正式验收结题后的一年内，项目负责人应负责将科研项目结余经费使用完毕，超过一年的结余经费由学校财务处按相关手续予以收回；对于逾期一年不办理结项手续的项目，需按相关手续办理撤项后，其经费余额由学校财务按相关手续予以收回。

第二十四条　项目负责人和项目承担院系有义务接受主管部门对项目的进展情况或完成情况进行绩效考评。

第五章　附则

第二十五条　本办法自发布之日起执行，原《北京联合大学科研项目经费管理办法（暂行）》（京联发〔2007〕24号）、《北京联合大学科研项目配套经费管理办法》（京联科〔2009〕5号）同时废止。校科研处、财务处、国有资产管理处、审计处按各自职责分别负责解释。

附件：
北京联合大学科研经费入账通知单
（附件略）

关于成立完全学分制改革试点工作领导小组的通知

（京联发〔2014〕6号）

全校各单位：

为贯彻落实十八届三中全会关于创新高校人才培养机制，促进高校办出特色和国家中长期教育改革和发展规划纲要（2010—2020年）提出的"深化教学改革,推进和完善学分制,实行弹性学制,促进文理交融"的精神,切实推进校第四次党代会关于强化"分类指导、分层培养、因材施教、突出特色"的人才培养理念,充分调动学生学习主动性和积极性,激发教师的教学潜能,培养高素质应用型人才,经 2014 年学校第 1 次校长办公会研究决定,在生物化学工程学院设立学分制实验区,全面探索完全学分制的试点工作,为全校实施完全学分制先行先试摸索规律,为加强对此项工作的统筹协调,成立北京联合大学学分制改革试点工作领导小组,负责对学分收费制、选课制、教师聘任制、导师制、绩点制、资源分配等学分制的重要事项进行研究决策。领导小组成员名单如下。

组　　长:卢振洋

副组长:黄先开、张恩祥

成　　员(按姓氏笔画排序):毕玉兰、曲学利、刘在云、张　伟、张文杰、张明贤、杨　鹏

领导小组办公室设在生物化学工程学院,办公室主任由张恩祥兼任,副主任由张明贤、刘在云担任。希望全校各相关单位积极配合,为生物化学工程学院全面实施学分制改革试点工作提供支持。

特此通知。

北京联合大学

2014 年 1 月 16 日

关于成立加快推进科技成果转化和科技协同创新领导小组的通知

(京联发〔2014〕8 号)

全校各单位:

为了深入贯彻北京市关于《加快推进高等学校科技成果转化和科技协同创新若干意见(试行)》(简称"京校十条",京政办发〔2014〕3 号)的精神,激发学校教师和科技人员的科技成果转化的积极性,推进我校科技成果转化进程,经 2014 年学校第 7 次校长办公会研究决定,成立我校加快推进科技成果转化和科技协同创新领导小组。现将有关事宜通知如下。

一、领导小组组成人员

组　　长:卢振洋

副组长:付晨光、张连城、鲍　泓(常务)、乔东亮、古红梅

成　　员:党委(校长)办公室、人事处、财务处、招生就业处、科研处、国资处、审计处负责人。

领导小组办公室设在校科研处。

二、领导小组工作职责

1. 统领全校师生"科技成果转化和科技协同创新"政策制定、宣传落实工作;确定学校师生参与科技创业和成果转化激励政策;决定学校科技成果转化岗位设立和聘任工作。

2. 负责规划学校有关"科技成果转化和科技协同创新"相关环境部门分工,进行学校科技成果处置权管理改革和收益分配方式改革政策起草,加大对学校社会化服务的奖励机制,制定学校在校学生创业支持办法,督导有关规章制度的落实。

3. 负责学校科研成果转化和科技协同创新平台工作的统筹规划,建设协同创新中心。

4. 负责学校科技园政策制定,按照中关村有关政策,加强学校协同创新的统筹和协调,大力推进科技园规划和落实,建设具有北京特色的科技成果转化平台。

北京联合大学

2014 年 4 月 17 日

关于成立远程教育学习中心评估领导小组的通知

(京联发〔2014〕10 号)

全校各单位:

为搞好市教委远程教育校外学习中心检查评估工作,经学校研究决定,成立我校远程教育学习中心评估领导小组,现将小组组成人员名单通知如下。

组　　长:古红梅

副组长:肖　芳、陶秋燕、鲍桂莲、杨　冰

组　　员:张　娟、葛喜霞、任旭刚

秘　　书:张　娟、任旭刚

特此通知。

北京联合大学

2014 年 4 月 28 日

关于印发《北京联合大学日常教学经费管理办法(试行)》的通知

(京联发〔2014〕12 号)

全校各单位：

经 2014 年学校第 11 次校长办公会审议通过，现将《北京联合大学日常教学经费管理办法(试行)》印发给你们，请遵照执行。

北京联合大学
2014 年 5 月 26 日

北京联合大学日常教学经费管理办法(试行)

第一章 总则

第一条 为了贯彻落实教育部《关于进一步加强高等学校本科教学工作提高教学质量的若干意见》(教高〔2005〕1 号)、北京市教育委员会《关于进一步提高北京市高等学校人才培养质量的意见》(京教高〔2012〕26 号)及学校《关于进一步深化管理体制改革、促进内涵科学发展的意见》(京联党〔2012〕78 号)的精神，适应全校经费一级预算管理需要，进一步规范和加强日常教学经费的管理，发挥资金的使用效益，根据上级法律法规及相关财务管理规定，结合学校实际情况，特制定本办法。

第二条 日常教学经费(未包含市财政专项，以下同)是指在基本教学运行、教学建设、教学管理和教学活动组织过程中所需的相关费用，是学校教学单位及教学管理部门为维持教学工作的正常运转、开展各项教学业务活动过程中所需要的专用经费。

第二章 预算管理

第三条 本办法所指日常教学经费来源于市财政拨付的部分生均定额拨款、教学质量提高经费，日常教学经费统一纳入学校综合财务预算。

第四条 日常教学经费中的学生活动经费、招生就业经费以及教师师资队伍建设经费的统筹部分由学校统一预算。各教学单位的相关费用包含在日常教学经费中，由各教学单位根据预算安排使用。

第五条 学校日常教学经费实行统一预算管理，职能部门在主管校长的领导下完成学校日常教学经费预算申报、下达工作。日常教学经费预算原则是以学生数与教师数为基点；以基本保障与重点建设为主线；以直接分配与项目竞争为手段；以近三年历史数据为参照；以上一年绩效评价结果为依托，以期达到奖优促劣，实现经费最佳配置。

第六条 日常教学经费按四大类进行预算，即"教学运行经费""教学建设与改革经费""实习经费"以及"教学条件建设补充经费"。根据下拨方式与使用单位分为：一是由学校职能部门统筹安排使用的全校教学运行经费、教学建设与改革经费以及教学条件建设补充经费；二是直接分配给各教学单位掌握使用的实习经费、教学运行经费和教学建设与改革经费；三是各教学单位通过竞争性项目申请获得的教学建设与改革经费，用于特色建设和提高办学水平。

第七条 各教学单位及职能部门是日常教学经费的具体执行部门，其行政负责人为日常教学经费的执行责任人。

第八条 日常教学经费须单独核算、专款专用。

第三章 支出范围

第九条 日常教学经费的支出范围如下。

1. 教学活动费：维持日常教学活动所需的耗材、教学用品、通讯费、邮资费、误餐费、招待费、服务费、监考费以及与其他单位合作开展教学活动的协作费等。招待费应严格遵照上级和学校有关规定执行。

2. 图书、资料费：用于教材、参考资料、图书、期刊、音像资料、电子期刊等的购置或租用费用，收集文献资料、发表论文、出版教材或相关研究专著等需要支付的资料费、出版费、版面费、文献检索费、查新费、协作费等费用。

3. 印刷制作费：用于资料、文件、试卷及各类证书等制作过程中需要支付的打印费、复印费、装订费、印制费、设计费、制作费等费用。

4. 设备购置及维护费：主要用于教学硬件环境建设，包括仪器设备的购置及自制设备研制过程中配品、配件、材料的采购、加工等费用；为保证教学仪器设备的正常使用而发生的维护、保养、修理、零配件更换及实验室改造、搬迁等费用。

5. 软件购置与资源开发费：是指项目实施需要的研发工具、数据库等工具性软件购置费；课件等教学资源的购置或研制费用或协作开发费；教学网络的通讯费、网络维护的零星耗材和软件系统维护费用等。

6. 会议费：是指为开展教学或学术研讨、咨询等活动,发生的住宿费、伙食费、文件资料印刷费、会议场地租用费和专用设备租赁费。召开会议应当按照上级和学校有关规定执行。

7. 培训费：用于校内单位组织开展教师和教学管理人员培训及参加校外单位组织的各类业务培训所发生的费用。举办培训应严格遵照上级和学校有关规定执行。

8. 交通、差旅费：是指用于教师参加国内外教学学术会议、访学、调研、资料收集、校企人才培养合作交流等业务活动发生的交通费、差旅费等,差旅费的开支标准应严格执行上级及学校的差旅费管理办法。

9. 专家咨询费：是指对项目进行检查、验收、评审、鉴定时所发生的校内外专家报酬或成果鉴定等费用；聘请校外专家开展培训、讲座等产生的专家酬金。专家咨询费标准参照上级文件执行。

10. 实践教学经费：是指在实践教学各环节中发生的费用,包括实验费、实习费、开放实验室经费、学生学科竞赛(创新实践)活动经费及思想政治理论综合实践经费等。

(1) 实验费是指教学实验耗用的试剂药品、标本、器械器皿、文具、工具、消耗材料等低值易耗品及加工费,实验、分析、测试以及其他用于教学实验的费用。

(2) 实习费是指保障学生校内外实习正常开展所需要的费用。校内实习费用参照实验费办法执行。校外实习经费的使用依据《北京联合大学教学实习经费暂行管理办法》(京联教〔2011〕33号)执行。

(3) 开放实验室经费是指学校实验室在课余时间向学生开放而发生的费用,开放范围仅限于用于开放实验的配件、元器件及低值易耗品等费用。

(4) 学生学科竞赛(创新实践)活动经费是指资助各教学单位承办学科竞赛(或创新实践活动)所涉及的宣传、组织、培训、评审、奖品、证书等必要的费用及组织参加国家级、市级学科竞赛的材料费、报名费、培训费、差旅费等费用。

11. 毕业设计(论文)费：是指为完成毕业设计(论文)任务而发生的费用。包括毕业设计制作材料费、加工费,毕业论文的印刷、复印、打印、装订、资料查询费,毕业设计(论文)评阅、答辩费,优秀毕业设计(论文)奖励等费用。

12. 体育维持费：是为开展体育教学活动而发生的各项费用。包括各种低值体育器械的购置费、修理费；体育教研部门业务性报刊、杂志、资料以及直接用于体育教学活动的相关费用。

13. 学生活动经费：是指学生开展第二课堂活动、迎新、就业、学生培训、文体活动等相关活动所需要的交通费、专家讲座费、资料费、场地租赁费、设备租赁费、活动用品等费用。

原则上各学院的日常教学经费中应按照不低于50元/(生·年)的标准安排用于学生开展各项活动所需的经费。

14. 劳务费：支付给无工资收入临时聘用人员的劳务性费用,支付标准参照上级相应规定执行。

15. 其他费用：以上未涵盖的与日常教学经费直接相关的其他支出。

第四章 支出管理

第十条 日常教学经费开支原则上不得超出规定范围。确需超范围支出使用的,需经主管教学的校领导批准后,报校财务处备案。用教学质量提高经费安排的日常教学经费的使用遵守上级规定,不能用于本单位人员经费方面的支出。

第十一条 日常教学经费不得挪用、截留、挤占,不得用于支付各种罚款、捐款、赞助、投资等；不得用于各种旅游、工资性津贴(补贴)及其他福利性支出,以及其他违反财务管理规定的支出。

第十二条 日常教学经费的报销审批程序按照学校相关管理办法执行。

第十三条 各单位必须严格管理日常教学经费的使用,厉行节约,杜绝浪费。涉及政府采购的支出要严格履行政府采购程序,确实需要购置的纸质图书、电子图书、软件、设备等固定资产要办理入库手续,纳入学校固定资产管理。涉及与外单位合作的应有协议。

第十四条 各教学单位及职能部门对预算批复的日常教学经费要认真组织实施,根据教学工作计划合理安排支出进度并在年内完成,同时要注重效益。日常教学经费当年度使用,结余指标收归学校管理。

第五章 监督检查

第十五条 校财务处负责对日常教学经费的使用情况进行监督,加强资金管理,严格财务手续,发现不按规定使用经费、弄虚作假、虚列冒领等违纪行为不予报销相关费用。

第十六条 各教学管理职能部门负责对全校日常教学经费使用过程、进度进行监督检查,各教学单位应在年终做出日常教学经费使用情况与绩效分析报告。上年度绩效考评情况可作为下年度经费预算的参考依据,对于经费使用效益好、绩效突出的单位将给予一定的支持。

第十七条 各教学管理职能部门负责对全校日常教学经费使用作绩效评价,并自觉接受审计、财务、纪监等部门的检查、监督、审计。

第十八条 日常教学经费的执行实行责任追究制度,违反国家有关法律、法规和财务规章制度的,要按照国家有关规定进行处理,并对相关责任人进行责任追究。

第六章　附则

第十九条　本办法自公布之日起实施,原《北京联合大学教学经费管理办法(试行)》(京联发〔2013〕11号)同时废止。由校财务处、教务处、研究生处负责解释。

关于印发《北京联合大学内部控制体系建设工作方案》的通知

(京联发〔2014〕13号)

全校各单位:

经 2014 年学校第 15 次校长办公会通过,现将《北京联合大学内部控制体系建设工作方案》印发给你们,请遵照执行。

北京联合大学

2014 年 6 月 4 日

北京联合大学内部控制体系建设工作方案

为贯彻落实《北京市教育委员会转发市财政局关于北京市贯彻〈行政事业单位内部控制规范(试行)〉实施意见通知》的精神,结合我校实际情况,特制定本方案。

一、工作原则

1. 全面性原则:内控规范贯穿学校经济活动的决策、执行和监督,全员参与、全业务覆盖、全过程监控,保证控制范围的全面性。

2. 重要性原则:在全面控制的基础上,重点关注学校的重要经济活动的重大风险,针对重要经济活动可能存在重大风险的环节采取严格的控制措施。

3. 制衡性原则:在内部部门管理、职责分工、业务流程等方面形成相互制约和相互监督的有效机制,真正发挥出制度管权、管事、管人的作用。

4. 适应性原则:内控规范应符合国家有关规定和学校的实际情况,并随着外部环境的变化、学校经济活动的调整和管理要求的提高,不断修订和完善内部控制体系。

二、工作目标

通过开展内部控制体系建设,全面梳理学校的业务流程、完善相应的规章制度、制定实施的措施、规范办事程序,基本建立以防范风险管控为中心,以学校内升动力为基础,以外部监管部门积极引导、中介机构有效服务为支撑,全员参与、全业务覆盖、全过程监控的内部控制实施体系,切实增强学校的内部管理水平和权力运行机制。内部控制目标应与学校总体目标相一致,具体包括五个方面。

1. 合理保证学校经济活动合规合法,有效规范学校预算管理、收支管理、政府采购、资产管理、建设项目、合同控制等各类经济活动。

2. 合理保证学校资产安全和使用有效,坚持所有权与使用权相分离的原则,确保资产的完全完整和有效使用。

3. 合理保证学校财务信息真实完整,强化财务信息分析和结果运用,为外部监管和内部管理提供信息支持。

4. 有效防范舞弊和预防腐败,科学运用内部控制的原理和方法,强化内部监督,建立反腐败、反舞弊的长效机制。

5. 提高公共服务的效率和效果。

三、实施步骤

1. 成立学校内控领导小组

成立由校长担任领导小组组长,由分管纪检监察、人事、财务、基建、国资、审计的校领导任副组长,党委(校长)办公室、纪检监察办公室、人事处、财务处、基建处、国资处、审计处等相关职能部门负责人参加的学校内控领导小组,形成内控实施组织框架,开展内控规范宣传、培训和实施工作。内控领导小组具体名单如下。

组　　长:卢振洋

副组长:张　楠(常务)、付晨光、张连城、乔东亮

成　　员:李志祺、范宝祥、欧阳嫒、曲学利、毕玉兰、肖富宁、张健民

2. 全面系统分析学校的经济活动风险

全面梳理内部管理流程和业务流程风险,根据业务特点进一步查找风险点,并从各个业务所面临的内外部环境入手,运用多种手段进行风险的定性和定量评估,制定相应的应对措施和整体策略。

3. 建立健全各项内部控制制度与措施

根据确定的风险点、风险等级和风险应对策略,完善工作流程和经济业务流程,提出风险管控措施,固化信息系统和流程,制定《学校内部控制规范手册》。

4. 加强内控制度的监督与评价

充分利用廉政风险防控机制和外部审计、财政监

督检查结果等情况,由审计部门牵头定期开展本学校内部控制规范监督检查和自我评价工作,认真整改,进一步完善《学校内部控制规范手册》。

四、实施内控规范的工作要求

1. 建立健全协同推进的组织机制

发挥学校内控领导小组作用,研究制定切实可行的内控规范实施具体方案,明确分工,统筹规划;各单位和部门要结合自身职责,高度重视,做好内控规范制定和贯彻工作,精心组织,周密安排,切实抓紧抓好,抓出成效,确保工作顺利实施。各单位和部门负责人是本单位和部门内控工作的第一责任人,各单位和部门要设置一名内控建设联络人,负责联络相关工作。

2. 扎实抓好内控规范培训和宣传工作

结合学校具体工作,周密部署,组织开展内控规范的培训工作,研究制定具体的培训方案,做到"横向到边,纵向到底",不留死角和盲区。要采取多种宣传手段,宣传和普及内控规范的知识和理念,为贯彻实施内控规范奠定基础。

关于印发《北京联合大学优秀硕士学位论文评选办法》的通知

（京联发〔2014〕14 号）

全校各单位:

经 2014 年学校第 18 次校长办公会通过,现将《北京联合大学优秀硕士学位论文评选办法》印发给你们,请遵照执行。

北京联合大学
2014 年 7 月 9 日

北京联合大学优秀硕士学位论文评选办法

为了加强我校研究生创新意识、创新能力的培养,提高研究生的培养质量,引导研究生积极从事科研活动,撰写出高水平、高质量的学位论文,特制定本办法。

一、评选原则

评选工作每年进行一次,参加评选的优秀硕士学位论文的作者应是在我校规定的学习年限内毕业的硕士研究生;每次评选出的优秀硕士学位论文数量一般不超过当年硕士学位论文数量的 10%。

二、评选标准

（一）论文选题涉及相关学科中的重要问题,在国民经济建设中有较大的实用价值或理论意义。作者的研究成果应满足下列要求之一:

1. 在校期间以第一作者发表至少 1 篇 C 类期刊（含）以上的基于论文核心内容的学术论文（学术论文的认定办法参考《北京联合大学研究工作量制度实施办法（试行）》京联发〔2013〕16 号）;

2. 获得国家授权的基于论文核心内容的发明专利（学生中的第一发明人）;

3. 获得校级（含）以上基于论文核心内容的科技奖励。

（二）论文材料翔实,写作规范,计算准确,推理严密,格式标准,文字表达流畅,图表清晰准确。

（三）论文受到同行评阅专家的一致好评,同行专家评价均在 85 分以上。

（四）论文需经学术不端文献检索系统检索,重复率不得超过 15%。

三、评选程序

1. 硕士研究生个人申请,填写《北京联合大学优秀硕士学位论文推荐表》（附件）,并提供本人攻读硕士期间发表的创新性论文、获奖证书或专利等成果的纸质版和电子版的支撑材料。

2. 为了增加优秀硕士学位论文评选工作的透明度,提高评选结果的公正性和准确性,保证优秀硕士学位论文评选质量,各学位评定分委员会按照评选标准确定优秀硕士学位论文推荐人选,并予以公示,公示期为 7 个工作日。公示结束后报校研究生处,研究生处汇总后提交校学位评定委员会审定批准。

3. 校学位评定委员会对推荐的优秀硕士学位论文和相关材料进行审核,并进行表决,获得到会委员半数（含）成员通过者,列入北京联合大学优秀硕士学位论文入选名单,并予以公布。

四、奖励办法

1. 优秀硕士学位论文名单经学校批准,对论文作者进行表彰。同时颁发"优秀硕士学位论文证书"。

对已表彰的论文如有剽窃、作假行为,或论文的主要研究成果不能成立等严重问题的,经校研究生处组织专家进行评议、认定,上报取消其"优秀硕士学位论文"的称号,并予以公布。

2. 获得优秀硕士学位论文的材料存入研究生档案。

五、附则

本办法由校研究生处负责解释。

附件：

北京联合大学优秀硕士学位论文推荐表

（附件略）

关于增补、撤销与调整部分校级院管科研机构等相关事宜的通知

（京联发〔2014〕15 号）

全校各单位：

根据《北京联合大学科研机构管理办法》（京联发〔2014〕3 号），经 2014 年学校第 19 次校长办公会研究决定，由依托单位申请，学校根据整体学科布局和专业调整的需要，新增校级院管科研机构 5 家、撤销校级院管科研机构两家、变更科研机构名称两家、变更科研机构依托单位两家，具体增补、撤销与调整名单见附件。

请各校级科研机构按照《北京联合大学科研机构管理办法》（京联发〔2014〕3 号）的要求，积极组建跨学科跨学院学术团队，开展科学研究，推动科技成果转化，培养科研人才，推动学术交流与合作，保质保量完成科研任务。

关于我校与政府部门、企事业单位签订有框架合作协议而成立的合作研究机构，依托（挂靠）学校下属二级单位或研究基地开展工作，暂不直接纳入学校校级科研机构管理序列，但需按管理办法规范机构名称，并到校科研处报备。

特此通知。

附件：

校级院管科研机构增补、调整与撤销名单

北京联合大学

2014 年 7 月 14 日

附件：

校级院管科研机构增补、调整与撤销名单

校级院管科研机构新增情况				
序号	依托单位	科研机构名称	负责人	变更类型
1	管理学院	北京联合大学创新企业财务管理研究中心	鲍新中	新增
2	自动化学院	北京联合大学机器人研究所	方建军	新增
3	应用文理学院	北京联合大学考古学研究中心	韩建业	新增
4	生物化学工程学院	北京联合大学人力资源管理研究所	汪新宇	新增
5	旅游学院	北京联合大学旅游发展研究院	张凌云	新增

校级院管科研机构撤销情况				
序号	依托单位	科研机构名称	负责人	变更类型
1	应用文理学院	北京联合大学环境保护研究所	赵卓	撤销
2	自动化学院	北京联合大学智能建筑技术研究所	范同顺	撤销

校级院管科研机构更名情况			
序号	依托单位	原科研机构名称	新科研机构名称
1	生物化学工程学院	北京联合大学生物化工技术应用研究所	北京联合大学生物工程研究所
2	师范学院	北京联合大学职业技术教育教师教育研究所	北京联合大学教师教育研究所

校级院管科研机构依托单位变更情况			
序号	科研机构名称	原依托单位	新依托单位
1	北京联合大学会展经济研究中心	商务学院	旅游学院
2	北京联合大学首都金融研究中心	管理学院	商务学院

关于印发《北京联合大学研究生和本科生公费医疗管理办法》的通知

（京联发〔2014〕16 号）

全校各单位：

经 2014 年学校第 19 次校长办公会审议通过，现将《北京联合大学研究生和本科生公费医疗管理办法》印发给你们，请遵照执行。

北京联合大学
2014 年 8 月 29 日

北京联合大学研究生和本科生公费医疗管理办法

按照《北京市公费医疗管理规定》及北京市高校公费医疗管理政策，结合我校的实际情况，在确保基本医疗合理实施，减少浪费，并能够为广大学生提供更为规范、便捷的医疗服务基础上，特制定本办法。

一、公费医疗待遇人员范围

1. 国家计划内招收的全日制研究生、本科生、专升本学生享受公费医疗待遇。

2. 经批准因病休学保留学籍的学生，可增加一年公费医疗待遇。

二、医疗待遇

1. 凡享受公费医疗待遇的学生，医疗补贴由校（院）统筹安排，共济使用。

2. 新生入学体检合格和学籍审核确认后开始享受学生公费医疗待遇。新生在取得学籍前的就医流程按学校规定执行。凡享受公费医疗政策保障的学生，不再享受高中时期办理的"一老一小"等其他医疗保险。

3. 除因病休学情况外，各学历层次学生按正常学制年限享受在校期间的公费医疗待遇。原则上研究生三年、本科生四年、专升本学生两年。

4. 学生出国留学期间及外国留学生按照相关办法执行。

5. 学生在校内就医持学生证或学生卡。学生离校时交回学生证、学生卡，公费医疗待遇自然停止。

三、就医流程

1. 校（院）内门急诊就医：学生生病后须先到校（院）医疗机构就医，持学生证或学生卡挂号、购买医疗手册，就医后按 10％的自费比例缴费。无学生证或学生卡按全自费收费。

2. 转诊就医：因校（院）医疗机构条件所限需转往外院就诊者，需由校（院）医疗机构的医生开具转诊单到北京市医疗保险事务管理中心指定的合同医院、专科医院医治。转诊一周内一次有效，不得一次转诊连续看病。未经转诊自行校外就医或不按转诊要求看病所发生的一切费用由个人承担。

3. 急诊就医：患急症者可在本市就近的公立医保定点医疗机构急诊就医，只限本次。在异地实习期间患急性病，可在当地就近的公立医保医院就诊。

4. 寒暑假期间就医：凡是需利用假期进行检查治疗者，放假前须到校（院）医疗机构开具转诊单，再到指定合同医院就医；急性病者可直接前往合同医院或就近的公立医保定点医疗机构就医，费用按规定比例报销。

5. 用药及病休：医生根据病情合理开药，患者不得点药。急性病开药不超过 3 日用量，慢性病开药不超过 7 日用量，行动不便的开药不超过 14 日用量。因病需要休息者，就医后由医生开具病休证明。一律不补病休证明。

6. 学生住院：学生住院（限定为合同医院）须请示校（院）医生同意方可住院（急诊例外）。择期手术需假期住院的学生，应在放假前到校（院）医疗机构开具转诊单，前往合同医院住院。非合同医院应为急诊住院。

四、医疗费用报销

（一）校外门诊医疗费报销

凭：① 学生证或学生卡、② 转诊单、③ 医疗费收据、④ 医疗保险专用处方、⑤ 明细单（药费及治疗费），在所规定的报销日期，经校（院）医疗机构的医生审核后由财务部门报销。

（二）校外急诊医疗费报销

1. 急诊只限本次，3 天药量，中草药费用不予报销。急诊报销凭学生证或学生卡、急诊病历、急诊医疗费收据、急诊处方、药费及治疗费明细单，在所规定的报销日期，经校（院）医疗机构的医生审核后由财务部门报销。

2. 学生在异地实习期间患急性病，报销时需另附本人所在学院开具的实习证明，按北京市相关规定的范围报销。

（三）住院费用报销

凭：① 出院诊断证明；② 住院费收据；③ 住院费清单；④ 住院费明细单（上述四项盖章有效），出院后应及时交到校（院）医疗机构，经医生审核后由财务部门上报市医保中心审批后与个人结算。

（四）校外就医报销比例（按照北京市公费医疗报销范围执行）

1. 转诊医疗费：经校（院）医疗机构转诊到合同医院的门诊、转诊的急诊就诊时发生的医疗费报销比例为 80％。

2. 急诊医疗费：非转诊的合同医院急诊医疗费报销比例为 80％，非合同医院的急诊医疗费报销比例为 50％。

3. 住院医疗费：住院医疗费（公费医疗范围内）报销比例为 80％。

4.《公费医疗劳保医疗用药报销范围》中注明"需个人部分负担的特殊药品"，在原报销比例的基础上，个人多负担 10％。

（五）不予报销的费用

1. 依据《北京市公费医疗管理办法》和《北京市公费医疗、医疗保险用药报销范围》报销，其他费用须自理。

2. 未经校（院）医生转诊而发生的医疗费用（急诊除外）。

3. 出国出境交流期间在国外发生的医疗费。

4. 异地旅游期间发生的医疗费。

5. 跨年度的医疗费。

五、医疗费报销时间

1. 门急诊医疗费报销时间：门急诊医疗费报销具体时间按各校（院）的通知执行，医疗费只报销当年发生的费用，跨年度不予报销。

2. 住院医疗费报销时间：出院后应及时将住院费用交到校（院）医疗机构及财务部门报销。

六、附则

1. 特殊情况由校（院）医疗机构公费医疗负责人受理，并向校医疗保险与公费医疗管理委员会请示或讨论后，做出处理意见。

2. 本办法由校医疗保险与公费医疗管理委员会负责解释。

3. 本办法从 2014 年 9 月 1 日起开始执行。

关于成立硕士研究生招生工作小组的通知

（京联发〔2014〕18 号）

全校各单位：

为了做好我校硕士研究生招生工作，确保我校硕士研究生招生工作的有序进行。经 2014 年学校第 22 次校长办公会讨论通过，成立我校硕士研究生招生工作小组，现将组成原则通知如下。

组　　长：主管研究生管理工作校领导

副组长：校研究生处（常务）、党委宣传部、学生处、招生就业处、教务处负责人

成　　员：硕士学位授权学科点主要依托单位主管研究生工作负责人

硕士研究生招生工作小组在我校硕士研究生招生工作领导小组的领导下，负责我校硕士研究生的招生计划落实、招生宣传、对外联络、初试组考、复试调剂等工作。

工作小组办公室设在校研究生处，由相关校级职能处室、硕士学位授权学科点、自主设置二级学科点指定专人参加，按照工作小组要求开展工作。

特此通知。

北京联合大学

2014 年 9 月 19 日

关于印发《北京联合大学经费审批权限管理暂行办法》的通知

（京联发〔2014〕19 号）

全校各单位：

经 2014 年学校第 23 次校长办公会审议通过，现将《北京联合大学经费审批权限管理暂行办法》印发给你们，请遵照执行。

北京联合大学

2014 年 9 月 25 日

北京联合大学经费审批权限管理暂行办法

第一章 总则

第一条 为更好地适应学校教育事业发展,深入贯彻落实学校《关于进一步深化管理体制改革促进内涵科学发展的意见》(京联党〔2012〕78号),在加强全校资金管理和内部控制的基础上,本着简洁、高效的原则,特制定本办法。

第二条 本办法中所指经费为纳入学校财务管理的全部资金,包括各类预算资金、各类代收代管资金、专用基金等。

第三条 经费审批包括:现金和银行报销结算、借款、划拨、分配等。

第四条 经费审批履行经费负责人"一支笔"和逐级审批制度。经费负责人包括:学校(副局级学院)各部门行政负责人;各类专项、科研及代管经费指定的项目负责人。经费负责人是第一责任人,对经费使用的真实性、合法性、合规性负责。

经费负责人因特殊情况由他人代为审批时,需提前向财务部门提供书面委托书,并注明委托时限。

第五条 经费负责人不得为规避逐级审批程序,拆分经费使用。

第六条 经费审批之前需经业务经办人和业务验收人签字。经费负责人、业务经办人和业务验收人一般应为独立三人,最低不少于两人,其中:经费负责人一般不兼业务经办人签字,如确需经办,则不兼业务验收人签字。

第二章 经费审批权限及程序

第七条 预算下达的人员经费、公用经费的审批权限。

根据学校批准的年度预算中已经安排、有明确的项目支出内容及支付额度的人员及公用经费,由学校(副局级学院)相应职能部门行政负责人及业务主管领导审批。

人员经费包括:在职人员、离退休人员、非在编人员工资及保险、住房公积金、住房补贴、学生副食补贴及勤工助学费用等。

公用经费包括:水、电、气、暖、电话等费用。

第八条 预算下达的财政专项经费的审批权限。

可由项目归口部门负责人、校(副局级学院)业务主管领导及主管财务领导签批《北京联合大学项目经费启动授权书》(附件1)后由项目负责人审批。

第九条 横纵向科研课题经费的审批权限。

由校外取得的纵项课题经费及经校(副局级学院)科研管理部门认定的横项课题经费由课题负责人负责审批,严格执行相应的管理办法,按照课题项目预算内容支出。

第十条 预算下达的教学经费、科研经费、办公经费、常规保障经费、校内专项经费及代管代收经费、专用基金等经费的审批权限。

(一)处级学院

1. 0.5万元(含)由经费负责人审批。

2. 0.5万元以上至2万元(含)以下报院长审批。

3. 2万元以上至5万元(含)由学院领导集体讨论决定,院长签批,支出时须附《大额资金使用审批单》(附件2)。

4. 5万元以上至20万元(含)报院长、业务主管校领导审批。

5. 20万元以上至30万元(含)报院长、业务主管校领导、主管财务校领导审批。

6. 30万元以上至50万元(含)报院长、业务主管校领导、主管财务校领导、校长审批。

7. 50万元以上至100万元(含)经校财经领导小组审议后报校长办公会审批。

8. 100万元以上经校财经领导小组审议后报校党委常委会审批。

(二)校级职能部门、直属单位

1. 0.5万元(含)以下由经费负责人审批。

2. 0.5万元以上至20万元(含)报部门负责人、业务主管校领导审批。

3. 20万元以上至30万元(含)报部门负责人、业务主管校领导、主管财务校领导审批。

4. 30万元以上至50万元(含)报部门负责人、业务主管校领导、主管财务校领导、校长审批。

5. 50万元以上至100万元(含)经校财经领导小组审议后报校长办公会审批。

6. 100万元以上经校财经领导小组审议后报校党委常委会审批。

(三)副局级学院

1. 0.5万元(含)以下由经费负责人审批。

2. 0.5万元以上至5万元(含)报部门负责人、业务主管院领导审批。

3. 5万元以上至10万元(含)报部门负责人、业务主管院领导、主管财务院领导审批。

4. 10万元以上至20万元(含)报部门负责人、业务主管院领导、主管财务院领导、院长审批。

5. 20万元以上经学院集体讨论后报党委(院长)办公会审批。

第十一条 凡涉及物资采购、固定资产购置、政府采购支出等专项业务,根据国家有关规定,需向学校

（副局级学院）管理部门履行相应的申报、审批和验收等手续。

第十二条 根据学校内部管理需要，以上各类经费使用涉及"三公"经费等一般性支出控制，需同时履行向学校（副局级学院）相应业务管理部门的申报和审批手续。

第十三条 各类经费涉及对外协作、划拨等，需持相关协议经学校（副局级学院）相应业务管理部门审核审批。

第十四条 各类经费涉及合同分批支出或已按总支出额度完成逐级审批程序并填写《经费分期付款计划书》（附件3）之后，实际使用时由经费负责人审批。

第三章 附则

第十五条 无预算、超预算、虚假业务以及其他违反财经纪律和国家、学校经费使用管理规定的审批视为无效行为。

第十六条 各单位应定期向本单位公布经费的使用情况，做到经费使用公开、透明。

第十七条 本办法自发布之日起施行。《北京联合大学经费审批权限管理暂行办法》（京联发〔2011〕1号）、《关于修订〈北京联合大学经费审批权限管理暂行办法〉的通知》（京联发〔2012〕2号）同时废止。由校财务处负责解释。

附件：

1. 北京联合大学项目经费启动授权书
2. 大额资金使用审批单
3. 经费分期付款计划书

（附件略）

关于印发《北京联合大学差旅费管理实施细则（试行）》的通知

（京联发〔2014〕20号）

全校各单位：

经2014年学校第23次校长办公会审议通过，现将《北京联合大学差旅费管理实施细则（试行）》印发给你们，请遵照执行。

北京联合大学

2014年9月25日

北京联合大学差旅费管理实施细则（试行）

第一章 总则

第一条 为了加强和规范学校国内差旅费管理，推进厉行节约反对浪费，根据《党政机关厉行节约反对浪费条例》和《北京市党政机关差旅费管理办法》（京财党政群〔2014〕176号），特制定本细则。

第二条 差旅费是指工作人员到北京以外地区公务出差所发生的城市间交通费、住宿费、伙食补助费和市内交通补助费。

第三条 本细则适用于学校管理的各类资金开支的差旅费，包括财政性资金、科研经费、各类代管经费、其他经费等。

第二章 差旅费的审批

第四条 学校实行公务出差审批制度，从严控制出差人数和天数。审批程序按照《北京联合大学经费审批权限管理暂行办法》（京联发〔2014〕19号）执行。

出差人员事前填写《北京联合大学差旅费审批单》（附件2），填报内容包括：出差人员、出差事由及目的、主要行程、交通方式、所需经费及列支渠道等，需要予以明示的特殊情况说明。实际执行时如果人数、金额、主要行程等主要事项发生较大变化，需重新审批。

第五条 严格差旅费预算管理，按照中央及北京市厉行节约的各项要求控制差旅费支出规模；严禁无实质内容、无明确公务目的的差旅活动，严禁以任何名义和方式变相旅游，严禁异地部门间无实质内容的学习交流和考察调研。

第三章 差旅费开支范围和标准

第六条 差旅费的开支范围包括：城市间交通费、住宿费、伙食补助费、市内交通补助费。

城市间交通费是指工作人员因公到常驻地以外地区出差乘坐火车、轮船、飞机等公共交通工具所发生的费用。

住宿费是指工作人员因公出差期间入住宾馆、饭店、招待所发生的房租费用。

伙食补助费是指对工作人员在因公出差期间给予的伙食补助费用。

市内交通补助费是指工作人员因公出差期间发生的市内交通补助费用。

第七条 城市间交通费按出差人员等级选择乘坐

交通工具。乘坐交通工具的等级表如下。

乘坐交通工具等级一览表

级别　　　　交通工具	火车（含高铁、动车、全列软席列车）	轮船（不包括旅游船）	飞机	其他交通工具（不包括出租小汽车）
局级及相当职务的人员	软席（软座、软卧），高铁/动车一等座，全列软席列车一等软座	二等舱	经济舱	凭据报销
其余人员	硬席（硬座、硬卧），高铁/动车二等座、全列软席列车二等软座	三等舱	经济舱	凭据报销

第八条 涉及城市间交通费，到出差目的地有多种交通工具可选择时，出差人员在不影响公务、确保安全的前提下，应当选乘经济便捷的交通工具。购买机票应执行政府采购相关管理规定。

因出差目的地属于边远地区或交通不发达地区，经事前审批同意，可以选择其他交通工具（不包括出租小汽车）。

第九条 出差人员应选择经济便捷的宾馆住宿，可住单间或标准间。住宿费按照出差人员的职务级别对应的住宿费标准限额内凭据报销，住宿费开支标准上限执行《公务出差住宿费与伙食费标准限额表》（附件1）。

第十条 伙食补助费按出差自然（日历）天数计算，按规定标准包干使用，伙食补助费标准依照《公务出差住宿费与伙食费标准限额表》的规定执行。

第十一条 市内交通补助费按出差自然（日历）天数计算，每人每天80元包干使用。由接待单位或其他单位免费提供交通工具的，应如实申报，用车期间不享受市内交通补贴费。城市间来往选择其他交通工具（不包括长途公共客运）的，不享受市内交通补贴费。

第四章　报销管理

第十二条 出差人员应当严格按规定开支差旅费，未按规定等级乘坐公共交通工具的、超过住宿费标准限额的以及差旅费开支范围之外的部分由个人自理。

第十三条 城市间交通费按乘坐交通工具的等级凭据报销，订票费凭据报销。乘坐飞机、火车、轮船等公共交通工具的，每人次可以凭据报销交通意外保险一份。乘坐飞机的凭航空运输电子客票行程单报销。

第十四条 住宿费在标准限额之内凭发票据实报销，无住宿费发票的，不予报销住宿费。

第十五条 伙食补助费按出差目的地的标准包干使用，在途期间的伙食补助费按当天最后到达目的地的标准执行。

第十六条 市内交通补助费按规定标准包干使用，出差期间发生的市内交通费（含往返机场的专线客车、出租车等费用）不予报销。

第十七条 外出参加会议、培训需提供会议及培训通知。会议及培训期间的食宿费及市内交通费应由

接待单位统一安排，不再单独报销食宿费及市内交通费，在途期间按照差旅费规定报销。

确因工作需要外出参加会议或培训，承办单位另行收取会议（务）费、培训费的，经校（副局级学院）领导审批凭发票报销。

第十八条 差旅费报销时票据不全，如缺失住宿费发票、城市间交通往来的票据，不享受伙食补助费和市内交通补助费。

第十九条 出差人员出差结束后应当及时办理报销手续。差旅费报销时应提供《北京联合大学差旅费审批单》、相关通知、机票、车票、住宿费发票、调研考察情况说明等。

第二十条 差旅费按照国库集中支付制度和公务卡管理制度的有关规定执行，住宿费、机票等支出应按规定以公务卡或银行转账方式结算。

第二十一条 财务部门应当严格按规定审核差旅费开支，特殊情况报校（副局级学院）主管财务领导审批后执行。

第五章　监督问责

第二十二条 各部门应加强出差活动和经费报销的内控管理，对本部门出差审批、差旅费预算及规模控制负责，确保票据来源合法，内容真实、完整、合规。

第二十三条 各部门应当自觉接受审计部门对出差活动及相关经费支出的审计监督。

第二十四条 出差人员不得向接待单位提出正常公务活动以外的要求，不得在出差期间接受违反规定用公款支付的宴请、游览和非工作需要的参观，不得接受礼品、礼金和土特产品等。

第二十五条 对于出差审批控制不严的、虚报冒领差旅费、擅自扩大差旅费开支范围和提高开支标准的、转嫁差旅费的，依法依规追究直接责任人和相关负责人的责任，涉嫌违法的，移交司法机关处理。

第六章　附则

第二十六条 涉及参观、学习、集体活动等特殊业务，经校（副局级学院）领导批准，在差旅费的开支范围及标准限额内执行，涉及伙食费及市内交通费可在标准限额内包干使用。

因开展实习实践等教学科研活动,出差住宿地点为偏远地区,发生了住宿费用但确实无法取得住宿发票的,经校(副局级学院)领导批准,凭相关缴费凭证报销住宿费。

第二十七条　因出差人数较多、行程复杂等特殊情况,委托旅行社安排出行的,须经校(副局级学院)主管财务领导批准,报销时需提供与旅行社签订的合同或协议、相关费用发票及明细单等,其中城市间交通费及住宿费需提供原始发票,各项费用不得超过差旅费规定的范围和标准限额,涉及人员不再享受伙食费、市内交通费的包干补助。

第二十八条　学生和校外人员原则上不享受伙食补助费和市内交通补助费,因特殊情况经校(副局级学院)领导批准,可享受伙食费、市内交通费补助;由财政专项经费负担的差旅费按财政预算批复结果执行。

第二十九条　对予以明示的特殊事项,按照谁批准谁负责的原则执行。

第三十条　本细则自发布之日起施行,《北京联合大学差旅费管理实施细则(试行)》(京联发〔2013〕13号)同时废止。由校财务处负责解释。

附件:
1. 公务出差住宿费与伙食补助费标准限额表
2. 北京联合大学差旅费审批单

附件1:

公务出差住宿费与伙食补助费标准限额表

单位:元/(人·天)

地区	住宿费标准		伙食补助费标准
	司局级	其他人员	
北京	500	350	100
天津	450	320	100
河北	450	310	100
山西	480	310	100
内蒙古	460	320	100
辽宁(不含大连)	480	330	100
大连	490	340	100
吉林	450	310	100
黑龙江	450	310	100
上海	500	350	100
江苏	490	340	100
浙江(不含宁波)	490	340	100
宁波	450	330	100
安徽	460	310	100
福建(不含厦门)	480	330	100
厦门	490	340	100
江西	470	320	100
山东(不含青岛)	480	330	100
青岛	490	340	100
河南	480	330	100
湖北	480	320	100
湖南	450	330	100
广东(不含深圳)	490	340	100
深圳	500	350	100
广西	470	330	100
海南	500	350	100
重庆	480	330	100
四川	470	320	100
贵州	470	320	100
云南	480	330	100
西藏	500	350	120
陕西	460	320	100
甘肃	470	330	100
青海	500	350	120
宁夏	470	330	100
新疆	480	340	120

关于印发《北京联合大学培训费管理实施细则》的通知

（京联发〔2014〕21号）

全校各单位：

经 2014 年学校第 23 次校长办公会审议通过，现将《北京联合大学培训费管理实施细则》印发给你们，请遵照执行。

北京联合大学

2014 年 9 月 28 日

北京联合大学培训费管理实施细则

第一章　总则

第一条　为规范学校各类培训工作，提高培训效率和质量，加强培训费管理，节约培训费开支，依据《党政机关厉行节约反对浪费条例》，参照《北京市市级党政机关事业单位培训费管理办法》（京财预〔2014〕148号），特制定本细则。

第二条　本细则适用于校内各部门使用财政性资金组织开展的各类培训（不含参加其他单位举办的培训）。使用其他性质资金开展培训参照本细则执行。

第三条　各部门举办培训应当坚持厉行节约、反对浪费的原则，增强针对性和实效性，保证培训质量，节约培训资源，提高培训经费使用效益。

第二章　培训计划和审批

第四条　培训费实行年度培训计划申报和审批制度。各部门需填写《北京联合大学年度培训计划申报书》（附件1），于每年1月底以前上报校财务处，财务处汇总后，报学校审批，各部门年度培训计划随年度校级预算一并批复，年度培训计划年内有效。遇特殊情况需追加培训计划的，需报校（副局级学院）主管财务领导审批。

年度培训计划申报内容包括：培训名称、培训对象、主要内容、时间地点、不能在校内培训的理由、参训人数、工作人员人数、所需经费及列支渠道等。

第五条　学校根据工作需要对各部门开展的培训从严控制，组织培训的工作人员控制在参训人员数量的 5% 以内，最多不超过 10 人。培训报到和撤离时间分别不得超过 1 天。

第六条　各部门组织培训应尽量利用网络、视频等信息化手段，充分利用学校内部培训场地和既有条件，大力推行干部选学、在职自学等方式，降低培训成本，提高培训效率。

第七条　各部门组织培训应优先选择校内场所或择优选择党校等行业所属培训机构、高校培训基地以及组织人事部门认可的培训机构。因特殊原因确需在其他单位举办的培训，须到政府采购会议定点场所召开。

第八条　除组织干部开展党性教育，可根据需要赴革命老区等党性教育基地学习之外，其他各类培训均应在本市举办。

第三章　培训费开支范围和标准

第九条　培训费是指各部门开展培训直接发生的各项费用支出，包括住宿费、伙食费、培训场地费、讲课费、培训资料费、交通费、其他费用。

1. 住宿费是指参训人员及工作人员培训期间发生的租住房间的费用。

2. 伙食费是指参训人员及工作人员培训期间发生的用餐费用。

3. 培训场地费是指用于培训的会议室或教室租金。

4. 讲课费是指聘请师资授课所支付的必要报酬。

5. 培训资料费是指培训期间必要的资料及办公用品费。

6. 交通费是指用于接送以及统一组织的与培训有关的考察、调研等发生的交通支出。

7. 其他费用是指现场教学费、文体活动费、医药费以及授课教师交通、食宿等支出。

第十条　培训费实行综合定额标准，分项核定、总额控制。综合定额标准是培训费开支的上限，各项费用之间可以调剂使用。各部门应在综合定额标准以内结算报销。培训费支出标准如下：

培训费支出标准一览表

单位：元/（人·天）

住宿费	伙食费	场地费和讲课费	资料费、交通费和其他费用	合计
180	110	100	60	450

伙食费不得超过上述明细标准。对于不发生的事项，报销额度上限应按明细标准进行相应扣减。特别是不安排住宿的培训不能列支住宿费，额度上也不能超过无住宿费的支出标准。

第十一条 讲课费执行以下标准（税后）。

1. 副高级技术职称专业人员每半天最高不超过1000元。

2. 正高级技术职称专业人员每半天最高不超过2000元。

3. 院士、全国知名专家每半天一般不超过3000元。

其他人员讲课参照上述标准执行。

第十二条 在校内场所举办的培训，伙食费、其他费用的开支标准参照校外培训费执行，伙食只安排午餐的，执行工作餐标准，每人每餐不超过30元。

第四章 报销与结算

第十三条 培训结束后各部门应及时填写《北京联合大学培训计划执行情况表》（附件2），持该表到财务部门办理培训费结算报销手续。

第十四条 在校外场所举办的培训费结算

培训场所会议定点单位的参照学校会议费报销程序，在"北京市政府采购会议定点综合查询系统"填报培训服务明细信息，打印培训费结算明细单，并由定点服务单位盖章和培训主办人签字确认。培训费报销时应提供培训审批文件、培训通知及实际参培人员签到表、讲课费签收单、正式发票、费用原始明细单据、北京市政府采购培训费结算明细单等凭证作为报销依据。

培训场所在校外培训机构的报销结算，提供培训审批文件、培训通知、实际参训人员签到表、讲课费签收单、正式发票、培训机构出具的原始明细单据，以及电子结算单等凭证。

第十五条 在校内场所举办的培训报销结算，提供培训审批文件、培训通知、实际参训人员签到表、伙食费发票或校内食堂结算单等凭证作为报销依据。

第十六条 财务部门应当严格按照规定审核培训费开支，对未履行审批程序的培训，以及超范围、超标准开支的费用不予报销。

第十七条 培训费的报销结算按照国库集中支付和公务卡管理的有关制度执行，采用银行转账或公务卡方式结算。

第五章 管理与监督

第十八条 各部门应当将培训的相关情况在校内公示，具备条件的应按照学校对外公示的相关规定向社会公开。

第十九条 财务部门于每月结账后，将各单位培训计划执行情况汇总报给校财务处，校财务处按要求上报市教委。

第二十条 严禁借培训名义安排公款旅游；严禁借培训名义组织会餐或安排宴请；严禁组织高消费娱乐、健身活动；严禁在培训费中列支公务接待费、会议费、固定资产以及与培训无关的其他费用；严禁套取培训费，设立"小金库"。

培训住宿不得安排高档套房，不得额外配发洗漱用品；培训用餐不得上高档菜肴，不得提供烟酒；七日以内的培训不得组织调研、考察、参观。

第二十一条 对于以虚报、冒领手段骗取培训费、虚报培训人数天数等进行报销、转嫁或摊派培训费用、违规报销与培训无关费用等违规行为，依法依规追究培训举办部门和相关人员的责任，涉嫌违法的，移交司法机关处理。

第六章 附则

第二十二条 特殊事项报校（副局级学院）主管财务领导批准后执行。

第二十三条 本细则自发布之日起施行。由校财务处负责解释。

附件：
1. 北京联合大学年度培训计划申报书
2. 北京联合大学培训计划执行情况表
（附件略）

关于印发《北京联合大学会议费管理实施细则》的通知

（京联发〔2014〕22号）

全校各单位：

经2014年学校第23次校长办公会审议通过，现将《北京联合大学会议费管理实施细则》印发给你们，请遵照执行。

北京联合大学

2014年9月28日

北京联合大学会议费管理实施细则

第一章　总则

第一条　为进一步加强会议费管理，精简会议、改进会风，提高会议效率和质量，降低行政成本，依据《党政机关厉行节约反对浪费条例》，参照《北京市市级党政机关事业单位会议费管理办法》（京财预〔2014〕211号），特制定本细则。

第二条　本细则适用于校内各部门使用财政性资金自行承办的会议，包括研讨会、座谈会、评审会、总结会、表彰会等各类会议。使用其他性质资金参照本细则执行。

第三条　各部门应当本着厉行节约、务实高效、规范管理的原则合理安排会议，严格控制会议数量、规模，规范会议费管理，控制会议费规模。

第四条　会议费纳入学校财务预算管理，单独列示，实行总额控制。

第二章　会议计划与审批

第五条　会议费实行年度会议计划申报和审批制度。各部门需填写《北京联合大学年度会议计划申报书》（附件1），于每年1月底以前上报校财务处，财务处汇总后，报学校审批，各部门年度会议计划随年度校级预算一并批复，年度会议计划年内有效。遇特殊情况需追加会议计划的，需报校（副局级学院）主管财务领导审批。

年度会议计划申报内容包括：会议名称、召开理由、主要内容、时间地点、不能在校内召开会议的理由、参会人数、工作人员数、所需经费及列支渠道等。

第六条　一般会议的会期不得超过两天，传达、布置类会议会期不得超过1天，会议报到和离开时间合计不得超过1天。

第七条　各部门应尽量控制会议规模，降低会议成本，提高会议效率，节约费用支出，参会人员在50人以内的会议应安排在校内召开。

第八条　确需在校外召开的会议，须到政府采购会议定点场所召开。各部门通过"北京市政府采购会议定点综合查询系统"，查询政府采购会议定点场所的名称、价格等明细信息，选定会议定点供应商。

第九条　严禁到北京以外地区召开会议，不得到中央及市委、市政府明令禁止的风景名胜区召开会议。

第三章　会议费开支范围及标准

第十条　会议费开支范围包括与会议相关的住宿费、伙食费、劳务费、交通费、其他费用等。

前款所称交通费是指用于外单位会议代表接送站，以及会议统一组织的代表考察、调研等发生的交通支出；其他费用是指文件资料印刷费、会议场地租用费和专用设备租赁费。

外单位会议代表参加会议发生的城市间交通费，应由参会人员自行负担。

第十一条　会议费支出标准包括住宿费、伙食费、其他费用。会议费支出标准如下。

会议费支出标准一览表

单位：元/（人·天）

明细费用	住宿费	伙食费	其他费用	合计
支出标准	240	130	80	450

会议费实行总额控制，各部门应在支出标准总额内据实报销。各项明细费用之间可调剂使用，但伙食费不得超过上述明细标准。对于不发生的事项，报销额度上限应按明细标准进行相应扣减。特别是不安排住宿的会议不能列支住宿费，额度上也不能超过无住宿费的支出标准。

第十二条　会议费由会议召开部门承担，不得向参会人员收取，不得以任何方式向其他机构及单位转嫁或摊派。

第十三条　在校内场所召开的会议，应本着勤俭节约、务实高效的原则，伙食费、其他费用可参照校外会议费的开支标准。

第四章　会议费的结算与报销

第十四条　会议结束后，应及时填写《北京联合大学会议计划执行情况表》（附件2），持该表到财务部门办理会议费结算报销手续。

第十五条　在校外场所召开的会议结算，由会议定点单位在"北京市政府采购会议定点综合查询系统"填报会议服务明细信息，打印"北京市政府采购会议费结算明细单"，并由会议定点场所盖章和会议主办人签字确认。

会议费报销时提供会议审批文件、会议通知、实际参会人员签到表、正式发票、定点单位提供的费用原始明细单据、北京市政府采购会议费结算明细单等凭证作为报销依据。

第十六条　在校内会议场所召开的会议结算，提供会议审批文件、会议通知及实际参会人员签到表、伙食费发票或校内食堂结算单等凭证作为报销依据。

第十七条　财务部门要严格按规定审核报销会议开支，对未列入年度会议计划、超范围超标准、报销依据不齐全的经费不予报销,切实做到控制和降低会议费开支。

第十八条 会议费严格按照国库集中支付制度和公务卡管理制度的有关规定执行,以银行转账或公务卡方式结算,禁止以现金方式结算。

第五章 会议管理与监督

第十九条 非涉密会议的相关情况应在校内公示,具备条件的应按照学校对外公示的相关规定向社会公开。

第二十条 财务部门于每月结账后,将各单位会议计划执行情况汇总报给校财务处,校财务处按要求上报市教委。

第二十一条 严禁借会议名义组织会餐或安排宴请,会议用餐安排自助餐,严禁提供高档菜肴及烟酒,严格控制菜品种类、数量和份量;严格执行会议用房标准,不得安排高档套房,不得额外配发洗漱用品。

第二十二条 会议会场一律不摆花草,不制作背景板,不提供水果;不得组织会议代表旅游和与会议无关的参观;严禁组织高消费娱乐、健身活动;严禁以任何名义发放纪念品。

第二十三条 严禁以"预存"等方式套取会议费,设立"小金库";严禁超范围超标准开支会议费;严禁在会议费中列支公务接待费、固定资产等与会议无关的费用。

第二十四条 对于以虚报、冒领手段骗取会议费、虚报会议人数天数等进行报销、报销与会议无关费用等违规行为,依法依规追究会议举办部门和相关人员的责任,涉嫌违法的移交司法机关处理。

第六章 附则

第二十五条 特殊事项报校(副局级学院)主管财务领导批准后执行。

第二十六条 本细则自发布之日起施行,《北京联合大学会议费管理办法》(京联发〔2011〕9 号)同时废止。由校财务处负责解释。

附件:
1. 北京联合大学年度会议计划申报书
2. 北京联合大学会议计划执行情况表
(附件略)

关于成立产业管理委员会的通知

(京联发〔2014〕23 号)

全校各单位:

根据《北京联合大学关于印发北京联合大学机构设置方案的通知》(京联党〔2013〕68 号)中"原经管办产业管理职能并入国资处,经济管理职能并入财务处,大学科技园管委会职能及相关工作并入科研处,人员管理并入人才交流中心;产业运营职能按学校有关文件的规定执行"的精神,为进一步做好学校产业运营工作,根据上级有关文件精神,经 2014 年学校第 26 次校长办公会研究决定,成立北京联合大学产业管理委员会,现将有关事项通知如下。

一、北京联合大学产业管理委员会(以下简称"产业管理委员会")职能与人员构成

1. 职能

负责学校教学活动以外的经营活动、产业运营、校产租赁政策及产业章程的制定等事宜和重大问题的决策与管理。

2. 人员构成

主 任:学校主管国有资产(或财务)工作的校领导。

副主任:学校主管人事、科研、行管、后勤等工作的校领导。

成 员:党校办、人事处、财务处、科研处、行管处、国资处、后勤服务公司主要负责人和委员会办公室主任。

二、产业管理委员会办公室

产业管理委员会下设办公室,与北京科兴企业管理中心合署办公。

(一)办公室职责

1. 负责北京科兴企业管理中心及所属导聋犬基地所承担的所有运营工作(含接收其资产);接收原校经管办的部分资产。

2. 负责校办企业内部控制审计工作。

3. 企业月度快报工作。

4. 北京市校产信息源工作。

5. 负责学校相关房屋租赁、合同签订、租金催缴等工作。

6. 完成产业管理委员会交办的工作。

(二)办公室人员编制及岗位

1. 办公室人员编制 3~4 人。

2. 办公室主任 1 人(正处级);办公室副主任 1 人(副处级)。具体人选由校党委组织部按照学校处级干部任免的相关规定办理。

办公室工作人员1~2人，从学校内部调剂。

3. 办公室人员岗位设置、职责及人员经费和运行经费由办公室主任提出方案，经产业管理委员会审议通过，由校长办公会审批。

特此通知。

北京联合大学

2014年10月30日

关于"北京联合大学校门诊部"更名为"北京联合大学校医院"的通知

（京联发〔2014〕24号）

全校各单位：

为适应学校发展需要，校门诊部于近期进行了改造扩建，面积较前大幅度增加，总体布局将更加合理，师生的就医环境将大幅改善，就医将更加方便，基本上达到了国家卫计生委"一级综合医院"的设置标准。

为满足广大师生的就医需求，为师生提供优质的医疗服务，经2014年学校第30次校长办公会研究，决定"北京联合大学校门诊部"更名为"北京联合大学校医院"（简称"校医院"）。

特此通知。

北京联合大学

2014年12月1日

关于成立教育收费管理工作小组的通知

（京联发〔2014〕25号）

全校各单位：

为全面做好学校各项教育收费工作，规范教育收费管理，经2014年学校第31次校长办公会研究决定，在学校财经工作领导小组下设立学校教育收费管理工作小组。现将有关事宜通知如下。

一、机构设置

组长：主管财务工作校领导。

成员：党委（校长）办公室、财务处、学生处、审计处、工会负责人；教师及学生代表（工作组其他成员根据会议内容增加）。

教育收费管理工作小组下设办公室，办公室设在校财务处。

二、主要职责

1. 负责对学校教育收费工作进行指导和监督；

2. 负责学校教育收费政策、校内收费管理规范的制定；

3. 负责对教育收费项目及标准的初审。

三、工作流程

1. 收费单位将收费申请提交到收费管理办公室；

2. 办公室根据要求适时组织召开教育收费管理工作小组会；

3. 根据工作小组意见，办公室在全校范围内对收费方案征求意见，并将意见反馈给工作小组；

4. 工作小组对意见进行讨论，形成意见及建议提交学校财经工作领导小组、校长办公会审议。

特此通知。

北京联合大学

2014年12月8日

关于印发《北京联合大学审计结果运用管理办法（试行）》的通知

（京联发〔2014〕26号）

全校各单位：

经2014年学校第32次校长办公会审议通过，现将《北京联合大学审计结果运用管理办法（试行）》印发给你们，请遵照执行。

北京联合大学

2014年12月18日

北京联合大学审计结果运用管理办法(试行)

第一章　总　则

第一条　为规范审计结果运用工作,加强整改落实,提高审计执行力,充分发挥审计的作用,根据《中华人民共和国审计法》《教育系统内部审计工作规定》《北京联合大学内部审计工作实施办法》等有关规定,结合我校实际,特制定本办法。

第二条　本办法所称审计结果,是指校审计处按照规定程序实施审计后,依法出具的审计报告、审计决定、管理建议书、移送处理书等结论性和建议性审计文书所反映的内容和事项。

第三条　本办法所称审计结果运用,是指校内相关单位(部门)实施的公开审计结果、审计整改落实以及责任追究等管理活动。

第四条　建立健全审计结果通报、审计整改以及责任追究等审计结果运用制度,探索和推行审计结果的校内公告制度。

第五条　审计结果运用的原则

1. 实事求是、客观公正;
2. 以审促改、以用促审;
3. 适当公开、成果共享;
4. 权责对称、协调联动。

第二章　审计结果运用的方式

第六条　校审计处和被审计单位(部门)以适当的方式,在一定范围内公开审计结果。

第七条　被审计单位(部门)执行审计决定,整改存在的问题,落实审计意见和建议。

第八条　校党委组织部、纪检监察办公室、人事处等相关部门在干部管理监督、选拔任用、表彰奖励、单位(部门)及个人年度考核等工作中,将审计结果及其整改落实情况作为重要参考依据。

第九条　校党委组织部、纪检监察办公室、人事处、审计处等相关单位(部门)对领导干部不履行或不正确履行经济管理职责,单位(部门)或个人存在严重违反财经法规的问题,不认真整改落实审计结果,拒绝、阻碍、不配合审计工作等行为进行责任追究。

第十条　校纪检监察办公室在党风廉政建设工作中,将审计结果及其整改落实情况作为党风廉政建设责任制考核、干部廉政谈话的重要内容。

第十一条　校审计处向校长办公会、学校党政领导和职能部门做审计项目的专题报告、反映共性问题的综合性报告,在校内发布审计简报等。

第十二条　校党委组织部将经济责任审计结论材料存入被审计领导干部的组织人事档案。

第十三条　工程实施单位(部门)和财务部门按照工程项目的审计结论,与施工单位办理结算。

第三章　审计结果公开

第十四条　根据学校信息公开相关规定,按照规定程序,以适当的方式,在一定范围内,将可以公开的审计结果主动公开或者依申请公开。

第十五条　审计结果公开应遵守国家秘密相关规定和学校相关规定,并充分考虑可能产生的社会影响,不得危及国家安全、公共安全、经济安全和社会稳定。

第十六条　涉及重大事项或者公开范围较大的,报经主管校领导批准。

第十七条　校审计处可综合利用校内网络、宣传栏、电子显示屏等媒体以及年鉴、年报、会议等形式公开审计结果。

第十八条　公开审计结果应当在审计报告、审计决定等结论性文书生效后进行。

第十九条　校审计处应将年度预决算审计、经济责任审计等有关审计结果报送学校党政领导,抄送党委组织部、纪检监察办公室、人事处、财务处,发送被审计单位(部门)。

第四章　审计整改落实

第二十条　被审计单位(部门)现任负责人为审计整改落实工作的第一责任人。发生单位(部门)负责人变更的,原任负责人对任职期间的经济活动及财务收支的行为和结果负责,并须积极配合整改落实工作。

第二十一条　被审计单位(部门)在审计结论性文书送达之日起60日内,将审计决定的执行、存在问题的整改、审计意见和建议的落实等情况书面反馈至校审计处。

第二十二条　整改落实的监督检查工作由校审计处牵头负责,党委组织部、纪检监察办公室、人事处、财务处根据各自职责协助执行。

第二十三条　校审计处建立健全内部责任制,对整改落实情况进行跟踪检查,并向学校报告年度审计整改落实情况。

第二十四条　根据被审计单位(部门)的整改落实情况,决定是否实施后续审计。适时安排后续审计工作,并将其列入年度审计工作计划。

第五章　责任追究

第二十五条　对拒绝、拖延整改落实工作,或未按规定期限及要求整改落实的被审计单位(部门),校审计处要查明原因,向主管校领导或校长办公会汇报,情况严重的予以通报批评并提出追究有关人员责任的建议。

第二十六条　校审计处发现重大违法违纪或经济案件线索，及时移交纪检监察办公室处理。

第六章　附　则

第二十七条　国家法律、法规和有关政策另有规定的，从其规定。

第二十八条　本办法自通过之日起施行。由校审计处负责解释。

关于生物质废弃物资源化利用北京市重点实验室人员和机构设置有关事项的通知

（京联发〔2014〕27 号）

全校各单位：

经校四届党委第 85 次常委会（2014 年 12 月 29 日）研究决定，现就成立生物质废弃物资源化利用北京市重点实验室有关事项通知如下。

一、机构名称与机构设置

（一）机构名称

生物质废弃物资源化利用北京市重点实验室，简称：生物质利用重点实验室。

（二）生物质利用重点实验室为校级校管科研机构，执行校科研处有关重点实验室的管理办法，无行政级别；办公地点在生物化学工程学院。

（三）机构设置

1. 综合办公室：1 个。

2. 3 个研究中心、1 个分析测试中心。

3. 学术委员会：1 个。

二、人员编制

1. 研究人员：30 人（暂定），且根据实验室发展和经费情况，实行动态调整，具体按校科研处文件规定执行。

2. 管理人员：1～2 人。

3. 外聘研究人员：根据需要聘任。

以上人员由重点实验室从生物化学工程学院在编在岗人员或院外相关专业人员中选任，学校不再单独核拨编制。

三、岗位设置

（一）管理人员

1. 主任 1 人；

2. 副主任（兼研究中心主任）：3 人，由研究人员兼任，应具有副高级及以上专业技术职务，无行政级别；

3. 综合办公室主任 1 人，由 1 名实验室副主任兼任，协助重点实验室主任做好重点实验室日常业务和行政管理工作；

4. 综合办公室一般管理人员：1～2 人，执行重点实验室制定的管理人员职责，负责重点实验室日常行政工作。

（二）研究人员

按照学校全员聘任有关文件精神及学校核定的以上机构和人员编制数进行聘任。

实验室的校内研究人员为校内兼职研究人员。

四、研究方向设置

1. 生物质热解与发酵。

2. 微生物筛选与生物炼制。

3. 生物合成。

五、运行机制

1. 按照北京市科委有关文件的规定执行。

2. 实验室的各研究中心的研究方向，以生物化学工程学院相关部门和学校相关学院为支撑，应有固定的研究人员队伍和办公地点，实验场地由生物化学工程学院提供。

3. 人员编制管理及人员经费按照学校 2013 年岗位聘任指导意见中的有关规定执行；同时需按照校科研处的规定办理相关手续。

4. 实验室要制定有关的管理办法，包括人员管理、项目管理、经费管理和安全管理等，报校科研处审核，经学校审批后执行。

特此通知。

北京联合大学

2014 年 12 月 31 日

关于自主设置"文化遗产区域保护规划"等二级学科的决定

（京联发〔2014〕28 号）

根据教育部《关于做好授予博士、硕士学位和培养研究生的二级学科自主设置工作的通知》（学位办〔2011〕12

号)等相关精神和学校统一安排,我校申请的自主设置二级学科经过硕士学位授权一级学科点申报、校外专家评审论证后,在"中国学位与研究生教育信息网"进行了公示,接受同行专家及其他学位授予单位为期 30 天的评议和质询,公示结果无异议。

2013 年 12 月 19 日,学校召开学位评定委员会硕士学位评定组会议,根据自主设置二级学科的申报材料和公示结果,对拟设置的二级学科进行了审核和表决,同意设置如下学科。

序号	硕士学位授权一级学科点名称	自主设置二级学科名称	类别
1	考古学(0601)	文化遗产区域保护规划(0601Z1)	目录外二级学科
2	计算机科学与技术(0812)	教育智能化技术(0812Z1)	目录外二级学科
3		制造业信息化技术(0812Z2)	目录外二级学科
4	软件工程(0835)	数字艺术(0835Z2)	目录外二级学科
5	工商管理(1202)	投融资管理(1202Z1)	目录外二级学科
6		商务法律(1202Z2)	目录外二级学科
7	工商管理(1202) 软件工程(0835) 计算机科学与技术(0812)	移动商务(99J1)	交叉学科

本次自主设置的二级学科在硕士学位授权一级学科点下统筹管理和运行。

北京联合大学

2014 年 12 月 31 日

2014 年校发文件目录

1. 京联党系列文件(73 个)

文号	文件名
京联党〔2014〕1 号	关于北京联合大学应用文理学院党委换届候选人预备人选的通知
京联党〔2014〕2 号	关于中共北京联合大学机电学院党员大会和新一届委员会第一次全体会议选举结果的批复
京联党〔2014〕3 号	中共北京联合大学委员会 北京联合大学关于开展"庸懒散"专项整治工作的通知
京联党〔2014〕4 号	中共北京联合大学委员会 北京联合大学关于开展严禁公务活动中赠送或接受礼品等专项整治工作的通知
京联党〔2014〕5 号	中共北京联合大学委员会 北京联合大学关于开展借公务之名旅游问题专项整治工作的通知
京联党〔2014〕6 号	中共北京联合大学委员会 北京联合大学关于印发《北京联合大学权力结构科学化配置体系建设试点方案》的通知
京联党〔2014〕7 号	中共北京联合大学委员会关于印发《北京联合大学党的群众路线教育实践活动校领导班子整改方案》的通知
京联党〔2014〕8 号	中共北京联合大学委员会关于公布 2013 年度全校处级干部考核结果优秀及单项奖的通知
京联党〔2014〕9 号	关于中共北京联合大学应用文理学院第二次代表大会和第二届委员会第一次全体会议选举结果的批复
京联党〔2014〕10 号	北京联合大学 2013 年下半年工作总结
京联党〔2014〕11 号	北京联合大学 2014 年工作要点
京联党〔2014〕12 号	关于劳风学、徐娟两名同志职务变动的决定
京联党〔2014〕13 号	关于王琪同志职务变动的决定
京联党〔2014〕14 号	北京联合大学关于表彰 2011—2012 年度党建和思想政治工作优秀成果(创新成果)的决定
京联党〔2014〕15 号	关于付力等五名同志职务变动的决定
京联党〔2014〕16 号	中共北京联合大学委员会 北京联合大学关于成立纪检监察信访工作小组的通知
京联党〔2014〕17 号	中共北京联合大学委员会关于印发《北京联合大学处级领导干部试用期满考核实施办法》的通知

文号	文件名
京联党〔2014〕18 号	中共北京联合大学委员会 北京联合大学关于印发《北京联合大学 2014 年党风廉政建设和反腐败工作主要任务分工》的通知
京联党〔2014〕19 号	中共北京联合大学委员会关于印发《北京联合大学 2014 年度党风廉政宣传教育工作计划》的通知
京联党〔2014〕20 号	中共北京联合大学委员会关于开展 2014 年党风廉政宣传教育月活动的通知
京联党〔2014〕21 号	涉密
京联党〔2014〕22 号	关于洪宇同志职务变动的决定
京联党〔2014〕23 号	中共北京联合大学委员会关于对各二级单位进行考核的通知
京联党〔2014〕24 号	关于郝凤涛等四名同志职务变动的决定
京联党〔2014〕25 号	关于评选表彰"三育人"先进集体、先进个人和师德先进个人的通知
京联党〔2014〕26 号	涉密
京联党〔2014〕27 号	中共北京联合大学委员会关于调整"三育人"评审小组成员的通知
京联党〔2014〕28 号	中共北京联合大学委员会关于调整师德先进评审小组成员的通知
京联党〔2014〕29 号	关于王浩等两名同志职务变动的决定
京联党〔2014〕30 号	关于刘斌同志职务变动的决定
京联党〔2014〕31 号	关于杨洪志同志职务变动的决定
京联党〔2014〕32 号	中共北京联合大学委员会关于召开第三届教职工暨工会会员代表大会第四次会议的通知
京联党〔2014〕33 号	关于白桦等八名同志职务变动的决定
京联党〔2014〕34 号	中共北京联合大学委员会关于撤销北京市医药培训中心法人的决定
京联党〔2014〕35 号	中共北京联合大学委员会关于印发《党风廉政建设责任制落实情况中期检查方案》的通知
京联党〔2014〕36 号	关于朱科蓉同志职务变动的决定
京联党〔2014〕37 号	关于李九丽、廖琪丽两名同志职务变动的决定
京联党〔2014〕38 号	关于侯长存同志职务变动的决定
京联党〔2014〕39 号	关于杨飞、韩松两名同志职务变动的决定
京联党〔2014〕40 号	关于赵红、孙长宾两名同志职务变动的决定
京联党〔2014〕41 号	关于表彰北京联合大学"三育人"先进集体、先进个人、及师德先进个人的决定
京联党〔2014〕42 号	关于调整部分基层党组织设置及发展党员审批权限的决定
京联党〔2014〕43 号	关于高玉培等五名同志职务变动的决定
京联党〔2014〕44 号	北京联合大学 2014 年上半年工作总结
京联党〔2014〕45 号	北京联合大学 2014 年下半年重点工作
京联党〔2014〕46 号	涉密
京联党〔2014〕47 号	涉密
京联党〔2014〕48 号	中共北京联合大学委员会关于北京联合大学生物化学工程学院党委书记建议考察人选的报告
京联党〔2014〕49 号	关于孟宪东等五名同志职务变动的决定
京联党〔2014〕50 号	关于谈文同志职务变动的决定
京联党〔2014〕51 号	关于杜剑峰等三位同志职务变动的决定
京联党〔2014〕52 号	关于表彰我校 2013—2014 年度十佳党支部的决定
京联党〔2014〕53 号	关于于春洋同志职务变动的决定
京联党〔2014〕54 号	关于毛连生等两位同志职务变动的决定
京联党〔2014〕55 号	中共北京联合大学委员会关于校党风廉政监督员换届的通知
京联党〔2014〕56 号	中共北京联合大学委员会关于印发《北京联合大学领导班子务虚会制度》的通知
京联党〔2014〕57 号	中共北京联合大学委员会关于领导干部务虚会的通知
京联党〔2014〕58 号	中共北京联合大学委员会关于在全校开展学习宣传贯彻党的十八届四中全会精神的通知
京联党〔2014〕59 号	中共北京联合大学委员会关于印发《北京联合大学贯彻落实〈建立健全惩治和预防腐败体系 2013—2017 年工作规划〉实施办法》的通知
京联党〔2014〕60 号	关于李宝贵等两位同志职务变动的决定
京联党〔2014〕61 号	关于雷丽萍等两位同志职务变动的决定
京联党〔2014〕62 号	北京联合大学关于对 2014 年廉政文化创建活动进行表彰的通知

文号	文件名
京联党〔2014〕63 号	中共北京联合大学委员会关于聘请北京联合大学党风廉政监督员的通知
京联党〔2014〕64 号	中共北京联合大学委员会关于印发《北京联合大学 2014 年党风廉政建设责任制落实情况检查方案》的通知
京联党〔2014〕65 号	中共北京联合大学委员会关于印发《北京联合大学"三维体系"建设第一批单位正式运行及第二批试点工作方案》的通知
京联党〔2014〕66 号	涉密
京联党〔2014〕67 号	中共北京联合大学委员会关于印发《北京联合大学处级干部选拔任用工作实施办法》的通知
京联党〔2014〕68 号	中共北京联合大学委员会关于印发《北京联合大学关于深化"四风"整治、巩固和拓展党的群众路线教育实践活动成果的工作方案》的通知
京联党〔2014〕69 号	中共北京联合大学委员会关于印发《北京联合大学 2014 年度处级以上党员领导干部民主生活会方案》的通知
京联党〔2014〕70 号	中共北京联合大学委员会关于印发《北京联合大学二级单位和处级干部 2014 年度考核工作实施方案》的通知
京联党〔2014〕71 号	中共北京联合大学委员会 中共北京联合大学纪律检查委员会关于印发《北京联合大学 2014 年党风廉政建设责任制专项检查迎检工作方案》的通知
京联党〔2014〕72 号	中共北京联合大学委员会关于印发《北京联合大学培育和践行社会主义核心价值观实施意见》的通知
京联党〔2014〕73 号	关于尹庆民等七名同志职务变动的决定

2. 京联发系列文件(28 个)

文号	文件名
京联发〔2014〕1 号	北京联合大学关于印发《北京联合大学校院领导干部联系离退休老干部制度》的通知
京联发〔2014〕2 号	北京联合大学关于成立"北京联合大学艺术教育中心"的通知
京联发〔2014〕3 号	北京联合大学关于印发《北京联合大学科研机构管理办法》的通知
京联发〔2014〕4 号	北京联合大学关于印发《北京联合大学科研水平提高经费管理办法》的通知
京联发〔2014〕5 号	北京联合大学关于印发《北京联合大学科研项目经费管理暂行办法》的通知
京联发〔2014〕6 号	北京联合大学关于成立完全学分制改革试点工作领导小组的通知
京联发〔2014〕7 号	北京联合大学关于 2014 年毕业生就业工作的意见
京联发〔2014〕8 号	北京联合大学关于成立加快推进科技成果转化和科技协同创新领导小组的通知
京联发〔2014〕9 号	北京联合大学关于认真做好 2014 年春季教育收费自查工作的通知
京联发〔2014〕10 号	北京联合大学关于成立远程教育学习中心评估领导小组的通知
京联发〔2014〕11 号	北京联合大学关于成立 2014 年度财政项目支出绩效评价自评工作组的通知
京联发〔2014〕12 号	北京联合大学关于印发《北京联合大学日常教学经费管理办法(试行)》的通知
京联发〔2014〕13 号	北京联合大学关于印发《北京联合大学内部控制体系建设工作方案》的通知
京联发〔2014〕14 号	北京联合大学关于印发《北京联合大学优秀硕士学位论文评选办法》的通知
京联发〔2014〕15 号	北京联合大学关于增补、撤销与调整部分校级院管科研机构等相关事宜的通知
京联发〔2014〕16 号	北京联合大学关于印发《北京联合大学研究生和本科生公费医疗管理办法》的通知
京联发〔2014〕17 号	北京联合大学关于认真做好 2014 年秋季教育收费自查工作的通知
京联发〔2014〕18 号	北京联合大学关于成立硕士研究生招生工作小组的通知
京联发〔2014〕19 号	北京联合大学关于印发《北京联合大学经费审批权限管理暂行办法》的通知
京联发〔2014〕20 号	北京联合大学关于印发《北京联合大学差旅费管理实施细则(试行)》的通知
京联发〔2014〕21 号	北京联合大学关于印发《北京联合大学培训费管理实施细则》的通知
京联发〔2014〕22 号	北京联合大学关于印发《北京联合大学会议费管理实施细则》的通知
京联发〔2014〕23 号	北京联合大学关于成立产业管理委员会的通知
京联发〔2014〕24 号	北京联合大学关于"北京联合大学校门诊部"更名为"北京联合大学医院"的通知
京联发〔2014〕25 号	北京联合大学关于成立教育收费管理工作小组的通知
京联发〔2014〕26 号	北京联合大学关于印发《北京联合大学审计结果运用管理办法(试行)》的通知
京联发〔2014〕27 号	北京联合大学关于生物质废弃物资源化利用北京市重点实验室人员和机构设置有关事项的通知
京联发〔2014〕28 号	北京联合大学关于自主设置"文化遗产区域保护规划"等二级学科的决定

3. 京联党办系列文件(21 个)

文号	文件名
京联党办〔2014〕1 号	关于做好节假日及寒假安全工作的通知
京联党办〔2014〕2 号	关于召开中共北京联合大学第四届委员会第六次全体委员(扩大)会议的通知
京联党办〔2014〕3 号	涉密
京联党办〔2014〕4 号	关于启用"中国共产党北京联合大学后勤服务公司总支部委员会"印章的通知
京联党办〔2014〕5 号	中共北京联合大学委员会关于召开四届七次全委(扩大)会的通知
京联党办〔2014〕6 号	关于报送重点工作考核项目内容的通知
京联党办〔2014〕7 号	中共北京联合大学委员会关于签订 2014 年维护安全稳定工作责任书和消防安全责任书的通知
京联党办〔2014〕8 号	关于组织在职局级干部健康体检的通知
京联党办〔2014〕9 号	涉密
京联党办〔2014〕10 号	关于报送学校 2014 年上半年工作总结及 2014 年下半年重点工作素材的通知
京联党办〔2014〕11 号	中共北京联合大学委员会关于召开四届八次全委会的预通知
京联党办〔2014〕12 号	中共北京联合大学委员会关于召开四届八次全委会的通知
京联党办〔2014〕13 号	中共北京联合大学委员会关于做好期末及暑期安全工作的通知
京联党办〔2014〕14 号	中共北京联合大学委员会关于召开四届九次全委会的预通知
京联党办〔2014〕15 号	中共北京联合大学委员会关于召开四届九次全委会的通知
京联党办〔2014〕16 号	中共北京联合大学委员会关于启用"中国共产党北京联合大学广告学院委员会"印章的通知
京联党办〔2014〕17 号	涉密
京联党办〔2014〕18 号	涉密
京联党办〔2014〕19 号	关于印发《北京联合大学开展"平安校园"创建工作自查自评方案》的通知
京联党办〔2014〕20 号	中共北京联合大学委员会关于召开"平安校园"创建检查工作汇报会及沟通检查情况会的通知
京联党办〔2014〕21 号	关于报送学校 2014 年下半年工作总结及 2015 年工作要点的通知

4. 京联办系列文件(14 个)

文号	文件名
京联办〔2014〕1 号	北京联合大学关于进一步加强档案工作的意见
京联办〔2014〕2 号	北京联合大学关于 2014 年清明节放假安排的通知
京联办〔2014〕3 号	北京联合大学关于 2014 年劳动节放假安排的通知
京联办〔2014〕4 号	关于组织编纂《北京联合大学年鉴(2014)》的通知
京联办〔2014〕5 号	北京联合大学关于组织教职工及离退休人员健康体检的通知
京联办〔2014〕6 号	北京联合大学关于 2014 年端午节放假安排的通知
京联办〔2014〕7 号	北京联合大学关于调整医疗保险与公费医疗管理委员会成员组成的通知
京联办〔2014〕8 号	关于 2013—2014 学年暑期工作安排的通知
京联办〔2014〕9 号	北京联合大学关于 2014 年中秋节放假安排的通知
京联办〔2014〕10 号	北京联合大学关于 2014 年国庆节放假安排的通知
京联办〔2014〕11 号	北京联合大学关于在 2014 年亚太经济合作组织会议期间调休放假安排的通知
京联办〔2014〕12 号	北京联合大学关于调整 CET 考试 11067 考点管理领导小组成员的通知
京联办〔2014〕13 号	北京联合大学关于 2015 年元旦放假安排的通知
京联办〔2014〕14 号	北京联合大学关于 2014—2015 学年寒假工作安排的通知

5. 京联文系列文件(21 个)

文号	文件名
京联文〔2014〕1 号	北京联合大学关于申请批准堡头校区总体规划的请示
京联文〔2014〕2 号	北京联合大学关于报送《北京联合大学全国重点建设职教师资培训基地 2013 年度工作总结》的报告
京联文〔2014〕3 号	北京联合大学关于开展"庸懒散"专项整治工作自查情况的报告
京联文〔2014〕4 号	北京联合大学关于开展严禁公务活动中赠送或接受礼品等专项整治工作自查情况的报告
京联文〔2014〕5 号	北京联合大学关于开展借公务之名旅游问题专项整治工作自查情况的报告

文号	文件名
京联文〔2014〕6 号	北京联合大学关于继续教育学院现代管理大学校外教学站复检的请示
京联文〔2014〕7 号	北京联合大学关于报送《北京联合大学 2013 年继续教育质量报告》的报告
京联文〔2014〕8 号	关于专题汇报高等特殊教育工作的请示
京联文〔2014〕9 号	北京联合大学关于继续教育学院现代管理大学教学站主办校复评的报告
京联文〔2014〕10 号	北京联合大学关于申请增列临床医学硕士专业学位授权点的请示
京联文〔2014〕11 号	北京联合大学关于举办台湾政局与两岸关系学术研讨会的请示
京联文〔2014〕12 号	北京联合大学关于提高特殊教育类学科综合定额标准的请示
京联文〔2014〕13 号	北京联合大学关于申请办学经费特殊困难补贴的请示
京联文〔2014〕14 号	北京联合大学关于申请体育中心综合楼建设经费的请示（后附：北京联合大学体育中心综合楼资金申请报告）
京联文〔2014〕15 号	中共北京联合大学委员会关于请市委教育工委协助解决北京第三开关厂部分退休职工闹访问题的报告
京联文〔2014〕16 号	北京联合大学关于 2014 年春季教育收费自查工作的报告
京联文〔2014〕17 号	北京联合大学关于报送《北京联合大学 2014 年硕士学位研究生招生监察工作总结》的报告
京联文〔2014〕18 号	北京联合大学关于第三开关厂退休工人李志军等同志反映退休待遇等问题信访件办理的报告
京联文〔2014〕19 号	北京联合大学关于成人高等教育专升本入学考试改革试点的请示
京联文〔2014〕20 号	北京联合大学关于同北京科技大学以及对外经济贸易大学合作的情况报告
京联文〔2014〕21 号	北京联合大学关于填报《北京市培训中心调查统计表》报告
京联文〔2014〕22 号	北京联合大学关于 2014 年普通高等学校招生考试监察工作总结的报告
京联文〔2014〕23 号	北京联合大学关于 2014 年秋季教育收费自查工作的报告
京联文〔2014〕24 号	中共北京联合大学委员会关于申请实习工厂（北京第三开关厂）为市属困难企业及解决离休干部医疗费统筹金问题的请示
京联文〔2014〕25 号	北京联合大学关于增加 2015 年研究生招生规模的模式的请示
京联文〔2014〕26 号	北京联合大学的北京特殊教育学院关于联合举办教育硕士实验班的请示
京联文〔2014〕27 号	北京联合大学关于报送《北京联合大学 2013—2014 学年度信息公开报告》的报告
京联文〔2014〕28 号	北京联合大学的关于台湾研究院举办 2014 年台湾"九合一"选举研讨会的请示
京联文〔2014〕29 号	北京联合大学关于申请协调特殊教育学院康复综合楼一期工程前期立项有关二作的请示
京联文〔2014〕30 号	北京联合大学关于申请面向视障生源临床医学硕士专业学位授权点单考单招的请示
京联文〔2014〕31 号	北京联合大学关于面向视障生源临床医学（中医）硕士专业学位授权点的单考单招请示
京联文〔2014〕32 号	北京联合大学关于体育中心综合楼资金补助的请示
京联文〔2014〕33 号	北京联合大学关于 2014 年国家宪法日暨全国法制宣传日工作情况的报告
京联文〔2014〕34 号	北京联合大学关于报送《北京联合大学全国重点建设职教师资培训基地"十二五"期间工作报告》的报告

· 机构与队伍 ·

校级领导

党 委 书 记：徐永利
校　　　长：卢振洋
党委副书记：付晨光　周志成
纪 委 书 记：张　楠（女）
副 校 长：张连城　黄先开　鲍　泓　乔东亮　古红梅（女）
校 长 助 理：杨　鹏　李志祺

中共北京联合大学第四届委员会

（2012 年 12 月 23 日换届）

党委委员（按姓氏笔画排序）：

尹福斌　卢振洋　叶　晓　付晨光　乔东亮　齐再前（女）李志祺　杨　宜（女）杨　鹏
张　楠（女）张连城　张宝秀（女）张恩祥　陈志刚　范宝祥　周志成　贾　方（女）
徐永利　黄先开　韩建业　鲍　泓

党委常委（按姓氏笔画排序）：

卢振洋　付晨光　乔东亮　张　楠　张连城　周志成　徐永利　黄先开　鲍　泓

中共北京联合大学第四届纪律检查委员会

（2012 年 12 月 23 日换届）

纪 委 书 记：张　楠（女）
纪委副书记：欧阳媛（女）
纪 委 委 员（按姓氏笔画排序）：

王　玮（女）丛　森　张　楠（女）张建林　张健民　欧阳媛（女）赵艳霞（女）郭　堃　曹长兴
（以上由组织部提供）

常设专门委员会及领导小组

1. 北京联合大学党务公开工作领导小组
组　　　长：徐永利
副 组 长：付晨光　周志成　张　楠　张连城
办公室主任：范宝祥
办公室成员：贾　方　张　奕　欧阳媛　曲学利　张文杰　刘　东
2. 北京联合大学校务委员会
主　　　任：徐永利

副　主　任：卢振洋

委　　　员：付晨光　周志成　张　楠　张连城　黄先开　鲍　泓　乔东亮　古红梅　杨　鹏　李志祺
　　　　　　张宝秀　顾志良　张建林　张恩祥　单金成　李哲英　毛智勇　方建军　杨　宜　许家成
　　　　　　孔昭林　支芬和　杨亚军　赵振江

3. 北京联合大学校务公开领导小组

组　　　长：徐永利　卢振洋

副　组　长：张　楠

成　　　员：徐永利　卢振洋　张　楠　张宝秀　顾志良　张建林　张恩祥　黄先开　单金成　李哲英
　　　　　　毛智勇　方建军　杨　宜　许家成　孔昭林　支芬和　杨亚军　赵振江

办公室主任：徐永利

4. 北京联合大学学术委员会

主　　　任：卢振洋

副　主　任：徐永利　鲍　泓（常务）　付晨光　黄先开

委　员（按姓氏笔画排序）：

　　　　　　孔昭林　支芬和　卢振洋　叶　晓　付晨光　冯　虹　宁泽群　刘　东　刘　红　曲学利
　　　　　　许家成　张恩祥　李红星　李哲英　杨　宜　杨　飒　杨　鹏　周小华　林　强　范清惠
　　　　　　姜招峰　赵平勇　赵亚平　徐永利　黄玉丽　黄先开　谢职安　韩建业　鲍　泓　熊黑钢
　　　　　　薛立军　韩　强

秘书长、办公室主任：叶　晓

5. 北京联合大学学位评定委员会

主　　　席：卢振洋

副　主　席：徐永利　鲍　泓（常务）　黄先开（常务）　付晨光　周志成　冯　虹　张　楠

委　员（按姓氏笔画排序）：

　　　　　　孔昭林　支芬和　方建军　方德英　毛智勇　王　彤　王美萍　卢振洋　付晨光　冯　虹
　　　　　　宁泽群　刘在云　许家成　齐再前　劳风学　吴中平　张　伟　张　榷　张文杰　张宝秀
　　　　　　张明贤　张恩祥　李启隆　李哲英　杨　宜　杨　鹏　杨亚军　沈　洪　肖　芳　单金成
　　　　　　周志成　欧阳媛　范清惠　姜招峰　徐永利　顾志良　盛　宏　黄玉丽　黄先开　程　光
　　　　　　谢职安　韩建业　楚　天　鲍　泓　熊黑钢　薛立军　魏绍谦

硕士学位评定组

组　　　长：鲍　泓（兼）

硕士学位评定组成员（按姓氏笔画排序）：

　　　　　　孔昭林　支芬和　方建军　方德英　毛智勇　卢振洋　付晨光　冯　虹　宁泽群　许家成
　　　　　　张　楠　张宝秀　张恩祥　李哲英　杨　宜　杨　鹏　杨亚军　欧阳媛　姜招峰　徐永利
　　　　　　顾志良　黄先开　韩建业　鲍　泓　熊黑钢　薛立军

硕士学位评定组办公室设在校研究生处，负责日常工作，办公室主任由校研究生处处长熊黑钢担任，秘书由满东升担任。

学士学位评定组

组　　　长：黄先开（兼）

学士学位评定组成员（按姓氏笔画排序）：

　　　　　　方德英　王　彤　王美萍　卢振洋　付晨光　冯　虹　刘在云　齐再前　劳风学　吴中平
　　　　　　张　伟　张　楠　张文杰　张明贤　李启隆　杨　鹏　沈　洪　肖　芳　单金成　周志成
　　　　　　欧阳媛　范清惠　徐永利　盛　宏　黄玉丽　黄先开　程　光　谢职安　楚　天　鲍　泓
　　　　　　熊黑钢　魏绍谦

学士学位评定组办公室设在校教务处，负责日常工作，办公室主任由校教务处处长杨鹏担任，秘书由张建敏担任。

6. 北京联合大学教学指导委员会

主　　　任：黄先开

常务副主任：杨　鹏

副　主　任：曲学利　张　伟　王　静　张文杰

委　　　员（按姓氏笔画排序）：

于　深　王　彤　石美玉　吴中平　张　姝　张建成　张明贤　张殿恩　李宇红　杨　冰
杨亚军　汪明骏　汪艳丽　沈晓平　范清惠　耿晓冬　高润泉　盛　宏　韩　强　楚　天

秘　书　长：牛爱芳

教学指导委员会下设分委员会，在教学指导委员会的指导下开展相关工作。

7. 北京联合大学科学技术工作指导委员会

主　　　任：鲍　泓

副　主　任：叶　晓

委　　　员（按姓氏笔画排序）：

王　洪　王美萍　冯　虹　平爱华　田景文　刘　东　许家成　张立珊　张俊玲　李哲英
汪明骏　陈　冬　单文谦　林　强　范清惠　姜招峰　唐少清　梁　怡　黄玉丽　程　光
韩建业　谢职安　董　焱　熊黑钢　滕祥东

秘　书　长：汪明骏

8. 北京联合大学依法治校工作领导小组

组　　　长：徐永利　卢振洋

副　组　长：付晨光　周志成　张　楠　张连城　黄先开　鲍　泓　乔东亮　古红梅

成　　　员（按姓氏笔画排序）：

叶　晓　毕玉兰　曲学利　李　湛　李静文　杨　鹏　肖富宁　张　奕　张文杰　张健民
张俊玲　范宝祥　欧阳嫒　贾　方　黄　巍　潘宏波

领导小组办公室设在党校办，办公室主任由范宝祥兼任。

9. 北京联合大学党风廉政建设责任制领导小组

组　　　长：校党委书记　校长

副　组　长：校纪委书记

成　　　员：其他校党政领导

办公室成员由党委（校长）办公室、党委组织部、党委宣传部、纪检监察办公室、人事处、财务处、审计处、工会的负责人组成。

10. 北京联合大学党风廉政建设领导小组

组　　　长：徐永利

副　组　长：校　长　张　楠（常务）

成员单位：各学院（校区），党委（校长）办公室、党委组织部、党委宣传部、纪检监察办公室、人事处、财务处、国有资产管理处、审计处、机关和直属单位党委办公室

办公室主任由欧阳嫒兼任，成员由各学院（校区）党政主要负责人和党委（校长）办公室、党委组织部、党委宣传部、纪检监察办公室、人事处、财务处、国有资产管理处、审计处、机关和直属单位党委办公室主要负责人组成。

11. 北京联合大学纪检监察信访工作小组

组　　　长：徐永利　卢振洋

成　　　员：付晨光　张　楠　欧阳嫒

12. 北京联合大学德育工作指导委员会

主　　　任：徐永利

副　主　任：周志成（常务）　黄先开　古红梅

成　　　员（按姓氏笔画排序）：

马振龙　王　鹤　尹福斌　曲学利　齐再前　李九丽　李　湛　杨　鹏　张文杰　张　伟
张松岩　张　奕　张俊玲　杜　煜　赵艳霞　范宝祥　范清惠　范　蓓　郭　垄　姜素兰
贾　方　唐少清　谢飞雁　焦　阳　韩　强　滕长建　潘宏波

委员会下设秘书处，负责日常工作，秘书处设在校学生工作（部）处。秘书长由学生工作（部）处（部）处长兼任。

13. 北京联合大学师资队伍建设领导小组

组　　　长：徐永利　卢振洋

副 组 长：付晨光

成　　　员：黄先开　鲍　泓　杨　鹏　叶　晓　曲学利　杭孝平

办公室主任：曲学利

14. 北京联合大学教师资格认定工作领导小组

组　　　长：卢振洋

副 组 长：付晨光

成　　　员：杨　鹏　叶　晓　王　静　齐再前　杭孝平　曲学利

办公室主任：曲学利

15. 《北京联合大学学报》编辑委员会

主　　　编：卢振洋　徐永利

副 主 编：黄先开　鲍　泓　乔东亮（常务）　周小华

委　　　员（按姓氏笔画排序）：

于　深　王维国　支芬和　毛智勇　叶　晓　卢振洋　宁泽群　乔东亮　刘　东　刘　红

许家成　孙建京　李亚青　李哲英　杨　宜　杨　鹏　杨亚军　宋志伟　张宝秀　张恩祥

范清惠　林　强　周小华　孟宪东　赵平勇　赵亚平　赵连稳　姜招峰　顾志良　徐永利

黄先开　韩建业　谢职安　鲍　泓　熊黑钢

办公室主任：周小华

16. 《北京联合大学学报（人文社会科学版）》编辑委员会

主　　　任：徐永利

副 主 任：黄先开　张连城　鲍　泓（常务）　周小华

委　　　员（按汉语拼音排序）：

鲍　泓　冯玉军　韩建业　韩　强　何广文　黄京平　黄先开　黄宗英　蒋重跃　刘风景

刘　勇　陆　俊　鲁卫东　卢振洋　乔东亮　陶秋燕　王国华　王维国　肖东发　许家成

徐　勇　徐永利　杨亚军　杨　宜　张宝秀　张　荆　张连城　张凌云　张　旗　赵忠秀

钟经华　仲伟民　周小华　朱松岭

17. 北京联合大学招生工作领导小组

组　　　长：卢振洋　徐永利

副 组 长：张　楠　黄先开（常务）

成　　　员：张　伟

办公室主任：张　伟

18. 北京联合大学预算执行情况和财务决算审计工作领导小组

组　　　长：卢振洋

副 组 长：张　楠　乔东亮

成　　　员：张健民　毕玉兰　肖富宁　欧阳媛　根据每次审计重点补充相关部门负责人

办公室主任：张健民

19. 北京联合大学考试管理工作领导巡察小组

组　　　长：卢振洋

副 组 长：周志成　黄先开（常务）

成　　　员：张宝秀　顾志良　沈晓平　张恩祥　王美萍　李哲英　毛智勇　方建军　杨　宜　许家成

孔昭林　支芬和　杨亚军　杨　鹏　张文杰

办公室主任：杨　鹏

20. 北京联合大学毕业生就业工作领导小组

组　　　长：徐永利　卢振洋

副 组 长：周志成　古红梅（常务）

成　　　员：马振龙　王　静　王　鹤　王希庆　牛爱芳　齐再前　李　湛　李九丽　杨积堂　张文杰

　　　　　　　张　伟　张松岩　范　蓓　赵艳霞　郭　堃　唐少清　常海斌　焦　阳　谢飞雁　潘宏波

办公室主任：常海斌

21. 北京联合大学治理教育乱收费工作领导小组

组　　　长：卢振洋

副 组 长：张　楠　乔东亮

成　　　员：范宝祥　欧阳媛　张健民　杨　鹏　毕玉兰　张　伟　肖　芳　黄　巍　李静文

办公室主任：欧阳媛

22. 北京联合大学专业技术职务聘任工作领导小组

组　　　长：卢振洋　徐永利

副 组 长：付晨光

成　　　员：周志成　黄先开　鲍　泓　杨　鹏　叶　晓　王　静　齐再前　曲学利

办公室主任：曲学利

23. 北京联合大学专业技术职务聘任委员会

组　　　长：卢振洋　徐永利

副 组 长：付晨光

成　　　员：周志成　张连城　黄先开　鲍　泓　乔东亮　张宝秀　顾志良　张建林　张恩祥　许家成

　　　　　　李哲英　方建军　杨　宜　毛智勇　支芬和　姜招峰　韩　强　谢职安　龚　平　赵平勇

　　　　　　陶秋燕　杨　鹏　叶　晓　王　静　齐再前　曲学利

组成人员说明：有高级专业技术职务的校领导、各聘委会主任、各学科组组长、相关职能处室负责人。

办公室主任：曲学利

监察委员会成员：张　楠　欧阳媛　张俊玲

24. 北京联合大学危险化学品安全使用领导小组

组　　　长：卢振洋

副 组 长：周志成

成　　　员（按姓氏笔画排序）：

　　　　　　于水波　牛爱芳　李　湛　李印伟　张　波　周　琨　赵振江　唐小恒　黄　巍

办公室主任：周　琨

25. 北京联合大学预防和处置突发事件工作领导小组

组　　　长：徐永利　卢振洋

副 组 长：周志成

成　　　员：张连城　陈志刚　张建林　周明珠　曹长兴　李洪飞　尹福斌　王　玮　从　森　尹庆民

　　　　　　滕祥东　高玉培　齐再前　杨亚军　赵振江　范宝祥　张　奕　张文杰　李　湛　张俊玲

　　　　　　潘宏波　刘　东　杨　敏

办公室主任：李　湛（兼）

26. 北京联合大学全日制普通高等教育学生退学处理专题校长会议

主　　　席：卢振洋

副 主 席：周志成　黄先开（常务）

成　　　员（按姓氏笔画排序）：

　　　　　　支芬和　刘彦文　李启隆　杨　鹏　杨　冰　汪艳丽　沈　洪　沈晓平　张建敏　盛　宏

　　　　　　遆燕玲　程　光　楚　天

办公室主任：杨　鹏

27. 北京联合大学继续教育管理委员会

主　　　任：卢振洋

副 主 任：黄先开

委　　　员：林　强　张立珊　孙桂生　于水波　王美萍　张祖明　肖　芳

办公室主任：肖　芳

28．北京联合大学应急指挥中心

主　　　任：校党委书记、校长

副　主　任：分管安全稳定工作的校领导、分管行政管理和后勤工作的校领导

成　　　员：各学院和北苑校区党政主要负责人，党委（校长）办公室主任、宣传部部长、保卫部部长、学生工作部部长、研究生工作部部长、行政管理处处长、团委书记、信息网络中心主任、门诊部主任、后勤服务公司总经理，根据工作需要临时参与指挥中心工作的其他部门党政负责人。

指挥中心办公室设在学校"平安校园"管理服务中心（北四环校区，体育中心一层北大厅），办公室主任由党委（校长）办公室主任和保卫部部长担任，副主任由保卫部分管副部长担任。

29．北京联合大学岗位聘任工作监督领导小组

组　　　长：张　楠

副　组　长：欧阳媛

委　　　员：范宝祥　张健民　张俊玲

监督领导小组办公室设在校纪检监察办公室，办公室主任由欧阳媛担任。

30．北京联合大学民族宗教工作领导小组

组　　　长：分管组织、统战工作校领导

副　组　长：校党委组织（统战）部部长

成　　　员：副局级学院组宣部部长（党政办主任）、处级学院（校区）党组织书记、校机关和直属单位党委副书记、校离退休党委书记、校学生处处长、校保卫处处长。

小组办公室设在校党委组织（统战）部，主任由校党委组织（统战）部副部长担任。

31．北京联合大学财经工作领导小组

组　　　长：卢振洋　徐永利

副　组　长：乔东亮　张　楠

成　　　员：范宝祥　毕玉兰　张健民

32．北京联合大学招收研究生复试工作监督小组

组　　　长：校纪委书记

副　组　长：校纪委副书记

成　　　员：校研究生处处长、硕士点一级学科依托学院主管纪检工作党委副书记、校学位委员会成员代表

33．北京联合大学劳动人事争议调解委员会

主　　　任：付晨光

副　主　任：张　楠

委　　　员（按姓氏笔画排序）：

孔　军　王　玮　张俊玲　李　湛　欧阳媛　范宝祥

办公室主任由张俊玲担任。

34．北京联合大学国际商学院建设领导小组

组　　　长：黄先开

副　组　长：杨　宜　杨亚军

委　　　员：党委（校长）办公室、人事处、教务处、学生处、科研处、国际交流合作处负责人

领导小组办公室设在商务学院，办公室主任由杨宜兼任。

35．北京联合大学人才培养经费预算协调小组

组　　　长：乔东亮

副　组　长：杨　鹏

成　　　员：范宝祥　王维国　曲学利　毕玉兰　张文杰　张　伟　叶　晓　王　靜　张健民　解庆阳

办公室主任：毕玉兰（兼）

36．北京联合大学基础设施改造经费预算协调小组

组　　　长：乔东亮

副　组　长：李志祺

成　　　员：范宝祥　毕玉兰　于　熙　黄　巍　张健民　沈　洪　肖春林

合署办公室主任：黄　巍(兼)　毕玉兰(兼)

(以上由党委办公室、校长办公室提供)

37. 北京联合大学第三届工会委员会

主　　　席：付晨光

委　　　员(按姓氏笔画排序)：

王希庆　王建远　王爱民　毛连生　孔繁潮　付晨光　刘宝妹　祁春利　李宇红　李沁芳

李秀婷　张　翔　张俊玲　张艳杰　林　晨　罗丹　茹秀华　赵艳霞　郭　堃　高润泉

黄　标　谢飞雁　杨洪志

38. 北京联合大学第三届工会经费审查委员会

主　　　任：张健民

委　　　员(按姓氏笔画排序)：

刘振斌　肖富宁　张晓华　张健民　张晚霞　鲍　晖

39. 第三届教代会常设主席团

主　　　席：付晨光

委　　　员(按姓氏笔画排序)：

王希庆　尹福斌　付晨光　曲学利　祁春利　杨　宜　劳凤学　李红星　李秀婷　张俊玲

张恩祥　范宝祥　范　蓓　罗　丹　赵　红　赵艳霞　倪苏敏　郭　堃　程雨琴　雷　红

40. 北京联合大学工会第三届女教职工委员会名单

主　　　任：李秀婷

副　主　任：马　楠

委　　　员(按姓氏笔画排序)：

王爱民　吕文彬　朱东星　朱传华　刘建平　李　青　李效春　李秀婷　马　楠　闫莉艳

张晚霞　孟　燕　孟祥萍　郝运瀛

41. 北京联合大学教职工爱心互助基金管理委员会

主　　　任：付晨光

副　主　任：张俊玲

委　　　员(按姓氏笔画排序)：

王　玮　王育红　孔　军　孔繁潮　付晨光　祁春利　张俊玲　苗　莉　范宝祥　范　蓓

欧阳媛　荣　莉　赵艳霞　郭　堃　唐小恒　罗　丹

42. 北京联合大学工会福利委员会

主　　　任：付晨光

副　主　任：张俊玲

委　　　员(按姓氏笔画排序)：

戈西元　安传钢　孔繁潮　候长存　毕玉兰　付晨光　曲学利　任小梅　刘宝妹　祁春利

何天增　闫莉艳　张　翔　张俊玲　罗　丹　屈文超　范　蓓　郭　堃

(以上由校工会提供)

43. 北京联合大学教育基金会

理　事　长：张连城

副理事长：乔东亮

秘　书　长：周志成

理　　　事：徐永利　卢振洋　付晨光　周志成　张连城　黄先开　鲍　泓　乔东亮　古红梅　张宝秀

顾志良　杨　宜　张恩祥　曹长兴　单金成　范宝祥　毕玉兰　刘朝生

监　　　事：张　楠　张健民

(校教育基金会提供)

党政管理机构设置及负责人

机构名称	负责人
党委办公室、校长办公室	范宝祥
党委组织部、统战部	王玮
党委宣传部	王维国
纪检办公室、监察处	欧阳媛
党委学生工作部、学生处、武装部	张文杰
离休退休人员工作处	王育红
教务处	杨鹏
人事处	曲学利
科研处	叶晓
研究生处(研究生工作部)	王静
财务处	毕玉兰
审计处	张健民
保卫处(部)	于熙
国际交流合作处、港澳台事务办公室	杨亚军
行政管理处	黄巍
基建处	李志祺
国有资产管理处	肖富宁
招生就业处	张伟

注：各机构书中简称依次为党校办、组织部、宣传部、纪监办、学生处、离退处、教务处、人事处、科研处、研究生处、财务处、审计处、保卫处、国交处、行管处、基建处、国资处、招就处。

党群团组织(机构)设置及负责人

机构名称	负责人
工会	张俊玲
团委	解庆阳
机关和直属单位党委办公室(机关党总支)	姜素兰
离退休党委	李湛
后勤党总支	滕长建

注：机关和直属单位党委办公室书中简称机直党办。

直属教学单位设置及负责人

机构名称	负责人
基础课教学部	于深(主任) 任伟宁(党总支书记)
电子信息技术实验实训基地	高润泉(主任) 苏幼香(党支部书记)
人文社会科学教学部	韩强(主任) 孟宪东(党总支书记,任职至 2014 年 9 月 22 日)
体育教学部	范清惠(主任) 杨洪志(党支部书记)
公共外语教学部	张殿恩(主任) 谢职安(党总支书记)

注：各机构书中简称依次为基础部、实训基地、社科部、体育部、外语部。

直属非教学单位设置及负责人

机构名称	负责人
北苑校区管委会	赵振江(党支部书记,北苑校区党总支自 2014 年 9 月变更为北苑校区党支部)
培训中心(成教处)	肖芳
图书馆	刘坚力(党总支书记) 程雨琴(馆长)
信息网络中心	沈洪(主任)
学报编辑部	周小华
档案(校史)馆	杜鸿燕
门诊部	刘庄(党支部书记兼主任)
后勤服务公司	肖春林
产业管理委员会(2014 年 10 月 30 日成立)	乔东亮(自 2014 年 10 月 30 日任职)

注:信息网络中心书中简称为网络中心。

校级(校管)科研机构设置及负责人

机构名称	负责人
人民代表大会制度研究所	徐永利(兼)
北京学研究所	张宝秀(兼)
应用型高等教育发展研究中心	耿晓冬
台湾研究院	谭文丛
功能食品科学技术研究院	姜招峰
北京市信息服务工程重点实验室	鲍泓(兼)
北京三山五园研究院	徐永利(兼)

注:人民代表大会制度研究所、北京学研究所、应用型高等教育发展研究中心、台湾研究院书中简称依次为人大所、北京学、高教研、台研院。

学院设置及负责人

机构名称	负责人
应用文理学院	张连城(兼院党委书记,副局级) 张宝秀(院长,副局级)
师范学院	陈志刚(院党委书记,副局级) 顾志良(院长,副局级)
商务学院	张建林(院党委书记,副局级) 杨宜(院长,副局级)
生物化学工程学院	周明珠(院党委书记,副局级,任职至 2014 年 9 月) 范宝祥(院党委书记,副局级,自 2014 年 11 月任职) 张恩祥(院长,副局级)
旅游学院	曹长兴(院党委书记,副局级) 黄先开(兼院长,副局级)

机构名称	负责人
继续教育学院	李洪飞(院党委书记,副局级,任职至 2014 年 4 月) 单金成(院长,副局级,任职至 2014 年 11 月) 张辉(院党委书记兼院长,副局级,自 2014 年 12 月任职)
信息学院	尹福斌(院党委书记) 田景文(常务副院长)
机电学院	杨奇红(院党委书记) 程光(院长)
自动化学院	丛森(院党委书记) 方建军(院长)
管理学院	尹庆民(院党委书记) 陶秋燕(常务副院长)
特殊教育学院	滕祥东(院党委书记) 汪明骏(常务副院长,主持工作)
广告学院	高玉培(院党委书记,广告学院党总支自 2014 年 9 月变更为广告学院党委) 张旗(院长)
应用科技学院	潘宏波(院党委书记) 齐再前(院长)
国际交流学院	庞明(院长兼直属党支部书记)

(以上由组织部提供)

教育教学

一、本科教育

【概况】 启动 2014—2016 年教学三年行动计划。2014 年重点围绕学校紧缺的优质教学资源共享和共享平台的建设,创建和利用优质教学资源,服务学生。

2014 年共出台 8 个教学管理文件:《北京联合大学创新实践学分管理办法》《关于双学位、第二专业辅修专业收费管理办法(试行)》《北京联合大学 2014—2016 年本科教学工作行动计划》《北京联合大学学生转专业实施办法》《北京联合大学本科毕业设计(论文)管理办法》《北京联合大学普通本科课程评估方案(试行)》《北京联合大学关于调整 CET 考试 11067 考点管理领导小组成员的通知》《关于调整 11067 考点全国大学英语四、六级考试总考务办公室成员的通知》。

2014 年本科毕业注册 3924 人,结业 83 人;专升本毕业注册 1809 人,结业 41 人;高职毕业注册 1628 人,结业 98 人。2014 年夏季毕业授予及补授学位共 5935 人,其中全日制普通高等教育共 5578 人、来华留学生 106 人、成人高等教育 212 人、硕士研究生 39 人。

启动 2015 版普通本科方案的制(修)订工作,组织开展了 2015 版培养方案制(修)订前期调研。新增文物与博物馆学一个本科专业。继续开展校内本科专业评估工作,修订本科专业校内评估指标体系,完善了本科专业评估系统。开展学校通识教育必修课程合格评估工作,32 门课程参加校内精品视频公开课建设。《英美诗歌名篇选读》获评 2014 年国家级精品视频公开课,有 6 本教材获评国家"十二五"普通高等教育本科规划教材,1 本教材获评北京市经典教材。许家成、张耘两位教师获得北京市教学名师奖。组织完成第三届校级教学优秀奖评选工作,举办第三届中青年教师执教能力比赛。组织教改立项的检查与评选。组织实施学生首次对北京科技大学、对外经贸大学校外访学项目,有效地落实北京市教委即将启动的"双培计划"。面向全校 2013 级学生实施双学位、第二专业和辅修专业制度。以生物化学工程学院、商务学院、管理学院为重点,积极推进试点学院综合改革。组织开展 2014 年校外人才培养基地校级遴选评选工作。成功组织"鑫

台华杯"2014 年华北五省(市、自治区)及港澳台计算机应用大赛。

(徐静姝)

【教学运行】 安排全校 2014—2015 学年两个学期的教学任务下达及认领工作。教务处直接负责完成校本部本科(包括专接本)专业 317 个班级的教学任务下达及认领工作和校本部小营校区本科(包括专接本)专业 178 个班级的排课工作。

组织开展 2014 届毕业生毕业前补考工作,统筹协调全校 11 个学院,5 个直属教学单位及学生处、招生就业处所开课程的毕业前补考工作。顺利完成校本部 3480 人次、465 门次、1241 人的毕业前补考的考前辅导和考试安排等工作。

2014 年全校共有大学英语四、六级考试 5 个考点。6 月,11464 人报名考试;12 月,9700 人报名考试。

2013—2014 学年第一学期,全校普通本科、专升本统考课程共 30 门次。其中,普通本科通识教育必修课程共 17 门次,学科大类必修课程共 10 门次,专升本公共基础课程共 3 门次。共 21 门次统考课程采用了无纸化网上电子阅卷方式进行试卷评阅。

2013—2014 学年第二学期,全校普通本科、专升本统考课程共 29 门次。其中,普通本科通识教育必修课程共 20 门次,学科大类必修课程共 7 门次,专升本公共基础课程共 2 门次。共 14 门次统考课程采用了无纸化网上电子阅卷方式进行试卷评阅。

(毕菁华 刘波 陈晓华)

【毕业设计(论文)】 完成 2014 届本科毕业设计(论文)后续及 2015 届本科毕业设计(论文)启动工作。2014 届本科毕业设计(论文)继续使用正方系统(教务管理系统)毕业设计模块进行毕设的前期选题、后期成绩录入。加强毕业设计过程管理,进行毕设开题、中期检查,开展毕设答辩检查。对 2014 届所有本科毕设进行学术不端检测,配合校级抽查,加大学术不端预防和教师指导力度。完成 2014 届校级优秀毕业设计(论文)评优工作。推荐的 112 篇校级优秀毕业设计(论文)经过论文抄袭检测系统(PMLC)检测和校级优秀

公开答辩,最终评出 100 篇校级优秀本科毕业设计(论文)。同时进行毕设论文摘要汇编工作,同校图书馆合作举办校级优秀毕业设计(论文)巡展。制定全校 2015 届本科毕业生毕业设计(论文)工作总体安排和要求,开展 2015 届本科毕业生毕业设计(论文)前期准备工作。

根据各学院调研结果及两轮全校范围内征求意见,2014 年 10 月出台《北京联合大学本科毕业设计(论文)管理办法》(京联教〔2014〕25 号),全校已根据新文件进行相关工作。

(钟丽 张建国)

【实习】 2014 年暑期继续组织校外实习检查,根据各学院上报的实习计划及往年检查情况,重点抽查旅游学院旅游管理专业、酒店管理专业的专业实习和毕业实习情况。抽查整体情况较好,但也发现个别学院暑期完全放假,未安排实习,部分学院对暑期实习实地检查监督工作不足等问题。教务处针对存在的问题制定了相应工作计划及相应措施。年底收集 2015 年度各学院实习计划并做好审核工作。

完成 2013—2014 年度全校学生创新实践活动成果认定及学分的申报统计汇总工作。将创新学分纳入毕业生资审条件,对全校 12 所学院所提交的学生申报表逐一复核审查,并两次公示。2013—2014 统计年度内,学生参加创新实践讲座 38129 人次,获得职业技能证书 2987 人次,获得校级(或等同于校级)以上学科竞赛 2404 人次,参加课外创新实践活动 1523 人次。根据系统使用和统计工作中出现的问题,及时对讲座系统部分功能进行了升级,并及时召开培训会。

(钟丽 张建国)

【专业设置与专业建设】 经教育部批准同意,新增设 1 个本科专业:文物与博物馆学。2014 年,学校设置本科专业 67 个,涵盖教育部 2012 年颁布的普通高等学校本科专业目录中的 10 个学科门类(经济学、法学、教育学、文学、历史学、理学、工学、医学、管理学、艺术学),其中,经济学门类 3 个专业,法学门类 1 个专业,教育学门类 2 个专业,文学门类 6 个专业,历史学门类 2 个专业,理学门类 5 个专业,工学门类 23 个专业,医学门类 1 个专业,管理学门类 16 个专业,艺术学门类 8 个专业。本科专业详情见"北京联合大学 2014 年各项统计数据"栏目中"北京联合大学 2014 年本科专业设置"。

在 2012—2013 学年专业评估的基础上,修订本科专业校内评估指标体系,进一步完善了本科专业评估系统,并组织完成了 2013—2014 学年专业评估工作。

根据市教委相关通知精神,组织召开市级专业综合改革试点项目中期检查汇报及相关工作布置会,对历史学、旅游管理专业、金融学专业等三个市级专业综合改革试点把脉会诊,进一步推进专业综合改革进程。

为构建本科专业建设规范,规范专业建设,也为相关专业参加社会性评估及专业认证奠定基础,学校选取机械工程、旅游管理、金融学、通信工程、人文地理与城乡规划等国家级特色专业和国家级综合改革试点专业历史学专业共计六个专业,开展了借鉴工程教育专业认证标准进行专业建设规范试点评估工作。

此外,根据学校以及北京市社会经济发展需求,组织完成小学教育、工艺美术、教育康复学等三个专业申报 2015 年新增本科专业的工作。

(冯爱秋 肖章柯)

【人才培养模式改革】 为了解实验班教学状况,听取实验班任课教师和学生对实验班教学建设与改革的意见和建议,促进应用型拔尖创新人才的培养,教务处组织召开三场由旅游学院、信息学院、管理学院实验班教师和辅导员参加的实验班教师座谈会,以及一场由各班学生代表组成的学生座谈会。

改革了实验班学生的选拔方式,由学院内选拔产生扩大到在全校范围内选拔产生。经过选拔,共有来自全校 11 个本科学院 20 个专业的 56 名学生进入校级实验班。旅游学院旅游管理实验班、信息学院软件工程实验班、管理学院金融学实验班分别选拔录取了 17 名、19 名、20 名学生。

实施名校访学计划,就校级实验班的学生访学与北京科技大学达成协议,从管理学院和管理学院的 2012 级校级实验班中分别选拔了 15 名学生,共计 30 名学生于 2014 年 9 月赴北京科技大学进行为期一个学期的学习;此外,选拔 2012 级管理学院金融学专业实验班 7 名学生和旅游学院旅游管理专业实验班 8 名学生赴对外经济贸易大学进行为期一年的访学。

在金融学、会计学、财务管理三个专业,面向全校 2013 级学生实施双学位、第二专业和辅修专业制度,首批有来自 11 个本科学院的 193 名学生报名并被批准参加双学位、第二专业和辅修专业的学习。

(冯爱秋 陈蓉)

【课程建设】 组织完成 2014 年校级及推荐市级"精品视频公开课"选题遴选及课程的录制工作,四门课程被授予校级精品视频公开课称号(名单见下表)。其中《英美诗歌名篇选读》和《食品卫生与安全》两门课程被推荐至市教委,参加 2014 年国家级精品视频公开课的遴选。《英美诗歌名篇选读》获评 2014 年国家级精品视频公开课,这是学校首次在本科课程建设方面取得国家级称号,标志着学校在本科教学方面又取得了一项重要突破。

北京联合大学 2014 年校级"精品视频公开课"名单

序号	课程名称	所在单位	主讲教师	课程团队成员
1	英美诗歌名篇选读	应用文理学院	黄宗英	崔鲜泉
2	食品卫生与安全	应用文理学院	张波	
3	身边的保险	应用科技学院	彭爱美	兰天，苏艳芝
4	会展旅游管理	旅游学院	刘敏	

为丰富通识教育选修课程资源，拓宽通识教育选修课开课途径，切实提高通识教育选修课程质量，每个教学单位遴选两门通识教育选修课程按照市级精品视频公开课的标准进行建设，并按照同步直播、全程录像方式向全校学生开放选修。共有 16 个单位 32 门课程参加建设。

制订课程评估方案，对当学期开设的大学数学、计算机基础、思想政治理论以及大学英语等四类重要的通识教育必修课程进行了合格评估工作。评估结果见下表。

北京联合大学普通本科部分重要通识教育必修课程评估结果（第一批）

序号	课程名称	教学单位	评估结果	备注
1	大学英语	应用文理学院	合格	
2	大学英语	商务学院	合格	
3	大学英语	外语部	合格	
4	大学英语	师范学院	不合格	
5	大学英语	生物化学工程学院	合格	
6	大学英语	旅游学院	合格	
7	高等数学 A	基础教学部	优秀	
8	高等数学 A	师范学院	合格	
9	高等数学 B	应用文理学院	合格	
10	高等数学 B	师范学院	合格	
11	微积分	基础教学部	合格	
12	微积分	商务学院	合格	
13	概率论与数理统计	基础教学部	合格	
14	概率论与数理统计	生物化学工程学院	合格	
15	概率论与数理统计	商务学院	合格	
16	概率论与数理统计	应用文理学院	合格	
17	概率论与数理统计	师范学院	合格	
18	大学数学	生物化学工程学院	合格	新开设课程，不含"学生评价"分值
19	大学计算机基础	商务学院	合格	
20	大学计算机基础	应用文理学院	合格	
21	大学计算机基础	实训基地	合格	
22	大学计算机基础	师范学院	合格	
23	大学计算机基础	旅游学院	不合格	
24	毛泽东思想和中国特色社会主义理论体系概论	人文社科部	合格	
25	毛泽东思想和中国特色社会主义理论体系概论	应用文理学院	合格	
26	毛泽东思想和中国特色社会主义理论体系概论	商务学院	合格	
27	毛泽东思想和中国特色社会主义理论体系概论	生物化学工程学院	合格	
28	毛泽东思想和中国特色社会主义理论体系概论	师范学院	合格	
29	思想道德修养与法律基础	人文社科部	合格	
30	思想道德修养与法律基础	商务学院	合格	
31	思想道德修养与法律基础	师范学院	合格	
32	思想道德修养与法律基础	应用文理学院	合格	

序号	课程名称	教学单位	评估结果	备注
33	思想道德修养与法律基础	生物化学工程学院	合格	
34	中国近现代史纲要	人文社科部	合格	
35	中国近现代史纲要	师范学院	合格	
36	中国近现代史纲要	生物化学工程学院	不合格	
37	中国近现代史纲要	应用文理学院	不合格	
38	中国近现代史纲要	商务学院	合格	

（冯爱秋　林琳）

【教材建设】　组织进行"十二五"普通高等教育本科国家级规划教材第二次推荐遴选工作。遴选出 11 种教材推荐参评"十二五"普通高等教育本科国家级规划教材,其中有 6 本教材获批国家级规划教材,表明学校在本科教材建设方面又上了一个新台阶。

北京联合大学获评国家"十二五"普通高等教育本科规划教材(第二批)名单

序号	第一主编	书名	书号	出版社	出版时间	版次
1	黄宗英	圣经文学导读	ISBN978-7-0403-2335-1	高等教育出版社	2011 年 6 月	1
2	袁家政	计算机网络	ISBN978-7-5606-2530-0	西安电子科技大学出版社	2011 年 3 月	3
3	崔武子	C 程序设计教程	ISBN978-7-302-28587-8	清华大学出版社	2012 年 8 月	3
4	谭浩强	C 程序设计	ISBN978-7-302-22446-4	清华大学出版社	2010 年 6 月	4
5	谭浩强	C 程序设计学习辅导	ISBN978-7-302-22672-7	清华大学出版社	2010 年 7 月	4
6	范同顺	建筑供配电与照明	ISBN978-7-5160-0121-9	中国建材工业出版社	2012 年 4 月	1

根据《北京联合大学"十二五"普通高等教育本科教材建设规划》(京联教〔2011〕31 号)以及《北京联合大学 2014—2016 年本科教学工作行动计划》(京联教〔2014〕11 号)的精神,组织开展普通本科"产学合作"特色教材、实践类课程指导书和讲义及通识教育选修课程讲义选题申报工作。经专家评审并经学校审议通过,共评出"产学合作"特色教材选题 15 项、实践类课程指导书或讲义以及通识教育选修课程讲义选题 22 项。

（冯爱秋　陈蓉）

【教学评选与学习】　组织完成了第三届校级教学优秀奖评选工作,评出一等奖 5 名,其中文史组 2 名、理工组 2 名、英语及经管组 1 名;二等奖 16 名,其中文史组 5 名、理工组 6 名、英语及经管组 5 名。获奖名单见"表彰与奖励"栏目中"北京联合大学 2014 年各级各类教育教学成果奖"关于本次比赛获奖情况的统计。

2013 年 9 月至 2014 年 5 月,举办北京联合大学第三届中青年教师执教能力比赛,有 63 名教师参赛,经过在职和退休专家三轮听课,评选出一等奖 5 名、二等奖 10 名给予表彰奖励。第四届中青年执教能力比赛已于 2014 年 9 月启动,16 个教学单位推荐了 60 名中青年教师参赛。北京联合大学第三届中青年教师执教能力比赛获奖名单见"表彰与奖励"栏目中"北京联合大学 2014 年各级各类教育教学成果奖"有关统计。

组织完成了第十届北京市高等学校教学名师奖校内遴选及申报工作,推荐的特殊教育学院许家成教授(本科)、应用科技学院张耘副教授(高职)最终获得第十届北京市高等学校教学名师奖。组织申报 2014 年北京高校高创计划教学名师。

2014 年全校遴选了 15 名中青年教师,走进北京科技大学进行为期至少一学期的学习进修活动。

（张菊玲　张怡婕）

【教改立项】　组织完成 2010—2012 年度未结题校级教改立项项目的结题验收工作,共有 33 项教改项目参加本次结题验收工作。

为进一步贯彻落实 2013 年学校教育教学工作会议的精神,推动量大面广的重要通识教育必修课程的教学建设与改革工作,提升学校教育教学品质,组织完成大学数学、大学英语、思想政治理论课、计算机基础等四类重要的通识教育必修课程的教育教学研究与改革项目申报及评审工作。共有 12 个教学单位申报了 69 项课题,经校外专家评审,共有 34 项项目同意立项。

通过应用型高等教育发展研究中心委托基础部、外语部等开展相关教改项目的研究,委托项目 5 项。

组织开展 2014 年市级教改项目的遴选申报工作。

作为第一单位获批面上项目 4 项（联合申报 1 项），参与重点项目 2 项。

组织进行 2013 年立项的校级教改立项项目中期检查，并将检查结果进行及时反馈、通报，有效促进了教改项目的开展。

（冯爱秋　肖章柯　白梅）

【2015 版普通本科人才培养方案】 10 月 31 日下午，组织召开 2015 版普通本科培养方案制（修）订启动员大会，校长卢振洋、副校长黄先开出席，校长助理兼教务处处长杨鹏，各学院院长、主管教学院长、教务部门负责人、系主任、各专业负责人、直属教学单位及相关职能部门负责人，校级教育教学督导专家、教师代表和学生代表等 220 多人参加了会议。大会由副校长黄先开主持。会上校长卢振洋、副校长黄先开作主题报告，校长助理兼教务处处长杨鹏介绍 2015 版普通本科培养方案制（修）订背景和总体要求、修订要点解读以及整体工作安排等。

为进一步开拓广大教师教育教学视野和提升教育教学理论素养，组织了 2015 版培养方案制（修）订系列培训讲座，分别邀请了清华大学陈国青教授、汕头大学包能胜教授、合肥学院许强教授等专家来学校作报告。学校各本科学院教学副院长、教务处处长（教科办主任）、本科专业负责人及教师代表、直属教学单位教学副主任等近 300 人次参加了讲座。会同校人事处组织教学骨干教师两批共计 40 余人次赴合肥学院的专题交流学习。

（冯爱秋）

【学院综合改革】 积极推进生物化学工程学院从 2014 级普通本科开始实施完全学分制改革试点。积极推进商务学院国际商学院的认证工作。商务学院顺利完成独立认证及认证资格申请两个环节，成为新标准下中国大陆第一个进入 AACSB 初始认证环节的地方院校，也是第一所进入该环节的非 985 或 211 的高校。

（冯爱秋）

【专项及实验室管理】 2014 年获批北京市教学类财政专项 53 项目，最终批复额度 18742.661262 万元。其中，人才培养定额专项 9350 万元。截至 12 月 10 日，除个别项目外大部分项目已全部完成，并初步实现了预期绩效，项目极大地支持了学校新竣工楼实践教学环境建设和全校教育教学改革。

根据北京市教委财政拨付及学校相关工作要求，教务处组织 2015 年北京市教学类财政专项共申报工作，共申报 21 项，申报额度 3138.785 万元。其中，北京市教委带帽项目 15 项，申报金额 1773 万元，新竣工楼配套项目 6 项，申报金额 1365.785 万元。项目预计在 2015 年初批复。

根据 2013—2015 年中央地方共建项目计划，组织 2014 年中央地方共建项目——旅游虚拟应用互动实验中心市级申报工作，总金额 536 万元。项目全额批复，年底已执行完毕。

为提高资金使用效益，协助校审计处对 11 项教学类财政专项进行 2014 年支出项目校内绩效评价，所有项目绩效评价均合格，其中 6 个项目绩效评价结果为优秀。根据北京市教委统一安排部署，组织学校 2013 年提高人才培养质量项目年度检查工作。

11 月组织全校教学实验室进行安全检查工作。在各学院自查的基础上，教务处抽查了北四环校区、机电学院、师范学院、昌平学院实验室安全情况，对其中存在的安全隐患提出整改要求，对昌平校区实验室安全改造给予资金支持，检查有效促进“平安校园”检查验收工作，确保实验教学安全。

（钟丽　张建国）

【实践教学中心和基地建设】 2014 年 10 月组织北京联合大学经贸实验教学示范中心进行北京市市级示范中心验收工作。经过自检、汇集支撑材料、撰写自评报告，组织校内外专家诊断指导和答辩等校内验收环节和市教委审核，中心顺利通过北京市高等学校实验教学示范中心验收。

组织开展 2014 年校外人才培养基地校级遴选评选工作。经学院申报及专家评审，共有北京儿童艺术剧院股份有限公司校外人才培养基地等 11 个校外人才培养基地被评为 2014 年校级校外人才培养基地。

根据《北京市教育委员会关于开展 2014 年北京高等学校示范性校内创新实践基地建设工作的通知》（京教函〔2014〕544 号）文件精神，校教务处于 2014 年 11 月组织 2014 年北京市示范性校内创新实践基地推荐工作。经过申报基地答辩评审、校教学指导委员会通信评议、校长办公会审议通过，确定推荐“现代服务业创新实践基地”申报 2014 年北京市示范性校内创新实践基地。

（钟丽　张建国）

【学科竞赛】 继续举办电子设计、广告大赛、人文知识等十余项校级学科竞赛，组织学生参加数学建模、电子设计、人文知识竞赛等市级、国家级学科竞赛。本年度累计共有 4000 余人次学生参加校级以上学科竞赛，截至 11 月底，共计获得国家级特等奖 1 项、一等奖 3 项、二等奖 7 项、三等奖 10 项，市级特等奖 7 项、一等奖 23 项、二等奖 40 项、三等奖 38 项，校级各级各类奖项 1240 项，累计获奖人次 2241 人次，获奖项数和人次比 2013 年有了较大幅度的提升。

北京联合大学 2014 年学生参加学科竞赛获奖情况统计表

项目	特等奖	一等奖	二等奖	三等奖	合计
国家级	1	3	7	10	21
市级	7	23	40	38	108
校级		219	417	604	1240
合计	8	245	464	652	1369

成功组织"鑫台华杯"2014 年华北五省(市、自治区)及港澳台计算机应用大赛。本次大赛共有北京(含台湾)、天津、山西、河北和内蒙古五个赛区 77 个高校 302 个作品参赛。经过各高校选拔、分赛区预赛,共有 215 个参赛队被推荐三等奖以上,其中五个赛区 47 所高校的 105 个参赛队参加了在北京联合大学校本部举行的总决赛,最终评出特等奖 1 名、一等奖 29 名、二等奖 60 名、三等奖 91 名,优秀指导教师 30 名,优秀组织校 15 个。决赛当天下午还在北京联合大学北四环校区实验楼报告厅举行了隆重的颁奖仪式,现场为获奖学生和学校颁发奖杯、证书和奖品。本次大赛较往届大赛参数高校和作品数量、质量均有一定程度提高,决赛答辩专家组组成也更加合理,竞赛影响力日趋扩大。

(钟丽　张建国)

【教学质量监控】　开展教学运行检查,包括开学初检查、学期初补考检查、期中教学检查和期末考试巡视等,采取重点检查、各教学单位自查及学校专项抽查相结合的方式,组织了 2013—2014 学年第二学期和 2014—2015 学年第一学期开学教学检查、期中教学检查、期末教学检查共计 6 次,编辑开学教学检查通报 4 期、期末考试通报 8 期和教学动态简报 6 期。加强实践教学专项检查,组织开展集中实践教学环节检查 2 次,抽查 2014 届毕业生开题 256 人次,抽查本科毕业设计(论文)答辩、高职毕业综合实践答辩共计 263 人次,抽查 2015 届本科(含专接本)毕业设计题目 1600 个。

依托正方教务信息系统,2013—2014 学年第二学期,完成对全校 12 个学院、5 个直属教学部及其他部门的 1722 名专、兼职教师的教学质量学生评价工作,有效评价课程 3824 门次。2014—2015 学年第一学期,完成对全校 11 个学院(生物化学工程学院学分制改革,教学评价由学院组织实施)、5 个直属教学部及其他部门 1546 名专、兼职教师的教学质量学生评价工作,有效评价课程 3580 门次。

2014 年教学督导专家开展开学初随机听课 66 次、中青年执教能力比赛听课 126 人次、新进教师听课 78 次、2013—2014 学年第二学期评教后 5% 且分数在 85 分以下教师的听课 51 人次。

(张菊玲　张怡婕)

【教育信息化建设与实践】　2014 年进一步完善健全学校教学条件、提升现代化教学手段的应用,重点开展多媒体教学环境改造与教学资源建设工作。学校现有多媒体教室 434 间,专用多媒体教学场所 157 间,纳入教学监控点数达到 754 个,建立了北京地区基于统一网络管理下的最庞大的高校多媒体网络教学系统。学校教学资源丰富,BB 网络学堂拥有活跃课程 3800 余门,课件资源容量 1.5TB,多媒体教学资源达 10T。向"学院路共同体"21 所高校开放教学资源。在各校区共建成录播教室 25 间(套),为多校区分散的情况下的优质教育教学资源建设和共享提供了硬件保障。

(安宁)

二、学科建设与研究生教育

【概况】　新增了教育硕士、法律硕士、金融硕士、临床医学硕士专业学位授权点和信息资源管理和智能交通运输两个自主设置交叉学科。启动了我校学术型硕士点进行合格评估和专项评估工作,起草《北京联合大学硕士学位授权点合格评估工作方案》,拟定了《北京联合大学硕士学位授权点合格评估指标体系》。按照校际合作、导师认定、学生配置三个方面积极推进了跟其他高校联合培养博士研究生的工作。建立了旅游管理和文化遗产区域保护与综合利用 2 个博士培养项目库。

圆满完成 2014 年全国研究生统一入学考试初试、复试调剂以及录取工作。建立了我校研究生招生工作小组,每周召开工作例会,汇报我校研究生招生进展和工作内容。完成《2014 版硕士研究生培养方案》的核查、课程编码以及教学大纲编写、培养方案录入管理系统等工作。组织了各专业学位授权学科点编写专业硕士培养方案,并组织专家对专业硕士培养方案进行了评审。完成了 2014 年度研究生国家奖学金、学业奖学金、校级奖学金评选工作。完成了 2011 级硕士研究生答辩、学位论文和学位授予工作。组织开展优秀硕士学位论文评选工作,共选出 3 篇优秀学位论文。完善了研究生管理相关的文件,制定了《北京联合大学外国来华留学研究生管理办法》《北京联合大学优秀硕士论文评选办法》《北京联合大学硕士研究生指导教师资格审定办法补充规定》《研究生国家奖学金、学业奖学金、国家助学金管理暂行办法》《研究生会暂行章程》《研究生科研学术创新项目暂行管理规定》《北京联合大学研究生任课教师管理规定》等管理文件。

（秦霞）

【研究生招生】 2014年共计招收100人攻读硕士学位研究生。五个一级学科中，考古学13人、计算机科学与技术12人、食品科学与工程10人、软件工程21人、工商管理19人；一个二级学科专门史25人。其中，少数民族骨干计划招生6人。

（闫晔）

【研究生思想政治教育】 开展春季秋季学期期初开学思想状况调查：开展春季、秋季开学期初研究生思想状况调查，有针对性地开展研究生入学教育、毕业教育、形势政策教育。

加强研究生身体素质训练：举办"研究生会杯"3V3春季篮球赛、趣味运动会和羽毛球比赛，开展新生素质拓展训练。

加强诚信治学和科研水平建设：开展研究生诚信治学活动，设立2014年度研究生创新项目22项，开展2013年度研究生创新项目结题答辩工作，全部合格通过。

组织研究生参加"中国智能车未来挑战赛"：组织舒济世等多名研究生参加在江苏常熟举办的2014年"中国智能车未来挑战赛"。

（刘福军）

【研究生培养】 课程教学：2014年春共开设61门课程，秋季计划开设55门，全年共实际完成116门研究生课程的教学安排工作。

培养方案制（修）订：2014年下半年组织各专业学位授权点根据各专业学位教学指导委会要求制定《2015版北京联合大学专业硕士研究生培养方案》，计划在2015级专业硕士研究生中执行。

培养环节管理：在2013级、2014级硕士研究生中使用"研究生管理信息系统"进行培养方案查询、个人培养计划制定、网上排课、选课、成绩管理、教学评价等工作，逐步实现研究生培养信息化管理。建立包括学期初教学检查、听课反馈、学生网上教学评价等环节的研究生教学质量评价体系。

导师队伍建设：2014年7月组织学校160余名硕士研究生导师和任课教师进行培训并颁发培训证书。2014年12月14日召开校学位评定委员会硕士学位评定组会议，新增84名硕士研究生导师，其中学术型导师38人、学术型副导师5人、专业型导师41人。

（闫晔）

【研究生学位】 学位授予：2014年6月19日，组织召开校学位评定委员会硕士学位评定组会议，审核授予

硕士学位39人，同时，评选出优秀硕士学位论文3篇，论文作者、名称及导师等详细情况见"表彰与奖励"栏目中"北京联合大学2014年各级各类教育教学成果奖"有关统计。

（秦霞）

【学科建设】 根据国务院学位委员会《关于开展增列硕士专业学位授权点审核工作的通知》（学位〔2013〕37号）要求，2014年1月15日，金融、教育、法律、临床医学等10个申报学科在西郊宾馆参加了北京市学位办公室组织的增列硕士专业学位授权点专家评审会。2014年5月，经国务院学位委员会批准，学校新增金融、教育、法律3个硕士专业学位授权学科点。2014年9月，经学校申请，国务院学位委员会批准临床医学新增为硕士专业学位授权学科点。

为做好学位授权点合格评估和专项评估工作，根据国务院学位委员会、教育部《关于开展学位授权点合格评估工作的通知》（学位〔2014〕16号）以及《关于开展2014年学位授权点专项评估工作的通知》（学位〔2014〕17号）的精神，经2014年学校第23次校长办公会研究决定，成立北京联合大学硕士学位授权点评估工作领导小组。组长由校长担任，副组长由主管研究生工作的副校长及主管教务处、招生就业处和科研处负责人组成。硕士学位授权点评估工作领导小组办公室设在校研究生工作部（处），秘书由校研究生工作部（处）的相关工作人员承担。

根据国务院学位委员会、教育部相关文件的精神，启动北京联合大学学术型硕士点合格评估和专项评估工作，起草《北京联合大学硕士学位授权点合格评估工作方案》，拟定《北京联合大学硕士学位授权点合格评估指标体系》。

2014年4月，研究生处根据学校学位点建设情况，布置2014年自主设置二级学科工作。2014年5—9月，申报学科撰写论证报告，组织专家论证。9月，信息资源管理、智能交通工程申报学科将论证报告、专家意见表上报研究生部（处）进行形式审查，9月16日，报中国学位与研究生教育信息网进行公示，公示期30天。公示期间没有异议。12月24日，学位评定委员会评议通过，在工商管理、计算机科学与技术、考古学下设置信息资源管理交叉学科；在软件工程、计算机科学与技术、工商管理下设置智能交通工程交叉学科。12月31日前上报教育部备案。

为提高学科建设水平，保证经费使用效率，2014年12月，研究生部（处）组织专家对学校学科经费的使用情况进行绩效考评，结果为优秀占32.4%、良好占40.5%、合格占13.5%、不合格占13.5%。

北京联合大学 2014 年各单位学科建设经费拨付与绩效情况统计表

序号	单位	拨款/万元	省部级及以上科研项目/项	科研项目经费/万元	SCI/SSCI/篇	EI期刊/篇	CSCD/CSSCI/篇	发明专利/项	专著/部
1	应用文理学院	150	27	393.2	3	0	58	1	13
2	信息学院	90	1	327	8	10	7	4	0
3	旅游学院	70	5	171.5	3	3	14	2	8
4	信息服务工程重点实验室	50	3	62.5	4	3	6	0	1
5	食品科学技术研究院	50	3	65	4	0	20	0	1
6	自动化学院	30	2	65	7	5	6	0	0
7	生物化学工程学院	30	3	321	3	0	6	1	0
8	特殊教育学院	23	2	15	0	0	2	0	1
9	师范学院	22	3	13	1	0	10	1	4
10	商务学院	20	0	61	0	2	13	0	4
11	管理学院	18	5	307	0	2	16	0	8
12	广告学院	16	0	0	0	0	6	0	2
13	机电学院	10	0	150	1	5	4	4	2
14	应用科技学院	10	3	22	0	0	3	0	2
15	台湾研究院、人大所	20	1	105	0	0	12	0	2
16	外语部	10	0	28	0	0	6	0	4
17	社科部	10	0	23	0	0	19	0	1
合计	/		629	58	2129.2	34	30	208	14	53

注:"食品生物分离技术"目录外二级学科按"生物化工"校级重点学科进行考核,"商务法律"目录外二级学科纳入"中外政治制度"校级重点建设学科进行考核。

(刘红)

三、高职教育

【概况】 2014 年,北京联合大学高职和专升本教育教学工作围绕"深化教育教学改革,提高高等职业教育教学质量"的指导方针,扎实推进高职教育"十二五"规划的落实。

加强人才培养模式改革,启动 2015 版高职和专升本培养方案的制修订工作,组织各学院全面开展调研。以立项为依托加强课程教材建设。组织 2014 年高职教育课程立项申报评审工作;对 2013 年特色实践类课程进行中期检查;对 2012 年立项建设的公共基础课程、大类平台课程进行结题验收。对 2013 年确立的教改项目进行中期成效检查。一些教材列入"十二五"职业教育国家规划教材第一批书目。实施了实践能力提升训练计划项目建设。

2 项高职教学成果获得第七届国家级教学成果奖。获得国家级精品资源共享课程 1 门。参加第二届全国高校(高职高专)微课教学比赛,推荐作品悉数获奖。

(罗映霞)

【教学运行】 安排全校 2014—2015 学年两个学期的教学任务下达及认领工作。教务处直接负责完成校本部高职专业 147 个班级的教学任务下达及认领工作和校本部小营校区高职专业 2 个班级的排课工作。

2014 年全国高校英语应用能力 A、B 级考试共有 5 个学院学生报名参加,6 月份考试报名人数为 1235 人,12 月份考试报名人数为 1381 人。

(刘波 陈晓华)

【专业设置与专业建设】 2014 年,全校共有 24 个高职专业招生,集中分布于 5 个学院,其中以应用科技学院为主体,有 14 个高职专业招生。专升本招生专业 29 个,在 11 个学院招生,以独立编班为主要教学模式。2014 年开设的高职专业和专升本专业详细名称及学院分布情况,见"北京联合大学 2014 年各项统计数据"栏目中"北京联合大学 2014 年高职专业设置"和"北京联合大学 2014 年专升本专业设置"。

按北京市教委的工作要求,完成全国高职专业信息平台中北京联合大学 2014 年专业数据的填报工作。

(罗映霞)

【人才培养方案制修订】 启动 2015 版高职和专升本培养方案的制修订工作,组织各学院广泛开展调研。

完成《北京联合大学高职(专科)培养方案原则意见》(征求意见稿)和《北京联合大学高职(专升本)培养方案原则意见》(征求意见稿)的起草工作,面向全校征求意见。

组织完成高职专业和专升本专业的学期教学执行

计划录入、调整变更和审核工作。

（罗映霞）

【课程（含教材）立项建设】 贯彻落实学校《高等职业教育"十二五"课程（含教材）建设规划》（京联职〔2012〕1号）要求，完成已立项课程的年度检查和结题验收，并遴选设立2014年课程建设项目。组织2012年立项建设并通过2013年中期成效检查的14门公共基础课程和大类平台课程进行结题验收，验收结果为全部合格。组织2013年立项建设的21门特色实践类课程进行中期成效检查，均通过中期检查。组织2014年课程立项申报评审工作，共确立立项课程21门，由学校资助建设。

多数课程项目建设成果落实于教材编写之中。本年度，学校有21种高职教材列入教育部公布的"十二五"职业教育国家规划教材书目教材名单。

（罗映霞）

【国家精品资源共享课建设】 2014年，高职课程《Web技术应用基础》获得国家级精品资源共享课立项，课程由应用科技学院薛晓霞副教授主持建设。

支持和推动国家精品资源共享课《Web技术应用基础》和2013年获批的《应用数学与计算》，继续按照教育部发布的国家级精品资源共享课建设要求，面向大众，在"爱课程"网上免费开放，并不断提升课程教学质量。

（罗映霞）

【微课比赛】 根据《关于举办第二届全国高校（高职高专）微课教学比赛的通知》（教培函〔2014〕20号），组织高职微课作品推选工作，学校提交的7项作品全部获奖，其中获得第二届全国高校（高职高专）微课教学比赛优秀奖1项，北京市高校（高职）微课比赛一等奖1项、二等奖1项、三等奖5项。

（罗映霞）

【教学研究与改革】 依托教研信息系统，受理校高职、专升本教师相关教学研究和改革项目及成果的备案、审核工作。

组织完成2013年36项高职和专升本教改项目的中期建设成效检查工作。

（罗映霞）

【教学成果奖】 学校有2项高职教学成果获得第七届国家级教学成果奖，一是独立完成的《统筹规划，构建高职和专升本一体化人才培养模式的研究与实践》获得国家级教学成果二等奖，成果完成人为齐再前、黄先开、李宇红、孙晓鲲、罗映霞、支芬和；一是作为第二合作单位参与完成的《中高本衔接框架下的中职电子商务职业教育教学探索与实践》，获职业教育国家级教学成果奖一等奖，成果完成人为候光、鲍泓、王红蕾、薛晓霞、王春燕、魏志光等，实现了北京联合大学国家级教

学成果奖一等奖零的突破。

（罗映霞）

【学生实践能力提升训练计划项目】 2014年初，继续组织开展了学校第五届高等职业教育学生实践能力提升训练计划项目申报评审，遴选出39项给予资助，其中重点支持7项、一般支持32项。

并于2014年12月组织了该类项目的结题验收，结题验收评价指标主要包括语言表达能力、团队合作能力、分析解决问题能力、项目成果质量等四个维度，经校内外专家综合评议，6项重点支持项目通过校教务处的验收，其中4项验收结果为优秀。30项一般项目由所在学院负责结题验收。验收通过率达到93%。

（罗映霞）

【实践教学】 为了进一步推进专升本毕业环节改革——实务专题试点工作，提升专升本学生的人才培养质量。组织专升本毕业实务专题研讨，完善实务专题管理要点。

规范和明确高职和专升本学生毕业环节相关工作要点和流程，协同实践教学科，发布《关于2015届毕业生毕业环节工作安排的通知》。

组织专家组对四个试点学院推荐的2014届校级专升本毕业实务专题进行评审，共评出专升本优秀毕业实务专题3组。同时，对各学院推荐的2014届校级高职毕业综合实践报告进行评审，共评出优秀毕业综合实践报告26篇。

（罗映霞）

【专升本遴选推荐】 组织开展学校2015年高等职业教育（专科层次）优秀应届毕业生进入本科阶段学习的推荐选拔工作。按学业绩点和非学业绩点构成的综合学分绩点进行综合排名，推荐各专业排名前15%学生参加专升本入学考试。共有274位学生获得推荐。

（罗映霞）

四、继续教育

【概况】 北京联合大学培训中心是学校继续教育的办学与管理部门。中心在北京联合大学继续教育管理委员会和主管校长的领导下开展工作，为学校的成人与继续教育改革提供总体方案和发展规划并组织实施。负责组织全校9个办学单位成人夜大学等成人学历教育招生、学籍管理、教学计划、毕业生资格审核和学位审核工作，协调教学计划落实和教学日常管理工作；负责成人非学历继续教育培训项目开发和运行、社会化考试考证，承担北京市高等教育自学考试部分专业的主考组织协调。中心下设办公（财务）室、成人教育与自考管理办公室、师资培训基地与培训考试办公室、夜大学与远程教育办公室。中心共有员工16人，全部为本科以上学历，其中，硕士学位以上7人，党员8人。

2014年，在培训中心领导下开展继续教育工作的

单位有应用文理学院、师范学院、商务学院、生物化学工程学院、旅游学院、继续教育学院、机电学院、特殊教育学院和校成人教育办公室9个办学单位。其中，师范学院、商务学院、生物化学工程学院、旅游学院、继续教育学院设有民办学校办学许可三级法人资质的培训中心，应用文理学院设有民办学校办学许可的培训中心。

（夏臻　薛玉翠）

【获得奖励及表彰项目】 组织成人夜大学生参加北京市教委主办的2014年北京高等学校继续教育大学生计算机应用竞赛，继续教育学院学生获视频短片组一等奖。学校获2014年北京市高等教育自学考试一等奖；参与的2014年北京联合大学电子商务现代职业教育立体化实践教学体系的研究与实践荣获2014年全国电子商务职业教育教学成果特等奖；参与的中高本衔接框架下的中职电子商务职业教育教学探索与实践获国家级教学成果奖一等奖。

（孙擘　薛玉翠）

【成人学历招生与学籍管理】 招生工作：2014年录取总人数为2492人，其中专科1641人，专升本741人，高起本110人。

根据《北京市教育委员会关于部分成人高校招生考试改革试点的通知》（京教函〔2014〕301号）要求，北京联合大学优秀全日制高等职业教育应届毕业生、应届成人专科毕业生（综合测评排名前15%）可以免试入学就读学校成人高等教育专升本的相同或相近专业。2014年录取应届成人专科毕业生106人，录取高职毕业生187人，共计录取293人。

学籍管理：根据教育部、北京市教委、北京市学位办关于学籍、学位管理数字化网络化的要求，2014年注册新生（2013年录取，2014年入学）2187人，其中专科1417人，高起本219人，专升本551人；在校生共计5134人，其中专科3259人，高起本642人，专升本1233人。

专业设置：成人学历教育（夜大学）有9个办学单位，开设专业涉及管理、艺术、计算机、旅游、针灸推拿等多个领域。学习形式为业余，分三个层次即专科、本科、专升本。在办专业37个，其中专科18个，高起本3个，专升本16个。2014年新增汉语言文学（秘书学方向）专业。

（孙擘　薛玉翠）

【成人学位英语考试】 2014年全校共有夜大学生1185人参加考试，150人通过成人学位英语考试。

（孙擘）

【自学考试管理】 承担13个主考专业，笔试92门课程共2879份试卷的阅卷任务。组织各类非笔试、实践课考试及论文评审837人次；网上审定、授予学位112

人。全年共派出110位教师参加命题，完成命题60科次。

（孟岩）

【非学历继续教育】 2014年全校非学历培训总体规模为17679人次，培训种类54项。其中专业技能型培训23项10537人次，服务型培训20项6078人次；知识普及型培训3项176人次，高层次继续教育培训8项888人次。相比2013年，2014年培训规模增加了3106人次。

在常年开展项目的基础上，与特殊教育学院合作开展自闭症评估与诊疗高级培训班，50人参加。培训中心与招生就业处合作，举办国家公务员考试和2015年北京等地方公务员考试公务员课程辅导活动，185名学生参加。

（郭向光）

【合作办学】 2014年5月，北京市教育委员会下发关于公布2013年度高等学校在京成人高等教育校外教学站检查评估复检结果的通知（京教函〔2014〕194号）文件，北京联合大学继续教育学院现代管理大学校外教学站通过复检。

（薛玉翠）

【职教师资培训】 2014年3—6月，全国教育重点建设师资培训基地共承担学前教育专业33人的中职骨干教师培训任务。10—12月，完成学前教育专业、电子商务专业71人的培训任务。培训质量达到教育部网上评价要求。在培训过程中，改革培养方案，嵌入职业技能培训与认证模块，学员获得多项证书。2014年5月，基地组织申报并获批教育部2014年学前教育、电子商务专业骨干教师培训方案，获批电子商务专业点建设项目，项目金额200万元。同年，学前教育专业和旅游服务与管理专业点建设项目完成。

（郭向光）

【现代远程教育】 北京师范大学现代远程教育北京联合大学校外学习中心依托北京师范大学优质的教育教学资源，利用现代技术手段，面向北京市开展网络学历教育。2014年在校生539人，新招学生87人，毕业生106人，开设高中起点专科、专科起点本科和高中起点本科3个层次、17个专业，累计毕业学生数1696人。

（张娟）

五、招生与就业

【招生工作概况】 截至9月30日，全校共报到新生5350人，其中普通本科4149人，高职1201人，报到率为94.67%。此外，高职升本科招生计划1532人，录取新生1595人，报到新生1557人，报到率为97.62%。总体报到率为95.32%。

（权力）

【招生计划】 2014年学校高考招生计划5920人，其中本科计划 4320 人，高职计划 1600 人，相比较 2013 年本科计划增加 100 人，高职计划减少 150 人。

（权力）

【生源质量】 2014 年学校在北京二批本科录取情况较好，没有降分录取，没有征集志愿，超额完成招生计划，一志愿率远远高于往年，平均分分别超文、理科控制线 19 分、13 分。

2014 年学校在北京二批本科招生计划 2182 人，其中文史计划 892 人、理工 1290。一志愿提档线为文史 507 分、理工 495 分（即北京市二本控制线），共录取考生 1499 人，计划完成率为 68.7%；二志愿提档线为文史 520 分、理工 497 分，共录取考生 739 人。一、二志愿共录取考生 2238 人，超出计划 56 人，计划完成率 102.57%。

2014 年北京生源二批本科录取最高分为理工类 542 分，高出二本控制线 47 分，并列 2 人分别录取到信息学院通信工程专业和师范学院的数字媒体技术专业；文史类 579 分，高出二本控制线 72 分，录取到应用文理学院的历史学（文化遗产）专业。

北京联合大学 2011—2014 年京外生源本科录取超控制线分数一览表

年份	科类	京外一本平均超控制线	京外二本平均超控制线
2011	文史	21	49
	理工	26	40
2012	文史	13	42
	理工	27	43
2013	文史	17	47
	理工	26	36
2014	文史	15	40
	理工	23	45

（权力）

【招生宣传】 在深入学院调研的基础上，出台《北京联合大学招生宣传工作细则》，明确了校、院招生宣传工作职责、组织实施形式、招生宣传地区分配、考核与奖励标准等，有利于建立科学有效地招生宣传工作机制，培养稳定高效的招生宣传队伍，不断扩大学校影响力，充分调动学院的积极性，进一步提高生源质量。

2014 年北京市第一年实行本科一志愿 2 个平行高校的志愿填报方式，学校紧紧抓住这个改革契机，积极有效地宣传招生政策。

对 2014 年北京联合大学报考指南进行大幅改版。从考生和家长需求的角度出发，着重突出考生想要了解的部分，对专业介绍进行重新编写，以培养计划为纲进行再创作，让考生了解到本专业的亮点与优势。

精心制作学校招生宣传短片。历时近一年的时间采集宣传短片素材、脚本制作，样片向在校生、学校教职员工等多个层面征求意见，经过多次修改与打磨，最终将成片在招生网站进行展示。

联合多家宣传媒体进行学校软实力的宣传。在新华网进行"魅力高校中国行"专题宣传活动；在《中国青年报》《北京考试报》《北京高考志愿填报辅导读本》《教育面对面——2014 年北京高招咨询汇编手册》《高校招生》《求学》等报刊、杂志上发布招生信息，进行学校软实力的宣传。

充分利用网络、微信、微博等信息化手段，与考生进行实时互动，随时解答考生及家长提出的问题；同时将学校的招生信息、各类获奖等信息制作成微信订阅号，向关注学校微信的考生及家长进行宣传，扩大学校的知名度；积极参加教育部网上咨询周及北京市和其他省市组织的网上咨询活动十余场；组织制作院长访谈视频节目；参加新华网、腾讯网及中国教育在线等网上视频访谈节目制作 3 场及 4 月 28 日、6 月 24 日北京广播电台"教育面对面"节目；在阳光高考信息平台高考首页发布文字访谈，突出显示学校名称。

组织北京 140 中学在校中学生进校参观。

4 月 26 日举办校园开放日暨高招联合咨询活动，在北四环校区悬挂巨型招生计划横幅，吸引考生和家长的关注，更多地了解学校。

组织各学院招生工作人员深入中学、区县、高校参加各种招生咨询活动，面向各区县招办工作人员、中学老师、考生和家长宣传学校招生政策及学校发展现状。

2014 年共印刷报考指南 1 万册、招生宣传简章 2 万 5 千张。向北京市 692 所中学、外省市近 500 所中学及各省市招办寄发简章宣传材料近 2 万份。

积极做好外省市招生宣传工作，逐渐加大外地招生宣传工作的力度。通过收集各省市招办组织的招生咨询会邀请函，与外省市兄弟院校取得联系，参加部分院校组织的校园开放日活动，积极与各省市招办进行沟通，在考生必备的填报志愿指南上刊登我校招生信息等途径，持续扩大在外省市的知名度。

（权力）

【特殊类型招生】 在2014年报到的6907名新生(含高职升本科)中:艺术本科427人(6.2%)、单招师资14人(0.2%)、残障本科生93人(1.35%)、新疆内地班16人(0.2%)、港澳台侨生4人(0.06%)、2013年预科生转入45人(0.65%)、单招高职13人(0.19%)、艺术高职141人(2.04%)、残障高职65人(0.94%)、高职升本科1557人(22.54%)、高水平运动员18人(0.26%)。

根据教育部有关招生执法监察工作的要求,为确保特殊类型新生的质量,加强特殊类型招生的监督检查,学校成立了北京联合大学特殊类型新生入学复核工作领导小组,对高水平运动员、艺术类(美术、音乐、表演)的全部本科新生进行了专业水平和入学资格的复核工作。

(权力)

【成立本专科招生工作委员会】 为深入贯彻落实《教育部关于做好2014年普通高校招生工作的通知》(教学〔2014〕1号)精神,加强本专科招生工作规范化管理,经2014年学校第18次校长办公会审议通过,成立了北京联合大学本专科招生工作委员会,由校长担任主任委员,校纪委书记、分管招生工作校领导、分管教学工作校领导担任副主任委员,委员由校纪检监察办公室主任、教务处处长、学生处处长、招生就业处处长、教师代表1人(教代会推荐产生)、学生代表1人(学代会推荐产生)、校友代表1人(校友会推荐产生)组成。7月14日召开北京联合大学本专科招生工作委员会第一次会议,审议通过了学校2014年录取工作原则,

认真学习了教育部"十二个不得"的规定精神,进一步梳理了特殊类型的招生工作流程及招生录取工作操作流程,通报了2014年录取时间安排及目前的招生录取进展情况。会议强调要严明招生纪律,加强执纪问责,主动接受社会监督,切实维护高考招生录取工作的公平、公正、公开。

(权力)

【2014届毕业生概况】 2014届毕业生共计7618人,其中研究生毕业生39人,本科生毕业生5854人、高职生毕业生1725人,分布在全校12个学院,覆盖经济学、法学、教育学等10个学科门类。2014届毕业生当中,共有男生3044人,占毕业生总人数的39.96%,女生4574人,占毕业生总人数的60.04%,男女生性别比为1:1.5。

2014届毕业生来自全国31个省、自治区和直辖市。毕业生中共有白族、回族、达斡尔族等29个少数民族,共计587人,占毕业生总数7.71%;困难毕业生共有1347人,占毕业生总数17.68%;听障、视障毕业生共有133人,占毕业生总数1.75%。

2014届本、专科毕业生共计7579人,其中5498人来自北京市,占本、专科毕业生总数72.54%,2081人来自京外地区,占本、专科毕业生总数27.46%。

(何霄云)

【就业率】 截至10月31日,全校平均就业率为97.55%,其中研究生就业率为100%,本科生就业率为97.75%,高职生就业率为96.87%。

北京联合大学2014年研究生毕业生就业情况统计表

就业形式	人数	占全部毕业生人数比例
签就业协议	13	33.33%
考取博士研究生	4	10.26%
签劳动合同	2	5.13%
灵活就业	20	51.28%
总计	39	100%

北京联合大学2014年本科毕业生就业情况统计表

就业形式	人数	占本科毕业生比例
签就业协议	4577	78.19%
灵活就业	584	9.98%
出国	188	3.21%
签劳动合同	206	3.52%
升硕士研究生	124	2.12%
参军(入伍)	26	0.44%
考取双学位	13	0.22%
志愿服务西部	4	0.07%
暂未就业	132	2.25%
总计	5854	100%

注:灵活就业=单位用工证明+自主创业+自由职业;暂未就业=在京待就业+回省待就业+拟出国+拟考研,下表同。

北京联合大学 2014 年高职毕业生就业情况统计表

就业形式	人数	占专科毕业生比例
签就业协议	1291	74.84%
灵活就业	151	8.75%
出国	44	2.55%
签劳动合同	21	1.22%
升普通本科	160	9.28%
参军(入伍)	4	0.23%
暂未就业	54	3.13%
总计	1725	100%

(何霄云)

【职业发展教育与就业创业教育】 将专业教育与德育教育相结合,构建全过程、全方位人才培养模式,是我校人才培养特色之一。就业创业教育体系是"学专融合"工作格局中重要组成部分。

就业创业教育贯穿了大学四年全过程。从入学教育抓起,通过专业教育使大学新生了解所在学院和所学专业,增强专业学习信心和动力,为大一新生开设职业生涯规划课程,推动大学生涯与职业生涯衔接;针对大三在校生,学校根据主题开展系列专业技能大赛及社会实践活动,鼓励学生参加科研活动,提高学生专业技能和职业能力;为大四学生开设就业指导课,根据毕业生发展方向,为学生提供多种途径规划和资源支持,开展系列主题讲座,举办求职、升学、出国等系列主题培训,努力提高毕业生就业竞争力,积极促进毕业生充分就业。

就业创业教育覆盖校内校外全方位。利用学校网络学堂平台,丰富生涯规划与就业指导视听体验教学资源,实现远程开放式就业教育;鼓励学生基于"云梯"自助系统进行生涯自我探索与发展,实现分层、分类指导大学生树立职业目标。

学校积极建立校外实习实践基地,探索就业基地建设制度化路径,确保为毕业生提供安全、优质实习平台。发挥校级就业实习基地导向作用,鼓励各学院结合专业建设和差异化培养需求建设就业基地。2014 年我校校、院两级就业基地达到 67 家,共容纳学生就业 1115 人,有力推动大学教育与就业环节的有效衔接。

(何霄云)

【就业质量年报】 12 月 31 日,按照教育部相关要求首次发布了《北京联合大学毕业生就业质量报告(2014届)》。为确保此项工作顺利完成,校招生就业处牵头成立了专门的写作小组,以我校独立开展的和委托第三方进行的毕业生调查数据为基础,面向全校各学院、相关职能部门征求了几轮修改意见,最终经校领导班子审核通过,该报告准时在学校官网发布,并上报市教委。提前筹划、积极做好我校 2015 年毕业生就业质量年报的各项准备工作。

(何霄云)

【就业服务】 积极开拓就业市场,就业市场巩固与开拓并重。校园招聘会采取品牌建设策略,巩固了与用人单位的长期合作关系。通过校园招聘会,学校为 2014 届毕业生提供工作岗位的人职比达到 1∶2.7;加强对用人单位跟踪回访,既了解企业进入校园的招聘落实情况,切实保障毕业生就业权益,又能掌握企业新的用人需求;与此同时,借助学校战略合作伙伴平台,积极开拓就业市场新领域。

在招聘会、简历面试讲座等传统服务基础上,深化和拓展毕业生就业指导形式,借助朋辈教育模式,邀请校友与在校生、毕业生共享"就业下午茶";充分利用校内外各类资源,开设生涯规划和职业技能养成等团体辅导;设计制作"发展规划、助力就业"系列宣传折页,用大学生的视角和身边事例传递就业择业、创新创业的理念和方法;在招聘会现场提供就业指导"一对一"个体咨询,咨询效果得到学生认可;加强就业工作信息化建设,搭建北京联合大学就业服务中心微信平台,将传统媒介和新兴媒介相结合,推动就业信息有效供给。

第三方机构调查显示,七成毕业生对"组织校园招聘会""及时办理就业手续"等就业服务评价为满意,六成毕业生对"提供准确有效的就业信息""指导学生进行科学的职业规划""提供就业实习机会"等就业服务评价为满意。

关注和扶持家庭经济困难、就业困难、残疾生、少数民族毕业生等特殊群体毕业生就业。学校设立"北京联合大学家庭经济困难毕业生帮扶基金",建立了特殊群体毕业生就业工作台账,开展针对性帮扶活动。我校 2014 届毕业生中共有听障、视障学生 133 名,其中 130 名顺利就业,就业率为 97.74%;女性毕业生就业率 98.19%,困难生就业率 97.70%,少数民族学生就业率 97.96%,均高于全校平均水平。

(何霄云)

【保障机制】 学校坚持实施"一把手"工程,不断完善就业工作责任制。校长、书记作为全校就业工作负责人,与各学院书记、院长签订《就业工作目标责任书》,就业责任目标层层分解、落实,有效地促进毕业生就业工作,同时确保了毕业生就业工作"机构、人员、经费、场地"四到位。

学院教学副院长、系主任、专业负责人及其他专业教师积极参与毕业生就业工作,在教育教学过程中加强就业指导和就业帮扶;充分发挥北京生源地缘优势,形成家校共同促进就业合力。加强各类别、各层次培训,主要包括普及就业政策和就业程序、丰富就业指导技能、完善教师知识结构等内容。目前学校院系基层就业工作队伍中,具有中级以上职称的占81%,具有硕士以上学位的占78%,近半数基层就业工作人员还具有国家职业指导师、心理咨询师、创业指导师等资格。

完善就业工作联席会议制度、专人联系学院制度以及就业工作通报制度等保障制度,实行就业工作规范化动态管理,学院排名预警机制、就业工作奖励机制;进一步规范贫困生资助制度,支持各学院开展困难毕业生帮扶项目。

(何霄云)

六、高教研究

【概况】 北京联合大学应用型高等教育发展研究中心成立于2004年12月,下设应用性高等教育研究所和高等技术与职业教育研究所。应用性高等教育研究所研究内容涉及应用性人才培养模式、课程体系、双证书教育、实践教学研究等;高等技术与职业教育研究所以中微观研究为主,研究方向主要围绕高等技术与职业教育的课程与教学规律研究,教师教育研究,质量与评价研究,比较与发展战略规划研究等。

应用型高等教育发展研究中心现有专职研究人员4人、行政管理人员3人,其中副研究员2人、助研4人、讲师1人。

(虞思旦)

【理论研究】 2014年应用型高等教育发展研究中心在研各级各类课题14项,其中,B1类一项、B2类二项、B3类一项。

2014年共出刊6期内部学术刊物《高教研究动态》。

组织学校教师为2014年海峡两岸技职(高等职业)教育学术研讨会投稿,高教研究中心有2篇论文收录进会议论文集。

2014年应用型高等教育发展研究中心组织申报成功全国教育科学"十二五"2014年度规划课题立项2项,均为教育部重点课题,详见下表。

2014年申报成功的全国教育科学"十二五"规划课题一览表

序号	项目名称	负责人	工作单位	课题类别	研究领域
1	面向现代产业体系的校企协同技术技能积累机制实现路径研究	王秦	应用科技学院	教育部重点	高等教育
2	基于品牌协同的应用技术型大学特色资源类型识别与转化机制研究	王恒	旅游学院	教育部重点	高等教育

2014年组织申报成功北京市教育规划课题9项,其中重点课题1项、青年专项课题5项、一般课题3项,获批课题数量位列北京市高校第二、市属高校第一,详见下表。

2014年申报成功的北京市教育规划课题一览表

序号	项目名称	负责人	工作单位	课题类别	研究领域
1	首都基础教育阶段特殊儿童教育康复资源研究	刘晓明	特殊教育学院	一般课题	教育政策与综合问题
2	关于北京市学前残疾儿童家长亲职需求的干预研究	李静	特殊教育学院	一般课题	基础教育
3	基于学习通用设计的聋人课程建设与研究与实践	吕会华	人文社科部	重点课题	高等教育
4	多校区大学"一站式"教学服务体系构建与研究	杨芳	教务处	青年专项	高等教育
5	北京地区不同类型高校使命陈述的比较研究	朱科蓉	应用文理学院	青年专项	高等教育
6	残疾人高等教育考试招生制度改革研究	边丽	特殊教育学院	一般课题	高等教育
7	基于京津冀协同发展的职业教育资源共享机制研究	杨永芳	应用科技学院	青年专项	职业教育与终身教育
8	基于层次分析法的高等职业教育校企合作评价指标体系构建研究	姚笛	应用科技学院	青年专项	职业教育与终身教育
9	北京市青少年手机依赖的诊断标准、成因及其团体干预的研究	徐华	师范学院	青年专项	德育

2014年，应用型高等教育发展研究中心研究人员共发表学术论文11篇，比2013年增加4篇，并首次有2篇CSSCI论文发表。

（虞思旦）

【院校研究】 完成《北京联合大学章程》制定。在校相关处室的大力协助下，《北京联合大学章程》（草案）于6月份通过学校三届四次教代会讨论，并于9月份上报北京市教育委员会进行初审。

完成"北京联合大学教学管理状况调研"。为配合修订15版培养计划，高教研究中心和教务处共同开展了全校教学管理状况调研。先后调研访谈8个学院，召开座谈会7次，参加人数超过百人。在走访座谈的基础上，结合2014—2015学年第一学期18个学院、教学部门期中教学自查总结，初步形成了《北京联合大学教学管理状况的调查报告》。

进行"北京联合大学建校以来开放兴校历程研究"。按照校领导指示，在前期研究的基础上，今年重点从校企合作、校校合作、社会服务和国际化办学方面入手，对学校本科专业学科支撑及相关领域合作情况，特别是校企合作、产学融合的情况开展研究；实际参加并了解信息学院、机电学院等一线教学单位的产学合作、校校合作的情况；积极关注和跟踪各学院在这些方面的信息和校园新闻报道；认真收集整理其他高校的成功经验、主要做法和研究文献。目前，已基本形成学校"开放兴校历程"研究的系统思路、整体框架和基本素材。

进行"台北科技大学深度研究"。在对台北科技大学进行全面了解的基础上，进一步进行了比较深入的研究。从学院对接、专业对接、课程对接、管理对接等几个方面进行了研究探讨，并结合管理学院的特点给管理学院做了一次"对接台北科大"的学术交流。11月初到台北科技大学进行考察，重点就管理学院的专业对接、课程对接、学生交流和互派，教师的交流和互派、学生创业项目的合作以及学生联合组队竞赛等问题进行充分的交流与探讨，为台北科技大学深度研究积累了素材。

进行"应用型大学研究"。9月，按照校领导部署，高教中心着手开展应用型大学研究。在收集信息、梳理文献的基础上，形成了应用型大学历史沿革、发展现状、典型地方应用型大学的建设等初步研究成果，并向校领导做了汇报。同时，对高教中心以往和目前正在研究的各类应用型大学有关课题进行归纳总结和梳理分析，为明年研究工作做好准备。

（虞思旦）

【学术交流】 4月，与管理学院院领导及专业负责人研讨对接台北科技大学的方案。5月，召开专家评审会，组织对北京联合大学申报北京市教育科学"十二五"规划2014年度课题进行评审及研讨。9月，召开专家评审会，组织对北京联合大学申报全国教育科学"十二五"规划2014年度课题进行评审及研讨。12月，举办开题报告会，组织对获批立项的9项北京市教育科学规划课题开题。12月，组织高层次核心期刊论文写作培训会，聘请《中国高教研究》副主编、中国高教学会编辑部主任范笑仙博士来校讲座。研究中心人员分别赴贵州大学、遵义大学、汕头大学、厦门大学、合肥工业大学、合肥学院、内蒙古大学、内蒙古工业大学、深圳职业技术学院、台北科技大学等院校进行学习交流调研。

（虞思旦）

科学研究

一、科研工作

【概况】 2014年，学校科研项目有新突破。全年获批国家级科研项目19项，其中，国家自然科学基金项目8项，获国家自然科学重大计划项目1项，取得零的突破，国家社会科学基金项目10项；获批省部级科研项目45项；竞争性科研项目经费突破5000万元，提前一年完成该项"十二五"单项目标任务。

科研平台建设有进展。获批"生物质废弃物资源化利用"北京市重点实验室；组织申报市教委协同创新中心平台工作；"功能食品检测中心"通过国家食品药品监督管理局验收；国家智慧旅游重点实验室获国家旅游局批准；北京学研究基地在北京市教委和北京市社科规划办公室联合组织的基地三期建设验收中获评优秀。院士科研工作站工作进展顺利，智能车研究取得重大进展，团队在2014年"中国智能车未来挑战赛"中创佳绩，中央电视台新闻频道做全赛程直播。

加强对基层科研管理工作调研，提升科研管理水平。对基层科研管理部门开展了科研培训与政策宣讲；对全校各学院实验室公共资源的建设、规划发展情况进行调研，推进统筹管理和资源利用与共享；成立"北京联合大学加快推进科技成果转化和科技协同创新"领导小组，为推进"京校十条"的落实奠定基础。

（张波）

【科研项目】 全年到校的各类科研项目经费超过5420万元，其中国家自然科学基金297.55万元，国家社科基金195.2万元，国家部委其他项目43.77万元，北京市项目（教委/市规划办/市自然科学基金）1773万元，横向课题2204万元，校院级课题680万元。

北京联合大学 2014 年立项科研项目（社会科学部分）

序号	项目名称	项目编号	项目负责人	项目来源
1	中国特色社会主义道路的世界意义研究	14BKS070	许峰	国家社会科学基金
2	城乡时空置换及低碳休闲旅游养老利用机制研究	14BJL111	刘啸	国家社会科学基金
3	财产申报与公示制度的中外比较研究	14BFX029	崔英楠	国家社会科学基金
4	19 世纪欧洲浪漫主义史学思想研究	14BSS001	王利红	国家社会科学基金
5	华北地区宗教信仰人群的调查与分析研究	14BZJ050	杨靖筠	国家社会科学基金
6	云数字档案馆风险评估指标体系研究	14BTQ062	徐华	国家社会科学基金
7	基于第三方风险动态监控平台的知识产权质押融资模式研究	14BGL034	鲍新中	国家社会科学基金
8	大数据背景下电子商务消费者个人信息保护法律问题研究	14CFX033	鞠晔	国家社会科学基金
9	唐至北宋司法政务运行机制研究	14CZS049	张雨	国家社会科学基金
10	赴苏百位中共党史人物档案初编与研究	14AZD062	梁怡	国家社会科学基金
11	民国初期大学制度研究（1912—1927）	14YJC880080	王文杰	教育部人文社科
12	社会网络视角下农业文化遗产保护与旅游发展中的社区利益协调研究——以云南哈尼梯田为例	14YJCZH129	时少华	教育部人文社科
13	环境治理导向的我国城市生态预算模式和实现路径研究	14YJC630199	张艳秋	教育部人文社科
14	清代直省满城在其依附城市形态演变过程中所起作用及留存历史	14YJAZH107	张威	教育部人文社科
15	高校课堂教学、课外活动和校园文化三位一体的美育机制研究	14JDSZ2081	陈志刚	教育部人文社科
16	基于孤独症儿童有声语料分析的语言治疗研究	14YJAZH077	王梅	教育部人文社科
17	融合教育背景下建构学校积极行为支持系统的研究	14YJC880040	刘宇洁	教育部人文社科
18	中国手语空间隐喻加工神经机制的 ERP 研究	14YJC740104	姚登峰	教育部人文社科
19	中原地区史前农业形成和发展的环境背景研究——以洛阳盆地为例	14YJCZH207	张俊娜	教育部人文社科
20	NGO 对我国大学生志愿者的影响研究	14JD710056	贾方	教育部人文社科
21	科学的权威化与"文学史"的西学东渐——中国文学史学科话语实践的发生	13YJCZH279	周小琴	教育部人文社科
22	社会主义协商民主制度的北京实践研究	14KDA002	杨积堂	北京市社科规划办
23	北京城市形态演变与未来紧凑发展模式研究	14CSC015	何丹	北京市社科规划办
24	北京城市空间与日常生活	14CSA002	孟斌	北京市社科规划办
25	北京传统技艺类非物质文化遗产旅游活化与消费者参与研究	14JGA015	石美玉	北京市社科规划办
26	雾霾污染的经济分析与京津冀三方联动治理合作机制研究	14JGB046	李慧凤	北京市社科规划办
27	电商双边市场供应链融资与北京小微企业融资体系优化研究	14JGC097	徐鲲	北京市社科规划办
28	北京地区小额信贷机构可持续发展的内在机制及其影响因素研究	14JGC096	李雅三	北京市社科规划办
29	首都高校大学生创业精神培育路径研究	14JYB010	姜素兰	北京市社科规划办
30	学校背景下小学语文学习困难学生的评估和干预模式研究	14JYB011	张旭	北京市社科规划办
31	京津冀文化认同的历史演变	14LSB012	张连城	北京市社科规划办
32	高校治理结构与教师工作绩效的关系研究	14JYC050	于水汶	北京市社科规划办
33	ECFA 背景下京台金融合作模式研究	14JDJGB044	杨宜	北京市社科规划办
34	台湾妇女权益保障及对北京妇女工作的启示	14JDKDB005	胡淑慧	北京市社科规划办
35	空间表达视角下北京历史文化遗迹的保护对策	14JDCSC007	成志芬	北京市社科规划办
36	北京中心城区老年人口宜居满意度与提升策略研究	14JDZHB014	李雪妍	北京市社科规划办
37	北京传统村落文化保护发展面临主要问题及对策研究	14JDLSB001	苑焕乔	北京市社科规划办
38	邪教防范的舆情防控与引导研究（涉密）	14JDZHB008	范宝祥	北京市社科规划办
39	京津冀协同地方立法研究	14JDFXB004	王平	北京市社科规划办
40	北京地方立法评估标准研究	14JDFXC005	王柏荣	北京市社科规划办
41	京津冀高技术产业集群人才流动及配置研究	14JDJGB029	边婷婷	北京市社科规划办
42	人大制度与时俱进的北京实践	14KDB010	王维国	北京市社科规划办

北京联合大学 2014 年立项科研项目（自然科学部分）

序号	项目名称	项目编号	项目负责人	项目来源
1	基于分子影像技术活体研究转铁蛋白受体介导的类脂质体药物脑内递药特性	11475020	霍清	国家自然科学基金
2	钙调蛋白磷酸酶信号途径在牛磺酸调节胆固醇代谢中的作用	31401501	郭俊霞	国家自然科学基金
3	中国自然保护区旅游可持续发展能力评估测算方法研究	31470518	石金莲	国家自然科学基金
4	姜黄素基于对 APP 表达和加工调节的神经营养作用及分子机制研究	31471587	黄汉昌	国家自然科学基金
5	城乡统筹背景下大城市休闲农园的空间组织与优化——以北京为例	41401199	杜姗姗	国家自然科学基金
6	传统技艺类非物质文化遗产：多模态智能旅游价值评估、旅游活化与利益相关者博弈研究	71473018	石美玉	国家自然科学基金
7	带噪声 Radon 逆问题的点态估计	11426040	胡琳	国家自然科学基金
8	智能车驾驶脑认知技术、平台与转化研究	91420202	鲍泓	国家自然科学基金
9	用同步辐射技术研究空气微细颗粒物中卤素种态、来源及其生物效应	14L00042	霍清	北京市自然科学基金
10	具有脉冲和时滞的微分方程边值问题	1152002	张莉	北京市自然科学基金
11	高灵敏监测室内空气中甲醛的传感技术基础研究	2152013	周考文	北京市自然科学基金
12	海量社群图像语义分析与检索方法研究	4152016	刘宏哲	北京市自然科学基金
13	基于自适应稀疏正则化模型的图像复原研究	4152017	何宁	北京市自然科学基金
14	基于视觉注意机制的 3D 视觉搜索研究	4152018	袁家政	北京市自然科学基金
15	发酵麦胚对高脂血症大鼠脂代谢的调节及作用机制	5153025	张艳贞	北京市自然科学基金

（李林）

【学术论文和著作】 2014 年学校 CNKI 期刊论文发文量为 1115 篇，其中第一机构第一作者发表论文数为 811 篇，占总发文量的 72.7%。C 刊论文总数 392 篇，其中 CSSCI282 篇，CSCD110 篇。三大检索论文（SCI、SSCI 和 EI 期刊）总篇数 146 篇，以第一机构第一作者发表的检索论文 83 篇。

全校共出版学术著作（含编著、译著）81 部，其中学术著作 62 部，编著 10 部，其他 9 部。在学术著作的产出上，文科、理科有比较大的差异。著作出版相对较多的单位，大多是文科类学院。

（张波）

【知识产权】 学校知识产权工作是对高校智力产品进行保护的关键行为，对推动学校知识创新和科技成果推广起到了非常重要的作用，在学校科研管理工作中具有举足轻重、不可忽视的地位。2014 年 1 月—12 月 17 日，全校共申请知识产权 111 项，获得授权 89 项。2014 年授权知识产权中，发明专利仅 29 项，占所有授权知识产权成果的 32.6%。而软件著作权登记授权最多，为 32 项。

（张波）

【科技成果推广与转化】 成立学校"加快推进科技成果转化和科技协同创新"领导小组，召开"加快推进科技成果转化和科技协同创新领导小组"会议，重视科技成果转化，推进"京校十条"的工作进展。

北京联合大学 2014 年获批北京市教委"创新能力提升计划"项目

序号	项目名称	项目负责人	负责学院
1	科技成果转化——提升计划——生物质发酵生产环境友好型 BFA 融雪剂	龚平	生物化学工程学院
2	科技成果转化——提升计划——北京科技型小微企业网络化成长及政策支持体系研究	陶秋燕	管理学院
3	科技成果转化——提升计划——"三山五园"历史文化元素谱系构建及可视化	张连城	应用文理学院
4	科技成果转化——提升计划项目——基于黄连素植物源农药的创制与产业化	葛喜珍	生物化学工程学院

北京联合大学 2014 年获批北京市教委"大学科技园"项目

项目名称	项目负责人	负责学院
微波裂解纤维素类生物质多联产关键技术	程艳玲	生物化学工程学院

北京联合大学 2014 年持续资助的科技成果转化项目

序号	项目名称	项目负责人	负责学院
1	基于通用学习设计的融合教育课程与教学研究	许家成	特殊教育学院
2	基于小檗碱植物源农药的应用研究与开发	葛喜珍	生物化学工程学院
3	聋人交流无障碍支持技术研究	李晗静	特殊教育学院

北京联合大学 2014 年资助的科技成果转化项目

序号	项目名称	项目负责人	负责学院
1	德威治公司电子商务 O2O 运作模式的建立和应用	孙桂生	商务学院
2	生物质热解气化关键技术应用	于水波	生物化学工程学院
3	基于木质素降解的秸秆高值饲料技术应用及推广营销模式	马骊强	生物化学工程学院
		李媛	自动化学院
		郑海霞	管理学院
4	物联网终端技术综合实验系统	钮文良	应用科技学院
5	基于"时间银行"理念实现的互助式养老平台（APP）	梁磊	管理学院

（张波）

【科技合作】 为加快朝阳区区域创新体系建设,鼓励高等学校、科研院所资源与朝阳区区域发展需求的有机结合和协同创新,提升朝阳区的科技创新能力,发挥朝阳区——高校发展合作联盟对区域经济社会发展的支撑促进作用,2014 年,学校获得 2 项朝阳区协同创新项目资助。

北京联合大学 2014 年朝阳区协同创新项目

序号	项目名称	申报单位	支持经费/万元	立项年度
1	中高压压力仪表定点自动调试系统	北京联合大学、北京布莱迪仪器仪表有限公司	30	2014
2	朝阳区大学生创业实践基地建设	北京联合大学、区人力社保局	15	2014

2014 年 4 月,校长卢振洋、副校长鲍泓、旅游学院党委书记曹长兴等一行 6 人赴云南省西双版纳州,与当地人民政府签订了战略合作协议。此次签订的协议涉及建立学生实习基地、本科和研究生培养、旅游人才培训、师资培训等人才培养、旅游和科技方面的帮扶等内容。

（张波）

【大学科技园】 北京市教育委员会对学校大学科技园、技术转移中心建设项目《微波裂解纤维素类生物质多联产关键技术》进行扶持。2014 年 12 月 2—8 日,北京市劳动服务管理中心进行了北京市创业培训师资培训,全校共有来自 9 个学院和 5 个职能部门的 25 位教师参加培训。

北京联合大学科技园管理公司 2014 年为 3 家企业(其中一家为创业的大学生)提供工商注册服务、项目咨询服务,为入孵企业寻找孵化场地,提供相关支持;推进科技成果技术转移,引进外来项目,在北京内外推广;按照北京市校产中心的要求,完成企业年度财政报表和国有资产报表。继续开展大学生创业培训工作,下半年共开设 2 个北京市创业培训班,京籍学生共计 52 人。

（李静文）

二、科研平台

【学报编辑部】 2014 年,学报编辑部完成全年出版计划,人文社会科学版初审稿件近 500 篇,达 400 余万字;综合版初审稿件 200 余篇,达 100 余万字。

2014 年度《北京联合大学学报（人文社会科学版）》被评为"北京市属优秀学术期刊",获得了北京市新闻出版广电局的资助;被全国高校社科期刊研究会评为"全国高校精品社科期刊";被北京市高校学报研究会评为"北京市高校人文社会科学报名刊";被遴选为中国人文社会科学核心期刊(扩展版)。据《中国学术期刊影响因子年报(综合性文科、社会科学 2014 版)》统计,《北京联合大学学报(人文社会科学版)》的影响因子为 0.524;据《中国学术期刊影响因子年报(自然科学与工程技术 2014 版)》统计,《北京联合大学学报》的影响因子为 0.570。

(孙俊青)

【市级科研机构——生物活性物质与功能食品北京市重点实验室】 实验室于 2001 年被认定为北京市重点实验室,以研究食品与人类健康关系为主要内容,以研究食品保健功能为重点。2014 年,实验室主任姜招峰,有学术研究人员 42 人,其中具有教授职称 15 人、副教授职称 16 人,博士学位 25 人,硕士学位 6 人。

2014 年共承担各级科研项目 16 项,其中国家自然科学基金项目 3 项,其中面上项目 1 项,青年科学基金项目 2 项;国家科技支撑项目子课题 1 项;北京市自然基金项目 2 项;局委办项目 7 项,其他项目 3 项。2014 年发表科研论文 44 篇,其中 7 篇为 SCI 收录(总 IF:8.918),中文核心 30 篇。

(常平)

【市级科研机构——北京市信息服务工程重点实验室】

北京市信息服务工程重点实验室是北京市教育委员会和北京市科技委员会于 2010 年 9 月联合认定的市级科研机构。重点实验室下设"信息技术研究所""微电子应用技术研究所""可靠性检测与传感网技术研究所""可靠性检测与传感网技术研究所"及"互联网应用创新平台示范基地""数字化技术创新基地""数字化技术创新基地""网络虚拟实验技术中心"等多个研究所和研究平台。拥有北京市重点建设学科计算机应用技术和一级硕士学科软件工程,包括视觉计算与智能感知、可视媒体语义计算、定位技术与位置服务 3 个研究方向和信息无障碍辅助技术、数字艺术 2 个目录外二级学科以及智能交通技术、移动商务 2 个交叉学科。

实验室在研课题有国家自然科学基金,国家科技支撑计划、国家级"服务外包人才培养模式创新实验区"和北京市"服务外包人才培养模式创新试验区"项目等纵向横向 30 余项,申请和授权国家发明专利 12 项。在国内外核心期刊、学术会议发表学术论文 380 篇,被国际著名检索系统 SCI、EI 收录论文 100 余篇;出版学术著作 20 部;获省部级奖 3 项。

实验室主任:鲍泓;副主任:杨鹏、刘宏哲(常务)。实验室聘请中国工程院院士、欧亚科学院院士,指挥自动化和人工智能专家李德毅院士为特聘教授。新推选出的第二届学术委员会由戴琼海(主任)、吕科、张云泉、徐常胜、鲍泓、杨鹏、袁家政组成,学术委员会秘书长刘宏哲,学术委员会副秘书长张益农,具体情况如下表。

第二届(2014—2016 年度)学术委员会委员名单

姓名	职务	单位	聘任情况
戴琼海	主任	清华大学	继任
吕科	委员	中国科学院大学	继任
张云泉	委员	中国科学院计算所	继任
徐常胜	委员	中国科学院自动化所	新任
鲍泓	委员	北京联合大学	继任
杨鹏	委员	北京联合大学	继任
袁家政	委员	北京联合大学	新任

荣誉委员:须德(北京交通大学)、李哲英(北京联合大学)。

此外,实验室还有重点实验室学术委员会委员,软件工程学科学位分委会委员,硕士研究生导师、副导师等;院士科研工作站,软件工程学科核心科研团队,实验室校级开放课题,图像理解与可视化应用创新团队,智能驾驶技术创新团队,实验室开放课题,校外合作人员等兼职的研究人员。

2014 年度专职人员新增科研项目包括:国家自然科学基金重大研究计划(重点项目)智能车驾驶脑认知技术、平台与转化,负责人鲍泓;北京市自然科学基金项目海量社群图像语义分析与检索方法研究(4152016),负责人刘宏哲。兼职人员新增科研项目包括:北京市自然科学基金项目基于视觉注意机制的 3D 视觉搜索研究(4152018)和基于自适应稀疏正则化模型的图像复原研究(4152017),负责人分别是袁家政、何宁。

科研成果:2014 年省部级以上项目合计 18 项(包括新添和在研);其他横向项目和课题超过 30 项;专职人员经费:新增经费超过 400 万元;在研经费超过 2000 万元;兼职人员经费:新增经费超过 30 万元;在研经费超过 300 万元。

出版专著 1 部《文本语义相似度计算》,电子工业出版社出版,作者刘宏哲。发表论文 60 篇(SCI 4 篇、EI 期刊 8 篇、EI 会议 10 篇、核心期刊 15 篇),发明专利和软件著作 19 项。

重点实验室智能车项目组成员参加了2014年"中国智能车未来挑战赛",大赛于11月15—16日在江苏省常熟市举行。来自中国科学院、清华大学、北京理工大学、武汉大学、军事交通学院、同济大学、西安交通大学、上海交通大学等11家单位的22支车队参加了比赛。"中国智能车未来挑战赛"创办于2009年,是国家自然科学基金委员会重大研究计划的重要组成部分,其目的是通过真实物理环境中的比赛来交流和验证我国"视听觉信息的认知计算"研究进展和成果,搭建具有自然环境感知与智能行为决策能力的无人驾驶车辆验证平台,从而产生能满足国家重大需求并具有原创性的重大研究成果。学校参赛车"京龙1号"和"京龙2号"是在北汽集团的北京C70轿车和C30纯电动车两辆车基础上改装的。京龙2号(C30)是此次比赛中唯一的纯电动车。经过激烈竞赛,两辆智能车最终分获第三、四名。

平台建设:2014年,参与建成北京联合大学北苑智能车驾驶试验场,位于北苑校区操场;建成"研究生产学研联合培养基地"实验室——1112室;建成教育部"互联网教育与文化创新示范应用平台",协办"2014年全国高校移动互联网应用开发创新大赛";完善软件工程硕士学科建设。

(徐冰心)

【市级科研机构——北京学研究基地】 北京学研究基地,是北京市哲学社会科学规划办公室与北京市教委于2004年9月联合批准设立的首批北京市哲学社会科学研究基地之一,是以成立于1998年的北京联合大学北京学研究所为核心,整合校内外研究力量,以"立足北京、研究北京、服务北京"为宗旨,以"地域性、综合性、应用性、开放性"为特色的北京市级跨学科综合性研究平台。2014年,在北京市哲学社会科学研究基地三期建设(2011—2013年度)验收中,被评为优秀研究基地。

北京学研究基地重点研究方向是以时间为主线的北京历史文化遗产保护与传承研究、以空间为主线的北京城乡发展动力与特点研究、时空相结合的北京文化与城市形象研究。目前,北京联合大学应用文理学院院长张宝秀教授兼任北京学研究所所长、北京学研究基地主任;北京史研究会会长李建平研究员担任基地首席专家、学术委员会主任;孟斌教授担任北京学研究所副所长。北京学研究基地现有专职科研人员5人,办公室主任1人。另有一批校内骨干兼职研究人员和校外特邀研究员。

继续开展基地课题立项工作,经基地学术委员会评审,2014年度基地正式设立科研项目12项,其中特设项目3项、一般项目9项,其中9项一般项目被校科研处认定为校级项目。2014年北京学研究所科研人员主持的课题到账校外科研经费合计63万元,竞争性

到账经费7万元。

2014年,北京学研究基地(研究所)专职科研人员获批立项北京市社科基金重大项目1项,北京市社科基金研究基地一般项目2项,北京市社科基金研究基地青年项目1项,北京市政协委托调研项目2项;以第一作者或通讯作者身份发表学术论文24篇,其中CSSCI/CSCD(含扩展版)和中文核心期刊论文6篇、普通期刊论文7篇,集刊、论文集、报告集论文7篇,报纸论文4篇;获得市级及以上科研奖励3项,一级学会及其他科研奖励3项。基地主编出版著作2部,报告集2部,论文集1部,学术专著4部。

2014年,北京学研究基地主办或参与举办4次学术研讨会和学术论坛;组织专兼职科研人员参加国际学术会议3人次,参加国内学术会议、论坛、培训班等学术交流46人次;组织举办"北京学讲堂"讲座9讲,累计听讲人数1459人次;承担首都图书馆"首图讲坛·乡土课堂"科普讲座3讲。

北京学研究基地已与韩国首尔市立大学首尔学研究所、韩国瑞永大学地域发展研究所、内蒙古鄂尔多斯学研究会等数十家国内外地方学和地方文化研究机构建立了长期稳定的合作关系。2014年,继续担任中国地方学研究联席会轮值主席单位,编印《地方学研究信息》4期。

(张宝秀)

【市级科研机构——北京市政治文明建设研究中心】 北京市政治文明建设研究中心(以下简称中心)是依托北京联合大学建立的北京市哲学社会科学应用对策研究基地,成立于2006年4月。中心由人民代表大会制度研究所、人民政协理论与实践研究中心、北京社会建设研究院、北京膜拜团体与宗教文化研究中心、北京联合大学廉政研究中心等研究机构组成。

中心主任、首席专家由徐永利教授担任,现有专职研究人员7名,其中正高级职称人员4名,副高级职称人员2名,中级职称人员1名,同时聘有专家、学者、实际工作者担任顾问、特约研究员和特约观察员。

中心研究的主要领域包括中国特色社会主义政治文明建设;深化人民代表大会制度理论与实践;人民政协的理论与实践;北京社会建设与社区治理;膜拜团体与宗教文化;廉政与廉洁教育等。

2014年,中心获批高水平竞争性项目8项,到账经费136.4万元,其中国家社科基金项目1项,国务院相关部门专题项目1项,北京市社科重点项目1项,北京市社科联重大决策咨询项目1项,北京市社工委项目1项,北京市人大项目1项,北京市政协项目1项,北京市委610项目1项;出版学术著作1本;发表高水平学术论文22篇;主办学术会议7次,向人大政协提出议案提案2项,参与北京市立法活动1项,参加培训2次,参与学术交流活动7次,举办学术讲座5次。

1月21日，与市委防范办合作成立了"北京膜拜团体与宗教文化研究中心"，并举办了"北京膜拜团体与宗教文化研究"论坛。这是国内高校唯一的防范邪教研究机构，也是北京市膜拜团体与宗教文化的研究基地。市委有关部门将中心成立的有关情况报送中央防范办，中央防范办领导批示，给予了高度评价。

5月19日，成立了"人民政协理论与实践研究中心"。该中心是由北京市政协政协理论与实践研究会与我校共同组建成立。北京市政协领导高度重视，市政协主席吉林亲自出席成立仪式，并发表了重要讲话。

11月6日，成立了"北京联合大学廉政研究中心"。廉政研究中心是政治文明建设研究基地的重要组成部分，市纪委常委韩索华和徐永利书记共同为廉政研究中心成立揭牌。

6月21日，中心主办"中国政治学会会长（扩大）会议及国家治理现代化研讨会"，中国政治学会会长、全国人大内务司法委员会副主任委员、中国社会科学院原党组副书记、副院长李慎明，中心主任徐永利出席会议。

6月21日，中心与中国人民大学合作主办了"行动中的中国宗教法治"暨纪念《宗教事务条例》颁布十周年学术研讨会，在宗教领域产生了重要影响。

9月13日，中心召开"人民代表大会制度与依法治国——纪念全国人民代表大会成立60周年"研讨会，多家媒体跟进报道，产生了重要影响。

（杨积堂）

【市级科研机构——京台文化交流研究中心】 京台文化交流研究中心是经北京市哲学社会科学规划办公室批准成立的一家市级研究机构。中心以北京联合大学为依托，以台湾研究院为主体，整合北京联合大学相关部门及北京地区相关研究力量，开展京台文化交流相关议题的研究。2014年3月14日，京台文化交流研究中心揭牌仪式在北京联合大学举行。国台办研究局副局长孙升亮、国台办海研中心主任李逸舟、北京市社科规划办主任王祥武、副主任张庆玺、北京市台办主任汪明浩、副主任高振生、北京市台湾同胞联谊会秘书长高双进，徐永利、鲍泓等校领导和嘉宾出席仪式。揭牌仪式由北京联合大学副校长、京台文化交流研究中心主任乔东亮教授主持。中心副主任为谭文丛、刘文忠、叶晓。顾问为王祥武、卢振洋、汪明浩、徐永利、唐树备。学术委员会主任乔东亮，副主任孙升亮、刘文忠。学术委员会委员（16人）：叶晓、田晓彦、乔东亮、刘红、刘文忠、孙升亮、孙建京、朱松岭、李振广、李逸舟、杨宜、杨亚军、陈立谦、高双进、高振生、谭文丛。学术方向及其负责人分别是：两岸关系研究，朱松岭、陈星；京台产业发展研究，刘文忠、杨宜；京台文教研究：李振广、汪艳丽。

研究中心2014年在研项目见下表。

2014年北京市哲社规划办基地项目

序号	项目名称	研究方向	项目负责人	申报单位	项目级别
1	ECFA背景下京台金融合作模式研究	产业发展研究	杨宜	商务学院	一般项目
2	台湾妇女权益保障调查研究及对北京妇女工作的启示	文教研究	胡淑慧	台湾研究院	一般项目

2014年京台文化交流研究中心项目

序号	项目名称	项目负责人	申报单位	项目级别
1	数字化时代京台艺术设计教育比较研究	田丽艳	应用科技学院	院级项目
2	台湾高校学术期刊发展之于大陆的借鉴意义	孙俊青	学报编辑部	院级项目
3	ECFA背景下京台金融服务产业合作研究	徐枫	商务学院	院级项目
4	京台两地地方教育文化交流研究	权力	招生就业处	院级项目
5	北京与台湾地区天主教历史与文化比较研究	杨靖筠	应用文理学院	院级项目
6	北京台资连锁服务业与社区商业互动发展的路径研究及政策建议	刘宇涵	商务学院	院级项目
7	由服贸协定受阻看台湾的政治文化	王桂芝	人文社科部	院级项目

2014年开展的四次重要学术活动如下。

4月25日，研究中心召开了2013年度平台项目结题、2014年项目开题会。

6月7日，台湾研究院主办的台湾政局与两岸关系学术研讨会在北京举行，来自海峡两岸共50余位专家学者齐聚一堂，就"台湾的反服贸运动及其影响""一中框架的理论"等热门话题进行深入探讨。原国台办副主任、北京联合大学台湾研究院名誉院长唐树备，海研中心副主任汪舟，全国台研会副秘书长杨立宪等出席会议。

7月6日，北京联合大学台湾研究院、中国人民大学台湾法律问题研究所、武汉大学两岸及港澳法制研究中心联合主办，台湾研究院承办的台湾法律问题学术研讨会在北京成功召开。来自中国人民大学、武汉大学、北京联合大学、全国台湾研究会、海峡两岸关系法学研究会、军事科学院、中国社科院台湾研究所、清华大学、南开大学、中国政法大学、中国青年政治学院、中央财经大学、中央民族大学等单位四十余位专家学者出席。

12月6日,由台湾研究院主办的2014台湾"九合一"选举后的台湾政局与两岸关系学术研讨会在北京会议中心召开,40余名两岸专家学者出席。

(谭文丛)

国际及港澳台地区交流与合作

【概况】 2014年,共有来自11个国家和地区的36个校级团组共计128人次来访;院校级因公出国(境)、因公赴台团组19个,65人次;新(续)签协议18个;共招收长短期留学生1553人次,其中在读研究生45人次,在读本科生740人次,长期语言生489人次,短期语言生279人次;共招收来自4个国家和地区的9名孔子学院奖学金获得者;聘请长期外国专家17人,短期外国专家44人次;通过各种校际交流渠道,共派出795名交流交换生赴境外进行交流学习。

(王安琪)

【因公出国(境)、因公赴台】

2014年校、院级因公出国(境)、因公赴台情况统计表

序号	出访团组名称	出访人数	出访目的	在外停留天数
1	北京联合大学商务学院赴新加坡小组	3	赴新加坡参加国际高等商学院协会年度会议	5
2	北京联合大学赴意大利、法国小组	4	商讨学生交流、科研合作事宜,签署合作协议,参加中法餐饮文化节	7
3	北京联合大学广告学院赴俄罗斯小组	1	带学生赴俄罗斯莫斯科人文大学参加国际学生广告节	5
4	北京联合大学应用文理学院赴韩国小组	5	赴韩国参加第十九届中韩区域发展国际学术研讨会	5
5	北京联合大学赴匈牙利、土耳其小组	4	参加"高等教育的国际化战略"会议并做主旨发言,签署合作协议	8
6	北京联合大学管理学院赴香港小组	3	带领学生赴香港浸会大学永隆银行国际商贸研究所进行专业实习	7
7	北京联合大学赴美国小组	1	美国德保罗大学做访问学者	38
8	北京联合大学管理学院赴爱尔兰小组	2	带领学生赴爱尔兰阿斯隆理工学院进行暑期学习	21
9	北京联合大学赴英国小组	5	参加孔子学院十周年"全球孔子学院日"活动,参加2014孔子学院理事会会议	5
10	北京联合大学赴澳大利亚、新西兰小组	4	赴澳大利亚、新西兰商讨旅游管理课程建设事宜	7
11	北京联合大学特殊教育学院赴香港小组	1	参加"田家炳内地学者及高级行政人员交流计划2014",旁听课堂并参与学生活动	4
12	北京联合大学赴美国、加拿大小组	5	签署本科学位项目合作协议及中国学期项目合作协议、商讨2015年三国会议计划、会见学生	8
13	北京联合大学赴美国小组	3	参加主题为"中美两国文化与传播研究:趋势与问题"的国际论坛,并在论坛上发言	6
14	北京联合大学生物化学工程学院赴德国小组	5	就两校合作的硕士项目与本科专业课程对接等事宜进行商讨,并与学生座谈	5
15	北京联合大学师范学院赴美国小组	5	商讨"3+2"合作项目实施细则,签署合作协议,并商讨科研学术及教育教学事宜	5
16	北京联合大学赴美国小组	4	参加伊利诺伊卫斯理大学音乐学院150周年庆典及相关艺术类活动项目	6
17	北京联合大学广告学院赴香港小组	4	就两校文创艺术专业的培养方案、学生管理及学生创业进行商讨,并看望北京联合大学交换生	5
18	北京联合大学管理学院赴台湾小组	1	管理学院尹庆民1人赴台北科技大学调研学习并商讨相关合作	5
19	北京联合大学台湾研究院赴台湾小组	5	台湾研究院谭文丛等5人赴合作院校调研	8

总计:19个团组,65人

(王晓婷 田培)

【外事接待】 2014年,学校全年共接待国(境)外校级团组36个,128人次,活动内容为学校与国外友好院校现有项目的深入开发,以及教师交流、科研合作、联合培养学生等新项目的洽谈。

北京联合大学 2014 年外事接待情况统计表

序号	来访时间	来访单位	来访人数	来访目的	参与接待人员
1	2月22日	韩国吴明教授	1	洽谈合作	卢振洋等
2	2月28日	台湾佛光大学	2	学生交换、教师交换	卢振洋等
3	3月4日	哈德斯菲尔德大学	2	探讨合作	杨亚军等
4	3月10日	高立德大学	2	学生交流事宜	杨亚军
5	3月11日	朝鲜观光总局	12	交流访问	卢振洋等
6	3月24日	荷兰教育代表团	5	职业教育	鲍泓等
7	3月26日	匈牙利埃斯特哈奇卡洛里大学	4	校际合作,签署协议	徐永利等
8	3月31日	美国罗斯福大学	2	校际合作	古红梅等
9	4月17日	台湾彰化师范大学	2	学生交换、教师交流	卢振洋等
10	4月20日	安格利亚大学	2	学生交流事宜	杨亚军等
11	5月14日	美国杰克逊威尔州立大学	5	学生交换、签署协议	鲍泓等
12	5月20日	以色列布朗德工程学院	2	洽谈交流	杨亚军等
13	5月22日	法国里昂大学	2	校际合作	杨亚军等
14	5月27日	美国北园大学	5	签署协议,合作交流	付晨光等
15	5月27日	韩国建国大学	2	洽谈交流	杨亚军等
16	6月12日	台湾建国科技大学	4	洽谈交流	卢校长等
17	6月16日	匈牙利大使馆	2	学生办理签证事宜	杨亚军等
18	6月24日	美国南方大学	3	学生、教师交流适宜	卢振洋等
19	6月18日	印度拉夫里大学	1	学生交流事宜	杨亚军等
20	7月2日	法国巴黎国际商业销售学院	2	校际合作	杨亚军等
21	9月6日	法兰西商学院	1	校际合作	徐永利等
22	9月12日	纽约州立大学	2	学生交流事宜	杨亚军等
23	9月16日	伊利诺伊维斯利大学	2	学生交流事宜	杨亚军等
24	10月13日	加州大学拉西拉分校	2	学生交流事宜	杨亚军等
25	10月15日	英国威斯敏斯特大学	2	学生交流事宜	杨亚军等
26	10月21日	台湾龙华科技大学	2	校际合作、学生交流事宜	卢振洋等
27	10月23日	温尼伯大学	3	校际合作	卢振洋等
28	10月27日	西班牙曼内德兹佩拉跃国际大学	2	学生交流事宜	黄先开等
29	11月3日	台湾建国科技大学	1	学生交流事宜	杨亚军等
30	11月20日	台湾建国科技大学	1	学生交流事宜	黄先开等
31	11月24日	泰国东方大学	2	留学生事宜	鲍泓等
32	11月12日	英国哈德斯菲尔德大学	2	学生交换、暑期学习	杨亚军等
33	12月2日	英国三一圣大卫大学	1	孔子学院	杨亚军
34	12月2日	美国对华教育组织	1	外专事宜	杨亚军等
35	12月2日	日本新泻大学	40	学生交换	杨亚军等
36	12月10日	匈牙利大使馆美国参赞	2	学生交流事宜	杨亚军等

总计:36团组,128人次

(王晓婷)

【国际合作】 2014年,学校与9个国家或地区新(续)签协议18个,详见下表。

北京联合大学 2014 年签署的合作协议情况统计

序号	签约院校名称	时间	国别（地区）	合作领域	签约人
1	奥坎大学	2月28日	土耳其	备忘录	徐永利
2	加州大学河滨分校	3月8日	美国	合作协议	杨亚军
3	台湾彰化师范大学	3月14日	台湾	协议书	卢振洋
4	帕维亚大学	3月24日	意大利	框架协议	卢振洋
5	埃斯特哈奇卡洛里大学	3月26日	匈牙利	合作协议	徐永利
6	莫斯科人文大学	4月	俄罗斯	合作协议	张旗
7	凯恩大学	4月16日	美国	备忘录	卢振洋
8	杰克逊维尔州立大学	5月5日	美国	合作协议	卢振洋
9	北帕克大学	5月27日	美国	意向书	古红梅
10	北方大学	6月	马来西亚	合作协议	卢振洋
11	叶迪特佩大学	6月4日	土耳其	备忘录	徐永利
12	巴黎高等国际商业学院	7月8日	法国	备忘录	杨亚军
13	里昂商业研究与商业行为学院	7月8日	法国	备忘录	杨亚军
14	莫斯科人文大学	7月14日	俄罗斯	合作协议	庞明
15	罗斯福大学	7月23日	美国	合作协议	卢振洋
16	纽约州立大学布法罗学院	12月9日	美国	合作协议	卢振洋
17	拿撒勒大学	12月15日	韩国	合作协议	卢振洋
18	莫斯科国立师范大学	12月16日	俄罗斯	框架协议	庞明

（王安琪）

【学生交流】 在原有交换生项目的基础上，北京联合大学又开创了多个长短期交换项目，如德国"佛莱堡"大学短期学习项目，美国"杰克逊维尔州立大学"长期交换生项目等，并对原有项目进行优化组合，更多更优质的长短期交流交换项目为学生提供了更多国别、学校和专业的选择，大大丰富了交换项目涵盖的范围和层次，提高了学生的视野和学习能力。

除了开拓更多的交流交换项目，下半年，国际交流合作处在教务处、学生处、财务处、审计处及各学院等相关单位的配合下，完成了"北京市高等学校学生公派境外学习奖学金"和"北京联合大学出国境交流项目学生奖学金"的发放。经过严格评审和多轮淘汰，最终选拔出 147 名"北京市高等学校学生公派境外学习奖学金"获得者，其中长期交换生 58 名、短期交流生 89 名，奖学金总额 205 万元；同时选拔出 32 名"北京联合大学出国境交流项目学生奖学金"获得者，其中长期交换生 12 名、短期交换生 20 名，奖学金总额 7.58 万元。

北京联合大学 2014 年交换生情况统计表

统计类别	统计项	人数
项目类别	长期交换生（一学期及以上）	226
	短期交换生（一学期以下）	472
	出国攻读学位项目	97
层次	硕士	15
	本科	677
	专科	103
大洲	亚洲	472
	欧洲	178
	北美洲	133
	南美洲	0
	澳洲	12
经费来源	企业资助	0
	学校间交换（互免学费）	19
	自费	776
总人次		795

（王安琪）

【引智工作】 北京市外国专家局、北京市教委、市外事管理部门以及学校领导的大力支持下，外国专家从层次上和数量上持续增长。2014 年共聘请外国专家 61 名，其中长期外国专家 17 人、短期外国专家 44 人，分别为各院系开设了 15 门专业课程，包括 DSP 技术、网络工程、软件设计、国际营销、消费者心理学、西方经济学、国际金融、电子工程等，同时兼顾了部分专业的语言教学及研究生的公共英语教学，教学效果出色，学生反映良好。

除此之外，还利用专家特长为全校师生开展系列英语讲座，总数达 30 场，每场人数近 120 人。讲座涉及校本部学院、应用文理学院、商务学院、师范学院等，内容涵盖英美文学、英美文化、摄影概要、计算机等。

今年 5 月，协助承办了学校首届英文案例大赛，获得热烈反响。学校组织外国专家参观名胜古迹以加深其对中华文化的了解；拨专款建立外国专家公寓，居住条件的改善极大地提高了外籍教师的工作热情以及工作质量。

2014 年聘请专家一览表

序号	专家姓名	长/短期	国家或地区	专业领域
1	托马斯·卡尔森	长期	瑞典	语言学
2	艾伦·舍伍德	长期	美国	文学
3	吉米·巴克兰	长期	美国	心理学
4	玛丽·巴克兰	长期	美国	教育学
5	唐纳德·奇泽姆	长期	英国	营销学
6	马克·芭比	长期	美国	经济学
7	戴安娜·克尔什科	长期	俄罗斯	法学
8	楚天赐	长期	法国	语言学
9	伊莎贝尔	长期	西班牙	语言学
10	比尔·梁	长期	美国	管理学
11	本杰明	长期	美国	管理学
12	妮可	长期	美国	语言学
13	玛格丽特	长期	美国	教育学
14	马克西姆	长期	摩尔多瓦	经济学
15	阿迪卡	长期	法国	法语
16	克瑞斯	长期	英国	英语
17	近松	长期	日本	日语
18	马克·翰巴	长期	澳大利亚	英语
19	尼古拉斯·邓	短期	美国	语言学
20	马克·巴克	短期	英国	文学
21	大卫·吉文斯	短期	美国	传媒学
22	伊丽莎白·吉文斯	短期	美国	教育学
23	布莱恩	短期	英国	计算机
24	乔治·欧力尔	短期	美国	语言学
25	金汉孔	短期	韩国	特殊教育
26	劳伦斯·沃克	短期	加拿大	经济学
27	雷诺儿	短期	美国	教育学
28	唐纳德·汉斯	短期	美国	城市管理
29	莫娜·汉斯	短期	美国	教育学
30	丹尼·莱西	短期	美国	教育学
31	杰瑞丽·莱西	短期	美国	医药学
32	巴瑞·凯瑟	短期	美国	工程学
33	简·凯瑟	短期	美国	医药学
34	柯克·嘉乐基	短期	美国	教育学
35	马克·柯蒂斯	短期	美国	社会工作
36	哲伦	短期	美国	英语教育

序号	专家姓名	长/短期	国家或地区	专业领域
37	麦瑞林	短期	美国	教育学
38	罗宾	短期	澳洲	工程学
39	简·波克林顿	短期	澳洲	医药学
40	马西	短期	美国	医药学
41	尼基	短期	美国	教育学
42	舍尔巴	短期	美国	英语教育
43	戴娜	短期	美国	语言学
44	丝黛芬妮	短期	美国	经融学
45	威廉姆	短期	美国	英语教育
46	普洛斯基	短期	美国	建筑管理
47	卓依·劳	短期	美国	人文学
48	开罗	短期	美国	英语教育
49	潘东江	短期	中国台湾	餐饮管理
50	谢文一	短期	美国	酒店管理
51	托西诺	短期	芬兰	旅游管理
52	斯特潘诺夫斯	短期	俄罗斯	法学
53	麦克坎贝尔	短期	美国	法学
54	鲍勃	短期	美国	教育学
55	宋炜	短期	美国	地理学
56	提姆·宋	短期	中国台湾	生物学
57	健斯	短期	丹麦	历史学
58	吴俊毅	短期	中国台湾	法学
59	葛祥林	短期	德国	法学
60	蒙特格利	短期	美国	英语
61	史丹利	短期	美国	地理学

（刘璟）

【港澳台事务】 学校逐步与港台多所高校签署合作协议，开展形式多样的交流合作，详见下表。

北京联合大学 2014 年港台合作院校一览表

序号	院校名称	地区	合作内容
1	台北科技大学	台湾	教师互访;合作科研;海峡会
2	高雄师范大学	台湾	教师互访
3	云林科技大学	台湾	学生交流;教师互访
4	华夏技术学院	台湾	教师互访
5	朝阳科技大学	台湾	学生交流;教师互访;合作科研;海峡会
6	岭东科技大学	台湾	教师互访
7	龙华科技大学	台湾	学生交流;教师互访;合作科研;海峡会
8	大华科技大学	台湾	学生交流;教师互访
9	高雄餐旅大学	台湾	学生交流;教师互访
10	台湾中原大学	台湾	学生交流;教师互访;合作科研
11	建国科技大学	台湾	学生交流;教师互访;合作科研;海峡会
12	高雄应用科技大学	台湾	教师互访
13	彰化师范大学	台湾	学生交流;教师互访;合作科研
14	佛光大学	台湾	学生交流;教师互访
15	昆山科技大学	台湾	学生交流;教师互访
16	香港城市大学	香港	学生交流;教师互访
17	香港浸会大学	香港	学生交流
18	香港岭南大学	香港	学生交流

学校派往台湾地区的交换生逐年增加，2014年交　换生总数达到140人，详见下表。

北京联合大学 2014 年赴台交流学生人数统计表

单位：人

序号	院校名称	人数
1	建国科技大学	15
2	朝阳科技大学	24
3	云林科技大学	11
4	中原大学	29
5	龙华科技大学	17
6	高雄餐旅大学	16
7	佛光大学	14
8	彰化师范大学	10
总计		136

2014年，学校录取香港3人、台湾1人，共计4名港澳台侨学生，入读学校各个专业。

（田培）

【来华留学生教育】 北京联合大学积极引进国外合作院校先进教育资源和国际先进教育教学经验和做法，实施教育国际化和教育本土化有效融合，并通过聘请外国教学专家、本土优秀双语教师开展双语或全英语教学，让学生在校内即可接受到先进的国际化教育。

2014年的留学生总计1553人次。在读研究生：春季12人、秋季33人。在读本科生：春季332人、秋季408人。长期语言生：春季274人、秋季215人。短期语言生：春季179人、秋季100人。

（金海燕）

【孔子学院】 至2014年年底，学校与英国威尔士三一圣大卫大学合作的孔子学院共建孔子课堂6个，并在斯旺西开设孔子学院办事处1个。共外派孔子学院院长1人，汉语教师6人次。

2014年春季学期学校共招收孔子奖学金获奖者5名，其中2名阿塞拜疆留学生、1名爱尔兰留学生来学校国际交流学院学习1年的汉语；2名英国留学生，来学校国际交流学院学习半年的汉语。

秋季学期学校共招收孔子奖学金获奖者4名，2名韩国留学生来学校国际交流学院学习1年的汉语；2名韩国学生留学生来学校国际交流学院学习半年的汉语。

（王安琪）

管理与服务

一、校务管理

【概况】 学校校务管理工作主要由党委校长办公室承担。党委校长办公室是校党委、校行政的综合办事机构，下设5个科室，工作人员14名。

（王文杰）

【政务服务】 召开了四次党委全委（扩大）会议和一次校领导务虚会。其中四届六次全委（扩大）会、四届七次全委（扩大）会、四届九次全委（扩大）会为寒暑期例行会议，四届八次全委会专门讨论通过《北京联合大学章程（草案）》，研究四届九次全委（扩大）会议主题及下学期重点工作等。校党委四届80次常委会研究通过了《校领导班子务虚会制度》，确定每年定期召开校领导务虚会，11月21—22日，召开校领导务虚会，学习了党的十八届四中全会精神、讨论了全面制（修）定2015版普通本科培养方案及学生住宿和大学生就业基地相关事宜。全年共召开党委常委会和校长办公会75次，议题总数281项。其中党委常委会召开43次，涉及议题183项；校长办公会召开32次，涉及议题98项。印发党委常委会《会议纪要》43期，校长办公会《会议纪要》32期，《两会通报》43期，《联办通报》47期。

（刘伟光）

【文书机要工作】 编辑印发文件580件（带发文字号文件476件），其中校党委发文73件，学校发文28件，党委办公室、校长办公室发文35件。全年收非机要文件材料1315件，其中校内请示文件852件，上级文件463件，学校教代会的意见、提案共计19件。刊印《北京联合大学校内请示一周督办情况汇总表》36件。收发机要文件370件，送领导传阅4000次，清退机要文件500份，销毁机要文件、内部刊物等1.73吨。

（刘凤娥　江燕　李珊珊）

【信息调研工作】 学校为贯彻中央八项规定，精简信息简报的编发,在刊物种类保持不变的基础上,减少了2种新闻性刊物刊印数量,并对《联大信息》栏目进行了调整,适当增加了2种内参性刊物刊出比例。4种刊物围绕服务学校中心工作,既有信息报道,又有对学校热点、难点问题的调查研究,编印有问题、有分析、有建议的内参性刊物。全年共制发《联大信息》17期、《北京联合大学简报》9期、《北京联合大学简报(增刊)》22期、《参阅资料》32期。上述刊物中内参性刊物校领导批示9期,挂校内OA全校学习。

(江燕 赵方)

【校友会工作】 4月30日,召开校友会换届工作部署会,副校长、校友会秘书长张连城,学校办公室、校友会有关人员,以及各学院负责校友工作的领导、工作人员参加了会议。校友会办公室布置了校友会换届筹备相关工作。5月27日,召开北京联合大学第一届校友会常务理事会,会议由常务副会长周志成主持,13名常务理事、1名监事出席会议,对19名常务理事和2名监事采用通讯形式征集意见。会议听取校友会办公室关于第二次会员代表大会筹备工作的汇报;审议校友会第一届理事会工作报告、财务工作报告和监事会工作报告等有关换届工作文件;审议第二届校友会会员代表大会代表名单、理事候选人名单、常务理事候选人名单、监事候选人名单和领导机构候选人名单。6月17日,召开校友会工作人员会,会议通报了已完成的换届相关工作:召开常务理事会;代表团组团、选举代表和推选理事、常务理事、监事、领导机构候选人;报民政局对第二次代表大会材料进行审核;代表大会议程。布置了会员代表大会的会务工作:各代表团推荐团长;会员代表信息核实;推荐总监票人、监票人、计票人。

6月28日,召开北京联合大学校友会第二次会员代表大会,第一届、第二届校友会秘书长张连城主持会议。大会应到代表136人,实到96人,另有10名校友列席参会。会议举手表决通过了第一届理事会工作报告、财务工作报告、第一届监事会工作报告、章程和会费管理办法、换届选举办法等文件。以无记名投票方式选举产生了第二届理事会理事57人、监事会监事3人。同日召开第二届理事会第一次会议,应到理事57人,实到44人。会议无记名投票选举常务理事15名;徐永利当选为会长;周志成当选为常务副会长;孔繁敏、顾伟达、高东当选为副会长;张连城当选为秘书长;王维国、张伟、张文杰、范蓓、范宝祥当选为副秘书长。举手表决通过校友会法定代表人为徐永利。同日召开第二届监事会第一次会议,应到监事3人,实到3人。无记名投票选举张楠为监事长。

聘请北京中会仁会计师事务所对校友会进行离任审计和年度审计,结论均为"收入合法""支出合理"。

通过2013年社会组织年检。

2014年10月25日,学校召开庆祝36周年校庆校友座谈会,校友会会长、学校党委书记徐永利,校友会常务副会长、党委副书记周志成出席,来自11所学院的以毕业20周年、10周年校友代表为主的共20名校友参加座谈。座谈会由校友会秘书长、副校长张连城主持。

(刘朝生 白瑞霞)

【北京联合大学教育基金会获批成立并正式运作】 北京联合大学教育基金会(以下简称基金会)是由北京市教委批准,经北京市民政局核准登记成立的非公募基金会,是非营利性公益性社会团体。4月18日,基金会获得同意成立的行政许可决定书,原始资金数额200万元,来源于北京联合大学。4月28日,教育基金会第一届理事会一次会议召开,应到理事18人,实到15人;应到监事2人,实到2人。全体通过《北京联合大学教育基金会章程》;确定基金会成立仪式由理事长张连城和基金会办公室负责筹备。4月30日,教育基金会相关工作布置会召开,副校长、教育基金会理事长张连城,学校办公室、基金会办公室有关人员,以及各学院负责基金会工作的领导、工作人员参加了会议,会议对基金会成立仪式的筹备工作进行了部署。

5月7日,《北京联合大学教育基金会章程》获得北京市教委审批,同日到北京市民政局进行《北京联合大学教育基金会章程》核准备案。7月10日,北京联合大学教育基金会网站(buuef.buu.edu.cn)正式对外发布,设有新闻公告、规章制度、捐赠立项、我要捐赠、信息公开、下载专区等栏目,宣传介绍校教育基金会的工作情况。根据捐赠者意愿,基金会及时将捐赠情况在网站进行公示。

10月8日,基金会第二次理事会通过《北京联合大学教育基金会基金管理办法(试行)》《北京联合大学教育基金会财务管理办法》《北京联合大学教育基金会信息公开办法(试行)》和《北京联合大学教育基金会重大事项报告制度(试行)》。

10月25日,北京联合大学教育基金会成立仪式隆重举行。学校领导、基金会第一届理事会理事、监事、捐资企业及个人代表,校友代表,北京联合大学师生代表等共约300人参加。

截至2014年12月31日,基金会接受北京联合大学在职教职工捐款1633人次,接受学校离退休人员和社会捐赠30笔;接受捐赠(协议捐赠)总额12236894.42元(8236894.42元+联通400万无偿使用的设备)。捐赠实际到账10723194.42元(含联通400万设备),其中:货币6422114.42元,设备4301080元(含联通400万设备)。

(刘朝生 白瑞霞)

【信访工作】 贯彻落实国家、北京市《信访工作条例》及中办、国办发《关于创新群众工作方法解决信访突出问题的意见》，推动重大疑难信访依法终结。安排校领导信访接待日40次，接办信访54件，其中转出信访件4件，接待群体上访5次，起草给北京市第三开关厂退休工人的信访答复意见2次，起草了报市教委的信访事项办理报告及报市政府的信访复查相关材料。信访结案45件，已完结案件占信访总量90%。在校领导全面部署和相关部门紧密配合下，学校给北京市第三开关厂退休工人的信访答复意见得到了市教委的支持并通过了市政府的信访复查，实现了信访事项依法终结。

（王淑颖 孔庆来）

【印信管理与使用】 全年共加盖校级印章2.6万份，新刻"中国共产党北京联合大学后勤服务公司总支部委员会""中国共产党北京联合大学广告学院委员会"印章2枚，发布公章启用通知2份。及时做好法人证书、组织机构代码证的年检，全年共发放法人证书及组织机构代码证复印件456份、介绍信87份。

（王淑颖 孔庆来）

【综合事务】 使用协同办公会议管理系统，实现会议室的有序管理，优化会议室资源，精简会议，2014年全年共计安排各类会议320场次，同比2013年会议数量大幅下降。做好来访接待工作，接待院校、企业、政府机关、事业单位来访共计近40场次。负责安排好各位校领导每个教学周的行程安排，统筹协调各部门，安排43个周次的工作，共计1420场次。筹备党委全会、团拜会、第十四届运动会、基金会成立仪式等大型会议和活动；迎接党建先进校检查、巡视组进校、平安校园检查、党风廉政建设检查等上级检查，各项安排通畅顺利，共计协调重大会议和活动近20场次。

（王淑颖 张赫 王君卓）

【法务及公开工作】 上报《北京联合大学2013—2014学年度信息公开报告》《北京联合大学校务公开自查报告》。邀请教育部政策法规司副司长黄兴胜做《学习贯彻四中全会精神 努力实现大学良法善治》讲座。征集普法微视频，选送市司法局作品获市级二等奖，学校获市级优秀组织奖。编辑制作《我们身边的法律常识（上）》。在九个校区开展反传销法律宣传展。与社区居委会、律师事务所共同开展"送法进校园——普法宣传法律咨询"活动，发放宣传资料上千份，接待解答法律咨询上百次。组织"深入学习宣传宪法 大力弘扬法治精神"知识竞赛、制作宣传折页、升旗仪式系列活动，全校近四千名教职员工和上万名学生参与。代理于燕华诉北京联合大学人事争议案，马刚诉北京市教育委员会、北京联合大学行政诉讼案、杨谦诉北京联合大学商务学院劳动争议仲裁案、张瑞祥诉北京城建集团、北京联合大学人身损害赔偿案等涉诉案件。审核修改十余家校内单位与外单位签订的协议、合同等法律文书数十份。

（王淑颖 王石磊）

二、人事管理

【机构设置】 2014年，全校共设二级学院14个，其中，副局级学院6个，处级学院8个。按《北京联合大学机构设置方案》（京联党〔2013〕68号）规定，副局级学院（继续教育学院除外）内设处级管理机构9个，教学机构共29个，非教学机构共21个。处级学院（国际交流学院除外）下设三个办公室：综合办公室、教学科研办公室和学生工作办公室。

学校设直属教学单位5个，机关处室18个，群团组织5个，直属非教学单位9个，校级（校管）科研机构8个。

北京联合大学机构设置情况统计表

序号	机构类型	数量/个
1	二级学院	14
2	直属教学单位	5
3	校机关处（部、室）	18
4	群团组织	5
5	直属非教学单位	9
6	校级校管科研机构	8

（刘欣）

【人员编制与调配】 北京联合大学是1985年经北京市政府批准成立的市属高等院校，2014年核定编制数3888人，核定岗位数3888个，其中，管理岗位894个，占岗位总量的23%，专业技术岗位2722个（其中，教师岗位2138个，占岗位总量的55%），占岗位总量的70%，工勤技能岗位272个，占岗位总量的7%。目前全校3109名教职工中，专职教师岗位1591人，管理岗位813人，其他专业技术岗位448人，工勤技能岗位176人，内退、病退等其他人员81人。

（刘欣）

【岗位聘任以及变动】 按照学校深化管理体制改革、促进内涵发展的要求,学校确定"十二五"期间全校教职工总量控制在 3000 人以内,为此,学校严控各单位编制数和岗位设置数,严控管理岗位和其他专业技术岗位进人,增加教师队伍数量,提高教师队伍的质量,在确保专职教师队伍逐年增长的基础上,全校在编人员规模逐年下降,2014 年全校在编人员变化为 3109 人。学校管理岗位人员总数为 813 人。全校学生数与管理人员数之比为 37:1。为了调整人员总体结构比例,学校严控管理人员编制,校内各单位凡有管理人员退休、辞职的空岗,都通过校内调剂的方式解决,管理人员比例呈现逐年下降趋势。2014 年,全校工勤技能岗人员数减至 176 人。

2014 年初有兼职教师 101 名。其中正高级专业技术职务人员 10 人、副高级专业技术职务人员 30 人、中级专业技术职务人员 35 人、中级以下人员 26 人;具有博士学位的 8 人、硕士学位的 35 人、本科学位及其他 58 人。

(1)教师岗位

2014 年全校共下达教师岗位正高级职务指标 25 个,思想政治教育教师正高级职务指标 1 人,副高级职务指标 3 个。

(2)其他专业技术岗位

2014 年北京市教委给学校下达教育管理正高级职务指标 1 个,副高级职务指标 4 个,学校申报正高级职务人员 1 人,副高级职务人员 11 人。

2014 年全校对四类专业技术岗位人员申报副高级职务统一下达指标,其中博士通道指标 15 个,37 人申报;外语类指标 5 个,10 人申报;社科类指标 2 个,6 人申报;其他专业技术指标 5 个,11 人申报。

(刘欣)

【人才引进与招聘】 由各类人才计划入选者构成的人力资源是高等学校核心竞争力,包括:两院院士、千人计划(海外高层次人才引进计划)、教育部长江学者奖励计划、(新世纪)百千万人才工程、教育部跨世纪人才计划、新世纪优秀人才支持计划、国家杰出青年科学基金、国家自然科学基金委创新研究群体学术带头人、教育部创新团队发展计划学术带头人等。2014 年,我校将李德毅院士作为"北京市属高等学校高层次人才引进与培养计划"特聘教授引进,并建立了院士科研工作站。李德毅院士受聘以来,由校人事处具体承担李德毅院士及智能驾驶院士科研团队的管理、协调、待遇落实等管理与服务工作。

2014 年,学校有双聘院士 1 人,北京市特聘教授 7 人。截至 2014 年年底,全校共有 49 人获批为享受政府特殊津贴专家。

2014 年,学校在执行的"高层次人才引进与培养三年行动计划"项目有创新团队 4 个、长城学者 6 人、拔尖人才 36 人、青年英才 38 人、特聘教授 6 人和教学技能项目,共下拨经费 1884 万元,其中教学技能项目中参加培训、调研、学习的教职工共计 823 人,基本完成预定绩效要求。新入选 2015 年市教委"高层次人才引进与培养三年行动计划"中"长城学者计划"2 名,"青年拔尖人才计划"8 名,特聘教授 1 名。

2014 年,学校主要招聘教学科研岗位人员及学生辅导员,招聘方式为引进高层次人才、京内调入副高级及以上人员、接收博士后出站、接收应届毕业生及留学回国人员。全校新招聘教职工 71 人,包括博士后出站人员 10 人和留学回国人员 5 人,其中 59 人补充到学校教师岗位,其余 12 人成为学校学生辅导员队伍的新生力军。新进教师中副高级及以上职称人员 12 人,占 20%;新进教师中具有博士学位人员 52 人,占 88%。

(刘欣)

【合同管理】 学校现有编制外聘用人员 976 人,其中劳务派遣人员 527 人,与学校(学院)签订聘用合同人员 121 人,签订工作协议人员 328 人。编制外聘用人员分布于全校 23 个二级单位。后勤服务类人员是学校编制外聘用制用工的主体,占 95%左右,岗位分布在饮食、学宿、绿化保洁、交通运输等中心。

按照《北京市事业单位聘用合同制试行办法》的要求,学校全体在职教职工 3069 人已全部纳入合同管理的范围。2014 年是学校大聘期(2013—2017 年)的第二年,合同管理的工作重点包括编制内新聘用人员的合同签订、到期合同续签、调转人员的解除,以及编制外聘用人员的合同和协议管理。2014 年签订新聘用人员合同 90 份,续签到期合同 109 份,终止合同 1 份,解除聘用合同 12 份,签订临时人员聘用合同 121 份,签订工作协议 328 份,签订劳务派遣用工协议 527 份。

(刘欣)

【师资培训】 教学技能培训项目包括岗前培训、教育技术等级考试培训、多媒体课件制作培训、暑期英语培训等项目。其中,岗前培训、教育技术等级培训、多媒体课件制人和培训由北京市高校师资培训中心组织实施,一般采用函授方式。2014 年,学校进一步简化技能培训流程,把教师请到学校直授。

暑期英语培训由校人事处与国际交流处合作组织,采用全外教培训的方式,2012—2014 年,共有 160 人参加了培训。

选派骨干教师采用在职非脱产的方式到重点高校进行国内访问学者研修,2014 年有 8 名教师参加。

根据北京市教委的相关文件要求,选派优秀青年教师赴高校教师发展基地开展研修工作。2014 年,学校共选派 53 名教师参加。

(刘欣)

【教师发展与服务】 截至 2014 年年底,教师教学发展中心开展的科研项目有：北京市哲学社会科学规划项目《北京市属高校中青年教师专业化发展状况与院校支持策略研究》、北京市委组织部 2012 年优秀人才培养资助集体项目《北京联合大学中青年教师专业化发展支持体系的研究与实践》。与北京建筑工程学院、北京服装学院、北京农学院人事部门合作，研究借鉴联合国教科文组织、美国 UCLA、台湾地区教育主管机构以及北京大学教育学院关于教师发展和学生发展调查的相关调研问卷，设计开发了《北京市属高校教师专业化发展状况调查问卷》，并在北京市 10 家市属高校中开展专项调查，制作了北京市属高校教师发展状况综合数据册，从教师队伍概况、家庭生活状况、教育教学、科学研究、社会服务、学生学业指导、教师学术团队、教师职业发展、对院校管理和制度环境评价、职业满意度、职业压力等方面，研究分析市属高校教师特别是中青年教师专业化发展状况。

（刘欣）

【人才强校项目】 2011 年，学校制定了《"十二五"时期北京联合大学人才强校计划实施方案》，计划包括：《人才引智计划实施方案》《人才提升计划实施方案》《人才（青年教师）培育计划实施方案》《优秀团队扶持计划实施方案》四个方案，各项目入选情况见下表。

北京联合大学人才强校计划各项目入选人数统计表

单位：人

项目名称	入选总人数	2011 年度入选人员数	2012 年度入选人员数	2013 年度入选人员数	2014 年度入选人员数
优秀学科带头人、专业负责人资助项目	16	8	3	——	5
教学骨干培养资助项目	27	10	13	10	4
管理骨干培养资助项目	15	——	10		5
高职专业双师素质教师资助项目	13	6	4		3
优秀青年博士资助项目	57	32	25		
学术（科研）创新团队培养资助项目	6		3		3
教学创新团队培养资助项目	6		3		3
管理创新团队培养资助项目	3		1		2
人才引智计划	——	3	2		——
总计	143	59	64	10	25

（刘欣）

【北京市教委人才强教计划】 "创新团队建设"提升计划，旨在依托国家和北京市重点学科、重点实验室等教学、科研创新平台及产学研用结合的创新研发平台，通过重点支持与建设，增强其竞争国家级创新团队的能力。2014 年，学校共有 4 名教师入选该计划。

"长城学者"培养计划，旨在面向国家和首都发展需要，与高校学科专业布局调整相适应，与高校重点学科和新兴交叉学科建设相结合，遴选出一批品德高尚、勇于实践、敢于探索、富有创新精神的中青年拔尖人才，通过重点培养，使其成长为学科领军人才。2012—2014 年，全校 8 名教师入选该计划，其中 2014 年入选 2 人。

"青年拔尖人才"培育计划，旨在构建北京市属高等学校人才梯队，在自然科学、哲学社会科学和文化艺术等重点学科领域和高等教育管理一线，培养和支持优秀青年人才，使其成长为学科领军后备人才和专业化高级管理人才。2012—2014 年，全校 44 名教师入选该计划，其中 2014 年入选 18 人。

北京高等学校"青年英才计划"，主要通过资助青年教师进行教育教学类项目、科学研究类项目、社会实践类项目加强教师队伍建设，加强和改进高校青年教师思想政治工作。

（刘欣）

【留学资助】 出国培训项目可分为两大类，即国家留学基金公派国外访问学者项目和北京市公派国外访问学者项目，近几年两类项目培训人员情况统计如下表所示。

北京联合大学 2010—2014 年公派出国情况统计表

单位：人

年份	国家留学基金委公派国外访问学者项目	北京市公派国外访问学者项目	
		一般国外访学学者	高级访问学者
2010	0	6	0
2011	3	12	1
2012	0	7	0
2013	0	10	3
2014	2	5	7

2013 年,公派教职工出国培训按期回校 7 人,近 5 年,校本部学成回校人员情况统计见下表。

北京联合大学 2010—2014 年出国培训回校人数统计表

单位:人

年份	国家留学基金委公派国外访问学者项目	北京市公派国外访问学者项目	
		一般国外访学学者	高级访问学者
2010	0	9	0
2011	0	6	0
2012	1	12	1
2013	0	7	0
2014	0	10	3

(刘欣)

【专业技术职务晋升】 2014 年全校对四类专业技术岗位人员申报副高级职务统一下达指标,其中博士通道指标 15 个,37 人申报;外语类指标 5 个,10 人申报;社科类指标 2 个,6 人申报;其他专业技术指标 5 个,11 人申报。最终这四类人员均按学校下达的指标数通过评审,并返回各二级聘委会聘任。

专业技术职务晋升依据文件:《北京联合大学专业技术职务晋升聘任实施方案》(京联人〔2011〕12 号)、《关于对专业技术职务晋升必备条件的补充意见》(京联人〔2011〕11 号)和《北京联合大学专业技术职务晋升聘任的必备条件》(京联人〔2007〕45 号)。

2014 年,全校共下达教师岗位正高级职务指标 25 个,思想政治教育教师正高级职务指标 1 人,副高级职务指标 3 个。北京市教委给北京联合大学下达教育管理正高级职务指标 1 个,副高级职务指标 4 个,我校申报正高级职务人员 1 人,副高级职务人员 11 人。

市教委按照各高校人员核定情况及工勤技能岗位比例下达技师指标 1 个、高级工指标 12 个、中级工指标 5 个。其中技师和高级工指标可向下打通使用,即技师的 1 个指标可用于高级工和中级工;高级工的 12 个指标可用于中级工。

2014 年,人事处专业技术职务晋升聘任工作作为学校权力结构科学化配置体系建设试点,对本项工作进行了认真梳理,形成了权力结构目录、决策权和执行权运行流程图、简易流程图、BPMN 流程图。

(刘欣)

【薪酬与福利】 学校教职工薪酬的基本概念是指工资性收入。工资性收入是指按国家标准、北京市政策以及学校规定发放的货币性收入。工资结构由国拨工资和绩效工资构成。其中,国拨工资由岗位工资、薪级工资构成,绩效工资由基础性绩效工资和奖励性绩效工资构成。按上级文件规定,基础性绩效工资总量在绩效工资总量中所占比例原则上不低于 40%、不高于 70%。2014 年,学校国拨工资、基础性绩效工资和奖励性绩效工资之比为 15%:65%:20%,如图所示。

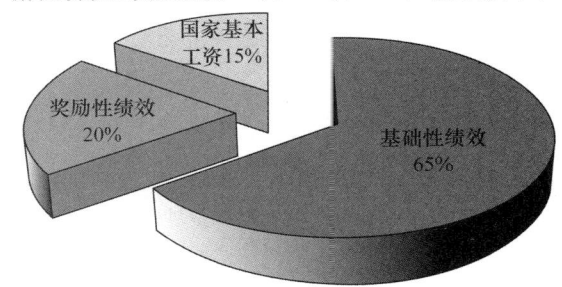

北京联合大学教职工工资结构

2010 年至 2014 年,学校教职工的人均工资有了较大幅度的增长,总体来看,2014 年教职工人均工资比 2013 年增长 4.76%,比 2010 年增长了 38%。

【人事信息化】 2014 年,完善了新、旧人事信息管理系统工资数据库。全校首次实现了工资数据集成。进一步加强了全校人事信息数据库的培训,部分权限向各二级单位开放。通过与网络中心、学校各业务处室合作,初步完成专业技术职务申报材料的网上提交和审核的测试工作,重点理清了专业技术职务晋升聘任的各项程序和关键业务数据获取工作,为下一步进一步完善此项工作打下了良好的基础。与网络中心联合开发关于专业技术人员继续教育管理信息系统,实现了包括填报个人学习信息、部门和学校审核、分类统计各类人员参加继续教育情况、所获得学时情况、分培训类别或者培训内容统计参加人员情况等功能,系统已投入使用,运行稳定。

(刘欣)

【教师发展中心】 2014 年,中心依托教师发展中心指导委员会和专家委员会,汇聚全校相关业务单位需求和资源,共同举办教师专业化发展活动。依托中心专家咨询预约系统,实现咨询专家对教师个性化发展需求的引导和帮助作用。开发校本专题培训服务项目,面向不同层次的教职工提供个性化服务。培训项目及人员情况详见下表。

北京联合大学 2014 年校本专题培训项目情况一览表

序号	培训项目	培训内容	培训对象	培训时间	培训人数
1	新教师研习营	执教能力培养、名师面对面、团队拓展、学科建设与科学研究、职业发展导航、自主拓展学习	每年新入校教师和新转入教师岗位人员	2014 年	60
2	新晋升副教授研修班	学科建设、专业建设、科学研究、教育科研、实践教学、职业发展、项目模拟申报、自主拓展学习	每年新晋升副教授专业技术职务的教师	2014 年	57
3	新任系(教研室)主任高级研修班	专业建设与改革、人才引进与培养、学科与科研、管理素质与能力、社会实践与服务	全校系(教研室)主任	2014 年	133
4	科级管理干部培训班	管理素质与能力、组织监督与自律、沟通与协调、职业规划与发展、执行力提升、公文写作	全校机关及直属单位、学院、直属教学单位正科级实职干部	2014 年	99

(刘欣)

【退休与社会保险工作】 2014 年,学校按北京市规定为离退休人员增发北京市离退休生活补贴费。

2014 年,教职工共缴纳社会保险费用 5646.81 万元,其中单位缴纳 5146.25 万元,个人缴纳 778.56 万元。办理保险新参和转入 103 人,转出 72 人,跨省市转移 5 人,核定缴费基数 3243 人,发放新社保卡 55 张,办理医保在职转退休 122 人,医保卡公疗同步 196 人。2014 年,女职工申领生育保险待遇 68 人,申领金额 191.79 万元。申报工伤待遇 8 人,发放金额 43.6 万元,医保异地安置 19 人,补缴医疗和四险 52 人次,变更定点医院 808 人次,医疗特病审批 18 人,变更社保信息 268 人次。

(刘欣)

【劳务派遣】 其他岗位聘用人员包括聘用在管理岗位、专业技术岗位和工勤技能岗位的编制外人员。2014 年年底有编制外聘用人员 976 人,其中劳务派遣人员 527 人,与学校(学院)签订聘用合同人员 121 人,签订工作协议人员 328 人。具体比例情况如下图所示。

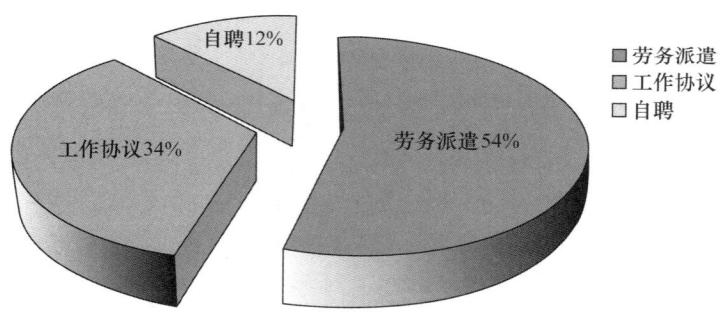

自聘12% 工作协议34% 劳务派遣54%

■劳务派遣
■工作协议
□自聘

(刘欣)

【人事档案管理】 截至 2014 年 12 月 31 日,北京联合大学档案管理部门(包括 6 所副局级学院)共有在职职工档案(包括工人)3063 件,退休人员 2445 件,离休人员档案 93 件,去世人员档案 291 件,自动离职人员档案 21 件,总计档案件数为 5913 件。人事处对新入职员工的人事档案进行接收、审核,补充归档材料,在办理完毕后,将属于归档范围的各类人事档案材料按照要求,按干部、工人等划类并分别排序,按姓氏拼音排列序号,重名者注明职工工资号,送交档案馆(室)(附纸质版及电子版人事档案归档名册、移交目录内容明细单)归档,并履行登记手续。凡因干部考察、任免、调动、出国、公证、政治审查、组织处理及落实政策等事宜,需要查阅人事档案的,应按照规定履行审批手续,经批准后方可查阅。

【其他工作】 根据校党委和纪检监察办公室部署和要求,人事处将专业技术职务晋升聘任工作作为学校权力结构科学化配置体系建设试点,对本项工作进行了认真梳理,形成了权力结构目录、决策权和执行权运行流程图、简易流程图、BPMN 流程图。

(刘欣)

三、财务管理

【概况】 财务管理工作主要包含学校预算资金管理、校园卡充值、卡务管理、资产管理。负责管理全校的预算资金运行、校本部财务核算工作、指导副局级学院财务具体运行业务。为进一步深化学校内部体制改革,2014 年学校财务继续实行一级预算管理,各副局级学院财务预算统一纳入学校整体预算中。

校部财务处下设校级资金管理科、校级预算及绩效考评科、会计科、核算一科、核算二科、卡务中心、资产管理科、综合科 8 个科室。2014 年末财务人员 39 人,其中在职人员 36 人,外聘人员 3 人。主要负责校本部预决算资金管理及会计核算,全校校园卡管理及资产管理工作。学校依据《事业单位财务规则》《高等学校财务制度》的有关规定,实行"统一领导、分级核算、集中决算"的财务管理体制。2014 年重点加强了学校的财务制度建设、预算资金管理、财务信息化等方面工作,取得了一定的成效。财务处配合审计处完成经济责任审计、上级部署的项目绩效检查、2014 年预算执行情况审计、2014 年科研课题结题审计工作。配合招就处完成了毕业生离校工作。

(李淑芳)

【财务状况】 2014 年学校事业收入总额 158170.1 万元,比 2013 年增加 1179.84 万元,增加幅度为 0.75%。2014 年学校事业支出总额 178593.2 万元,比 2013 年增加 43396.74 万元,增加幅度为 32.1%。2014 年末学校固定资产总额为 186508.7 万元,比 2013 年增加 24484.35 万元,增加幅度为 15.11%。

(李锦心)

【会计核算工作】 学校实行"统一预算、分级核算,集中决算"的会计核算模式。依据教育部、财政部颁布的《中华人民共和国会计法》《事业单位会计准则》《高等学校会计制度》的规定设置会计科目;按照市财政、市教委的相关财务管理规定进行会计核算,如实反映学校的财务收支状况,同时对学校各项经济活动的合法性、合理性进行财务监督;按照资金的不同类别实行项目管理,单独核算经费收支,实现项目经费的指标控制和专款专用。依托天翼财务管理系统,实时进行账务处理,通过财务信息发布平台,及时反馈财务信息数据。校培训中心、基建处、后勤集团等另行设立财务部门,负责承担学校继续教育、基本建设、后勤保障等部分经济业务管理和会计核算工作。

(荣莉)

【基本医疗保险工作】 2014 年学校全日制本科生、研究生仍然实行"公费医疗"就医政策,高职学生实行"社会医疗保险"政策。在职教职工、离退休人员实行"社会医疗保险"政策。

(荣莉)

【收费管理工作】 进一步规范学校收费管理,严格执行收费政策,按收费备案标准收取学费、住宿费及成教学费;2014 年 7 月研究生学费进行申报备案,从 2014 年起收取研究生学费;2014 年 5 月顺利完成了非税票据年检工作。

(李淑芳)

【固定资产管理工作】 截至 2014 年 12 月 31 日,全校固定资产总额 1865087295.38 元,其中:房屋及构筑物 546673696.71 元,通用设备(含车辆)1038039267.33 元,数量 108060;专用设备 113171538.57 元,数量 13015;文物及陈列品 8852035.55 元,数量 623;图书、档案 76761657.66 元,数量 1641388;家具、用具、装具及动植物 81589099.56 元,数量 120292。

按照市财政、市教委工作部署要求,重点开展了 2014 年产权登记工作,对全校包括校本部和各独立法人学院以及下属各中心、培训学校等共计 18 家事业单位进行了产权登记。在各单位的积极配合下,圆满完成校内资产清查、审计入户核实及上报市教委审核等环节,达到了"理顺产权关系,明晰国有资产产权"的预期工作目标。根据市财政批复,截至 2013 年 12 月 31 日,全校纳入产权登记范围并准予产权登记的事业单位如下。

北京联合大学准予产权登记单位一览表

序号	事业单位名称	单位性质	预算级次
1	北京联合大学	财政补助事业单位(全额)	二级
2	北京联合大学商务学院	财政补助事业单位(全额)	二级
3	北京联合大学应用文理学院	财政补助事业单位(全额)	二级
4	北京联合大学生物化学工程学院	财政补助事业单位(全额)	二级
5	北京联合大学旅游学院	财政补助事业单位(全额)	二级
6	北京联合大学继续教育学院	财政补助事业单位(全额)	二级
7	北京联合大学师范学院	财政补助事业单位(全额)	二级
8	北京联合大学培训中心	经费自理事业单位	三级
9	北京联合大学师范学院培训中心	经费自理事业单位	三级
10	北京联合大学继续教育培训中心	经费自理事业单位	三级
11	北京联合大学应用文理学院保健食品功能检测中心	经费自理事业单位	三级
12	北京联合大学旅游学院培训中心	经费自理事业单位	三级
13	北京联合大学商务学院培训中心	经费自理事业单位	三级

续表

序号	事业单位名称	单位性质	预算级次
14	北京联合大学生物化学工程学院培训中心	经费自理事业单位	三级
15	北京市创业培训学校	经费自理事业单位	三级
16	北京联合大学特殊教育学院培训中心	经费自理事业单位	三级
17	北京市医药培训中心	经费自理事业单位	三级
18	北京医药职业技能培训学校	经费自理事业单位	三级

（王颖）

【财务信息化建设】 上半年，根据学校人财物一体化建设项目要求，完成财务系统与人事、教务业务系统接口程序的开发，实现了学生学费交费和职工工资发放相关数据的系统间同步共享。

完成对全校各法人单位财务系统的版本升级，全校统一升级为 V4.2 版本。根据新《高等学校会计制度》，统一全校财务账套科目及财务大类及项目等信息编码，完成新旧科目转换。

暑假期间，对天翼财务管理软件进行深度开发与利用，全面升级改造了校本部高级财务信息管理平台，扩展并完成"网上酬金申报""网上预约报销"两大功能模块的开发与上线。财务报销手段实现了从"传统排队等候"到通过网上录入投递的"无等候报销"方式的变革。改造后，使得财务账务处理程序简化、工作效能提升，缓解了报销窗口压力，基本解决了长时间排队等候报销的老大难问题。

下半年，随着信息网络中心 2014 年财政专项——人财物一体化建设项目，完成财务子系统建设内容的实施，完成学校全预算系统及汇总账套的一期建设。

（荣莉）

【获奖情况】 北京市教委组织专家组从项目文本及绩效目标编制情况、年初预算下达情况、送审财务情况、基础数据填报等方面对北京联合大学 2015 年预算编制进行评价，评价得分 88.8 分，排名第四。北京市教委 2014 年 4—7 月对所属预算单位 2012 年专项进行绩效评价，北京联合大学得分 77.93，评价结果良好。

（李淑芳）

【其他工作】 2013 年校本部会计档案共归档 2088 卷，2012 年校本部会计档案、拨款户会计档案 1801 卷全部移交档案馆。

（李淑芳）

四、资产管理

【概况】 国有资产管理处内设三个科级部门分别为：采购招标管理科、房产管理科、综合管理科，国有资产管理处在岗在编 12 人。主要业务范围包括：校本部资产配置、购置审批；全校政府采购项目、校级采购项目、校本部的分散采购项目；以及校本部房屋、土地、职工宿舍的产权登记等日常管理工作，校本部教职工住房补贴、教职工住房公积金、供暖费和物业费报销的管理工作。

（薛晶）

【采购招标工作】 完成 2014 年采购招标工作计划。全年采购立项项目 202 个，预算金额 27697.727004 万元，中标金额 27014.126487 万元，资金利用率 97.54%。

（薛晶）

【信息化平台建设】 采购招标信息管理系统、房产管理系统在校网络中心的支持下 2014 年底已开始进入调试阶段。

（薛晶）

【房产管理工作】 2014 年完成住房补贴汇缴共计 6167 人次，515.17 万元；完成住房补贴支取 231 人次，约 622.65 万元。

2014 年，完成住房公积金汇缴共计 19375 人次，3627.98 万元；完成住房公积金提取 3032 人次，约 2896.04 万元；为离退休职工办理销户支取 93 人，999.84 万元；首次支取审核原件 91 人；完成 103 人个人信息修改等工作。

住房补贴无房备案 84 人，89.21 万元；住房补贴差额备案 24 人，32.53 万元。

为教职工报销取暖费、物业费 1778 人，331.02 万元。

为教职工办理朝阳区南湖东园 213 号楼康居房本 8 套。

办理联合大学校本部北院（育慧里 7 号院）3 栋楼房、4 座平房产权证 7 本；房屋与土地确权，确权土地面积 160791.22 平方米，确权房屋面积 101379.31 平方米。

进行房产管理高校调研和市场调研，完善房产管理信息。

（薛晶）

五、审计工作

【概况】 审计处是学校执行内部审计监督的职能部门。其主要职责是依据国家法律、法规对学校及所属单位财务收支、经济活动的真实、合法和效益进行独立监督与评价。2014 年开展的主要工作包括 2013 年度财务预算执行和决算审计、领导干部经济责任审计、基建、修缮工程审计、科研经费审签、部分财政支出项目校内绩效评价,内部控制体系建设等,加强了审计队伍建设。

（张健民）

【预算执行和决算审计】 4月8日至7月20日,组织开展2013年度预算执行和财务决算审计,以学校预算的整体运行情况和以前年度审计中发现的问题整改情况为重点,完成对学校(包括6家副局级学院)的内部审计。通过审计,与相关业务部门现场研讨,能现场解决的问题现场提出改进建议,对重大问题向学校报告并提出改进建议。

（李丹）

【领导干部经济责任审计】 11月14日召开经济责任审计联席会议,会议讨论了经济责任审计工作原则、范围,12月3日起对学校16名处级领导干部进行了经济责任审计,将审计意见反馈给被审计人员及所在单位和部门,为推动部门规范管理、提高领导干部责任意识、防范经济风险起到了推动作用。

（李丹）

【基建修缮工程审计】 审计处认真落实市教委关于推进基建、修缮工程审计工作意见,根据学校总体安排,大力推进基建、修缮工程项目审计工作。2014年对北四环校区综合实训楼二期、图书馆、应用文理学院第二教学楼三个在施项目进行了全过程跟踪审计,对体育综合楼和应用文理学院学生宿舍楼工程进行了结算审计。截止12月底,修缮工程审计77项,通过审计节约经费约512万元。

（李赞跃）

【部分支出项目校内绩效评价】 根据以前年度工作开展情况和被审评对象的意见,改革校内绩效评价工作,扩大覆盖面,简化评价程序,评价形式多样化,修改评价指标体系,增加项目前期规划分值。10月20日—12月25日,在108个项目全面自评的基础上,选取了31个项目现场答辩考评,结果是15项优秀,16项良好。

（李丹）

【科研、收费专项审计】 完成科研经费审计21项。涉及金额156万元。配合财务、纪检等部门完成了收费审计。

（刘振斌）

【市教委专题审计】 4月15日起,配合市教委对学校"专业建设"类财政专项进行专题审计。学校高度重视检查意见,召开了专题会议,提高了项目负责人重视程度。

（张健民）

【制度建设】 为规范审计结果运用工作,加强整改落实,提高审计执行力,充分发挥审计的作用,制定了《北京联合大学审计结果运用管理办法(试行)》(京联发〔2014〕26号)。

（张健民）

【审计队伍建设】 学校高度重视审计工作,认真落实审计人员后续教育制度,注重理论学习和职业道德教育,在内审协会的帮助下,学校13名专兼职内审人员参加了审计人员后续教育;结合党支部活动,在部门内开展了"一岗双责"、廉政风险防范教育,提升了内审人员的职业道德素养和政治素养。

（张健民）

六、基本建设

【概况】 基建处承担着学校基本建设管理工作,下设规划预算科、工程管理科和综合科。主要的工作有制定基建制度、基建工程项目立项申报、组织工程项目招投标、工程实施管理、协调工程口与各部门的关系、竣工验收等,直至资产交付使用。

校长助理李志祺兼基建处处长,另有副处长2名,科长3名,副科长、正科级待遇1名,副科长1名,副主任科员1名,科员1名。

（李志祺）

【学校总体规划】 科学、严谨地推进市属高校三年规划在施项目的实施,同步开展北四环校区东院改造、堡头园区规划、特殊教育学院康复资源综合楼立项筹备

（李志祺）

【应用文理学院第二教学楼项目(以下简称"二教楼")、北四环校区教学用房项目的施工工作】 2012年11月,二教楼取得市发展改革委立项批复。该项目是北京市2010—2012年三年高校基建规划第三批6个项目之一。项目于2014年暑假期间基本完成,2014年第三季度全面竣工并完成验收后投入使用。

2013年底教学用房项目取得市发展改革委立项批复。文件号为京发改〔2013〕589号,建设工程规划许可证号2013规(朝)建字0103号,施工许可证号为〔2014〕施建字0070号,总建筑面积29717平方米,总投资15621万元。施工单位是中铁建设集团有限公司,监理单位是北京英诺威建设工程管理有限公司。该项目于2014年上半年6月完成主体结构施工,包括图书馆单体和实训楼二期单体,图书馆单体于7月上旬完成结构封顶,实训楼二期单体于下半年10月上旬完成结构封顶。

（李志祺）

【北四环校区东院的改造】 北四环校区东院改造(原计生委事业单位办公区改造)于2014年6月30日取得北京市教委批复。批复文件号为京教函〔2014〕287号,建筑面积7558.85平方米,建设工程规划许可证号2011规建字0145号,建筑工程施工许可证号〔2014〕施装字0426号,施工单位是北京矿建建筑安装有限责任公司,监理单位是中经国际招投标有限公司,该项目于年中进入实施阶段,施工单位稳步推进,并在2014年年内竣工。项目完成后,对我校北四环校区功能的

完善起到了重要作用。

（李志祺）

【垡头园区规划、特殊教育学院康复资源综合楼立项筹备的阶段成果】 2014年年初，我校垡头校区总体规划报市教委审批。2014年5月，特殊教育学院康复资源综合楼园区总体规划已经完成了规划的网上、现场公示，并由规委报市政府审批。项目的具体设计工作全面展开。

（李志祺）

七、后勤管理

【概况】 行政管理处现有职工13人，其中事业编制在职人员9人，事业编制内退人员3人，非在编合同制人员1人。下设工程管理科、校园管理科、计划生育办公室。主要工作内容：校园修缮改造、资源调配、计划生育、学生献血、新生接站、学生火车票订购、学生食堂价格平抑资金、电梯空调维保、防汛、山区绿化等。

（黄巍 黎松炎）

【修缮改造】 2014年先后完成北京联合大学档案库改造工程、北四环校区学生社团活动中心装修工程、国际交流学院办公区装修工程、教学楼教室改造装修工程、教务处办公区装修改造工程、北四环校区校医院改造工程、北四环校区监控中心和3号楼配电及社科部和旅游学院自行车场等工程、机电学院及其他部分校区修缮工程、北京联合大学档案库安装除湿系统工程、北京联合大学实验楼外围排水及窗井改造、北四环校区学生宿舍改造一期工程、北四环校区学生招就中心局部改造工程、北四环校区综合楼室内改造工程、北四环校区校园环境建设一期工程、北四环校区学生宿舍改造一期工程、北四环校区国际交流学院用房改造工程、机电学院食堂和消防通道等修缮工程约20项修缮改造工程，改造资金合计2800余万元。

（黄巍 王怀军）

【资源调配】 组织完成了信息学院、自动化学院、国际交流学院、基础部、外语部、社科部、教务处、学生处及心理辅导中心、团委及学生活动中心、信息网络中心、体育部等单位的搬迁工作，将北院14号楼功能调整为学生宿舍楼；调整了校领导办公用房；配合网络中心信息平台建设工作，对北四环校区房屋资源重新进行梳理，建立数据库，绘制CAD图；启动北四环校区校园导视系统的设计规划并逐步实施。

（叶继萱）

【计划生育】 2014年校计划生育办公室日常接待近600人次，发放独生子女父母一次性奖励86人，发放独生子女费、奶费603人，始发托补费40人，停发托补费56人，办理教职工（含退休）婚育证明78份，办理学生婚育证明85份；组织签订全校计划生育责任书，起草年度计划生育工作计划和总结；积极应对国家计划

生育新政策，完善单独二孩的办理程序；开展计划生育知识答卷活动，发放并收回问卷1602份；参与高校计划生育联合会组织的"青春健康微作品创作大赛"，邀请中国计生宣教中心专家开展生殖健康与避孕知识讲座，申请北京市计生协会"青春健康工程"资助，开展青春同伴教育。

（孙宇）

【其他工作】 平抑资金：2013—2014学年度共收到财政拨付平抑资金402.345万元，学校自筹平抑资金402.345万元，合计804.69万元。学校及时将平抑资金划拨至后勤服务公司和师范学院用于补贴食堂基本伙原材料采购和食堂基本伙人工成本支出，按照规定专款专用，确保平抑资金起到平抑基本伙饭菜价格的作用，实际共支出769.609万元，结余35.081万元。

献血：组织广告学院、自动化学院学生献血，经体检后，共有393名身体合格的学生进行了捐献，共捐献443个献血单位。

新生接站：2014年8月底由老师带队，组织学生志愿者分别到北京西站、北京站、北京南站接送新生约500人次。

火车票优惠卡：2014年新办外地学生火车票优惠卡2000余张，办理火车票优惠卡充磁约6000余人次。

电梯维保：加强全校特种设备管理，组织维保单位对在用的42部电梯进行维修保养，确保电梯安全运行，并顺利通过了一年一度的质监局特种设备年度检验。

空调维保：组织维保单位对校本部所有校区2100余台分体空调和7套中央空调系统进行维护保养，全年维修7000余台次，保养率达到98%，维修保养合格率达到95%。

防汛：按照北京联合大学2014年安全迎汛责任书和迎汛应急预案，及时排除隐患，确保汛期安全。

山区绿化：根据2014年绿化任务指标，组织门头沟区樱桃沟村以资代劳义务植树50688人/（日·次），成活率达到96%，动用人员10800人，按时完成今年绿化任务；2014年北京联合大学被评为门头沟区全民义务植树先进单位。

（周运 李健 王怀军 黎松炎）

八、信息网络管理

【概况】 信息网络中心作为公共服务体系的重要组成部分，全面负责学校网络基础设施和信息化规划、建设、管理、运行及技术支持与服务，下设网络部、信息部、数据资源中心及办公室四个科级单位。

2014年，学校信息化工作围绕校"十二五"规划和《北京联合大学2014年重点工作》，本着服务师生、服务学校发展的根本宗旨，继续致力于统筹、整合、效能等方面的进展，增强信息化对学校教学、科研、管理等各个方面的辅助支撑作用，进一步提升了信息化对学

校总体发展的贡献力。4月23日,北京市属高校数字校园示范校建设项目顺利通过市教委验收,被评为"优秀",学校获得"北京市属高校数字校园示范校"称号。

（王莹）

【学校核心机房建成并投入使用】 2014年8月,充分利用综合实训楼地下空间,建设完成了总面积一千余平方米的校园网新核心机房,并配套实施了北四环校区主干光纤链路改造与割接等工作。学校核心机房面向全校提供主机托管、虚拟化等信息服务,为学校信息化进行资源整合、实现统一管理提供了可靠的物理保障条件。整合了现有分散的信息化硬件资源,迁移实验楼三层机房、综合楼六层托管机房及旅游学院八层机房的各类设备至新机房整合使用,迁移了教务处、图书馆、管理学院等原本部署在本单位的服务器、存储等设备,实施统一的信息安全加固和防护。

（曹东亚 王晓震）

【数据中心基础平台优化和提升】 在校园网核心机房建成了具备更高性能和更稳固架构的校园核心网,以两台十万兆性能的交换机以"多虚一"的方式作为全校网络核心,大幅提升了处理性能和运行可靠性;升级了认证网关、出口网关等设备至万兆,通过双机热备、多线路互备的方式改造了出口网络结构,消除了以往存在的没有冗余机制的短板;搭建了数据中心专用的高性能网络,可为服务器、存储设备提供丰富的万兆和千兆接口;进一步完成了服务器整合,通过服务器虚拟化等手段提高数据中心硬件设施的共享和复用,将4套虚拟化集群环境(100余个虚拟机)进行升级整合;构建69TB校园云存储空间,为全校教工提供20GB个人空间、500GB群组空间;存储扩容40TB,为邮件、BB学堂以及服务器虚拟化提供有效支撑。

（曹东亚 王晓震 于春生）

【学校网络设备改造和扩充】 依托校院互连光缆,通过扩充两端设备的网络接口实现校本部和学院路校区、红领巾桥校区、堡头校区等八个分校区的万兆互连,为各类跨校区的网络应用提供富足的带宽支撑;配合楼宇基建改造工程,完成北四环校区学生宿舍、档案馆、学生活动中心等搬迁配套网络系统建设工程项目,使师生更方便、快捷地使用校园网络;完成了无线网升级改造财政专项,通过全面更新升级北四环校区、红领巾桥校区的近600个老旧无线接入设备,将连接性能由54M提升至300M,同时将每设备用户接入能力由12个提升至32个,较好地改善师生使用无线网的体验。改造完成后,支持802.11n的高速无线网络覆盖的校区数量点比为36%。改造后无线网络将以更大的带宽和更强的负载能力为师生提供无线网络接入服务,提升师生无线上网体验。

（王晓震）

【应用文理学院二教楼网络建设工作】 完成学院路校区第二教学楼综合布线和网络系统建设,工程建成了一个150平方米机房,在全楼布设了500多个六类网络信息点,配套安装1台十万兆性能的核心交换机和22台接入交换机,同时以65个无线接入点覆盖全楼,为其提供较高性能的无线网。

（王晓震）

【信息网络安全等级保护工作】 按照市公安局部署,完成安全等级保护系统网上查验,梳理上报系统信息,修补风险漏洞,并落实市教委关于信息系统等级保护相关定级工作。陆续测试了WAF、网页防篡改系统、网站安全防护系统、堡垒主机等多款安全防护设备,扫查并修复网站群系统漏洞,升级气巴斯基版本;组织热点安全技术培训;实施定期安全巡检,坚持每日等级保护信息平台上报及网站漏洞修复。拟定安全方案和针对涉密、非涉密单位的安全防护意见。敏感时段,信息网络中心协调配合,从技术与管理为主线力保信息网络安全。2014年5月,完成了市公安局文化保卫总队开展的每年一次的信息系统等级保护自查工作。

（曹东亚 王莹）

【学校信息化防控体系逐步建立】 配合学校"三个体系"建设,在深入调研的基础上,探讨了信息化防控体系建设方法,确定适合北京联合大学特性的建设模式为以流程管控为核心,建立不依赖业务系统的监察数据规范,以监察平台为依托进行统一的监察。启动了电子监察平台建设,并以采购与招投标系统为监察示范逐步推进学校信息化防控体系的建设进程。

（李亚文）

【新版门户和统一身份认证平台建设完成】 完成统一门户平台的升级,提供更加精细化的服务,实现各类服务的一体化展现,实现各类应用的集成,提高信息服务水平;完成统一身份认证平台建设,提供业务系统的统一入口,实现"一卡通"、财务系统、科研系统、图书系统、信息发布、网络学堂、协同办公、视频管理、人事系统、学生事务、继续教育等系统的统一登录,解决信息系统统一密码登录的问题。

（金培莉）

【"一卡通"服务拓展】 完成校园"一卡通"系统运维与保障,积极响应各部门需求,配合图书馆、实训基地、应用文理学院、后勤等单位实现系统对接工作,扩大系统应用范围。与支付宝公司联合部署"一卡通"网上充值平台。截至2014年12月,一卡通系统涉及业务由2014年初的22个增至28个。更换或改造全部"一卡通"覆盖校区的老旧设备,其中终端读卡设备总计1339台件,核心服务器2台,前置机服务器6台,整体提升系统安全性、稳定性和效率,为校园卡升级为CPU卡做好准备。探索"一卡通"系统数据分析和挖掘工作，结合卡务中心、人事处、工会、后勤等部门需求，实现人员消费、食堂就餐情况分析。

（金培莉）

【网站集中建设】 协助学校各单位完成新建专题网站、改版部门网站的实际需求，完成唱响联大专题网站、校工会网站、教师节专题网站、教师风采专题网站、平安校园等网站、应用文理学院研究生教育网站的新建，完成联大校友会改版等。另外，全面负责网站群内网站的日常运维与技术支持工作。

（白丽媛　焦婧）

【邮件系统扩容】 升级并扩容邮件存储空间，增至13T 容量，保证邮件系统的长期稳定运行。另外，为方便学院的教育教学管理工作，推出学生通讯录导入服务，协助信息学院、应用文理学院、生物化学工程学院、应用科技学院创建全院学生通讯录。

（白丽媛　焦婧）

【Bb 网络学堂升级】 完成 Blackboard9.1 网络学堂的硬件部署与软件安装，结合学校教学工作实际需要，面向全校制定多校区培训计划，支持开展信息技术与教学的深度融合。新平台在课程界面、易用性、统计分析、协作交互等方面均有较大的改进。系统支持了学校通识教育课程、跨校区视频直播课程、学科大类课程等各类网络课程的建设，支持各教学单位开展网络辅助教学，并通过邮件、电话、网络等多种方式提供高效的支持与服务，保障平台稳定运行。系统在资源共享、协作交互、移动学习方面发挥重要作用，为学校深入开展网络教学提供有力的平台支撑。

（白丽媛　焦婧）

【数据资源共享平台一期建设完成】 完成了全校数据资源共享平台一期建设。一期工程的主要建设内容有统一门户、统一身份认证、数据管理平台、院校竞争力分析、人事系统升级等。梳理跨部门间的业务流程、整合工资、图书、"一卡通"、科研等业务数据，提供个性化信息服务与数据资源共享。形成了对全校教师、学生等数据多种类别的分布分析，各个学院不同层次数据的挖掘以及历年数据的趋势分析。启动了校级人、财、物一体化管理平台一期建设。搭建校级人、财、物一体化管理平台，构建全校统一财务管理体系，启动学校采购与招投标管理系统、房产管理系统等项目建设，启动以财务数据为核心数据分析平台的建设，为各级管理部门的决策提供数据支撑，助推学校管理效能的提升。

（李亚文　于春生　刘丹阳）

【其他工作】 为"党建先进校迎检"工作提供了优质的信息网络资源，建设了"党建先进校迎检办公系统"，并安排专人负责专家组办公室网络及硬件环境保障，为"党建先进校迎检"工作提供了便捷高效的信息化支撑。信息网络中心选送 2 名同志去"党建评估工作

组"，协助学校完成"党建先进校迎检"各项筹备任务。完成了学校信息网络中心的年鉴编辑工作。

（王莹）

九、产业管理

【概况】 2014 年 10 月 30 日，学校成立产业管理委员会办公室。根据《北京联合大学成立产业管理委员会的通知》（京联发〔2014〕13 号）文件要求，经 2014 年学校第 26 次校长办公会研究决定，成立北京联合大学产业管理委员会，下设办公室。办公室职责如下。1. 负责北京科兴企业管理中心及所属导聋犬基地所承担的所有运营工作（含接收其资产）；接收原校经管办的部分资产。2. 负责校办企业内部控制审计工作。3. 企业月度快报工作。4. 北京市校产信息源工作。5. 负责学校相关房屋租赁、合同签订、租金催缴等工作。6. 完成产业管理委员会交办的工作。办公室设主任 1 人（正处级），副主任 1 人（副处级）；综合管理科科长 1 人；综合管理科科员 1 人。

（石乐）

【制订办公室岗位职责】 根据岗位设置情况，分别制订了《北京联合大学产业管理委员会办公室职责》《办公室主任岗位职责》《办公室副主任岗位职责职责》《综合管理科科长岗位职责》和《综合管理科科员岗位职责》。

（石乐）

十、北苑校区管理

【概况】 北苑校区管委会为校本部直属非教学单位，下设综合办公室和校园管理办公室，截止至 2014 年 12 月 31 日在岗教职工 8 人，内退教职工 10 人。住宿大学生 1400 余人，涵盖学校旅游、管理、自动化、信息、师范五所学院的部分本科生以及应用文理学院部分研究生。校区以服务住宿大学生为主，统筹协调派驻部门各项工作。

校区共有派驻部门 10 个，分别是保卫科、饮食服务中心、学宿管理中心、动力维修中心、绿化保洁中心、医务室、图书馆、育慧苑商贸超市、智能车队、功能食品研究院，教职工共计 90 余人。

（秦冬霞）

【党建和思想政治工作】 校区高度重视北京市党的建设和思想政治工作先进校迎评任务，全力保证工作的顺利进行，落实自查整改，做好工作资料的准备和展示。2 月，校区按照校党委部署召开了群众路线教育实践活动总结大会。9 月，根据《关于调整部分基层党组织设置及发展党员审批权限的决定》（京联党〔2014〕42 号）文件精神，成立北苑校区党支部，撤销北苑校区党总支。

校区以党性党风党纪教育为重点，加强党员的理想信念教育和廉洁从政教育，坚持政治理论学习，坚持开展党员组织生活和党课教育。通过开展专题学习、

主题参观、读书讨论活动,加强党员和教职工队伍建设,增强党性修养和责任意识,在学习中统一对高等教育发展形势的认识,提高教职工自觉热爱联大、建设联大、奉献联大的责任和意识。

校区党支部强化主体责任意识,推动党风廉政建设和反腐败工作深入开展。坚持"三重一大"决策要求,推进党务公开、校务公开。继续深入落实中央八项规定,坚决贯彻纠正"四风"的实施举措,全年没有违反中央八项规定精神和市委十五条情况。

上半年,校区处级干部按照要求参加了处级干部轮训班并结业,完成了处级干部的个人重大事项报告;科级干部参加了学校人事处组织的新任科级干部培训班并完成学习结业;工会干部积极参加校工会组织的各类培训。

(秦冬霞)

【管理体制建设】 2014年,校区校园管理办公室的辅导员教师继续实行倒班值班工作制,按照宿舍楼层和学院划分责任区进行管理,将辅导员办公室建立在相应的宿舍区。强化学生干部队伍建设。9月,校区校园管理办公室抓住新学期新生入住的契机,吸收新成员、新骨干,以学生干部"传帮带"、辅导员从旁指导的方式,指导学生干部制定工作计划,并监督检查工作落实情况,共同开展素质拓展活动。

为加强北苑校区教师党员与学生党员的互动交流,探索新形势下党内组织生活的新模式,校区开展了"支部携手服务基层,共建和谐温馨校园"的师生党支部共建活动。管理学院工商系学生党支部与原北苑校区第一党支部以学生自管会为载体进行共建,旨在通过双方的工作互动和资源共享,充分发挥学生党员的先锋模范作用,共同推动校区的宿舍文化建设和学风建设。

(秦冬霞)

【校园文化建设】 在校区的大力支持下,校区辅导员带领学生自管会举办了北苑校区宿舍文化节活动,开展了以"创意生活 温馨宿舍"为主题的创意宿舍评比和"爱我联大 展我风采"为主题的摄影大赛,开办了"跳蚤市场"活动。4月底召开宿舍文化节总结暨表彰会。10月,举办北苑校区第五届篮球赛。12月校曲艺社在北苑校区组织相声专场演出。学生会成功举办2015年元旦晚会。

为加强校区的学风建设,校区先后举办了2015年考研讲座、三场英语四级考前辅导讲座。校区还坚持做好学生活动室和电影播放室的定期开放,规范学生活动场地的规范管理,组织勤工俭学同学协助开展工作,充分挖掘现有资源丰富学生的业余生活。

(秦冬霞)

【服务学生工作】 校区辅导员通过认真履行岗位职责,落实值班倒班制度,深入学生宿舍,听取学生的意见和建议,开展学生思想教育工作。同时,在工作中发挥宿舍长和学生干部的作用,及时了解学生的需求和动态,收集相关信息。在遇到棘手问题时,及时和学生所在学院辅导员联系,一起分析问题源头,商量解决办法,有针对性地开展思想教育工作,取得了较好效果。

为了为住宿生提供更好的服务,探索校区辅导员与住宿管理部门协同推进工作的方式和途径,北苑校区于1月召开了校园管理工作研讨会,针对进一步拓展校区育人功能载体、联系各派驻部门分工合作、共同管理和服务住宿大学生开展讨论。3月,组织校园管理办与宿管部门配合制定"一站式服务"工作细则,明确工作职责、工作目标,及时解决学生在学习、生活中遇到的困难和问题,基本做到宿舍能解决的不过日,维修当日报当日修,需协调的及时给予反馈,努力周到快捷地服务于校区住宿生,得到了学生们的肯定。

(秦冬霞)

【中专遗留问题处理工作】 校区认真落实资产清查工作,对校区资产账目进行梳理。落实经济责任审计工作,按要求上报相关资料。积极与校档案馆联系,共同对需移交档案资料进行了梳理。办理原有两个培训机构的注销手续,对相关档案资料进行清理。关心校区内退教职工,做好内退教师的相关工作。做好校区集体户口管理工作。

(秦冬霞)

【科研服务工作】 在校区党支部的带领下,校区教职工积极配合智能车队开展工作,在人、财、物上给予大力支持,特别是在常熟训练比赛期间,为保证参赛车队后勤保障工作,校区暂停了班车作为智能车队的保障用车。派专人参与到训练比赛音像资料的收集工作,参与到智能车队宣传片的制作当中。另外,为功能食品研究院的保健食品检验机构遴选、药品仓库等各项工作提供支持。

(秦冬霞)

【安全稳定工作】 校区坚持召开派驻部门联席会,定期进行安全大检查。加强宿舍日常安全管理工作。校区坚持组织辅导员、保卫科与学生宿舍管理员开展每月的宿舍安全例行检查,对检查的结果当即点评,对发现的隐患当即解决。从10月开始,为加大11·9消防日宣传力度,从橱窗展示到住宿生及校区应急小分队的消防现场演练,全面开展消防安全宣传工作,增强师生的安全防范意识。

4月,校区协助保卫科组织了派驻部门人员对灭火器和消火栓等消防器材使用常识进行了培训和示范,对参加培训人员手持器材一一进行了操作和演练。召开专题安全工作会,对应急小分队的人员组成、职责定位进行了重申和说明,对校区安全工作中可能出现的突发情况及应采取的防范措施进行了宣讲,确保第一时间对突发情况进行有效应对和处置。

继续做好重大节假日和敏感时期安全稳定工作，坚持开展监督检查，定期召开派驻部门协调会。强调各部门要认清安稳工作的形势，同时要求在宿舍、实验室、食堂、综合超市重点防范重点部位加强巡视，加强值班，确保了校区在国庆、十八届四中全会、APEC等重大活动期间的安全稳定。

落实平安校园的工作，加强人员业务素养的提升，邀请后勤服务公司和保卫处领导为全体教职工和派驻部门负责人进行了安全管理工作专项培训。校区坚持安全责任制和网格化安全管理，明确各部门的职责范围。5月，校区党支部书记与各部门负责人签订《北苑校区2014年度部门消防安全及维稳工作责任书》。完成创建平安校园、打非治违专项行平安校园迎检工作自查工作报告，梳理自查任务分解，完成了条目支撑资料的上报。

（秦冬霞）

【工会工作】 北苑校区工会下设三个工会小组，杨军、王维达、李小川分别任三个工会小组组长。校区工会积极组织教代会代表、民主党派人士参与《北京联合大学章程》的讨论和制定，协助落实教代会工作；开展教职工健康幸福工程，积极参加学校工会组织的广场舞比赛、教职工运动会、厨艺大赛并获得较优异的成绩；组织校区教职工开展健步走、趣味运动会、美食沙龙等活动；组织教职工参与学校组织的各类知识竞赛活动；在争创取得学校优秀教职工之家的基础上，坚持开放教工之家；在"三八妇女节""六一儿童节"等节日之际开展慰问活动，认真落实"十送温暖活动"，关心教职工的大事小情、实际困难并及时送去组织的慰问。

（秦冬霞）

十一、离退休人员服务管理

【概况】 离退休工作部门包括离退休党委、离退休人员工作处、关心下一代工作委员会（简称关工委）和老教育工作者协会（简称老教协），共同构建"四位一体"，共同负责全校离退休人员服务与管理工作，对校机关、直属单位及处级学院离退休人员进行直接管理，对副局级学院离退休人员进行统筹管理。离退休人员工作处下设离休办、退休办两科室。离退休党委下设离退休党委办公室。

至2014年12月，全校共有离退休人员2530人，其中离休干部92人（党员75人），退休人员2438人（党员1251人），党支部57个，其中离休党支部10个，退休党支部47个，离退休混编党支部3个。

（王育红　路连英）

【离退休人员服务管理】 离退休人员工作处组织离退休人员举办参观活动、春秋游、专题讲座、摄影比赛、书画作品展、建国65周年大型歌咏活动、老同志创意作

品展和新年联欢会等活动；和老教协共同组建了老教师舞蹈团，组织参加北京市高校举办的健身项目展示和文艺演出活动；配合有关部门做好老同志的优诊医疗、医疗保健和每年一次的体检工作；及时对离退休人员进行家访和慰问，探望住院病人，及时了解和反映他们的意见和要求，合理解决他们的实际困难；组织工作人员参观养老机构，不断探索新型养老模式，为离退休人员提供个性化服务。

1月3日，召开校本部退休人员校情通报会，校党委副书记付晨光就学校2013年学校七个方面的工作进行了详细的通报，并介绍了2014年校党委工作思路。校本部退休人员200多人参加会议。

1月3日，召开校本部退休人员"秋游愉身心摄影展风采"——第三届摄影比赛和"中国梦我的梦"征文比赛颁奖大会。共收到摄影作品三百余幅；征文近三十篇，经过严格评审，评出一等奖六名、二等奖十二名、三等奖十九名。

2014年春节来临之前，校党委书记徐永利、校长卢振洋等各位校领导分赴40位离退休老同志、劳动模范及困难职工家中，代表校党委和学校送去新年的美好祝福。学校全年走访慰问老领导、老同志、离退休职工、困难职工共计787人，累计发放慰问金、慰问品29万多元；2013年爱心互助基金补助困难教职工132人，资助金额33万多元。

北京电视台科教频道《晚晴》栏目于4月14日和4月21日连续两期制作播出了反映我校离休干部顾理昌同志事迹的专题片《八十春秋吊忠魂》，重现了顾理昌老人历经十余年为家乡遗漏的32位革命先烈恢复或追认革命烈士光荣称号的感人事迹。

4月22—24日，组织校本部退休人员到北京野生动物园春游，校本部各单位近700人参加本次活动。

4月25日组织20余名离休老同志及家属参观考察了潮白河畔的燕达金色年华健康养护中心。

5月7日离退休工作部门特邀原社科部主任梁怡教授作了《德国友人约翰·拉贝与老北京》专题讲座。

5月19日，北京第二外国语学院离退休工作处处长孙庆章、关工委副主任张五洲等一行5人到北京联合大学调研。校关工委主任、老教协常务副会长张铃、离退处处长王育红、离退休党委书记李湛、老教协副会长廖文国、郭淑敏等参加。

5月23日，隆重召开"与党同心、与祖国同行"第三届退休教职工运动会，全校500多名退休教职工参加。

5月28日上午，由北京市委教育工委、市教委主办的"与健康相伴，与祖国同行"北京高校老同志健身项目展示活动在中国农业大学体育馆举行。来自全市28所高校的退休代表队参赛。由33名退休老同志组

成的代表队展示的项目"盛世腰鼓赞中华"获得康乐展示奖。

6月8—12日,校本部离休及退休局级部分老同志前往北京市教工休养院开始为期五天的疗养。学校党委副书记付晨光同志前去看望了张玉如等老同志。离退处为大家安排了健身长走、趣味运动会、唱歌等活动,参观了北京最美民俗村——挂甲峪。

6月19日上午,学校退休舞蹈队参加了由市委教育工委市教委举办的"与党同心,与祖国同行"——北京老教育工作者文艺演出,由校本部10名退休老同志组成的舞蹈队演出了扇舞《和谐中国》,展现了老同志对实现伟大"中国梦"的美好愿望和迎接新中国成立65周年的喜悦心情。

6月23日,在庆祝中国共产党建党93周年华诞、建国65周年之际,离退休处、离退休党委在离退休活动室举办"水墨丹心颂中华"老同志庆祝建国65周年书画作品展。展览共展出作品53件。

在纪念中国共产党建党93周年之际,校离退休工作人员深入开展走访慰问活动。经过近两周的时间,共慰问离休老党员、党龄在60周年及以上的退休老党员、年龄在85岁及以上的退休老同志、生活困难和患病住院的老同志共80余名。

9月3日,中国科技馆团委组织开展以"重温抗战史共筑中国梦"为主题的学习活动,特邀学校89岁高龄的离休老干部到馆座谈。科技馆有关领导、国旗队队员、部分受到表彰的优秀团员青年等30余人参加。

在第三十个教师节来临之际,到谭浩强、任开隆等十余位退休老教授家中进行了慰问,送去学校对老教授们的亲切问候。

9月25日,在祖国65周年华诞到来之际,由校离退休党委、离退休人员工作处主办,各学院离退休办公室协办的"我爱我的祖国——庆祝中华人民共和国成立65周年老同志歌咏活动"在实验楼报告厅隆重举行。来自校本部各单位和副局级学院八个合唱队的300多名离退休老同志参加了歌咏活动。

10月11日上午,北京联合大学老教师舞蹈团成立大会在校离退休处活动室举行。由校28名舞蹈团成员参加了成立大会。大会通过了舞蹈团团委会名单,集体讨论并通过了《舞蹈团章程》,并就舞蹈团日常排练演出等事项提出了具体要求。

10月9日至11日,组织校本部退休人员500余人前往顺义汉石桥湿地公园进行秋游。

10月16日北京联合大学离退休人员工作处组织离休老干部20余人到中国抗日战争纪念馆,参观了《伟大胜利——纪念中国人民抗日战争暨世界反法西斯战争胜利69周年大型主题展览》和"七七事变"发生地卢沟桥。

11月4日,校本部近20位今年适逢80岁寿辰的老同志在离退休活动室里欢聚一堂,校离退处为校本部退休老同志举办了集体生日会。

11月15日,组织全校离退休工作部门人员参观考察北京第一家CCRC一站式、多层次、多元化健康养老社区——将府庄园和5H+3E模式全方位养老机构——温都水城金手杖国际温泉养老公寓。

12月10日,团委和离退休人员工作处共同组织了离休干部李亚梅老师为学生的赠书仪式。

12月23日,举办离休干部新年联欢会,27位离休老干部欢聚一堂喜迎2015年新年。

12月26日,"与祖国同行 喜庆乐晚年"老同志2015年新年联欢会隆重举行,全校300余名离退休老同志欢聚一堂,喜迎新年。

(路连英 靳宇 胡文斗)

【党建工作】 2014年离退休党委继续深入开展党的群众路线教育实践活动;组织离退休党总支、支部书记、支委和党员参加专题培训,学习贯彻十八届四中全会和习近平总书记系列讲话精神;围绕"与党同心,与祖国同行"开展了参观、学习等系列主题党日活动;组织召开离退休党总支民主生活会;慰问60年党龄的离退休老党员和生活困难的老同志;退休支部与学生支部共建,拓宽了基层组织建设的思路。通过学习和参观等系列活动,提高了离退党员的思想认识,加强了基层组织建设,增强了离退休党委的凝聚力。

2月25日上午,校离退休党委、离退休人员工作处召开党的群众路线教育实践活动总结大会。校党委副书记付晨光、校群众路线教育实践活动第二督导组组长郭淑敏出席总结大会并作讲话。离退休党总支书记、各支部书记及在职党员等50人参加总结大会。

4月9日,组织校本部退休党总支总支委员及各支部书记29人,前往恭和苑养老院参观,还看望了住在恭和苑养老院八十一岁的退休老师李士凤。

4月14日,组织校本部退休局级老领导前往生物化学工程学院开展参观学习活动。参观结束后,局级支部在学院会议室举行了支部学习活动。

4月15—17日,由市委教育工委和北京教育老干部党校主办、北京联合大学离退休人员工作处承办了2014年北京高校离退休干部党支部书记培训班,来自北京6所高校70余名离退休党支部书记参加了培训。

5月6—7日,离休党总支组织党总支委员、党支部书记和支委进行了培训深入学习党的十八届三中全会精神和习近平总书记一系列重要讲话精神。

5月7日,退休党总支召开工作部署会,退休党支部书记约30人参加,就如何开展'与党同心,与祖国同行'主题实践活动进行部署和动员。

5月13日离退休党委组织退休党总支委员、党支部书记、离退休人员工作处党支部参观了天津反腐倡廉教育基地暨"新中国反腐败第一大案"刘青山、张子善贪污腐败案的见证地——杨柳青石家大院，参观了反腐倡廉的主题展览。

6月4日、6月16日校本部退休第九、十四、十七、十八、十九、二十四、二十五支部前往古北口长城抗战纪念馆参观。

6月12日，特殊教育学院退休党支部的28名党员来到歌曲《没有共产党就没有新中国》的诞生地——房山区霞云岭乡堂上村爱国主义教育基地参观学习。

6月17日—19日，离退休党委、离退休工作处在北京西山实创科技培训中心举办校本部退休党总支、支部书记、委员培训班。培训的主题内容是深入学习贯彻党的十八届三中全会和习近平总书记系列重要讲话精神，加强离退休基层党组织建设。

6月27日上午，校本部退休二十三党支部召开支部会议，讨论预备党员罗大林同志按期转正问题。会议由支部组织委员郝罗同志主持。经严格的转正程序及与会党员投票表决，一致通过罗大林同志转为中共正式党员，并报上级党委审批。

7月1日，离休老党员开展"与党同心，与祖国同行"的主题党日活动，热烈庆祝中国共产党建党93周年。活动为党龄逢五逢十的老党员们过政治生日。老同志们还参观了旅游学院实践教学中心和校体育馆。

9月5日，离休党总支在老干部活动室召开新学期工作会。

9月16日上午，校本部离休党总支召开下半年工作计划通报会，离休党员、离休干部和离退休党委、离退休人员工作处有关人员30余人参加了会议。

9月17日上午，校本部退休党总支召开下半年工作部署会。

9月23日校退休党总支一、二、三、五、六、七党支部组织党员70余人到中国抗日战争纪念馆，参观了《伟大胜利——纪念中国人民抗日战争暨世界反法西斯战争胜利69周年大型主题展览》和"七七事变"发生地卢沟桥。

10月29日，校本部退休党总支委员和支部书记一行30余人参观了在北京教育老干部活动中心举办的"创意生活　共筑梦想"北京教育系统老同志创意作品展。北京联合大学共选送24件作品参展，包括编织、布艺、十字绣、篆刻等。

10月24日校本部退休党总支第二十、二十一、二十二、二十三支部联合组织开展"缅怀先烈，勿忘国耻"的主题党日活动，来到房山区平西抗日战争纪念馆参观学习。

11月25—26日，离退休党委、离退休工作处组织离休党员和退休党总支、党支部书记、委员共90余名

党员进行了十八届四中全会精神和社会主义核心价值观专题学习培训。

12月9日、11日、16日、17日，北京联合大学校本部退休党总支所属28个党支部联合组织了四场学习报告会。参加学习的退休党员约280余名。

12月27日上午，校本部退休第三党支部与管理学院工商管理系学生第三支部举行党建工作结对共建协议签约仪式。双方支部的党员、入党积极分子30余人出席。双方支部书记相互介绍了本支部的情况。退休三支部张燕杰老师为学生作了《企业需要什么样的毕业生》的专题讲座。

（李湛　路连英）

【老教协工作】　3月11日老教协晚霞艺术团一行9人前往朝阳区来广营养老院进行慰问演出，共13个节目，受到老人们的热烈欢迎。

3月19日在校离退处召开联大老教协2014年工作会。出席会议的有老教协的副会长、秘书长、分会会长、监事及顾问等30人。

4月18日老教协在奥林匹克公园南院组织春季长走活动，共有207人参加。

4月29日晚霞艺术团一行20人前往"寸草春晖"养老院进行慰问演出，共演出了14个节目。

4月30日在校离退办会议室召开老教协理事、秘书长、分会会长会，会议就联合大学老教协第三届趣味运动会的竞赛规程和具体事项作了布置。各分会的副秘书长、会长均出席。

5月23日上午老教协第三届运动会隆重举行。共计6个健身展示项目、2个集体项目、8个单项，共计500多退休老同志参加。

5月30日老教协晚霞艺术团一行20人前往第三福利院进行慰问演出。

6月3日李湛书记带队老教协晚霞艺术团一行20人前往东方养老院进行慰问演出。

6月19日由信息学院、管理学院组成的舞蹈队一行10人代表联大老教协参加了北京高校老同志"与党同心　与祖国同行"的文艺演出，受到观众的热烈欢迎。

6月23日召开老教协会。研究老教师合唱团活动的安排及成立老教师舞蹈队一事。

9月25日老教协会共组成8支队伍参加在校南院报告厅举行的"与党同心　与祖国同心"演唱会。

9月26日35人参加2014年重阳节门城湖千人健步走活动。

11月15日老教协晚霞艺术团一行10人前往香山福利院进行慰问演出。

11月17日在奥林匹克森林公园组织2014年秋季长走，共350人参加。

11 月 27 日晚霞艺术团一行 21 人前往第一福利院慰问演出,受到老人们的热烈欢迎。

(陶静宜　路连英)

【关工委工作】 3 月 28 日在北京教育考试院召开的北京教育系统关工委工作会上,北京联合大学《老兵心声》系列恳谈活动荣获"关心下一代优秀主题教育活动"一等奖,同时北京联合大学关工委获得北京教育系统关工委优秀信息单位获荣誉称号。

4 月 3 日,关工委会召开。校关工委主任、副主任、秘书长、委员及各学院的关工委主任全部出席。

6 月 20 日,关工委有 4 篇"德育漫谈"的文章报送北京市教育关工委,其中师范学院关工委 3 篇、旅游学院关工委 1 篇。分别是:张佐友的《德育是学校的一号工程》,刘光恩、王欢的《以社会主义核心价值观引领大学生德育工作》,牛桂荣、郇燕飞、王欢的《以社会主义核心价值观引领关心下一代工作》,徐淑静的《漫谈大学生"德育"教育形式的多样化》。

6 月 24 日,全校关工委工作会召开。布置关于开展北京教育系统关心下一代工作先进集体、先进个人评选工作;并要求各学院做好今年学生军训服捐赠收缴工作。

9 月 16 日召开的关工委会布置了关工委下学期的工作,特别是 10 月 10 日至 20 日各学院要保证上缴清洗干净的军训服共计 1500 套。10 月 27 日,约 1600 套军训服送到物资学院统一送到承德实验中学。

(陶静宜　路连英)

【获奖情况】 2014 年 3 月北京联合大学关心下一代工作委员会的"《老兵心声》系列恳谈活动"荣获北京教育系统"关心下一代优秀主题教育活动"一等奖。

离休干部孙文平、退休干部张敏鲜的事迹被市委教育工委编入《霞辉映党旗》第四集;张秀国、郭淑敏和晚霞艺术团的先进事迹被北京市委教育工委编入《霞为乐章》第四集。

2014 年 11 月学校老同志的创意作品获"创意生活、共筑梦想"北京教育系统老同志创意作品展组织奖。

2014 年 12 月,师范学院离休干部张佐友教授荣获"北京市离退休干部先进个人荣誉称号"。

2014 年退休二支部被评为校级"十佳党支部"。

(路连英)

十二、机直党务工作

【概况】 机关和直属单位党委负责机关和直属单位的思想建设、组织建设、作风建设、制度建设和党风廉政建设。截至 2014 年 12 月 31 日,机直党委下设 7 个党总支,5 个直属党支部,56 个基层党支部。其中,52 个教职工党组织,4 个离退休党组织。现有中共正式党员 551 人,预备党员 10 人。机直党委落实党的组织发展工作。全年共发展新党员 12 名,全部为管理干部。

预备党员转正 10 人。

2014 年机关和直属单位党委在校党委的领导下,在机关和直属单位各级党组织和全体党员的共同努力下,深入贯彻落实党的十八大、十八届三中全会、十八届四中全会精神,坚持围绕学校中心任务开展党建和思想政治工作,秉承"分类指导、三级联动、重心下移、协同创新"党建模式,加强党的思想建设、组织建设、作风建设、制度建设和党风廉政建设,充分发挥基层党组织的战斗堡垒作用和党员先锋模范作用,不断深化作风建设和效能建设。

机关党总支在加强机关党建的同时,一方面加强对机关工会工作的指导,为工会工作和活动出谋划策,为工会评选先进工作把关;另一方面积极支持机关工会围绕广大教职工的切身利益于展工作,支持他们开展各种文体活动,活跃教职工生活,增进教职工相互之间的交流,激发教职工的工作活力。

(张春菊)

【思想建设】 机直党委、机关党总支采取集中学习、自主学习和共建学习相结合的方式,以机直、机关大课堂及机关、支部微课堂的形式,组织党员和教职工开展学习习近平总书记系列重要讲话精神和党的十八大、十八届三中全会、十八届四中全会精神活动。认真贯彻落实《关于培育和践行社会主义核心价值观的意见》精神,先后组织开展校 2014 年工作要点和校党委全委(扩大)会精神、机直党委 2014 年工作要点、弘扬和践行社会主义核心价值观、《党政领导干部选拔任用工作条例》、《中国共产党发展党员工作细则》、党风廉政建设学习教育、机关干部行政礼仪等专题学习,同时举办了"树立社会主义核心价值观"知识问答、知识竞赛以及"全面推进依法治国若干重大问题的决定"知识问答和《弘扬法治精神知识竞赛》。2014 年 11 月,组织总支书记、直属支部书记参加学习十八届四中全会精神交流会。

(张春菊)

【组织建设】 严格发展程序,提高党员质量。认真贯彻落实《中国共产党发展党员工作细则》要求,举办党总支书记、党支部书记《细则》专题集中培训班 3 场,200 人次党员干部参加了培训和交流。印制了《党支部实用手册》(一)、(二),对照《发展党员程序流程图》,对发展党员环节中应注意的问题,及时运用到实际工作中,确保在发展党员工作的每一个环节都做到严格程序、规范操作。全年共发展党员 12 人,转正 10 人。2 名入党积极分子参加党校培训。完成 2014 年党员发展计划执行情况自查和《细则》执行情况自查报告。

注重典型培育,突出引领示范。做好"十佳党支部"的创建和申报工作。上半年,指导校科研处与研究生处(部)党支部、体育部直属党支部进行支部争创,9

· 131 ·

月,组织两支部进行模拟答辩。10月,科研处、研究生处党支部被评为校级"十佳党支部"。10月,根据校组织部《关于组织落实 2014—2015 年度"十佳党支部"创建申报工作》通知要求,指导学生处团委党支部、党校办党支部、后勤动力维修党支部、信息网络中心党支部参与学校"十佳党支部"的创建工作。

支部自主立项,活动丰富多彩。落实支部立项工作,巩固、扩大双组长制及支部共建成果。机直党委指导机关党总支 23 个项目完成了支部立项目标,各支部活动优势互补、形式多样,如科研与研究生处党支部、人事处党支部分别开展了"学理论 读经典"研习读书会;人大所党支部开展了《北京市居家养老服务保障条例》调研;北京学党支部开展了"北京中国历史文化名村调查与研究";党校办、宣传部、组织部等支部联合开展了双清别墅现场党课教学主题党日活动。

(张春菊)

【推进作风建设常态化】 按照学校群众路线教育实践活动的统一安排和要求,2月底,组织校机关和直属单位副处级以上干部、人大代表、政协委员代表、党外代表、教师代表共计 100 余人召开了群众路线教育实践活动总结大会。重点督办学校工作提升(42 项)整改计划的"机关作风建设常态化,机关服务能力提升长效化"项目,成立 2014 年校关和机属单位改进工作作风具体事项工作检查组,全程督办机关和直属单位"促进机关作风建设,提升服务效能"34 项整改服务项目的进行。加强各项目间的学习和交流,及时听取检查组意见反馈。先后召开中期交流会、整改工作会、中期交流学习、改进工作作风具体事项年终检查交流暨沟通座谈会,立足"改进作风实打实,沟通交流面对面",并及时向机关各部门、直属单位负责人进行逐条反馈和现场对项目问题进行解答和说明。11月,34 个项目全部完成。

(张春菊)

【党风廉政建设】 落实党风廉政建设分工责任制,推进"三重一大"责任制度落实和《党风廉政建设责任追制网上考核体系》建设。完成《改进工作作风,提升服务效能——2014 年机关党总支、机直党办党风廉政宣传教育活动计划》,通过开展"聚焦精神,注重三结合,融通四专题"系列廉政宣传教育活动,提高机关干部职工廉洁从政意识,营造良好的舆论氛围。

(张春菊)

【机关工会工作】 指导机关工会完成"党政工共建小家"项目建设,完成爱心互助基金工程、教职工健康幸福工程;举办"同心协力 共促和谐"校机关工会 2014 年"迎新年"趣味游艺活动、"开学了"手机摄影精彩瞬间比赛活动、"阳光小家、活力机关"2014 机关教职工趣味运动会(三场)及校运动会预赛(三场);组队参加 2014 年校广场舞比赛,荣获第一名;组队参加教职工运动会,荣

获团队总分第一和精神文明奖的双丰收;指导机关工会筹备"双代会",先后召开三场机关"双代会"议题征求意见座谈会;召开了机关党政工共建小家验收汇报会,获校工会特色工作成果奖;开展多项便民服务。

(屈文超)

【科学研究】 7月,出版《高校机关效能建设探索与实践》;10月,面向一般管理干部,征集结合岗位工作进行理论研究的论文 51 篇,筹备《高校机关作风与效能建设探索与实践》出版工作;完成《工会干部胜任力》课题中期调研工作;完成校教职工特色项目。

(屈文超)

【其他工作】 做好三育人、师德先进个人评比推荐。完成校级"三育人"先进集体、先进个人和师德先进个人评比推荐工作。组织机直党委党员、自愿参加的流动党员、入党积极分子和群众积极向北京市捐款和学校教职工爱心互助基金会捐献活动。截至 2014 年 6 月 30 日,共接收 620 名机关和直属单位的教职工捐款合计 117680 元(其中向北京市爱心捐款 34000 元,向北京联合大学教职工爱心互助基金会捐款 83680 元)。

(杜娟)

【获奖情况】 2014 年 3 月,校机关荣获 2014 年北京联合大学教职工广场舞比赛一等奖。

2014 年 12 月,校机关和直属单位党委荣获北京联合大学第三届"我与联大共奋进"宣讲活动优秀组织奖。

2014 年 11 月,徐永利、付晨光同志分别荣获第二届首都"女教授之友"荣誉称号。

2014 年 11 月,机关工会荣获第三届"厨厨动人"青年教职工厨艺大赛银勺奖。

2014 年 11 月,组织机关教职工参与校教职工足球比赛,获第一名。

2014 年 11 月,机关工会荣获北京联合大学第二届教职工运动会精神文明奖。

2014 年 11 月,机关工会荣获北京联合大学第二届教职工运动会团体总分第一名。

2014 年 12 月,组织机关工会各工会小组开展 2014 年机关党政工共建小家验收汇报会,获北京联合大学工会特色工作成果奖。

(屈文超)

十三、档案(史志)工作

【概况】 学校的档案和史志工作由档案(校史)馆负责。2014 年,档案(校史)馆有工作人员 13 人,其中馆长 1 人,副馆长 1 人;有档案库房 219.5 平方米,其中文书档案库房 92 平方米,会计档案库房 71.5 平方米,人事档案库房 56 平方米;另有阅档室 12 平方米和校史展馆 276 平方米。2014 年,在校领导的高度重视和全校各单位的积极支持下,学校的档案和史志工作平

稳推进,档案质量稳步提升,服务水平进一步提高,档案信息化建设的步伐加快,校史馆文化功能逐渐彰显,校志工作初见成果,年鉴编纂进展迅速,文集文选工作有序开展。

(宋秦)

【制度建设】 为保证各类档案能够得到及时、完整、准确、系统地收集、整理和归档,使档案工作更好地为学校的事业发展服务、更好地为社会服务,根据《北京联合大学档案管理办法》(京联办〔2013〕7 号)学校制定《北京联合大学关于进一步加强档案工作的意见》(京联办〔2014〕1 号),把档案的收集和管理纳入单位和个人的年度考核。

(张远利)

【档案管理】 截止到 2014 年底,校档案馆馆藏档案 46256 万卷(件),包括文书档案、科技档案、专门档案、声像档案、资料;其中永久、长期档案 32459 卷,永久保管档案 11649 卷,照片 8165 张,光盘 107 张。

2014 年,校档案馆接收文书档案 1472 卷,光盘档案 12 张,印章 23 枚,编制档案全引目录 17 册;查(借)阅文书档案 1873 卷次;出具各类证明 363 份。接收会计档案 2210 卷,利用 41 人次、405 卷次。接收人事档案材料 3724 件,新入职教职工档案 103 卷,提供利用 101 人次、106 卷次。接续上年度工作完成 1300 余卷干部人事档案的整理、审核、装订、改版、装具更换工作。

2014 年,应用文理学院档案室接收各类档案 226 卷,提供利用 242 人次、445 卷次;师范学院接收各类档案 587 卷,提供利用 434 卷次;商务学院档案室接收各类档案 530 卷,提供利用 294 人次、872 卷次;生物化学工程学院综合档案室接收各类档案 499 卷,荣誉证书 3 册、实物档案 4 件,提供利用 109 人次、323 卷次;旅游学院档案室接收文书档案 148 卷,提供利用 37 人次、101 卷次;继续教育学院档案室接收档案 86 卷,提供利用 34 人次、97 卷次。

3 月,学校召开 2014 年档案工作布置暨培训会。分管档案工作的校领导张楠主持会议,学院(北苑校区)和校机关部门、直属单位分管档案工作的领导及负责归档业务的工作人员百余人参加会议。

(张远利)

【档案专题培训】 4 月,档案(校史)馆召开声像、实物类档案归档工作培训。各学院、校机关和直属单位档案员近 30 人参加了会议。9 月 28 日,北京市档案局信息化处高级工程师杨中营应邀来到学校,做题为"档案数字化"的专题辅导报告。会议由主管档案工作的张楠书记主持,档案(校史)馆工作人员、副局级学院和部分归档单位档案员参加会议。

(张远利)

【开展档案数字化工作】 9 月,完成 1985 年至 1999

年大部分文书档案和部分学籍档案的数字化扫描 17 余万画幅,录入关键词组 3.8 万条目。

(张远利)

【校史馆服务管理】 2014 年,校史馆共接待校内外参观 2935 人次,其中,校内人员 2418 人次,校外人员 517 人次,校外人员以国内高校、上级单位及外事活动团体为主。为更好地提供讲解服务,档案(校史)馆进行学生讲解员团队建设。5 月 4 日,培养的两名手语讲解员首次为参观校史馆的特殊教育学院听障学生讲解。5 月,校史馆首次为学生实践教学服务、配合宣传部门进行校史知识竞赛。

同时,档案(校史)馆着手开展校史馆配套资料的编纂。5 月启动校史画册编辑工作,经反复推敲、细节研讨和 7—11 月的三轮修改,11 月底基本定稿。

(王岩)

【年鉴编纂】 2014 年,2012、2013、2014 三卷年鉴的编纂工作同时推进。

为更好地做好年鉴的编纂和组织工作,学校先后组织两次校志年鉴专题会议。1 月 3 日下午,召开校志年鉴工作会,通报前阶段的校志、年鉴工作情况并介绍 2014 年鉴的编纂任务。5 月 15 日,召开 2014 年鉴工作布署及培训会,总结 2012 年鉴及 2013 年鉴的编纂经验和工作中存在的问题,对 2014 年鉴的编纂工作进行布署,并进行年鉴组稿的专题培训。

2012 年鉴于 3 月形成初稿,先后经资料补充、编辑印制成册、征求意见和修改完善不节,于 4 月下旬定稿送交出版社。2013 年鉴于 5 月形成初稿,耗时一个半月征求意见和修改,于 7 月定稿送交出版社。8—12 月,出版社先后 3 次返回 2012 年鉴和 2013 年鉴的审校稿,经逐条核实和修改,稿件得以进一步完善。同时,经多方调研和多次与出版社沟通,周整完善封面设计、排版格式等细节,确定学校的第一本年鉴雏形。至 12 月底,2012 年鉴已出清样,2013 年鉴进入后期校核阶段。

2014 年鉴的编纂工作于 5 月 15 日启动,7 月中旬,组稿工作基本完成,共收到 46 个单位的稿件。经稿件初筛、文字修饰和资料编辑、整理、汇编等工作,11 月底完成全文汇编,印制审阅稿,向编委及供稿单位送审。

(王岩)

【文集文选工作】 按照《足迹——北京联合大学文库》出版计划,2014 年编纂《李煌果文选》和《李敬文集》。其中,《李煌果文选》于 2014 年上半年完成组稿。随后,编辑小组对文稿进行进一步筛选、补充和文字修饰,于 12 月送交出版社。《李敬文集》的编纂工作主要由机电学院负责,档案(校史)馆配合其进行基础资料收集、整理和初筛工作,至 11 月底进入文稿的细化加工和整理阶段。

(王岩)

【《北京联合大学志（2001—2010）·学校篇》出版】
2014年10月，《北京联合大学志（2001—2010）·学校篇》由北京大学出版社出版。《北京联合大学志（2001—2010）》为《北京联合大学志（1978—2000）》的续编，记述2001—2010年北京联合大学十年的奋斗和发展历程，分为学校篇和学院篇两部分。此次出版的为学校篇，详细记述学校党政、直属各部门机构的工作，全书分为18个部分，共891千字，16开，印数2000册。学校于2011年5月启动校志编纂工作，2013年5月底完成初稿，针对学校篇先后共组织9轮校核和修改。

（王岩）

【召开校史展陈工作总结会】 2014年1月3日上午，学校召开校史展陈工作总结会。校领导徐永利、周志成出席，校院离退休老同志和全校各单位代表共55人参加会议。会议由张楠书记主持。会上总结和回顾了校史馆的筹建工作。档案（校史）馆馆长杜鸿燕汇报展馆筹建和开展情况。展馆建设的重要参与者代表，校党委宣传部、党校办、档案（校史）馆等部门代表和校友代表畅谈参与校史展陈工作的体会。张楠书记介绍了展馆的设计亮点和今后的工作计划。校党委书记徐永利讲话指出要加强档案工作，研究联大的历史，从历史中提炼增长的动力。校史馆于2011年5月开始筹建，2013年10月建成开馆。

（王岩）

【召开《李煌果文选》座谈会】 7月18日，学校召开《李煌果文选》编纂座谈会。北京市政协原副主席、北京市委教育工委原书记陈大白，原北京市高教局局长陈忠，北京市人大教科委原主任林浦生等曾经与李煌果校长共事的老领导、老同事出席座谈会。校领导徐永利、张楠出席座谈会。李煌果同志是北京联合大学第三任校长。

（王岩）

十四、图书馆服务

【概况】 北京联合大学图书馆即校图书馆，馆舍分布在小营校区、蒲黄榆校区、白家庄校区、昌平校区、北苑校区。下设流通部、阅览部、信息部、采编部、系统部、白家庄分部、蒲黄榆分部、昌平分部、办公室9个部门。全馆2014年在编职工67人，编外职工2人。设馆长1名，副馆长2名，党总支书记1名。职工中具有副高级及以上职称8人，中级职称48人，初级职称2人。

2014年校图书馆有5人退休，3人调离；调入10人，其中博士1名，硕士3名，优化了图书馆人才队伍结构。坚持馆内职工教育培训制度，全年累计举办17次政治业务集中学习，传达学校工作部署，学习学校有关文件和重要会议精神，进行师德建设和思想政治工作，通报图书馆工作情况，开展业务培训。利用学校人才强教资助项目和图书馆经费，开展专业培训，实现了

在编在岗人员全覆盖。其中国家图书馆培训10次，25人参加；中国科学院图书馆培训7次，28人参加；其他社会培训11次，40人参加。

（刘立平）

【馆藏资源建设】 截至11月校图书馆已组织完成2014年市财政专项328.89万元《新建学科及重点专业纸质资源购置》，全校采购图书83707册。电子图书65.8万册，中外文数据库90个。2014年校图书馆订购印刷型中文报纸135份、中文期刊1406份、外文期刊49种。完成校图书馆学术资源门户建设工作。进行TPI机构知识库三个子库的建设，包括联大期刊论文库、联大硕士学位论文库、联大学生作品库。

（高翔 赵源 杨静）

【新馆配套项目建设】 2014年校图书馆组织实施了四个新馆建设项目，一是《RFID借阅智能化服务系统》，11月，项目涉及的各设备陆续到货；12月为数据加工人员准备工作环境，安装专用软件，与流通部门配合开始进行图书标签的加工工作。截至2014年底，共完成325000册图书标签加工工作。采用RFID标签系统以后，读者可凭借校园一卡通自行办理图书借还手续，可以24小时随时办理还书手续，极大简化图书的借阅和归还流程，提高图书的利用效率。该项目将在2015年新馆建成后完成安装运行。二是2014年6月组织实施《智能信息化自助服务系统》。10月设备陆续到货，截至2014年底，已经完成应用文理学院、商务学院、生物化学工程学院、师范学院、小营校区老馆及昌平校区自助文印设备的安装和调试工作，系统部与软件公司合作开发了自助文印管理软件。该系统是校图书馆现代化转型过程中一种新的服务形式，待学校批准收费申请后实施。三是2014年9月组织《新馆数据资源中心建设》项目实施。该项目以实训楼（二期）为建设地点，以"一体化、数字化、信息化、网络化、智能化"为建设原则和标准，进行科学规划和统筹管理，着力构建一个节能环保、性能稳定、安全高效的校图书馆数据资源中心。四是2014年4月《馆际互借及联合编目系统》实施。目的是实现联大各馆书目标准统一、存储统一；实现联大各馆图书的联合采购和编目；实现全联大各图书馆之间的通借通还；实现联大各馆馆藏资源、图书信息的统一检索；简化读者信息获取方式，提高图书馆服务质量。截至2014年底共完成数据加工275108册，该项目将于2015年完成。

（杜建萍）

【三线藏书体系建设】 2014年1—5月校图书馆开展了"三线藏书体系"建设工作，对小营校区、白家庄校区、蒲黄榆校区和昌平校区分别来源于之前12个图书馆的馆藏100多万册图书进行了全面整合与优化。通过整合、调库、剔旧，形成校图书馆馆藏一线图书

703472 册、二线图书 174956 册、三线图书 180933 册。三线藏书体系建设为优化校图书馆馆藏印本资源体系,同时为新馆建设和全校图书书目数据整合做准备。调整后的图书馆藏书空间布局更加合理,读者借阅服务得到较大改善,为实施全校图书馆联合编目奠定了基础。在校图书馆的示范和指导下,四个局级学院图书馆也对各馆图书进行了挑选,分别建设了二、三线藏书体系。

(张春菊)

【读者服务】 校图书馆一贯秉承"读者第一、服务至上"的办馆理念开展读者工作。为了满足学生在馆学习的要求,校图书馆在未增加馆员的情况下,自 2014 年 9 月起,增加了小营校区周六图书借阅服务,周一至周四,各馆每天向读者提供馆员面对面服务时间从原来的 8:00 至 20:00 延长至晚上 21:30;周六从 9:00 至 17:00;周日从 12:00 至 20:00。校图书馆提供的每周与读者面对面服务时间达到了 77.5 小时。蒲黄榆校区图书馆自 6 月 16 日起,一层图书阅览室工作日开馆时间由早 8:00 至晚 20:00 变更为早 8:00 至晚 21:30。校图书馆为小营校区内 9 个实验班近 300 名本科生和特殊教育学院 119 名盲生扩大了借阅权限,即由 10 本增至 15 本,开通了国际交流学院学生的借还书服务。2014 年累计完成 69768 册图书的外借工作。图书馆电子阅览室实行免费对读者开放。2014 年全年接待上机人数 23486 人次。针对特殊教育学院视障学生学习需要,主动与中国盲文图书馆签订合作协议,作为盲文书刊免费借阅团体定期将其盲文书刊引入供盲生借阅,截至 2014 年底从盲文图书馆借来的第一批书刊已经与盲生见面。

(沈鑫 杨静 李元稚)

【馆际互借、原文传递】 截至 2014 年底,校本部图书馆馆际互借服务注册人数 2593 人,使用人数 1047 人;发送请求 1994 份,接收请求 261 份;原文传递注册读者共计 763 名,共有 241 篇文献提供和请求。在北京高校图书馆 BALIS 组织的 2014 年馆际互借服务评比中,近 80 家高校图书馆参评,校图书馆位居 13,获得了由北京高校图书馆文献资源保障体系(BALIS)管理中心颁发的"馆际互借服务集体二等奖",沈鑫被评为"馆际互借服务先进个人"。原文传递工作也有所进步,受到 BALIS 表彰。张宇杰被评为 2014 年度"原文传递服务先进个人"。2014 年 1 月起,校内各个图书馆同时开通了全校图书馆际互借、通借通还服务,任何一个校区的读者足不出校区就可以借还校内任一图书馆的图书。

(沈鑫 赵源)

【信息化建设】 2014 年 5 月校图书馆学术资源网站及外网站群系统上线试运行。经过一段时间的运行测试,网站群页面的响应速度、资源整合的力度、资源整合检索速度、系统并发操作数上限及系统维护管理等性能均符合预期目标,系统运行稳定可靠。

(杜建萍)

【开发建设自助离校系统】 为了在毕业离校流程下尽可能地提高校图书馆的自动化程度,自主设计、研发了"图书馆离校自助服务系统"。办理离校手续的学生只需刷卡即可查询其借阅信息,当借阅量和欠款均为 0 时,允许办理离校手续,通过学生自主操作,打印凭证后到窗口盖章即可完成离校手续的办理。

(杜建萍)

【读者信息素养教育】 2014 年共组织"课题查询与论文写作技巧指导、大学生职业生涯规划、新东方英语辅导系列、电影原声音乐漫谈、走进百老汇音乐剧等各类型培训讲座"21 场,参加者超过 3400 人次。其中校图书馆举办的"书香联大——真人图书馆"系列讲座,邀请学校知名管理学博士、教授、博士生导师陶秋燕作为首场主讲嘉宾,以"教授和你聊——图书馆是大学生成长的心灵驿站"为题给同学们讲解了读书的意义、读书的艺术、读书的方法以及读书作为大学生成长心灵驿站的作用,引发了现场同学的共鸣和思考。

(赵源)

【教学科研服务】 2014 年 5 月校图书馆启动教研服务工作,在馆内公开招聘学科服务小组成员 21 名,以服务的侧重点不同分为教学服务组和科研服务组,教学服务组以服务教学为主,面向各学院、教师、研究生和本科生,服务内容包括信息联络、资源建设、资源宣传、用户培训、书目荐购、馆际互借、原文传递。科研服务组以服务科研为主,以嵌入教师科研项目为突破口,面向各研究所、职能部门及教师,服务内容分为学科信息导航、学科动态跟踪、学科平台建设和学科工作总结。目前已经完成的工作有:确定了学院联络人,创建了飞信群,新建管理学科 Libguides 导航,为小组成员举办教研服务目标任务和服务流程培训。下一步要加快"走进学院、系部"的步伐,并不断完善 Libguides 平台建设。

首次设立馆内科研基金项目,批准馆立科研课题立项。2014 年 5 月印发了《北京联合大学图书馆研究基金项目管理办法》(京联图〔2014〕08 号),同时下发了《关于 2014 年度图书馆研究基金项目申报工作的通知》(京联图〔2014〕09 号),最终全馆共有 14 个项目获得立项,其中 5 项为重点项目,9 项为一般项目,项目完成期限为一年半,2015 年 6 月将进行中期考核。

完成 2013 年校级新起点项目《基于知识服务的高校科研信息保障体系建设研究》课题研究工作,同时承担 2014 年校级新起点项目《基于知识协同的图书馆知识管理和知识服务模式研究》并开展相关研究。

从文献计量角度出发,利用 Web of Science、CSSCI、CSCD、CNKI 等各大中外文数据库检索全校教师刊发论文情况,并对检索结果进行详细分析,完成2013 年度北京联合大学 CNKI 期刊论文产出和学术影响力分析报告 1 份;完成科研处委托进行期刊论文竞争力分析报告的检索需求,包括 SCI、SSCI、EI、CSCD、CSSCI、CNKI 的全校发文、一作一单位发文、各学院各研究机构一作一单位发文、人均发文、博士及高级职称发文等情况检索。

(赵源)

【读者宣传服务月】 利用"4·23"世界读书日,开展"我阅读、我成长、我快乐"主题宣传服务月活动,活动内容如下。

知识竞猜:流通部和机电分部组织的"好书不断,精彩无限,欢乐尽在图书馆"有奖猜谜和"我爱古诗词——经典诗词集锦竞猜"活动,吸引了近百名读者到场参与。

图书交换大集:由信息部、采编部和阅览部共同组织、自动化学院学生会协办的小营校区大型图书捐赠漂流活动,通过上门收书和来馆送书的方式,一周时间共收到捐赠书刊 1000 余册,4 月 23 日的集中漂流活动交换出 700 余册。白家庄校区共接受捐赠书刊248 册,交换出 100 多册;昌平校区获赠 100 余册;蒲黄榆校区也组织了图书漂流活动。

新书荐购活动:采编部组织的"好书我来选"活动,邀请到百万庄图书大厦携带近 3000 种新书来现场参展。一周的时间读者向图书馆荐购新书 2063 种。

已购新书展活动:白家庄校区、蒲黄榆校区通过张贴书目清单和现场集中摆放的方式,吸引读者来馆借阅到馆新书。

图书推荐与阅读交流:邀请校、院领导和专家、教师推荐自己阅读过、喜爱的或者对其影响至深的图书,并通过原创的推荐语传递阅读体验。活动收到推荐信息 48 条。

读书感悟即时贴:学生社团——星空文学社合作开展"一书一世界,一语一天堂"阅读推广活动,吸引了众多师生,大家用一句话写出对一本的评价和读书的感悟,活动共收到 208 条留言。徐永利书记和乔东亮副校长参加了活动并留言。

读书之星评选表彰:评选出 2012—2013 学年读书之星 110 名(其中信息学院 17 名、管理学院 18 名、旅游学院 21 名、自动化学院 10 名、机电学院 10 名、昌平 20 名、特殊教育学院 10 名、研究生 4 名)。并于2014 年 4 月 29 日举行了表彰颁奖活动,活动由程雨琴馆长主持,乔东亮副校长颁奖并讲话。

学生读者座谈会:5 月 23 日下午在图书馆四层外文阅览室召开了有读书之星代表、研究生代表等 20 余人参加的读者座谈会,程雨琴馆长主持了座谈会,流通部、阅览部、信息部、采编部、办公室等部门主任参会、会上馆长和各部门主任回答了同学们有关馆藏资源建设、环境建设、读者服务等方面的提问,详细记录了大家的意见和建议,以便今后逐一解决落实。

数字资源推介展:"职业全能培训数据库""高教网考研互动精品课程数据库""MyET 英语多媒体资源库""软件通计算机技能视频学习数据库"及"TKBS 师范教育专题数据库"等数据厂商举办了现场推介活动。让同学们对图书馆的数字资源有了更深入的了解。

"关爱精神健康 尚善公益书架"活动:服务月期间采编部把 BALIS 资源协调中心与北京尚善公益基金会联合举办的"知识守护心灵阅读传递爱心"活动引入学校,积极宣传推广阅读疗法,开展公益书架活动,选放捐赠的精神健康图书 25 种、100 余册。摆放的图书很快被读者取阅一空。

原文传递与馆际互借宣传推广:BALIS 原文传递与馆际互借的现场宣传与集中注册活动,进一步强化了资源共享的理念,4 月 22 日、23 日两天的现场活动原文传递的现场注册人数为 140 人。

读者培训:4 月 11 日,库客数字音乐图书馆专职讲师韩波,在校本部图书馆电子阅览室做"传统遇上现代——电影原声漫谈"音乐知识讲座。100 人到场。4 月 18 日邀请中国人民大学书报资料中心社会编辑部主任徐亚男为图书馆馆员做"学术期刊选稿标准与用稿规范"培训讲座,培训人数 70。

读者调查问卷:为充分了解联大读者图书阅读的总体概况,使图书馆对读者阅读习惯、阅读方法、阅读时间、阅读环境、读物选择以及阅读时出现的问题等有更深入的思考,以便在新馆建设中更好地设计方便读者阅读的功能区,创造更好的阅读环境,提供更好的阅读服务,信息部赵庆龄老师设计了"图书阅读调查问卷",服务月期间印发了 400 余份,实际收回 300 份。为扩大 BALIS 馆际互借系统的使用范围,发挥资源共享的优势,流通部开展 BALIS 馆际互借服务问卷调查活动,发放调查问卷近 200 份。

(赵源)

【工会工作】 支持教职工开展科研活动。2014 年申请工会课题 3 个,分别是:青年教师培养、关于实现校图书馆资源共享问题的研究、校图书馆馆员心理状态研究。

开展健康的文娱活动。参加"校第二届教职工运动会",荣获"精神文明奖",在个人项目比赛中 7 人进入前 8 名,其中在女子 800 米比赛中名列第一名。在疯毛毛虫、集体跳绳、车轮滚滚、女子 4×100 米接力 4 个集体项目中均获得进入前 8 名好成绩。图书馆 22

人还参加了开幕式大型舞蹈《走向复兴》《欢聚一堂》的表演。校图书馆工会组织馆员参加校工会举办的2014年北京联合大学教职工广场舞比赛,获得三等奖。组织校图书馆22名馆员参加了中国徒步网的第8个"全民徒步日"活动。图书馆代表队参加校工会举办的2014年"厨厨动人"青年教工厨艺大赛,一举夺得"金勺奖"。

2014年6月30日,组织干部职工向北京市和"学校教职工爱心互助基金会"捐款共计7930元;向学校教育基金会捐款,共有50名教职工捐款4390元;全馆63名职工为患病职工任艳莉捐赠善款27600元。

(王建远)

【馆际交流合作】 2014年3月4日,中国矿业大学图书馆一行6人来到校图书馆机房参观,就"机房的建设及使用""设备的监控报警装置"等事项进行了交流;4月18日流通部的馆员前往中国地质图书馆进行了参观学习,使大家对学科化服务开展的方式和内容有了进一步的认识,对学科化服务的发展有了更多的思考和借鉴;4月29日,系统部全体人员前往清华大学图书馆参观,学习图书馆自动化和信息化建设;5月14—15日,图书馆一行10人前往天津南开大学参观、学习交流图书馆业务;7月9日,馆领导程雨琴、刘坚力、王建远带领部分馆员前往北京师范大学图书馆进行新馆调研;9月21—24日,馆领导王建远和昌平分部易路曦参加"第七届图书馆管理与服务创新论坛"学术会议。

校图书馆由馆长程雨琴、党总支书记刘坚力、副馆长李九丽组成调研组,分别于2014年9月28日、29日和10月11日,到学校商务学院、师范学院、生物化学工程学院和应用文理学院,就全校图书馆一体化建设目标引领下局级学院图书馆如何更好地发展、更好地为师生提供服务进行调研。

(刘立平)

【党建工作】 校图书馆党总支共有中共党员25人,下设4个党支部。各支部组织党员党史学习、党性修养教育,开展"读书月"活动,进行廉政教育,组织《北平无战事》《苦难辉煌》《世界是平的》等书籍的阅读讨论活动。2014年1月起开展"文明阅览·拒绝占座"整改行动。该项工作作为校党委"学校2014年度工作计划及党的群众路线教育实践活动整改意见"的第一项整改任务,经过研究探讨和细致的前期准备确定了以"宣传、告知、集中清理、细化管理、建立长效机制"的阶段性工作方案。阅览部、流通部馆员每天清理阅览座位,不定期巡察,发现问题则及时处理。经过一年坚持不懈的努力,占座现象得到了明显的遏止,阅览环境得到了明显改善。校党委将"开通馆际互借服务,实现资源免费共享"列为"学校2014年度工作计划及党的群众路

线教育实践活动整改意见"的另一项整改任务。党组织积极推动,认真落实,在全校范围内推出各馆图书馆际互借、通借通还,惠及每一位师生员工,得到上下一致肯定。利用全馆大会、馆务会及校园网多种形式等进行馆务公开、党务公开。

(刘坚力 杨静 沈鑫)

十五、后勤服务

【概况】 北京联合大学后勤服务公司成立于2001年,下设党政综合办公室,按照行业整合的原则设立饮食服务、学宿管理服务、动力维修服务、运输服务、绿化保洁服务、蒲黄榆校区后勤运行服务中心、育慧苑商贸七个中心,较好地为全校近三万名师生提供了全方位优质的后勤服务。

2014年6月饮食服务中心接手北京市教委食堂;宿舍管理服务中心通过服务创新试点进一步强化"全心全意为学校教学、科研、师生员工服务"的宗旨;动力维修服务中心通过数据统计、分析升级服务水平;运输服务中心安全行驶85万公里,保障学校大型会议及活动、迎新工作和学生军训的用车;绿化保洁中心负责四个校区室内保洁总面积69800㎡,会议服务工作主要涉及学校9个会议室、2个报告厅,以及学校重大活动的会议服务保障工作;蒲黄榆校区后勤运行服务中心保障1000多名学生的学习、生活,其中绝大部分为残障生;育慧苑商贸中心扩大店面规模、加强培训,为师生服务。

2014年度开展党建、团建活动5次,其他大型活动若干次,并且很好地保障了师生的学习、生活,全面打造后勤服务升级版。

(李嘉胤)

【饮食服务】 饮食服务中心成立于2000年,目前地跨北京联合大学九个校区,所辖十三个食堂,服务全校近3万名师生员工。2014年度,饮食服务中心"站在新起点,展现新面貌,迎接新挑战"。

饮食服务中心于3月和10月在各校区举办了以"舌尖上的联大"为主题的食品展销活动,力争提升广大师生的幸福指数,为北京联合大学和谐校园的建设贡献力量;于3月28—29日在实创西山科技培训中心召开了以"在细节中体现服务,从服务中强化细节"为主题的工作流程培训和夏季食品安全会议;6月初进驻北京市教委食堂开始前期准备工作;8月18日,后勤服务公司开始为教委食堂服务,一日三餐为教委的干部职工做出营养、可口的饭菜,得到教委干部职工的一致好评;于6月7日举办了第二届食堂青工烹饪技术评比考核。此次考评范围涵盖了饮食服务中心8个校区12个食堂以及师范学院食堂,参评员工共59名;6月在全中心范围内开展了一次"学习规章制度、工作流程和如何更好地为师生服务"为议题的讨论和学习

活动;12月14日上午在校本部南院餐厅三楼举行了由校团委主办、饮食服务中心承办、各学院学生代表参与的"家乡的味道"北京联合大学首届饮食文化节;于7月中旬建立了菜品研发小组。

(李嘉胤)

【学生宿舍管理服务】 学生宿舍管理服务中心成立于2001年,截至2014年底,有公寓15栋,分布在北四环、北苑、昌平和白家庄四个校区,宿舍使用面积39001平方米,员工150余人,为学校13000余名学生提供住宿服务。在后勤服务公司的领导下,通过服务创新试点进一步强化"全心全意为学校教学、科研、师生员工服务"的宗旨,增强员工的服务意识,提高宿舍科学管理水平,达到"转变服务观念、改进服务质量、提高队伍素质、改善服务形象、提高服务效益"的目的,从而增进师生员工对宿舍工作的满意度。

学生公寓为住宿的学生提供学习、生活、娱乐等多种内容的服务。在公寓里提供了自助洗衣机,每栋公寓还为方便学生生活开展了针线包、自行车打气筒、简易五金工具借用服务。

为适应学校教育管理发展的工作要求,学生公寓借鉴学习先进的管理模式,不断提高自身的管理和服务水平,以"学生第一,服务第一"为出发点,全体员工以热诚的服务态度、娴熟的服务技巧、规范的服务礼仪、快捷的服务效率提供高品质的服务,为学生创建了一个安全温馨、诚信友爱、充满活力、和谐相处的公寓。

(李嘉胤)

【动力维修服务】 动力维修服务中心现有员工109名,其中正式员工24名,非在编员工85人,党员10名(含预备党员1名)。

动力维修服务中心全面负责小营校区、白家庄校区、北苑校区、昌平校区、盆儿校区的高压输送及水、电、办公家具等维修、维护,盆儿校区招待所服务等工作。同时对以上校区的水、电、气、通讯等能源消耗进行数据统计、分析;包括学生用电的智能管理工作,向各校区推广节能器具及宣传节能减排工作。

动力维修服务中心是一只技术精良、思想意识优良的队伍。在平时的工作中,班组成员相互帮助,班组间、校区间相互支持。中心经理、副经理、各校区主任、班组长在认真学写了《努力打造后勤服务和保障的升级版》文件后,深深地意识到,在服务观念、管理观念、运营成本上可以在开拓思想,放开眼界。同时也增强了责任心和服务意识,促进、改进了工作态度和工作思想。

(李嘉胤)

【运输服务】 运输服务中心拥有大、中、小型机动车60余辆,驾驶员44人,主要负责北京联合大学校本部、北苑校区、昌平校区、白家庄校区、蒲黄榆校区五大

校区28路班车的运营工作,并承担各校区教学、科研以及各项大型活动的用车任务。

2014年,运输服务中心安全行驶85万公里,保障学校大型会议及活动、迎新工作和学生军训用车,学校也因此被北京市朝阳区交通安全委员会评选为"2014年度交通安全先进单位"。为保障用车安全无事故,运输中心对车辆的维修保养做得非常细致,发现问题及时解决,共维修车辆293余次。在迎接新生工作中,中心共出车46车次,行驶3377公里。学生军训期间,中心安排人员在军训基地驻守,共出车79车次,行驶4461公里,保证了军训期间车辆的正常使用。在全校通勤车统筹调整使用工作中,运输服务中心广泛征求教职工意见,合理制定全校通勤车统筹使用方案,通勤车线路增加至28条。

(李嘉胤)

【绿化保洁服务】 绿化保洁中心现有员工108人,主要负责北四环校区、昌平校区、学院路校区、北苑校区的绿化保洁和会议服务工作。

四个校区室内保洁总面积69800m^2;室外保洁总面积105700m^2;绿化养护总面积30500m^2;志新里小区居民楼5个单元的保洁和垃圾清运工作。

会议服务工作主要涉及学校9个会议室、2个报告厅的会议服务,以及学校重大活动的会议服务保障工作,2014年全年共服务、保障各项会议1457场(其中小型会议1099场、中型会议294场、大型会议64场)。

完善制度、强化流程、规范上墙、巡视检查、发现问题、及时解决、结合标准、不断完善。

(李嘉胤)

【蒲黄榆校区后勤运行中心】 蒲黄榆校区后勤运行服务中心现有员工39人,其服务对象主要是特殊教育学院的广大师生。

3月27日,中国残疾人联合会主席张海迪、副理事长程凯到学院调研,中心做好了各方面后勤相关准备、保障服务工作。

由于扩招,共改造调整盲生宿舍6间,增加盲生宿舍12间,增加盲床29张。改造调整聋生宿舍9间,调整聋生床位32架,增加聋床49张。改造健全生床位,腾出上下床32架,增加上下床17架。这些床分别装在需要加床的38间宿舍。

由于服务对象的特殊性,员工们每周进行手语培训,更好地为残障生服务;宿舍在大厅设立了绿色通道,安排专门的宿管老师进行盲生通行的现场疏导;维修节能节能新举措:对公共区域的电路进行了改造控制;对楼道灯实行了分部控制。

(李嘉胤)

【育慧苑商贸中心】 北京育慧苑商贸中心是北京联合

大学后勤服务公司的下属企业，以零售业为主，商品进、存、销实行系统化管理，商品价格定位合理，师生可以刷校园卡或现金结账。

2014年8月中心新增机电学院店，营业面积60平方米，校本部店扩大了店面规模，由原来的200平方米增加到现在的270平方米左右；文理店改建增至现在的70平方米；现今，已有10个分店分布于8个校区，营业面积由2013年的697平方米增加到现在的992平方米。员工由2013年的35名减少到2014年的32名。10月启动北京育慧苑商贸中心网上商城建设。

逐步完善了各项规章制度和工作流程，优化产品结构和布局；统一了供货商，商品由2013年的5412种增加到2014年的6894种，提高了27%。全年促销活动20次左右，销售额同比上一年增加23%。

（李嘉胤）

【党建工作】 2月24日上午，后勤服务公司党总支召开了党的群众路线教育实践活动总结暨党建先进校入校检查工作部署会，会议由公司总经理肖春林主持。校党委副书记周志成、校第二督导组副组长刘东、校第二督导组成员刘洋、后勤服务公司领导班子成员出席了会议，公司各支部书记、各中心经理、副经理、公司工会代表、积极分子代表、群众代表共34人参加了会议。会上，在校第二督导组的指导、监督下，参会人员对公司领导班子和党员领导干部开展党的群众路线教育实践活动情况进行了民主评议投票。

5月4日，恰逢纪念"五四"运动95周年，后勤服务公司召开团总支成立大会暨第一次团员大会。校团委书记解庆阳、副书记廖琪丽，后勤服务公司党总支书记滕长建、公司总经理肖春林、公司副总经理兼工会主席何天增、副总经理安传钢、苏明出席了大会，公司各部门负责人、各部门团员、青年共80余人参加了大会。在校团委的监督指导下，大会通过差额选举的方式产生了第一届团总支委员会委员。

5月24日，后勤服务公司党总支组织全体党员赴平谷区霞云岭乡开展了主题党日活动，校党委副书记周志成、校组织部李霞老师、后勤服务公司党总支书记滕长建、公司副总经理安传钢、苏明出席活动，公司党总支各支部全体党员参加活动。公司党总支书记滕长建作了题为"加强党风廉政建设，践行社会主义核心价值观"的主题党课。

（李嘉胤）

【其他工作】 1月16日，后勤服务公司2013年总结表彰大会在南院报告厅召开。2月26日，校党委副书记周志成在后勤服务公司及北苑校区负责人的陪同下，检查了北苑校区主副食加工基地。3月12日，师范学院学生处长马振龙及学院学宿管理服务中心一行4人来到后勤服务公司交流宿舍管理工作经验，公

司副总经理安传钢及学宿中心经理许绍林等相关人员热情接待并在公司会议室进行了座谈交流。4月10日，后勤服务公司在综合楼四层会议室组织召开了科学管理工作汇报会。8月12日，校党委副书记周志成，深入河北昌黎、肃宁、涿州等地，走访了饮食服务中心蒋洪升、冯建伟和张建忠等员工家庭，进行家访慰问。11月4日，后勤服务公司召开干部宣布大会。会上，校组织部部长王玮宣布干部任免决定，安传钢任广告学院副院长，免去其后勤服务公司副总经理职务。

2014年3月21日上午，北京市教工休养院候福君院长一行5人来校交流饮食服务工作，后勤服务公司领导班子、饮食服务中心负责人热情接待，并在综合楼四层会议室举行了座谈交流，校党委副书记周志成出席座谈会。

后勤工会于4月19、20日组织公司600多名员工分两个批次开展了主题为"热爱北京、了解北京、融入北京"的参观游览活动，组织员工参观了国家博物馆和中山公园，丰富员工的文化生活，提升凝聚力和归属感，加深了对北京的了解。

（李嘉胤）

十六、医疗服务

【概况】 北京联合大学门诊部是在朝阳区卫生局备案的一所非营利性质综合门诊部，是北京市医疗保险定点医疗机构，同时还管理着蒲黄榆、白家庄、昌平、北苑四个校区医务室。截止到2014年12月底有职工24人，其中卫生技术人员21人（副高级以上职称5人，中级职称14人，初级职称2人，其他行政管理及专业技术人员3人）。门诊部设有内科、外科、中医科、口腔科、妇科、急诊室、预防保健科、西药房、检验室、B超室、医务办公室等业务科室及门诊部综合办公室，全年开展普通门诊、急诊、护理、检验、B超等医疗技术服务工作。

2014年门诊部21名医护人员均完成国家级继续医学教育课程的学习并通过年终审核注册。全年医护人员共发表医学论文3篇。

2014年9月至12月期间，学校投入300万元改扩建门诊部，面积由原来的700多平方米增至2000余平方米，于2014年年底校内更名为北京联合大学校医院。

2014年11月学校投入23万元进行医院信息系统改造。

（高燕）

【日常医疗服务】 2014全年门诊总量14236人次，普通门诊13358人次，急诊878人次，外出急诊27次，抢救危重患者17例，死亡1例，护理治疗各类患者1432人次，2014年3月完成毕业生体检4378人，9月完成新生体检4095人，配合体检机构完成教职工健康体检2637人。门诊部进行医疗信息系统升级改造工作的

同时,对应用文理学院、商务学院、生物化学工程学院、师范学院四个法人学院医务室的医疗信息系统也分别进行了升级改造,实现了昌平、北苑、白家庄、蒲黄榆校区医务室 HIS 医疗信息系统与校医院联网。

(高燕)

【预防保健和健康教育】 传染病防控:处理校内传染病 12 例,其中水痘 6 例,肺结核 6 例。隔离观察 3 人。组织肺结核病人密接筛查 103 人次,PPD 人数 1951 人,强阳性反应 55 人,参加预防性治疗 25 人;完成外地进京新生接种其中麻风疫苗 800 余人次、白破疫苗 800 余人次。与大屯防疫站联系为学生免费应急接种,为师生接种乙肝疫苗 458 人次,甲肝疫苗 135 人次,流感疫苗 2 人次。

健康教育及健康幸福工程:门诊部在健康体检的基础上,对在职职工体检结果进行了分析总结,更新及完善电子及纸质健康档案 1600 余份,对发病率较高的疾病进行跟踪,对体检中发病率较高的高血压、糖尿病人进行重点关注,聘请知名专家为教职工健康咨询、进行健康知识讲座等,共计 12 次。由专家和校门诊部医生组成健康咨询小组走进昌平校区,红领巾桥校区,盆儿胡同校区,白家庄、堡头、蒲黄榆、外馆斜街、应用文理等所有校区为广大一线教职工做一对一的健康咨询,约 230 余人次,今年调整部门健康管理的职能,明确了以健康宣教为重点的"预防保健组"和以控制疾病为重点的"慢病管理组"。

开展"推拿按摩保健"工作,积极牵头与特殊教育学院、校工会联合开展教职工"推拿按摩保健"工作,全年共预约 190 人次。

(高燕)

【医疗保险和公费医疗】 严格按照上级医保机构的要求,进一步规范医师的诊疗常规,定期对全体医师进行医保知识宣传。2014 年医保人员门诊就诊量比 2013 年增加约 2.55%,2014 年医保总额费用比 2013 年增长 26.65%,2014 年医保基金申报比 2013 年增长 47.34%。公费医疗方面,本着普遍惠及学生的原则,降低学生医疗负担的原则,修改了学生公费医疗管理规定,于 2014 年 8 月印发了《北京联合大学研究生和本科生公费医疗管理办法》。截止到 2014 年 11 月底,学生公费医疗报销门诊 700 余人次,住院约 50 余人次。

(高燕)

【校区医务室工作】 黄榆校区医务室:2014 年门诊量 1596 人次,健康咨询 300 人次。协助完成 2014 级新生 PPD 试验 406 人次。

北苑校区医务室:2014 年门诊量 565 人次,健康咨询 26 人次。

昌平校区医务室:2014 年门诊量 2814 人次,健康咨询 451 人次。转诊 318 人次,

白家庄校区医务室:2014 年度共接诊师生 1309 人次,咨询 2514 人次,转诊 198 人次。

(高燕)

党群工作

一、组织工作

【概况】 截至 2014 年底,校党委下设二级党委 15 个,直属党支部 1 个;共有党总支 41 个,基层党支部 349 个,其中在职教职工党支部 192 个、本科生党支部 77 个、研究生党支部 5 个、混合学生党支部 14 个、离退休党支部 61 个。

全校共有党员 5318 人,其中正式党员 4250 人、预备党员 1068 人。在职教职工党员 1992 人,占在岗教职工总数的 61.05%,其中 35 岁以下教师党员 314 人,占 35 岁以下教师总数的 83.00%;学生党员 2004 人,占学生总数的 7.97%,其中本科生党员 1816 人,占本科生总数的 9.04%,研究生党员 80 人,占研究生总数的 38.46%;离退休党员 1313 人,其他 9 人。

全年共发展党员 937 人。发展教职工党员 32 人,发展学生党员 905 人,其中本科生 796 人,研究生 18 人,高职生 91 人。全年共发展入党积极分子 3796 人,其中教职工 52 人,学生 3742 人。全年共出党 4 人,其中劝退 1 人,取消预备党员资格 3 人。全校共办理组织关系转出 1809 人次,转入 487 人次。

全校共有处级以上干部 387 人,其中局级干部 22 人,处级干部 365 人,其中处级实职干部 343 人,非领导职务 22 人。处级实职干部中,正处级 123 人,副处级 220 人;女干部 172 人,占 50.15%,45 岁以下的 154 人,35 岁以下 18 人;民主党派 11 人,无党派 21 人,党外干部占 9.33%;具有博士学位的处级干部有 50 人,具有硕士学位的有 177 人,具有正高级职称的有 68 人,具有副高级职称的有 113 人。

2014 年,新成立二级党组织 1 个,撤销二级党组织 3 个,收回了对 2 个党组织审批党员的授权,共 1 个二级党组织开展换届选举工作。

2014 年,共调整处级干部 28 人,退休 10 人,完成中组部第 14 批博士服务团等 3 名挂职干部和 36 名干部的试用期考察,建立近三年新提任 85 名干部的文书档案。配合市委组织部完成 1 名副局级干部试用期满

考察和 1 名副局级干部的民主推荐和考察工作。开展副处级后备干部推荐工作,全校共推荐符合条件的后备干部 229 名。

2014 年,全校共 495 名处级以上干部完成 2013 年度个人有关事项报告,完成 19 名领导干部个人事项的抽查核实工作,共 587 人次处级干部办理了请假报备和销假手续,全年办理因公出国政审 178 人次,因公赴台政审 255 人次,其中局级领导干部因公出国向教工委上报备案 13 人次。

2014 年,共有 2 名人员获评高级政工师职称,2 名人员获评政工师职称,并按上级要求进行了备案审核工作。完成对 2015 年政工职评的资格初审,共 22 人通过资格审查。

2014 年,共上报 68 个北京市优秀人才培养资助个人项目,有 10 个个人项目进行了结题。

2014 年,学校组织工作全面贯彻落实党的十八大、十八届三中全会、十八届四中全会精神和习近平总书记系列讲话精神,牢牢把握"加强党的执政能力建设、先进性和纯洁性建设"这一主线,以迎接第七次北京市党建和思想政治工作先进校检查工作为抓手,以夯实基层党组织建设、优化干部队伍结构、转变工作作风为重点,出台《北京联合大学处级领导干部试用期满考核实施办法》(京联党〔2014〕17 号)、《处级干部选拔任用工作实施办法》(京联党〔2014〕67 号)等文件,提升了党建工作的科学化水平。

(勇天奇 李霞 吕毅)

【做好教育实践活动总结和"回头看"工作】 组织召开党的群众路线教育实践活动总结会,扎实推进领导班子整改方案和干部个人整改措施的落实,巩固活动成果,完善相关制度,推进建立活动的长效机制。在北京高校深入开展党的群众路线教育实践活动总结大会上做了经验交流发言。组织、协调和督促抓好教育实践活动"回头看"工作,制定了《北京联合大学关于深化"四风"整治、巩固和拓展党的群众路线教育实践活动成果的工作方案》(京联党〔2014〕28 号),落实机构,制定方案,突出重点,完善机制。

(李霞)

【获第七次北京市党建先进校提名奖】 3 月 7 日,党建先进校评选入校考察专家组入校考察,听取汇报、查阅材料(支撑材料 173 卷,党建先进校迎检工作系统各类信息 38G、26000 多个文档材料)、开展座谈和实地走访;3 月 27 日上午,第七次北京市党的建设和思想政治工作先进普通高等学校评选答辩会上,徐永利书记以《凝心聚力改革创新全心全意保障学校科学发展》为题,从"把握方向、引领发展,全面加强党委对学校工作的领导""统揽全局、创新发展,学校改革和事业取得丰硕成果"和"关注师生、服务发展,汇聚事业发展正能

量"三个方面汇报了自 2010 年以来学校党建和思想政治工作的主要做法、成效和特色。4 月 18 日,北京市委教育工委公布第七次北京市党的建设和思想政治工作先进普通高等学校获奖名单,北京联合大学荣获"北京市党的建设和思想政治工作先进普通高等学校提名奖",奖励金额 20 万元。4 月 28 日,市委教育工委副书记、市政府教育督导室主任唐立军到学校反馈第七次北京市党建和思想政治工作先进校评选结果。

(李霞)

【市委第四巡视组到校进行巡视】 5 月 30 日—7 月 30 日,市委第四巡视组对北京联合大学进行巡视,先后召开四组专题汇报会,分别听取校党委领导班子、校行政领导班子、校纪委工作、校组织人事工作汇报,开展各类谈话 322 人次,调阅材料 522 卷。

(李霞)

【开展在职党员到社区报到为群众服务活动】 6 月 20 日,召开在职党员到社区报到为群众服务工作动员部署会,制定工作方案,全校近 400 个基层党组织,近 2000 名在职党员全部到 9 个社区报到参与为群众服务活动,报到率达到 100%。

(李霞)

【加强基层党支部建设】 开展 2013—2014 年度"十佳党支部"创建工作中期检查和评选答辩工作,10 个支部被评选为十佳党支部。做好 2014—2015 年度十佳党支部的创建申报工作,21 个党支部参与创建。开展《党支部工作手册》抽查,抽查率达到 50%,并组织校内外专家对抽查《党支部工作手册》进行了评审。

(李霞)

【开展纪念建党 93 周年工作】 组织开展北京高校先进基层党组织、优秀党员、优秀党务工作者推荐评选,推荐先进基层党组织 1 个,优秀党员 3 名,优秀党务工作者 1 名,获批优秀党员 2 名,优秀党务工作者 1 名。组织召开纪念建党 93 周年座谈会,走访慰问生病、困难党员 27 人次。

(李霞)

【中组部两次到校调研】 3 月 17 日、6 月 24 日,中央组织部两次到北京联合大学调研基层组织建设和大学生党员发展教育管理工作,分别听取了《发展党员工作和大学生毕业党员管理工作专项汇报》和《院系党组织建设及党员发展教育管理情况专项汇报》,并进行了座谈。

(李霞)

【加强党员发展教育管理工作】 落实《中国共产党发展党员工作细则》,举办培训班,全校近 300 名党务干部参加;举办首期教职工入党积极分子培训班,共 40 名教职工积极分子参加培训并圆满结业;做好监督党员发展计划执行和督促预备党员备案工作,规范发展

党员工作相关材料；党员在线学习人均完成学时数在北京高校排名第四。

（李霞）

【加强干部教育培训工作】 举办三期学习习近平总书记系列重要讲话精神集中轮训班，全校339名实职处级干部参加培训，组织10多场高水平辅导报告，组织赴焦裕禄干部学院、天津周邓纪念馆、平津战役纪念馆参观学习，开展"学习习近平总书记系列重要讲话专题研讨会"论文征集，向北京高校党建研究会推荐论文3篇；组织处级以上干部观看《党政领导干部选拔任用工作条例》辅导报告录像，加强对新《条例》的学习宣传；召开学习贯彻"习近平总书记在党的群众路线教育实践活动总结大会上的讲话精神"座谈会；落实好局级领导参学市委组织部各类培训班协调工作，督促处级干部完成在线学习，完成了原有300多名处级干部学习账户的续报名，新增了58名新提拔干部的学习报名工作；推荐11名基层党支部书记参加北京高校基层党组织负责人示范培训班。

（李霞）

二、宣传工作

【概况】 2014年，北京联合大学党委，以深入学习宣传贯彻党的十八大、十八届三中全会、十八届四中全会精神为主线，以提升宣传思想工作实效为重点，着力巩固全校师生建设首都人民满意的应用型大学的共同思想基础，积极为学校各项事业发展提供有力的思想保证、舆论引导和精神动力。

党委宣传部是学校党委主管宣传思想文化工作的职能部门。宣传部设3个科室，即新闻宣传科、思想教育科和文化建设科，共有在编在职人员9人，其中部长1人，副部长2人，新闻宣传科3人，思想教育科2人，文化建设科1人。

（王维国）

【理论学习】 依托校党委中心组理论学习（扩大）会、党建和思想政治工作优秀成果、教职工理论学习特色项目及党建和思想政治教育研究课题的申报评审等平台，形成专家导学、交流研讨、以评促学、以研促学的良好学习风尚，巩固和提升全校党员干部精神境界，创新教育管理理念，引领和推动联大不断发展。

以校党委中心组理论学习（扩大）会的形式，组织全校处级以上干部深入学习贯彻党的十八届三中全会、十八届四中全会精神，深入学习贯彻习近平总书记系列重要讲话精神，全年共组织集中学习9次、参观考察1次。先后邀请中国社会科学院原副院长、党组副书记李慎明研究员，中宣部思想政治工作研究所副所长戴木才研究员，北京市地方税务局局长、党组副书记杨志强，中央党史研究室第一研究部主任蒋建农研究员，教育部高等教育司司长张大良，中国工程院党组成员、副院长樊代明院士，北京市纪律检查委员会常委韩索华，中国社会科学院法学研究所所长李林，教育部政策法规司副司长黄兴胜等来校作专题报告，3200余人次参加。领导干部思想理论水平不断提高。《人民日报》《光明日报》《中国教育部》《北京日报》《前线》等重要媒体刊登了学校党员干部在学习习总书记、党的十八届三中全会、十八届四中全会精神等方面的体会领悟。

开展了第二届"教职工理论学习特色项目"评审活动，立项10个项目，联合机直党委开展"机关微课堂今天我主讲"暨第二届"教职工理论学习特色项目"现场观摩活动。组织召开"深入开展宪法宣传教育全面推进依法治国"座谈会，光明网、《新京报》、宣教之窗等媒体就学校多途径多形式迎接首个国家宪法日予以了宣传报道。

以评促学，组织推荐参评北京高校党建和思想政治工作优秀成果，《实施"健康幸福工程"汇聚事业发展正能量》和《学专融合学生工作模式的创新与实践》2项成果获得北京高校党建和思想政治工作优秀成果三等奖；组织2014年度北京市宣传文化系统"四个一批"人才推荐选拔工作，韩强、杨积堂2人入选。

（王维国）

【思想教育】 坚持党员领导干部先学一步、学深一层。校报开辟理论专版，登载14篇党员干部学习践行社会主义核心价值观的理论文章。大力开展社会主义核心价值观宣传展示活动，全校14个校区都在醒目的位置设计展示了社会主义核心价值观的基本内容，宣教之窗以《北京联合大学大力开展社会主义核心价值观宣传展示工作》为题进行了报道。组织培育和践行社会主义核心价值观经验交流会，编印《北京联合大学培育和践行社会主义核心价值观学习材料汇编》，拟定《北京联合大学培育和践行社会主义核心价值观实施意见》。

开展先锋模范示范引领活动，紧紧围绕社会主义核心价值观，组织开展"闪耀联大星 最美北京人"暨第三届"我与联大共奋进"宣讲活动，形成"上半年学院宣讲广覆盖，下半年学校宣讲专题化"的宣讲模式，从13个学院推选出80余名基层宣讲员，在校院组织宣讲25场，受众达9600余人次。成立宣讲活动考评组进行现场观摩，创建了深化交流、聚焦专题的联动协调机制。9月组建形成校级专题宣讲团，分别以走近军训师生、走近机关干部、走近后勤员工、走近学院师生的形式进行了专题宣讲，通过"身边人讲身边事"的形式，在全校形成学习、培育和践行社会主义核心价值观的良好风尚。

（王维国）

【新闻宣传】 坚持新闻宣传工作重点突破，全面推进"新闻宣传能力提升工程"，不断提升学校社会影响力。

在全校范围内试行《北京联合大学新闻宣传实效情况通报制度》，每月定期通报新闻实效情况，2014年新闻网的浏览量较2013年提升37.7%；独立访客数较2013年提升61%。外宣工作注重专题化、高层次、广覆盖，累计在社会媒体发表新闻报道300余篇，较2013年提升了130%；其中，1000字以上的报道127条。2014年，在《人民日报》《光明日报》《人民政协报》《中国社会科学报》《中国教育报》《北京日报》《前线》《红旗文稿》发表学校教研科研成果21篇；同2013年的9篇相比，增长130%。2014年，中央电视台报道北京联合大学新闻6条；中国教育电视台报道新闻9条；北京电视台报道新闻1条；其他视频媒体报道新闻5条；全年视频新闻报道共22条。同2013年的10条相比，增长120%。

中央电视台直播的《2014中国智能车未来挑战赛进入最后决战》和《中国教育报》头版头条刊登的《教师费心费力 学生活学活用——北京联合大学深化思政理论课教育教学改革纪实》报道引起社会广泛关注和教育部领导的好评。

（王维国）

【文化建设】 推进文化聚力与文化育人工程，以文化育人有新拓展。一是开展"唱响联大"校园原创歌曲大赛优秀校园歌曲展播、网络合唱、"唱联大颂歌 做联大好人"校园原创歌曲演唱会等活动，引领师生重温联大发展历史与优良传统；秉承"学以致用"的校训，唱响联大师生爱党、爱国、爱校的主旋律，凝聚师生的共同理想与价值追求。二是开展"联大精神我来说"活动，组织教职员工畅谈心中的"联大精神"，在学生中开展"我心中的北联大"演讲比赛，邀请校内知名专家学者就师生讨论中形成的"联大精神"表述语进行集中研讨，"自强不息""同舟共济""勇于奉献""奋进"等成为师生普遍认为的联大人应有的精神气质。三是与档案（校史）馆联合举办"爱我联大"首届校史知识竞赛。鼓励全校师生主动学习校史，感怀学校传统文化，增强师生"知校、爱校、荣校"的责任感和使命感。初赛通过网络答题的形式开展，试题页面点击量达到2万余次，参与答题3500余人次。完成综实楼2A和2B门厅内名言警句的设计制作、办公楼一层门厅"善待学生、厚待教工"的制作、就业服务中心东侧"北京精神"宣传语的设计制作等，营造了良好的文化育人环境和氛围。

（王维国）

【推进"青年教师政治理论修养提升工程"】 举行青年教师理论学习座谈会，邀请北京市委干部理论教育讲师团团长贺亚兰、北京市哲学社会科学规划办主任王祥武、《前线》杂志社社长陈之昌为青年教师讲解当前理论学习的重点任务和哲学社会科学研究的热点问题。联合校人文社科部开展了马克思主义经典原著学

习辅导活动，中国人民大学郭湛教授受邀作了题为《历史唯物主义与当代中国的发展》的专题报告。在营员中开展"联大校园看两会""我看联大这几年"专题稿件征集活动，宣传部摘录形成师生热议两会的稿件在《北京晨报》登载；组织营员参观了旅游学院旅游实践教学中心，增强营员知校爱校的意识；组织部分营员赴海淀区政府、海淀区学院路办事处学习参观，增强营员服务社会的意识；组织部分营员赴首都图书馆北京地方文献部参观学习，增强营员知北京、爱北京、荣北京的意识。组织开展2014年青年教师优秀社会调研成果申报评选活动，引导广大青年教师深入首都基层一线，了解国情、社情、市情、民情，择优推荐9篇调研成果参评北京高校青年教师优秀社会调研成果，最终有4项成果获得优秀调研项目一等奖（每项资助10000元）、3项成果获得优秀调研项目二等奖（每项资助5000元），北京联合大学获评2014北京高校青年教师社会调研工作优秀组织单位。

（王维国）

【实施校园舆情响应与应对计划】 科学分析与研判校园舆情的特点与趋势，强化责任·主动应对，正确引导校园舆论。完成春季、秋季开学教职工思想动态的调查，配合教育部完成教师思想政治状况滚动调查，组织2014年教师思想政治状况调研座谈会，并撰写相关调研报告和座谈会纪要。围绕两会、世界读书日、学习贯彻习总书记考察北京大学重要讲话精神等组织师生发表评论、撰写心得体会。在常规调研基础上，通过官方BBS、微博、微信平台，加强校园舆情监测。建立学校官方微信平台，依托信息学院组建了30余人的微信团队。

（王维国）

【加强制度和队伍建设】 规范工作制度，夯实工作基础，不断提高宣传思想工作干部队伍的能力水平。拟定并印发《中共北京联合大学委员会关于进一步加强网络宣传教育工作的实施意见》（京联党宣〔2014〕4号）、《中共北京联合大学委员会关于加强和改进新形势下哲学社会科学课堂教学、报告会、研讨会、讲座、论坛、网络和接受境外基金资助等管理的意见》（京联党〔2014〕46号）、《中共北京联合大学委员会关于印发〈北京联合大学新闻危机事件处理预案〉的通知》（京联党〔2014〕47号）、《中共北京联合大学委员会关于在全校开展学习宣传贯彻党的十八届四中全会精神的通知》（京联党〔2014〕58号）、《关于确定我校新闻发言人的通知》（京联党宣〔2014〕1号）、《中共北京联合大学委员会关于印发〈北京联合大学党委中心组学习制度〉的通知》（京联党宣〔2014〕2号）、《中共北京联合大学委员会关于印发〈中共北京联合大学委员会关于推进学习型党组织建设的规划方案（2014—2018年）〉的通

知》（京联党宣〔2014〕3 号）等 8 个文件。以迎接党建先进校和"平安校园"专家入校检查为契机，加强对近年宣传思想文化工作的梳理、总结和凝练，形成迎接党建先进校专家入校检查宣传思想工作专项报告和一个特色报告，完成宣传思想文化工作指标体系支撑材料的准备及上传网上系统的工作。宣传思想工作制度体系基本形成。

持续抓好校院新闻干部和学生记者的培训。坚持开展知名编辑、记者邀你共话新闻传播——传媒人系列讲座活动。邀请《光明日报》经济版副主任董山峰、《现代教育报》副总编罗德宏等来校作培训。组织开展"媒体传播与社会主义核心价值观"学术研讨会，邀请新华社、《光明日报》《中国教育报》等 14 家主流媒体的记者围绕社会主义核心价值观与师生共同研讨；由师范学院承办开展宣传思想工作研讨会，邀请北京林业大学党委宣传部部长李铁铮、北京交通大学党委宣传部部长蓝晓霞、对外经济贸易大学党委宣传部部长张小锋围绕新时期宣传思想工作作专题培训，邀请晨报记者与师范学院、自动化学院、管理学院、人文社科部的领导、老师以座谈的形式共话新闻传播。宣传部干部分别为继续教育学院、师范学院通讯员、工会干部和校摄影协会会员做新闻写作方法与技巧、新闻摄影技巧培训。宣传思想工作干部队伍的能力水平有了新的提升。在北京市第二届节能低碳环保大赛系列活动——节能减排公益宣传片征集评比活动中，学校电视台主创的作品《节能减排 26 摄氏度》经过网络投票及专家评选以总分第 7 名的成绩荣获"优秀作品"奖，并在北京电视台和第八届中国北京国际节能环保展览会上播出；《留守的天空》获国际大学生新文化节纪录片类最佳社会奖入围作品奖。校报记者团邹林花获2014 年度北京高校优秀大学生记者。校广播台胡颉获北京市第四届大学生声音大赛创意奖。宣传部被北京教育杂志社评选为 2014 年北京高校宣传工作先进单位。

（王维国）

三、纪检监察工作

【概况】 2014 年校纪委在校党委、行政和校纪委领导下，认真学习贯彻党的十八大、十八届三中全会、十八届四中全会精神，十八届中纪委三次、四次全会精神，紧紧围绕党风廉政建设和反腐败工作中心任务，加快纪检监察工作转职能、转方式、转作风，聚焦主业主责，坚决维护党的纪律，加强正风肃纪专项整治，严格监督执纪问责，协助党委全面推进党风廉政建设责任制，强力推进"三个体系"建设，党风廉政建设和反腐败工作取得新成效，为学校健康科学发展提供了有力保证。

（欧阳媛　姚志敏）

【协助党委全面落实主体责任】 校纪委准确把握职责定位，协助党委全面落实主体责任。一是及时传达上级精神。向校党委常委会、党委全委会通报上级文件及会议精神 18 次，涉及党委常委会议题 24 个；在党风廉政建设工作会、纪检监察工作会、党课、干部培训会等层面组织学习研究及贯彻落实中央、市委和市教育两委关于党风廉政建设有关领导讲话、文件及会议精神 11 次。协助党委召开党风廉政建设专题会议 2 次。二是突出协助职责。协助党委起草《2014 年党风廉政建设和反腐败工作任务分工》《贯彻落实〈建立健全惩治和预防腐败体系 2014—2017 工作规划〉实施办法》，通过制定长期规划和分解年度任务，协助党委积极推进党风廉政建设工作。充分发挥党风廉政宣传教育联席会议平台作用，协助党委深入开展 19 项反腐倡廉教育；组织 3000 余名师生创作 3000 余件作品参加中央纪委、市纪委、教育部各项廉洁文化作品创建活动并召开表彰大会，校党委和纪委对 2014 年廉政文化创建活动中 321 名作者、7 个优秀组织单位进行表彰。对 300余名处级领导干部开展廉政法规知识测试，编印并向全体科研人员发放《北京联合大学科研项目经费管理使用学习资料》；加强廉政教育研究，编写《大学生廉洁文化教程》；以社会主义核心价值观为引领的党风廉政建设宣传教育不断深入。协助党委完成北京高校党风廉政建设责任制专项检查。三是突出组织协调职能。协助党委扎实稳妥推进"三个体系"建设，组织开展调研、研讨、交流、论证、征求意见 31 次，实现第一批试点单位正式运行，第二批试点工作启动，形成党政齐抓共管、纪委组织协调、领导全力参与、部门协同推进、网络主动先行的工作模式。四是突出协助检查职责。协助党委对全校各单位党风廉政建设责任制履行、"三重一大"制度执行、科研经费使用、制度建设和执行、规范"七公经费"使用、党的群众路线教育实践活动整改任务落实、《处级及以上干部外出请假报备制度》执行、副局级学院纪检监察工作情况等 8 项内容进行专项检查，协助党委制定检查方案，切实把惩治和预防腐败工作寓于学校深化改革全过程。

（欧阳媛　姚志敏）

【严肃查办信访案件】 一是健全组织机构。2014 年，学校成立由校党委书记、校长、党委主管组织工作副书记、纪委书记、纪委副书记组成的五人纪检监察信访工作小组。坚持所有反映问题线索由工作小组集体研究、集体决策，校纪检监察信访工作小组全年共召开 6次会议，研究并听取 22 个信访件汇报。二是规范工作程序。进一步完善办理信访件工作程序，明晰反映问题线索处置情况工作流程，细化各类线索处置程序，并严格规范信访案件受理、调查、责任追究、档案管理等阶段工作流程和环节。坚持信访小组集体研究制、线索专人月报制、信访调查方案制、谈话提纲制、信访案件档案制等五个制度,初步构建规范化、制度化、科学化纪检监察信访工作模式。三是严肃信访工作纪律,采取办案小组负责制度,坚持回避纪律,坚决防止跑风漏气和失密情况发生。建立纪检监察信访档案室,制定档案管理办法(试行),规范立卷归档、接收整理、查阅借阅。同时加强对副局级学院信访线索管理,对副处级及以上干部涉嫌贪污等9类涉嫌违犯党政纪行为的线索进行统一管理,并要求其第一时间上报。四是进一步严格责任追究。2014年,受理纪检监察信访举报件25件,初核18件,初核率为72%。坚持快查快办,整合全校纪检监察干部力量12人,集中时间查办信访案件。强化责任追究,全年对违反廉洁自律有关规定的11名干部进行集体批评教育。

(欧阳媛　姚志敏)

【强化执纪监督问责】 一是检查重大决策部署落实。针对学校党委对党的路线方针政策贯彻落实情况开展专项检查,各二级党组织共组织学习贯彻活动61次。二是加强再监督。2014年,纪委领导及纪检监察办公室从学校招标领导小组中退出,从"三个体系"建设第一线转变为组织协调角色,把牵头教育收费检查工作交还给主责部门,强化再监督职能。6月、12月对学校党委全面自查党风廉政建设责任制落实情况进行再监督,对应用文理学院等6个学院履行主体责任进行再监督,对基建处、行政管理处、科研处、财务处等22个(次)部门履行监管职责进行再监督,对处级及以上干部履行"一岗双责"情况进行再监督。在监督检查的基础上,完成党风廉政建设责任制网上考核体系一期建设,形成年初有部署、年终有检查、次年有整改的工作流程。三是突出监督重点。按照以监督促管理、以监督防范风险、以监督预防腐败的原则,继续加强全校所有因公出国(境)项目访前访后公示监督,全年监督160件公示,并对公示具体内容提出要求和质询。对招生、考试、基建、修缮、物资采购、科研项目评审等12领域,共计开展313人次行政监察,对1.95亿元的161个政府采购项目,对3810万元的7个基建工程项目进行行政监察。由全领域覆盖、现场监督的模式转变为重点监督与审查备案相结合,切实转变监督方式,提升监督实效。对招生工作实行全过程监督,督促学校认真落实"六不准""十公开"制度,持续推进"阳光招生"工作,保持招生工作零投诉。定期开展科研经费执行情况检查,监督检查校院科研部门履行监管职责情况。对21个科研项目开展审签,涉及经费156万元。形成科研部门监管、审计部门监督、纪检监察部门再监督的常态化监管监督模式。四是加强监督考核。按照校党委统一要求,校纪委组织完成了党风廉政建设责任制网上考核体系一期建设,并于年底在二级单位和

处级干部年度考核中运用。该体系以《党风廉政建设和反腐败主要任务分工》作为考核依据,以互联网为平台,结合PDCA循环质量管理理论,运用信息技术设计考评系统,突出不同单位考核重点,使党风廉政建设通过计划、执行、考核、修正4个环节,形成年初有部署、年终有检查、次年有整改的工作流程。

(欧阳媛　姚志敏)

【正风肃纪专项整治】 校纪委严格执纪监督,坚决反对"四风",持续推进正风肃纪专项整治。一是监督检查纠正"四风"情况。校纪委协助党委检查中央八项规定和市委十五条实施意见的落实情况。2014年,校党委将学校领导班子群众路线教育实践活动49项整改任务列入年度计划,并定期督促检查,校纪委跟踪监督,大力推进全校作风持续改进。检查结果:49项整改任务全部完成;全校会议、文件、新闻报道、信息简报、公务接待费等,同比明显下降。二是开展正风肃纪专项治理。由校纪委牵头,由党委(校长)办公室、纪检监察办公室、财务处共同组成的专项治理小组对每月全校落实中央八项规定精神情况进行认真清理,如实填写《落实中央八项规定精神情况月报表》,并按时上报。抓住元旦、春节、中秋、国庆等重要时间节点,及时传达上级各项整治精神,狠刹公款送贺卡、送节礼、公款吃喝、公款旅游和奢侈浪费等不正之风。开展借公务之名旅游、"庸懒散"、在公务活动中赠送或接受礼品等各项正风肃纪专项整治。未发现违反规定的情况。加强组织纪律执行情况检查,开展处级干部外出请假报备制度执行情况监督。三是加强"四风"问题警示教育。校纪委书记面向全校中层干部、党员、教师、学生等1200余人讲授廉政主题党课,组织全校干部和教职工1000余人次参观"高等教育领域职务犯罪警示教育展",通过警示教育,进一步提升党员领导干部廉政自律意识。

(欧阳媛　姚志敏)

【队伍建设】 校纪委加强纪检监察干部能力建设,严格要求、严格教育,加大业务培训和实践锻炼,不断提高干部监督执纪问责能力;严格管理、严格监督,对纪检监察干部违纪违法违反八项规定的行为零容忍,用铁的纪律打造一支政治强、业务精、作风硬的干部队伍。

进一步加强培训力度,建立专职纪检监察干部每月业务学习制度,通过定期集中学习研讨,派出纪检干部参加专业培训,开展专题课题研究等,逐步形成"经常培训、以案代训、以研代训"的培训模式。2014年,共开展学习贯彻落实十八届四中全会精神、案件办理等各类专题学习6次。按照校党委统一要求,校纪委组织纪检监察干部参与研究《北京联合大学制度执行力研究》课题,加强对同级党委特别是常委会成员的监

督研究。2014年11月，在接到市委第四巡视组移交的信访线索后，为落实上级快查快办工作要求，创新工作思路，在校党委的支持下，统一抽调各副局级学院专（兼）职纪检监察员参与全校信访案件查办工作，不断提升监督执纪问责能力。

（欧阳媛　姚志敏）

【其他情况】　2014年5月29日至7月29日，北京市委第四巡视组对北京联合大学进行了巡视。5月29日下午，北京市委第四巡视组巡视北京联合大学工作动员会召开。5月30日，北京市委第四巡视组先后召开四组专题汇报会，分别听取校党委领导班子、校行政领导班子、校纪委工作、校组织人事工作汇报。校党委书记徐永利、校长卢振洋、纪委书记张楠、党委副书记付晨光分别就四个专题进行汇报。11月6日，北京市委第四巡视组向学校反馈巡视情况。

2014年7月，校纪委书记张楠，校纪委副书记、纪检监察办公室主任欧阳媛主编的《大学生廉洁文化教程》出版。

2014年10月，校纪委副书记、纪检监察办公室主任欧阳媛荣获中共北京市纪委授予的2012—2014年度北京市优秀纪检监察干部荣誉称号。

（欧阳媛　姚志敏）

四、学生工作

【概况】　在校党委、校行政的领导下，围绕学校中心工作，以学习宣传贯彻党的十八届三中全会、十八届四中全会精神为主线，以社会主义核心价值观为引领，以立德树人为根本任务，全面推进，重点突破，创新平台，增强实效，为提高应用型人才培养质量提供支持和保障。

（张文杰）

【思想政治教育】　制定并下发《关于开展培育和践行社会主义核心价值观活动的实施方案》（京联学〔2014〕26号），组织各学院学生收看《较量无声》政论片，开展"国家利益至上"主题班会大讨论。开展核心价值观征文活动评选，择优推荐38篇优秀征文参与北京市评选。完成培育和践行社会主义核心价值观活动中期检查和年度活动总结。

在全校范围凝练"三个北京"主题教育活动品牌项目，建立"精品活动全校统筹，特色活动学院主导，个性活动系部拓展，日常活动班级开展"的多层次思想教育活动格局，利用人才专项经费每所学院重点支持一个品牌活动项目。开展学生"成才表率"大讨论、我的班级我的家创建、新生引航工程等活动，借助组织平台和活动平台增强工作实效。

开展学生党员先锋工程活动，制定《2014年学生党员先锋工程实施计划》（京联党组〔2015〕14号），下发《学生党员理论学习及实践锻炼记录手册》，设立党员先锋岗，组织学生十佳党员为各学院发展对象培训

班宣讲。编印《2014年学生党员先锋工程总结材料汇编》，邀请北京化工大学做经验交流，召开学校党员先锋工程汇报交流会。

通过召开红色"1＋1"支部共建活动启动仪式暨经验交流会、策划案评选、中期检查、活动推进会、活动答辩评审，共有59个支部给予支持，荣获2014年北京高校红色"1＋1"示范活动优秀组织奖和1个一等奖、3个三等奖、16个优秀奖，成功实现红色"1＋1"示范活动北京市三连冠。

下发《学生业余党校实施办法》（京联学〔2014〕136号），组织开展入党积极分子在线培训与考试系统培训，分别举办全校1000余名学生预备党员培训班及216名学生党支部书记培训班。开展学生"十佳党员"和"十佳党支部"答辩评选。组织学生"十佳党员"赴井冈山开展暑期社会实践，召开全校学生党建工作研讨会。

科学制定迎新工作方案，协调迎新场地、设施、车辆、宣传等各项工作，做好新生绿色通道。制定入学教育指导方案，统一入学教育课程化建设，分别组织召开专升本学生和军训学生开学典礼，组织新生参观校史展以及外地生北京游。利用入学教育、毕业教育、集中军训、公益劳动和参观校史馆等环节，开展爱校荣校教育。制定实施方案，全校统筹2014级新生公益劳动课，选派学生参加校园安全稳定志愿服务。

开展了春季和秋季开学、两会期间、国庆期间、APEC会议期间、南京大屠杀遇难者国家公祭日等特殊时期的学生思想动态调研和维稳工作，组织召开维吾尔族学生座谈会，妥善应对学生突发意外事件。全力配合做好平安校园迎检工作。

（宋杰）

【学风建设】　以校院领导发展辅导、专业教师学业辅导、辅导员深度辅导、学习骨干一帮一为切入点，出台《学生学业帮扶管理暂行办法》（京联学〔2014〕1号）和《学生成长导师聘任管理办法》（京联学〔2014〕35号），开展学生学业帮扶。与教务部门和基础课部门召开特殊学生群体学业工作会商会，解决特殊学生学业问题。加强低年级学生早晚自习工作，认真探索入学教育、公益劳动及毕业教育模式，修订《学生手册》，完善新生"引航工程"教育体系。

组织召开全校"学专融合育良才工作研讨会"，汇编各学院工作经验和研究成果，申报《学专融合学生工作模式的创新与实践》项目荣获"2012—2013年北京高校党的建设和思想政治工作优秀成果"三等奖。

开展学习身边榜样活动，把新生入学教育月、优良学风月、考风考纪宣传教育月作为学风教育的基础环节。在2014级全体新生中开展学生规章制度考试，组织学校第八届规章制度知识竞赛。组织年度评优评

奖,隆重召开学年表彰大会,今年共评选出 6 项校长特别奖、60 个先进班集体、82 个优良学风班、523 名三好学生、207 名优秀学生干部、601 名学风建设先进个人、4203 名优秀奖学金获得者。评选新生入学奖 23 名、考取研究生奖 286 名、市级优秀毕业生 382 名、校级优秀毕业生 1310 名。

开展"我的班级我的家"实践活动,下发活动计划,遴选 20 个优秀班级、149 个良好班级进行支持。分年级分主题开展校级答辩评选,共评选出 10 个"十佳示范班集体"、12 个"示范班集体"及 12 个"优秀班集体"。1 个班级荣获北京高校"示范班集体"。

开展"优良学风班"和"学风建设先进个人"评选,共评选出 84 个"优良学风班"和 601 名"学风建设先进个人"。出台《学生文明课堂建设行动计划》(京联学〔2014〕34 号),开展"上好第一节课"和校园禁烟文明督查活动。

进行班级助理的总结表彰,评选优秀班级助理 35 名;择优选聘 223 名新生班级助理。

以"十八大精神、社会主义核心价值观、学风建设、国防教育"等为主题开办系列讲座,引入"大使带你看世界"系列讲座,举办了题为"南海风云""当前面临的暴恐威胁与防范常识""香港'占中'事件解析""从黎巴嫩看阿拉伯之春"等讲座。

(李娜)

【基础建设】 组织召开首都大学生思政课题评审会,有 9 项 2014 年度课题顺利开题,6 项推荐成功申报 2015 年度课题;德育研究会对包括 4 项博士课题在内的 50 项课题进行了资助支持。编印 2014 年度辅导员论文汇编。

组织举办或参加 242 人次的辅导员业务培训,人均参训达到 2.1 次,其中,网络在线培训 40 人次;校外培训 27 人次,分别赴香港、哈尔滨、四川等进行为期一周的业务培训;35 人次参加市委教育工委组织的各项培训;校内两期培训(新入职与第 17 期培训)140 人次。

组织进行北京市优秀德育工作者和德育集体评选推荐,荣获 4 个北京市德育先进集体、5 名北京市优秀辅导员、11 名北京市优秀德育工作者。有 1 名辅导员获"北京高校辅导员职业能力大赛二等奖"。对校级优秀、十佳辅导员(39 名)和优秀班主任共(110 名)进行了表彰。组织完成 2014 年度辅导员招聘和选派工作,启动 2015 年度辅导员招聘,保障辅导员队伍建设。

拓展学工系统建设,完成学工系统信息更新,开展网上学生评奖评优、优秀毕业生评选、辅导员考核工作。进一步推进学生党建信息化建设,将全校学生党员信息进行统一入库管理,并进行入党积极分子网上培训。开发征兵工作信息系统,实现从征兵宣传、体检政审、定兵送兵、退伍返校、学费补偿代偿、复转就业等

工作的信息化管理和流程交互。

对各学院学生工作实行按月考核以及年度考核制度,对每一项考核工作进行量化打分。每月在各学院轮流召开工作例会,督促工作进展和经验交流。

开展学生事务服务中心系统二期开发建设,初步搭建学生素质成长档案框架和操作平台。关注学生成长,协助完成校领导发展辅导 9 次;协助组织考研英语和数学辅导 6 次。建立"BUU 校园百事通"微信公众平台,实时发布各类学生信息;增加失物招领服务项目,帮助 40 余名学生找到失物;印制各类学生事务流程卡片 2500 页,包含学生常去部门、评奖评优项目、出国出境交流学习等内容;完成 2805 名高职学生基本医疗保险参保工作。

(张艺)

【资助工作】 修订完善资助工作制度,开展资助工作信息化建设,通过系统进行了 4066 名困难生认定工作。

完成了国家和社会奖助学金评审,其中国家奖学金 53 人、国家励志奖学金 868 人、北京市助学金 4003 人,凌盛奖学金、胜利奖学金、金隅奖助学金、智慧创新奖学金、竞业达奖助学金、爱心成就未来助学金合计 350 人。发挥"爱心超市"的辅助作用,完成勤工助学工作,开展 229 名学生校内贷款和 678 名学生生源地贷款工作,做好新生绿色通道工作,组织心理专业教师为困难生进行团体辅导。

协调校院领导及辅导员到特困学生家庭走访。由受助学生组成文明校园服务队在校园服务,文明就餐服务队活跃在食堂,评选出的自强之星、见义勇为等榜样校内宣讲。

邀请北京银行进校园对贷款学生开展诚信教育,完成学校第五届"助学政策,助我成才"征文组织评选活动,开展北京市"助学·筑梦·铸人"主题征文和摄影图片活动,共上报优秀作品各 10 篇(幅)。编辑、印制获奖学生优秀事迹汇编和资助征文集汇编。

(尹雪云)

【心理素质教育】 完善网络学堂建设,重新修订校级规划教材,鼓励教师校内外互进课堂和观摩学习。完成心理素质教育必修课和选修课的教学工作及科研工作。承担第二届北京高校心理健康教育教师教学技能大赛第九小组比赛任务,1 人荣获优秀奖。

完成 2014 级新生心理普查,共确定 574 名重点关注对象。开展两次学期初心理危机排查,完成 110 个新生班级的团体辅导工作。组织学生人格特点调研以及 2014 届毕业生心理特点分析,提交学生人格特点研究报告。

在"2013—2014 年度北京高校学生心理素质教育先进集体和先进个人"评选中,学校荣获"先进单位",1

人荣获"先进个人"。组织心理中心专职教师到商务学院和生物化学工程学院开展服务。完善了心理委员评聘制度和考核评优制度，分别组织了新生班级心理委员和老生班级心理委员培训。完成心理协会换届和培训工作，参加"2014年北京高校新生心理健康节之新生骨干素质拓展训练"。举办《心理危机》讲座、电影《盗梦空间》的心理分析讲座等，组织心理健康知识竞赛、欢乐朋友行、定向越野比赛、心理剧展播与排演、5·25心理健康节等各种活动。

完成心理中心建设的前期调研、预算、招标、施工、验收等工作，共建成心理自助区、个体咨询室、团体辅导室、运动宣泄室、放松训练室、行为观察室、沙盘治疗室等11个新功能区室。

（晏宁）

【国防教育】 出版《大学生军训教程（中英文对照）》，走访武警指挥学院、武警十八支队，组织军训方案调研，制定《2014年学生军训工作实施方案》（京联党武〔2014〕2号），编制《2014年军训工作手册》，开展了2014级新生"反恐防暴与国家安全"——武警主题军训，继续实施双语军训和素质军训。在教育部国防教育办公室、总参谋部动员部、总政治部干部部联合组织的"学生军训教学和管理人员培训暨派遣军官队伍建设座谈会"上作经验交流。统一全校《军事理论》课程教学，组织开展了11个学院《军事理论》课教学和网上考试工作。组织军理课教师参加北京高校军理课教学竞赛，获得三等奖。

承办2014北京高校国防教育专题论文报告会，两名学生分获一、二等奖，出版《北京高校国防教育研究文集》。组织"戎光"国防爱好者协会学生参加北京高校国防教育协会主办的定向越野竞赛，获得普通高校男子组团体总分第四名、个人第三名。举办学校首届国防军事知识竞赛活动，开展海军建设与国土安全知识展览活动，组织26名学生西柏坡爱国主义教育实践。

通过开展现场咨询、班级动员等系列宣传活动，全校93名学子光荣入伍。召开全校退役学生座谈会和2014年退役学生欢迎会，并对退役学生进行系列培训，逐步落实2014年退役学生复学工作。深入挖掘部分优秀学生士兵典型事迹进行宣传，组织部分学院走访入伍学生，完成民兵重组工作，其中生物化学工程学院编制双37高炮营1连99人、机电学院编制双37高炮营营部42人、应用科技学院编制应急2营5连120人。

（景琪）

五、统战工作

【概况】 截至2014年底学校共有民主党派成员163人，覆盖除台盟以外的7个民主党派。其中在职民主党派成员98人。6个民主党派组织：民盟联大校本部支部、民盟联大机电学院支部、民盟联大师范学院支部、民盟联大生物化学工程学院支部、民进联大商务学院支部、民进联大师范学院支部。党外高级知识分子294人，其中正高级职称59人、副高级职称235人。

北京联合大学各民主党派人数一览表

民革	民盟	民建	民进	农工	致公	九三	合计
13	69	10	28	10	5	28	163

（勇天奇）

【主要工作】 1月21日学校成立了"北京膜拜团体与宗教文化研究中心"，并举办了"北京膜拜团体与宗教文化研究"论坛。

3月14日，中央统战部二局副局长张天昱到学校调研少数民族学生工作。

4月24日，召开党外代表《北京联合大学章程（征求意见稿）》征求修改意见座谈会，17位党外代表参加了会议，参会代表从章程整体架构、学校规章制度、治理机制、教师及学生管理等多方面提出了修改意见。

7月，推荐刘红教授担任中国和平统一促进会理事。

9月23日—9月25日，选派民进商务学院支部主任委员符亚明参加2014年北京高校民主党派校级组织负责人研讨会。

10月9日，举办了民族宗教专题统战培训班，各二级党组织统战干部、学工干部、研究生工作干部、保卫干部、部分党外代表90余人参加了培训。邀请了中央社会主义学院民族与宗教教研室主任沈桂萍教授、中国人民大学宗教高等研究院、法学院法律与宗教研究中心研究员何虎生教授分别作了题为《民族政策与民族工作》和《当代中国宗教问题及对策》的讲座。

11月25日—11月28日，选派管理学院常务副院长陶秋燕（无党派）、特殊教育学院二级教授刘全礼（无党派）参加第二期北京高校党外代表人士高级研修班。

11月25日—11月28日，选派民盟校本部支部副主委何小莉参加第四届北京市妇女统战工作培训班。

12月，向全校的民主党派成员和无党派代表人士发放了《十八届四中全会学习读本》和《协商民主》书籍。

12月12日，召开党外代表对学校群众路线教育实践活动整改落实情况和深化作风建设意见的座谈会，14位党外代表人士结合自身工作实际和基层工作体会，围绕"四风"问题、作风建设、制度建设与完善、管理体制与水平、学科建设、教学科研以及基层教职员工的诉求、期盼等方面,进行了积极踊跃的发言。

(勇天奇)

六、保卫工作

【概况】 2014年学校安全工作由校党委副书记分工主管,校保卫处设置处级干部1正4副(其中1人主管昌平校区),办公室科级机构根据业务调整,设置综合科、消防科、治安交通科、平安校园管理服务中心(正科级)。保卫处聘任科长(主任)9人,副科长(副主任)9人。截止到12月底,保卫处在编正式职工43人,外聘人员21人。副局级学院根据学校聘任工作方案,保卫处长由主管院领导兼任,保卫处设置副处长一人,主持日常工作。学校安全保卫工作坚持宣传教育为主、打击防范结合、积极推进平安校园创建活动,维护了校园安全稳定工作秩序,为教学、科研及日常生活提供良好安全环境秩序。学校荣获北京市国家安全局"2014年度国家安全人民防线建设工作先进集体",满东升荣获"2014年度首都国家安全人民防线建设工作先进个人"。11月28日,首都高校"平安校园"检查验收工作组莅临北京联合大学检查验收。

(王琦)

【维护校园稳定】 全年学校共11次召开安全稳定工作会议,及时传达落实上级关于维护学校安全稳定会议精神,研究部署学校维稳工作。

1月,学校印发《校园等级防控工作管理办法》(京联党保〔2014〕1号)、《创建"平安校园"攻坚阶段工作方案》(京联党保〔2014〕2号)、《校园网格化安全管理实施方案》(京联党保〔2014〕3号)。4月,印发《北京联合大学2014年维护安全稳定工作要点》(京联党〔2014〕21号)。下发关于签订2014年《维护安全稳定责任书》和《消防安全工作责任书》的通知(京联党办〔2014〕7号),完成与二级单位责任书的签订工作。

3月和10月,两次开展师生重点人员、重点事端摸排工作,针对摸排情况,加强重点人掌控,努力化解各类矛盾纠纷。学校继续推进安全稳定月报制度,及时掌握校园稳定动态。

加强元旦、春节、两会、国庆节、APEC会议、十八届四中全会、寒暑假期间,以及涉维藏、"占中"、恐怖事件的校园安全防控,严格相关部门、部位值班管理,密切关注敏感时期的师生动态,适时启动等级防控和每日安稳信息"零报告"制度。

(王琦)

【治安防范】 加强校园治安秩序管理,开展治安重点部位巡查防控,对学生宿舍、教学楼等易发案部位、易发案重点时间段实施保安定时巡视和检查,开展学生安全警示教育,防范和维护校园治安秩序。

3月,汇集全校各学院、各单位安全网格化划分备

案表。明确全校各岗位各区域安全负责人。4月4日,召开抓获盗窃案嫌疑人有功人员奖励会。校保卫处部分干部、各保安公司负责人和保安队员共计26人参加。保卫处长于熙对受到奖励的保卫干部、保安队员给予肯定和表扬,对安防监控工作提出具体工作要求,严格执行监控工作制度,人防、技防相结合,重点在人防。认真总结经验教训,不断改进工作,确保校园平安。

7月2日,北京市公安局文保总队在北京联合大学召开"北京高校校园反恐防暴工作座谈会"。北京市公安局文保总队副总队长于东辉、北京市委教工委安稳处副处长王建辉、11所高校保卫处处长参会。会议由北京市公安局文保总队下贺宝同志主持。校保卫处组建了"校园反恐防暴小分队";投入专门经费;购置专门装备;聘请专家,开展针对性训练;进行针对性校园反恐防暴巡逻。全体参会人员观摩了"校园反恐防暴小分队"技能演练。市公安局文保总队副总队长于东辉进行点评。他充分肯定了学校反恐防暴小分队在校园反恐防暴工作中起到的重要作用,希望各高校进一步加强校园反恐防暴工作力度。

9月,为防止2014级新生入学发生诈骗案件,在新生报到处发放警示通知,组织保安加强校园巡查,确保新生入学安全。

完成2014级艺术类招生考试、新生报到、毕业生招聘会、学校体育运动会,以及英语四、六级等级考试和研究生入学考试等大型及重要活动安全保卫工作。

(王琦)

【消防管理】 坚持定期检查和巡视,发现消防隐患及时督促整改。9月29日,为落实市教育两委安稳工作专题会议精神和工作部署,按照学校安稳工作领导小组工作要求,各校区开展节前消防安全隐患检查、消防器材设施完好度专项检查测试、消防灭火演练。

10月29日起,各校区全面开展冬季消防安全教育实践活动。活动以讲座、主题宣传、技能培训、应急疏散演练、扑救火情、安全生产、安全生活、安全学习、消防器材使用和安全隐患排查整改等为主要内容,旨在通过系列增强师生员工安全意识,掌握安全知识,培养安全行为,熟悉紧急情况下的自救、自护知识,切实提高学校"四个能力"建设,创建平安校园。

为认真贯彻落实市委教育二委、市教委的文件精神,确保放假期间的校园安全,校保卫处开展校园安全检查活动。12月30日,校保卫处会同基建处和市文保总队警官对北四环校区二期工程全面开展施工现场安全质量隐患排查。12月31日,各校区保卫干部会同行管处、后勤服务公司各学院(校区),以学生宿舍、食堂、图书馆和实验室等重点部位场所为重点,进行全面检查,对发现的安全隐患提出整改意见并督促相关

部门落实整改。

（王琦）

【交通管理】 加强进校车辆管理力度,严格执行机动车持证入校制度。为规范停车秩序,组织开展校园停车秩序专项整治,校门严格无证车辆进入校园管控制度,强化停车入位管理,对违规停放车辆实施下发通知单、锁车、拖走等措施,确保校园交通秩序良好。2014年,为全校教师办理机动车出入证1700余个。

4月24日,校保卫处在实验楼二层大会议室为开车的教职工举行汽车维护保养知识讲座及现场安全驾驶培训。保卫处副处长满东升结合生活中经常发生的交通事故,重点讲解了行车安全和车辆维护及保养知识;保卫处副处长葛雪亮现场指导泊位停车方法和演示出入地下车库技巧。

（王琦）

【宣传教育及培训】 全年组织各类宣传教育及培训10次。4月9日,举办大型活动安全保卫工作培训会。副局级学院保卫处处长、处级学院分管安全的院领导、校保卫处科级以上干部近40人参加。培训由市公安局文保总队卢崇文警官主讲。4月22日,全体党员参观了高等教育领域职务犯罪警示教育展。5月6日,"首都高校多校区安全管理模式研究"研讨会在学校召开。北京市委教工委安稳处处长卢向红和六所高校保卫处处长参加会议。7月4日,特邀请实训基地老师为保卫处职工进行计算机常用办公软件的培训。9月,按照新生入学教育安排,保卫处完成全校新生综合性安全教育。11月,结合"11.9"消防日活动,组织全校开展消防安全知识讲座、安全检查、灭火器使用培训及火灾逃生演练活动。12月30日,全体党员在北四环校区平安校园服务中心会商室举行读书会。

（王琦）

【国家安全与保密工作】 加强意识形态领域管理和防范,积极组织开展反邪教宣传教育活动。敏感节点,配合北京市公安局、北京市国家安全局统计维藏师生详细信息。4月中旬,配合北京市国家安全局回访各学院赴台学生的情况。5月21日,北京市国家安全局领导到校做培训,讲解当前国内国际形势。每学期开学,开展师生尤其是在校留学生相关基础信息的采集和报送,配合上级单位完成协查事项。英语四、六级和研究生考试试卷在保密室存放期间,保卫处组织实施24小时保卫值班看护。学校荣获北京市国家安全局"2014年度国家安全人民防线建设工作先进集体",满东升同志荣获"2014年度首都国家安全人民防线建设工作先进个人"。

（王琦）

【户籍管理】 2014年学校因新生入学和教职工调入,办理师生入户474人、因教职工调出、学生毕业户籍转出1040人,因丢失补办身份证、购房、结婚等事宜办理户口卡借用手续约3540人次。

（王琦）

【平安校园创建】 全年学校共12次召开"平安校园"创建工作会议,经历了从动员到自查、攻坚、推进、互评、迎检阶段,较好地完成了每一个阶段的创建任务。先后印制了《测评基本标准》《工作报告汇编》《安稳制度与应急预案汇编》《创建工作历程》《迎检工作手册》。

9月,学校开通网络在线安全教育平台,师生实现通过网络进行相关安全知识的学习;并且投入使用"平安校园"创建考核指标系统,实现支撑材料电子化。

10月22—23日,由校领导分别任组长,相关处室负责人、各学院主要负责人为成员的10个自评自查工作组,对15个学院和校区的"平安校园"创建工作开展情况全面进行自评自查。

10月27日,召开"平安校园"创建工作培训会。邀请北京信息科技大学计算机学院党委书记(安稳部原部长)韩俊彦介绍该校"平安校园"创建工作的基本思路、具体做法和创建工作体会。

10月29日,北京市委教育工委副书记唐立军、安稳处副处长王建辉一行四人考察学校"平安校园"创建工作推进情况。

10月29日—11月28日,学校启动"平安校园"创建宣传月活动。启动仪式上向全校师生发放了"平安校园"创建活动宣传材料,开通"平安校园"微信公众平台。各校区开展了消防疏散演练活动,全校学生以班级为单位开展了"平安校园"主题班会活动,播放安全教育宣传视频,开展安全教育活动研讨。

11月28日,首都高校"平安校园"检查验收工作组莅临学校检查验收。工作组由市委教育工委、市教委、首都综治办、市公安局以及有关高校的21位领导和专家组成,检查验收分为听取学校创建工作汇报、查阅支撑材料、召开各类座谈会、实地检查走访、检查突发事件应急处置演练等工作环节。校领导、平安校园创建工作领导小组成员参加汇报会及检查情况反馈会。

（王琦）

七、工会、教代会工作

【概况】 2014年,北京联合大学工会(以下简称校工会)接受党的领导,贯彻工会"十六大"精神,全面履行工会四项职能,围绕学校中心工作作出贡献。

重视教代会民主制度建设,多次召开教代会常设主席团会议讨论学校重要事项;利用教代会提案机制,鼓励教职工为学校各项重大工作建言献策;筹备召开校三届四次教职工暨工会会员代表大会(以下简称"双代会"),审议通过了《北京联合大学章程(草案)》;多次召开各类座谈会,帮助教职工表达诉求,方便校领导体察民意。

加强工会自身建设,推动校院两级"教职工之家"

建设,校工会当年荣获全国教科文卫体系统"模范职工之家"称号;强化工会干部队伍建设,召开工会干部论坛,开展各类工会干部业务培训;开展教代会、工会课题立项,鼓励教职工针对学校"党政所急、职工所需"的事项开展调查研究;依托北京市总工会三级服务体系平台,细化会籍管理,推广京卡办理工作。

开展各类评优选树活动,积极开展校内"三育人"先进个人、先进集体和师德先进个人评选,并推荐4人至北京市参评并获得了2014年北京市师德先进个人荣誉称号。推选旅游学院徐菊凤老师至北京市参评并荣获首都劳动奖章荣誉称号。

推进爱心互助基金工程和健康幸福工程。多次召开会议研讨爱心基金发放工作,全年共向147名教职工家庭发放爱心捐助款项425939元。调动文体协会积极性,配合校工会开展教职工运动会、各类体育比赛、文化展览及户外徒步走等文化体育活动,开展工间操、健康专题讲座、健康咨询进校园等活动,营造良好的健身风气和注重健康的文化氛围。参加中国职工保险互助会推出的《在职职工互助保障计划》,为教职工上保险。在校内广泛开展"十送温暖"服务,为教职工送上贴心的关怀,2014年惠及教职工3795人次。经福利委员会决定,7月开始每月为教职工增加150元伙食补助,经费从校福利费中支出。

开展"三十而立话责任"等服务于青年教师的系列活动,"三八"节服务于女教职工的系列庆祝活动,通过教师节系列庆祝活动及从9月开始有计划组织教职工观看高雅艺术表演等活动,不断促进学校师德建设。春节前,积极进行对劳模、遇困教职工家庭的走访慰问工作。牵头对教职工卡内余额过多的问题进行调研工作,并作出调研报告。承担并完成了北京市总工会、北京市教育工会《北京市特殊教育教师工作及生活状况调查研究》横向课题并完成调研报告。

(李壮)

【教代会、座谈会等民主建设工作】 6月6日,校工会对校三届四次教代会代表进行年度培训,北京教育工会主席史利国应邀到会并作《落实党的群众路线,创新开展工会工作》专题报告。6月21日,校第三届教职工暨工会会员代表大会第四次会议在北四环校区召开。会议听取了校长报告,审议《北京联合大学章程(草案)》及教代会、工会工作报告、学校财务工作报告、工会经审工作报告、教代会提案工作报告。

三届四次教代会年内共受理教代会代表提案8件,教代会代表意见、建议11件;办理三届三次教代会代表提案16件,教代会代表意见、建议16件,办理结果大多得到了提案代表的满意,对个别不满意的答复情况,校工会积极与校内相关职能部门进行了沟通,争取得到提案代表的理解。

全年共召开教代会常设主席团会议4次,工会委员会会议4次,教代会代表专题座谈会1次,会议审阅了《北京联合大学章程》(征求意见稿)、《关于加强中青年教师培养和资助工作的意见》的四个实施细则(征求意见稿)、《关于统筹规范全校退休人员工资项目和标准的意见》(征求意见稿)等校内文件。3月11日,教代会常设主席团第九次暨工会委员会第八次(扩大)会议推选旅游学院徐菊凤为校2014年"首都劳动奖章"推荐人选。6月7日,工会委员会第十次会议补选杨洪志为校第三届工会委员会委员及校工会兼职副主席。年内先后召开庆祝"五一"国际劳动节先进教职工代表座谈会、庆祝第30个教师节座谈会、2015年教职工代表新年座谈会。学校党政领导出席座谈会与来自校内各岗位的教职工代表座谈,了解他们的想法,倾听他们的建议。

(庞卫祥 李壮)

【劳模优抚及走访慰问】 春节前夕,校党委书记徐永利、校长卢振洋等10位校领导在校工会和其他干部陪同下,赴校劳动模范家中进行慰问。国庆前夕,学校工会干部们赴20位劳模家中进行走访慰问。年内还配合上级单位进行了劳模休养、劳模体检等劳模优抚工作。

每年中秋、端午、元旦、春节等假期,校工会都会专程到部分劳模和遇困职工家中进行慰问。1月16日,校工会主席、校党委副书记付晨光陪同中国教科文卫体工会副主席陈志标慰问学校李连弟老师。9月,校工会常务副主席张俊玲等工会干部赴北京盛华军训基地看望为新生军训服务的教职工。

(李壮)

【爱心互助基金工程】 截至12月31日,学校2985名教职工累计向爱心互助基金捐款283935.6元,加上学校行政每年向爱心互助基金捐款30万元和2014年爱心互助基金利息收入3282.92元,2014年爱心互助基金已累计收到爱心善款587218.52元。全年共向147名教职工家庭发放爱心捐助款项425939元。

年内召开两次爱心互助基金委员会会议,对申请爱心基金资助的教职工家庭的资质进行了审议。对爱心基金运行过程中出现的新问题、新情况进行了讨论。

(李晓平 李壮)

【健康幸福工程】 校工会组织召开教职工健康幸福工程工作总结推进会,校党委书记徐永利在会上明确指出健康幸福工程下一步要朝着"宜学习、宜育才、宜生活"的方向推进。

年内除了丰富各类教职工文体活动外(见文体委工作及文体活动分述),校工会与校医院合作组织了2场健康知识讲座,还邀请多名专家赴各校区开展"健康专家进校区"活动,一对一地为教职工提供健康知识咨询。为提高教职工伙食消费水平,经福利委员会决定,

2014 年 1 月开始每月为教职工增加 150 元伙食补助，从福利费支出。

(李秀婷　李壮)

【文体委工作及文体活动】　校工会文体委员会认真对 2013 年成立的 8 个文体协会均进行考核，网球、健美操和乒乓球三个协会被评为 2013 年度优秀协会。2014 年又相继批准成立了棋类协会、户外徒步运动协会两个新协会。各协会年内先后举行教职工书法展、摄影展、教职工乒乓球（单打）比赛、教职工网球赛、网球技能培训、书法基础知识讲座、广场舞大赛、户外健步走等文化体育活动，活跃了教职工的业余文化生活，促进了教职工参与体育锻炼的风气。

除了发动文体协会外，校工会也积极组织各类文体活动。11 月 1 日，校工会筹办的校第二届教职工运动会在北四环校区田径场隆重举行，学校领导全部出席开幕式并参加了比赛，北京市教育工会常务副主席刘欢出席开幕式并讲话。校工会年内还进行了"厨厨动人"青年教工厨艺大赛、首届教职工亲子运动会、幸福家庭评选、在校园为教职工放电影等文体娱乐活动。

(李秀婷　李壮)

【福利费管理及"十送"温暖特色服务】　校工会福利委员会年内多次召开会议，审议并通过了 2014 年校福利费预算方案（草案）及教职工子女医疗统筹改革方案和"十送温暖服务"慰问金的新标准。

12 月 8 日，校工会决定将 2013 年开始试行的北京联合大学"十送温暖服务"从 2015 年 1 月 1 日正式实行。其标准以工会福利委员会 2014 年 12 月 3 日讨论的最终结果为准。从 2013 年 12 月—2014 年 11 月 30 日，"十送温暖服务"共支出 600923.58 元，惠及教职工 3795 人次。利用短信平台，在会员生日当天发送生日祝福短信，每逢重大节假日为全体会员发送节日祝福。每月为教职工增发 150 元伙食补助。

十送温暖特色服务内容如下：职工入职送欢迎；恰逢生日送祝福；喜逢节日送慰问；教工新婚送祝愿；教工生育送祝贺；金秋助学送关爱；患病住院送关怀；家庭遇困送温暖；亲人病故送怀念；教工退休送纪念。

(王爱东　李壮)

【青年工作】　校青年工作委员会积极配合校工会开展青年工作。年内校工会举行"三十而立话责任"主题生日会、青年教职工风采展示等青年活动。

(李秀婷　李壮)

【庆祝教师节系列活动】　9 月，校工会举办系列活动开始庆祝第 30 个教师节。除召开教师代表座谈会外，还采用印发光荣册、利用教师节专题网站表彰获奖教师、橱窗展示宣传优秀教师先进事迹、举办青年教职工风采展示主题活动等方式庆祝教师节。

(庞卫祥　李壮)

【工会干部培训】　2014 年为校工会培训年，当年组织全校工会干部举行了工会财务管理、工会建家、文体活动组织技能、摄影技术、组织沟通能力及团队协作能力训练以及按摩保健知识等专题培训。培训采用多种形式、注重效果，邀请北京市教育工会常务副主席刘欢、北京化工大学工会常务副主席苏建茹来校讲座，组织工会干部到电影学院交流学习，接待了信息科技大学、财贸职业学院等高校同仁来校交流。

(庞卫祥　李壮)

【建家及工会自身建设】　深化"党政工共建一个家"指导思想，积极进行校院两级建家工作。校工会获全国教科文卫体系统"模范职工之家"的荣誉称号。对申报先进职工小家的二级工会小家考核，授予应用文理学院、商务学院、信息学院、广告学院、后勤服务公司"先进教职工小家"称号。

年底举行工会总结会暨工会干部论坛，对表现优秀的二级工会及工会干部进行表彰，鼓励各二级工会进行工作交流心得。对获"先进教职工小家"的二级工会、先进工会信息员、"青年教职工风采"主题活动的获奖单位及人员颁发了证书。

(庞卫祥　李壮)

【教职工校园卡伙食补助管理调研】　根据学校工作部署，校工会牵头人事处、财务处、行管处、信息网络中心、后勤服务公司一起组成调研组对部分教职工存在卡内余额过多的问题进行了调研。调研组多方面了解教职工和各二级工会的意见并召开校民主管理与监督委员会会议进行讨论，最终形成调研报告，为学校科学决策提供依据。

(李壮)

【教代会、工会理论调研】　推进学校教代会民主制度的研究与实践，建立了教代会代表调查研究制度。将学校"党政所急、职工所需"的涉及学校管理创新和教职工切身利益的事情，通过课题立项的方式交由教代会代表和工会积极分子参与调研，促进教代会提案质量的提高。年内对 2013 年批准立项课题和 2012 年批准延期的 15 个工会、教代会项目的课题进行结题评审，通过课题结题 10 项，延期结题 4 项，放弃 1 项。

(李志剑　李壮)

【北京市特殊教育教师工作及生活状况调查研究】　配合教育工会需要，召开北京市特殊教育教师座谈会，面向北京各区县的 24 个特殊教育学校了解北京特殊教育教师生活状况。由校工会常务副主席张俊玲组成科研团队，承接北京市总工会和北京市教育工会《北京市特殊教育教师工作及生活状况调查研究》课题并完成调研报告呈送北京市总工会和北京市教育工会。

(李壮)

【职工保险工作】　参加中国职工保险互助会推出的

《在职职工互助保障计划》。2014 年里,使用工会经费为 411 名女教工投保《在职女职工特殊疾病互助保障计划》,支出 14796 元。

(李晓平　李壮)

【会籍管理】 贯彻执行《北京联合大学工会会员管理办法》,及时掌握会籍异动信息。完善三级服务体系平台信息维护,随时更新全校会员数据库信息。建设短信平台,建立并更新会员手机号码库。

细致进行会员入会和京卡办理工作,2014 年办理新会员入会 54 人,新办理京卡 69 人,截至年底全校共有会员(含非在编会员)3202 人,会员京卡·服务卡办理率达 99.69%。

(李壮)

【女教职工工作】 3 月 7 日,校工会利用工会外网发布了"致全校女职工的慰问信"。信中校工会主席付晨光代表校工会向全校女职工致以节日的问候和良好的祝愿。3 月内,校工会连续举办女性常见病知识讲座、教师嗓音保护与科学发声知识讲座、校首届教职工广场舞大赛等活动庆祝"三八"妇女节。

(李秀婷　李壮)

【所获荣誉及表彰选树】 2014 年校工会取得多项荣誉。在北京市教育工会九届七次委员(扩大)会上,校工会获得北京市教育工会 2014 年先进单位奖、北京市教育工会 2014 年特色工作奖;年内还获得北京市教育工会 2013 年财务工作规范化建设考核先进、北京市教育工会 2013 年度财务竞赛先进单位、北京市教育工会 2013 年度经审工作规范化建设考核优秀单位;6 月,校工会获全国教科文卫体系统"模范职工之家"的荣誉称号,标志着校工会建设迈入全国教科文卫体系统先进行列。

校工会积极进行各类表彰选树工作,广泛开展了师德和"三育人"先进评选工作,当年评选出 21 个"三育人"先进集体、33 个"三育人"先进个人和 18 名师德先进个人。推选应用科技学院陈战胜、商务学院林妍梅、生物化学工程学院陈福祥、基础部戈西元 4 人至北京市参评并获得了 2014 年北京市师德先进个人荣誉称号。推选旅游学院徐菊凤老师至北京市参评并荣获首都劳动奖章荣誉称号。

(李壮)

八、共青团工作

【概况】 共青团北京联合大学委员会(以下简称"校团委")下设组织宣传科、文体实践科,人员编制 5 人,其中书记 1 人,副书记 1 人。全校 12 个学院分团委,1 个公寓团委。

2014 年,校团委以党的十八届三中全会、团的十七大和校党委四届六次全委(扩大)会议精神为指引,牢牢把握学校全面深化改革的新形势,抓住"改革"的机遇,积极开拓创新,紧密围绕习近平总书记提出的"提高团的吸引力和凝聚力、扩大团的工作有效覆盖面"的总要求,按照"搭平台·激活力·建制度·抓质量·作贡献"的工作思路着力推进团的各项工作,团结带领广大团员青年为学校改革发展作出新贡献。

(李焱)

【基层组织建设】 开展"十佳"系列评选,激发基层活力。为引导学生全面发展,表彰先进,树立典型,用榜样的力量激励和鼓舞广大学生,增强团组织的凝聚力和战斗力,提高共青团的内在活力,5 月 23—24 日,校团委先后举行了"十佳团支部""十佳团干部""十佳团员"系列评选答辩活动。评委由校、院团委老师及学生共同组成。在各学院的初选中脱颖而出的 15 个优秀团支部、25 名优秀团干部、24 名优秀团员参与了答辩。参选的集体和个人分别通过 PFT、视频、现场简介和书面材料等方式,向评委老师和同学们全面汇报、展示了其成长经历和活动成果。

开展后勤建团,进一步扩大团组织的覆盖面。协助后勤服务公司召开共青团北京联合大学后勤服务公司总支部成立大会暨第一次团员大会,建立团组织。后勤团总支的成立对于扩大团组织的覆盖面、凝聚青年力量、促进后勤公司与青年员工的共同发展都具有重要意义。6 月 9 日,共青团北京市委员会公布关于认定 2013 年度北京市青年文明号的决定,后勤服务公司饮食服务中心荣膺青年文明号荣誉称号,为团建工作注入了新的动力。

(李焱)

【思想教育】 召开学习习近平总书记给河北保定学院西部支教毕业生群体代表回信精神座谈会,号召同学们向去西部支教的大学生学习,同人民一道拼搏,同祖国一道前进。5 月 4 日晚,校团委以"服务人民、奉献祖国"为主题召开学生干部座谈会,学习习近平总书记的回信精神。

以重大活动、庆典为契机,加强理想信念教育,引导广大青年思考人生价值和使命责任。校团委充分利用重要节日及党史、国史上的重大事件、重要纪念日、领导人的重要讲话等契机,不失时机地开展理想信念教育,组织开展内涵丰富的主题宣传教育活动。主要围绕纪念五四运动 95 周年、甲午战争 120 周年、抗日战争胜利 69 周年、第一个国家法定烈士纪念日、国庆 65 周年等重大历史事件,广泛组织开展主题团日、交流分享、寻访实践等活动,引导青年增强爱国情感,坚定理想信念,树立远大志向,弘扬以爱国主义为核心的民族精神和改革创新为核心的时代精神。特别是 9 月 3 日中国人民抗日战争胜利 69 周年纪念活动和 9 月 30 日第一个法定烈士纪念日,学校师生都有幸赴现场和国家领导一起参与了相关纪念活动,接受了深刻的爱国主义教育。

5月6日上午，团中央统战部副部长达娃次仁在团中央统战部、学校部，团市委大学部相关人员的陪同下莅临学校参加管理学院金融1201B团支部"服务人民，奉献国家"主题团日活动。达娃次仁部长对主题团日活动进行了点评，他鼓励同学们要积极参加志愿服务和社会实践，通过实践了解社会，认识国情，身体力行践行习总书记的要求，为将来的成长发展做好准备，并祝愿同学们取得更大的成绩。

开展光盘行动，提醒同学们树立文明饮食新风尚，倡导节俭，拒绝浪费。为弘扬雷锋艰苦朴素、勤俭节约的精神，积极响应习近平总书记关于"厉行勤俭节约、反对铺张浪费"的重要批示，引导树立青年正确的价值观念，养成节约的行为习惯，以青年的实际行动延续中华民族勤俭节约的传统美德，自5月26日开始，校团委在全校范围内开展杜绝"舌尖上的浪费"，创建节约型文明校园活动。为引导广大青年积极参与，校团委还在全校团员青年中开展"厉行勤俭节约、反对铺张浪费"主题团日活动、签署"厉行勤俭节约、反对铺张浪费"承诺书，并举办海报设计比赛、主题宣传活动、"晒光盘，我骄傲"点赞活动、文明督导志愿服务活动，引导同学们争做节约粮食的传播者、实践者和示范者，使珍惜粮食、杜绝浪费成为一份承诺、一份责任，在全校范围内掀起节约粮食的热潮，营造人人节约的良好风尚。

（李焱）

【社会实践】 2014年暑期，学生围绕"心系复兴梦 青春勇担当"的主题，以"坚定青春使命"基层宣讲行动、"聚焦全面改革"社会民生热点调查行动、"感悟成长故事"优秀校友访谈行动、"志愿服务社会"公益扶助实践行动、"实干成就未来"专业学习职业发展行动五大专题开展了实践活动。经统计，全年申报社会实践项目共500项，覆盖学生10000余人。

12月10日，共青团中央、全国学联联合下发文件，授予北京联合大学"2014全国大中专学生志愿者暑期'三下乡'社会实践活动先进单位"荣誉称号。这是学校首次获此殊荣。学校还荣获"2014年首都高校社会实践先进单位"称号，另获2014年首都高校社会实践优秀团队10个，2014年首都高校暑期社会实践先进工作者5人，2014年首都高校社会实践先进个人5人。另外，校团委在今年共评选出先进单位5个、社会实践调研成果先进单位1个、先进工作者12人、优秀指导教师34人、十佳个人7人、先进个人40人、优秀团队68支、优秀成果78个。校团委将社会实践优秀成果集结成册，分别形成《北京联合大学2014年暑期社会实践调研报告成果汇编》《北京联合大学2014年暑期社会实践团队风采》系列成果，全面展示课程建设过程中带来的成效。

（李焱）

【科技活动】 2014年，校团委继续举办"启明星"创业计划竞赛、节能减排竞赛、智能车竞赛，三项赛事共吸引全校两千多人参与。评选出的优秀团队代表学校参加比赛屡获殊荣。推荐的8项"创青春"创业竞赛的作品中，有6件作品获得北京市级奖项，其中获得银奖2项、铜奖4项。此外，在校级智能车竞赛的基础上，校团委正式成立了智能车队代表学校参加华北赛区竞赛。

扩大科技活动的参与面，鼓励更多的师生参与课外科技活动，2014年启明星科技立项共收到立项申报书386项，参与的学生人数达到1200余人次，有近400人次的教师指导了学生科研立项。

为了推动学生科技项目的转化，经过初期申报、研究和论证，校团委决定研发"联合一号"智能机器人，并且在全校学生中开展智能机器人的五个子项目申报活动，通过机器人项目整合全校学生科技创新能力，打造学生科技创新代表作品。

举办"青春炫出科技色彩"主题科技文化节。5月15日，由校团委主办，自动化学院团委和机电学院团委联合承办的"青春炫出科技色彩"科技文化拉开帷幕。该科技文化节通过科技进社区、校园科技作品巡展等活动宣传科技知识，展示学生科技成果，进一步激发学生参与科技活动的积极性和创造性，全面提高学生综合素质，着力促进科技人才成长。

（李焱）

【校园文化活动】 2014年，学校12个学院8个校区开展了围绕学生成长成才所需要的理想信念、科学素养、人文素质、创新意识、社交能力、奉献精神等综合素质的各个方面的学生活动。开学初，统一下发本学期升降国旗仪式活动规划，各学院均承担本学院所在校区的升降国旗仪式活动，通过开展国旗护卫总队的建设，将全校各校区升旗仪式进行了规范。围绕学生才艺展示和社团活动，利用午间休息时间，在校园的广场区域，开展了包括书法、歌曲、舞蹈、乐器演奏和学生社团风采展示等活动，鼓励学生充分展示自己的特长，培养学生健康的审美情趣和良好的艺术修养，丰富了校园文化，取得良好效果。各学院团委在校团委的统筹安排下，建设"成长加油站"，每天晚上举办不同主题的学生活动：周一，科普宣讲；周二，与信仰对话——名人名家进校园；周三，艺术教育与鉴赏；周四，英文电影欣赏；周五，学生社交活动；周末及节假日，开展志愿服务和社会实践活动。先后邀请了中央编译局杨金海教授、中央电视台著名主持人贾小军、著名女诗人阿紫等专家和社会知名人士为学生作报告。全校各校区的学生组织开展了演讲比赛、辩论赛、歌手大赛、学生干部培训班、英语角、学雷锋志愿服务、职场宣讲会、人体健康知识讲座、金融理财讲座、相声专场演出、英文电影欣赏、社团文化节等活动，初步形成了学生活动遍地开花的良好局面。

为了加强对三全活动的组织和管理,校团委出台了《北京联合大学2014"全天候、全方位、全覆盖"第二课堂活动体系管理办法》,建立健全了两个工作机制。一是校院二级管理机制,学校和各学院都成立了三全活动体系领导小组,负责活动方案及计划的制定与修改等工作;每项例行活动均在学校和学院层面指定负责人。专项活动由校团委文体活动部成立专项工作组专门负责。二是"人、财、物"三到位的保障机制。学校划拨105万元作为三全活动体系实施的专项资金,校团委按照生均10元的标准向学院团委提供"三全"例行活动的开展经费。

活动自3月份启动以来,各级团组织和学生组织积极行动,同学们热情参与,全校各个校区,从早到晚,都安排了各式各样的校园文化活动,取得良好效果。其中全校八个校区每天组织升旗仪式,累计参与学生13200余人次;午间学生才艺展示,参与学生1万余人次;成长加油站在全校本学期开设讲座200余次,覆盖师生1万余人次;组织高雅艺术进校园、北京交响乐团走进联大毕业生音乐会、中央民族乐团《国风绕梁》走进联合大学昌平校区音乐会、校管乐团与美国加州州立大学交流音乐会、校级艺术团学院巡展、科技文化艺术节巡展等活动。

(李焱)

【志愿服务活动】 3月初,校团委制定了学雷锋志愿服务活动实施方案,在全校范围内组建三支志愿服务团队。一是敬老、爱老志愿服务团队,组织志愿者定期陪离退休的老同志聊天、散步。二是爱心帮扶志愿服务团队,组织志愿者到有需要的教职工家里,开展打扫卫生、收拾家务、接送孩子、中小学家教、艺术素质教育等志愿服务活动,帮困难职工排忧解难。三是成立学雷锋志愿服务团队,组织志愿者走进社区,发挥专业和特长参与"新青年课堂""新青年培训班"等社区青年汇授课志愿服务活动;积极宣传"亲社会"理念,广泛开展"邻里守望"志愿服务活动。志愿服务团队既帮助老同志和困难教职工解决了一些生活上的问题,让他们切身感受到了青年学生的关爱。也让同学们受到了美德教育、感恩教育,增强了同学们的奉献意识,提高了责任感。

圆满完成APEC志愿服务任务校团委共选拔、培训388名志愿者参与APEC志愿服务,累计志愿服务时长5845小时。其中,国家会议中心46人,工商领导人峰会25人,机场抵离迎送10人,残疾人主题活动组10人,水立方迎宾人员297人。面对繁重的任务、巨大的压力,同学们克服各种困难,始终保持着良好的精神面貌和工作状态,圆满完成了各项任务,向外宾展示了中国青年和联大学子的青春风采。

在校团委的指导下,校青年志愿者协会和红十字会以黑桥打工子弟学校、温暖衣冬、防艾宣传教育等公益项目为载体,积极组织学生参与志愿服务活动。红十字会进行了《红十字会法》和《国际人道法》的宣传,并开展救护员培训,成立北京联合大学红十字会救护队,广泛参与红十字会志愿服务。积极倡导无偿献血和捐献造血干细胞,组织远离毒品和烟草教育,以及心理健康、预防艾滋病宣传和青年同伴教育等志愿服务活动。

(李焱)

【学生公寓团委】 学生公寓是学校开展团工作的新阵地和基层组织,成立于2009年9月,学生公寓团委现设书记1名、副书记2名,其中由校团委老师担任书记,其余职务全部由学生担任,充分地发扬了广大学生团干部和团员青年的拼搏奉献、团结协作精神。此外,公寓团委下设办公室、组织部、文艺部、宣传部共4个职能部门,协同运作完成公寓团委的各项工作。

1月召开公寓团委全员大会,就上一年度工作进行总结汇报,以"家"为主线,确定下一年度工作方向。5月初,学生公寓团委举办宿舍文化节(包括文化节开幕式、T恤涂鸦、最美宿管老师、男女生宿舍互访、最靓小空间评选、宿舍大咖秀、文化节闭幕式暨颁奖晚会)。6月针对老生离校,开展毕业季活动,撰写文明离校倡议书,呼吁老生离校时留下美德与青春的回忆,留下文明。下半年起全力推行宿舍建团,与现有团组织并行,实现"多重模式、多重覆盖"的团建机制。以北苑校区为试点,建立宿舍自管会,增强宿舍文化建设以及引领团员思想积极向上。9月举办为期一个月的中秋迎新系列活动。以增强同学在北京联合大学及在宿舍的归属感,发扬公寓团委"家"的精神。10月完成组织架构整改,外联部融入办公室,取消建制,由原来的5个职能部门简化为4个。12月与其他校级组织组织并参与"校级组织7+1元旦晚会暨颁奖典礼"。

(李焱)

【北京联合大学学生科技协会】 北京联合大学学生科技协会是校团委指导下的学生组织,负责科技立项"启明星",暑假社会实践等科技创新活动,为同学们进行社会实践活动、科技创新、学术性研究等提供了广阔空间。

1月,科协下发大学生智能汽车校级竞赛通知。3月,下发智能汽车竞赛练习赛道的通知,开始进行训练并向各个参赛团队发布比赛日程安排及举行北京联合大学"挑战杯"竞赛初赛。4月,大学生智能汽车竞赛参赛团队进行决赛并根据比赛名次推选赛车参加华北及全国竞赛;举行北京联合大学"挑战杯"竞赛复赛以及将大学生节能减排社会实践与科技竞赛参赛作品上报学校团委。5月,学校科技评审团评选北京联合大学"挑战杯"竞赛优秀作品,选出持有优秀作品团队参加首都"挑战杯"大学生竞赛以及进行大学生节能减排社会实践与科技竞赛遴选,选出参加国家大学生节能减排社会实践与科技竞赛的优秀创新作品。6月，进行"启明星"科技创新项目中期评审，各学院收集评审材料，上报校团委，随机抽查各类项目进行中期答辩。7月，进行"启明星"科技创新项目评审，将未通过评审的参赛项目撤项。11月，验收"启明星"科技创新项目结题，并进行汇报。12月，进行协会成员团建活动。

（李焱）

【北京联合大学红十字会学生分会】 北京联合大学红十字会成立于2005年5月13日，北京联合大学红十字会简称联大红会，联大红会分为教工分会和学生分会，其中学生分会是联大共青团委员会直属的校级学生组织之一，直接受校团委的领导，同时受北京市红十字会学生工作委员会的监督。校红十字会下设组织部、宣传部、外联部、办公室部、培训部和志愿者部等六个部门，各部门各司其职又相互合作，共同组织实施各项活动。

2014年期间举办3期同伴教育活动、2次募捐活动。2014年4月3位骨干参加了首都高校第十一届高峰论坛和卫生健康知识培训。5月在海棠广场开展"5·8红十字日"宣展活动；举办红十字会九周年会庆活动；参加了第三届红十字运动知识竞赛，并取得良好成绩。9月参与校团委组织的校内迎新活动；开展杜蕾斯宣传活动；举办第一次全体大会暨红十字知识讲座；针对新生军训，开展为期两天的全校性急救培训会。10月举办了"青少年性健康知识""防艾知识"的宣传活动和讲座。在第27个艾滋病日即将到来之际，在奥林匹克森林公园开展以"行动起来，向零艾滋迈进，getting to zero"为主题的校外宣传活动，在校园内举办全体会员素质拓展活动。12月开展校内防艾宣传活动和防艾讲座。为了更广泛地普及防艾知识，加深师生对艾滋病知识的了解和认识，于12月5日面向学校后勤服务部举办"健康包"活动。

（李焱）

【北京联合大学青年志愿者协会】 北京联合大学青年志愿者协会成立于2006年3月5日，是由志愿从事社会服务事业的北京联合大学学生组成的全校性社团，接受校团委的领导。社团常规活动有太阳村志愿服务活动、黑桥活力社区支教活动、寸草春晖敬老院志愿服务活动、宋庆龄故居志愿服务活动、鸟巢文明宣讲志愿服务活动、爱心义诊志愿服务活动等。

3月5日，开展"学习雷锋互帮互助，志愿精神同心同行"学雷锋日主题活动。4月23—29日，组织开展国展车展北京地铁志愿服务，组织志愿者100名。4月26日，组织北京联合大学高招咨询会志愿服务活动，积极配合学校校园开放日活动。9月1—2日，北京联合大学青年志愿者协会、中国红十字会北京联合大学学生分会组织了共85名志愿者参加了北京联合大学2014年"迎新"志愿服务活动，并积极配合学校

迎接新生工作。10月，组织本校46名志愿者参与到毛主席纪念堂志愿服务活动。11月，组织本校96名志愿者参与APEC志愿服务活动中，成立后勤保障组保障志愿工作顺利开展。12月5日，举办"传递青春正能量 引领志愿新风尚"志愿者活动周活动，旨在有效地动员和组织青年志愿者以服务方式展现志愿者风采，发挥青年人在促进校园和谐方面的重要作用，进一步弘扬"奉献、友爱、互助、进步"的志愿者精神，并积极推动志愿服务事业的发展。增加同学们对志愿者的认同感，引导学生培养乐观向上的精神风貌，鼓励大家更加积极地投身到志愿者服务中去，锻炼自身，引导同学健康积极地成长与发展。

（李焱）

【北京联合大学学生社团联合会】 北京联合大学学生社团联合会是对正式注册认证的学生社团进行科学管理、全面协调、联合运作的学生组织，是以学生社团为基层单位的社团权益代表机构。

北京联合大学学生社团联合会下设有校级组织和校级社团共14个：北京联合大学红十字会学生分会、北京联合大学青年志愿者协会、北京联合大学学生科技协会、北京联合大学礼仪总队、北京联合大学电视台、北京联合大学记者团、北京联合大学广播站、北京联合大学戎光国防爱好者协会、北京联合大学国旗护卫队、北京联合大学爱心超市、北京联合大学爱心社、北京联合大学乒乓球社、北京联合大学辩论队、北京联合大学推敲文学社。以性质差异为单位的设有文化艺术类、体育健身类、实践促进类、政治理论类、地域文化类、公益志愿类、合作交流类和学术科创类共八类社团。

2014年度北京联合大学社团联合会及各类别社团开展的活动如下：3月社团联合会举办北京联合大学首届社团招新"百团大战"、5月举办2014年北京联合大学"五四杯"乒乓球比赛、11月举办北京联合大学首届"三走"社团定向障碍越野赛；5月体育健身类管理学院轮滑协会应邀参加中国轮滑鸟巢轮滑广场开幕式、6月应用科技学院尚舞社举办专场晚会；9月实践促进类管理学院联合扬帆团队赴职引网作战略咨询、10月举办Sailing Union《依旧》九周年社团庆典；10月公益志愿类广告学院予希爱馨社组织赴来福小院关爱流浪动物义工活动；11月合作交流类师范学院影像协会举办美拍大赛；11月学术科创类商务学院英语协会于实验楼205举办"study abroad, brand new life"主题论坛和主题为"马尔代夫环境难民"全英文模拟国际会议沙龙；12月文化艺术类师范学院跳帧动漫社十周年社庆晚会。

（李焱）

【北京联合大学学生会】 北京联合大学学生会是在校党委领导下、校团委指导下的学生自治组织。校学生会下设办公室、文体部、学生服务部、学习部、国际部共

五个部门。

5月18日,校学生会举办十周年校园辩论赛。辩论赛是展现学生才华的舞台,也是宣传先进思想、启发学生思考时代问题的重要平台。6月7日,北京联合大学第五次学生代表大会在校本部南院报告厅召开,来自各学院的246名青年学生代表参加了这次大会。校党委副书记周志成、北京市学生联合会驻会执行主席付娇娇、北京联合大学团委书记解庆阳等领导以及北京化工大学等二十多所兄弟院校学生会的代表出席了会议。大会通过投票选举产生了北京联合大学第五届学生委员会,37名同学当选为委员。在第五届学委会第一次全体会议上,王睿等17名同学当选为第五届学委团主席团成员,并聘任校团委副书记李焱为学生会秘书长。在学委会主席团第一次全体会议上,王睿

同学当选为北京联合大学第五届学委会主席团主席,顺利实现了学生会干部队伍薪火传承的接力。7—8月,校学生会负责《联大攻略》的编辑与排版工作,《联大攻略》包含联大全部学院的食住行等信息,让新生更快地融入北京联合大学。10月25日校学生会举办首届"主席论坛"活动,校学生会特别邀请自2000年以来历届校学生会主席,回到母校参加首届"主席论坛"。11月29日,校学生会举办第一届智力运动会。智力运动会旨在锻炼思维表达与辨析能力,激发同学们对文体智力等实践活动的兴趣和热情,更好地融入大学生活,在活动中提高自信,培养学生的团队意识和组织协调能力。11月校学生会成功举办了首期荧光夜跑活动,让学生感受来自运动的快乐。

(李焱)

直属教学部

一、基础课教学部

【概况】 基础课教学部是北京联合大学校本部直属教学单位,负责校本部各学院的数学课程和物理课程的教学任务。下设高等数学教研室、工程数学教研室、大学物理教研室(下设物理实验室)、行政办公室。2014年,基础课教学部共有教职工61人(其中专职教师53人,实验技术人员2人,干部和行政人员6人)。专职教师中数学教师38人,物理教师15人,具有教授职称6人,副教授职称23人,具有博士学位16人、硕士学位35人)。2014年,基础部有3名老教师退休,有2名新教师入职。

基础课教学部进一步加强统考统测课程建设与管理。组织本部门五位教授在上半年举办了教授公开课。聘请校外名师,面向全校开设考研数学辅导班和考研冲刺辅导班,帮助2015年有志考研的同学有效提高研究生入学数学考试成绩。基础部实验班拓展性教学改革取得新成果,积极探索现代化的大学物理实验课程教学改革,积极引进大学物理实验课程教学预习仿真、考试系统,现已启动第一期建设工作。积极探索模块化教学改革,落实2015版培养方案指导意见。数苑网教学平台建设推动学生自主性学习的教学模式改革取得新进展。积极推进课程导师制系统化建设。基础部分别在6月、7月、9月、11月、12月多次邀请北京市教学名师或专业领域的专家到校作学术报告,基础部共有13位教师参加了国内、外学术交流活动。推进大学物理实验教学改革——开放式物理实验室建设规划与实施,投入120万元启动开放式物理实验室建设。进一步提升学生学科竞赛规模和质量,在全国及市级比赛,获奖等级上有了新的突破。鼓励教师申报科研

基金项目并取得初步成效。基础部发表论文质量和数量有了明显提升,核心期刊以上论文21篇,占发表论文总数的54%,其中SCI论文6篇;获批实用新型专利1项。加强党风廉政建设,落实党风廉政建设责任制。认真落实年初制定的党的群众路线教育实践活动整改计划,完成了预定工作任务。进一步做好部门网站建设工作,及时报道基础部在教学、科研、党建、工会活动等方面的工作动态和亮点特色。2014年共发简讯47篇,较2013年增长一倍多。

(王爱琴)

【教学工作】 基础课教学部进一步加强统考统测课程建设与管理,2014年分别在5月、12月召开全校数学、物理统考工作联席会,在6月召开全校高等数学、微积分期末统考培训交流会,通过培训加强教学基本要求和考试要求的规范统一,保证全校统考课程的质量。加强教学过程管理,课堂教学质量跟踪与检查、信息及时反馈。部领导和教研室主任深入课堂听课,2014年共计听课94节。针对听课中发现教师的教学问题,及时和相应老师进行沟通交流,改进教学方法。落实教学工作会精神,组织本部门五位教授在上半年举办了教授公开课,并组织基础部全体教师到场观摩学习和课后交流研讨。7月,利用假期时间免费面向全校开设考研数学辅导班,以帮助2015年有志考研的同学有效提高研究生入学数学考试成绩,由黄先开副校长带领基础部数学考研辅导团队授课。10月底,又聘请校外考研辅导专家陈文灯教授对考研学生进行了考研冲刺辅导。全校共有十个学院近150名学生参加了学习。基础部按学校第四届中青年教师执教能力比赛的有关要求,在2014年举办中青年教师执教能力比赛,

复赛采用了临场抽签方式决定参赛讲课内容,从而检验参赛教师的应变能力和平时积累,得到专家肯定。基础部对获奖教师给予了奖励,并给予相应的课程教学改革研究经费资助。

（王爱琴）

【教学改革】 基础课教学部实验班拓展性教学改革取得新成果。2014年,基础部聘请了2名北京市教学名师为实验班学生授课,学生感觉到知识学习深度明显,拓宽了学习思路。组织全校大学数学学科竞赛,实验班学生均报名参加,比赛成绩同2013年比明显提升。实验班学生参加美国数学建模大赛、大学生物理竞赛等校内外学科竞赛获奖比例比2013年增加27%,反映了实验班课程教学改革取得初步成效。

积极探索现代化的大学物理实验课程教学改革。基础部积极引进大学物理实验课程教学预习仿真、考试系统。基础部领导带领部分物理教师到北京科技大学数理学院实验教学中心参观调研了该校正在进行的物理实验仿真考试和实验操作考试。在此基础上,制定了数理实验中心建设规划方案,通过论证、招标等工作,现已启动第一期建设工作。

积极探索模块化教学改革,落实2015版培养方案指导意见。赴合肥学院考察大学数学模块化教学改革,借鉴兄弟院校的经验。积极主动与校内相关学院进行沟通交流,完成根据专业需求设置模块化教学内容的调研工作。

数苑网教学平台建设推动学生自主性学习的教学模式改革取得新进展。基础部为数苑网教学系统专门配置了服务器,研制开发了数苑网在线测试预约系统,有力地推进了数苑网教学平台建设。组织教师利用假期时间完成高等数学、微积分、线性代数、概率论与数理统计等课程的题库组卷工作,每门课程组出了至少80套试卷和系列练习。数学教研室完成高等数学、微积分、概率论与数理统计、线性代数微课视频的习题部分约300余段视频的录制加工,供学生复习使用。今年暑假,基础部组织10余名数学教师参加了第十八届全国高等院校公共基础数学教学研讨会。12月初,基础部、实训基地和教务处一行6人,前往湖南大学考察数苑网教学平台建设情况。这次考察学到了很多先进经验,对推动学校数苑网教学平台建设、解决数苑网建设与使用中的难题、提升教学质量起到很好的促进作用。

积极推进课程导师制系统化建设。组织制定了《校基础部课程导师制实施试行办法》,并在教学骨干、全体教师等不同层面进行讨论修改,与相关学院建立了教师-班主任-辅导员-学生等联系沟通渠道的快速响应机制。

（王爱琴）

【教师培训】 基础部分别在6月、7月、9月、11月、12月多次邀请北京市教学名师或专业领域的专家到校作学术报告。探索课程教学改革,指导青年教师,交流教学经验,指导学科竞赛,取得良好效果。基础部先后4次组织数学教师参加了北京市高校数学教育发展中心举办的数学教学观摩课活动。11月,基础部承办北京高校数学教育发展研究中心观摩教学活动,主讲人为基础课教学部袁安锋老师,来自北京航空航天大学、北京邮电大学、北京交通大学、北京农学院、北京工商学院、北京工业大学实验学院、北京信息科技大学、北京物资学院8所高校及学校基础部部分教师共40人参加了整个观摩教学过程。

为提升基础部教师科研水平的综合实力,本年度加大了对教师参加科研学术会议和培训的力度。本年度共有13位教师参加了国内、外学术交流活动。

（王爱琴）

【教研室建设】 加强教研室建设,进一步完善集体备课制度。坚持开学初基础部各教研室组织说课,研讨具体教学内容的细节处理问题;统一思想,确定教学进度安排、阶段测验、期中考试时间等;坚持期中考试成绩分析,研讨教学改进措施制度;坚持期中考试后基础部组织召开全校各学院数学、物理课程负责人参加的统考课程联席会,通报和交流考试情况,积极协调和解决教学中存在的问题。期末,各教研室所有任课教师以期末自命模拟题的方式一起研讨了教学内容中学生应知应会的基本知识点。

（王爱琴）

【实验室建设】 推进大学物理实验教学改革——开放式物理实验室建设规划与实施。2014年下半年,基础部在主管校领导的指导下,在校教务处的大力支持下,投入120万元启动开放式物理实验室建设。开放式物理实验建设是通过建设实验教学网络平台和实验教学资源共享平台,实现网上辅助教学和网络化、智能化教学管理。满足学生自主选课、自助实验、有效利用实验室资源的自主学习和个性化发展的需求。建设学生自主学习的实验教学环境,进一步提高实验教学的开放性和交互性,给教师的开放教学提供有力的基础支持。提高实验仪器设备的利用率,为学生实践创造良好的实验环境。这个建设项目的主要内容如下。① 建设《开放式实验室教学管理系统》,打造学生自主学习的实验教学环境。采用信息化手段开放教学资源,改善实验教学的管理,给学生提供自主学习的教学环境,实现面向大面积学生开设开放式实验教学。② 对原有部分物理实验室进行升级改造,建立整洁、具有物理文化气息的物理实验环境,从实验环境建设入手,对物理实验室进行升级改造建设工作,最终使学生走进物理实验室进入物理世界的殿堂而不是仅仅摆放着各种实验设备的房间,把物理知识融入教学环境之中。③ 建设物理仿真实验室,开展仿真实验。按照60人的实训规模搭建多功能标准化计算机仿真物理实验室,利用软件通过计算机把实验设备、教学内容、教师指导和学生的操作有机地融合为一体,形成了一步活的、可操作的物理实验教科书。通过仿真物理实验学习,学生对实验的物理思想和方法、仪器的结构及原理的理解,可达到实际实验难以实现的效果,实现了培养动手能力、学习实验技能、深化物理知识的目的,同时仿真实验可在线运行,不受课时、设备、实验室的限制,为面向大面积学生开设开放性、设计性实验提供有利工具,可应用在实验预习、课堂教学、课后复习等多个教学环节,提高物理实验教学水平,进行物理实验教学改革。

(王爱琴)

【学科竞赛】 进一步提升学生学科竞赛规模和质量。

成功承办北京联合大学 2014 年大学生数学竞赛、物理竞赛以及数学建模竞赛、物理实验竞赛。学生报名人数比 2013 年有所增加,其中有 629 人参加了数学竞赛,266 人参加了物理竞赛,282 人(94 个参赛队)参加了数学建模竞赛,35 人(12 个参赛队)参加了物理实验竞赛。学科竞赛提升了学生学习兴趣,为 9 月参加北京市和全国赛奠定了基础。

组织学生参加全国大学生数学竞赛、物理竞赛、北京市物理实验竞赛、数学建模竞赛等,为了让学生在竞赛中取得好成绩,基础部相关教师利用暑期休息时间,分别组织不同项目参赛学生强化训练,邀请了校外专家教授指导参赛学生,最终取得较好成绩。3 月,在全国第五届大学生数学竞赛暨北京市第二十四届大学生数学竞赛颁奖大会上,实验班学生林家祺获北京市一等奖,还有 1 名学生获北京市二等奖,2 名学生获北京市三等奖,同时,学校还获得北京市第二十四届大学生数学竞赛优秀组织奖。12 月,在全国第六届大学生数学竞赛中有 2 名同学获得北京市一等奖(理工组),2 名同学获二等奖、3 名同学获三等奖。不仅获奖人数增加,获奖等级上也有了新的突破。两个参赛队双双获得 2014 年美国大学生数学建模竞赛二等奖。在北京市数学建模竞赛中,1 个队获北京市一等奖,3 个队获北京市二等奖。在 2014 年北京市大学生物理实验竞赛中,获一、二、三等奖各 2 名,共有 6 个队获奖。另外,125 名学生参加全国部分地区大学生物理竞赛,获一等奖 1 名、二等奖 3 名、三等奖 4 名。

(王爱琴)

【教科研工作】 鼓励教师申报科研基金项目并取得初步成效。组织教师申报 2015 年度国家自然科学基金项目 10 项;申报北京市自然科学基金 6 项;申报北京联合大学人才强校资助项目 1 项;申报北京市属高校青年拔尖人才项目 2 项,获批 1 项;申报 2015 北京市教委科技计划项目 8 项,获批 1 项;2 名教师获得 2014 年北京市属高校教师发展基地研修;申报 2015 年北京市科技新星计划 2 项;夏伶莉副教授获得 2014 年度北京市自然科学基金项目。

本年度科研管理工作重点是抓科研竞争性资助经费项目落实情况,培育即将申报的新的高水平科研项目。主要是以组织基础部教师申报高水平科研项目、撰写高水平科研论文为核心,营造基础学科的研究氛围,提升教师科研能力。具体开展了以下几方面的工作。① 认真抓好科研竞争性项目任务落实。针对校科研处批准的科研竞争性资助经费项目进行了任务分解,责任落实到人。专门召开了两次科研负责人汇报交流会,专门听取项目进展以及承诺兑现情况。② 青年教师高水平项目培育。组织青年教师完成了 3 项校级新起点培育项目结题审核组织工作;并组织教师积极参与国内外学术交流活动。③ 严格规范科研经费管理,做到公开、公正、公平。在经费使用上,严格经费报销审核管理,重点把控经费使用比例。④ 完成了本年度科研水平提升竞争性项目各项任务。本年度胡琳老师获得了一项 2015 年国家青年天元基金项目;为提高教师科研水平,鼓励教师撰写高水平科研论文,对本年度发表在 CSCD、CSSCI(含扩展版)以上级别期刊的论文版面费予以支持。基础部发表论文质量和数量有了明显提升,核心期刊以上论文 21 篇,占发表论文总数的 54%,其中 SCI 论文 6 篇;获批实用新型专利 1 项。

(王爱琴)

【党建工作】 加强党风廉政建设,落实党风廉政建设责任制。认真学习和贯彻落实党的十八大三中全会、十八届中央纪委三次全会和 2014 年全校党风廉政建设会议精神,学习习总书记系列讲话,从思想上提高认识,预防廉政风险。形成党政领导参加的部务会制度,落实"三重一大"制度,重大项目和大额经费使用纳入年度预算,由部班子集体决定。建立了经费及绩效公示制度,基础部预算及绩效审核小组对部门的 2014 年预算计划和 2013 年的经费执行情况进行审核,提出改进建议。加强对教职员工的教育、管理和监督。组织党员和干部参观"高等教育领域职务犯罪警示教育展",观看《廉政微电影》。组织开好领导班子民主生活会,对干部作风和党风廉政建设方面存在的问题进行自查,并积极改进。组织全体党员学习了《中共中央关于全面推进依法治国若干重大问题的决定》,并在各支部进一步进行了学习交流。

认真落实年初制定的党的群众路线教育实践活动整改计划,完成了预定工作任务。加强部门宣传工作和党的政策宣传学习。进一步做好部门网站建设工作,及时报道基础部在教学、科研、党建、工会活动等方面的工作动态和亮点特色。2014 年共发简讯 47 篇,较 2013 年增长一倍多。提高党总支和支部党建工作科学化水平。坚持支部工作标准，加强监督检查和培训。召开了党务工作培训会，围绕党的基层组织的相关党务知识、本年度党务相关考核观测点的工作要求等进行了培训。党总支按照学校部署积级完成与党建先进校评估、平安校园检查、党风廉政建设责任制落实专项检查等相关的工作。

发挥教代会作用、支持工会开展工作。在 2014 年"七一"，组织党员献爱心捐款活动，向学校教职工爱心互助基金会和北京市共捐款 7230 元。党总支和工会关心本部门罹患癌症的一位老师，联合发起捐款活动，共捐款 8100 元，帮助这位教师度过难关，送去温暖。组织教师参观国家自主创新示范区展示中心，了解了国家科技进步和发展。举行春季和秋季徒步走比赛、棋牌摇等丰富多彩的工会活动。组织教职工参加学校教职工运动会。发挥教代会作用，在部门重要政策（如基础部实行课程导师制的试行办法、2014 年绩效奖励的发放办法等）出台时，均认真征询教代会代表的意见和建议，并加以完善。

（王爱琴）

二、电子信息技术实验实训基地

【概况】 2014 年电子信息技术实验实训基地（以下简称实训基地）有教职工 45 人，其中教师 25 人。教科综合办公室 1 个。教研室 3 个：计算机基础教研室、程序设计教研室、计算机新媒体技术教研室。实验室 2 个：计算机基础实验室、电工电子实验室。领导班子成员：主任 1 人，书记 1 人，副主任 2 人。

（高润泉）

【教学工作】 2014 年完成小营校区的信息学院、自动化学院、管理学院、旅游学院，昌平校区的广告学院、应用科技学院，蒲黄渝校区的特殊教育学院以及应用文理学院的《大学计算机基础》《计算机应用基础》《C 语言程序设计》《Visual Basic 程序设计》《工程制图》《多媒体技术与应用》《Access 数据库应用》《Visual Fox Pro 程序设计》《网页制作设计技术》《图形图象处理技术》《电工电子实习实训》《电工电子技术课程设计》《电工技术训练》《电工技术综合实验》等课程的教学任务。开设了《3D 互联游戏开发》《数码照片处理》《现代管理技术与工作流系统》等公选选修课以及《数字媒体设计》和《三维造型及动画》视频精品选修课。

大学计算机基础、C 语言程序设计、Visual Basic 程序设计、Access 数据库应用等四门大课进行了较大规模的教学改革。包括组织小营校区实训基地承担教学任务的学院进行了分层教学模式改革，并配合分层教学模式改革进行了考试系统和考试题库的更新。组织计算机通史教育课程的机房系统进行了更新（操作系统由原 Windows XP 升级为 Windows 2007，Office 2003 升级为 Office 2010），并安装了 C 语言程序设计和 Visual Basic 程序设计的统一机考考试系统。组织修改了计算机通史教育教材和电子教案、课程教学大纲等，通过了《大学计算机基础》课程评估。搭建北京联合大学的 MOOC 课程平台，并维持运转和维护。

（和青芳）

【实验室建设】 实训基地组织校教务处和企业一起讨论自主学习中心功能扩建方案，进一步实现自主学习中心和综合实训楼五层机房的统筹规划扩建与统一管理。

实验室投入 190 万元建设经费进行自主学习中心改造。在大学计算机基础自主学习系统基础上，扩充了练习题库，安装了监控系统，实现了升级改造。并为高等数学和大学英语等课程塔建了自主学习网络平台。

（和青芳）

【实验室开放】 2014 年 3—6 月，实验室开放共接待参加开放实验的学生约 760 人次。教务处组织的电子设计竞赛期间，开放两个电工电子实验室。

位于综合实训楼地下一层的自主学习中心开放 16 周（周一到周四的 16：30—21：00），接待学生近 2500 人次。

（和青芳）

【学科竞赛】 2014 年 12 月，承办由科技部教育发展中心主管、互联网应用创新开放平台联盟主办、谷歌等赞助的"2014 年全国高校移动互联网应用开发创新大赛"。包括新疆、西藏在内的 440 多所本科与高职院校的 1000 多个参赛队近 3000 名学生参赛。最终经过网络评比的初赛和面试答辩的决赛方式进行。

2014 年 11 月，参与由华北五省（市、自治区）教育厅（教委）主办，北京联合大学校教务处等承办的"2014 年华北五省（市、自治区）及港澳台大学生计算机应用大赛"组织工作，负责大赛网站技术管理。

2014 年 6 月，主办"第三届北京联合大学程序设计竞赛"，开展全校范围内《C 语言程序设计》《Visual Basic 程序设计》《Access 数据库应用》等课程竞赛，以及《大学计算机基础》课程竞赛。竞赛学生涉及应用文理学院、师范学院、旅游学院、生物化学工程学院、商务学院、信息学院、管理学院、自动化学院、机电学院、特殊教育学院、广告学院等。

2014 年 5 月，电工电子实验室组织了"第四届电子产品制作竞赛"，来自信息学院、自动化学院、旅游学院、管理学院 90 多名学生报名参赛。竞赛制作内容有：遥控车、机器猫、数字钟、数字万用表、二极管台灯、小音响等六项产品。报名人数为 96 人，共有 44 名学生分别获得一、二、三等奖。

2014 年 3 月，以"我的学校我的梦"为主题的"北京联合大学动画与视频制作大赛"决赛在实验楼 2 层的教学科研成果展厅举行,来自广告学院等 6 所学院的参赛选手制作的 10 组作品参赛,分获一、二、三等奖。

(和青芳)

【科研工作】 2014 年本部门科研经费比 2013 年度增长 2800%,科研累计到账经费 331 万元。获得列入国家科技支撑计划项目 1 项、北京市自然科学基金项目 1 项、北京市教委面上科研项目 1 项、校级新起点项目 1 项。发表论文 17 篇,其中 EI 期刊论文 3 篇、CSCD 论文 5 篇、核心期刊 1 篇。知识产权登记 11 项。

2014 年 3—9 月,组织部门申报 2014 年度国家自然科学基金项目 1 项、北京市自然基金 4 项、教委面上项目 2 项、校级新起点项目 1 项、北京市信息服务工程实验室开放课题 2 项、2014 年度北京市教委人才强教和长城学者项目各 1 项。

2014 年袁家政教授申报的国家科技支撑计划项目课题"'多彩贵州'文化资源集成与文化旅游综合服务应用示范"正式通过专家论证和预算评审,涉及总经费 1785 万元,国拨经费 815 万元,其中学校承担 400 万元专项经费;袁家政教授申报的北京市自然科学经费项目"基于视觉注意机制的 3D 视觉搜索研究"正式获批,经费 18 万元。

5 位教师参与李德毅院士"无人智能汽车驾驶"团队,涉及经费 900 万元。

6 位教师参与黄先开副校长国家科技支撑计划项目"文化旅游资源挖掘与体验式平台研发与示范",涉及经费 753 万元。

(袁家政)

【党建工作】 2014 年实训基地党支部下设办公室、教学部、实验室三个党小组,共有党员 25 人,培养入党积极分子 1 人。

加强党员教职工思想教育。组织学习党的十八届三中全会、习近平总书记系列重要讲话、社会主义核心价值观、党风廉政建设等有关文献,开展听取理论报告录像、观影等活动。

深化群众路线教育实践活动。按照机直党委制定机关作风建设整改项目的要求,结合部门实际制定"开放学生自主学习中心、完善学生自主学习中心环境建设和组织管理"的整改项目并如期完成,师生反映良好。

加强党风廉政建设。制定《实训基地 2014 年党风廉政建设和反腐败工作主要任务分工》,落实党风廉政建设责任制。以落实民主集中制为重点,加强部门领导班子建设。加强廉洁文化教育,组织党员教职工参观"高等教育领域职务犯罪警示教育展"和观看廉政微电影。

抓好日常,促进工作。抓好党支部日常工作,较好地完成了机直党委和实训基地党支部的各项工作任务。

(苏幼香)

【工会工作】 全面学习贯彻中国工会十六大精神,配合党支部把群众路线教育实践活动整改工作落到实处,充分发挥工会的纽带作用。

根据校党委的指示,组织全体教职工讨论《北京联合大学章程》初稿,并提出修改建议。为校三届四次教代会做认真准备。

在党支部领导下,推进二级教代会制度建设,组织讲座学习《北京高校教代会工作规程》和《加强二级教代会建设意见》。"围绕中心、服务大局、全面履职、突出维权",开展积极有效的工作。并逐步完善二级教代会制度,促使民主管理规范化、推进决策科学化、民主化,保障教职工的知情权、参与权、表达权、监督权,保证教职工依法直接行使民主权利。在构建和谐校园的工作中发挥更大的作用。

年内举办了登山、女子 5 公里和男子 10 公里长走、跳绳、五子棋和"拖拉机"等比赛;组织教职工参加了学校第二届教职工运动会。继续为女教职工上安康保险、办理京卡,为大病职工申请爱心互助基金、探望和慰问。认真做好各类保险的投保、续保和理赔工作。

继续开展"讲师德、塑师表、灵师责"师德宣传月活动,营造学先进、促工作的良好氛围;组织"三十年教龄职工"申报工作;组织师德研讨会,大力加强教师队伍的师德与师风的建设;开展以交优秀教师、先进个人为榜样的教育创新活动,在教师中树立先进的教育理念、严谨的治学态度、精深的学术造诣和团结协作的团队精神,以良好的道德风尚言传身教,教育、感染、培养学生。把贯彻"科学发展观"与"三育人"工作结合起来,加强教师的师德教育,使教师在政治思想、道德品质、治学态度方面都能以身作则。

2014 年获得校"三育人"先进个人 1 人。在 2014 年北京联合大学教职工乒乓球比赛中,取得个人第 3 名和第 7 名的好成绩。实训基地工会在"北京联合大学第二届教职工运动会"上获得优秀组织奖。

(刘劲松)

三、人文社会科学教学部

【概况】 人文社科部是北京联合大学直属教学单位,承担着校本部各学院本科生、专科生、研究生各专业学生的思想政治理论课和中文艺术素质课的教学任务,同时负责组织全校马克思主义理论学科的建设。人文社科部下设一个行政办公室和六个教研室:马克思主义基本原理教研室、马克思主义中国化教研室、中国近现代史教研室、思想政治教育教研室、中文教研室、艺术教研室。截至到 2014 年底,共有教职工 56 人,其中思想政治理论课教师 38 人、中文和艺术课教师 13 人、行政人员 5 人。在 51 位教师中,教授 6 人、副教授 13 人。教师中具有博士学位 13 人,在读博士 6 人。2014 年人文社科部继续推进思想政治理论课"问题式专题教学"改革和马克思主义理论学科建设,在教学、科研、师资队伍建设等方面取得了显著成绩和新的进展。

（仲计水）

【教学工作】 在教学运行与教学管理工作方面有以下成效。一是完成了学期初补考各项工作。开展补考工作专项检查,严格要求教师做好补考各项工作,严把质量关,保证了各项补考工作质量。二是开展学期初首日、首周教学检查工作。实行常规检查与重点检查相结合,保证了学期初整体教学秩序良好。通过检查,教研室的各位任课教师包括外聘教师的教学文件齐全,教学进度基本符合进度计划,教学效果良好。各位任课教师都能做到严格管理课堂,严格考勤,认真上好新学期第一课。三是开展了两个学期600余名学生课程重修选课置课、选班、教学系统变更等各项工作。四是开展期中教学检查工作。组织了听评课、学生座谈等各项活动,查找课程教学不足,提出问题、研究整改举措。五是开展了期末考试培训、试卷制作、考务安排、阅卷与成绩登录等各项工作。六是根据工作需要调整了原理课教学协作组负责人。根据情况安排张泽一老师为原理课教学协作组组长、常百灵为副组长、马小芳为概论课教学协作组组长、王桂芝为副组长、林绍玲为纲要课教学协作组组长、孙青为副组长。

在教学研究与教学建设方面,一是成功举办社科部第九届教师执教能力论坛活动。10月24日下午,举办第九届教师执教能力论坛活动,主题是"参与式教学:路径·方法·案例"。在论坛活动上,6位老师介绍了自己的教学体会和经验。二是组织开展了2门精品视频公开课建设各项工作。确定《交响乐赏析》《中国传统优秀民族音乐鉴赏》课为社科部2014年度精品视频公开课建设课程,开展了两门精品视频公开课项目招标采购、建设方案修改完善、视频录制、后期制作等各项工作。三是开展马克思主义理论研究和建设工程重点教材相应课程"精彩一课"遴选推荐工作。推荐喜蕾老师参加思修课"精彩一课"评选活动,组织做好视频课录制、项目申报等具体工作。四是组织开展了学校2014年度教改项目申报工作并成功获批两项教改课题,开展了2013年度校级教改课题结题、中期检查工作。

（王恩江）

【教学改革】 继续推进问题式专题教学改革专项工作。继续开展教学专题凝练工作,纲要课、原理课、概论课协作组组织召开多次专题凝练研讨活动,尤其是概论课结合今年刚出版的新教材、新教学体系加大了专题改革设置与专题凝练的工作力度,并开展了概论课专题设置、问题设置方案专家论证活动;开展了四门课专题教学教案进一步修改完善工作,纲要课、思修课专题教案已经成型,原理课、概论课教案也完成了初稿。

组织实施四门思政课课程考核改革工作。适应专题化教学改革需要,组织举办了原理课考核改革试点总结暨四门思政课课程考核改革研讨活动,形成了统一工作实施方案;具体开展了四门课考核改革各项工作,组织了课程题库制作工作;开展了社会观察课优秀实践报告评比、优秀课程学习体会报告评比活动,加强教学激励,着力提升教学效果;课程考核改革秉承"平时考核重能力、期末考核重知识""知识点考查与实际应用能力考核并重""重在激发学生参与和课堂活力"的原则,加大了平时成绩过程化考核力度,着力构建"专题式教学、过程化考核"这一教学新模式,形成了教学合力。

积极做好问题导入式专题教学改革宣传与推广工作。一是组织发表了10多篇总结宣传问题导入式专题教学改革文章。其中包括在《思想理论教育导刊》2014年第3期发表了《"问题导入式"专题教学改革探索与思考》,在《思想教育研究》2014年第11期发表了《论加强首都高校思想政治教育的地方特色建设》,在2014年7月18日《北京晨报》刊发了《北京联合大学人文社会科学部:教改稳步前进 学术研究显著提高》的报道,在2014年10月25日《中国教育报》头版刊发了记者蔡继乐采写报道,题目为《教师费心费力 学生活学活用——北京联合大学深化思政理论课教育教学改革纪实》,二是组织召开了两次高层次教学改革总结会议。一次是6月12日,由北京市委教育工委主办、北京联合大学承办的"首都高校思想政治理论课专题教学改革论坛"在学校举办,教育部社科司思政课教学处调研员陈睿、市委教育工委副书记郑萼、市委教育工委宣教处处长王达品及北京大学、中国人民大学等37所首都高校的70余位思想政治理论课专家、学者参加了论坛活动。另一次是11月13日下午,教育部和光明日报社联合在学校召开高校思想政治理论课教师学习贯彻党的十八届四中全会精神座谈会。教育部副部长李卫红、社科司司长张东刚、社科司副司长徐艳国、社科司教学处处长陈睿,光明日报社总编辑何东平、理论部主任李向军、理论部马工程版主编王斯敏,教育部主任王保,纯市委教育工委副书记郑萼、宣教处处长王达品,清华大学、南开大学等全国知名高校马克思理论研究专家参加论坛活动。两次会议标志着北京联合大学探索的高校思想政治理论课问题导入式专题教学经验取得了显著成效,获得了领导和专家的认可,同时对继续深化这一改革、做好教学推广活动具有重要推动作用。下半年把这一经验申报了教育部2014年高校思想政治理论课教学方法改革择优推广计划项目,目前这一经验已被北京市委教育工委作为主要教学推广项目上报教育部,极有希望获批全国思政课教学改革推广计划项目。

三是组织开展专题教学系列研讨及名师讲学活动。上半年邀请中国青年政治学院马克思主义学院李伟副院长作教学改革专题报告,李伟教授从师资队伍建设、教研室主任工作开展、教学改革三个方面介绍了中国青年政治学院思政课教学建设情况。下半年邀请清华大学刘书林教授就《习近平总书记系列讲话精神解读》、中国社会科学院侯惠勤教授就《当前我国意识形态建设若干问题》、清华大学肖贵清教授就《中国梦解读》分别作示范讲学,开阔了教师们的理论视野,提升了教师们的教学素养。

(王恩江)

【学科建设】 落实与学科方向带头人年初签订的《学科建设任务书》。加强学科建设的目标管理和学科方向带头人负责制,督促检查各方向带头人完成任务书中规定的各项指标。各学科方向均超额完成了《2014年度学科建设任务书》规定的任务。

课题立项取得新的进展。全年立项国家社科基金重点项目1项,一般项目2项,教育部专项2项,其他项目多项。梁怡教授获批了国家社科基金重点课题"赴苏百位中共党史人物档案研究"(项目编号:14AZD062)。国家一般项目分别是许峰主持的"中国特色社会主义道路的世界意义研究"(项目编号14BKS070)和王利红主持的"19世纪欧洲浪漫主义史学思想研究"(项目编号:14BSS001)。韩强和许峰老师获批2项教育部思想政治理论课专项任务,分别是"关于在当代中国工人阶级还是不是领导阶级的讨论"(项目编号:14JDSZK036)与《如何评价当代中国的国际地位》(项目编号:14JDSZK040)。此外,概论教研室王桂芝老师申报的"社会体制改革背景下民政职能作用研究"获批为2014年民政部委托课题资助类项目(项目编号:2014-MCAKT)。中文教研室吕会华副教授获批北京市教育科学"十二五"规划2014年度重点课题"基于学习通用设计的聋人课程建设研究与实践"。截至2014年12月,社科部在研的国家社科重点项目2项,国家社科一般项目4项,北京市重大课题1项,其他省部级项目11项。

获奖与被采纳情况。韩强教授主持的"美国主要政党严明党纪问题研究"和范红雨副教授主持的"中国特色社会主义前景研究"获中组部党建研究所2013年度课题二等奖。海外中国学研究中心被评为2013年度学校优秀科研机构。韩强教授的论文《以改革精神推进党的制度建设》荣获中央办公厅法规局主办的首届党内法规有奖征文活动三等奖。海外中国学研究中心成员梁怡、刘晓云撰写的文章《新世纪以来国外邓小平研究主要内容和特点》在中央党史研究室《国外中共党史研究信息》(内部刊物)2014年第9期(总第12期)刊登。

举办了"海外中国共产党研究"学术研讨会、"纪念邓小平诞辰110周年:海外邓小平研究学术研讨会"

"苏联红军老战士 B. 伊万诺夫与东北抗战"座谈会等学术交流活动,均产生了良好学术影响。

(许峰)

【教研室建设】 组织做好课程评估工作。根据学校整体工作安排,12月初学校决定开展普通本科重要通识教育必修课程评估工作,社科部思修课、纲要课、概论课按要求参加本学期课程评估(原理课下学期参加课程评估)。组织思想政治教育教研室、马克思主义中国化教研室、中国近现代史纲要教研室做好教学文件整理、撰写自评报告、收集整理教学建设亮点材料等各项工作,部门积极做好迎接督导专家听课与学生评课准备工作,组织做好迎接专家现场考察、参加答辩评审会等各项工作。此项工作目前处于推进阶段。

组织开展核心价值观进课堂优秀教学案例征集活动。根据学校关于培育和践行社会主义核心价值观的总体部署和要求,为深入研究社会主义核心价值观有效融入课堂的教育教学方式方法,交流、推广社会主义核心价值观进课堂的经验,以协作组为单位面向全校教师开展了社会主义核心价值观进课堂优秀教学案例征集活动,目前已收到优秀教学案例20余篇,社科部将适时进行展示交流宣传推广工作。

组织举办2014年度教学比赛活动。为进一步加强中青年师资队伍建设,切实提高中青年教师综合素质和教学水平,推动思政课、人文素质课教学改革和课堂教学创新,本学期举办了年度教学比比赛活动。经评比,刘国庆老师荣获比赛一等奖,林宏斌老师、李艳爽老师荣获比赛二等奖,秦锦文老师、任斌老师、李艳艳老师荣获比赛三等奖。活动的举办增进了教学交流,对于进一步做好教学专题深化、问题导入凝练工作,对于提高课堂讲授的规范化水平都具有良好推动作用。值得一提的是,今年中文教研室赵永忠老师获得了学校第三届(2013—2014学年)教学优秀奖文史组一等奖。赵老师在整个比赛环节表现突出,各个评比环节成绩都处在领先位置。

(王恩江)

【党建工作】 加强理论学习,提高党员和教师的思想政治素质。学习贯彻党的十八大、十八届三中全会、十八届四中全会精神,研究党的最新理论,掌握好中国特色社会主义理论体系的新内容。继续学习贯彻好学校第四次党代会精神,结合2014年的新要求,促进社科部的教学科研管理等各项工作。将理论学习与推进马克思主义学科建设和思想政治理论课、人文素质课建设结合起来,撰写出20多篇高质量的论文。

维护安全稳定,做好"平安校园"评估工作。根据"平安校园"建设指标要求,做好自查工作,对存在的问题进行了及时整改。加强马克思主义理论意识形态的指导性,提高党员和思想政治理论课教师的政治敏感性,教育引导学生正确认识社会问题。发挥人文社科部教师队伍的研究优势,加强"稳定、改革、发展"的政策研究和理论研究。

进一步加强教师的思想政治工作和师德师风建设,及时了解和解决教师的思想问题和实际困难,为教师队伍的思想建设打好基础。巩固扩大党的群众路线教育实践活动成果,加强学习和日常自查工作。把社科部党总支和各个党支部自身的建设工作常态化。探索开展多种形式的组织活动,注重提高党支部和党员开展活动的实效性。加强党风廉政建设,强化对党政领导班子和党员党纪党规的教育,加强领导干部责任意识,提高遵纪守法、勤政廉政的自觉性。

（仲计水）

四、校体委、体育教学部

【概况】 学校体育工作由校体育运动委员会(简称校体委)统一领导,校体育教学部具体实施。2014年,校体委主任由主管副校长乔东亮教授担任,秘书长由校体育部主任范清惠教授担任,委员由校、院主管领导和体育部、教务处、学生处、团委、工会、后勤、校门诊部负责人组成。体育教学部既是学校直属处级教学部门,又是校体委挂靠的办公室,在主管校长和体育运动委员会的领导下全面负责学校体育教学和日常工作。

2014年校体委、体育部坚持以"健康第一"理念为龙头,以提高体育教育教学质量为重点,贯彻实施体育教学优秀奖的评选工作,加强青年教师队伍建设。体育部继续扩大网络学堂建设力度,新增足球、网球、武术扇、瑜伽、排球、女篮、特殊体育课程等7门网络课程。继续推行体育课课内外一体化,将实验班的体育课进行课内外相结合。为提高中青年教师执教能力,体育部还举行"体育部教师教学优秀奖比赛""青年教师体、技能大比武"活动,为中青年教师提供了展示和学习的平台。

被评为北京市"贯彻学校体育工作条例先进校";获北京市教委颁发的2014年首都高校"阳光杯优胜奖",学校已连续四年获得此荣誉。

积极推进学生"健康幸福工程"工作,重点抓好学生体育社团工作,组织丰富多彩的体育比赛和活动。5月10日,以"学以致用 圆梦联大"为主题的校第十四届运动会在奥林匹克体育中心举行,共有6000余名运动员参加了田径、群体、团体操三个竞赛组别的30多个项目的角逐。下半年校本部九学院分别召开各学院新生运动会。校本部九学院还进行了足球射门、篮球三分球投篮、起立卧倒、前抛实心球、立定跳远五项擂台赛。大力普及和推广足球进校园活动,进行了全校五人制足球比赛,受到大学生们的普遍欢迎。传统赛事方面,开展了全校网球团体赛、秋季篮球联赛和纪念一二九冬季长跑以及啦啦操、街舞大赛。

广泛地开展阳光体育健身活动,组织参加北京高校及以上群体竞赛,2014年共参加35项北京高校比赛,取得了19金21银18铜的优异成绩。我校足球队、男女篮球队、男女排球队、藤球女队均取得了优异成绩。

高水平运动队在各级比赛中摘金夺银,健美操队获得在全国比赛中获得12金8银10铜的好成绩,有2人获得国家运动健将称号。校足球队在北京高校足球甲级联赛中战胜北京大学等强队获得第五名的成绩,并首度荣获了体育道德风尚奖。

（范清惠　杨洪志　朱超）

【教学工作】 加强体育课程体系建设:本年度共开设了篮球、足球、羽毛球、乒乓球、健美操、初级剑、武术扇、拓展、综合、排球、体育舞蹈(特教)、武术(特教)课程、轮滑13门课程,新开设了瑜伽、女子篮球、网球课程、艺术体操、摔跤、健身秧歌6门课程,共计19门课程,极大地满足了学生对体育课程多样化的需要,圆满完成了四个教学区、七个学院共计326个教学班的教学任务,无一起教学事故发生。

加强体育教师执教能力建设:本年度,根据各教学区的教学特点和需要,重点开展了足球、羽毛球、篮球等专项任课教师间的教法研讨;同时,为提高教师的执教能力,多次派多名教师参加了健美操、乒乓球等多项校外业务培训。根据体育中心健身房的特点,结合体育课堂教学手段多样化的要求,组织教师进行了健身器材的使用培训和动感单车的培训,有效地提高了教师体育课堂的教学手段,丰富了课堂内容。

本年度,为加强中青年教师执教能力建设,给中青年教师提供互相展示和学习的平台,举行了"体育部教师教学优秀奖比赛""青年教师体、技能大比武"。体育部张羽佳教师取得学校教学比赛的新进展,获得校中青年教师执教能力比赛一等奖的好成绩。

针对新上岗的青年教师,由体育班子成员和教研室主任组成的看课小组,对青年教师课堂教学进行看课,把教师课堂上出现的问题及意见以书面形式反馈给听课教师,帮助青年教师执教能力尽快地成长和提高。

修订和完善体育教学管理规章制度:组织体育部骨干教师对《北京联合大学体育教学管理规章制度》进行完善和修订,新增加了《体育课程教学管理办法》《体育课意外伤害事故应急预案及处理办法》《体育部教师外出学习培训(短期)暂行规定》《学校教学事故认定及处理办法》4个制度规定。对已有制度经过三次的反馈意见和修改,最终建立了新的体育教学管理规章制度并装订成册。

加强体育精品课程和网络学堂建设:本年度,体育部网络学堂建设领导小组继续扩大网络学堂建设的力度,新增加了足球、网球、武术扇、瑜伽、排球、女篮、特殊体育课程 7 门网络学堂。各项目都根据教师专项安排了网络学堂的项目建设负责人,成立各自的建设团队,按照统一的时间进度、阶段任务部署,进行专项网络学堂的建设。

积极开展校级实验班教学改革:本年度继续推行体育课课内外一体化,将实验班的体育课进行课内外相结合,将体育课成绩的 30% 的分数放到课外体育活动参与和竞赛中去,使实验班的学生积极参与到体育竞赛中去,以竞赛带动其参与体育锻炼,培养他们终身体育锻炼的习惯。6 月 5 日,举行 2014 年校级实验班定向团队赛,管理学院 2012 级管理金融班获得团体总分第一名,2012 级信息软件、2013 级信息软件分获第二名、第三名。12 月 9 日在体育中心三层羽毛球馆举行 2014 年校级实验班羽毛球追逐赛,2013 级旅游学院博雅班夺得冠军;2013 级管理学院金融管理班及

2013 级信息学院信息软件班分获亚军、季军。

（范清惠　王光军　祖琪）

【科研工作】 2014 年 12 月 13 日,由北京市教育委员会主办的首都高等学校第十七届体育科学学术论文报告会在中国科学院大学国际会议中心举行。学校共投稿 43 篇,其中 22 篇论文获奖,一等奖 1 篇、二等奖 6 篇、三等奖 15 篇,在首都高校中获奖论文总分排名第三,仅次于清华、北大,并获得"首都高等学校第十七届体育科学学术论文报告会最佳组织奖"。体育部教师在 2014 年度共发表学术论文 23 篇,其中 4 篇发表在核心期刊上;参编学术著作 2 部,参编校级教材 1 部。

（范清惠　王光军　吴纯）

【体质测试】 顺利完成 2014 年的体质测试任务,达到了预计的测试目标,测试率达到 95.8%,及格率达到了 93.05%。具体成绩如下。

北京联合大学 2014 年体质测试总成绩情况　单位:%

项目	不及格率	及格率	良好率	优秀率
百分比	7.1	65.9	25.3	1.7

注:数据统计时间 2015 年 1 月。

北京联合大学 2014 年体质测试各单项测试成绩情况　单位:%

项目	不及格率	及格率	良好率	优秀率
体重指数	10	37.7	20.7	31.7
肺活量	2.6	24.1	15.7	57.6
50 米跑	0.6	68.4	18.7	12.3
坐位体前屈	9.4	58.0	20.0	12.6
立定跳远	18.0	64.7	13.3	4.0
男生引体向上	80.2	16.2	2.4	1.2
女生仰卧起坐	3.5	76.9	14.8	4.8
耐力跑	36.5	55.4	6.6	1.5

注:数据统计时间 2015 年 1 月。

（范清惠　王光军　张宗程）

【高校群体竞赛工作】

北京联合大学 2014 年群体成绩一览表

序号	比赛名称	比赛时间	项目	成绩	获奖人	带队人
1	2014 年首都高校乒乓球锦标赛	5 月 10 日	女子团体	第四名	方烨烨、曹洪慧、许诺、庄梓艺、乔侨	文婧
			男子团体	第八名	陈航、周维斯、曾祥山、邬涛、翟一龙	
2	2014 年首都高校武术比赛	5 月 11 日	男子 24 式太极拳	第一名	曹玫	刘朝霞
			男子 32 式太极剑	第一名	杨睿	
			女子各式太极器械	第一名	田恁彤	
			女子初级棍术	第二名	付書	
			女子 24 式太极拳	第二名	张晨	
			男子 24 式太极拳	第二名	李咏潇	
			女子 32 式太极剑	第三名	张楠	

序号	比赛名称	比赛时间	项目	成绩	获奖人	带队人
2			女子各式太极器械	第三名	姜博文	刘朝霞
			女子传统一类拳术	第三名	张慧君	
			女子初级棍术	第四名	王添娇	
			女子传统单器械	第四名	张川	
			女子42式太极拳	第四名	张川	
			男子各式太极器械	第四名	刘岳	
			女子传统双器械	第五名	张川	
			女子32式太极剑	第五名	黄豆田	
			女子24式太极拳	第五名	田思彤	
			男子32式太极剑	第六名	刘岳	
			女子各式太极拳	第六名	张慧君	
			女子传统单器械	第六名	张慧君	
			女子形意拳	第六名	张晨	
			女子42式太极拳	第七名	李婧瑜	
3	高校第五十二届学生田径运动会	5月15日至18日	男子100米	第三名	赵巍然	陈维富
			男子1500米	第三名	胡矩旗	
			男子跳远	第八名	于海洋	
			男子10000米	第六名	肖沪龙	
			男子5000米	第三名	肖沪龙	
4	2014年首都高校跆拳道精英赛	5月25日	女子团体品势	第二名	汤雅君、倪楠、闫博	许文
			混双品势	第二名	刘飞、倪楠	
			男子个人品势	第三名	刘飞	
			女子个人品势	第七名	倪楠	
			女子竞技乙组67kg级	第一名	汤雅君	
			女子竞技乙组53kg级	第一名	闫博	
			女子竞技乙组53kg级	第三名	梁语恬	
			女子竞技乙组53kg级	第三名	肖怡	
			女子竞技乙组58kg级	第五名	钟倩岚	
			男子竞技乙组58kg级	第五名	刘飞	
			男子竞技乙组63kg级	第五名	倪凯松	
5	2014年首都高校佩剑团体赛	6月8日	男子团体	第三名	田野阔、余越、柳相宇、高智乾	佟长生
			女子团体	第二名	张琳、武林杰、张晓星、连润	
6	2014年首都高校学生定向越野锦标赛	6月8日	男子团队赛	第三名		佟长生
7	2014年首都大学生阳光体育体能挑战赛	5月31日	热力操	三等奖		张羽佳
			体质测试	三等奖		
8	阳光杯高校排球联赛	5月	男子	第八名		张岩
			女子	第八名		
9	2014年首都高校沙滩排球联赛	6月	女子	第二名		张岩
10	2014年首都高校第四届拓展运动会	10月25日	勇攀天梯	第八名	武靖、刘鹏程	王彬
11	2014年高校乒乓球比赛（单项）	11月22日	混双	第三名	方烨烨、张子超	文婧
			男双	第五名	邬涛、陈航	
			混双	第五名	邬涛、熊佑敏	
			女单	第五名	庄梓艺	

续表

序号	比赛名称	比赛时间	项目	成绩	获奖人	带队人
12	2014首都大学生念慈庵杯篮球赛	10月24日	男篮	第六名	男子篮球队	毛永强
13	第十七届CUBA中国大学生篮球联赛	10月11日	女篮	第五名	女子男篮队	陈晓莹
14	首都高校越野攀登赛	10月25日	越野	第八名	足球队	朱超
15	首都高校第五届轮滑比赛	10月19日	女子组1000米	第三名	孙静	张宗程
			女子组300米	第五名	孙静	
			女子500米	第七名	龚红宇	
			男子组1000米	第五名	袁赫	
16	2014年首都高校跆拳道锦标赛	11月29日	女子竞技乙组67kg级	第一名	汤雅君	许文
			男子竞技乙组—54kg级	第一名	张裕坤	
			女子竞技53kg	第二名	闫博	
			男子58kg级	第五名	刘成鹏	
			女子—46kg级	第五名	倪楠	
17	2014年首都高校排球联赛	11月29日	女排	第一名	女排	张岩
			男排	第三名	男排	
18	2014年首都高校第十五届传统养生体育比赛	11月29日	24式太极拳男子组	第一名	曹政	刘朝霞
			24式太极拳女子组	第一名	付蕾	
			太极功夫扇女子组	第一名	田思彤	
			32式太极剑女子组	第二名	张楠	
			24式太极拳男子组	第二名	李咏潇	
			8式太极拳集体组	第八名	张丹迪、刘椿伦、李奕琛、牟文杰、陈奎、陈楚涵	
19	2014年首都高校羽毛球赛	11月29号30号	女子双打	第五名	曹典典、石熙文	宁方毅
20	首都高校第七届学生藤球比赛	11月23日	女子组	第二名	藤球女队	佟长生
			男子组	第四名	藤球女队	
21	2014年首都高校第六届秋季学生运动会	10月18、19	100米	六	郭闫杰	陈维福、张剑、王庆宇
			110米栏	四	王旭飞	
			800米	五	胡矩旗	
			800米	八	王啸鹏	
			1500米	三	胡矩旗	
			3000米	三	蒋厂谊	
			5000米	二	肖沪龙	
			10000米	一	肖沪龙	
			4×400米接力	二	王啸鹏	
					王系明	
					胡矩旗	
					张强	
			三级跳远	二	于海洋	
			铅球	七	张汉	
			100米	六	张卉	
			200米	二	张卉	
			800米	七	杨雨浓	
			4×400米接力	六	陈柯榕	
					杨雨浓	
					曹典典	
					张卉	
			三级跳远	四	陈柯榕	
			跳高	二	刘一诺	

序号	比赛名称	比赛时间	项目	成绩	获奖人	带队人
22	2014年击剑团体赛	11月29日	男团	第三名		佟长生
			女团	第二名		
23	第十届首都高等院校跆拳道锦标赛	11月29日	女子竞技乙组67kg级	第一名	汤雅君	张美娟
			男子竞技乙组—54kg级	第一名	张裕坤	
			女子竞技53kg	第二名	闫博	
			男子58kg级	第五名	刘成鹏	
			女子—46kg	第五名	倪楠	
			女子团体总分	第八名		
24	首都高校第七届学生藤球比赛	12月6日	女子	第二名		通常生
			男子	第四名		
25	首都高校第十四届传统养生保健体育比赛	11月29日	24式太极拳	第一名	曹政	孔燕
			24式太极拳	第一名	付蕾	
			太极功夫扇	第一名	田思彤	
			24式太极拳	第二名	李咏潇	
			32式太极剑	第二名	张楠	
			8式太极拳	第八名	贺江燕等	
26	2014年首都高校排球联赛	10.16—11.29	女子	第一名	女排	张岩
			男子	第三名	男排	
27	第六届首都高校体育舞蹈比赛	12月7日	交谊舞吉特巴单项	第1名	罗煜祥、于九月	申秋燕
			交谊舞队列舞	第5名	罗煜祥、于九月、张昊之、李佳颖、李多、郑慧玲、双智超、徐秦梅、关茂昕、谷金、刘铎、李亚男、刘成鹏、井硕、罗鲲、许阳	
			交谊舞队列舞	第6名	双智超、于爽、李多、郑慧玲、康思维、林晓婷、刘路迎、齐琳、徐旭、张晓灵、李伟健、廉锐	
			交谊舞慢三单项	第5名	周羿旭、徐秦梅	
			男子六人组标准舞探戈单项	第5名	罗煜祥、张昊之、周羿旭、康思维、刘铎、刘路迎	
			A组交谊舞四项	第5名	罗煜祥、于九月	
			交谊舞吉特巴单项	第6名	刘宇航、徐秦梅	
			交谊舞伦巴单项	第7名	刘路迎、许阳	
			交谊舞吉特巴单项	第7名	双智超、于爽	
			C组交谊舞两项	第7名	康思维、林晓婷	
			B组交谊舞三项	第7名	周羿旭、徐秦梅	
			交谊舞平四单项	第8名	罗煜祥、于九月	
28	2014首都高校佩剑个人赛	12月21日	佩剑个人赛男子项目乙组	第三名	田野阔	通常生
			佩剑个人赛男子丙组	第二名	柳相宇	
			佩剑个人赛女子项目乙组	第二名	武林杰	
			佩剑个人赛女子丙组	第二名	张晓星	
				第三名	张琳	
				第七名	连润	
29	2014年高校五人制足球联赛	12月28日	男子	第四名	足球队	朱超

（范清惠　陈金堂　朱超）

【校园群体比赛】

北京联合大学2014年校内群体成绩一览表

序号	项目	组别	成绩							
			第一名	第二名	第三名	第四名	第五名	第六名	第七名	第八名
1	2014年联大乒乓球比赛	男子团体	生物化学工程学院	师范学院	信息学院	自动化学院	管理学院	机电学院	应用文理学院	特殊教育学院
		女子团体	生物化学工程学院	应用文理学院	自动化学院	特殊教育学院	管理学院	商务学院	信息学院	旅游学院
2	2014年联大羽毛球比赛	团体赛	应用文理学院	特殊教育学院	师范学院	商务学院	广告学院	应用科技学院	信息学院	生物化学工程学院
3	第十四届运动会	团体总分	管理学院	应用文理学院	师范学院	生物化学工程学院	商务学院	自动化学院	信息学院	特殊教育学院
		田径男子团体总分	管理学院	师范学院	生物化学工程学院	应用文理学院	自动化学院	商务学院	信息学院	特殊教育学院
		田径女子团体总分	师范学院	生物化学工程学院	应用文理学院	商务学院	应用文理学院	自动化学院	师范学院	信息学院
		群体团体总分	应用文理学院	商务学院	应用科技学院	自动化学院	特殊教育学院	生物化学工程学院	商务学院	信息学院
4	团体操大赛	团体	应用文理学院	管理学院	商务学院	管理学院	广告学院	师范学院	信息学院	广告学院
5	2014年"联大杯"足球赛	男子五人制	国际交流	信息学院	旅游学院	生物化学工程学院	广告学院	应用科技学院	师范学院	生物化学工程学院
6	2014年网球赛	团体赛	生物化学工程学院	信息学院	商务学院	应用科技学院	自动化学院	应用科技学院	商务学院	广告学院
7	2014年秋季篮球联赛	男子	信息学院	旅游学院	商务学院	应用科技学院	自动化学院	应用文理学院	—	—
		女子	管理学院	生物化学工程学院	商务学院	信息学院	—	—	机电学院	—
8	2014年"12.9"火炬接力赛	团体赛	管理学院	商务学院	生物化学工程学院	信息学院	机电学院	应用文理学院	旅游学院	广告学院

续表

序号	项目	组别	成绩							
			第一名	第二名	第三名	第四名	第五名	第六名	第七名	第八名
9	2014年9学院五项争霸赛	足球射门（男）	自动化学院 俞坤	特殊教育学院 韩北	应用科技学院 杨雷	应用科技学院 苏云龙	自动化学院 黄嘉平	应用科技学院 李笑言		
		足球射门（女）	机电学院 王超	自动化学院 苏静雯	自动化学院 张思琪	广告学院 徐缘	自动化学院 高辰	自动化学院 张睿		
		篮球投篮（男）	信息学院 陈主	机电学院 张琦	自动化学院 赵柯文	旅游学院 张强	自动化学院 徐宗应	应用科技学院 嫩鹏		
		篮球投篮（女）	机电学院 董思怡	自动化 刘雪樱	管理学院 奈雯	特殊教育学院 南芳	管理学院 黄可然	自动化 郝美楠		
		立定跳远（男）	机电学院 崔志龙	机电学院 董少军	自动化学院 李文博	管理学院 白丽文	旅游学院 刘宇航	管理学院 仲亚琪		
		立定跳远（女）	信息学院 刘祺	信息学院 洪华英	特教学院 胡佳彤	自动化学院 黄玺	信息学院 杨洁	机电学院 杨洋		
		前抛实心球（男）	机电学院 张延平	自动化学院 陈文涛	广告学院 戴旭哲	信息学院 史海森	自动化学院 李德彦	应用科技学院 赵硕		
		前抛实心球（女）	应用科技学院 张雨晴	自动化学院 朱时雨	广告学院 赵思源	应用科技学院 陈彪	信息学院 莫倩雯	自动化学院 张凤娇		
		起立卧倒（男）	应科	广告学院	信息学院	自动化学院	机电学院	广告学院		
		起立卧倒（女）	应科	自动化学院	机电学院	信息学院	特殊教育学院	管理学院		

（范清惠 陈金堂 朱超）

【运动训练与竞赛】

北京联合大学 2014 年高水平运动队成绩一览表

比赛	项目	名次	获奖人
2014 年首都高校第 35 届健美操艺术体锦标赛(5 月 25 日)	男子单人操	第一名	李旸
	有氧舞蹈	第二名	武靖、刘璐、刘娅、刘兆欣、王诗钰、王如意、马梦婷、李环宇
	有氧踏板	第二名	
	男子三人操	第三名	张强、张博文、李旸
	女子单人操	第三名	刘娟
	男子五人操	第三名	李旸、张士杭、张博文、李理、谢英浩
	混合五人操	第三名	张玉洁、刘潇、邢露宣、隽勇杰、刘继川
	男子单人操	第四名	张博文
	混合双人操	第四名	张强、刘娟
	男子五人操	第四名	孙通、张敬一、罗思雨、孙宏茂、孙小童
	男子三人操	第五名	张思宇、乔伟翰、李新浩
	女子单人操	第六名	张玉洁
2014 年第 10 届中国大学生健康活力大赛暨 2015 年世界大学生运动会选拔赛(11 月 26—30 日)	男子三人操	第一名	张士杭、张思宇、谢英浩
	混双	第一名	张强、刘鹏
	男子五人操	第一名	张士杭、李旸、张博文、李理、谢英浩
	有氧舞蹈	第一名	陈曦、李新浩、王诗钰、王如意、张诗函、华杰、常玉洁、柳杨
	有氧踏板	第一名	马梦婷、王诗钰、邢露宣、乔伟瀚、金卉、柳杨、王如意、张诗涵
	规定啦啦操	第一名	卞媛媛、王天琪、张玉洁、马梦婷、王诗钰、王如意、张诗函、刘兆欣、高艺璇、金卉、柳杨、刘娅、钟珊、陈雅天、曲畅、华杰
	自选啦啦操	第一名	刘兆欣、高艺璇、刘娅、钟珊、卞媛媛、王天琪、马梦婷、王诗钰、王如意、张诗函、柳杨、常玉洁
	A 组男单	第二名	李旸
	B 组男单	第三名	孙小童
	B 组混双	第三名	孙小童、张玉洁
	A 组女单	第四名	刘娟
	B 组男单	第四名	罗思雨
	B 组女单	第四名	钟敬轩
	B 组女单	第六名	常玉洁
	B 组三人操	第六名	刘继川、罗思雨、孙宏茂
全国健美操联赛(山东站)8 月 18—22 日	男子单人操	第一名	张博文
	五人操	第一名	李旸、张博文、孙通、谢英浩、张敬一
	男子单人操	第二名	李旸
	混合双人操	第二名	张强、刘鹏
	女子单人操	第二名	刘娟
	三人操	第二名	张士杭、张思宇、谢英浩
	三人操	第三名	张玉洁、刘潇、钟静轩
	五人操	第三名	吴昊恒、隽永杰、刑露宣、乔伟瀚、刘潇
	女子单人操	第五名	钟静轩
	混合双人操	第六名	孙小童、常玉洁
2014—2015 年全国啦啦操联赛暨中国啦啦操之星争霸赛(10 月 18—19 日)	花球自选动作	第二名	卞媛媛、王天琪、张玉洁、马梦婷、王诗钰、王如意、张诗函、刘兆欣、高艺璇、金卉、柳杨、刘娅、钟珊、陈雅天、曲畅、华杰
2014 年度首都高等院校大学生足球甲级联赛(10 月 26 日)	男足	第五名	高水平足球队
		精神文明奖	

续表

比赛	项目	名次	获奖人
2014年全国健美操冠军赛	健将组男单	第八名	张博文
	健将组男单	第七名	李旸
	健将组三人操	第四名	张士杭、张思宇、谢英浩
	健将组五人操	第三名	李旸、张士杭、张博文、李理、谢英浩
	精英组男单	第八名	张敬一
	精英组女单	第一名	刘娟
	精英组混双	第一名	刘娟、张强
	精英组五人操	第三名	隽永杰、刘潇、张敬一、乔伟瀚、吴昊恒
2014年高校五人制足球赛	甲组	第七名	高水平足球队
		精神文明奖	

（范清惠　陈金堂　朱超）

【党建工作】　2014年体育部直属党总支共有党员29人，有1人被确定为重点培养对象，党员数占体育部总人数的72.5％。

2014年体育部各项工作的开展充分发挥党员的模范示范作用，努力提高党员同志的业务素质和岗位技能。全面动员，积极投入十佳党支部的创建工作。党风廉政建设工作在校党委和纪检监察部门的指导下，紧扣学校党风廉政工作主线，结合体育教学部工作实际，坚持标本兼治、综合治理、惩防并举、注重预防的方针，落实中央"八项规定"和2014年党风廉政建设工作会议精神，在改进工作作风上下功夫，全面推进了党风廉政建设和反腐败各项工作。

在体育中心开展"党员服务月"活动，党员带头通过办体育节，办健身知识讲座，教授健身技能等活动，为全校师生健康幸福工程做贡献。2014年12月21日，体育部党支部以"强师德、树理想、讲奉献、现梦想"为主题召开了青年教师座谈会。作为最富有朝气、最富有梦想的群体，在我校实施"学术立校、人才强校、开放兴校"的发展战略；实现"高水平有特色首都人民满意的应用型大学"的发展目标下。抒写青春之歌，做进步的青年人。要求青年人要静下心来，努力追求进步，敢于有梦、勇于追梦、勤于圆梦，将"个人梦"融入"国家梦""民族梦"，为实现"联大梦"增添强大青春能量。

（范清惠　杨洪志　朱超）

【体育中心工作】　北京联合大学体育中心工作由学校统一领导，校体育教学部具体实施。

北京联合大学体育馆于2013年8月落成并使用，这是自1978年北京联合大学建校以来第一座综合性体育馆。体育馆总建筑面积15000平方米，主体建筑包括一个综合比赛馆、一个网球馆、三个训练馆、一个器械健身房、一个体质健康监测中心等十个功能馆房。其中综合比赛馆使用面积2102.2816平方米。比赛馆内总共可容纳观众2048人。其中固定座席900位，活动座席1148位，有主客队休息室、专业音响等配套设施。训练馆按照不同功能分为篮球训练馆、排球训练馆、羽毛球训练馆、乒乓球训练馆、体能训练馆、网球训练馆、武术搏击训练馆、体育舞蹈训练馆等，既能够满足我校专业体育教学、训练的要求，也为我校师生以及广大体育爱好者提供了体育健身场所。

校体育中心严格贯彻校体育教学部"健康第一"的理念，为学校体育教学、训练、群体工作、体育科研等提供了先进的场地保障。

1. 教学、训练、群体、学生体质测试工作

2014年1月1日至2014年12月31日，共有244个教学班；10个专项代表队，即篮球、足球、排球、羽毛球、乒乓球、高水平健美操队、健美操、足球队、田径、武术；学生体质测试8000余人。

为出色完成教育部和国家体育总局规定的高等教育的教学任务，全面提高学生健康水平，实现全民健身的目标提供了坚实的保障。

2. 群体工作

为教师篮球、乒乓球、舞蹈等体育协会以及离退休人员提供活动场地外，还承接了以下赛事。

北京联合大学体育中心2014年承接赛事一览表

序号	日期	活动名称
1	2014年1月	机关工会元旦趣味游艺活动
2	2014年3月21日	2014年北京联合大学教职工广场舞大赛
3	2014年5月10日	北京联合大学第十四届运动会
4	2014年10月26日	北京联合大学教职工足球赛
5	2014年11月1日	校机关组织"阳光小家，活力机关"趣味运动会

序号	日期	活动名称
6	2014 年 11 月 1 日	北京联合大学第二届教职工运动会
7	2014 年 11 月 16 日	北京联合大学五人制足球赛
8	2014 年 12 月 19 日	北京联合大学啦啦操大赛

为出色完成教育部和国家体育总局规定的高等教育的教学任务,全面提高学生和教职工健康水平,实现全民健身的目标提供了坚实的保障。

3. 承接大型活动

北京联合大学体育中心 2014 年承接大型活动一览表

序号	日期	活动名称
1	2014 年 1 月 10 日	北京联合大学艺术教育中心揭牌仪式暨 2014 年新年音乐会
2	2014 年 2 月 15—24 日	招生就业处 2014 年艺术类招生考试工作
3	2014 年 4 月	高等教育领域职务犯罪警示教育展
4	2014 年 4 月	体育部全体党员会
5	2014 年 5 月 16 日	高雅艺术进校园北京交响乐团走进北京联合大学
6	2014 年 5 月 23—24 日	学生业余党校第五期学生预备党员暨正式党员培训班
7	2014 年 5 月 30 日	体育部教师集体备课培训
8	2014 年 7 月 9 日上午	管理学院 2014 届毕业典礼暨学位授予仪式
9	2014 年 7 月 9 日下午	信息学院 2014 届毕业典礼暨学位授予仪式
10	2014 年 7 月 10 日	应用文理学院 2014 届毕业典礼暨学位授予仪式
11	2014 年 8 月 26 日	"赛佰特杯"第四届全国大学生物联网创新应用设计大赛决赛
12	2014 年 9 月 1 日	北京联合大学迎新工作
13	2014 年 9 月 5 日下午	北京联合大学"2014 级专升本新生开学典礼"
14	2014 年 9 月 26 日	校机关组织活动
15	2014 年 10 月 18 日	"数字动漫艺术与文化传播国际论坛"
16	2014 年 12 月 12 日	北京联合大学 2013—2014 学年学生表彰大会
17	2014 年 12 月 13 日	"2014 年全国高校移动互联网应用开发创新大赛总决赛"
18	2014 年 12 月 19 日	北京联合大学体育场馆管理专家座谈会
19	2014 年 12 月 22 日	2013 年财政投资专项绩效评价组来体育中心评审
20	2014 年 12 月 26 日	"联大华音"校园歌手大赛总决赛

通过承接大型活动,实现体育中心为社会服务的功能,达到资源合理利用的目的。

4. 领导视察

北京联合大学体育中心 2014 年接受领导视察情况

序号	日期	视察单位及领导
1	2014 年 5 月 16 日	北京市教委领导
2	2014 年 5 月 19 日	北京市政协主席吉林
3	2014 年 6 月 14 日	教育部长袁贵仁

通过领导的视察,为体育中心中心的发展指明了方向,为体育中心的工作提供了科学的意见和建议。

5. 对外交流

2014 年 8 月 26 日黄淮学院来访团参观联合大学体育中心。通过交流,为体育中心更好地发展提供经验借鉴。

6. 场馆制度建设

为使体育馆达到科学运行的目的,使体育场馆工作有科学的制度保证,体育馆工作人员调研国内部分重点高校体育馆,结合北京联合大学的实际编写并完善《北京联合大学体育馆管理制度汇编》,共 10 章,116 节,126 页。

7. 固定资产绩效评价

(1) 2014 年 12 月 22 日体育中心接受 2013 年财政投资专项绩效评价组评价。评价内容:2013 年设备购置合同 LD(2011)25 号、LD(2013)30 号、LD(2013)

29 号、LD(2013)26 号、LD(2013)35 号共计 5 份,产品数量共计 7327 个,合计价值 15007902 元。设备进场工作,评价结果为优秀。

(2) 2014 年 11 月 18 日,接受北京联合大学大型仪器设备使用及资源共享情况专项检查,并撰写检查报告,共计文字约 10 万字,图片约 100 幅,检查结果为优秀。

(范清惠 杨洪志 金晨)

五、公共外语教学部

【概况】 北京联合大学公共外语部(以下简称外语部)是学校直属教学部门,承担信息学院、管理学院、自动化学院、机电学院、广告学院和特殊教育学院等 6 个学院的大学英语教学工作。

外语部现有教职工 56 人,其中教师 52 人,拥有一支年富力强、积极向上的高素质师资队伍。职称结构:教授 4 人,副教授 12 人,讲师 35 人,助教 1 人;学位结构:博士 2 人,硕士 41 人,学士 9 人。

部门工作方针为凝练方向、汇集力量、搭建平台。贯彻"学术立校、教学科研并举、开放办学"的理念,充分调动外语部内外力量,全面落实各项工作。强化师资队伍建设,为教师创建提升学术能力的平台,为教师提供多种形式的进修机会。

(何芳)

【教学工作及教学改革】 落实学校教育教学工作会议精神,结合目前形势和要求,在"大学英语"课程设计中融入"自主学习、课下线上、协作"的理念,围绕"分级教学、分类拓展、协调发展、突出应用"这一中心,与"课下线上"充分结合起来,构成完整的学习过程。注重过程考核,具体体现为"3+X"(即: 3 次多校区统考+平时的考核)。在大学英语的学习中,通过混合学习的方式,在计算机辅助下,既发挥教师的主导作用,又充分发挥学生在学习过程中的主体作用,充分调动其主动性、积极性与创造性。

根据学生情况继续实施分级教学,2014 年仍把全校学生分为"一、二、三"级,各占学生总数约为 75%、20% 和 5%。依据学生的高考成绩和入学英语统测成绩,打破原有的行政班级。在全联大实施统一分级、统一组织教学和考核。

2014 年 6 月 26—27 日组织召开"北京联合大学大学英语教学工作会议",就分级教学方案、过程考核管理、课程录像和视频公选课建设、课程考试题库建设等进行研讨,为全面教学统筹进一步提供了思想和组织保障。

根据学校"名师进课堂"的统一部署,聘请首都师范大学邱耀德教授、北京语言文化大学张威博士、教授、北京外交学院武波教授、北京外国语大学张莲博士、教授分别到校为学生做专题讲座,拓展学生视野,

提升跨文化交流能力。除此之外,特聘请北京科技大学大外部主任张虹教授全程讲授 2014 级管理金融实验班的《大学英语》课程,并不定期与教师交流教学理念。

组织优秀教师团队,开设两门通识教育选修课校级精品视频公开课《中英文媒体报道解读》和《IT 服务外包英语》,在全校 32 门视频公开课的结项验收中取得较好成绩。除了开展精品视频公开课的建设工作,还录制了《大学英语》Ⅰ、Ⅱ级课程的共计 16 个单元。

贯彻落实市教委关于提升学生应用英语能力的要求,开展"大学英语应用能力口语测试研究"(TEP)项目工作,在 2014 年取得了实质性的进展。学校团队负责人被聘为北京高校大学英语发展研究中心副主任,相关项目获得学校教育教学成果奖一等奖。

(何芳)

【教研室建设】 根据大学一、二年级两个年级的英语教学,下设第一和第二两个教研室,分别设置教研室主任,负责 6 个学院的英语教学及考试工作的日常管理。

日常教学工作充分发挥教研室的作用,以教研室为单位组织落实各项工作内容。教研室主任负责安排整个教研室的教学任务,做教学计划,规范教学文件,组织监督实施教学,开展教学研讨,进行过程管理,组织期末考试监考、阅卷及登成绩等一系列工作。教研室以更换教材和引进新的自主学习系统为契机,组织实施集体备课、课件制作、课程录像以及题库建设等工作。

(何芳)

【科研及学科建设】 采取多项措施,充分调动教师进行科研工作的积极性,发挥团队的作用,强化教师们科研意识,努力提升科研水平。

积极组织教师申报各级各类课题,课题申报数是以前历年的数倍,国家级课题的申报实现了零的突破。申报工作取得了一定成绩,成功获批 1 项北京市教委人才强教青年拔尖人才计划项目和 7 项校级课题。并且,作为第一参与单位在北二外牵头指导下,成功获得市教委重点委托合作项目"三位一体"研究一项。

强化科研激励机制,制定对申报省部级及以上课题和发表高水平研究成果教师的经费支持方案,引导激励教师做科研工作,鼓励教师申报课题及发表高质量的学术成果,提高科研工作绩效水平。加强科研工作管理与考核,做好部门科研工作制度建设,制定一系列科研相关政策,包括明确教师各个级别的科研工作量要求及考核标准。加大科研支持力度,提供经费、信息、培训等全方位支持,及时传达学校各项科研工作及要求,构建良好的科研帮扶体系。

开展一系列科研学术活动,聘请业内知名专家为学校全体外语教师做科研学术讲座并点评指导课题申

报书,如北京科技大学外国语学院院长张敬源教授做"教育部及北京市教委科研项目设计与申报"的讲座,北京师范大学外文学院院长程晓堂教授做"全国及北京市教育科学研究规划课题设计与申报"的讲座。组织小型学术研讨,聘请北京外国语大学张莲教授、北京语言大学张威教授等专家为教师的课题申报书做评审指导。资助科研骨干外出参加科研学术培训进修。

(何芳)

【师资培养】 2014 年 6 月成立北京联合大学英语教师学术研修工作坊,为英语教师专业发展提供学术平台,开展一系列活动,包括聘请北京外国语大学吴立高教授、校教师发展中心周华丽研究员等做了内容丰富、主题多样的学术讲座。

资助外语部 4 位教师参加国外访学或国内访学进修,资助北京联合大学 20 余位英语教师参加北京外国语大学中国教育研究中心和外语教学与研究出版社合办的多个学术研修班,外派 30 余人次教师参加高师培中心的培训,拓展教师们的学术视野。

(何芳)

【党建工作】 深入贯彻落实党的群众路线,根据学校党委要求,分步骤分阶段学习文件,特别是党的十八届四中全会有关依法治国的重大决策,组织党员和教工认真学习《教育部关于建立健全高校师德建设长效机制的意见》和《高等学校教师职业道德规范》两个文件,加强教师职业理想和职业道德建设,增强教师教书育人的责任感和使命感,引导教师自觉践行社会主义核心价值体系,加强自身修养,弘扬高尚师德,自觉贯彻党的教育方针,学为人师、行为世范、默默耕耘、无私奉献,引导教师忠诚党的教育事业,呕心沥血、默默奉献,潜心治学、教书育人,敢于担当、锐意创新,为高等教育改革发展做贡献。日常工作执行部务会制度,重要事项广泛征求外语部教工的意见,领导们之间坚持开展批评和自我批评,虚心听取广大教师的意见和建议,做到件件有回音,号召党员干部带头奉献,带头遵纪守法,带头教书育人。班子成员对党风廉政建设都有清醒的认识,既分工合作,又紧密团结,能自觉带头严格遵守廉政准则的各项规定,坚决贯彻执行中央"八项规定"和市委十五条意见,始终以党员和干部的先进性要求自己,做到清正廉洁、率先垂范、办事透明、严于律己、宽于待人。不参加影响公务的请吃,不收受送礼,不用公款互相走访。自我约束,自觉接受监督,党员干部按规定参加支部组织生活会,勇于批评和自我批评,干净干事,谨慎交友,洁身自好。

(何芳)

学院

一、应用文理学院

【概况】 学院英文名称: College of Applied Arts and Science。
学院网址 http://www.cas.buu.edu.cn。
副校长兼院党委书记:张连城;院长:张宝秀。
2014 年,学院设有本科专业 11 个(当年招生专业):法学、汉语言文学、英语、新闻学(影视传播)、新闻学、历史学、人文地理与城乡规划、地理信息系统、食品科学与工程、食品质量与安全、档案学,覆盖了法学、文学、历史学、理学、工学、管理学 6 大学科门类;设有硕士学位授予学科点 6 个,其中 2 个一级学科硕士点:食品科学与工程、考古学,2 个二级学科硕士点:专门史、文化遗产区域保护规划,1 个专业硕士点:法律,1 个自主设置交叉硕士点:信息资源管理。
学院拥有北京市重点实验室 1 个:生物活性物质与功能食品实验室;北京市重点建设学科 3 个:经济法学、人文地理学、食品科学;校级重点学科 4 个:经济法学、专门史、人文地理学、食品科学;校级重点建设学科 2 个:档案学、新闻学;国家级实验教学示范中心 1 个:北京联合大学应用文科综合实验教学中心;国家级特色专业建设点 1 个:人文地理与城乡规划(原

资源环境与城乡规划管理);北京市级特色专业 2 个:人文地理与城乡规划、历史学;国家级、北京市级综合改革试点专业 1 个:历史学;校级综合改革试点专业 2 个:历史学、人文地理与城乡规划;校级骨干专业 3 个:生物技术、新闻学、档案学;校级骨干建设专业 1 个:法学。

截至 2014 年 12 月 31 日,学院有教职工 342 人,其中教师 182 人,教授 41 人,副教授 63 人,具有博士学位人员 89 人。学院占地面积 41317.36 平方米,校舍建筑总面积 54491 平方米。固定资产总值 2.03 亿元,其中教学科研仪器设备资产 1.22 亿元;图书馆藏书 53.2 万册。

2014 年,学院全日制在校生 2711 人。毕业生 810 人,其中本科生 611 人、高职升本科生 199 人;招生 763 人,其中本科生 598 人、高职升本科生 165 人。

(董媛 孙琳 于楠)

【机构设置】 学院设有食品科学系、城市科学系、历史文博系、法律系、新闻与传播系、档案系、基础教学部、应用文科综合实验教学中心、培训中心、图书馆 10 个教学教辅部门;在本校区设有北京三山五园研究院(文化传承协同创新中心)、文化遗产研究所、人居研究中

心、城市与区域发展研究中心、奥林匹克文化研究中心等11个校级研究机构,设有经济法研究院等9个院级研究机构;设有党政办公室、组织宣传部、教务处、科研处、学生处、人事处、财务办公室、行政管理处、保卫处9个党政机关部门及团委、工会2个群众团体。

（李志刚　李健）

【学科建设】 学院积极组织各学科进行学科规划和建设。大力加强经济法学、人文地理学和食品科学与工程三个市级重点建设学科和校级重点学科、校级重点建设学科的学术队伍建设和科研工作。组织各硕士点学科和重点建设学科申报2014年科研水平提升经费、学科建设经费,全年共上报学科建设经费12项、研究生人才培养质量提升项目1项、研究生创新项目35项。为做好教育部学科评估,学院成立了硕士学位授权点评估工作领导小组,并组织专家对食品科学与工程、考古学、专门史三个硕士点学科进行了校内预评估。

推动档案学学科申报"信息资源管理"交叉学科硕士点,并获得公示通过,将于2016年开始招生,基本实现了学院硕士学科全覆盖。配合学校筹备申报服务国家特殊需求的博士项目,完善学院2个一级学科申报服务国家特殊需求博士点和职业博士点前期准备工作。2014年学院各硕士点学科新增导师14名。

学院进一步做好研究生属地管理,加强食品科学与工程、考古学和专门史三个硕士学科点研究生教学、科研和党团管理工作。2014年有9名考古学研究生到法国进行学术实习交流,2名研究生获得国家奖学金,31名研究生获得校内奖学金,5名研究生获得2014届优秀研究生毕业生称号。26名应届毕业生顺利毕业并获得硕士学位,其中有4名同学考取博士研究生,占全校考取博士人数的100%,取得了历史性的突破。

同时学院继续与新疆大学、首都师范大学等高校合作培养博士研究生、硕士研究生,共联合指导博士研究生2名、硕士研究生28名。

配合学校开展招生宣传工作,组织各学科到京内外高校进行2015年研究生招生宣讲,与部分京外高校洽谈合作,建立优质研究生报考生源地,推出优惠奖励政策——学知奖学金吸引学生报考。经过努力,有141名学生报考学院有关专业硕士研究生,报考人数增长了70%,创历史最高。

（赵卓　黄培）

【教学工作】 2014年1月3日,学院召开了"使命品质改革"内涵建设暨教学改革研讨会,全面阐释了"尊崇学术、关怀人文、培育英才"的学院使命,深化人才培养模式改革。

学院出台《文科类专业实施"文理兼修、大类培养"人才培养模式的意见》及《学生专业分流的管理办法》,成立人文社会科学学部,法学、汉语言文学、新闻学(含影视传播方向)、历史学、文物与博物馆学、档案学6个专业开始试点实施大类培养,完成2014级大类培养专业培养方案修订工作,印制《2014级"文理兼修、大类培养"材料汇编》,开出第一批通识教育选修课程7门、新生研讨课32门,大类培养各项工作有序推进。按照学校部署,开展2015版培养方案的制(修)订工作。

2014年学院本科教学工程建设取得多项校级及以上项目。在课程建设方面,黄宗英主讲的《英美诗歌名篇选读》入选国家级精品视频公开课;在教材建设方面,黄宗英主编的《圣经文学导读》教材被评为国家级"十二五"规划教材,张景秋主编的《城乡规划原理与实践》、吴晓红主编的《档案工作综合实践教程》2部教材入选校级"十二五"普通本科"产学合作"特色规划教材,另有10部实践教学讲义入选校级"十二五"规划讲义;在校外人才培养基地建设方面,食品科学系的"北京荷美尔食品有限公司实习基地"获批为校级校外人才培养基地。

积极推进专业综合改革,以国家级、校级专业综合改革试点专业为引领,带动和促进各专业进行综合改革,突出专业特色,提升评估水平。在武书连2014中国大学学科及专业等排行中学院历史学名列第26名(共214所高校);在2013—2014年校内专业评估排名中,人文地理与城乡规划、历史学、新闻学分别排在全校第一、四、五名。

2014年学院继续开展以"提高教师执教能力,提升教育教学质量"为主题的"教育教学质量双月"活动。以合格课程建设为抓手,包括对网络学堂建设、微课制作分别进行专题培训等,组织系列教学活动,在学校第三届中青年教师执教能力比赛中获得1个二等奖,在学校第三届教学优秀奖评选中有4位教师获得二等奖;1人在北京市普通高等学校军事理论教学竞赛中获得了三等奖。

2014年,学院组织学生参加多项校级以上学科竞赛活动:在北京市级大学生人文知识竞赛中,北京联合大学代表队获得市级二等奖、三等奖各1项,并实现首次闯入市级决赛阶段比赛;在北京市大学生英语演讲比赛中,1人代表北京联合大学获得二等奖;在校第四届数学建模竞赛中,有1个队获得一等奖、1个队获得二等奖、5个队获得三等奖;在校第六届数学竞赛中,有2人获得一等奖、4人获得二等奖、6人获得三等奖;在校第七届物理竞赛中,有3人获得一等奖、5人获得二等奖、3人获得三等奖;在校第三届程序设计竞赛中,有2个队获得一等奖、3个队获得二等奖、10个队获得三等奖;在校第一届非物质文化遗产知识竞赛中,有2人获得一等奖、5人获得二等奖、10人获得三等奖;在校第三届红黄蓝杯影像大赛中,有 4 人获得一等奖,4 人获得二等奖,8 人获得三等奖;学院有 10 个项目获得学校第五届高等职业教育学生实践能力提升训练计划校级资助。6 月,学院击剑队赴北京市王海滨击剑俱乐部,参战北京市大学生佩剑团体赛,男队获得季军,女队获得亚军。

积极开展招生宣传工作,宣传力度和覆盖范围进一步加大,2014 年学院本科预招生计划 625(京内 407 人,京外 218 人)人,实际录取 630 人,报到 598 人,计划完成率 100.8%,报到率 94.92%;高职升本科录取 169 人,报到 165 人,报到率 97.63%。

(王彤 刘守合)

【科研工作】 学院重视科研工作,做好各级各类尤其是省部级以上纵向项目的培养、申报、评审、中期检查和结题工作。全年重点组织申报评审纵向项目 12 个类别,国家社科项目获批 4 项;国家自然科学基金项目获批 3 项,学院国家自然科学基金项目申报审查一次性通过率 100%。副校长兼院党委书记张连城教授牵头与牡丹集团合作成功申报国家科技支撑计划项目"麦积山石窟文化遗产数字化展示技术研发与国际文化交流应用示范",实现了国家级重点项目的突破。获准教育部人文社会科学研究一般项目 2 项;获准北京市自然科学基金项目 3 项(2013 年度立项的 2 项是在 2014 年 1 月下达到学院);获准北京市社科规划办项目 2 项;获准北京市教委项目 5 项。另外获批 2014 学校新起点项目 5 项,科研经费和社会服务收入达到了 1373.09 万元(其中,横向科研项目收入 401.14 万元,纵向科研项目收入 314.95 万元,人才强教计划项目收入 327 万元,食品检测社会服务收入 270 万元,与三山五园研究院合作承担横向项目经费 60 万元),超额完成 2014 年科研收入 1200 万元的任务指标。

继续推动高级别论文发表和高水平系列学术著作出版。2014 年录入学校科研系统论文 280 篇;其中以第一作者身份(通讯作者)发表的 A 类论文(SCI 期刊收录论文)12 篇,核心期刊论文 104 篇;学术著作 12 部;软件登记 2 项。学院于 12 月召开了教学科研工作会,发布了《北京联合大学应用文理学院横向科研项目奖励办法(征求意见稿)》,研究讨论了《北京联合大学应用文理学院科技成果转化和高新技术产业化的规定(征求意见稿)》等相关文件。根据近四年到账经费、项目级别及系部人员参与率,评出先进集体一等奖 2 个、二等奖 2 个;根据近四年横向课题到账经费、高级别青年项目成功申报及高级别科研成果,评出科研先进个人 27 人,并对获奖的先进集体和个人进行表彰和奖励。

中关村创新平台于 8 月 19 日下午召开中关村科学城第五批建设项目授牌座谈会。中关村科学城工作组副组长、中关村管委会副主任宣鸿出席会议,听取各项目建设情况汇报并与各建设单位代表交流座谈,同时代表北京市人民政府为第五批建设单位授牌。副校长兼院党委书记张连城代表学校参加会议并接受牌匾。

(赵卓 张清泉)

【实验室建设】 2014 年学院依托国家级应用文科综合实验教学中心,积极开展虚拟仿真实验教学中心建设,开发系列虚拟仿真实验项目,最终北京联合大学文化遗产传承虚拟仿真实验教学中心获批教育部国家级虚拟仿真实验教学中心(教高厅函〔2015〕3 号)。虚拟仿真实验教学中心以"学科交叉、技术支撑、虚实结合、综合应用"为建设理念,搭建了文物综合保护与展示、国家级"非遗"技艺传承、文化遗产场景再现与应用、文化遗产旅游产业创新应用等 4 个虚拟仿真实验教学平台和 1 个文化遗产传承应用成果数字化展示与体验中心,每个平台均开发了多个虚拟仿真实验项目,实现了历史学、文物与博物馆学、档案学、旅游管理、会展经济与管理、人文地理与城乡规划、地理信息科学、英语等 8 个本科专业实验操作,以及濒危断绝的非遗传承人技术的训练,初步形成了集文化遗产保护、传承与应用一体化的全过程、多领域综合实验教学平台和"二层次、三环节、四模块"的虚拟仿真实验教学体系。

学院依托应用文科综合实验教学中心(以下简称"文科中心")第二轮开设《人文北京建设综合实践课程》,以"三山五园"文化遗产保护与利用为内容,开展了 20 项跨专业综合实践教学项目。文科中心 2014 年首次开展专业社团进实验室活动,目前有京韵文化社、文化遗产保护协会、文理映画摄影社、法治远航社、方言社 5 个专业社团进实验室项目得到文科中心立项资助。

11 月,学院保健食品功能检测中心顺利通过国家食品药品监督管理总局保健食品注册检验机构遴选。

(朱科蓉 刘守和)

【人才队伍】 截至 2014 年底,学院有教职工 342 人,其中专职教师 182 人。教师中教授 41 人,副教授 63 人,博士学位 89 人;高级职称人员占教师队伍比例从 55.11% 提高到 57.14%,具有博士学位人员占教师队伍比例从 40.78% 提高到 47.16%。

积极开展人才招聘与引进,新进教师 6 人,其中 1 人为研究馆员,4 人有海外研学背景。校内调入教师 2 名,校内调动教师 1 名,1 人办理了借调外交部出国工作;3 人解除合同调离;10 人退休。在专业技术职务晋升方面,3 人晋升正高级专业技术职务,7 人晋升副高级专业技术职务,其中 1 人为高级工程师。1 人晋升为技师,3 人晋升为高级工。在人才培养方面,2 名教师获批高校教师培训中心高级国外访问学者项目,另有 4 名教师获批了学校国外访问学者项目,2 人获高校教师发展基地研修项目。7 人获得了教师资格证。市教委的教师发展计划及创新团队建设项目经过上一年度的遴选,新增考古学创新团队 1 个,新增长城学者 2 名,新增 4 人作为青年拔尖人才,连同 2013 年获批的人才项目共计 15 项,年度资助达 282 万元。人才强校计划新增新闻学教学团队 1 个,教学骨干、管理骨干各 1 人。

（李志刚　李健）

【学生工作】 2014 年,学院以践行社会主义核心价值体系和北京精神为主线,以思想政治教育和学风教育为两翼,努力提升学生综合素养,增进学生学习动力,丰富学生文化生活,全面落实"以生为本"的教育理念。

为进一步提升学生综合素养,构建具有学院特色的育人体系,配合"文理兼修、大类培养"本科教学改革,出台《关于成立学知书院的意见》,于 12 月举行学知书院成立揭牌仪式,聘请北京大学著名历史学家严文明先生为首任院长,聘请 12 位专家学者为书院导师。学知书院依托学生生活区,进行学风教育、文化熏陶与行为引导,建立打破专业、年级及班级界限的育人平台,与教学课堂相呼应,构成全方位、全天候、全覆盖的育人体系,逐步形成"学兼文理、知术并圆、厚德笃行"的学知书院文化。依托学知书院,强化校院文化育人功能,通过传统佳节开展爱国主义、传统文化、礼仪道德等教育,引导学生在活动中践行社会主义核心价值观,全年开展 22 场"学知讲堂"(原文理讲堂)活动,近 2000 名学生参与;有各级各类学生社团 47 个,开展丰富多彩的文化活动,箜篌乐团今年春节再次登上国家大剧院的舞台,并参加了湖北卫视《我爱我的祖国》节目录制;学院注重心理健康教育,在北京市"525"心理健康节中,"把关爱送给室友行动"获北京市二等奖,《打车的你》获微电影征集活动三等奖。

在 2014 年北京高校红色"1+1"示范活动中,1 个学生党支部获三等奖,2 个学生党支部获优秀奖;1 个学生党支部获评校级"十佳党支部",1 人获评校级"十佳党员";院学生处获 2013—2014 年度北京高校德育先进集体称号,1 名学生工作者获北京市高校德育先进个人称号。

积极探索志愿服务工作的长效机制,全年共有 800 人次参与志愿服务,累计受众人数 2 万人左右。在 2014 年学校共青团"达标创优"竞赛活动中,院团委被评为"北京联合大学五四红旗团委",1 个支部获"北京市五四红旗团支部",2 个团支部被评为"校级十佳团支部",2 名学生获得"校级十佳团干部"的称号,1 名学生获得"校级十佳团员"的称号。

大力加强学风建设,积极推进 2013、2014 级学生开展早自习。2013—2014 学年 6 人获国家奖学金,77

人获国家励志奖学金;8 个班级获评先进班集体,97 人获评三好学生,57 人获评优秀学生干部,608 人获得优秀学生奖学金,76 人获得单科优秀奖,5 人获得学习进步奖,6 人获得金隅集团奖助学金,1 名同学获得凌盛奖学金;8 个班级获评校级"优良学风班",86 人获评校级"学风建设先进个人"。

2014 届毕业生共 833 人,截至 2014 年 10 月底,总就业率为 99.28%,总签约率为 92.32%。其中:本科毕业生就业率为 99.26%,签约率为 93.56%;研究生 26 人,就业率为 100%,签约率为 53.85%。国内升学 30 人,占毕业生的比例为 3.6%;出国留学 31 人,占毕业生比例为 3.72%。学院获校级就业工作先进单位称号,历史文博系获校级优秀集体称号,4 人获评校级就业工作先进个人。

（章延文　刘航）

【党群工作】 截至 2014 年底,学院党员共有 726 名,其中教工党员 216 名,离退休党员 166 名,学生党员 344 名(其中研究生 33 名);学院下设党总支 9 个,直属党支部 1 个,基层党支部 50 个,其中教工党支部 22 个,本科生党支部 23 个,研究生党支部 2 个,离退休党支部 4 个。

2014 年 1 月 18 日成功召开中国共产党北京联合大学应用文理学院第二次代表大会,审议并通过了《解放思想锐意改革内涵发展协同创新为建设高水平有特色的应用性学科型学院而努力奋斗》的工作报告,选举产生了中共北京联合大学应用文理学院第二届委员会。

继续巩固党的群众路线教育实践活动取得成果,扎实完成各项整改任务。学院领导班子整改方案提出的 38 项整改任务,截止 2014 年底,有 37 项任务全部完成,有 1 项任务基本完成。圆满完成学校迎接党建先进校检查专家进院考察工作。组织召开学院领导班子民主生活会及处级干部组织生活会,开展领导干部对照检查工作,制定出班子整改方案,积极推进落实。

推进基层党组织建设创新。党政工会支部获学校 2013—2014 年度"十佳党支部"第三批校十佳党支部;数理计算机党支部、历史文博系教工党支部、城乡规划第一党支部这三个支部获评为 2013—2014 年度院"先进党支部"。历史文博系教工党支部获评为 2014—2015 年度校"十佳党支部"创建支部;人文社科党支部、历史文博系研究生党支部、档案系本科第一党支部、行政管理党支部和离退休第二党支部 5 个支部为学院 2014—2015 先进党支部创建支部。积极开展"在职党员服务社区工作",220 名党员到花园路街道迎春园社区报到。

做好党员发展教育管理工作,规范管理。截止 12 月 15 日,发展学生党员 117 名,转正 213 人。大力开展"共产党员献爱心"工作,有 551 人次捐款 43985.2 元,其中向学校教职工爱心互助基金会捐款 28973.2 元,向北京市捐款 15012 元。

2015 年 1 月召开了第四届教职工代表大会暨第四届工会会员代表大会,完成了换届选举,大会新选出"双代会"代表 115 名,教代会执委会委员 9 名,工会委员会委员 9 名。积极推进健康幸福工程,新建成 240 平方米"教工之家",年底学院教职工之家顺利通过验收,被评为北京联合大学先进教职工之家。

(张咏铃　侯长存)

【宣传工作】 深入学习贯彻党的十八届三中全会、十八届四中全会和习近平总书记系列讲话精神,加强思想引领,下发《关于深入学习贯彻习近平总书记系列讲话精神的通知》,以总支、支部为单位认真组织学习习近平总书记在党的群众路线教育实践活动总结大会上的重要讲话精神、习近平视察北京时的讲话精神、习近平"五四"讲话精神、教师节讲话精神等,召开"努力成为涵养社会主义核心价值观的好教师"全院教职工大会等,组织全体中层干部参加学校系列党委理论中心组扩大学习、学院领导干部务虚会等,不断提高党员干部及全体教职工的思想水平。

大力弘扬社会主义核心价值观,组织第三届"我与联大共奋进"专场报告会,韩建业、张景秋、王平、黄宗英、谢永宪、朱科蓉等组建院宣讲团,宣讲他们在立德树人、追求梦想、实现价值中的先进事迹。学院获评校最佳组织奖,韩建业、朱科蓉获评校级优秀宣讲员。《信息化＋个性化　释放教职工理论学习生命力》获批校第二届教职工理论学习特色培育项目。历史文博系黄可佳《北京公众对地下文物认知程度和保护意识的调研》获得 2014 北京高校青年教师社会调研优秀项目一等奖,法律系李菊丹《北京市科技企业知识产权保护与应用情况调研》、档案系王巧玲《北京市国家综合档案馆公众形象调研》获北京高校青年教师社会调研优秀项目二等奖。

积极营造召开学院第二次党代会的良好氛围,制作《2008—2013 年北京联合大学应用文理学院党的建设和事业发展巡礼》专题橱窗;积极为群众路线教育实践活动营造氛围,制作《真学真用有实招　立行立改见实效——党的教育实践活动回顾展》,展示学院群众路线教育实践活动及成果。围绕党建先进校入校检查、校第十届运动会、迎接 2014 级新生、平安校园建设检查、保健食品功能检测中心国家级遴选、校先进教工小家检查验收、研究生招生宣传等内容,制作主题橱窗,营造浓厚氛围。

《考古求是　传道解惑——记教育部新世纪优秀人才、北京联合大学考古学科带头人韩建业》为题作为封面人物在《教育》旬刊 2014 年第 3 期发表。围绕中

国第二届非物质文化遗产知识竞赛活动、大学生非物质文化遗产进社区活动、宪法日宪法诵读、大学生箜篌乐团、学生志愿服务等活动,光明日报、人民网、千龙网、北京晨报、中国档案报、网易等媒体进行了报道,扩大学院影响。积极组织参加"唱响联大"校园原创歌曲大赛。推送的作品中荣获歌曲二等奖 1 首,歌曲优秀奖 1 首,歌词三等奖 2 篇,歌词优秀奖 19 篇,学院荣获活动优秀组织奖。成功协助校党委宣传部在学院小剧场成功举办"唱联大颂歌 做联大好人"唱响联大校园原创歌曲演唱会。2013 年,获得校外宣先进集体称号。

在学校 2014 年廉洁文化创建活动中,院党委荣获2014 年廉洁文化创建活动优秀组织奖,教职工作品获得北京联合大学"北京廉政故事"和"廉政微短剧"一等奖和二等奖。

(程惠丽)

【对外交流】 积极开展对外交流与合作,拓宽师生国际化视野。全年共派出教师、专家出国(境)外访学、参加国际会议等 34 人次;接待匈牙利埃斯特哈奇卡洛里大学、牛津大学、美国圣托马斯大学专家学者代表来访共 51 人次。学生出国(境)长短期交流 121 人次。积极开展引智工作,有 14 名长短期外国专家来院讲学。42 名学生获得北京市高等学校公派境外学习奖学金,1 名学生获得校公派境外学习奖学金。

2014 年学院共有来自韩国、印尼、越南、土耳其、土库曼斯坦等国家的 73 名语言生、本科生。10 名本科留学生获得毕业证书和学士学位证书,其中 2 名继续在学校攻读硕士研究生。21 名留学生获得北京市政府奖学金。

新招收 2 名港澳台侨学生,3 名港澳台侨学生顺利毕业,4 名港澳台侨学生获得北京市教委奖学金。

(李岩　程海荣)

【管理服务】 严格执行学校一级预算管理,做好年度预决算、财政专项绩效考评、公费医疗等审计工作,加强固定资产管理,进一步规范各项经费的使用,推进学院内部控制建设,于 8 月 25 日举办财经与审计业务培训会。

校园环境不断完善。第二教学楼如期交工,7 月份启动留研楼建设项目,暑期完成了教学楼、办公楼、图书馆楼、报告厅等暖气管改造工程;完成了实验楼地下书库改造、文理小剧场、学生自主活动中心、学生餐厅扩建等工程建设。学院工会、团委搬迁至新建餐厅楼 3 层、4 层办公。学院家属楼小区列入 2014 年度北京市老旧小区综合整治改造工程项目,7 月 26 日改造工程正式启动。

12 月,新建成的 240 平方米新的"职工之家"投入使用,配置康复按摩椅、围棋桌、沙发、书法桌案、茶桌

等设备,为丰富教职工文化活动创造良好氛围,通过"职工之家"验收检查。

加强交通管理于教育,学院获评 2013 年度海淀区交通安全先进单位;1 人获海淀区优秀交通安全管理干部,6 人获海淀区高校系统交通安全工作先进个人,2 人获海淀区高校系统优秀驾驶员。

12 月 24 日,2014 年度 BALIS 原文传递年终总结大会在中国人民大学国学馆报告厅组织召开,院图书馆荣获 2014 年度"BALIS 原文传递服务最佳组织奖",1 人获"BALIS 原文传递服务先进个人奖"。

积极开展教育基金捐赠活动,6 月 27 日黄仕琦先生捐赠仪式暨师生座谈会在学院举行,无偿捐赠给北京联合大学校教育基金会到账经费 25 万元及近千余册个人藏书。

（鲍晖　王存浩　侯长存　果小峰　聂延平）

【社会影响】　1 月 10 日,2013 年北京高校党校协作组年会召开,扈春香副教授主讲的《学习新党章做时代先锋》获评第三届北京高校入党积极分子"精品一课"。

1 月 17 日,中关村管委会刘航委员、中关村管委会创新处郅斌伟副处长、中关村知识产权促进局副局长石英、中关村管委会创新处干部孙婷婷一行四人来学院看望刘隆亨教授,并就刘隆亨教授发表的《实施我国知识产权战略的新发展——中关村科技园区知识产权发展归属和保护的建议》举行座谈。

4 月 22 日第三届"发现中国李济考古学奖学金"评选结果揭晓,专门史硕士研究生褚旭以《镇江营遗址西周陶鬲制作工艺及相关问题研究》一文荣获学术组奖学金。

由中国文化传媒集团《文化月刊》杂志社与北京联合大学共同主办的中国第二届非物质文化遗产知识竞赛颁奖仪式于 2014 年 6 月 8 日在学校隆重举行。此次大赛历时 7 个月,共收到参赛答卷 1 万余份,最终有80 人获优秀奖、50 人获三等奖、20 人获二等奖、一等奖则由中国艺术研究院研究生刘美、北京市朝阳区东坝乡七棵树计生宣传员齐金娥、北京联合大学于海霞和贵州省黔南布依族苗族自治州张池 4 人获得。

11 月 16 日,首都青年普法志愿者基层公益行启动仪式在学院报告厅隆重举行。中共北京市委政法委副书记贾沫微、北京市法学会党组书记苗林、市司法局副局长吴宝庆、市社工委委员陈建领、中国法学会会员部副主任肖海斌、北京联合大学应用文理学院院长张宝秀教授等领导出席启动仪式。来自中国人民大学、中国政法大学、首都经贸大学、北京第二外国语学院、中国劳动关系学院、北京政法职业学院及北京联合大学应用文理学院法律系共 300 余名普法志愿者参加了启动仪式。

12 月 3 日,法律系主任王平教授、法学学科带头

人杨积堂教授带领法律系学生到高等教育出版社学术报告厅诵读宪法。活动由教育部全国教师网络培训中心录制视频,于 12 月 4 日通过网络首发,成为全国第一个诵读宪法的视频资料。

（孙琳）

二、师范学院

【概况】

学院英文名称：Teachers' College。

学院网址 http://tc.buu.edu.cn。

党委书记：陈志刚;院长：顾志良。

师范学院占地面积 12985.3 平方米,建筑面积42231.62 平方米。学院坚持从社会需求出发开展专业建设,注重提高教育质量。形成了以师范教育为主、艺术教育和工程教育相结合的办学特色。办学层次以本科教育为主,现设有应用心理学、汉语言文学、英语、艺术设计、音乐学、计算机科学与技术、电子信息工程、数字媒体技术等本科专业。建有校级重点学科 3 个、特色专业 2 个;实验教学示范中心 1 个。现有教职工274 人,其中专任教师 171 人,教授、副教授 88 人,并聘请了一批国内外学者、专家为学院名誉教授或兼职教授。学院现有全日制在校生 2563 人,其中本科生2176 人、专升本学生 282 人、高职生 105 人。学院的成人学历教育设有视觉传达设计(高起本)、环境艺术设计(专升本)、学前教育(专升本)、音乐学(专升本)、幼儿艺术教育(专科)五个专业,夜大在校学生 180 人,其中本科学生 132 人、专科学生 48 人。

学院坚持"学以致用"的校训,创新人才培养模式,注重学生实践与创新能力培养。学院拥有体系完善、技术先进的实践教学基地,其中教师教育实践中心、创意媒体实践中心、艺术设计实验教学中心已经形成特色;应用心理学、信息控制技术(含机器人)、数字媒体技术、音乐、舞蹈、微格以及虚拟情景教学等专业实践教学条件完备;学院与相关行业、产业园区以及中小学建立多所"校外人才培养基地",承担北京市高校社会力量参与小学体育、美育特色建设项目,为学生更好地融入社会实践搭建了平台;图书馆设备先进、资料完备、实行开放式管理,各类教室均配备了多媒体教学设备,为学生开展自主学习提供了良好的学习环境。

（操静涛）

【机构设置】　学院的党政机构设置有：党政办公室、组织宣传部、人事处、教务处、学生处、科研处、财务办公室、行政管理处、保卫处。

教学机构设置有：语言文化系、电气信息系、艺术教育系、艺术设计系、心理学系、基础教学部、培训中心。

党群团体设置有：工会和团委。

科研机构设置有：北京联合大学职业技术教育教

师教育研究所、北京联合大学艺术设计研究所、学院职业技术教育研究所、北京手工艺研究所、英美文化研究所、北京文学与文化研究所。

非属教学单位设有：图书馆。

（操静涛）

【学科建设】 学院坚持以学科建设为龙头，以教育学学科建设为核心，带动和促进学院各系部学科建设方向的调整和发展。结合校、院学科、专业建设调整的趋势，根据教育学学科建设的需要，在学院暑期干部会上研讨了教育学学科建设规划，随后下发了《北京联合大学师范学院教育学学科建设与发展提升计划（2014—2017年）》，这对于指导学院新一轮的学科建设、促进学科专业的发展具有极其重要的作用。同时，学院组织各系围绕教育硕士点建设积极开展学科教学等相关学科建设研讨工作。积极为近几年内将新增教育硕士的学科教学专业而奠定学科建设基础。

积极开展硕士点建设工作：以硕士点建设引领学院发展。硕士点建设是关系到学院学科专业布局调整和办学上层次上水平的关键工作，对学院办学定位和发展方向具有重要意义。专业学位——教育硕士申报工作进展顺利，获得国务院学位委员会正式授权，并于2015年开始招生。在教育硕士申报工作组领导下，教育硕士申报工作取得了重要突破，完成了2014年1月中旬北京市学位办所组织的答辩评审工作，并顺利通过了北京市学位办评审和国务院学位委员会的审核，于7月正式获批教育硕士授权点。重视硕士点建设，开展了系列建设工作。积极开展了教育专业硕士学位授权点（小学教育、心理健康教育）和自主设置二级学科—教育智能化技术硕士点的建设工作，各项工作有条不紊进行。具体工作包括开展了招生系列工作；成立学院招生工作小组，推动各系部领导关心硕士点招生工作；制订鼓励在校生报考学院硕士点的措施，为学生生涯发展注入新的力量，提供便利条件；精心制作招生简章，深入校内外、京内外加强招生宣传；组织召开了7次招生例会，研究、讨论、解决招生的相关生源、学生督促工作、宣传和奖励等系列工作。经过学院领导、招生工作小组、全院共同努力，学院招生工作成效显著，报名人数和确认人数都居学校各培养单位之首，分别达到了173人和137人；积极组织了修订硕士专业人才培养方案工作。组织教育硕士专业人才培养方案修订和整合工作，聘请三位校外专家予以审核，并将修订完善的方案上报学校；开展了遴选硕士导师工作。根据学校安排，组织教育硕士和教育智能化技术专业的导师遴选工作，上报了小学教育4位导师、心理健康教育10位导师和教育智能化技术1位导师人选材料，并上报了20位校外导师材料；开展了与北京教育学院合作培养教育硕士相关工作；组织完成了教育硕士招生考试命题等工作。

（刘彦文）

【教学工作】 组织学院十三个本科专业的2015版培养方案的广泛调研与专家论证；组织完成小学教育专业申报；配合学院多次组织学前教育专业研讨会；支持服装专业的内涵建设，配合了大学生国际时装周的顺利开展；编制完成2014本科指导性教学计划，保证2014级本科生入学时人手一本。

形成"爱教育、学教育、懂教育、会教育、做教育"的教师教育专业建设思路和"爱设计、学设计、懂设计、会设计、做设计"的艺术教育专业建设思路，推进"人文与科学、学校与社区"相融合的教学模式；本年度获得2个校级产学研教材建设项目和18项院级产学研教材建设项目。

认真组织全校教师参加学校的教学优秀奖和中青年执教能力大赛，三名教师分别获得校级教学奖嘉奖，其中一等奖2人，二等奖1人；三名教师获得中青年执教能力比赛奖励，其中一等奖1人、二等奖2人，两个奖项在全校均居榜首。

组织校外名师讲学申报执行共54项，合计金额43.8万，并做到名师名家进课堂全程录相，其中有五位心理学和计算机类教指委专家系统讲授课程。特别是应用心理学专业实现心理学教指委主任、副主任委员、委员多人次进绪论课堂为学生授课。

整合资源，正式成立实践教学中心。中心主体位于北京联合大学师范学院1号楼、2号楼一层、创意媒体中心、4号楼，使用面积约4080平方米。中心下设四个平台涵盖了基础教育实验区、应用心理学和数字媒体实验区、工学实验区、通用孔房实验区、艺术设计实验区、艺术教育实验区、创意媒体中心等。下设4个实践平台：学科基础拓展实验平台、教师专业技能训练与可持续发展平台、人文与科技创新平台、教师教育资源网络平台等。2014年暑期以来，投入600余万元建设经费。

学生全年共2人获市级奖项，206人获校级奖项；校级实践能力提升计划获批4个项目，院级学生自主实践项目总计立项154项。2014届学生，共有10人获评优秀毕业设计（论文），3人获评校级优秀高职毕业综合实践报告；本年度共计组织61场讲座，在各学院中名列前茅。

主办了学院首届"未来教师教学技能大赛"。共有30余名各系推荐师范生参赛，大赛邀请了东城区、西城区、朝阳区、海淀区相关小学校长、骨干教师，及学院各系部主任、优秀教师、"高参小"项目挂职校长担任评委。学院领导观摩并指导了大赛。

落实市委市政府要求，成功与7所小学签约并开展丰富的"高参小"活动。成立项目工作小组，深入四

· 181 ·

个区的 7 所小学实地考察 20 余次,初步达成各类活动方案 20 余项。北京市教委主任线联平和学校领导出席签约仪式。光明日报、参考消息等多家权威媒体对活动进行了深入报道。自 2014 年 9 月至今,学校每周共派出师生约 130 余人次赴小学开展支持活动,每周为 7 所小学开设近 70 门(项)课程及活动。

完成 2014 年招生录取工作。学院 5 个系 11 个本科专业 2 个高职专业共招生 816 人,其中,本科生 609 人、高职生 34 人、专升本学生 173 人,第一志愿率达到 94%,招生宣传工作考核名列第一。2014 年毕业生共 762 人,其中,本科毕业生 649 人(其中包含专生本毕业生 156 人)、高职毕业生 113 人,有 556 人获得学士学位。

(李爱国)

【科研工作】 落实"学术立校"发展战略,营造学术氛围,开展学术活动,提升科研项目和成果水平。学院王德领教授获得了北京市第十三届哲学社会科学优秀成果奖[(2014 年)二等奖(获奖成果:专著《混血的生长:二十世纪八十年代(1976—1985)对西方现代派文学的接受》,中国社会科学出版社,2011 年 8 月版]。这是学校在本届评奖中所获得的唯一的一项成果。学院积极推进科研项目申报工作,组织队伍申报国家级、省部级等高水平研究项目,并进一步加强培育性项目扶持。获批三项省部级科研课题,分别是陈志刚教授负责的"高校课堂教学、课外活动和校园文化三位一体的美育机制研究"(2014 年度教育部人文社会科学研究专项任务项目(高校思想政治工作))和张威副教授负责的"清代直省满城在其依附城市形态演变过程中所起作用及留存历史印迹研究"(2014 年度教育部人文社会科学研究一般项目)、心理学系徐华负责的"北京市青少年手机依赖的诊断标准、成因及其团体干预的研究"(北京市教育科学规划青年专项项目)。全年纵横向科研项目到帐经费再创历史新高,达到 279 万元。

加强学术氛围营造和促进学术交流、合作工作:积极推进了高级职称、博士主讲的多种形式的学术论坛活动,系、部制订了 2014—2015 学年论坛计划,具有高级职称、博士学位的教师陆续开展了学术交流主讲活动。

继续加强科研平台建设工作,积极推进"系所合一"工作。变更职业技术教育教师研究所名称,新名称为教师教育研究所;积极筹建心理健康教育研究所、教育智能化技术研究所等相关研究所。推进系、部、研究所组织、承办高水平学术会议(活动)(包括"中外文学中的都市想象"研讨会、北京国际设计周"外馆斜街 5 号站——北京手艺"展览、第二届工艺美术学术论坛、亚洲设计教育论坛等)。

开展"学术月"活动,召开学院科研工作大会。为进一步加强学院学科建设,增强校内外学术交流,活跃校园学术氛围,营造崇尚学术、尊重学术、献身学术的良好校园学术环境,在 2014 年 4 月中旬至 5 月中旬期间学院开展了主题为"学术立校、创新发展"的"学术月"活动。"学术月"期间,聘请了 11 位专家学者开展了学术讲座交流,并组织召开了 2014 年学科建设和科技工作大会。此次"学术月"活动进一步推动了学院学科建设与科研工作发展,增强了学院的办学活力,提升了学院在校内外的科研竞争力。

修订了科研管理制度,提升了科研管理工作的规范性和科学性。结合实际需要和群众路线教育实践活动,制修订学院科研管理相关文件,包括出台了重点学科建设、学科带头人认定、学术创新团队建设、学院科研机构管理等新制度,调动了各系部、教师开展学科建设和科研工作的积极性。并根据管理文件,组织申报和认定了相关院级重点学科、学科带头人、学术创新团队和研究所。

(刘彦文)

【对外交流】 学院接收来自韩国、俄罗斯、越南、吉尔吉斯坦等国的外国留学生 59 人次,其中长期语言生 22 人次,短期团组 2 个共计 37 人次。选派中国学生 74 人次,分别赴美国、韩国、英国和台湾等国家或地区进行短期培训、学期交换及学位进修学习。有 3 个出访问团共计 3 名教师出访国外院校。学院接待来自美国、英国、爱尔兰、意大利、韩国、俄罗斯、日本和台湾等国家及地区的来访团组共 15 个,共计 30 人次;派出境外培训教师共 2 人次,作为长期访问学者赴美国进行研究学习。学院艺术设计系聘请纽约州立大学布法罗学院服装设计系、纺织品设计系 Lynn M. Boorady 教授和 Jozef Bajus 教授为学院的客座教授。初步拟定与美国纽约州立大学布法罗学院签署 3+2 项目合作协议。

(韩天炜)

【党建工作】 截至 2014 年底,学院共有党员 462 人,其中在岗教工党员 177 人,离退休党员 107 人,学生党员 178 人。学院共 4 个党总支,24 个党支部,其中教工党支部 11 个,离退休党支部 3 个,教工学生混合党支部 2 个,学生支部 7 个。2014 年新申请入党人员 378 人,共发展党员 90 人,转正党员 35 人。学院党校进行第 27 期党校初级班,第 43 期党校高级班的招生、课程安排、教学管理、成绩考评等相关工作。其中初级班学员 252 人,顺利结业 230 人,通过率 91%,高级班学员 266 人,顺利结业 258 人,通过率 97%。

截至 2014 年底,师范学院共有 42 名处级干部,其中正处级干部 15 人,副处级干部 27 人;平均年龄 46.7 岁,35 岁以下干部 4 人,占 9.5%;硕士学位的 27 人,博士学位 1 人,硕博比例占 66.7%;正高级职称 6 人,副高级职称 19 人,高级职称比例 59.5%。

学院有民主党派人士 23 人,包括三个民主党派,其中民主促进会支部 1 个、民主同盟联合支部 1 个。

2014 年 1 月 2 日,学院党委会研究批复同意 2 个教学系部的党总支、1 个教学系部的直属党支部进行的换届选举结果。

2014 年 2 月 22 日,学院召开 2013 年度领导班子和领导干部年度考核测评会。学院领导班子成员分别作了个人述学述职述廉。中层干部、教授代表、工会(教代会)、共青团、民主党派和无党派人士代表,部分党代会代表、人大代表、青年教师代表和离退休代表等共计 60 人听取述职并进行了民主测评。

2014 年 2 月 22 日,学院召开了党的群众路线教育实践活动总结大会。学院党委书记陈志刚代表学院党委,从学院开展教育实践活动的基本情况、主要做法、主要成效和努力方向等方面,全面总结了学院的教育实践活动开展情况。校第一督导组组长黄海洋对学院的工作给予了充分肯定和鼓励。

2014 年 7 月 15 日至 16 日,为深入学习贯彻落实党的十八大、十八届三中全会以及习近平总书记系列重要讲话精神,加强学院党建和思想政治工作的针对性和实效性,提高学院换届选举后基层党务工作者的政治理论水平和政策执行能力,学院举办了党务工作专项培训。

2014 年 12 月 27、28 日,为落实党的十八届三中全会、四中全会精神和习近平总书记系列讲话精神,围绕学院中心工作,进一步提高党建和思想政治工作科学化水平,学院组织召开了 2014 年度党建和思想政治工作研讨会。

(牛桂荣)

【宣传工作】 组织参加学校党委理论中心组(扩大)集中学习 10 次,学院组织中心组学习 4 次。围绕学院教育思想大讨论开展系列活动;开通学院支部书记微信平台交流群;举办青年学者联谊会交流学习活动;举办"谈卓越 话发展"第三届"我与联大共奋进"宣讲活动师范学院专场报告会;编辑出版《求真 求是 求实》北京联合大学师范学院党建和思想政治工作论文集》;在学院大阶梯教室外墙设计制作安装了"四有"好老师外墙标识。

做好舆情调研和教职工理论学习引导,通过师院人讲师院事,做好典型事迹推广,激励教职工爱岗敬业、无私奉献;做好教职工特色理论学习培育工作,2014 年学院三个基层单位申报并获批学校第二届"教职工理论学习特色项目"申报活动资助。

承办学校 2014 年宣传思想工作研讨会,就新时期高校的党建和思想政治工作展开深度研讨。召开 2013 年学院新闻宣传工作总结表彰会,对先进单位和优秀个人进行表彰,聘请《光明日报》《现代教育报》《北京考试报》资深媒体记者为学院特约宣传顾问。实现校园网和官方微信融合,提升宣传思想工作效能;加强网络信息安全的监控与管理;组织对新近成为网络管理员的教工进行业务培训;探索自媒体时代学院宣传工作新路径,搭建宣传思想工作官方微信平台。与《光明日报》《中国教育报》《参考消息》、中国教育电视台、《北京考试报》《北京晨报》、千龙网、搜狐网、新浪网、凤凰网、北京教育新闻中心等媒体积极合作,发表外媒宣传近 50 篇;学院荣获学校 2013 年度对外宣传先进单位称号。

组织师生参加学校"联大人唱联大歌"校园原创歌曲征集活动,6 首获奖作品在汇报演唱会上进行了展示;与工会、学生处、党政办共同承办学院第四届师生书画、摄影作品征集展示活动,共征集作品近 500 件,创新展示形式,让作品通过官微近距离展示给观众;组织参加学校"厉行节俭 反对浪费"主题教育活动等。

(张利东)

【共青团工作】 学院团委下设语言文化系、电气信息系、艺术教育系、艺术设计系、心理学系 5 个共青团总支部委员会(以下简称团总支),包括 88 个学生团支部以及 1 个教工团支部。团委设书记 1 名,常设机构包括组织部、宣传部、实践部、科技部和办公室。学院共有共青团员 2657 人,其中女团员 1857 人,少数民族团员 802 人,申请入党团员 2454 人,推荐优秀团员作党的发展对象 130 人,发展新团员 11 人。学生社团共 27 个,开展大学生辩论赛、校园歌手大赛、跳蚤市场、话剧专场、大学生科技文化艺术节等大型校园活动,参加人数约为 2800 余人次。

2015 年,评选院级优秀团员 134 人,优秀团干部 77 人,优秀团支部 14 个。在此基础上,根据团市委、联大团委有关文件的要求,经过认真评议,评选出了北京联合大学优秀团支部 4 个、优秀团员 13 人、优秀团干部 4 人。

为丰富学院学生课余生活,展现首都大学生的青春风采,彰显当代大学生的精神风貌,学院举办一年一度的校园歌手大赛。学院社团联合会心馨社组以"5.25 全国大学生心理健康周"为主题的团体活动。

(唐昊)

【工会工作】 学院工会在校工会和学院党委的领导下,发挥党联系教职工群众的桥梁和纽带作用,履行维护、建设、参与、教育四项职能,独立自主地开展工作。

2014 年 1 月 10 日,召开学院第六届教职工代表大会暨工会会员代表大会第三次会议,审议通过《2013 年考核绩效工资发放办法》。6 月 11 日,召开学校第三届教职工代表大会第四次会议师范学院代表团提案工作会。6 月 21 日,组织代表参加学校第三届教职工暨工会会员代表大会第四次会议,向大会递交提案3件。

为在职教职工申请校爱心互助基金6200元,为在职教职工申请困难补助3000元。慰问患病住院教职工、慰问残疾教职工、为直系亲属去世的教职工送怀念、为逢五逢十过生日的教职工送上生日祝福。为新会员办理“京卡·互助服务卡”并赠送入会纪念品,与当年办理退休手续的教职工座谈并赠送纪念品。开展“金秋助学送关爱”活动,向当年入小学的教职工子女发放学习用具。向教职工未满14周岁的子女赠送“六一”儿童节礼物,向子女未满18周岁的教职工发放子女医疗统筹。为女教职工发放“三八”节日慰问品、办理特殊疾病保险,向生育子女的女教职工送祝贺。

成立教职工乒乓球兴趣小组和健步行走兴趣小组。以工会小组为参赛单位,举办同心鼓比赛。举办教职工单人跳绳比赛、举办新年联欢会、开展“书法示范与练习”活动、组织女教职工参观中国妇女儿童博物馆。组队参加学校第二届教职工运动会,荣获团体总分第二名,同时获精神文明奖。组队参加学校教职工广场舞比赛,获“最佳编排”奖。组队参加学校教职工足球比赛,获第三名。组织教职工参加学校网球比赛,周茜获得女子冠军;王小力、黄金龙获得男子双打第五名。组织青年教职工代表队参加学校“厨厨动人”青年教工厨艺大赛,获铜勺奖。组织教职工参加校工会开展的教职工“幸福之家”评选活动,艺术教育系耿燚、黄淑梅两个家庭双双被评为“幸福之家”。

开展“学习领会习近平总书记在北京师范大学师生座谈会上的讲话精神”心得体会评比活动。开展评选表彰“三育人”先进集体、先进个人和师德先进个人活动。开展市级职工创新工作室的申报工作,艺术设计系环境设计工作室获北京市总工会、北京市科学技术委员会授予的“2013年度市级职工创新工作室”称号。组织教职工参加学校“清廉中国”新闻摄影、公益广告、漫画作品征集活动。开展“春风送暖”捐助活动,募集善款4230元。开展“三十年教龄教职工”申报工作,向从教三十年的教职工颁发纪念品。组织教职工参加校工会开展的青年教职工风采主题活动,获优秀组织奖。

2014年1月,学院工会通过学校模范职工小家评审组的验收评审,被评为模范教职工小家。12月,被校工会评为北京联合大学工会工作先进单位、2013—2014年度工会宣传工作先进集体,还获得北京联合大学青年教职工风采展示活动优秀组织奖。

（张艳杰）

【管理与服务】 图书馆面积约2080平方米,报刊阅览座位267个,电子阅览室机位72个,研习室座位40个。馆藏图书24.78万册、中文期刊285种、外文期刊10种、报纸37种、数据库36个。

2014年,共采购图书3203种、7949册,码洋51.54万元、实洋41万元;对全院科研课题专项经费购置的图书进行登记、验收、财产帐核对,共251种、359册、实洋1.49万元。订购中文期刊285种、外文期刊10种、报纸37种,码洋73107.28元,实洋66080.58元。

全年借书14019人次、借（还、续借）图书28994册,馆际互借图书6人次、共10册,报刊阅览31496人次,电子阅览30109人次。研习室12月15日正式对学生开放,接待自习92人次、会议7次。

参加全校图书馆信息资源的整合与共建共享。完成约10万册图书的回溯建库工作,实现全校图书的统采统编、馆际互借,配合完成全校图书馆门户网站的开通和维护工作,为读者提供了更加丰富的信息资源利用渠道。

完成三层和四层阅览室电源设施改造、新建四层教育类书库、五层电子阅览室改造（北侧改造为两间研习室,南侧更换全部读者用机）等工程,进一步拓展了多元化馆舍功能,满足了读者的个性化学习需求。

改革和创新宣传服务模式,积极推介图书馆资源。继续开展上半年（2014年4月21日—5月23日）以“我阅读、我快乐、我成长”为主题的第十九个“世界读书日”主题宣传月系列活动和下半年第四届“读者之星”评选奖励交流系列活动,使这两项活动成为图书馆的服务品牌。本年度首次将评选出的“读者之星”纳入全院学生表彰范畴。改变新生入学教育方式,由集体宣讲改为分批入馆实地体验,共接待近800人次。增强宣传意识,加大宣传力度,拓展宣传途径。与相关部门协作,积极利用学院官方微信交流平台扩大宣传。

（甄旭）

三、商务学院

【概况】

学院英文名称：Business College。

学院网址 http://www.bc.buu.edu.cn。

党委书记：张建林;院长：杨宜。

2014年,北京联合大学商务学院设有教学系4个：国际商务系、国际经济系、电子商务系、金融财务系,校级研究所3个：北京联合大学管理科学与应用研究所、北京联合大学服务经济与贸易研究所,北京联合大学首都金融研究中心,院级研究机构4个：国际商务研究所、企业理财研究所、马克思主义中国化研究所、北京现代服务业发展研究院,校级重点建设学科3个：金融学、国际贸易学、管理科学与工程;国家级特色专业建设点1个：金融学;校级骨干专业1个：财务管理。学院拥有工商管理一级学科硕士学位授予点,下设三个研究方向：一是技术经济与管理,方向带头人为陈建斌教授;二是会计学,方向带头人为杨宜教授;三是投融资管理(自主设置目录外二级学科),方向带头人为杨宜教授。此外,学院还具有金融专业硕士学位授权点,方向带头人为杨宜教授。本科专业6个:国际商务、财务管理、市场营销(国际物流)、国际经济与贸易、金融学、信息管理与信息系统(商务信息管理)。毕业生830人,其中本科生624人,成人教育学生206人。招生751人,其中本科生634人,成人教育学生117人。在校生2254人,其中本科生1986人,成人教育学生268人。

教职工218人,其中专任教师135人。专任教师中,具有正高级职称18人、副高级职称46人、中级职称68人。(截止到2014年8月31日)

学校占地面积19471.10平方米,校舍建筑总面积22781.03平方米。图书馆现有藏书192836册,固定资产总值0.88亿元。本年学院高考录取线:本科理科507分,文科495分。

(聂秀平　龚文婷)

【机构设置】　学院设置党群及教学机构20个,其中党群机关11个,包括党政办公室、党委组织宣传部、人事处、教务处、科研处、学生处、财务办公室、国际交流合作处、保卫行管处、工会、团委。教学及辅助单位9个,包括国际商务系、国际经济系、电子商务系、金融财务系、基础教学部、经贸实验教学中心、图书馆、信息网络中心、培训中心。

(龚文婷)

【学科建设】　2014年按照学校统一安排,学院承担投融资管理、技术经济与管理、会计学以及金融专硕等学科的硕士研究生招生工作,从9月份开始进行院内组织发动,成立了招生工作小组,协调各学科点、各系部、各部门,按校外以学科为主、校内以系部为主的原则开展招生宣传、咨询、联络等,经过艰苦工作,截止到11月12日现场确认,学院有效报名数为17名。

(龚文婷　陈建斌)

【教学工作】　2014年,根据学校要求顺利开展了2015版普通本科培养方案制(修)订工作。按照市级精品视频公开课的标准建设了2门通识教育选修课程《证券投资理论与实务》《网络营销》,并按照同步直播、全程录像方式向全校学生开放选修。对管理学、金融营销学、IT项目管理、国际市场营销、财务管理、国际贸易实务等6门专业核心课程,进行教学内容及教学模式的改革,重点进行案例教学、问题引导式等教学模式的改革。结合专业核心课程教学内容与教学模式改革,与专业实践教学基地或合作企业的专业人员合作,共同编写应用性教材。各专业对照2013年专业评估指标数据,制定整改方案,制定2014—2016年建设规划及2014年行动计划。

2014年共计录取四年制新生391人(京内290人,京外110人),京内新生专业一志愿率为72.76%,京外录取新生专业一志愿率保寺100%。京内录取分文科最高532.6分,高出二本线25.6分;理科最高达到520分,高出二本线25分,京外录取文科最高分584分,理科最高分608分。

(龚文婷　沈晓平)

【科研工作】　2014年,学院教师全年发表论文总数为76篇,其中核心期刊论文48篇、C刊及以上论文38篇,出版专著4部;从校外获得的各类纵向、横向课题竞争性费用271.83万元,其中横向经费达到179.98万元;从校内竞争性项目中获得45万元。新获批省部级以上项目3项,目前省部级以上在研项目达到13项。竞争性科研经费中,横向经费达到179.98万元,比2013年(98.2万元)有较大幅度增长,社会服务能力进一步增强。

2014年,成立了商务学院教授委员会。在学校的大力支持下,通过全体教授民主表决,并经学校批准,通过了《教授委员会章程》,选举产生了由院内外15名教授组成的"北京联合大学商务学院教授委员会"。

2014年,学院分别接受北京市商务委员会、朝阳区商务委员会的委托,开展了"生活服务业品质提升研究""北京总部经济发展报告"课题研究及"朝阳区有形市场规范与布局研究"应急性课题研究,并在"十三五"预研项目公开遴选中获得"朝阳区生活性服务业十三五规划前期研究"项目。2014年先后获得恒商视创(北京)科技有限公司委托的"秀美莉产品市场调研分析项目合作"项目(经费85万元)、北京纺织控股有限责任公司委托的"北京市大华衬衫厂'天坛'品牌定位研究"(经费6.2万元)项目、北京华顺电气安装工程有限责任公司委托的"企业人才流失预警管理机制的研究"项目(经费6万元)等4个大型企业委托项目。

(龚文婷　陈建斌)

【交流合作】　2014年以联合培养学生项目"3+1""2+2"、交换生、海外专业实习、短期学习交流项目、赴美带薪实习、夏令营等多种方式共派出了149名学生赴国(境)外学习交流。招收来华留学生42人,其中学历生21人,语言生21人。编写来华留学生学生手册(双语),完善现有的规章制度,并补充了学生学籍管理规定等文件。借助AACSB平台,开拓了与美国伊利诺伊大学春田分校、波兰考明斯基大学商学院学生出国(境)项目。

(龚文婷　张玲娜)

【党群工作】　2014年,学院共有党员414人,其中教工党员149人,学生党员173人,离退休党员92人。全年发展党员63人,其中教工3人,学生60人。党委下设党总支1个(离退休党总支),党支部27个(含学生党支部8个,离退休党支部6个)。有1个支部获得校"十佳党支部"称号,有 2 个支部获批创建支部。1
名党员获得"北京高校优秀共产党员"荣誉称号。

2014 年巩固深化党的群众路线教育实践活动。
年初召开总结大会并向全院公布了领导班子整改方
案;年中(8月份)针对整改落实情况进行了自查。截
止到年底,学院整改方案明确的整改项目 10 项,已经
完成 9 项,完成率 90%,只有教学质量保障体系 1 项
正在按照学院 AACSB 认证工作的进程有序进行,按
计划应在 2015 年底完成。专项整治工作 2 项全部完
成,完成率 100%。制度建设明确的 2 个方面拟新建
和修订制度 9 项,完成 9 项,完成率 100%。

根据学院第五次党员大会确立的今后 5—10 年奋
斗目标,在全院师生中开展了"坚持群众路线,研讨学
院使命"主题实践活动。经过学习培训、考察调研和使
命研讨三个阶段的充分酝酿与论证,最终形成学院使
命。下半年又在全体在职党员中开展"深化使命内涵"
主题征文活动,征集到论文题目 64 个。

制订了《2014 年学院组织工作计划》和《2014 年下
半年组织工作计划》,完成党建先进校迎检任务;各支
部组织开展了习近平总书记一系列重要讲话和十八届
三中全会精神的学习;结合党风廉政教育宣传月开展
了"学党章、见行动、党的纪律记心中"主题党日活动;
庆"七一"走访慰问离退休老党员、老同志,全院 13 个
教工支部走访慰问老同志 30 余人;开展爱心捐款,共
有 171 人参与捐款 31450 元,民主党派和群众 28 人参
加了捐款。

配合学院 AACSB 认证工作,完成了英文网站的
改版。在学院使命论证及深化进程中,汇编了 2 册学
习材料,制作中英文对照宣传画册 1 本。在外媒共发
表、刊登 9 篇报道。

制定了《商务学院 2014 年党风廉政建设和反腐败
工作主要任务分工》,对学院领导班子成员在落实党风
廉政建设方面工作划分了责任,明确了分工,全体处级
以上干部都明确了"一岗双责"工作要求,做到各负其
责。在 12 月学校进行的党风廉政建设落实情况自查
中,学院作为被抽检单位接受了学校专家组的检查,专
家组对学院落实党风廉政建设党委主体责任情况给予
了较高评价。

（龚文婷 赵振武）

【学生工作】 2014 年,学院按"5 双"的基本要求,结合
三个北京教育平台,开展了诚信、优良学风、践行学院
使命等主题活动。完善并组织实施了公民教育、全人
教育和专业教育三位一体的 2014 级新生入学教育,编
印了 2014 级新生入学教育手册。推出了"鉴证青
春"——2014 级学生成长足迹记载。学院有 5 名男
生、2 名女生应征入伍,人数创历史新高。

2013—2014 学年度共有 11 人获得高分新生奖学

金,55 名毕业生获得考研出国奖学金,国家奖学金 4
人,国家励志奖学金 70 人,一二三等奖学金 326 人。
获市级先锋杯优秀团支部 2 个、优秀团干部 2 人、优秀
团员 2 人;获校级"十佳团支部"1 个,"十佳团干部"1
人,"十佳团员"称号 1 人;校级优秀团支部 3 个,优秀
团干部 5 人,优秀团员 19 人。

截至 2014 年 10 月 31 日,学院就业率达 99.69%,
签约就业率为 98.60%,连续多年保持全校各学院前
列。55 人国内外读研,占毕业生总数的 8.58%,其中
四年制本科生占到了其总数的 12.33%。进行了 2014
届毕业生离校出口调查、全英班毕业生调查、用人单位
调查和 3 年外向型就业岗位调查,并形成了初步调查
报告。

依托各专业,组织了金融服务营销大赛、就业谈判
大赛、企业竞争模拟大赛等具有各系专业特色的学科
竞赛,确保覆盖到各专业学生,一些大赛还可扩展至管
理学院学生。组织部分学生赴境内外参加大赛、学术
论坛,学生团队荣获第十一届(新加坡)国际市场营销
大赛中国区选拔赛暨全国商科院校市场营销大赛一等
奖 1 项、全国高校商业精英挑战赛国际贸易竞赛二等
奖 1 项、全国企业竞争模拟大赛三等奖 1 项、全国商科
院校国贸专业竞赛三等奖 1 项,入围海峡两岸大学生
国际经贸与商务专题竞赛决赛 1 项,此外,还获得"启
明星"校级各类竞赛获奖 10 项。学生申报 2014 年本
科生科研计划 116 项获批校级以上项目 76 项(其中国
家级 4 项、市级 35 项),申报 2015 年项目共计 88 项;
第 2 个在校生创业项目于 2014 年成功入驻学院创
业园。

认真落实团市委区域化团建工作,深化与六里屯
街道合作,以学院为项目主体设置"屯聚青春·我志
愿"情系红领巾志愿服务岗",受到北京共青团网站、朝
阳报等媒体关注报道。组织学生跨国(境)实践活动以
及各类国际化专业赛会志愿服务活动,组织 31 名学
生、2 名教师参加 CBD 商务节筹备活动;组织共计 30
余支团队开展"赴广东深圳开展校企调研、CBD 区域
调研"等暑期社会实践活动,并汇编出版两本社会实践
书籍;获校级暑期社会实践先进工作者 1 人、优秀指导
教师 2 人、先进个人 2 人、优秀团队 3 支、优秀成果
3 项。

启动"苗尖计划",创新搭建学生成长平台,选拔出
近 100 名决心出国、能成功考研及具大赛获奖潜力等
学生重点关注培养。学院成立学生宿舍自管会,实现
学生自我教育、自我管理、自我服务;建立学生公寓文
化文明建设委员会,努力营造积极健康的学生公寓文
化氛围;保卫行管处党支部在学生公寓实施了"师生共
建一帮一育人活动",促进学生顺利成长成才。

（龚文婷 赵辉 秦二娟）

【工会工作】 2014 年,学院工会下设 10 个工会小组,分别为:党政机关、教科服务、学生工作、实验培训、保卫行管、国际商务、国际经济、电子商务、金融财务和基础教学小组。

2014 年,召开了学院第八届教职工暨工会会员代表大会,选举产生了第八届教代会执委会和工会委员会。学院工会举办了女教职工手工才艺作品展、第三届"和谐杯"兵乓球团体赛、"纪念一二·九,抒发爱国情"2014 年教职工冬季健身长走比赛等活动,在学校青年教职工厨艺大赛中学院代表队名列比赛的第一名,获得"金勺奖"。为 229 名全院教职工投保重大疾病保障计划和为 146 全院女教职工投保特殊疾病保障计划。荣获校"先进教职工小家"称号,及 2014 年校工会"特色工作成果奖"

(龚文婷 孔繁潮)

【师资队伍建设】 2014 年学院教师中博士 55 人,在读博士 22 人。教师博士比例达到了 45.08%,其中专业教师博士比例达到 68.49%。引进 2 名博士及 2 名具有海外留学、访学经历的博士后充实专业教师队伍,1 名海外留学经历的硕士充实辅导员队伍。2014 年 12 月聘任美国德保罗大学管理学院的终身教授蒋彬博士作为学校的特聘教授,指导学院青年教师的科研团队。

2014 年学院有 1 人获选北京市长城学者,1 位青年骨干教师获得北京市青年拔尖创新人才,一个教学团队和一个管理骨干获得学校人才强校项目资助,2 位青年教师参加重点高校教师发展基地研修,5 位教师赴国外高校做访问学者,3 位教师到国内重点高校访学。

2014 年利用人才强教专项经费,增加教师企业(行业)实践基地,为青年教师挂职锻炼搭建平台。每个专业聘请了 1 位企业导师,加强对青年教师实践教学能力和应用性研究的指导与帮助,提高教师的专业实践与应用能力。

(龚文婷 王颖)

【管理与服务】 2014 年,对学院全部多媒体教室的主体多媒体设备及中央控制系统进行了全面的更新换代,新建了多媒体听课系统。完成了学院所有应更换的网络交换机及所有办公在用计算机的 MAC 和 IP 地址的统计登记工作。

利用 2014 年财政专项——红领巾校区外教及留学生公寓改造工程,修缮 28 间外教及留学生公寓以及公共区域,满足外教专家、留学生及交换生的住宿需求。

(龚文婷 刘锦东 梁玉勇)

【AACSB 国际认证】 经过三个月的学习、调研、培训及全员大讨论,3 月 20 日举行了专家论证会,4 月 15 日召开了学院使命发布会,明确学院使命为:践行社会责任,推动应用创新,培养商界骨干,服务区域发展。愿景为:成为深受业界好评的国际化商学院。价值追求:立德力行,至能致用。

2014 年 5 月,成立学院 AOL 体系建设指导委员会。组织"基于 AACSB 国际认证的教学质量保障体系(AOL)建设研讨会"。对 17 门课程启动 AOL 检测试点课程的改革。根据各专业确定的学习目标(Learning Goals)及能力指标(Learning Objectives),各检测课程设计教学方案、校准课程方向以符合学习目标。

先后组织 4 支队伍,分别赴西安交大管理学院、大连理工大学经管学部、南京大学商学院、同济大学经济与管理学院调研。聘请人大商学院毛基业院长、清华大学管理学院陈国清教授、香港岭南大学管理学院认证项目负责人 Robin Snell、台湾辅仁大学管理学院李天行院长、许培基副院长、西安交大认证办主任孙福滨教授、大连理工大学经管学部部长助理闵庆飞教授,先后到学院进行 AACSB 认证标准及 AOL 的建设等相关问题的讲座,组织学院 AOL 体系建设指导委员会及各系部主任、教学主任、专业负责人、检测课程负责人参加。选派骨干教师及教学管理骨干 13 人,分两批次赴广州、厦门参加 AACSB 亚洲分部组织的 AOL 培训交流。

在学校领导的大力支持下,经过艰苦的努力,9 月通过 AACSB 美国总部专家独立认证资格审查;11 月获得了 AACSB 的资格认证委员会的审核,获得了认证资格。成为新标准下中国大陆地区第一所进入 AACSB 初始认证的地方院校,也是中国大陆第二所进入该环节的非 985 或 211 的地方高校。

(龚文婷 沈晓平 翟晶)

四、生物化学工程学院

【概况】

学院英文名称:College of Biochemical Engineering。

学院网址 http://www.bce.buu.edu.cn。

院党委书记:范宝祥;院长:张恩祥。

生物化学工程学院是一所以培养应用型人才为主,以服务现代都市工业、现代服务业和文化创意等新兴产业为目标的综合性学院。在多年的办学实践中,学院的专业结构逐步形成了以工科专业为主体,以工程与管理相结合、工程与艺术相结合的专业为补充的鲜明特色。学院位于北京市朝阳区垡头小区,校园环境优美,毗邻欢乐谷,院内学生公寓可容纳全部在校生住宿。

学院拥有技术先进、设备完善的教学科研设施,校园网覆盖所有教室、实验室和学生宿舍,为学生学习和实践技能的提高提供了有利条件。学院与数十家企业建立了良好的合作关系,相关企业已成为学院稳定的就业实习基地。以生物能源的研发为主要目标的"生物质废弃物资源化利用北京市重点实验室"在首都经济社会发展中发挥着越来越重要的作用。

2014年招生的本科专业有:建筑环境与能源应用工程、生物工程、制药工程、会计学、人力资源管理、工业设计、工程管理。招生的高职专业有:楼宇智能化工程技术、供热通风与空调工程技术、药物制剂技术。其中建筑环境与能源应用工程是北京市特色专业,楼宇智能化工程技术专业是北京高职高专教育教学改革试点专业,制药工程专业是校级骨干专业,生物工程专业是校级骨干建设专业。

从2014级本科生开始,学院实行完全学分制教学改革,允许30%的学生入学后按照自己的兴趣重新选择专业;为每个本科生配备导师,在职业规划、学业发展等方面给予个性化指导;所有课程实行选课制,学生在导师指导下,根据自身的基础和学习特点制定个性化的修读计划,自主调整课程修读顺序,自主选择任课教师和学习进程,实现文理渗透,理、工、管、艺术相结合,构建自己的知识体系,组成最优化的知识结构;同时实行主辅修与双学位制,学生在校期间,除主修专业外,还可以根据个人的兴趣选定学院内其他专业作为自己的辅修专业,并可根据修读情况申请第二学士学位。

学院坚持走国际化办学之路,着力拓宽学生的国际化视野。学院已与德国、美国、英国、韩国等国家及台湾地区的20多所高校建立了良好的合作关系,学生可通过"3+1""2+2""4+1"及交换生等方式赴境外知名大学进行学习、交流。

学院以促进学生全面发展为目标,高度重视学生创新实践能力的培养,以"启明星"科技立项和"挑战杯"科技竞赛为龙头,搭建科技创新项目网格化管理平台,本专科学生在全国各类竞赛中夺得多个奖项。学院为丰富学生校园生活,成立了爱心社、自律社、文学社等四十余个学生社团组织,搭建了"五四"文化艺术节、国际文化节等大型校园文化活动的广阔舞台,发展了首都机场"为国门站岗"、国家图书馆"为读者服务"等七大志愿服务品牌项目,为学生的全面发展创造了有利条件。

2014年年底教职工总数为353人,其中专技岗(教师)166人,其中,教授职称13人,副教授职称63人。专技岗(非教师)73人,管理岗99人,工勤岗15人。学院在职教职工中,获得博士学位40人,获得硕士学位人员162人。2014年学院共招生712人,在校生2555人。共有毕业生850人,其中本科毕业生615人,结业生15人;高职毕业生214人,结业生8人。学院占地面积74870.24平方米,校舍总建筑面积53429

平方米。图书馆现有藏书33.1万册,截至2014年12月底学院固定资产总值1.96亿元,教学仪器设备总值0.15亿元。

（孟燕　陈雄鹰　李敬　王建强）

【机构设置】　2014年,学院设工程与艺术系、生物医药系、经济管理系、工程管理系、公共基础课教学部、实践教学中心、培训中心共7个教学部门。制药工程研究所(校级)、生物工程研究所(院级)、人力资源管理研究所(校级)、测控技术研究所(院级)共4个研究所,党政办公室、党委组宣部、人事处、教务处、科研处、党委学生工作部(处)、财务办公室、党委保卫处、行政管理处共9个党政机关,图书馆共1个直属非教学单位机构,团委、工会共2个群众团体。

（孟燕　陈雄鹰　李敬　王建强）

【学科建设】　2014年9月开始,为配合学校2014年硕士研究生指导教师遴选工作安排,积极组织学院教师申报专业型及学术型硕士生导师,学院共申报硕士生导师4人,符合条件的教师共有3人,经学校研究生处批准新增2名硕士生导师。

2014年9月学院承办了北京联合大学2015年研究生招生现场宣讲与咨询活动。学院承担食品生物分离技术二级硕士点学科建设工作。

学术交流:2014年组织了3次学术讲座,即:"如何撰写英文SCI论文"和关于"科研项目设计与申报""北科院发展之路"的讲座及交流活动。

（马榴强　罗旭东）

【教学工作】　2014年学院启动并进行完全学分制改革工作,对2014级普通本科生实行完全学分制。学院制定了系列完全学分制教学管理文件,包括《北京联合大学生物化学工程学院普通本科教育学分制学生学籍管理规定(试行)》《北京联合大学生物化学工程学院学分制学生学业考核管理办法(试行)》《北京联合大学生物化学工程学院学分制选课管理办法(试行)》《北京联合大学生物化学工程学院课程替代与学分认定管理办法(试行)》《北京联合大学生物化学工程学院本科生修读双学位、第二专业和辅修专业管理办法(试行)》《北京联合大学生物化学工程学院全日制普通本科生学分制收费管理办法(试行)》;完成了2014版普通本科完全学分制培养方案修订工作;制(修)定了2014版普通本科完全学分制培养方案规定的所有通识教育必修课、专业必修课和专业选修课的教学大纲;批准建设61项通识教育选修课课程建设项目(其中包括2项翻转课堂建设项目)、15项专业核心课程建设项目、8项基础课课程建设项目;批准建设完全学分制运行机制及教学改革研究项目6项;组织完成了校级精品资源共享课程建设项目的推荐、申报及建设工作。完成了2014级本科生的学分制选课。

2014 年学院获得校级教学成果奖 2 项（二等奖）；"十二五"普通高等教育本科修订教材建设规划项目 1 项；1 人在学校第三届（2013—2014 学年）教学优秀奖中获英语及经管组一等奖；2 人在学校第三届中青年教师执教能力比赛中获二等奖，8 人参加北京联合大学第四届中青年教师执教能力比赛。1 门通识教育选修课程精品视频公开课建设项目通过结题验收。

2014 年共组织参加并获奖的学科竞赛 7 项，校级学科竞赛 7 项，获奖学生 113 人次，获奖教师 17 人次。其中学院获 2014 年北京联合大学书法大赛硬笔组三等奖 1 项；2014 年北京联合大学程序设计竞赛二等奖 1 项，三等奖 5 项；2014 年北京联合大学英语演讲比赛三等奖 1 项；2014 年北京联合大学大学生数学竞赛一等奖 9 项，二等奖 18 项，三等奖 27 项；2014 年北京联合大学第二届动漫设计竞赛一等奖 1 项，二等奖 1 项，三等奖 3 项；2014 年北京联合大学第七大学生物理竞赛一等奖 5 项，二等奖 4 项，三等奖 4 项；2014 年北京联合大学数学建模竞赛一等奖 4 项，二等奖 7 项，三等奖 10 项。

学院获评 2014 届校级本科优秀毕业设计（论文）11 篇，2014 届校级优秀高职毕业综合实践报告 2 篇；2014 届校级优秀专升本毕业实务专题 1 篇。

（张明贤　程红霞）

【科研工作】　2014 年学院共组织申报了包括国家自然基金、社科基金在内的近 30 种类的纵向科研课题，申报数量近 60 项。全年共承担纵向课题 19 项，获批国家自然科学基金项目 1 项，北京市自然基金与北科院联合项目 1 项，北京市哲社基金项目 1 项。其中，国家自然科学基金项目是学院首次获批。获得科研结项奖励 3 项。

科研经费：包括专项经费等科研相关经费共计 893.6 万元。其中竞争性经费 509.9 万元。学院科研人员努力克服困难，加强与企业联系，积极开发横向科研项目洽商，为学院增加横向科研项目 21 项，横向科研课题合同经费 155.8 万元，实际到款 105.1 万元。

科研基地与平台建设：学院进行了科研基地建设，获批了科技创新平台——生物质废弃物资源化利用（北京市重点实验室），对于推动学院学科建设，推动开展相关基础研究和应用基础研究，提升科技创新能力，推进技术创新体系建设，具有重要意义。

科研成果全年共 47 项成果受到联合大学的表彰（见附表），新授权专利 21 项，发明 14 项，实用新型 5 项，外观设计 1 项，软件 1 项。新申报申请知识产权保护 48 项，其中发明专利 38 项，实用新型 7 项。外观设计 2 项，软件 1 项。全年共发表论文 142 篇。

（马榴强　罗旭东）

【实验室建设】　2014 年学院有 3 项实验室建设项目获财政专项批准，其中创新基地建设——工程素质培养中心建设 100 万人，大学生职业能力测评实验室建设 100.24 万人，微生物学实验室建设 100 万人，学分制下校企协同创新实践基地建设 20 万人。

学院与基地依托单位北京夕企人力资源服务有限公司建设的北京联合大学人力资源管理专业毕业生就业实习基地被评为 2014 年校级校外人才培养基地。

（张明贤　程红霞）

【组织工作】　2014 年，学院共有党员 501 人，其中教工党员 208 人、学生党员 191 人、离退休党员 102 人。共设 7 个党总支，1 个直属党支部，44 个党支部，其中教工党支部 31 个、学生党支部 6 个、离退休党支部 7 个。2014 年共发展党员 77 人，其中学生党员 73 人、教师 4 人、转正党员 60 人。2014 年 1 月，学院结合工作实际，制定了《党的群众路线教育实践活动北京联合大学生物化学工程学院领导班子整改方案》，包括十项整改内容、两项专项整治和改进作风制度建设计划。组织中层干部认真学习习近平总书记在党的群众路线教育实践活动总结大会上的讲话精神及十八届四中全会精神，印发学习材料，包括习近平同志在党的群众路线教育实践活动总结大会上的讲话、《中共中央关于全面推进依法治国若干重大问题的决定》《中国共产党第十八届中央委员会第四次全体会议公报》、习近平总书记在文艺工作座谈会上的讲话精神、"做党和人民满意的好老师"——习近平同志同北京师范大学师生代表座谈时的讲话、"青年要自觉践行社会主义核心价值观"——习近平同志在北京大学师生座谈会上的讲话等内容。

推进领导班子整改方案的整改落实，在学校党委的领导下，学院党委坚持高标准、严要求，逐步按照《党的群众路线教育实践活动北京联合大学生物化学工程学院领导班子整改方案》中的十项整改内容、两项专项整治和改进作风制度建设计划积极推进整改。组宣部于 2014 年暑期，起草完成学院领导班子整改方案开展整改落实情况自查报告，并向学院党委会专题汇报整改落实推进情况。截止到 2014 年 12 月底，学院整改方案中确定的十项整改内容已按计划基本完成，并将继续按照整改思路探索实施，完善提高。作风建设情况和专项整治任务，院党委已完成了文件清理、规范了会议管理、更加深入基层、加强了"三公"经费管理。取消了处级院领导小班车，并出台《北京联合大学生物化学工程学院公务用车管理办法（试行）》，加强了公务用车的使用和管理。"办公用房超标"问题，经过暑期施工改造，已采取了相应的整改措施。

自查整改，迎接北京市党建和思想政治工作先进校入校检查工作。2014 年 3 月初，按照校党委的统一部署，配合学校党委圆满完成市检查组入校检查的相关工作。

认真开展党员发展工作,进一步提高党员教育、管理和服务水平。为加强学生党建工作力量,进一步做好大学生党员发展工作,学院聘请了离退休老党员鲍园园和在职党员赵欣华担任兼职党建组织员。9月,组织学院党务工作人员参加学校党委组织部举办的《中国共产党发展党员工作细则》学习培训班。组织学院在职教职工党员和未全程参加学校培训班的支部书记在学院参加《中国共产党发展党员工作细则》培训会。再次规范了《支部手册》的填写。

坚持学院党委向基层党组织拨付党建经费和党费制度,支持党支部开展党员教育活动,2014年院党委下拨党支部工作与党员活动经费96359元。

组织迎"七一"共产党员献爱心捐献活动,捐款合计40435.4元。组织各党支部开展主题党日活动。进一步加强学习型党组织建设。

协助学校党委组织部,完成试用期满处级干部的考察工作以及到龄退休处级干部管理和服务工作。完成学院中层无行政级别干部的选拔任用。配合校党委组织部,完成2013年度学院领导班子考核和处级干部年度考核工作。制定并落实学院领导班子民主生活会实施方案,配合学校完成2014年度领导班子及领导干部考核相关工作。配合学校党委组织部,开展处级干部轮训班教育培训工作。协助学校党委组织部做好干部的监督与管理,认真执行处级干部外出请假制度、个人事项报告制度以及干部因私出国审查制度等。

10月,启动学院2014—2015年度"先进党支部"创建工作。学院共有9个支部申报,经过推荐和评选,工程与艺术系学生党支部获得学校"十佳党支部"创建资格。其余8个支部作为学院"先进党支部"的创建支部,给予一年的创建时间和经费支持,并由党员院领导和党委委员分别牵头指导。

做好党员进社区服务的相关工作。参与堡头街道工委的堡头地区社会领域党组织服务联盟活动,与街道工委积极协商确定学院党员的服务项目,并受邀参加堡头地区社会领域党组织服务联盟的成立大会,积极开展共建工作。

2014年学院在职和离退休教职工民主党派成员20人。其中民盟5人,九三学社5人,民进4人,民建2人,民革2人,农工党2人。党外高级知识分子43人,党外正处级领导干部3人、副处级领导干部2人。

(张瑾 朱香敏)

【宣传工作】 围绕学院工作重点和教育教学中心工作,重点结合学分制改革、培养和践行社会主义核心价值观、党风廉政建设、学生科技活动等内容,充分利用《和谐》院报、《学习文选》、校园网、宣传橱窗、广播台等宣传阵地,开展校园思想政治教育和宣传工作。围绕

学院教育教学工作重点宣传报道了学院学分制改革的相关进展情况、沟通与表达能力提升训练的实施与经验总结等。围绕廉政建设,配合纪检部门完成党风廉政宣传月的宣传计划。结合学校第十四届运动会的召开,着力宣传学院的总体风貌和全面育人成果。筹备并举办了第三届"我与联大共奋进"宣讲活动生物化学工程学院专场报告会,以弘扬和践行社会主义核心价值观为主题,组织学院8名师生宣讲了为实现个人发展进步、学校科学发展、建设美丽北京而学习成才、奉献创新、不懈奋斗的感人故事。组织学院师生积极参加"联大人唱联大歌"原创歌曲创作与演唱大赛,唱响师生爱国、爱党、爱校的主旋律。学院共提交3篇作品,其中赵艳霞副书记作词、王君卓作曲并演唱的《北京联合大学之歌》参加了学校"唱响联大"校园原创歌曲展播,随后在《通俗歌曲》(2014年10月下旬)杂志发表,并在2014—2015年"中国梦·劳动创造幸福"首都职工歌词、歌曲创作征集评选活动中获三等奖。学院教职工多种文艺作品在学校新闻网"文艺天地"发表。完成学院内网和外网的内容更新工作。编发《和谐》《学习文选》。完成学院新闻网的维护工作,编辑和更新学院的各项新闻及向学校新闻网的报送。完成社会主义核心价值观在校园的宣传展示。在学院范围内开展社会主义核心价值观"随手拍"活动、社会主义核心价值观主题书画展活动,并在学生干部中开展读书活动。

配合学院完成"平安校园"创建验收工作,完成学院消防演练纪实片和危险化学品泄漏应急处置演练纪实片的录制,编发《和谐》的"平安校园"创建工作专刊。

邀请中国教育报、北京青年报、新华网、现代教育报四家媒体参与报道工程与艺术系学生党支部积极保护太平鼓非物质文化遗产,与王佐怪村党支部开展红色"1+1"活动情况。

(张瑾 孙静梅)

【学生工作】 2014年,进一步加强学生思想政治教育工作,努力构建良好学风。调整学生工作管理人员工作模式,适应完全学分制改革。贯彻落实各项资助政策,做好评优奖惩工作。开展不同群体培训,完成学生处所辖课程教学任务,做好心理、就业等相关工作。

学院2014年共有专兼职辅导员13人。四名辅导员被评选为校级优秀辅导员,李崇圆同志荣获北京联合大学十佳辅导员。

做好2014级新生报到"绿色通道"的工作,共有17名同学在校内申请国家助学贷款,其中首次申请4人,续贷13人;46名学生申请生源地贷款。并按照学校学生资助工作安排,进行了助学金评选工作,评选出一等助学金获得者181名、二等助学金获得者280名;评选推荐出2名同学申报金隅集团助学金,2名同学

申报金隅集团奖学金。

在学校院级奖学金评选方面,共评选出 461 名校级奖学金获得者,85 名院级奖学金获得者,其中 7 名同学荣获校级特等奖学金;评选出 6 名同学申报国家奖学金,评选出 92 名申报国家励志奖学金;评选出校级三好学生 55 名,院级三好学生 90 名;评选出校级优秀学生干部 18 名,院级优秀学生干部 61 名;评选出校级先进班集体 6 个,院级先进班集体 9 个。评选出北京联合大学优秀毕业生 141 名及北京地区优秀毕业生 35 名。

在中秋节,学院给予 18 名家庭经济特别困难的新生(含 7 名新疆籍少数民族学生,3 名孤儿等)每人 500 元的临时补助。并按照新疆维吾尔自治区教育厅《关于划拨 2014—2015 学年内地高校新疆少数民族学生贫困补助经费的通知》文件精神,给予学院 18 名新疆籍学生 658 元/人的补助。

2014 年,学院共有 160 名同学参加无偿献血。

开展红色 1+1 党支部共建活动和学生十佳支部创建活动,其中一个支部获得北京联合大学红色 1+1 评选一等奖和北京市红色 1+1 示范活动评比一等奖,两个支部获三等奖;一个支部获得学生十佳党支部称号。全年共发展学生党员 73 人,另有 56 人列为入党积极分子。

进一步完善宿舍管理相关制度和规定,做好人员培训,加强管理和考核,做到岗位与职责分工明确,管理工作有效、到位,保持宿舍管理工作队伍稳定。开展宿舍文化建设,培养住宿学生"以舍为家"的理念,进一步改变宿舍状况。

开展 5.25 心理健康节活动,取得了校团体第二名、女子个人第六名的好成绩,王爽同学还代表学校参加了市级的定向越野比赛。

截止到 2014 年 10 月 30 日,学院共签订就业协议 707 人,签订劳动合同 28 人,专接本 20 人,考研 9 人,出国 15 人,应聘村主任村支书助理 19 人,应聘社区工作者 1 人,入伍 1 人,单位用人证明 48 人,灵活就业 5 人;毕业生就业人数 781 人,就业率 98%,签约率 91.67%。较好地完成了学院制定的当年毕业生就业工作目标。

2014 年参加军训学生 527 人,其中男生 226 人、女生 301 人。共实施军事技能训练 14 天。本次军训,学院共派出由 6 名教师、1 名随队医生、1 名专职驾驶员组成的带训教师队伍。十四天紧张的军训,在指挥部的精心策划和指导下,在全体参训师生的共同努力下,顺利完成了本次训练任务。

根据校人武部下发文件的要求完成 2014 年度大学生应征入伍工作,共有 6 名学生参军入伍;完成 2013 年度应征入伍和退伍复学学生学费补偿贷款代偿、学费资助材料上报的工作。

(孙冰玉　闫云霞)

【共青团工作】 2014 年初,学院团委推出"早安生化"公众微信平台,近一年来,《早安生化》以日报为周期推送文章,内容以专业质量和人文关怀赢得了校内外的广泛好评。目前,微信平台关注量已逾 2000 人,在学院中拥有较大的覆盖面与关注度,成为了校园媒体的标杆。结合校园文化建设,团委开展了形式多样的提升学生沟通与表达能力的活动。例如:"美丽中国梦"大学生论坛、"生化梦、青春志"辩论赛、主持人大赛、演讲比赛等,既围绕"中国梦"等宏大主题,又凸显了本院系特色,深受同学们的喜欢。学院团委在校团委的指导下,开展了以"心系复兴梦、青春勇担当"为主题的暑期社会实践活动。围绕六大项目,组织 11—13 级三个年级的 1000 余名学生组建团队 70 支。9 名教师参与到暑期社会实践指导。《北京信息》等多家媒体关注报道了学院暑期社会实践活动的情况。各团队共发布微博、微信 205 条,关注 3000 余条。形成 68 份暑期社会实践调研报告。学院连续第三年被学校评为暑期社会实践先进单位。2014 年"启明星"大学生科技创新 57 件立项作品均顺利结题,同时,学院在"启明星"节能减排竞赛、创业计划竞赛中也取得了优异的成绩。包括"金川"杯第七届全国大学生节能减排社会实践与科技竞赛推荐入围作品 8 项,荣获国家级三等奖 2 项;2014 年"创青春"首都大学生创业大赛市级银奖 1 项、铜奖 3 项;在首届校级"青年服务国家"首都大学生创新创意大赛、校级"启明星"第五届大学生创业计划竞赛和校级"启明星"第二届节能减排社会实践与科技竞赛中,学院均荣获团体金奖。

(王子君　辛俊卿)

【管理服务】 2014 年完成学院南院网球场更新改造工程(投资金额 38.39 万元);学院浴室装修改造工程(投资金额 88.81 万元);完成校园环境改造(配电室防水、第一公寓门前绿地改造、相关路面改造等,合计投资金额 78.27 万元);完成学院第二学生公寓外墙保温工程(投资金额 102.79 万元);学院家属楼一户一表改造工程(181.81 万元)全部完成,家属楼电卡发放到每个住户手中。

在数字化校园与信息化建设方面,暑假期间在南院教学楼新增一间精品课录播教室,按照录播教室的要求完成了教室的装修、录播设备的安装以及调试;建造英语听力考试有线广播系统,完成了对南、北院所有教室的布线以及音箱的安装,还有总控室设备的安装以及调试;改造变焦摄像头监控系统,将北院所有 19 间多媒体教室原有的定焦摄像头全部更换为变焦摄像头,以及对变焦摄像头的调试;完成了南、北院食堂改革后十多台刷卡设备的升级改造;更新了北院核心交换机,提高了北院各建筑及子网与核心交换机数据传输的可靠性;将学院与校本部的传输带宽由原来的1G提高到10G,缓解了学院上网压力;将学院主页纳入学校网站群管理,提升了学院主页的安全性和规范性。

2014年图书馆为学院师生提供的网络电子资源数据库达到43种,并组织了多场专项培训活动。改版图书馆内网网站主页面,图书馆新网站 http://lib.bec.buu.edu.cn 正式上线,实现学院图书馆在广域网范围内访问和服务的新突破。为了鼓励"爱读书、多读书、读好书"的读者,组织"读书之星"和"书华杯"评比大赛。新增加语言文学书库,扩大了自然科学和社会科学书库的藏书空间。

图书馆成功申请到30万元"北京联合大学人才培养定额项目——基于微视频等网络电子资源的课程宣传平台建设",建设了"课程学习与宣传平台"(访问网址 http://shkcxc.buu.edu.cn),拍摄63门通识选修课宣传片。此项目为学院完全学分制学生选课提供了了解教师和课程的渠道,并提供了在该平台学习的环境。

经统计,学院工会为新入会教工送欢迎;看望慰问生育子女教工;为教工子女入小学送关爱;看望生病住院教工;为退休教工送纪念;为亲人病故教工送怀念;恰逢节日送慰问等等;共有620余人次享受到工会的温暖与关怀,合计金额22万余元。为5名因病或家庭原因导致生活困难的在职教职工申请校教职工困难慰问补助金共计10000元。

（孙克民　孙勇强　张翔　万坤　李建华　汪馨桂）

五、旅游学院

【概况】

学院英文名称:Tourism College。

学院网址 http://www.ti.buu.edu.cn。

党委书记:曹长兴;院长:黄先开(兼任)。

2014年,在北京联合大学党委领导下,旅游学院深入学习贯彻党的十八大和十八届三中全会、十八届四中全会精神,按照学校"十二五"规划和第四次党代会提出的战略部署和任务要求,继续推进党的群众路线教育实践活动的深入开展,凝心聚力、深化改革、攻坚克难、稳中有进。

学院位于北京市朝阳区北四环东路99号,占地面积48700平方米,校舍建筑总面积20380.68平方米。固定资产总值156879391.21元,其中教学科研仪器设备资产65354260.12元。

2014年,旅游学院设有旅游管理、酒店管理、会展经济与管理、英语、日语5个本科专业,酒店管理、烹饪工艺与营养2个高职专业,设有工商管理一级学科下旅游管理方向硕士点1个,与对外经济贸易大学联合培养旅游信息化方向博士,建有旅游信息化博士后科研工作站。

截至2014年12月31日,学院有教职工241人,其中教师142人,教授14人,副教授47人,具有博士学位的57人。毕业生620人,本科生418人,高职生202人。招生554人,其中硕士研究生6人,本科生235人,高职升本科139人,高职174人。

（龙润湘　冯丽霞　何文竹　王丽　孙琼　李华山）

【机构设置】 2014年,旅游学院设旅游管理系、旅游经济系、国际旅游系、酒店管理系、餐饮管理系、通识教育中心、旅游实践教学中心7个教学单位,旅游发展研究院、现代休闲方式与旅游发展研究所、会展经济研究中心、餐饮科学研究所、旅游信息化研究中心5个科研机构,《旅游学刊》编辑部、旅游专业信息资料中心、继续教育部、国际饭店业培训中心、产学研合作办公室5个非教学直属单位,党政办公室、组织宣传部、教务处、科研处、人事处、学生处、国际交流合作处、财务办公室8个党政管理机构,工会、团委2个群团组织。

（张驰）

【教学工作】 深化教学改革,加强专业建设。认真组织2015版普通本科培养方案制订工作;制定学院人才培养三年行动计划,推广"PBL(以问题为导向)"和"LBD(工作导向、同步协作式)"教学模式。重点支持、协同推进各专业综合改革,酒店管理专业获评2014—2015年中国酒店管理专业大学竞争力排行榜第二名,获批北京市教育科学规划课题1项。

加强集体教研,提升执教能力。组织全院教师执教能力大赛,提升教师执教水平。学院获"2013年度中国会展教育优秀奖";2名教师获"第14届全国多媒体课件大赛"优秀奖,2名教师在北京市多媒体课件比赛获奖,1名教师获第二届全国高校青年教师讲课竞赛一等奖。

加强课程和教材建设。建设校级精品视频公开课2门;组织编写14项课程案例;获校级立项产学合作规划教材2部;1部教材入选"十二五"国家级规划教材二次遴选推荐。

（王丽）

【科研工作】 进一步凝练方向,加强团队建设。在旅游信息化、智慧旅游、旅游标准化等研究方向的基础上,逐步取得在旅游新业态、遗产旅游、旅游信息指数发布、旅游学术研究评价等方面的研究突破;从经费管理、学术活动、制度建设等方面加强科研团队建设,积极组织科研团队对外交流,掌握行业学术研究前沿动态。

搭建高端平台,扩大学术影响。获国家旅游局批准建立国家智慧旅游重点实验室,获国家旅游局批准设立"中国旅游研究院旅游学术评价研究基地";成功举办第四届首都旅游发展论坛、2014《旅游学刊》中国旅游研究年会；《旅游学刊》连续第三年获得"2014年中国最具国际影响力期刊"称号，被中国社会科学评价中心评为人文地理学唯一一本权威期刊；与IBM公司联合创立"旅游大数据协同创新中心"，两届融合科技示范基地建设稳步推进；主办"智慧旅游经济运行与监控标准创新研讨会"，确立了学院智慧旅游研究的国内领先地位。

积极组织项目申报，科研成果快速增长。组织完成各级各类科研项目申报工作，科研到账经费882.328万元；获批国家自然科学基金项目2项、国家社会科学基金项目1项，国家科技支撑计划1项；获批省部级项目5项、局委办项目31项，获得省部级科研奖励2项；全年发表论文149篇，比2013年增长22％。A类论文6篇，其中SCI、SSCI论文4篇，SCI扩展版论文2篇，B类论文18篇，其中EI期刊论文3篇，论文数量和质量都有显著提升。学院科研处获北京联合大学2014年度优秀科研管理单位，科研管理服务水平得到提升。

(张永敬)

【人才队伍】 全面试行教师绩点考核。积极探索针对管理、教辅岗位人员的绩点考核办法。

继续推进教师职业生涯规划。认真落实教师企业行业实践、国内外访问学者项目。

大力加强师资队伍建设。积极探索建立人才柔性引进和使用机制；获批1项市教委"北京市市属高校教师发展基地研修人员"项目，获得1项市教委人才强教外聘教授项目；1名教师获得2014年"北京市优秀教师"。

(梁磊)

【学生工作】 积极推进就业工作全程化、全员化、专业化、信息化建设，开展"职场训练营"，积极推进学生就业工作。2014届毕业生611人，就业率97.05％、签约率89.69％。

开展思想政治教育，带动学风建设。坚持德育立人、文化塑人、实践育人"三堂合一"的育人体系，以"红色1+1"支部、"促学专融合、创优良学风"等活动为抓手，开展着实有效的大学生思想政治教育工作。

以社会主义核心价值观为引领加强和改进学院德育工作。通过开展学生党员先锋工程、海外学游等教育实践活动，参加APEC、北京新年倒计时等志愿服务活动，组织学生参加人文知识和各类科技竞赛等，在活动中渗透核心价值观教育，践行社会主义核心价值观。

丰富校园文化生活，增强学生综合素质。成功组织了第十届旅游文化节、美丽京郊线路设计大赛等专题活动，以专业为基础，以大赛为平台，切实提高学生综合素质。2014年，学生在全国大学生会展创意大

赛、酒店服务技能大赛、导游服务大赛活动中均获得国家级奖项。

(冯丽霞)

【党群工作】 2014年学院有党员466名，其中教工党员164名，离退休党员112名，学生党员190名（其中研究生党员22名）；下设党总支8个（含直属党支部2个），基层党支部22个，其中教工党支部12个。

深入学习宣传贯彻党的十八大精神，十八届三中全会、十八届四中全会精神和习近平总书记系列重要讲话精神。深刻理解重要内涵，努力把握精神实质，学院领导班子不断提升运用党的创新理论推动工作实践、创新的能力和水平。

以"先进校、特色院"为目标要求，全力做好党建先进校检查工作。严格贯彻落实《基本标准》，下大力气抓好党建制度化、规范化，努力提升科学化水平。撰写了主报告、特色报告，印制及收集整理纸质支撑材料59盒，扫描文件500余份，上传电子文档800余份，充分展示学院党建工作的亮点和特色，并受得了考评专家的高度评价。

实施"党支部创新项目"，推进服务型党支部建设。引导基层党支部围绕特色鲜明·国内一流旅游学院建设目标，树立服务理念，拓展服务载体，提高服务能力，实现党建工作融入教学科研和管理服务，形成了一批经验作法，涌现出了一批先进典型。

认真贯彻落实新修订的《中国共产党发展党员工作细则》，严格工作程序要求，切实把好党员发展的质量关。本年度共发展党员80人，教职工党员比例达到65.5％；学生党员比例达到8.96％，其中研究生党员比例达到34.4％，本科生党员比例达到10.3％。

扎实开展宣传工作。结合学院实际，开展"我与联大共奋进"宣讲活动；策划并召开媒体见面会，展示学院办学新成就。以中法餐饮文化节、首都旅游发展论坛、《旅游学刊》中国旅游研究年会等重大活动为契机，编制新版宣传片、宣传册，拓展对外宣传报道，中国教育报、中国旅游报等媒体对学院报道达55次之多，在全校各学院中排名第一。

加强党风廉政建设。落实党风廉政建设党委主体责任，着力推进反腐败工作。进一步落实党风廉政建设责任制和"一岗双责"；开展新形势下北京高校党风廉政建设党委主体责任机制建设研究，完成调研报告；制定了学院贯彻落实《建立健全惩治和预防腐败体系2013—2017年工作规划实施方案》；加强对干部的廉政教育和培训，开展了党风廉政宣传月活动。

(王培雅　张立纯　李芳)

【交流合作】 加强合作办学，提高人才培养质量。与外经贸合作实施第二学位项目，15名学生入读外经贸第二学位，8名学生入选外经贸交换生项目；5名学生

获第四届全国大学生会展创意大赛一等奖,1 名学生获第六届全国旅游院校服务技能大赛一等奖,4 名学生获第四届全国高校餐旅类专业大学生创业大赛二等奖,4 名学生获全国职业技能大赛三等奖。

积极拓展国际交流与合作。分别在巴黎与北京成功举办了第二届中法餐饮文化节交流活动;邀请一批国际知名教授开展讲座、参与学术会议、为学院学生授课。

巩固、深化与政府部门和企业的合作。与云南西双版纳州人民政府、四川省九寨沟管理局、福建省三明市旅游局、北京玉渊潭酒店管理集团签署战略合作协议,建立了西双版纳、九寨沟、甘肃陇南三个学生社会实践基地,与北京玉渊潭酒店管理集团建立产学研合作教育基地;加强了首旅集团国家级大学生校外实践教育基地建设。

积极拓展继续教育与培训工作。2014 年行业培训人数达到 2340 人。完成国家旅游局"饭店总经理培训"、国家汉办"外国记者中餐体验培训"、北京市旅游咨询服务中心和京郊旅游乡镇长培训工作。举办九寨沟管理局的"精心化管理"培训班;积极拓展与国家职业资格培训基地、高师培等单位合作。

（高珣　汤利华　王丽　田雅琳　陈艳杰）

【管理服务】　完成旅游实践教学中心建设和综合实训楼二期实验室、实习实训基地建设方案;完成旅游大数据协同创新中心建设;建成旅游专业信息资料中心;改善了学生住宿条件。

切实做好工会和离退休工作。成功召开学院第三届教职工代表大会暨第六次工会会员代表大会第二次会议。落实教职工健康幸福工程,帮扶困难教职工,组织开展健康知识讲座、摄影比赛等各种文体活动。推进师德建设,1 名教师荣获 2014 年北京市工会"首都劳动奖章"。率先提出建设教师身边满意的教职工之家的工作理念并付诸实施,学院工会获北京联合大学"模范职工小家"称号;关心关爱离退休干部身心健康,积极为老干部解决实际问题。组建"我爱我的祖国"合唱团,组织老干部喜闻乐见的集体活动。

（于平　汤湛　黎嶝）

六、继续教育学院

【概况】

学院英文名称：College of Continuing Education。

学院网址 http://jxj.buu.edu.cn。

党委书记：李洪飞;院长：单金成

继续教育学院位于北京市西城区白纸坊东街盆儿胡同 55 号,占地面积 4680.21 平方米,校舍建筑总面积 10149.1 平方米。

学院的教学任务包括成人高等学历教育和非学历教育。学历教育方面,有高中起点本科、高中起点专科、专升本 3 个层次,共 16 个专业,在校生 2600 人;承担北京市高自考广告（专）、广告学（本）专业的主考和管理工作;学院还以中央广播电视大学现代远程教育公共服务体系（"奥鹏 Open on Line"）学习中心为教育平台,承担多所重点高校的远程高等学历教育。非学历教育方面,学院与政府部门、行业、企业合作开展了干部培训、摄影函授、教师培训、人力资源管理等各类培训班;承接政府、行业等社会考试,全年组考累计 16680 人次。

2014 年底,学院在职教职工 39 人,其中具有高级职称 1 人、副高级职称 4 人、中级职称 17 人、初级职称 4 人,合同聘用职工 2 人。聘任兼职教师 65 人,正高级职称 3 人,副高级职称 26 人,中级职称 36 人。退休教职工 74 人。

学院有普通教室、多媒体教室、计算机网络教室、摄影棚、暗房、语音室等专用教室共 35 个,培训住宿 72 个床位。完成教职工活动室建设。截止 2014 年底,国有资产总额 4074871 元。

2014 年,开始执行新《高等学校会计制度》。学院成为学校"行政事业单位内部控制规范化建设"试点单位之一。

2014 年学院教职工徐丽英获得学校教职工乒乓球单打比赛女子第四名,杨海燕第八名;董伟、宣国良分别获得男子单打第七、八名。12 月,学院获得 2014 年北京联合大学"厨厨动人"中青年教工厨艺大赛铜勺奖。

（王莹）

【机构设置】　处级党政管理机构设置数为 5 个,即党政办公室、教务处、人事处、财务办公室、行政管理处。学院直属处级教学单位 2 个,即培训部和高校干部培训中心办公室（工作关系隶属市委教育工委）。学院科级机构设置数为 7 个,即党政办公室组宣科,教务处招生办公室、实验实训中心,人事处人事科,财务办公室会计科,行管处保卫科,培训部项目开发办公室,高培中心教务管理科。

（肖梅）

【教学培训】　成人高等学历教育夜大学设有专升本、专科和高起本 3 个层次,共 16 个专业。本科有英语、艺术设计和公共事业管理等专业,专科以多媒体设计与制作、会计等专业为主。全年共开设 554 门课程,教学时数 27000 余学时。

2014 年成人高等学历教育共招生 1042 人,在校生规模超过 2600 人,创历史新高。2014 届共毕业学生 543 人,其中本科 67 人,专科 476 人。授予学士学位的学生 14 人,占本科毕业生总人数的 20.9%。

学院继续在现代管理大学校外教学站进行招生与教学,2014 年两个年级学生人数超过 1500 人。

学院积极组织夜大学生参加北京市竞赛活动,上半年,举办"北京联合大学继续教育学院夜大学学生2014年计算机应用比赛",共有30多个小组近100名学生参赛。经选拔由继续教育学院学生张强、李鑫、徐玲组成的北京联合大学代表队在2014年北京高等学校继续教育大学生计算机应用竞赛中,荣获视频短片组一等奖,指导教师陈海龙荣获优秀指导教师奖。

承担北京市高自考广告(专)、广告学(本)专业的主考工作,完成命题、组织考试、阅卷、网上登分、毕业论文答辩组织、学位资格审核等工作。

承担北京交通大学、南开大学、天津大学、中国医科大学的奥鹏远程学历教育,全年共招生81人。

2014年,学院组织了平顶山一高培训班(第二期)、平桥校长培训班(第二期)、摄影函授班、中级摄影师培训及考试、中高级人力资源辅导班、高校青年干部培训、成人高考辅导班、成人高考术科加试考前辅导班、会计继续教育、会计培训班、数据分析培训班、英语教学能力提升培训班、统计人员继续教育培训班等多个培训项目。承接了学校"白银市干部教育培训北京联合大学基地"的任务,实现挂牌并成功举办首期"白银市优秀年轻干部培训班"。承办学校新晋升副教授培训班、新任科级干部培训班、新任系(教研室)主任培训班、第六期新教师培训班等。

2014年承接了北京人事考试中心全国一级注册建筑师资格考试、全国审计专业技术资格考试、全国计算机技术与软件技术专业技术资格考试、中央机关录用公务员公共科目笔试考试各一期,承接北京市财政局会计人员从业资格考试两期、全国会计初级职称考试一期,承接北京市建设委员会建筑类考试5期。全年组考累计16680人次。进行2014年北京市英语口语证书考试项目的生源开发、组织考试,全年网报生源460人。

(车雅军 杨海燕 何一帆)

【科研工作】 何一帆于2014年6月在《网友世界》期刊中发表了一篇题为《德国二元制模式对我国职业教育的发展和启示》的论文。

11月20日,邀请北京工商大学的刘成璧教授以"教师教学设计技术与教学质量提高"为主题进行专题讲座,夜大学全体教师和全体教职工参加学习。

(车雅军 何一帆)

【党群工作】 2014年,学院共有党员65人,其中在职党员26人,离退休党员39人;设有5个党支部,其中4个在职党支部,1个离退休党支部。

学院党委认真落实党的群众路线教育实践活动整改方案,巩固教育实践活动成果。制定《北京联合大学继续教育学院重点工作、重要事项督查督办制度》《继续教育学院公文制发管理办法》《关于改进工作作风、密切联系群众的实施细则》等三项制度;修订《继续教育学院党委会议事规则》《继续教育学院院长办公会议事规则》《关于进一步完善党委领导下院长负责制的若干规定》《北京联合大学继续教育学院关于落实"三重一大"制度的实施细则》《继续教育学院院领导接待日制度》《北京联合大学继续教育学院领导班子民主生活会制度》《北京联合大学继续教育学院党委理论中心组学习实施办法》《北京联合大学继续教育学院部门工作考核办法(试行)》等制度8项。腾退办公用房8间172平方米,其中领导干部腾退办公用房5间136平方米,教职工合并调整腾退办公用房3间36平方米。

按照校党委统一部署开展了争创高校党建先进校的工作,进一步规范和加强党建工作。抓领导班子和干部队伍建设,改进工作作风,提高履职能力;抓党支部建设,组织学院全体党员、积极分子赴西柏坡中共中央旧址参观学习,第一党支部进入校"十佳党支部"创建名单;贯彻落实《中国共产党发展党员工作细则》的新要求,完成了发展1名教职工党员的计划。

落实学院党委理论中心组学习计划,全年参加校党委理论中心组学习(扩大)会9次,组织学院中心组学习6次。做好教职工思想动态舆情调研。组织青年教职工参加"青年教师思想政治工作研习营"活动。成功举办"我与联大共奋进"主题宣讲活动,获校第三届"我与联大共奋进"宣讲活动'最佳组织奖',尚宝琴被评为校"十佳宣讲员"。为纪念学院成立20周年,弘扬社会主义核心价值观,举办了师生摄影比赛。

贯彻中央《建立健全惩治和预防腐败体系2013—2017年工作规划》,按照"转职能、转作风、转方式"的要求,加大监督执纪的力度,扩大监督范围。纪检监察员列席院长办公会,进入学院项目工作小组全程了解和监督项目运行和执行情况,对学院组织的国家级考试进行监督等。制定并落实《2014年学院党风廉政建设和反腐败工作主要任务分工》。开展了党风廉政教育宣传月活动,院长单金成以"浅谈社会现象的廉政与腐败"为题讲廉政党课。举办了以"人事政策和财经制度解读"为主要内容的中心组学习。组织党员观看了教育片《模范执能逾——焦裕禄》,参观了《高等教育领域职务犯罪警示教育展》。

5月在校工会和学校有关部门的支持下,完成学院教职工活动室建设。安装了乒乓球台、跑步机、动感单车及各种健身器材、音响设备等。组织了学院教职工乒乓球趣味竞赛、乒乓球单打比赛等活动。学院舞蹈队获得学校首届教职工广场舞大赛二等奖。在学校第二届教职工运动会上,学院代表队取得优异成绩,被授予"优秀组织奖"党政办公室被评为北京联合大学"三育人先进集体"。

(张晚霞 张晓 张金辉)

【交流合作】 2014 年学院筹集合作单位向北京联合大学教育基金会捐款共 10 万元，其中现代管理大学捐款 6 万元，北京市大兴区中天培训中心捐款 4 万元。

（王莹）

【管理与服务】 2014 年，档案室接收档案 86 卷，接待查阅 34 次，利用档案 97 卷次。截至 2014 年底，室存文书档案 1017 案卷，其中永久档案 427 卷、长期档案 525 卷、短期档案 65 卷。

5 月，学院接入外网的带宽由 4M 提升至 1000M。

学院积极落实"平安校园"创建工作，实现了全年无安全稳定责任事故的目标。组织并完善校区安全管理三级基层网格划分，完成与各部门的安全责任书签订，做好门卫、监控及保卫干部的三个 24 小时值班等工作；加强消防安全工作，组织校区教职工参观中国消防博物馆及《安全知识答题测试》等宣传教育活动，组织教职工紧急疏散和灭火演练；加强隐患排查和整治，完成校保卫处驻校区保卫科办公室危房维修、校区大门处 360 度旋转监控探头加装、办公楼楼道北端消防逃生门门禁系统安装、校区北侧平房电路增容改造和校园西南角围栏更新加高等工作。

贯彻落实《北京联合大学继续教育学院项目管理办法》，规范非学历教育项目管理，完善项目小组职能，严格项目论证与立项审批，加强运行风险控制。

5 月组织全院在职职工和离退休人员在爱康国宾体检中心进行了健康体检。

2014 年，学院实现总收入 2087.55 万元，其中：财政拨款收入 1505.14 万元，各类办学收入 582.41 万元；总支出 2087.55 万元，全年收支平衡。2014 年开始执行新《高等学校会计制度》。财务报销模式改革，实行"先审后报"，提高了财务信息的准确性和时效性。作为学校内部控制建设试点单位，全面梳理了学院的现行制度及各类经济活动运行流程。同时完成了 2013 年预算执行审计。

（张晓　张金辉　肖革芹　徐慧）

七、信息学院

【概况】

学院英文名：College of Information Technology。

学院网址 http://it.buu.edu.cn。

党委书记：尹福斌（2012 年 4 月 9 日起任职）；常务副院长：田景文（2013 年 7 月起任职）。

信息学院主要培养信息技术（IT）人才，其前身是 1978 年建立的清华大学分校、北京邮电学院分院等。学院设有四系（计算机工程系、软件工程系、电子工程系、通信工程系）、三所（信息技术研究所、微电子应用技术研究所、可靠性检测与传感网技术研究所）和工程技术应用中心。

学院拥有高水平的科研和学术研究平台和环境，有"通信与信息系统""信号与信息处理""电路与系统" 3 个校级重点建设学科。拥有计算机科学与技术一级硕士学位点，硕士点以"北京市信息服务工程重点实验室"和"国家级服务外包人才培养模式创新实验区"为主要依托平台，从事计算机及信息领域的学术研究以及研究生教育工作。

学院非常重视在工程技术方面的创新与开发，拥有较高水平的科学研究设备和一批较高水平的成果，学院教师与学生共同获得拥有授权专利、软件著作权等知识产权 100 多项。

学院有计算机科学与技术、软件工程、通信工程、电子信息工程、电子信息科学与技术 5 个本科专业，广泛与企业开展产学研合作，着力培养学生在北京的科技和工程领域的实际工作能力，建立了工程技术应用中心，向学生提供高水平的工程训练和教学科研环境。北京市和学校近年投入数千万元资金，建设了机器人技术、无人驾驶技术、物联网技术、多旋翼无人飞行器、移动通信、单片机与嵌入式系统、移动终端、智能电子系统、计算机网络集成、软件工程、数字信号处理（DSP）、光纤通信等实验设备和实验环境。信息学院是教育部和北京市教委批准的国家和北京市"服务外包人才培养模式创新实验区"的主体学院。

学院成立了以学生课外科研和技术开发为主要任务的专业社团 16 个，如机器人社团、物联网社团、无人机控制专业社团、无人车社团、移动互联技术社团等，锻炼学生的实际工程能力和创新实践能力，为学生就业发展打下坚实的基础。

截至 2014 年底，学院教职工人数 100 人，其中专任教师 68 人，管理人员 21 人，专任教师中教授 7 人，副教授 30 人。

（徐建华）

【学科建设】 学院以科研工作为主导，推进学科群建设，积极申报各级各类科研项目，提升整体科研水平。

以研究生教育为核心，建立具有北京联合大学特色的研究生培养体系，建立梯队型导师队伍，完成了计算机科学与技术一级学科的各项建设工作，认真执行计算机科学与技术、软件工程两个一级学科研究生培养方案。学院 17 名毕业生考取研究生。考研学生中，11 名被中国科学院、中国传媒大学、北京交通大学等 985、211 院校录取，15 名毕业生赴国外攻读硕士学位。学院顺利完成了研究生招生、考试、复试、录取工作，计算机科学与技术专业录取 15 人。

围绕学院发展目标，全面推进学院科研建设，从而有效提高教师执教能力，突破教学品质提升瓶颈。学院教师积极参与企业横向课题开发，例如大数据下高压中控盒测试系统及数据管理系统开发、车载测速测距设备测试平台开发、社交网络舆情挖掘系统研究与实现等。

(马楠 刘瀛溯)

【教学工作】 学院组织 2015 版计算机科学与技术、软件工程、电子信息工程、电子信息科学与技术、通信工程 5 个专业培养方案的制定工作。2014 年 11 月 6 日召开"2015 版培养方案启动会",各专业相继召开"2015 版培养方案研讨会",学院各专业系、细致、全面地做好前期调研工作,深入了解相关产业、行业现状和未来发展趋势,细致有序地做好 2015 版培养方案制定工作,更好地培养 IT 应用型本科人才。

学院组织各专业评估工作,高质量完成校内本科专业评估工作。其中软件工程专业在北京联合大学 2013—2014 学年普通本科新办专业校内评估主观汇报获得第一名成绩。

组织教师带领学生参加各项竞赛活动,先后组织本院学生参加学校举办的计算机应用大赛、大学生电子设计竞赛、英语演讲比赛、节能减排竞赛、数学建模竞赛、程序设计竞赛、物理实验竞赛、"蓝桥杯"软件设计大赛等各学科竞赛,最终有 12 人次获得国家级竞赛奖项;89 人次获得市级学科竞赛奖项;有 253 人次获得校级竞赛奖励。

加强教学研究和教学管理工作。本年度共发表教改和学术论文 11 篇,开展教学管理规章制度、流程梳理与制修订工作,提升教学管理效能。

深入落实学院专业社团,明确学生的研究方向,组织学生科技活动,以社会需求为导向,以实际工程为背景,以工程技术为主线,着力提高学生工程意识、工程素质和实际应用能力。组建专业社团 16 个,共计参与教师 60 余人,参与学生 389 人。

结合实验区和特色专业建设,以教学方法改革和推进开放式实践教学为突破点,聘请行业专家、企业技术人员来校讲课,建立校企合作,共建"产学研"人才培养基地。学院积极参加第四届中国服务外包人才培养国际大会,学生积极参加中国服务外包人才培养,学校获得"第二届中国服务外包人才培养与服务机构"最佳实践五强荣誉。

2014 年学院共计 462 人参加毕业设计,共计 462 份毕业论文,10 份优秀论文。

(马楠 刘瀛溯 石丽萍 田胜 李智 陈阳)

【科研工作】 全院申报国家自然基金 3 项,北京市自然基金 4 项,北京市教委科技研究计划项目 8 项,其中成功申报国家自然科学基金项目 1 项,其他横向课题 4 项,总经费 127 万元。

全院共撰写学术论文 11 篇(包括录用),其中 CSCD 论文 2 篇并被 EI/SCI 期刊检索,其他 9 篇。

(刘瀛溯 马楠)

【学生工作】 加强思想引领。组织学生党员、干部学习十八届四中全会和习近平总书记在群众路线总结大会上的讲话、五四北大讲话等文件精神,开展"培育和践行社会主义核心价值观"主题征文活动,获一等奖 1 人,三等奖 2 人,优秀奖 6 人。

实现学生党建工作新突破。建立学生党总支办公室,聘请优秀学生担任党总支副书记,建立党建理论社团。计算机工程系学生党支部和通信工程系学生党支部获得"北京联合大学学习型十佳党支部"荣誉称号,1 人获得 2014 年北京联合大学"十佳党员"荣誉称号;学生党支部在 2014 年红色"1+1"支部共建的项目申报中全部获批资助。

开展学生科技活动。举办 2014 年信息学院科技创意大赛,学生参与人数达 1023 人次。2014 年启明星科技立项共申报 49 个项目,最终获批 32 项,其中国家级立项 8 个、市级立项 15 个、校级立项 9 个。

评奖评优。评选国家奖学金 6 人,获校长特别奖 2 项,金隅奖学金 2 人,金隅助学金 2 人,凌胜奖学金 2 项,竞业达奖学金 4 人;校级及以上奖项有:国家奖学金 5 人,学校奖学金 343 人(其中特等奖 5 人、一等奖学金 15 人、二等奖学金 113 人、三等奖学金 210 人),学风建设先进个人 51 人,优秀学生干部 15 人,三好学生 46 人,先进班集体 5 个,优良学风班 7 人,市级优秀毕业生 24 人,校级优秀毕业生 98 人。院级奖项有:优秀学生干部 64 人,三好学生 77 人,先进班集体 5 个,优秀毕业生 110 人。国家励志奖学金 143 人,助学金 571 人。

在学校团建"达标创优"竞赛活动中,学院科协团支部被评为校级十佳团支部,李洁榆、邹博els 2 位同学被评为校级十佳团干部,吕庚育、孙高洁 2 位同学被评为校级十佳团员。

实践育人成果显著。2014 年暑期,学院 500 余名学生,共计 55 支社会实践队伍,围绕"心系复兴梦青春勇担当"的主题,开展了形式丰富的社会实践活动。学院被评为暑期社会实践先进单位,"智力西部行"爱心支教团队被学校推荐参评"2014 年首都大学生暑期社会实践先进集体"。

拓展宣传阵地。通过校团委"青春联大"网站"基层动态"栏目、信息学院网站、联大 BBS、人人网主页、腾讯微博等途径,进一步加强学生工作宣传的力度。本学年创建的学生会、学生科办"微信"公共账号,扩大了宣传覆盖面。

完成新生军训工作,加强国防教育,完成军事理论课程。组织 2014 级新生 471 人参加军训,110 人获得军训先进个人称号。板报评比第一名,宣传评比第一名,英语单词比赛 5 个一等奖中占据 3 席。在特训营拉练中,学校 30 名女学员均为信息学院学生。学院积极开展征兵宣传和组织,2014 年共 12 人应征入伍。

（李超）

【党群工作】 以理论学习为基础,加强思想建设。围绕中心抓紧抓实中心组学习,以党支部引领教职工学习。加强培训,学院在 4 月 23 日—5 月 9 日期间,举办了管理骨干培训班,提高了管理骨干的创新能力和履职能力。

圆满完成党建先进校迎检工作。3 月 7 日,学校迎来北京市党的建设和思想政治工作先进普通高等学校评选专家组入校考察,学院撰写了自评报告、准备了 42 盒迎检材料,营造迎检氛围,充分展示了学院近年来党建和事业发展成果。

加强基层党组织建设。调整设立了 2 个学科党支部(软件工程学科党支部和计算机科学与技术学科党支部)。根据党员人数的变化,工程中心与研究所党支部合并到行政与教学党支部。认真组织开展十佳支部创建工作。软件工程系教师党支部获评校级"十佳党支部";计算机工程系学生党支部、通信工程系学生党支部获评 2013—2014 学年校级学生十佳党支部。

加大培养力度,规范党员发展工作。制定《信息学院 2014 年党员发展计划》,合理设置发展结构。学院党委委员直接承担党员发展谈话和转正谈话的工作任务,确保发展质量。2014 年共发展党员 88 名,其中学生党员 86 名、教师党员 2 名。

以创新项目形式加强创新型党支部建设。今年各教工党支部和学生党支部围绕学院中心工作,以不同主题,继续开展党支部创新项目申报工作,共申请创新项目 12 个,支持创建经费 28304.5 元。

表彰先进,树立典型。通过党内外民主评议、基层党组织推荐、院评审小组审核、学院党委会讨论等程序,共评选出 15 名院级优秀共产党员、3 个院级先进党支部、2 名院级优秀党务工作者。

加强教职工之家建设,圆满完成工会先进之家验收,被评为校先进职工之家。

（徐建华）

【人才队伍】 截至 2014 年底,学院在职教职工 100人,其中专业教师 71 人(含双肩挑 6 人),教授 5 人,副高职称 31 人(其中副教授 28 人、高级工程师 2 人、高级政工师 1 人),专职辅导员 9 人。

学院重视人才队伍建设,2014 年共接收 54 份简历,分两批共 20 人参加学院面试、试讲环节;择优上报 10 人参加校级试讲,经过层层考核,最后引进 3 人。

加强教师队伍建设,提高执教能力。14 名青年教师攻读博士学位研究生,一名教师赴美国做访问学者。积极组织参加学校第三届教学优秀奖评选,学院教师马小军和陈晓丹进入决赛,并双双获得决赛理工组二等奖。组织韩玺、廖礼萍、章学静 3 位教师参加学校第

四届中青年教师执教能力比赛。

（陈锦 马楠）

【社会影响】 6 月,北京市大学生电子设计竞赛中,学院 7 个参赛队伍,3 个队获得一等奖,3 个队获得二等奖,其中两名学生以满分(100 分)成绩获得一等奖。这是学院连续两届以满分在北京市电子设计竞赛中获得一等奖。此次大赛获奖分别在《京华时报》(2014 年 6 月 17 日)和《现代教育报》(2014 年 6 月 18 日)报道。

8 月,学院成功承办"第四届全国大学生物联网创新应用设计大赛",全国 85 所高校 100 多支代表队参赛。

2014 年"尚和"杯中国机器人暨 RoboCup 公开赛于 2014 年 8 月在北京航空航天大学举行,学院 3 支学生参赛队伍分别获得动作投影对抗项目一等奖、标准平台无差别项目二等奖、标准平台仿人项目二等奖。

8 月 8 日,在北京航空航天大学举办全国大学生物联网设计(TI 杯)华北分赛区决赛中,学院派出由杨萍副教授、姜余祥副教授指导、11 名同学组成的 3 支参赛队伍,荣获一等奖 1 项、二等奖 2 项。此次决赛有来自北京理工大学、北京航空航天大学、天津城建大学等众多高校在内的 29 支队伍参赛。

9 月,协助学校承办"鑫台杯"华北五省(市、自治区)暨港澳台大学生计算机应用大赛。并选派 6 组学生及作品参赛,获得特等奖 1 项、一等奖 4 项、二等奖 1 项。

10 月,2014 中国机器人大赛暨 RoboCup 公开赛在安徽合肥国际会展中心举行,学院有两个代表队首次入围,获得动作投影对抗项目一等奖一项和优秀指导教师单项奖。

12 月,全国高校移动互联网应用开发创新大赛总决赛在学校举行。学院 3 支参赛队伍分别获得本科组一、二、三等奖。

常务副院长田景文教授 6 月当选中国产学研标准与质量认证战略联盟副理事长,信息学院成为中国产学研标准与质量认证战略联盟副理事长单位。

学院组织的 2014 年暑期社会实践也得到了社会媒体的关注,中国青年网、中国工会网、铜仁新闻网等网络媒体对社会实践活动进行宣传报道,扩大了学院的社会影响。

9 月秋季学期新生报到,一名患进行性肌营养不良症的少年——曹兆昱同学就读学院软件工程系,引起社会关注,首都各大媒体分别做了相关报道。学院专门组织帮扶小组,为曹兆昱同学的学习和生活提供帮扶。

（徐建华）

【其他工作】 完成"平安校园"创建和验收工作。学院积极开展"平安校园"迎检自查,撰写自评报告,准备支

撑材料8盒,完善和落实了校园三级网格化管理等工作制度。11月28日,北京市"平安校园"检查验收工作组对学校进行了检查验收,"安全管理与防范"工作组走进学院,听取了党委书记的工作汇报,查阅了迎检材料,并走访了学院实验室。学院还配合学校完成了学生宿舍消防疏散演练活动,圆满完成了迎检各项工作任务。

围绕重点加强宣传,外宣取得突破。以招生宣传、学术科研活动宣传为重点,加强宣传工作的实效性。2014年学院在校新闻网上发表稿件160篇,在外媒发表稿件11篇,获得2014年度外宣工作先进单位。

以文化人,校园文化建设取得成效。在开展好学院特色文化活动的基础上,积极参加学校组织的各项活动。先后举办了学院新生运动会、第二届学生歌手大赛、第二届logo设计大赛、第五届科技创意大赛、第五届新生辩论赛等,组织师生参加"我心中的北联大"演讲比赛、国家宪法日座谈会、培育和践行社会主义核心价值观经验交流会、青年教师理论研习营、校史知识竞赛等,选拔5名宣讲员参加第三届"我与联大共奋进"宣讲活动,在学院召开两场宣讲会。组织师生参加学校"厉行节约 反对浪费"主题征文活动,提交征文22篇,5篇获奖,学院被评为"优秀组织奖"。组织师生参加"联大人唱联大歌"原创歌曲创作与演唱大赛,学院获得优秀歌词一等奖1名,优秀奖3名。

积极开展廉洁文化创建工作。组织学院师生参加"北京廉政故事""廉政微短剧"创作征集活动、"清廉中国"新闻摄影、公益广告、漫画征集活动,学院共上报16件"北京廉政故事"作品,被学校选中13篇报送到市里参加比赛;上报21件廉政漫画作品,其中2篇推荐选送到市里参赛;上报4篇廉政微短剧作品,其中1篇报送市里参赛。12月初,学院荣获北京联合大学2014年廉洁文化创建活动优秀组织奖。

(周月朋)

八、机电学院

【概况】

学院英文名称:College of Mechanical and Electrical Engineering。

学院网址 http://jd.buu.edu.cn。

党委书记:杨奇红;院长:程光。

2014年,学院设有综合办公室、教学科研办公室、学生工作办公室,工会、团委以及机械工程及自动化系、工业工程与物流系、检测与质量工程系、汽车服务工程系、工程基础教学部和金工实习中心。

学院有校级重点建设学科1个,即机械制造及自动化学科;自主设置二级学科1个,即制造业信息化技术,将于2015年招收研究生。

学院有本科专业4个,即机械工程专业、工业工程专业、材料科学与工程(检测与质量管理)专业、汽车服务工程专业;其中,机械工程专业是国家级特色专业建设点和北京市级特色专业,机械工程专业、工业工程专业是校级优势本科专业,工业工程专业和材料科学与工程(检测与质量管理)专业是校级骨干专业。学院有专升本专业2个,即机械工程专业和工业工程(物流管理)专业。

学院校级校外人才培养基地5个,即北京京城机电控股有限公司校外人才培养基地、华德液压有限公司校外人才培养基地、奔驰-戴姆勒克莱斯勒汽车有限公司校外人才培养基地、SMC(中国)有限公司校外人才培养基地、北开电气有限公司校外人才培养基地。其中,北京京城机电控股有限公司校外人才培养基地为市级校外人才培养基地。新增4个院级校外人才培养基地。

学院校级校内实践教学中心1个,即现代制造工程技术实践教学中心。

学院校级院管科研机构1个,即北京联合大学传动研究所。学院与企业共建高新技术研发和成果转化基地2个,即华德液压-北京联合大学高新技术研发及成果转化基地,北起意欧替-北京联合大学高新技术研发及成果转化基地。

截止到2014年12月31日,学院有教职工87人,其中专任教师49人。专任教师中,教授5人、副教授20人,具有博士学位的教师21人,在读博士学位的教师5人,全院教师(含思政教师)中的博士比例达到43%。

截至2014年12月31日,有全日制本科生984人(含专升本学生)、全日制高职生140人;成人学历教育学生574人,成人学历教育学生中有146人来自合作企业SMC(中国)有限公司。

2014年,全院全日制本科毕业生297人(含专升本学生)、高职毕业生182人;成人学历教育毕业生190人。本科(含专升本学生)招生215人,成人学历教育招生175人(其中本科30人,专升本103人,专科42人)。

(王锐 杨俊荣 陈忆育 季红益)

【学科建设】

学院以机械工程为主要学科发展方向

首次进行自主设置二级学科"制造业信息化技术(0812Z2)"硕士研究生(学术型)招生工作,成立机电学院2015年硕士研究生招生工作小组,制订学院2015年硕士研究生报考奖励办法,完成2015年硕士研究生招生宣传及报名、考试工作。学院新增硕士研究生导师(学术型)4位,硕士研究生导师(专业型)3位。

学院积极加强学科队伍建设。2014年,学院晋升教授1人;副教授3人;接收应届博士研究生1人。

(王锐 李秀彩)

【教学工作】 学院有6个教学单位，即机械工程及自动化系、工业工程与物流系、检测与质量工程系、汽车服务工程系、工程基础教学部和金工实习中心。

召开2014年专业建设与教学改革工作会。坚持"请进来、走出去"，加强工程教育专业认证培训，确定以机械工程专业为试点启动工程教育专业认证工作，于今年9月正式递交了认证申请书。

深化专业综合改革，加强课程教学建设。深入开展2015版本科培养方案调研与研讨；积极参加校内专业评估，提高专业建设科学性；推进微观教学改革，重点支持各专业1—3门核心课程进行翻转课堂、案例教学、问题引导式等教学模式的改革；重点建设《机械设计基础》等学科大类平台课和《液压与气压传动》《汽车构造Ⅱ》等6门专业课以及2门校级公共选修课；获第三届教学优秀奖二等奖1项，第三届中青年教师执教能力比赛一等奖1项、二等奖1项。

获评2014届校级优秀毕业设计（论文）3篇，3名教师获评本科优秀毕业设计指导奖。

（王锐　孙丽娟）

【科研工作】 2014年到账经费共219.3万，其中新增的国家科技支撑计划项目到帐经费62.8万元（总经费为138万），横向课题67.5万；共发表论文26篇，其中SCI/EI检索11篇，出版专著3部；授权发明和实用新型专利共10项。

召开2014—2017年科研发展规划研讨会，制定学院2014—2017年科研发展规划。筹建教学与科研成果展示室，新组建2个院级科研机构。

制定《仪器设备采购及管理实施办法（试行）》，建立学院科研设备库。

推动政产学研协同创新。与北京京城机电控股有限责任公司、北京机科易普软件技术有限公司等深化合作共建；开展服务机器人研发、云制造信息平台建设等工作，均取得不同程度阶段性成果；北京市工程技术研究中心申报工作稳步推进；加强与北京机械工程学会、北京数控装备创新联盟、北京智能机器人产业技术创新联盟等行业组织的联系与对话，协同开展工作。院长程光当选北京机械工程学会新一届理事会副理事长。

（王超　王锐）

【实验室建设】 新建机器人创新实验室。获批实验室建设项目4个，分别是：本科生培养-实验室建设-现代制造工程创新实践基地建设；本科生培养-实验室建设-校内实训基地建设；科研基地建设-科技创新平台-现代制造工程创新平台建设；实验室建设-现代制造工程创新实践基地建设。

（张建成）

【实训基地建设】 获批"教育教学——校外人才培养基地"建设项目。新增学生校外实践教学基地2家，分别是北京市地铁运营有限公司运营二分公司、北京爱生科技有限责任公司。

（张建成）

【人才队伍】 积极做好各类师资培训项目。入选北京市"青年拔尖人才培育计划"1人；入选学校"人才强校"资助项目1人；获得国内访问学者资助项目1人；参加北京市和学校教师发展中心组织的培训5人。

加强教师队伍建设，提升教师执教水平。新进1名博士教师，专任教师博士比例达到43%；新申报双师素质教师13人；组织参加学校第三届教学优秀奖评选和中青年教师执教能力比赛，1人获评教学优秀奖二等奖，1人获执教能力比赛一等奖，1人获执教能力比赛二等奖。

加强师德师风建设。获评北京市德育先进工作者1人，校级三育人先进集体、先进个人和师德先进个人各1人。

加强学习型辅导员团队建设。1人获第二届北京高校辅导员职业能力大赛二等奖；2人被评为学校2013—2014学年"十佳辅导员"；1人入围全国高校第六届年度人物评选，并在北京市十佳辅导员评比中晋级前20名。

（杨俊荣　程永清）

【学生工作】 研究学生特点，全方位、全覆盖开展学生发展辅导。制定《学生发展辅导与学业辅导实施办法》。邀请校党委副书记周志成为学生代表开展专题发展辅导；聘请保卫处处长、援藏干部于熙做学生成长导师；聘请企业高管进校园，开启学生职业生涯规划之门；邀请退休的老干部、老教授开展"师长对我说"活动，亲身讲述他们与联大成长的故事，感动学生；开展"我与联大共奋进"活动，用身边的榜样树先锋，传播正能量。

注重"学生兴趣主导"，推动学研融合，第一课堂与第二课堂有效衔接。与自动化学院共同承办北京联合大学2014年科技文化节，获批"启明星"学生课外科技作品立项23件，其中，国家级4件、市级12件、校级7件。组织参加国家级比赛3项、省部级比赛5项、校级和院级比赛7项，100%的学生参与大学生科技活动，50%以上的学生参加大学生科技竞赛，获得各级各类比赛奖项50余项，获奖学生比例达到在校生的25%（含院级比赛）。

扎实开展社会实践活动，学生融入社会、服务社会、感恩社会。与北京市东城区档案馆签署社会实践共建协议；在2014年暑假社会实践工作中，学院"当代雷锋"孙茂芳工作室志愿服务实践团荣获"2014全国大中专学生志愿者暑期'三下乡'社会实践活动先进团队称号"；"推进垃圾分类，建设美丽社区"社会实践团被选为全国母亲河重点项目实践团队,参加京津冀晋蒙青少年生态环保项目展示评审会,团中央书记处第一书记秦宜智、团中央书记处书记徐晓视察了学院团队展位,实践团成员介绍了团队的基本情况和活动成果。学院团委被评选为北京联合大学2014年暑期社会实践先进单位。

打造志愿服务品牌,美丽国际时尚街区。学院青年志愿者协会依托三里屯街道合作共建,服务社会、服务社会。荣获三里屯街道"十大优秀志愿服务品牌团队";1名学生获三里屯街道"十大优秀志愿者"。此外,还组织"学雷锋 我先行系列活动""社区老人计算机培训""'当代雷锋'孙茂芳工作室""关注空巢老人""叶如陵爱心小屋"等品牌活动。

落实国家在大学生中征兵的政策,共选送8名同学光荣入伍。

在白家庄校区运动场举办学院2014年体育文化节。

截至2014年8月31日,据市教委就业数据平台统计,就业率98.58%,签约率93.38%,学校排名第5位,获评学校2014年就业工作先进单位奖和任务完成奖。

(王锐 程永清 孙丽娟 唐武)

【党群工作】 截至12月31日,机电学院共有党员150人,其中教工党员58人、学生党员92人;正式党员101人,预备党员49人。12个党支部中教工党支部7个,均为学院党委直属党支部;学生党支部4个,师生联合党支部1个,均隶属学生党总支。2014年学生入党积极分子134名,发展党员53(学生50名,教师3名),年底本科学生中党员比例为10%。

召开全院党员大会。学院党委书记杨奇红代表上届党委向大会做了题为《紧抓发展机遇凝聚改革共识为全面建设高水平有特色的行业型学院而努力奋斗》的工作报告。大会提出了全面推进高水平有特色行业型学院建设的目标,确定了未来4—8年工作规划和主要发展任务。大会选举产生了新一届党的委员会。新当选的机电学院党委委员是(按姓氏笔画为序):丁兆明、杨奇红(女)、夏齐霄、程光、焦阳。新一届党委第一次全体委员会上,杨奇红(女)同志当选党委书记,焦阳同志当选党委副书记。

学院党政领导班子学习贯彻落实十八大、十八届三中全会、十八届四中全会和习近平总书记系列重要讲话精神,增强急迫感、使命感、责任感,强化宗旨意识、纪律意识、法治意识。邀请校党委书记徐永利以《科学认识自己》为题为全院师生讲党课;完善中心组学习制度,参加学校党委理论中心组(扩大)学习12次,组织学院党委理论中心组(扩大)集体学习8次,召开班子务虚会5次,贯彻落实学校四届六次至九次全委(扩大)会和领导班子务虚会精神,研究解决学院发展重要问题。

持续深化作风建设。联合校本部四学院邀请校纪委书记张楠做党风廉政建设专题讲座;落实八项规定精神正风肃纪,组织观看《作风建设永远在路上》《天河》《党风廉政微电影》等影视作品。

学院党委全面深入开展党的群众路线教育实践活动。召开学院群众路线实践活动总结会,认真落实领导班子和个人的整改方案,截止到12月31日,在整改方案所列的4项整改任务均完成;在所列的10项专项治理任务均完成;8项制度建设计划均已完成。

学生党建成果突出。新建3个大学生党员志愿者服务实践基地;获评2014年北京联合大学党员先锋工程服务先锋计划申报项目评比一等奖;获评2014年北京联合大学红色"1+1"活动优秀策划方案一等奖1个、二等奖2个、三等奖1个。成立4个学生公寓临时党支部,为"党员宿舍"和"学生党员服务站"挂牌。

全年编印学院党委会和党政联席会的《会议通报》39期。

完善"3310"工会工作模式,建设健康幸福职工小家。2014年获评学校"工会工作先进单位""工会宣传工作先进集体"和"工会特色工作成果奖"。

(录华 聿武 王锐 闵莉艳)

【对外交流】 积极选派教师出国(境)考察、访学。院长程光随团出访,磋商国际合作和互派留学生事宜;选派优秀教师赴英国、加拿大、土耳其、匈牙利、法国等国家和地区的高校进行考察交流和访学;组织回国老师召开考察、访学交流会。

加强推进学生出国(境)交流项目。成功推荐14名学生赴以色列、西班牙、中国(台湾)等地区的高校交流学习。8名学生获北京市高等学校学生公派境外学习奖学金,10名学生获北京联合大学学生境外交流项目奖学金。

(杨俊荣 卢丹蕾)

【其他工作】 完成《李敬文集》编纂工作。

(王锐)

九、自动化学院

【概况】

学院英文名称:Automation College。

学院网址 http://http://zdh.buu.edu.cn。

党委书记:丛森;院长:方建军。

北京联合大学自动化学院成立于2002年4月。2013年,学院共设有电子与建筑电气工程系、电气与控制工程系、物流系、交通工程系、实践教学中心、教学科研办公室、学生工作办公室、综合办共8个部门,2014年10月28日,按照学校相关文件精神,撤销自动化学院电子与建筑电气工程系的建制,教师调整到电气与控制工程系。

2014年,学院范同顺教授主编的《建筑供配电与照明》一书被评为国家"十二五"普通高等教育本科规划教材;钱琳琳老师、张福贵老师获得北京联合大学第三届教学优秀奖二等奖;方建军教授成功申报校级教学创新团队;交通工程专业在学校年度专业评估中,获得新办专业组第二名(2/15)的好成绩,自动化专业和电气工程及其自动化专业分获非新办专业组(65个专业)的第8名和第9名,成绩斐然。

科研和学科建设取得新进展。方建军教授承担的北京市自然科学基金面上项目和苏玮教授承担的北京市科委软课题项目获批并进入研究阶段,实现省部级科研项目的新突破。方建军教授成功入选北京市长城学者培育计划,实现高层次人才培养的突破。刘艳霞副教授和孙迪博士成功申报2015年北京市教委科研计划面上项目;学院青年教师还获得2014年度北京联合大学新起点计划项目2项。

2014年,全院教师共发表学术论文47篇,其中SCI/EI期刊论文12篇(SCI:6,EI-JA:6),申请知识产权26项,其中已授权15项,译著1部,学院各类科研到账经费共计151.9万元。

（范维）

【机构设置】 北京联合大学自动化学院是隶属于北京联合大学的二级非法人学院。近年来,学院以本科教育为主,开展多层次办学,为首都经济建设和社会发展培养了一大批高级技术人才和管理人才。现任学院领导班子成员:党委书记丛森、院长方建军、党委副书记廖琪丽、教学副院长盛宏、科研副院长张益农、行政副院长王爱民。2014年7月学院党委副书记由李九丽调整为廖琪丽。

（范维）

【学科建设】 2014年,自动化学院成功申请教育部备案的二级交叉硕士点学科——智能交通工程学科。该学科下设三个研究方向,2015年开始招收硕士研究生。

校级重点建设学科——控制理论与控制工程和模式识别与智能系统两个学科,围绕凝练的学科方向、汇聚队伍,开展卓有成效的学科建设活动,取得了较为丰富的学术成果和科研成果,学科人才队伍建设取得了可喜的成绩。模式识别与智能系统学科方建军教授承担的北京市教委人才强教深化计划——模式识别与智能机器人系统学术创新团队顺利结题,课题研究成果——中国象棋机器人已经进入成果转化阶段。方建军教授申报的北京市自然科学基金面上项目开题并组织研究。方建军教授成功入选北京市长城学者。学科积极组织教师申报和承担国家、省部级和横向科研课题,发表学术成果,2014年在研科研项目12项,发表C刊及以上学术论文18篇,其中SCI期刊收录6篇、EI

期刊源6篇、CSCD期刊6篇;获得授权的实用新型专利8项。2014年,张益农教授和杜明芳副教授被遴选为硕士生导师。2014年招收硕士研究生3名,毕业研究生2名,目前在读研究生7人。

（方建军　李红星）

【教学工作】 学院积极落实学校的办学宗旨和办学定位,突出应用性人才培养的特色,培养目标明确,为北京市经济建设和社会发展培养在生产、管理、服务一线工作的应用性人才。优化课程体系,注重学生应用能力的培养和训练,落实了实践教学内容,明确了实验、实习、课程设计、毕业设计等实践教学环节。

2014年,范同顺教授主编的《建筑供配电与照明》一书被评为国家"十二五"普通高等教育本科规划教材;钱琳琳老师、张福贵老师获得北京联合大学第三届教学优秀奖二等奖。

（梁爱琴）

【科研工作】 为了推动自动化学院的学科建设,2014年,积极组织学院教授、博士及骨干教师成功申报了自主设置交叉学科"智能交通工程",并于2015年开始招生。同时学院有两名教师(张益农、杜明芳)成功入选北京联合大学新增硕士研究生指导教师。2014年,学院约100人参加考研,参加考研率为28%,考研人数创新高。考研上线率接近7%。

外引内联、协同创新,力争使学院科研工作上一个新的台阶。2014年,有两位教师深入到特聘教授徐常胜团队中,参与项目的研究工作。积极配合生物化学工程学院、特殊教育学院成功申报了"生物质废弃物资源化利用"协同创新中心和"辅助技术"协同创新中心,与应用科技学院等单位承担了"思想政治工作微博群"合作项目。2014年度,学院有2项较高级别纵向课题(方建军教授北京市自然科学基金项目和苏玮教授北京市科委项目)获批,使学院在基金类课题的成功申报方面有了新突破;方建军教授成功入选市属高校长城学者培养计划,实现了学院在此领域零的突破;成功申报2015年北京市教委科研计划项目2项,在数量方面也是突破;2014年度北京联合大学新起点计划项目2项;佟世文老师当选北京市第二十二届北京优秀青年工程师;学院杨青等教师参加学校"智能汽车"科研团队,表现优异,获全国智能汽车大赛第三名,为学校赢得了荣誉。此外,还对原有的科研院所进行了进一步调整,增加了校级院管的"智能交通"研究所。

2014年,全院教师共发表学术论文47篇,其中C刊以上14篇(SCI:6,EI-JA:2),申请知识产权26项,其中已授权15项,译著1部,学院各类科研到账经费共计151.9万元。本年度,有多项科研成果获得奖励,惠及36人次。

为了开阔教师眼界,营造浓厚的学术氛围。2014

年,院、系分别开展了多场学术讲座,让教师们及时了解本学科的学术前沿和研究动态。

(张益农)

【学生工作】 在学校学院党委的领导下,学生办紧紧围绕学校中心工作,以人才培养为中心,以精品学院建设为契机,以学风建设为重点,与时俱进加强学生特点研究,在工作中贯彻"三严三实",努力提高思想政治工作的实效性。为社会输送合格的应用型工科人才。为此,学生办在全院学生中开展中国精神与社会主义核心价值观主题教育活动,加强理想信念教育,以"党建进班级、党建进社会、党建进网络、党建进宿舍"的"四进"方式,通过开展党员责任区、挂牌上岗、志愿服务、助学帮扶等活动着力培养大学生党员的社会责任感、创新精神、实践能力,促进大学生党员的德智体美全面发展,打造学习型、创新型和服务型学生党支部。学生党员的引领带头作用,师党风带班风促学风效果明显。自动化学院 12 级党支部、13 级专接本党支部荣获2014 年被北京市教委评为北京市高校红色"1+1"示范活动优秀奖。学生班级积极主动申报"我的班级我的家",通过创建学风、班风、课风再上台阶。书院制建设是我校的新生事物,学生办积极落实学校精神,通过实地参观走访、讨论座谈,对书院制育人理念有了清晰的认识,书院可以潜移默化对学生进行学风教育、文化熏陶与行为引导,打破专业、年级及班级界限的育人平台,构成全方位、全天候、全覆盖的育人体系,目前已形成自动化学院的书院制建设方案,书院名称已在征集确定中。学生办通过第二课堂、第三课堂不断增强同学们集体感、责任感、归属感、荣誉感。2014 年,在全院老师和同学的共同努力下,学生工作均取得了优异成绩:连续三年荣获北京联合大学暑期社会实践先进单位;推荐参加全国节能减排社会实践与科技竞赛获校级团体银奖,同时荣获全国三等奖一项,实现了在该项目的突破;就业工作成绩显著,学工办被评为校级就业先进单位;北京市献血先进集体;校征兵先进单位;协助电气与控制工程系成功举办"西门子"工业自动化挑战赛总结表彰会,向全校师生展现了自动化学子坚韧的品质、挑战自我的精神,也传递了浓浓的师生情谊和感恩母校之情。

(孟秀霞)

【党群工作】 截至 2014 年 12 月,学院教职工党员 61人,占教职工总人数的 67%,教职工党支部 6 个,学生党总支 1 个。全院学生 1470 人,学生党员 85 人,占学生总数的 5.7%。

2014 年,学院继续深入开展群众路线教育实践活动,完成群众路线教育实践活动各个阶段的不同任务,圆满完成 2014 年的整改目标。2014 年,学院班子完成包括确定学院发展定位,形成发展特色;建章立制,探索学院内在发展的长效机制;政务公开;积极开展工会建家工作;务实创新,不断增强工作实效;深入教学一线,加强教学工作建设在内的 13 项整改方案。学院以党员大会、教代会为契机,发动全院教师大讨论,多次召开教授、中层、退休、民主党派座谈会,确定学院建设应用型精品学院的定位。学院建立防范"四风"的长效机制,针对"四风"问题,将其解决方案细化为具体的操作规程,从制度上防范"四风"问题。

学院领导班子在 2014 年 12 月 11—19 日分别开展了 6 场座谈会,学院领导班子与分管部门负责同志、一线教师谈心谈话,通过群众提、自己找、上级点、互相帮的方式征求意见,深入了解一线教职工教师的所想、所思、所需,虚心接受教职工的批评与建议,共总结提炼出包括民主集中制落实、基层党建精品创新等 11 个2015 年整改项目。

(范维)

【人才队伍】 截至 2014 年 12 月 31 日,学院有有教职工 91 人,专任教师 61 人(含院领导 3 人),思政教师 7人(含院领导 1 人),管理人员 12 人(含院领导 2 人、组织员 1 人),实验人员 11 人。专任教师中教授 8 人、副教授 22 人。专任教师中具有博士学位 14 人、在职攻读博士 9 人。学院采取国际国内深度学习的方式,鼓励和资助教师参加国际、国内学术交流合作,全年共组织教师参加各类培训班 26 人次。有力推动学院的国际化发展,召开国外访学交流会,邀请学院访学教师分享访学体会,加强教师的国际化培养。加大青年后备人才的培养力度,2014 年为 9 位青年教师配备导师,2名教师参加第四批教师"走进北京科技大学"学习活动;共推荐 5 人申报国外访问学者,1 人成为国外访问学者优先申报人选;1 人获得"北京市属高校教师发展基地优秀学员"称号。

学院积极稳妥地推进院内人事工作,整章建制,人事工作步入规范化、科学化轨道。2014 年聘请中国科学院自动化所模式识别国家重点实验室研究员、博士生导师徐常胜为学院特聘教授,方建军院长获得"长城学者"称号。积极做好人才强教、人才强校、教师资格、双师认定工作。扎实进行 2014 年度各系列各等级的专业技术职务评审工作,2014 年有 1 人被评为教授、2人被评为副教授、1 人被评为工程师。学院积极组织教师到企业做实际工程项目和专业实践,提高教师实践能力。

2014 年,学院深入开展群众路线教育实践活动,举办"提升执行力"中层干部系列培训会,并特邀校领导做专题培训,并与教师一起研讨专业发展方向和教师成长。

(张玉涛)

【实验室建设】 完成了基于开放的自动化专业"创新

实验室"的建设。该实验室是集开放、竞赛、网络为平台的全新概念的实验室。目前建设工作已经结束，正在投入使用。完成了"物联网实验室"的建设工作。物联网是自动化专业的专业方向之一，该实验室的建成能有效保障自动化本科专业学生实践教学的基本需求。完成了"微机基础"实验室的改造和设备更新工作，提高了实验室的使用效率和实验室学生实践技术能力。完成了"自控原理"实验室的设备更新工作，解决了设备老旧和实验开出率低的问题，大大提高了实践教学水平。完成了"智能建筑工程实验室"计算机的更新和部分新设备购置工作，提高了实验室基于工程的实践能力。

（寇玉民）

【交流合作】 大力宣传，分级传达。一方面，建立出国信息逐级传达机制，确保每一条出国信息切实通知到每一位在校学生（信息传递途径为由主管学生交流的老师将信息分发给各个辅导员，辅导员及时将信息以飞信和邮件双重方式发送到各班班长，敦促班长传达到位），并尽快掌握反馈信息，及时调整。另一方面，召开宣讲会、出国出境学生交流会，让在校学生了解出国到底能干什么，激发学生兴趣，拓宽宣传渠道。2014年4月组织三十余名同学参加了首次与我校合作的台湾彰化师范大学的专场宣讲会，效果良好。10月召开赴印度留学总结交流会等。

广泛联系，注重沟通。一方面，学院与国际交流学院的联系主要通过电话、飞信、面对面沟通的方式，共同完成各项工作。另一方面，与全院有出国意愿学生的联系，与成功出境的学生联系，与有意愿却没有被选拔上的学生的联系，给他们以最大的帮助。但由于目前能与学院相关专业对接的境外或国外院校相对较少，学院的贫困生又较多，本年度，出国出境进行国际交流的学生人数共12名。

（张益农）

十、管理学院

【概况】

学院英文名称：Management College。

学院网址 http://glxy.buu.edu.cn。

党委书记：尹庆民；常务副院长：陶秋燕。

管理学院成立于2002年4月。2014年设有教学系3个：金融与会计系、工商管理系、信息管理与电子商务系。校级研究所3个：北京中小企业研究中心、首都金融研究中心、首都经济与发展研究所；院级研究机构4个：创业管理研究所、人力资源开发与管理研究所、服务科学与管理研究所、会计信息及应用研究中心；校级重点学科1个：企业管理学；校级重点建设学科1个：金融学；市级实验教学示范中心1个：经贸实验教学中心；国家级特色专业建设点1个：金融学；北

京市专业综合改革试点1个：金融学；校级骨干专业3个：金融学、工商管理、电子商务；校级骨干建设专业1个：信息管理与信息系统；学院设有硕士学位授予学科点1个：工商管理学；本科专业6个：金融学、工商管理、电子商务、信息管理与信息系统、会计学、财务管理。

教职工114人，其中专任教师88人。专任教师中，具有正高级职称11人、副高级职称33人、中级职称42人。

学院高考录取线：本科理科474分、文科489分。

2014年，学院认真学习贯彻习近平总书记在党的群众路线实践教育活动总结大会上的讲话精神，深入落实学院整改方案，以制度建设为抓手，全面落实推进教学质量提升计划、科研创新能力提升计划、学生成长计划、教师成长计划、1123开放合作计划，全力做好学院人才培养各项工作。

按照学校整体工作部署，积极开展与台北科技大学的对接工作，通过资料调研、会议研讨、组团出访等教学研究活动，针对学院的使命、定位、特色、人才培养模式、学科建设与科研特色、学生工作体系、教师发展等，初步形成了工作思路与方案，并在校企合作、教学卓越计划、创新创业育成等方面进行了探索。目前，与台北科技大学管理学院达成了初步合作意向，拟签订合作协议，以期全面提升学院的各项工作。

（陈浩）

【人才培养】 围绕人才培养三年行动计划，学院积极探索基于个性化发展的实践创新型人才培养模式，完成顶层设计，制定了系统性工作方案，并积极推进。形成支撑学生个性化发展的管理制度3份；形成校企融合的人才培养方案，实施成果良好；学生实践创新活动的参与率达到70%以上。

以教学品质提升计划为抓手，积极落实教学过程管理改革，组织各专业积极开展调研，全面启动了制定2015年版培养方案的各项工作，并积极推进。

（陈浩）

【学科及专业建设】 明确学科定位，继续开展以"工商管理学"一级学科硕士点为引领的企业管理学、金融学、会计学、区域经济学等学科群建设，全面落实"管理学院科研能力提升计划"，整合学科资源，凝练学科特色，拓展学科领域，分类推进学科建设，培育了科技文化融合、创新创业研究、科技管理服务、京津冀资源环境管理研究等新的学科方向增长点。探索博士培养项目的培育和建设工作。

积极举办国际学术会议，举办了2014年中小企业发展国际论坛、环境治理价值评估国际研讨会，扩大了学科影响力。

通过校内优势专业及专业综合改革试点项目的建设，进一步提升了专业建设质量和水平。"金融学"专

业通过了北京市级专业综合改革试点项目检查,并开展了专业规范评估建设工作。学院本年度获得 1 项校级高等职业教育课程建设立项项目,获得 6 项高等职业教育学生实践能力提升训练计划项目。

学院完成了"金融学""会计学"双学位、第二专业、辅修专业的方案的制定,面向全校开展了选拔和开课工作,为各学院学生个性化发展提供了良好平台。

继续推进"国家级服务外包人才培养模式创新试验区"工作,组织参加中国(北京)国际服务贸易交易会第四届中国服务外包人才培养产教合作交流会的相关活动,并主持服务外包人才培养校企合作论坛。在第二届服务外包人才培养及服务教育机构最佳实践评选活动中,学生测评结果优秀,为学校跻身全国五强提供了有力支持。出版"服务外包"相关著作、论文集两部。

继续推动与对外经济贸易大学的合作,拓宽学科建设、师资培养、教学改革等多方面的合作,深化同对外经济贸易大学会计学专业的管理会计师认证培训项目的合作。

(谭兵)

【研究生教学及科研工作】 稳步推进"工商管理学"中企业管理学、会计学二级学科硕士点建设,促进金融专业硕士点的建设。圆满完成 2014 级工商管理学硕士点招生工作,录取硕士生 20 人。与对外经济贸易大学开展博士研究生培养工作,招收博士研究生 1 名。顺利完成了 2015 级企业管理学和会计学学术硕士、金融专业硕士的招生宣传、报名及命题工作。

加强高级别科研项目孵化,在前期努力的基础上,2014 年学院共获批科技部国家支撑项目 1 项(作为联合申报单位),国家社科基金项目 1 项,北京哲学社会规划课题 2 项,校级竞争性科研项目 1 项,校级滚动性资助项目 1 项,校级科研成果转化项目 2 项,校级新起点计划项目 2 项,北京学研究基地开放课题 1 项,校级人才类科研课题 2 项。学院争取到各项科研经费近 300 万元,其中横向科研课题合同金额 202 万元,到账金额 169 万元。

加强研究生学术创新能力培养,加入金砖五国研究生教育交流与合作组织,组织学生参加了"第六届金砖五国研究生国际论坛",举办"管理学院第一届研究生学术创新论坛"。

继续提炼学院的学术精神,营造学术氛围。本年度共举办 18 场学术交流与学术讲座,主题涉及理论前沿、研究方法、研究工具、研究热点与趋势等,进一步拓宽了教师的研究思路,开阔了学术视野。

(谭兵)

【实验室建设】 2014 年,系统梳理学院实践教学体系,开展多项实验项目及创新活动。实施"基于云平台的经管专业研究性学习体验中心建设"项目;开展"企业管理与产业园区体验中心"环境设计工作;牵头完成北京市级校内创新实践基地的日报工作;圆满完成北京市级实验教学示范中心建设成效验收工作,获得专家好评;开展国家级实验示范中心申报工作,为今后按照国家级示范中心标准加强建设实践教学中心、突出特色积累经验。

(谭兵)

【队伍建设】 制定了学院教师成长计划,明确了年度师资队伍建设工作任务,重点做好青年教师培养工作,如落实青年教师导师制、加强科研项目申报辅导、教学能力提升指导工作。2014 年,学院 2 名青年教师考取博士,2 名教师博士后进站,多名青年教师参加企业实践活动。青年教师积极参与科研创新活动,注重人才培养,承担学生学业导师、指导学生科技活动达 85% 以上,参与出国(境)交流人次达 50%,教师参与企业实践活动达到 70%。

贯彻落实"人才强校"计划,采取多种方式加强学科、专业的梯队建设。本年度学院有 2 位教师入选 2014 年市级青年拔尖人才项目,获得 1 项校级学术(科研)创新团队培养资助项目。

做好教师引进与培养工作。本年度引进青年博士 4 名、硕士 2 名,进一步改善了学院教师学历结构。

学院人事、师资管理各项工作有序开展。完成 2014 年专业技术职务晋升工作;完成双师素质教师资格认定工作、企业兼职工作经历备案、人事信息采集上报、秋季教师资格认定等工作。

制定管理学院 2013 年、2014 年《岗位聘任奖励津贴分配办法》,提交学院教代会讨论通过,确保学院决策科学性、公平性。

开展"我与联大共奋进"主题师德演讲会。组织举办了"三育人"先进集体、先进个人和师德先进个人评选活动,评选出院级"三育人"先进集体 3 个、先进个人 6 人,师德先进个人 4 人。在此基础上,推荐校级先进集体 1 个及三育人和师德先进个人各 1 人。学院对评选的校、院两级"三育人"先进集体、先进个人和师德先进个人进行了表彰,促进了学院师德建设工作。

(谭兵)

【校企合作】 校企合作逐渐向深层次展开,学院与多家企业开展了深入战略合作,并与多家企业建立了新的合作伙伴关系。

与慈文传媒集团在人才培养、科学研究和师资建设等方面开展了实质性合作,共同制定完成了工商管理(影视制片管理)专业的培养方案,顺利完成首届工商管理(影视制片管理)专业的选拔和开课工作;双方合作开展项目研究,引入"影视数据挖掘与分析"等 3 项课题,共建了"影视大数据中心",开创了双方共赢的新局面。

与东软集团的合作逐步深入,与东软睿道教育信息技术公司初步建成了学生校外人才培养基地,学院组织2个专业百余名学生赴东软集团开展了为期四周的企业实际项目训练。

与瑞斯福高科技有限公司签订战略合作协议,公司捐资20万元支持学院人才培养、奖学、奖教等活动,双方合作开展的"企业招聘培训、绩效薪酬管理咨询与研究"项目已全面展开。

与金象在线、中国软件测评中心、博彦科技、八佰伴、动力一百等众多合作企业合作开展了多元化合作,举办了"管理学院第一届创意、创新、创业论坛"系列活动,参与教师、企业专家、学生总人数近千人次,受到了学生欢迎,效果显著。

(谭兵)

【国际交流】 继续深化国(境)外高校交流合作,洽谈合作项目,与西苏格兰大学、三一圣大卫大学、莫斯科人文学院、加州州立大学、伊利诺伊大学等建立了合作联系。

学院组团赴台北科技大学访问,针对创新创业育成中心、管理学院、教务处等教学科研机构进行深入调研,形成合作成果。

学院继续与香港浸会大学开展教学及师资培养工作。暑期组织近百名学生开展专业实习,选派2名青年骨干教师完成访学任务。

组织、选拔15名学生赴爱尔兰阿斯隆理工学院进行暑期专业学习与实践,选派1名专业主任完成访学任务。

选派1名青年骨干教师赴美国加州太平洋大学开展学术交流和访学,提升青年教师教学科研能力和国际视野。

首次组织学生赴境外参加专业竞赛。组队赴台湾参加第十九届大专院校信息资讯应用服务创新竞赛决赛并获得"两岸交流组"最佳创新奖2项,并洽谈了进一步合作的意向。

规范学生出国程序,制定并发布管理学院学生出国(境)学习管理办法,进一步鼓励学生积极参加各类出境留学交流项目,本年度完成多个项目56名学生的出国(境)申报工作,完成2014年管理学院学生出国出(境)奖学金申报工作,学院25名学生获得北京市学生境外学习奖学金。

(谭兵)

【学生工作】 推进学生党团组织建设,围绕社会主义核心价值观教育,以开展主题团日、红色1+1共建、党员先锋工程、"我的班级我的家"先进班集体创建等活动为载体,大力开展学生政治思想教育工作,打造学生综合素质养成平台,促进学生全面成长。学院"服务祖国、奉献人民"主题团日活动得到团中央达娃次仁部长

一行的观摩和指导。

构建学风建设长效机制,开展"上好第一节课"活动,召开学风建设大会,以深度辅导为切入点,开展学生学业情况分析,加强对学生学习方面的指导。积极开展学业辅导和发展辅导,聘请校机关处室领导和学院教师担任学生成长导师。积极推广"闻思讲堂"活动,以"闻思并举,成就智者"为宗旨开办系列讲座,拓宽学生专业视野。以学习能力养成为中心,开展评优表彰工作,学院学生获得校级各项先进共计1186人次,占学生总数的47%,其中6人获得国家奖学金,119人获得国家励志奖学金,452人获得校级奖学金,586人获得北京市助学金,12个集体、23个优秀学生干部获得学校表彰。

继续推进"学专融合",鼓励支持学生参加各类社会实践和课外科技活动。

学院2014年暑期社会实践项目在校级各级获批项目中获得"实践先进单位""实践调研成果先进单位"荣誉称号、校级优秀指导教师5人、校级十佳个人2人、先进个人9人、优秀团队15队、优秀成果24份,各类奖项排名均在全校名列前茅,在此基础上,学院有2个团队获首都大学生暑期社会实践优秀团队推荐资格,9项成果获推首都大学生暑期社会实践优秀成果,2位老师获推首都大学生暑期社会实践先进个人。

认真做好2014年"启明星"大学生科技创新项目的中期评审、经费管理、结题与答辩等多项工作,动员组织学生申报2015年"启明星"大学生科技创新项目63项。学院积极组织学生参加第二届全国高校模拟集体谈判大赛,荣获资方代表队二等奖、劳方代表队二等奖。在"创青春"创业计划大赛中,获市级金奖1项、铜奖1项、校级金奖2项、银奖1项、铜奖3项以及团体银奖。组织学生参加校首届全英文案例分析大赛,荣获校级三等奖。组织学生参加全国高校企业模拟投资大赛全国总决赛,获得全国一等奖的好成绩。另外,122人在校级5类竞赛中获奖,其中1人获全国大学生数学建模大赛二等奖,5人在校级书法大赛中获奖,5支团队15人在校级程序设计竞赛中获奖,8支团队38人在校级电子商务大赛中获奖,63人在校级大学生数学竞赛中获奖。

切实落实2014年迎新、军训、心理危机排查、征兵、困难生资助等各项工作,全力保障学生在校学习生活顺利。

积极开展各类文体活动,鼓励支持并组织近百名学生参加APEC服务等各类社会志愿服务,举办首届智力运动会、新生运动会,在第十四届校运动会比赛中,学院获得团体总分第一名、田径男女团体总分第一名、田径男子团体总分第一名、田径女子团体总分第二名、群体项目总分第四名以及运动会精神文明奖,并在

学校体育工作评估中荣获一等奖。

（曹敏）

【招生就业工作】 2014 年毕业学生 773 人，其中本科生 694 人，成人教育学生 79 人。招生 873 人，其中本科生 847 人，成人教育学生 26 人。在校生 2696 人，其中本科生 2491 人、成人教育学生 205 人。

学院高度重视就业工作，进一步理顺学院就业工作体系。积极拓展就业市场，召开就业基地建设研讨会，与 13 家合作企业就校企合作建立就业基地、人才培养需求等进行了探讨。加强就业指导和服务，适时做好就业督导作用，为学生开展职业测试、面试技巧讲座等。经过全院师生共同努力，学院 2014 届毕业生就业率达 98.96%，在学校排名第三。

（陈浩）

【党建工作】 学院深入学习领会习近平讲话精神，切实落实党的群众路线教育实践活动整改方案，深化制度建设工作，全面提高领导班子履职能力。在全面征求教职工意见的基础上，学院新制定制度 2 项、修订制度 9 项。

深化落实学院 2014 年党风廉政建设和反腐败工作任务分工，切实推进"三重一大"制度实施，不断增进领导班子廉洁自律意识，加强师生廉洁教育，维护学院廉洁文化环境。本年度，学院接受了学校的党风廉政建设主体责任制落实情况的检查。

以迎接"平安校园"建设验收工作为契机，扎实开展学院安全稳定工作，认真制定各项安全应急预案，做好安全隐患台账，在师生中开展安全教育活动，层层落实责任制，做好敏感期、节假日值班工作，确保联络渠道畅通，及时化解、稳控和清除突出问题苗头和重大隐患，保证学院发展环境稳定有序。

在全院师生中开展了学习党的十八届四中全会精神活动，把学习贯彻全会精神与培育和践行社会主义核心价值观，巩固和扩大党的群众路线教育实践活动成果，全面深化教育领域综合改革结合起来，全面推进依法治教、依法治校。

学习贯彻《中国共产党员发展党员细则》，制定计划并开展培训，切实落实《细则》。鼓励教师参与党员培养工作，以质量为基准，认真做好党员发展工作，本年度发展青年党员 100 名。

配合校党委部署落实了党建检查迎检工作，完善修订学院党建自查报告，完成了支撑材料电子化工作，认真制定了专家参观考察路线，顺利完成迎检。

进一步加强领导班子理论学习，举办了中层管理人员培训会，就学院发展思路、文化建设等达成了共识。

（张莉）

【管理工作】 学院认真贯彻经费管理制度，认真制定2014 年基本经费分配方案，做好各项经费支出管理工作，加强监督审查，严肃财经纪律，完成了 2014 年经费预算执行工作，经费使用效率高，有力地支持了学院教学科研工作开展。

全院师生信息宣传意识进一步增强，宣传工作成效显著。截至 12 月 20 日，学院全年度印发《信息》152 期，《简报》3 期，外媒报道 6 篇，各类宣传信息质量和数量均有所提高。完成学院 2013 年年鉴、《大事记》等的整理撰稿工作。

继续开展十送温暖服务，关心慰问教职工，努力为教职工办实事。以节假日为契机，为广大教工送去节日问候，营造学院和谐氛围，被评为校级模范教职工之家。

积极搭建各种活动平台，组织教工开展丰富多彩的文体活动，丰富了广大教职工的课余生活，增强了教职工之间的交流沟通，促进了学院凝聚力的整体提升。上半年，学院组织举办了 2014 年新春联欢会。组织 20 名教职工参加学校广场舞比赛，获三等奖。下半年学院举办教职工趣味运动会，并参加了校教职工运动会，获得团体总分第六名的好成绩，并荣获精神文明奖。

配合学校开展了校庆相关工作和校友基金会募捐工作。组织师生参加了"爱我联大"校史知识竞赛活动，进一步增强了师生爱校荣校的荣誉感和责任感。

完成 2013 年档案归档工作，全院共完成归档115 卷。

开展远程教育学习中心的各项工作，顺利通过北京市教委评估检查。

（谭兵）

十一、特殊教育学院

【概况】

学院英文名称：Special Education College。

学院网址 http://sec.buu.edu.cn。

学院党委书记：滕祥东；常务副院长：汪明骏。3月 4 日，徐娟任特殊教育学院副院长，分管教学工作。

2014 年，学院设有教学系 3 个：特殊教育系、应用技术系、医学与音乐系。校级研究所 1 个：北京联合大学特殊教育研究所。北京市重点建设学科 1 个：特殊教育学。校级重点学科 1 个：特殊教育学。校级重点培育学科 1 个：针灸推拿学。北京市级特色专业 1个：特殊教育。校级骨干专业 1 个：特殊教育。学院设有硕士学位授予学科点 3 个，分别是：软件工程（信息无障碍辅助技术，学术型）、临床医学（中医、针灸推拿学，专业型）、教育学（特殊教育，专业型）。本科专业6 个：特殊教育、学前教育、视觉传达设计（听力残疾生）、计算机科学与技术（听力残疾生）、针灸推拿学（视力残疾生）、音乐学（视力残疾生）。高职专业 4 个，听力语言康复技术、视觉传达艺术设计（听力残疾生）、计算机应用技术（听力残疾生）、园林技术（听力残疾生）。

学院位于蒲黄榆校区，占地面积37.8亩，总建筑面积36348平方米，其中：综合楼21000平方米、实验楼4379平方米、食堂和体育馆等3525平方米、学生宿舍7444平方米。图书馆有藏书11.8万册。

在校生1004人，其中硕士研究生5人、本科生740人、专科生259人。本年度毕业学生232人，结业学生1人，其中本科生133人、专科生100人。

2014年全日制本专科招生人数320人，其中健全生155人、听力残疾生132人、视力残疾生33人。2014年研究生招生人数2人。

2014年毕业生（结业）233人，其中健全生100人，就业人数95人，就业率95%；残疾生133人，就业人数129人，就业率97%。

2014年普通高考录取线：本科理科494分、文科505分。

2014年学院荣获全国及北京市级荣誉3项，获"全国教育系统先进集体"荣誉称号，作为五年一次的评选活动，学院是本次受表彰的北京市属高校中唯一获奖的先进集体，学校也是首次获此殊荣。学院还荣获全国助残先进"残疾人之家"和北京市"三八"红旗集体的荣誉称号。

5月16日，学院荣获全国助残先进"残疾人之家"荣誉称号，学院党委书记滕祥东代表学院参加在北京人民大会堂隆重举行的第五次全国自强模范暨助残先进表彰大会，受到中共中央总书记习近平等党和国家领导人的亲切接见。

8月22日，学院党委书记滕祥东代表学院参加了全国助残先进"残疾人之家"表彰活动，受到了北京市委书记郭金龙等北京市领导的亲切接见。

9月9日，在全国第30个教师节到来之际，学院党委书记滕祥东代表学院参加了在人民大会堂举行的全国教育系统先进集体表彰大会，受到中共中央总书记、国家主席、中央军委主席习近平等党和国家领导人的亲切接见。

（李芳　郝传萍　王文明）

【机构设置】 学院设置综合办公室（与院工会合署）、教学科研办公室和学生工作办公室（与院团委合署）3个科级机构；特殊教育系、应用技术系和医学与音乐系3个教学单位；实践教学中心、资源中心（含文献室）和特殊教育中心3个教学辅助部门及1个特殊教育研究所（校级院管）。

至2014年年底，学院有教职工（含聘用人员）99人，其中学院领导5人，综合办公室（含工会）6人，教学科研办公室8人，学生工作办公室9人，特殊教育系15人，应用技术系25人，医学系13人，北京市特殊教育中心4人，资源中心4人，实践教学中心7人，副处

级调研员2人，流动人员1人；其中教师62人，教授7人，副教授20人；其中具有博士学位的教师15人，具有硕士学位的教师40人。

（葛明明）

【学科建设】 学院获批临床医学（中医，针灸推拿）硕士专业学位授权点，培养领域为针灸推拿，招生、培养对象为视力残疾人员。这是我国第一个面向视力残疾人的硕士专业学位授权学科点，是我国残疾人教育史上的标志性事件，也是体现党和政府关爱残疾人群体的一项重要德政工程。

学院申请并获批教育硕士专业学位（特殊教育方向）。

2014年新增6名教师具有校内硕士生导师资格人员。

完成了京津冀协同创新中心的申报与论证工作，组织召开了新时期首都城市战略定位下特殊教育发展研讨会。

（郝传萍）

【教学工作】 启动并开展2015版普通本科培养方案制（修）订工作，组织专业负责人对本科培养方案修订培训，组织学术委员会成员审议培养方案修订思路，经过对专业负责人专业调研、反馈本科、高职培养方案原则意见征求等工作，完成专业调研报告。

完成2015版普通本科培养方案制（修）订工作的中期检查。参加学校组织开展的2013—2014学年普通本科专业校内评估。完成教育康复学专业申报与论证工作。

立项校级通识教育选修课程精品公开课2项，分别为《计算思维艺术》和《19世纪经典音乐赏析》。立项校级高职课程建设项目《工艺手绘》。

2014届毕业生的4篇毕业论文获得校级本科优秀毕业论文（设计），其中艺术设计专业2篇、计算机科学与技术1篇、特殊教育专业1篇。2014届高职毕业生综合实践报告评选中共评出3篇校级高职实践优秀报告，其中计算机应用专业1篇、视觉传达艺术设计专业2篇。

组织学院学生参加校级及市级等7类学科竞赛，其中10名学生获得市级奖项。

（祝平　李珍）

【科研工作】 学院与清华大学联合申报的"汉语非字面语言大脑加工的神经机制研究"课题获批国家社科基金重大项目。

2014年学院立项北京市教委面上项目2项；中国残疾人联合会社会科学项目1项，中国教师发展基金首都基础教育阶段项目1项；学校新起点项目2项；教育部人文社科项目3项；北京市社科基金项目1项；北京市教育科学规划项目3项。

完成了国家社科基金重大项目《汉语盲文语料库建设研究》的开题论证工作。

2014 年学院共发表论文 37 篇,其中 C1 类论文 7 篇。出版专著 5 部、教材 1 部。申请并获批共 4 个专利成果,其中 3 个软件登记、1 个实用新型。

(祝平　阎嘉)

【学生工作】 "5·25"大学生心理健康节期间,组织了心理剧大赛、"以书换书·奉献爱心"、定向越野等活动,取得了多项奖项。

学生助理工作逐渐完善,学风建设初见成效。经过一年来对学生助理的培训、竞聘上岗,评优工作逐渐规范,通过学生助理的工作促进了学风和班风建设。

军训工作中连创佳绩,学院在军训的宣传工作及比赛中名列前茅,是学院各级学生军训以来获得的最佳成绩,彰显了学院风采。

开展学生发展辅导工作。2014 年校院领导为学生做辅导 7 次,辅导学生 121 人,覆盖了困难生、特长生、毕业生、残疾生、学生干部、学生党员等,使学生与校院领导零距离接触,聆听学生的心声,为学生解决了学习、生活中的问题 10 余项。

出台两个学生管理文件,分别为《北京联合大学特殊教育学院班主任工作考核细则》《北京联合大学特殊教育学院关于学生离京外出管理的通知》。

组织各项班主任辅导员培训。组织开展辅导员及班主任培训 14 次,进一步规范了管理,加强了业务水平。

学院进一步完善了第二课堂学生活动体系,在完成日常活动外组织学生干部参与多场校外活动,主要包括带领视力残疾学生到北京市盲人图书馆与团中央书记处第一书记秦宜智、中国残联党组书记、理事长鲁勇、中国残联副主席、党组成员吕世明等领导共同参与读书分享会活动;参与北京市海淀区残疾人联合会"胡杨树公益社"组织的"陪你一起成长"海淀残联天云聋儿康复中心志愿活动;组织全体学生干部观看人艺话剧《借光》;组织学生干部去怀柔中影影视基地进行户外拓展训练;举行《从"白毛女"到"茶花女"·中西方歌剧比较》主题讲座等。

学院以 40 多个团队的形式参与到社会实践中,还专门组织实践团队来到内蒙古乌兰浩特市,完成了以"帮助科尔沁右翼前旗地区的脑瘫和智力障碍儿童"为主题的社会实践活动。

5 月 17 日,学院举办北京联合大学残疾人大学生艺术团成立四周年暨庆祝第二十四个全国助残日活动,当天下午艺术团受邀在"安利杯"第三届手语风采大赛启动仪式上演出舞蹈《心中的歌》。艺术团在暑期进行了为期 10 天的集训。12 月 4 日,校舞蹈团成立十周年专场演出,学院残疾人大学生艺术团作为表演嘉宾做了精彩的表演。12 月 17 日,在第四届(2014)北京青年艺术节舞蹈专场比赛中,由学院残疾人大学生艺术团选送的团体舞蹈《星星幻想曲》,在比赛中取得总排名第三的成绩,并获舞蹈类团体银奖。

(陆忠华　赵磊)

【招生就业】 学院获批临床医学(中医、针灸推拿学,专业型)硕士专业学位面向视力残疾学生的单考单招试点,在全国首次实行残疾人研究生教育单考单招政策。

2014 年,学院组织并完成全国首次硕士研究生临床医学(中医、针灸推拿学,专业型)残疾人单考工作,完成了报名、命题、制卷、考试等工作,共有 18 人(视力残疾生)参加了本次考试。

2014 年本专科残疾人单考单招完成了报名、命题、制卷、考试、判卷、录取等工作。报名 598 人,其中听力残疾学生人 503 人,视力残疾学生 95 人;录取人数 165 人,其中听力残疾生 132 人,视力残疾生 33 人。

软件工程(信息无障碍辅助技术,学术型)硕士研究生 2014 年招生 2 人。

2014 年学院组织召开校园招聘会 13 场、为毕业生提供就业岗位 300 多个。截止到 10 月 31 日,学院平均就业率 96.5%。其中,健全生就业率达到 95% 以上。残疾生就业率达到 97.5%,比 2013 年有较大的提升;经济困难毕业生就业率为 96.4%。

学院新建北京微瑞思创信息科技有限公司听力残疾大学生就业基地。

学院通过举办系列活动,提高学生就业创业能力。邀请校友返校讲座,对在校生进行朋辈教育;开展了软件开发体验活动;举办了学院第一届企业竞争模拟比赛,涉及听力残疾学生各年级 6 个专业范围。

(祝平　陆忠华)

【成人教育】 组织完成了成人高考面向残疾人单考单招,2014 年成人高等教育招生录取共计 241 名,其中教育学专升本 14 人;针灸推拿学专升本 88 人;艺术设计专升本 14 人;针灸推拿高起专 125 人。

2014 年成人高等教育毕业生共计 228 名,其中教育学专升本 12 人;公共事业管理专升本 7 人;针灸推拿学专升本 55 人;计算机网络技术高起专 18 人;艺术设计高起专 17 人;针灸推拿 119 人。

2014 年成人高等教育毕业生授予学位 12 人,其中教育学授予学位 3 人;针灸推拿学授予学位 3 人;公共事业管理授予学位 1 人;教育学补授学位 4 人;公共事业管理补授学位 1 人。

(李珍)

【党群工作】 截至 2014 年 12 月 31 日,学院共有党员 116 人,其中教职工党员 54 人、学生党员 62 人,正式党员 88 人,预备党员 28 人。按照学院年度党员发展计划，完成了学院党员发展工作。学院今年共发展学生党员53名，健全生38名，残疾生31名。

学院深入开展群众路线教育实践活动总结工作。2月26日下午，学院召开了深入开展党的群众路线教育实践活动总结大会，学院领导班子全体成员、全体党员、教授代表、党代会代表、教代会代表、民主党派代表等参加了会议，副校长张连城和校第二督导组副组长刘东出席了会议。院党委书记滕祥东代表学院党委作了深入开展党的群众路线教育实践活动总结报告，对学院开展党的群众路线教育实践活动以来完成的工作做了回顾和梳理，对活动中存在的问题进行了剖析，并对学院下一阶段的工作予以了展望。与会测评人员对学院领导班子及个人进行测评。

组织开展各类党务工作培训。组织了党支部书记系列培训；组织学院全体党务工作者参加了《中国共产党发展党员工作细则》培训班；召开学院《中国共产党发展党员工作细则》专题培训会；9月24日组织学院党支部书记赴党建先进校北京建筑大学学习交流，学习和借鉴北京建筑大学党建工作和党员发展的先进经验；10月18日，组织全体党员到红色教育基地—堂上村参观学习，接受爱国主义教育。

开展了2014—2015年度"十佳党支部"创建支部的申报和评选活动，综合办公室党支部、医学与音乐系学生党支部获得校级"十佳党支部"创建支部。综合办公室党支部、医学与音乐系学生党支部、学生工作办公室党支部、教学科研办公室党支部4个支部获得院级"十佳党支部"创建支部。

学院召开了第二届教代会、工代会七次会议，与会代表听取了院长《北京联合大学特殊教育学院2013年工作报告》；工会主席《2013年工会工作报告》；工会常务副主席《第二届教代会第五次会议提案落实情况的报告》《第二届教代会、工代会七次会议提案征集情况的报告》，大会审议通过了《北京联合大学特殊教育学2013—2014学年第一学期奖励津贴发放方案》。

制定了《北京联合大学特殊教育学院师德先进集体与个人评选办法》和《北京联合大学特殊教育学院"三育人"先进集体与个人评选办法》。组织评选校院"三育人"先进集体和个人、师德先进个人，1个部门为获校级先进集体，2名教职工为校级先进个人。

举行学院2014年教职工长走活动。协助校工会在学院举办以按摩知识讲座为主题的工会干部培训。学院工会被评为"2014年工会工作先进单位"。

（华京生 马学军）

【宣传工作】 学院外网全年共发布院内新闻270条，学校新闻网采用170条，外媒报道19篇，视频报道3次，其中CCTV两次对学院的教育教学相关工作做了报道，提升了学院的社会影响力。

为深化全院师生对社会主义核心价值观的认识，使社会主义核心价值观融入师生员工的学习、工作、生活和精神世界，学院召开了第三届"我与联大共奋进"宣讲活动特殊教育学院教师/学生专场报告会和北京市第五次全国自强模范暨助残先进事迹报告会，并协助学院成功举办了"唱联大颂歌 做联大好人"唱响联大校园原创歌曲演唱会。

初步完成了学院宣传片的拍摄工作。

（史阳）

【人才队伍】 根据学校优化人才队伍建设要求，做好人才招聘工作，学院2014年共接收硕士1人、调入教授1人。顺利完成2014年专业技术职务晋升聘任工作，晋升正高级专业技术职务1人，副高级专业技术职务2人，中级专业技术职务2人。

配合校人事处组织2012年"人才强教深化计划"骨干教师绩效考评工作、2011年项目结题工作。组织2014年"人才强校计划人才资助项目"申报，获批1人。组织2014年"人才强校"持续项目资助填报工作。组织2014年"青年英才"计划项目中期检查工作。组织2014年"三年行动计划"及"人才强校计划"各项目年度绩效考评工作。完成"交通银行特教园丁奖"的遴选推荐工作，1人获评"交通银行特教园丁奖"。

（葛明明）

【实验室建设】 根据学院部署，由2013年追加项目、人才培养定额专项项目、专业建设专项项目等项目资金支持五百余万元，2014年新建"幼儿园模拟活动室""儿童行为观察与治疗室""多感官综合训练室""仿真实验室"等7个实验室及"针灸推拿专业校内创新实践基地"1个，更换公共机房电脑65台，补充了多台实验室内的基础设施设备和教学科研仪器，安装了"实验室安全监控系统"，并开发了"实验室无障碍管理平台"。

（张琳）

【实训基地建设】 学院新建2个院级校外实践教学基地，分别为虚苑文化有限公司艺术类听力残疾大学生校外实践基地和北京微瑞思创信息科技有限公司计算机类听力残疾大学生实践教学基地。与校门诊部联合成立针灸推拿学专业校内实践基地。

（郝传萍）

【交流合作】 2014年，学院选派1名学生赴台湾参加学期交换生项目，共有5个教师团组出访国外院校。

5月19日至27日，美国高立德大学研究支持与国际事务部主任查尔斯·雷利率一行13人来学院开展有关"中国聋人视觉传达与日常生活"的学习交流活动。双方就两校合作进行了深入的探讨，明确了双方在共同发展听力残疾大学生高等教育方面各自的职责和实施步骤，为今后两校的进一步合作打下了良好的基础。

学院与韩国拿撒勒大学、日本筑波技术大学重新建立了联系。

(史阳)

【管理与服务】 3月27日,中国残疾人联合会主席张海迪、副理事长程凯、教育就业部副主任唐淑芬、维权部副主任马玉娥、北京市残联理事长吴文彦等一行9人到学院调研。张海迪主席到学院实践教学中心走访,深入聋生、盲生宿舍,亲切看望学生并与大家交谈。张海迪主席指出,要进一步研究和推进残健融合教育,加强特殊教育师资的培养,加强残疾大学生的就业和继续学习深造工作,以人为本,以残疾人为本,注重教育公平,继续用长远的眼光,边做边探索,努力为残疾大学生提供更好的教育条件,把学院建设成为中国一流的特殊教育学院。

北京市市委常委、教育工委书记苟仲文,北京市残联党组副书记、执行理事会副理事长徐捷,教育部基础教育司副司长李天顺等上级单位领导、国内外大学、科研机构及社会团体来学院调研交流十余次,学院接待重要来访嘉宾约50余人次。

2014年,学院进一步完善制度进一步转变工作作风,提高管理水平、服务意识和工作效能,制定了《特殊教育学院关于部门负责人列席党政联席会议的管理办法》、修订了《北京联合大学特殊教育学院国有资产管理实施细则(暂行)》、制定了《北京联合大学特殊教育学院档案归档工作实施办法》。学院加强与后勤、行管、基建和门诊部等部门的协调与沟通,完成了学院康复资源楼的立项准备工作,完成了学生宿舍限电设施和消防设施的改造,解决了师生设立育慧苑商贸中心蒲黄榆分中心的诉求,完成了学生宿舍阳台围栏的改造及增加了开水炉的数量,师生工作、学习和生活环境得到较大改善。

2014年,学院做好"平安校园"创建和评估工作。学院梳理了近三年"平安校园"创建工作的资料,完成了"平安校园"自查工作,开展了"平安校园"创建宣传月活动,完成了"平安校园"建设、宣传和迎检验收工作。在敏感时期启动校园防控机制,每月召开安全稳定工作会议,通过日常的安全教育、安全隐患排查、网格化管理等手段,及时防范、化解、稳控和清除突出问题苗头,保证了校园的安全稳定。加强消防安全培训,组织全体师生进行了消防安全知识培训,举行了蒲黄榆校区师生消防疏散演练活动。

资源中心完成了对2014年学院各级各类盲文试卷的印制和翻译工作。共印制盲文试卷691份,翻译了盲文试卷共16个科目。

为提高教师与残疾大学生的沟通与交流能力,落实新聘期对教师盲文、手语的考核要求,学院举办了盲文与手语培训班。聘请专家为学院的授课教师进行为期4天的培训。学院的教职员工、校社科部、基础部、外语部、体育部及电子信息技术实验实训基地等相关部门的教师参加了此次培训。

(李芳 阎嘉)

【中国高等教育学会特殊教育研究分会工作】 5月28日,中国高等教育学会特殊教育研究分会常务理事会工作会在天津理工大学学术交流中心举行。会议由听取了各研究工作小组汇报近期组织开展科研工作的情况,制定了下一步工作计划,对二作中遇到的困难进行了分析,并对今后工作进行了部署。

7月12—13日,中国高等教育学会特殊教育研究分会全国聋人大学生教育教学研讨会在绥化学院召开。来自国内13个省市的100余名高等院校特殊教育专家、特殊教育学校校长、残疾儿童教育机构负责人参加会议,围绕聋人大学生教育的"新机遇、新挑战、新发展"主题展开研讨。

11月22—23日,中国高等教育学会特殊教育研究分会2014年学术年会在福建泉州隆重举行,来自全国25个省、自治区和直辖市的60多个高等院校的两百多名专家学者和研究生参加了年会。年会由中国高等教育学会特殊教育研究分会主办,泉州师范学院承办。本次年会共举办2个主论坛和4个分论坛,涵盖4个主报告和28个分论坛报告,是特殊教育研究分会学术年会规模最大的一次盛会。

(华京东 靳钰)

【北京市特殊教育中心工作】 北京市特殊教育中心2014年共主办了北京市特殊支持教育中心建设研讨会、特教学校建设标准研讨会、等教学校个别化教学推进研讨会及融合教育实施模式研讨会,会议分别围绕北京市区县特殊支持教育中心建设、特殊教育学校建设达标工作、资源教室的建设、等教学校课程改革及管理机制、特教学校师资培训需求以及特殊教育教研工作重点及发展方向进行研讨,对推动特殊教育学校及融合教育学校的标准化建设、提高首都特殊教育水平起到积极作用。

北京市特殊教育中心2014年共组织系列培训班16个,752学时,899名特教教师受益。培训涵盖知动能力训练、特教学校新任教师培训、音乐治疗培训及语言治疗培训等,培训请到全国及台湾地区具有丰富理论及实践经验的特殊教育专家进行讲座,培训内容充实、贴合实际,满足了一线教师的工作需求。

北京市特殊教育中心组织6个市级特殊教育教研组共计135名市级教研员在全市各区县特殊教育学校及融合教育学校开展教研活动,以提高教师队伍整体素质为核心、以课堂教学为主渠道、以课例研究为载体、以"研训一体"为主要活动方式,增强了教师的专业能力,推动了首都特殊教育发展。

(华京生 靳钰)

十二、广告学院

【概况】

学院英文名称：Advertising College。

学院网址 http://adc.buu.edu.cn。

院党委书记：高玉培；院长：张旗。

学院位于北京市昌平区石牌坊南，是一所面向文化创意产业培养艺术与传媒人才的学院，现有在校生2249人。学院设有"数字艺术"二级学科硕士点，数字媒体艺术、绘画和表演3个艺术类本科专业，广告学、网络与新媒体2个文科类本科专业。建有新媒体创意中心、数字艺术实验中心、影视训练中心、广告运营实训中心、工艺美术（非遗）实验中心等设施完备的现代化实验基地。

学院在人才培养过程中充分体现了市场需求和行业参与，已和首都广告、影视、设计、新媒体和工艺美术等行业开展了全方位合作。学院与70多家文创企业签订了合作协议，建立了10多个校外实习基地，为学生提供了充分的实践和就业机会。

学院推行国际化的办学模式，目前已与美国、加拿大、英国、韩国等国家及台湾、香港地区的多所大学建立了良好的学术研究以及学生交流培养机制，学院采取多种渠道输送学生出国深造。

（王丹）

【机构设置】 学院设有教学部门4个：广告系、设计系、美术系、表演系；校级院管机构2个：广告研究所、文化创意创新研究中心；教辅及职能科室4个：综合办、教科办、学工办、实践教学中心（兼多媒体教室管理）。

（王丹）

【学科建设】 2014年，广告学院获批"数字艺术"目录外二级学科硕士学位点，该学科点在"软件工程"一级学科学位授予点下自主设置。学科代码为0835Z2，培养方式为学术型。所属学科门类为工学，学科的学术带头人为张旗。

（丁莎）

【教学工作】 2014年广告学院共开设5个本科专业、3个专升本专业、2个高职专业，在校生共2249人，本科生1739人，专升本学生407人，高职生103人。在校教务处的统一部署下，启动2015版普通本科培养方案的修订工作，完成2014本科专业校内评估工作；学院不断加强内涵建设，提升教育教学质量。获得2014年校级教学成果奖一等奖1项、二等奖2项、三等奖3项。以校企合作作为切入点，推进人才培养模式创新，与北京工业设计促进中心、北京人民艺术剧院等知名企业开展校企合作，北京儿童剧院股份有限公司校外人才培养基地获批为校级校外人才培养基地；聘请著名影视演员、配音演员陆建艺老师为表演系学生讲授《配音艺术》等课程；邀请中央戏剧学院郭富民教授、中国

传媒大学黄心渊教授、北京服装学院丁肇辰教授等知名学者教授来学院为师生开展学术讲座共9次；9名同学获得校级优秀本科毕业设计（论文）。

学院重视教师教学能力的提高，不断促进教师提升执教能力水平。2014年5月，组织开展广告学院微课教学比赛中，李文文等2名教师获一等奖、杨慧子等4名教师获二等奖、肖兰等7名教师获三等奖。

2014年9月25日，开展第四届中青年教师执教能力比赛，各系共推荐12名教师参加，周筱真等4名教师获一等奖、徐明磊等7名教师获二等奖，并推荐周筱真、翟杉、吕林雪、刘丽四名老师参加校级中青年教师执教能力比赛。

2014年1月，丁超老师的作品《青歌赛》获得第19届中国电视纪录片"十优作品"称号。

组织学生参加各级各类学科竞赛活动，提升学生的创新实践能力。2014年4月22日，楚天副院长带队参加莫斯科人文大学第十六届国际学生广告节，共提交248件作品，分获金、银、铜奖奖各一项，最佳组织奖一项，参与奖248项。

2014年8月9、10日，广告学院实验艺术团原创戏剧《菩提青蛇》受邀参加"金刺猬大学生戏剧节"演出并获得剧目奖。

2014年8月9日，"建国杯"第四届全国大型音乐展演活动，获得青年组金奖、银奖各1项。

2014年11月16日，在第六届全国大学生广告艺术大赛中获国家级二等奖1人，北京分赛区金奖1项、银奖3项、铜奖2项。

2014年9月10日，参加第十一届"北京礼物"旅游商品设计创意大赛获铜奖1名。

2014年7月，广告学院承办北京联合大学大学生广告艺术大赛。

2014年10月，广告学院承办北京联合大学表演艺术大赛校级学科竞赛。

2014年度组织学生参加广告大赛、表演艺术、动漫大赛、"红黄蓝"杯影像、书法、程序设计、人文知识、英语写作等校级学科竞赛8项，共获324项奖项。

2014年11月14—15日，由北京联合大学、中国社会科学院新闻与传播研究所传媒发展研究中心、《传媒》杂志社共同主办，北京联合大学广告学院承办的"2014高校网络与新媒体专业建设研讨会"在北京北辰五洲大酒店隆重召开。来自全国二十几所高校的网络与新媒体相关专业的院系负责人、学术带头人、骨干教师以及业界精英共聚一堂，共同探讨网络新媒体专业发展的人才培养模式等相关议题。

2014年12月26—28日，"北京·台湾戏剧教育教学与创作实践论坛"由北京联合大学和北京戏剧家协会主办，台湾大学戏剧系、台北艺术大学戏剧系、台

湾戏曲学院剧场艺术系、台东大学儿童文学研究所协办,由广告学院承办。来自文化部、中央戏剧学院、北京电影学院、中国传媒大学、中国戏曲学院、北京师范大学、北京联合大学及中国艺术研究院、北京人民艺术剧院等部门、高校、研究与创作单位的近百位专家参加了本次活动。

(杨沛 钟静 刘畅)

【科研工作】 2014 年,学院组织申报了国家社科基金项目、教育部人文社科项目、北京市社会科学基金项目、北京市教育规划课题、北京市教委科研计划项目及校级各类纵向项目,共立项 5 项,其中省部级 1 项(北京市教委科研计划重点项目,项目名称:京、津、冀地区传统金属手工艺业态研究与行业信息数据库建设,项目负责人:韩澄);校级 4 项;横向项目 2 项;获批北京市国有文化资产监督管理办公室授予的"北京市文化创意产业人才培养基地"。到账经费 17.98 万元。

2014 年 10 月 18 日"微时代·微动漫·微传播——2014 数字动漫艺术与文化传播国际论坛"由北京联合大学与北京动漫游戏产业联盟联合主办,《艺术评论》杂志社协办,广告学院承办,国内外专家、学者、教师和学生 200 余人参加论坛。市教委人事处处长吴武、市文化局文化产业处副处长武宁先后致辞。本次论坛成立了"数字动漫艺术与文化传播青年学者创新联盟",并正式启动微媒体作品展示平台。

(丁莎 刘锐)

【学生工作】 在校院党政领导和学校相关部门领导下,2014 年广告学院学生工作以服务校院中心工作为重点,以提升学生德育工作效应为核心,以学生的思想教育、学风建设、学生党建、共青团组织建设、学生事务管理与教学五个方面为工作基点,扎实做好各项学生工作。

2014 年 1 月,广告学院开展"暖心工程"活动,学院领导及辅导员对特困生进行了座谈、走访、慰问以及各种帮扶活动。

2014 年 2 月,学院举办第二期双馨学堂学生骨干培训班。

2014 年 3 月,新学期伊始,学院召开"上好第一节课 营造优良学风"主题活动动员会,强调学风建设对于营造良好学习氛围的重要性。组织学生参与无偿献血活动,共有 137 人次参与献血,献血量达到 33800ml。学院团员青年开展学雷锋志愿服务。"校友进校园"沙龙第一期。

2014 年 4 月,广告学院举办首届"励志歌曲大家唱"合唱比赛。

2014 年 5 月,广告学院举行以"友爱于心·善行于微"为主题的第七届心理健康节。微电影作品获得首都大学生心理健康节二等奖。

2014 年 6 月,开展征兵工作,最终有 5 人光荣应征,参军入伍。

2014 年 8 月,学生开展延安历史题材连环画创作实践活动。

2014 年 9 月,开展迎新及入学教育工作,并开展了为期 14 天的新生军训,最终所有参训学生军训成绩合格,95 名学生获得北京联合大学军训先进个人称号。

2014 年 10 月,学院组织评奖评优工作,评选出校级奖励:先进班集体 4 个、三好学生 32 人、优秀学生干部 12 人、特等奖学金 2 人、一等奖学金 8 人、二等奖学金 91 人、三等奖学金 182 人、优良学风班 6 个、学风建设先进个人 39 人;院级奖励:先进班集体 7 个、三好学生 59 人、优秀学生干部 38 人。2014 年广告学院秋季运动会在昌平校区体育场隆重召开。

2014 年 11 月,召开学生安全教育大会,并在宿舍区开展安全检查,对存在安全隐患的宿舍进行批评教育。广告学院成功举办第十届宿舍文化节系列活动。

2014 年 12 月,2014 级全体新生、低年级学生党员、全体团委和学生会干部参加了"国家宪法日"昌平校区主题升旗仪式。在年底举行的全校啦啦操比赛中广告学院首获冠军。

2014 年广告学院共有毕业生 581 人,京外生源 227 人,占 38.5%,其中 464 名毕业生签署就业协议/劳动合同,9 名毕业生出国,1 名毕业生考上研究生,8 名高职毕业生升入本科,2 名毕业生入伍。落实去向率 95.7%。

(张奕 何侃侃)

【党群工作】 2014 年 9 月 1 日经校党委第 70 次常委会研究决定,成立广告学院党委,撤销广告学院党总支,原广告学院党总支下辖的党支部全部划归广告学院党委管理。下设共有 10 个党支部,5 个教工党支部(机关教工党支部、广告系教工党支部、设计系教工党支部、美术系教工党支部、表演系教工党支部),5 个学生党支部(广告系学生党支部、设计系学生第一党支部、设计系学生第二党支部、美术系学生党支部、表演系学生党支部)。

截至 2014 年 12 月 31 日,全院党员总计 203 人,其中正式党员 120 人、预备党员 83 人,学生党员 151 人,教工党员 52 人。2014 年,全年共发展学生预备党员 81 人,培养学生入党积极分子 164 人。

2014 年广告学院党委组织开展党员活动如下。

2014 年 4 月至 12 月开展党员先锋工程。活动中,开展了"党员先锋工程"布置会、"十佳党员"宣讲会、党员服务日、党员宿舍挂牌活动、公示学生党员承诺书、党员责任岗上岗服务、党员 1 帮多活动启动、求是学社成立仪式、征文活动《我心中的党员艺术家》、支部民主生活会、先锋骨干赴西柏坡学习等活动。

2014年红色"1＋1"支部共建活动：5个学生党支部分别与基层党支部进行了共建。其中,表演系学生党支部与中共雁翅镇苇子水村党支部进行共建。广告系学生党支部与大宫门村党支部进行共建。美术系党支部与十三陵镇石牌坊村党支部进行共建。设计系第一党支部与东关南里居委会党支部进行共建。设计系第二党支部与向上小学党支部进行共建。获得校级红色"1＋1"示范活动一等奖、三等奖的分别是设计系学生第二党支部、设计系学生第一党支部。获得北京市红色"1＋1"示范活动优秀奖的分别是设计系学生第二党支部、设计系学生第一党支部。

2013—2014学年机关教工党支部构建"读书学、交流学、网络学、实践学"四位一体的学习型党支部。开展了"读书学"——组织"读书套餐计划",号召支部党员每日自学套餐书目1小时;"交流学"——组织支部成员开展学习分享交流活动,支部每次推选两名同志做主旨交流发言;"网络学"——要求党员积极利用新媒体进行网络在线学习,例如：高校教师党员在线学习,手机"学习中国app"等;"实践学"——组织赴西柏坡红色主题实践教育、参观天津周恩来邓颖超纪念馆、首都博物馆、参观"科学发展 成就辉煌"图片展、参观反腐倡廉展等。

获奖情况：2013—2014学年表演系学生党支部王梦凡、设计系学生第二党支部王海利获得北京联合大学"十佳党员"称号;表演系学生党支部分别获得北京联合大学"十佳党支部"和"学习型十佳党支部"称号;2014—2015学年北京联合大学"十佳党支部"创建支部为机关教工党支部和广告系教工党支部。

(王丹 李梓昕)

【人才队伍】 截至2014年年底,全院正式在编教工共计87人,专任教师63人,其中教授2人,占专职教师比例3.2％,副教授16人,占专职教师比例25.4％,博士11人,占专职教师比例17.5％。

广告学院正在积极稳妥地推进队伍建设工作,不断整章建制,注意推进教师队伍建设工作科学化、规范化。积极做好人才引进、教师培训、人才强教、人才强校、职称聘任、教师资格认定和双师认定等工作。2014年在不断增强人才队伍建设中,新进教师4人,其中有3名博士研究生。2014年广告学院3人晋升为副教授专业技术职务,9人晋升为讲师专业技术职务,1人晋升为实验师专业技术职务。1名教师赴美进行国外访学培训,2名教师参加了国内访学项目,2名教师在国内教师发展基地培训进修。

(史桂林)

【实验室建设】 2014年实践教学中心完成AVID高清网络非编实训室、工艺美术传习工坊、教务处项目英语自主学习室及广告学院教学建设与改革项目——广告学院摄影摄像实验室建设。2014年完成网络艺术实训室、美术系4间画室实践教学设备的更新。

(王晓波)

【合作交流】 2014年3月26日,美国Temple University两名教授David Givens和Elizabeth Givens来院讲座,主题为Element of Photography(摄影元素)。

2014年4月2日,美国Temple University两名教授David Givens和Elizabeth Givens来院讲座,主题为The melting pot-America's unique culture(文化融合：美国的独特文化)。

2014年4月22—26日,楚天、广告学专业1201B班学生潘笑寒,赴俄罗斯莫斯科人文大学参加第16届国际学生广告节活动,并落实莫斯科人文大学广告系与广告学院签署协议事宜。

2014年8月4—24日,韩澄赴加拿大圣力嘉应用艺术及技术学院,参加校教务处组织的基于应用型教学过程管理的教师实践教学能力培训。

2014年8月20—24日,张旗赴英国哈德斯菲尔德大学,参加校国际交流合作处团组,与对方相关院系就教育、艺术、机械、自动化四个专业开展"3＋1"项目的专业进行课程认证研究。

2014年12月21—25日,卜晨光、刘锐、王少艳、陈冠兰一行4人出访香港教育学院,就本科人才培养方案、实验室建设及学生管理工作进行座谈。看望慰问广告学院在香港教育学院的交换生。

(丁莎)

十三、应用科技学院

【概况】

学院英文名称：College of Applied Science and Technology。

学院网址 http://yykj.buu.edu.cn。

党委书记：潘宏波(自2013年4月15日起任职);院长：齐再前(自2013年4月8日起任职)。

2014年,学院设有教学系部5个：经济管理系、电子信息系、外语系、媒体艺术设计系和公共基础部;院级研究机构1个：新媒体技术研究中心1个;本科(专升本)专业2个：电子信息工程(专科起点)、计算机科学与技术(专科起点);本年毕业学生1081人,其中本科(专升本)生230人、高职高专生851人。招生892人,其中本科(专升本)生107人、高职高专生785人。在校生3376人,其中本科(专升本)生269人、高职高专生3107人。

教职工142人,其中专任教师113人。专任教师中,具有高级职称40人、中级职称73人。

(张晓华)

【科研建设】 2014年,学院组织申报各级各类科研项目共 7 项,累计到账的科研经费 143.1 万元,其中横向课题 5 项,到账经费 92.1 万元,纵向课题 5 项,总到账经费 51 万元。其中包含全国教育规划课题、北京市教育规划课题、北京市教委科研项目以及北京联合大学科研竞争性项目及校级新起点、党建、北京学基地开放课题等项目、院级扶持项目等。

2014 年学院获授权专利 1 项(软件登记),发表著作 1 部,教职工发表论文共计 36 篇,其中 CSSCI 收录 1 篇、CSCD 收录 3 篇、北大核心收录 8 篇、普通论文发表 24 篇。

（乔劼）

【研究生工作】 2014 年是学院首次开展"移动商务"专业研究生招生工作,并于 10 月底完成,共计报名缴费人数 4 名。

（乔劼）

【教学工作】 学院加强师资能力建设,院领导、系主任和专业负责人深入课堂,为教学把脉问诊;通过职业教育发展中心研讨和交流活动,帮助一部分年轻教师提升课堂教学;鼓励任课教师指导学生参加学科竞赛,促进教师专业技能水平的提高。各系部召开教师座谈会和学生座谈会,及时发现和解决教学环节出现的问题。在实际教学运行中完善 2014 版培养方案。

学院获得市级教学名师奖 1 项;国家级教学成果二等奖 1 项;校级教学成果一等、二等、三等奖各 1 项;北京市职业院校优秀青年骨干教师 1 人,校级教学优秀奖比赛一等奖 1 人;校级优秀高职毕业综合实践指导老师 13 名,北京联合大学最美老师 2 人;北京联合大学青年教师风采大赛优秀奖 1 人。

学院以精品课程和教材建设为示范和导向,通过加大课程教材建设的经费投入、设立院级建设项目等措施,建成国家级精品资源共享课 1 门(《Web 技术应用基础》,课程负责人:薛晓霞);11 门校级高等职业教育课程建设立项,其中公共基础课 2 门,大类平台课 2 门,专业核心课 4 门,特色实践类课 3 门。

教师指导学生在各级各类竞赛中取得好成绩。获得国家级竞赛特等奖 1 项,一等奖 1 项,三等奖 1 项;北京市竞赛特等奖 2 项,银奖 1 项,一等奖 7 项;二等奖 10 项,三等奖 20 项;13 门次学生获得校级一等奖,42 人次学生获得校级二等奖,53 人次学生获得校级三等奖。

（李秋惠）

【人才队伍】 2014 年,学院有高级职称教师 40 人,占全院教师总数的 28%;有中级及以下职称教师 73 人,占全院教师总数的 51%。学院教师年龄情况:50 岁以上 21 人,占全院教师总数的 15%;36—49 岁为 66 人,占全院教师总数 46%;35 岁以下青年教师 55 人,占全院教师总数的 39%。学院教师学历情况:博士(含在读)13 人,占 9%;硕士(含在读)111 人,占 78%;

本科 18 人,占 13%。其中经济管理系教师中具有高级职称者 15 人,具有中级及以下职称者 13 人,有博士(含在读)5 人,硕士 20 人,35 岁以下青年教师 10 人;电子信息系教师中具有高级职称者 8 人,具有中级及以下职称者 11 人,有博士(含在读)4 人,硕士 13 人,35 岁以下青年教师 9 人;媒体艺术设计系教师中具有高级职称者 2 人,具有中级及以下职称者 11 人,有博士(含在读)1 人,硕士 10 人,35 岁以下青年教师 5 人;外语系教师中具有高级职称者 10 人,具有中级及以下职称者 22 人,有博士(含在读)2 人,硕士 26 人,35 岁以下青年教师 10 人;公共基础部教师中具有高级职称者 4 人,具有中级及以下职称者 10 人,硕士 11 人,35 岁以下青年教师 3 人;综合办公室教师中具有中级及以下职称者 9 人,硕士 8 人,35 岁以下青年教师 3 人。学生工作办公室教师中具有中级及以下职称者 15 人,硕士 15 人,35 岁以下青年教师 12 人。

（张晓华）

【党群工作】 2014 年,学院共有 6 个党支部,教工党支部、公共基础部党支部、外语系党支部、媒体艺术设计系党支部、经济管理系党支部、电子信息系党总支,电子信息系党总支分为教工党支部、第一学生党支部、第二学生党支部、第三学生党支部。

截止到 2014 年 12 月,学院共有党员 199 人,本年度发展党员 57 人,转出 93 人。其中教工党员 93 人,学生党员 106 人,学生预备党员 70 人,本科学生党员 59 人,高职学生党员 47 人。入党积极分子 548 人,其中教师 3 人、学生 545 人。学院 2014 年共计收缴党费 60793.3 元。

（丁昭青）

【学生工作】 为体现学生工作"德育为先"和"以学生发展为本"的思想政治教育工作特色,学生工作办公室紧密围绕学生的成才成长规律,围绕职业教育人才职业道德与职业素养目标,一切以育人为中心,大力加强学风建设和思想政治教育。

在 2014 年评优表彰中,共计 1153 名学生获得各类奖项、表彰和荣誉,51 个班集体获得各类奖项、表彰和荣誉。全年落实助学贷款学生 10 人,共安排勤工助学岗位 15 个。发放助学金共计 737300 元。完成学费缓交、绿色通道、爱心成就未来助学金申报、全院学生贫困认定分级等工作。

为了加强学院的学风建设,深化学风建设内涵,促进新生班风、学风建设,学院开展了"新生建家活动月"的实践活动。以"知北京、爱北京、荣北京"主题,以宿舍为基层单位,以创建特色班级为载体,构建"个人-宿舍-班级"的立体式班级建设平台,并通过示范班集体答辩会的形式,为树立了班级管理模式做出了新的探索。

心理健康教育是德育工作的重要组成部分，也是促进学生全面发展的重要途径。组织了"5.25心理健康周"活动。内容包括：大型签名活动、心理健康知识有奖问答、励志电影赏析、团体心理辅导、心理宣传书签发放、心理健康趣味定向越野比赛等。校心理教育中心黄大庆博士为学生做"如何有效沟通"等人际交往方面的知识讲座。

根据学校有关学生发展与学业辅导工作的有关要求，建立了学生发展辅导与学业辅导机制，学工办在本学期邀请校院领导对学生开展学业、心理、职业生涯等专题辅导活动。主要内容如下：校党委副书记周志成深入到学院为学生开展学业辅导；院党委书记潘宏波、党委副书记孙晓鲲、副院长李宇红为学生做发展辅导。学院于5月12日出台了《应用科技学院学生成长导师管理细则》，明确了工作内容、工作方法等具体细则。同时，学工办制作了成长导师工作手册，为学生建立档案，为每位学生成长成才做好引导服务工作。

为解决学生的后顾之忧，使其安心学习，学生工作办公室积极做好助学贷款、助学金、爱心超市物品发放等工作，并于2月26日召开2014年暖心工程系列活动之"明确学习目标，心怀感恩起航"主题座谈会。

学院2014届共有1085名毕业生，其中北京生源999名，外地生源86名。44个本科生，共计18个专业，36个自然班。截至2014年8月30日签约率为91.42%，就业率为95.57%。学院媒体系被评为就业先进集体；石国华、赵欣、吕广革三位老师被评为就业先进个人。

（黄若曼）

【实训基地建设】 建立实训基地规章制度，规范运行管理流程，建立《实训基地学生管理规定》《实训基地教师管理规定》《实训基地网络安全管理规定》《实验室每课操作卡》《实验室设备状况记录单》《实验室学生登记表》《实验室管理员检查单》，明确系部院三级分工负责制，规定每套电脑设备检查制度，定期维护巡检机房设备，建立维护档案制度，建立值班巡查制度，实施以来得到显著效果。

为每台电脑进行编号管理，建立学生上机登记卡，建立教师实验室日常管理制度，召集教师进行实验室管理流程培训，对各系实践管理员进行流程规范培训。每日日常维护，建立早晚值班制度。

完成实验室安全监控系统的安装测试工作，实施了实践教学全覆盖监控反馈系统，采取实验室排课系统进行系部自主排课管理。

建设316移动商务实验室，完成12间机房的布线工程，更新340余台电脑及其桌椅。

制定了设备日常维护与更新制度，做到软件到位、设备到位、网络到位、维修到位，确保实践教学运行稳定和高效。

（何瑜）

【交流合作】 2014年学院共有39名学生出国（境）留学深造。其中，应用科技学院外语系应用西班牙语专业学生赴墨西哥拉萨耶大学、墨西哥拉萨尔大学巴西欧分校及西班牙阿尔卡拉大学深造。商务日语学生赴长野大学深造。商务英语专业学生赴美国埃弗里特社区大学深造。

学院在2014年暑期组织经济管理系及媒体艺术设计系学生共计40名，赴台湾大华科技大学进行了暑期实践活动。

（乔劼）

十四、国际交流学院

【概述】
学院英文名称：College of International Education。
学院网址 http://cie.buu.edu.cn
书记兼院长：庞明；副院长：杨亚军（兼）、吴中平。

2014年，学院共有教职员工22人，其中专任教师14人。学院设有综合办公室、行政办公室、教学科研办公室、教科办等管理部门。综合办公室是学院行政综合办事机构，负责统筹协调、信息枢纽、公文处理、对外联络、留学生招生及签证管理等工作；行政办公室全面负责留学生公寓和外专公寓的管理工作；教学科研办公室负责学院教学运行、教学管理、教学研究、教学质量监控管理等职能；学院教研部负责对外汉语教学工作的规划、组织、实施和检查。包括对外汉语教学的课程设置、教学大纲、教学计划的制定；负责安排课程，保证教学质量的有效落实、教学进度的有序进行。

学院对外汉语教学有语言生、本科生、研究生等多种层次，由学院教研部负责外国留学生的对外汉语教学工作。成绩合格留学生分别获得学校颁发的结业证、毕业证及学位证书。

截至2014年年底，学院有在读研究生33人、本科生314人、语言生97人。

（杨晓麟）

【领导分工】 党支部书记、院长庞明：主持学院党政全面工作，全面负责教学、科研、行政管理工作；分管学科建设和专业建设、质量工程、人事、财务；分管党建、组织、统战、纪检监察、信息化建设。

副院长杨亚军（兼）：分管对外交流合作，留学生招生、教学、科研工作。

副院长吴中平：分管师资队伍建设、负责组织对教师的业务考核及工会等工作。

（杨晓麟）

【教学工作】 截至2013年年底，学院共有专职教师14名，其中40岁以上教师7名，30—40岁教师6名，

30 岁以下教师 1 名。拥有博士学位教师 4 名,硕士学位教师 7 名。这些教师中具有高级职称的 5 人,中级职称的 8 人。为保证教学任务的完成,学院另有外聘教师 30 余名。

2014 年,本科生三个专业国际经济与贸易、汉语言(经贸)、汉语言(师范)共开设了 47 门次专业课程,同时国际经济与贸易专业、汉语言(经贸)四年级的学生在管理学院与中国学生一起学习完成了 7 门次专业课。完成长期语言生 26 个班次、38 个教学周,短期班学生 200 余人次的教学任务。本年度汉语言(师范)、汉语言(经贸)、国际经济与贸易专业共有本科毕业生 81 名,其中 74 名学生获得学士学位。

(王天虹)

【学科专业与队伍建设】 本年度学院以课程建设为核心,促进学科建设发展。为了提高教学质量,做好教学督导工作,本年度教学督导组教师继续对教师听课;邀请北京语言大学邢红兵教授和韩玉国教授分别面向学校对外汉语教师开设了讲座《认知视角下的对外汉语词汇教学》和《面向中亚留学生的对外汉语课堂教学》,讲座拓宽了教师的教学视野和研究视野,特别是大家看到了名校教授将相关理论研究成果运用到教学的过程,颇受启发。

(王天虹)

【科研工作】 2014 年度发表学术论文 15 篇,出版了论文集《中国高等教育国际化发展展望》(庞明主编);《对外汉语课堂教学与评估测试》(刘婧主编);《来华留学生学历教育中全英文授课模式问题研究》(吴中平主编)。

(王天虹)

【科研项目】 本年度科研立项 3 项,其中省部二级 1 项,到账经费 3 万元,项目负责人郭素红,项目名称《非盈利组织在国际人才引进中运行机制研究—以中国国际人才交流基金会为例》;校级项目两项,杨亚军负责的课题《膜拜团体在泰国的区域调查》,到账经费 2 万元、李晓东负责的课题《第二语言习得顺序研究》,到账经费 2 万元。

(王天虹)

【获奖情况】 国际交流学院教师刘东青,2014 年 6 月参加了国家汉办组织的两项比赛。他提交了三篇作品,其中课例——《以熊猫为主题的语言文化推广课程》荣获"国际汉语教学优秀课例大赛"二等奖;教育案例——《在欢快的节奏中学习》获"国际汉语教育案例大赛"纪念奖。

刘东青老师的国际课例大赛作品,在与来自 50 个国家 367 位参赛者的 502 篇作品的角逐中名列前十,获得二等奖。教学案例大赛是由国家汉办/孔子学院总部组织的全球性汉语教学案例比赛。

(王天虹)

【北京市外国留学生奖学金发放】 北京市教委拨款一百六十七万元人民币作为外国留学生奖学金,对学院品学兼优的外国留学生的学费进行资助。学院本着公开、透明的原则,专款专用,对申请奖学金的留学生进行了全面考核,综合留学生一年来的表现,根据学生出勤、平时成绩、期末考试成绩等,评选出获奖留学生 260 名并发放奖学金。

(金海燕)

【本科毕业生名单】

2014 年国际交流学院本科毕业生

序号	姓名	国籍	专业
1	阮越贞	越南	国际经济与贸易
2	阿里马特	哈萨克斯坦	国际商务(英文授课)
3	李贤美	韩国	汉语言(经贸)
4	陈明环	泰国	汉语言(经贸)
5	文美英	韩国	汉语言(经贸)
6	大丰	泰国	汉语言(师范)
7	芝美	泰国	汉语言(师范)
8	赵小兰	泰国	汉语言(师范)
9	高佳琳	泰国	汉语言(师范)
10	赖欣欣	泰国	汉语言(师范)
11	彭丽沙	泰国	汉语言(师范)
12	江玉贞	泰国	汉语言(师范)
13	狄娜芬	泰国	汉语言(师范)
14	郑美婷	泰国	汉语言(师范)
15	光明	泰国	汉语言(师范)
16	王秋雯	泰国	汉语言(师范)

序号	姓名	国籍	专业
17	韦芝芝	泰国	汉语言（师范）
18	肖丹	泰国	汉语言（师范）
19	旭东	泰国	汉语言（师范）
20	先艺	泰国	汉语言（师范）
21	张慧敏	泰国	汉语言（师范）
22	萧晶文	泰国	汉语言（师范）
23	柴思	泰国	汉语言（师范）
24	宣美	泰国	汉语言（师范）
25	陈茉莉	泰国	汉语言（师范）
26	陈桂珠	泰国	汉语言（师范）
27	诗丽乐	泰国	汉语言（师范）
28	王乐天	泰国	汉语言（师范）
29	王天蝶	泰国	汉语言（师范）
30	黄可欣	泰国	汉语言（师范）
31	杨淑环	泰国	汉语言（师范）
32	陆炜	泰国	汉语言（师范）
33	林爱芳	泰国	汉语言（师范）
34	天荷	泰国	汉语言（师范）
35	彭新柔	泰国	汉语言（师范）
36	陈俊旺	泰国	汉语言（师范）
37	林小枫	泰国	汉语言（师范）
38	林紫玲	泰国	汉语言（师范）
39	黄丽香	泰国	汉语言（师范）
40	诗春	泰国	汉语言（师范）
41	黄星花	泰国	汉语言（师范）
42	罗玉梅	泰国	汉语言（师范）
43	姚玉云	泰国	汉语言（师范）
44	杨平	泰国	汉语言（师范）
45	孙希月	泰国	汉语言（师范）
46	芊芊	泰国	汉语言（师范）
47	邱婉瑜	泰国	汉语言（师范）
48	黄美玲	泰国	汉语言（师范）
49	刘珍珍	泰国	汉语言（师范）
50	张玉林	泰国	汉语言（师范）
51	何晶	泰国	汉语言（师范）
52	孙佳慧	泰国	汉语言（师范）
53	王磊磊	泰国	汉语言（师范）
54	苏晓英	泰国	汉语言（师范）
55	吴佳莉	泰国	汉语言（师范）
56	许欣然	泰国	汉语言（师范）
57	张丽平	泰国	汉语言（师范）
58	阿娇	泰国	汉语言（师范）
59	王夏虹	泰国	汉语言（师范）
60	王明	泰国	汉语言（师范）
61	林漂漂	泰国	汉语言（师范）
62	小梅花	泰国	汉语言（师范）
63	布音	蒙古	国际经济与贸易

序号	姓名	国籍	专业
64	王美平	印度尼西亚	国际经济与贸易
65	热妮娅	俄罗斯	国际经济与贸易
66	廖翠莲	印度尼西亚	国际经济与贸易
67	维塔力	白俄罗斯	国际经济与贸易
68	艾文	俄罗斯	国际经济与贸易
69	徐永昌	印度尼西亚	国际经济与贸易
70	金泫基	韩国	国际经济与贸易
71	巴布克	蒙古	国际经济与贸易
72	黄勇	哈萨克斯坦	国际经济与贸易
73	阿布亨	哈萨克斯坦	国际经济与贸易
74	迪尼斯	俄罗斯	国际经济与贸易
75	珍妮娅	俄罗斯	国际经济与贸易
76	柳宗夏	韩国	汉语言(经贸)
77	力娜	文莱	国际商务(英文授课)
78	刘小龙	印度尼西亚	国际商务(英文授课)
79	阿历克斯	津巴布韦	国际商务(英文授课)
80	黄嘉嘉	印度尼西亚	国际商务(英文授课)
81	邓吉夫	美国	国际商务(英文授课)

（金海燕）

· 毕业生名录 ·

硕士毕业生名录

一、毕业研究生名单（39人）

专门史学科（11人）

褚　旭　韩修允　刘　璇　任　博　田国栋
王延丽　徐梦霖　叶焖华　张金荣　赵子旭
于保帅

计算机应用技术学科（13人）

阳　珊　王波波　田全安　韩泽远　田仙仙
张振彬　何勇刚　孔垂超　孔祥玲　李鹏飞
陈娅丽　郑礼坤　陆小菊

食品科学与工程学科（15人）

杨博媛　安秀峰　郭卓雨　王文倩　张　姣
曹清丽　院珍珍　郭　辰　洪　亮　王阿利
刘河汝　吴春彦　翟艳丽　唐　笛　李　丹

二、获得硕士学位的毕业研究生名单（39人）

历史学硕士（专门史学科，11人）

褚　旭　韩修允　刘　璇　任　博　田国栋
王延丽　徐梦霖　叶焖华　张金荣　赵子旭
于保帅

工学硕士（计算机应用技术学科，13人）

阳　珊　王波波　田全安　韩泽远　田仙仙
张振彬　何勇刚　孔垂超　孔祥玲　李鹏飞
陈娅丽　郑礼坤　陆小菊

工学硕士（食品科学与工程学科，15人）

杨博媛　安秀峰　郭卓雨　王文倩　张　姣
曹清丽　院珍珍　郭　辰　洪　亮　王阿利
刘河汝　吴春彦　翟艳丽　唐　笛　李　丹

（研究生处提供）

本科毕业生、结业生名录

一、应用文理学院

本科毕业生611人，专升本毕业生198人，专升本结业生1人。

法学（本科）

毕业生（51人）

赵　展　郭佳丽　谢　哲　刘　桐　李天宇
安思危　杨　玥　刘新培　邵　鹏　王　瀛
韩欣卉　吴　铮　沈晓然　范红礼　李　想
王丹萍　吴介普　章　峥　刘晓璐　胡桐坤
徐云翔　李京楠　吴　梦　赵丹宁　陈欣玉
王　波　丁　鑫　赵净一　王赛楠　肖　笛
李维星　王　爽　董　茜　杨世禹　陆炜中
熊诗琪　胡　鑫　杨敏娜　卞琳燕　何　洋
陈　冲　周　辰　金慧敏　黎志平　李　骋
殷　婕　吴志新　袁　莹　郑玉璁　尹馨悦

普布卓玛

法学（专升本）

毕业生（95人）

梁思伟　边　旭　霍俐帆　冯　欣　刘博文
陈　晨　李双云　李　洁　张欣媛　金　爽
张　婷　王丽娜　王冬雪　宋煜晖　郭　杰
齐　腾　徐　悦　齐中秋　刘　佳　唐利元
刘晓智　王巨猛　李　丹　张京宇　智　慧
刘　博　李　腾　贵　彪　吴　妍　王宏伟
赵　红　孟　爽　梁　强　刘　娟　姜莹莹
王　曼　陈　婧　张力文　金明珠　姚梦飞
王　勇　马云卉　吴　未　刘莘波　李欣宇
石亚鑫　杨欢欢　武秀绘　谭苗苗　金明丽
庞莉婷　时艳明　屈文昭　王　姣　李园园
魏　伟　刘佳蕊　孟　雅　李　仪　邵雨婷

许　诺　　吴　迪　　吴　茜　　程兰淇　　种　娜
王　婧　　张九思　　寇晓蒙　　杨文飞　　白　雪
张高雅　　黄珊珊　　邢筱筱　　李浩月　　沈　花
高　杰　　胡双爽　　孔林林　　郭琳琳　　猴文婷
张金彪　　朱叶蓁　　洪　雾　　郑　硕　　张　彤
李　叶　　张　梦　　高冬雪　　王　蔚　　张　坤
高靖凯　　张文婷　　项　威　　高　艳　　刘飞飞

结业生（1 人）

李双双

汉语言文学（本科）
毕业生（28 人）

刘丽音　　仵燕馨　　迟晗哲　　何　琳　　徐　聪
韩　焱　　张静怡　　黄紫嫣　　周曼宁　　代　唯
包　健　　周　航　　欧阳洁　　田佳宁　　吴焕青
谷晶晶　　王　爽　　王　烨　　艾　民　　张静晨
回莹莹　　高　琛　　杨佳庆　　蔡　威　　王维佳
孙麦冉　　李　唐　　廖珈敏

英语（国际商务英语、英美文化）（本科）
毕业生（45 人）

温丝语　　李　原　　王怡文　　许　多　　王　奥
宁　婧　　孙　璐　　吴　森　　李　思　　金　钰
曲格林　　尹　磊　　张　丹　　张晓旭　　冉　月
李　爽　　冯　森　　刘　璐　　梁名飞　　李玉姮
刘依依　　刘　畅　　赵　君　　唐　薇　　赵　阳
丁丹彤　　陈静茹　　侯雪霏　　苏晶晶　　陈　冕
王雨辰　　刘桐语　　赵　晴　　薄潇潇　　李　烨
陈　赫　　张　慧　　马　丹　　耿丹丹　　张　倩
胡佳轶　　许　杰　　王梦婷　　肖　潇　　艾　乔

新闻学（本科）
毕业生（31 人）

张　菁　　陈　霄　　雷双健　　刘明月　　张丝雨
刘丹蕾　　郑宏颖　　杨伊森　　芦　楠　　李　树
石　慧　　文　怡　　陈　展　　侯萌萌　　林颖萱
马雅楠　　张缘成　　王　兰　　李晨迪　　李媛琪
高　爽　　李　璐　　李　晨　　林园园　　卢　畅
付祎婵　　张　琦　　张　鹏　　殷伟超　　孙　瑞
符雪飞

新闻学（影视传播）（本科）
毕业生（32 人）

滕　玥　　曹正男　　王　蕊　　吴晶晶　　郑　伟
马　佳　　高晓萌　　吴思雨　　赵晨羽　　吴伊凡
金雅昭　　杜　芳　　李　丹　　卢璟瑶　　朱丽娜
王凌玲　　顾珊珊　　翟国峥　　马志博　　蒋　妍

尹婉菁　　李　萌　　冯晨洪　　赵雪菲　　张　旭
郑姝怡　　王炜璠　　孟　露　　吴　彤　　张爽悦
张　蕊　　张　薇

新闻学（专升本）
毕业生（40 人）

窦悦怡　　胡凯晨　　周彩艳　　申新颖　　刘赛赛
崔　昂　　黄燕华　　刘　妍　　周玥玮　　吕杨君
李天祎　　刘　营　　石　青　　谭雅倩　　汤惟羽
郭晓骏　　高姗姗　　郑　燊　　杨　丽　　刘　畅
赵　羽　　杨　璐　　詹　敏　　刘春荣　　李何优
袁　婷　　邹　洋　　段青鑫　　李哲诗　　傅春花
成清华　　周　敏　　杨　晨　　杨子量　　连晓越
朱桂荣　　焦赛红　　杨　爽　　李　悦　　赵云飞

历史学（文博旅游）（本科）
毕业生（33 人）

张　浩　　徐　勋　　吴　琼　　杨　帆　　刘婷婷
李　晶　　杜雪晶　　刘云锋　　朱旭青　　杨　奕
李　晓　　马　越　　吕　妍　　孙凌奇　　周健芬
张亦啸　　张　擎　　郭　玮　　张旭暄　　褚　讴
李寿远　　唐　荻　　凌其蔓　　段　捷　　宋超凡
居　硕　　张艾伦　　蔡梦迪　　隋宏霞　　姜　倩
张　瑶　　翟迎杰　　张　澍

历史学（文物博物馆）（本科）
毕业生（37 人）

孙泽浩　　于觐诚　　郭　辉　　刘　昱　　董德玥
王伟君　　潘司羽　　蔡南雲鹤　　张梦璠　　周　翔
禹　捷　　洪昊森　　高　媛　　张　硕　　扈豪杰
赵润森　　闫晓白　　高亿独　　李昱霏　　王　申
李晓薇　　改琦铭　　周依俏　　罗　赛　　安　树
王　帆　　王照宇　　钱翘楚　　刘佳月　　李阑昕
张　翼　　尤佳明　　崔立坡　　刘　喆　　吴英洁
孟　哲　　张健雄

信息与计算科学（本科）
毕业生（37 人）

贾　桐　　王　娜　　杨天奇　　王悦卿　　付　譞
纪佳君　　杜光速　　王建蕊　　孟祥玖　　王启函
赵　金　　史星捷　　蔡　婧　　乔　木　　李佳宝
王　至　　李博彦　　侯　磊　　王　旭　　许聪俏
葛　亮　　王子伇　　甄子舜　　史　凯　　王　昊
吴　迪　　杨　钊　　李岳桦　　石　玉　　钟　胜
许嘉辉　　庞志鹏　　杜　禹　　金佳莹　　张杰娜
谭　曦　　张巧珍

地理信息系统（本科）

毕业生（26 人）

叶剑明	黄骁宇	王欣伟	宋俊玲	王 飞
邢宇鑫	孙 硕	王 菲	尹剑锋	郭旭临
郑英会	顾明艳	王立青	王 飘	李涵潇
王艳楠	班金超	左 萱	杭陈丹	孔 瑞
王 波	唐煜斌	罗满意	黄学良	钟 兴
黄雅婷				

生物技术（本科）

毕业生（34 人）

吴跃龙	安雪娇	白伊梦	蔡宇奇	曹红梅
丛子茗	崔英婷	董 峥	郭胜楠	韩 敏
侯凯心	焦与康	孔自超	刘 昱	马博萬
马 俊	马小惟	马 悦	潘 雷	齐 妍
宋春未	孙永生	王 健	王润婷	王思顿
夏 冬	谢 立	邢继龙	邢 悦	燕 翔
杨华蕊	张冬雪	赵子明	郑梦蕊	

生物技术（专升本）

毕业生（19 人）

高 京	杨智勇	马嘉颐	李春美	郭文丽
冯建杰	徐景雅	尤 旭	刘 冉	李红娜
胡雪霞	赵晓娇	陈新宇	邓 雄	李勇超
盛 森	李 佳	吴国浩	化 玮	

环境科学（本科）

毕业生（48 人）

王庆一	刘 畅	王璐阳	金子昂	徐 旭
李晨曦	张 莹	隋婧怡	王鸣鹤	唐亚静
綫安娜	李亚楠	闫承远	段天哥	郭 斌
纪梦迪	张 晴	马也力	赵梦云	鲁艳春
王 正	泰 杨	李申奥	田玉霜	王 堃
付 雪	董 依	张茈锘	兰丝旭	刘 珊
陈雪菲	刘慕冉	张梦颖	刘 婕	黄诗恬
王 彬	张 琪	屈 婕	林海军	吴海霞
杨瀚宇	陈 珏	唐柝登	马占林	郭嫱好
杨文龙	温 婷	郭建伟		

食品质量与安全（本科）

毕业生（35 人）

张镌文	芦 彬	李 阳	杨 波	闫 坤
张梦竹	宗 男	刘 畅	许 昂	宋 京
王晓蕊	孙 玥	许 岱	李 潇	孙 雨
刘媛媛	李雨洁	张 奥	蒋 玉	黄 金
安 然	张 蕊	关 爽	阎菁艺	李帆琪
李 彦	陈鹏飞	朱仔文	陆小燕	罗远能

王恒懿	许塱昕	李羽燕	蒋函梅	苏奕成

食品科学与工程（本科）

毕业生（31 人）

毛迎迎	冉令磊	刘 畅	张静宜	吴金凯
才 浩	张雨薇	刘 蕾	贾雨晴	孙明月
何蕴祺	戚 宇	陈万龙	刘 琳	陈 彤
林苍宇	张亚新	孔 洁	赵雅欣	樊 星
杨 菁	李淏伟	吕墨卿	关未萌	陈 秋
陆雪玲	谭微东	成妹墨	王维维	乔 欢
丁 奇				

公共事业管理（文化管理）（本科）

毕业生（35 人）

唐 雪	张 璋	刘书森	张 羽	马天舒
吕天心	张子敬	王岩婷	王鹏年	马思琦
李茜姊	段 依	于 涵	董南翔	李杭雨
车雅坤	马虹宇	冯 琳	王梦秋	闫 妍
高 颖	杨 楠	袁 悦	张 娜	林璐晴
王婧雯	卓 帅	李晓琦	傅凌菲	李再彪
蒋晨阳	李 璐	赵思琪	赵 怡	岳素雅

档案学（信息开发、秘书）（本科）

毕业生（44 人）

马 赛	崔 萌	赵晓旺	刘 月	叶 昊
方攀文	谢雅佩	宫思雯	张 翀	冯 璐
梁佳悦	杨 楠	满 奕	门思荠	杨 彬
杨浩然	张妙茗	陈 硕	艾 薇	狄柏彤
安濛龙	申宇迪	夏 露	付婧媛	孙千惠
赵 倩	刘盼盼	刘跃娇	姜 沔	林晓棠
马 涛	杜 萌	陈之光	冯凯晨	王 珊
马佳彬	崔 岩	高雪莲	张学斌	岳梦彬
关晓曦	徐梦松	次旦旺扎	朱惊玉叶	

档案学（信息开发、秘书）（专升本）

毕业生（44 人）

张媛媛	张 蕊	陈希文	郭丽欣	孟庆庆
史林灵	李思源	霍雯慧	张同娟	张 健
张 俊	洪 楠	张 萌	李金艳	郭雪飞
李 杰	王 思	王艳霞	王文涛	程水霞
姚 洁	胡 月	詹梦沁	张子彦	姜欣媛
李元涛	赵文姣	郭 然	杨晨璐	卢 姗
王皓迪	曹 菲	孙思羽	蒋 鏊	康 菁
任亚飞	许 乐	曹 婧	王 昆	闫 宁
梁 晨	计嘉伦	李 晨	张 昕	

资源环境与城乡规划管理（本科）
毕业生（64 人）

邓琦	丰晨	吉沛杰	金晓龙	李潞
李念	李亚飞	李云飞	刘蕊	刘子杰
孙晨曦	王丹	王秋阳	王潇	温子豪
吴思晨	徐廷宸	闫雪峰	杨鸿飞	杨茂
苑金鸽	张海洋	赵海琳	赵午兮	周珊
孙鑫宇	张文毓	顾晟阳	单利锋	王丫
徐玉春	白洁	冯佳兴	韩凤瑶	靳超凡
李怡	孟兵	牛晓璇	王平	王阳
王玥	席延吉	徐馥卿	闫禹泽	杨莹
杨紫	于思昂	于天天	袁震	张虹裕
张珂	张亚兰	赵默涵	赵学斌	赵哲
焦岩	谷裕	王彤	张建	郭廓
孙韵淇	李丛君	赵君仪	杨宇宁	

二、师范学院

本科毕业生 489 人，专升本毕业生 124 人，本科结业生 2 人。

汉语言文学（本科）
毕业生（57 人）

王冬悦	东晨晖	裴燕妮	张向超	崔伟晨
张成龙	曹雪莲	崔晓驰	李萌	刘争
江山	沈梦菊	许琳婧	崔达	田晓刚
王砚	刘名豪	陈荣鬻	乔丹	刘艺婷
董治军	王颖	吴茜	杨瑜姣	张娜
陈怡彤	冷月	蒋磊	王若舟	高辰
谢峥	李昀	张昕蕾	陈雪艳	牛丛
蒋伟	杨硕	高家月	徐崇慧	周雪
郑佩佩	肖雄	吴靖丽	郭嘉琦	尚婧
运博旗	崔欣然	李娜	谢卫东	闫益
谭学思	刘博修	李彦瑾	何乃昕	杨勇
初羿杰	李玉臣			

音乐学（本科）
毕业生（34 人）

周雯	赵瀚翔	杨鑫	白丛睿	祝广帅
王紫萌	陈心田	高洁	汤晓迪	李晓蒙
甘丽云	张馨月	舒杨梦颖	杨希	王鹏
孔令森	李兰亭	马醒萌	周玉昆	李书华
赵雨萌	梁雪薇	仝畅	董天依	喻灿
黄鑫垚	刘洋	郑建悦	于静	王玉霄
王璇	程松	蒋鹏	刘婧玥	

音乐学（专升本）
毕业生（22 人）

万文慧	蔡哲	田思思	范志兰	薛轶
张硕彤	崔欣	赵申申	曹洁	陈建
万莹	张维彬	才方圆	郭娜	郭影
丁晨	胡沫萱	李佳钰	张凌云	雷可帆
郭婧	许霞			

应用心理学（本科）
毕业生（44 人）

刁骥	王伊	赵斌	赵旭辰	刘林溪
谢好	谢维	刘伟琳	高媛	王硕
张婧媛	雍雅若	杜薛丹	宗欣	蒋天行
曹玥	刘立杰	刘晨	谭畅	马瑞雪
徐思齐	马雪	胡佳硕	李敏	孙可
庚佳星	赵程颢	刘建陈	曹墨	梁悦
王尧	李太郎	郑文珺	张珂珮	张兆安
张瑜	金可飞	田梦	王爽	张芳华
张毅	赵竞泽	王兴宇	梁莹	

电子信息工程（本科）
毕业生（66 人）

崔龙	张宁	王伟东	刘猛	梁超
岳雨	赵越	王毅	赵金玉	孙鹤鹏
贾新雷	刘鑫	魏亚男	李硕	张杨
魏施乐	康浩	王鑫阳	王兆阳	宋彩华
徐强	付延	高山	丁金凤	蔡颖
崔龙鑫	许丹	孙斌	吉恒	杨国栋
刘畅	刘添阳	王轻松	赵丽	周越
李钰	林强	高文超	杜康	李明
侯天硕	王思鲲	张聪	王斯彤	王天一
沈世玄	丁晔	郭丹	娄安然	刘新
齐天祥	徐瑞峰	刘滨	张迪	商自富
刘晨旸	刘晨阳	安雨泽	景超	孙文桃
冯還	宋文博	高飞	冯冉	张建贺
邵豫				

英语（本科）
毕业生（50 人）

刘婧	李佳路	李婷	闫涵	栗倩
元天瑶	侯若婷	高雯	井峥	孙婉洋
张飓璐	蔡宇晴	于鹏	董佳	李梦奇
邵白	崔雪梅	李云汉	王宇楠	蒋毅
蔡春蕾	张天亮	郭琴琴	吴丹壹	李嘉宁
李悦洁	董晓	程菲	冯予皓	王默宇
韩硕	刘宇阳	卢申童	路世怡	何依
王红岩	杨迪	邢晨	景诗芮	徐明月
王文杰	王鑫	翟米萍	高金	雷培毅
张甜甜	李偲	张帅	吴晓雨	曹晓琳

英语（文秘）（专升本）
毕业生（31 人）

王 朔	田 然	张 妍	胡 杨	姜 咚
常如一	王 瑛	张逸飞	张 蕾	盛 荔
张连杰	张 莹	李 丹	闫 恒	刘 畅
李 阳	刘佳琦	程 诚	王艺林	戴 露
高羽萌	吕 帅	管志平	张 菡	张 媛
许 蕾	何文宇	赵佳韵	孔令璇	王晓爽
付晓彤				

计算机科学与技术（本科）
毕业生（62 人）

杨秋雁	覃 宇	张 超	宋成鑫	付 鹏
李 杨	戴亚洁	李媛媛	宋 然	耿佳兰
陈飞飞	刘 亚	王 硕	李春雷	孔祥情
张 盼	王 聪	崔荣慧	李玥昊	张海月
武建华	李宇峰	韩 雪	王 佳	苏博为
杨 宁	王 可	刘梦彬	刘雪飞	王 凡
刘 丹	曹冬云	于大双	蒋 丹	董 静
朱 林	关 宇	张 静	谷 梦	霍宜名
刘志远	刘兴洲	李俊杰	刘 喆	王 翰
刘国静	张 航	陈 程	范成龙	纪嘉欣
史金扬	赵 娜	郭天福	孙艳晶	毛雅菲
史 雪	张玉柱	王素霞	申亚楠	刘 情
黄春莉	张 尧			

结业生（1 人）
胡伟桐

艺术设计（本科）
毕业生（176 人）

田 甜	刘 潇	石珈祎	李 晨	曲非凡
郭 颖	王申鑫	孙 佳	陈翰琪	苌 硕
侯 蕊	刘非凡	张 多	王 真	刘 硕
陈 晓	张智超	孙浩博	钟燕婷	王芳建
吴泽宇	曹 斌	李松妍	刘 洋	袁 灿
刘惠昕	李文婷	韩芳烁	余东婕	林宏伟
蔡 薇	王鑫焘	房一畅	刘云峰	任宏彬
高 菲	刘兰雪子	曲 瑞	张嘉昱	董 冉
辛园园	董 佳	胡 蕾	夏 凡	杨 帆
李文轩	钟元媛	李灵巧	杨雪君	王英棋
戴琪纯	张 颖	刘美辰	孙思宇	刘博时
张京婧	张彤彤	杨思柳	张雨萌	耿子玉
田 阳	刘 卫	董郁芃	赵 青	程贝粟
王思晨	王 钢	吴 旭	李 智	孙自仲
朱丽娜	丁子恒	韩丹丹	行晓刚	黄嘉西
朱晶晶	史文妍	刘 静	李 祎	杜晶晶
陈炎野	刘长龙	马 蕊	王 智	王艺璇

解春晖	刘梦千	罗 瑶	杨爱岩	安 稳
杨 梦	李 旭	卢可珍	张永旭	李晓丹
郝佳胜	徐伟健	王 伟	连悟晨	席开阳
贾孟聘	杨 欧	夏士彬	李 晔	于晨曦
孙 超	杨 奕	曾 帆	李 娜	田 晨
单丹丹	鲍亚利	秦 磊	李佳琦	张 煜
苏 月	侯志楠	刘 阳	秦小童	赵千里
荆梦姣	姬思晨	聂 炜	周晨思	田 野
王 杨	郑晨阳	王 星	尚 琎	吴 彤
张 进	王静思	杜媛媛	韩 旭	靳 飞
冯子怡	王 欣	张 军	王元楷	许 颖
李虹萱	李婧婷	吴 丹	张 健	马小贝
崔嘉欣	智若宇	王俊平	沈子辉	王云翔
钟焱光	唐美辰	李新严	李忠楠	路 阳
陈 尧	王梦颖	张 迪	戚梦雪	付云飞
佟新元	屈义利	张 拓	刘 铭	杨 然
李晓鑫	刘 颖	吕秋实	贾沁媛	孙海燕
赵一澜	魏雪涵	亢 峥	王 璐	付亦韬
张呈如				

结业生（1 人）
李 盼

艺术设计（专升本）
毕业生（71 人）

李 哲	夏婷婷	罗 晶	温 璐	张子悦
崔亚文	马亚凯	邱建东	唐梦泽	潘磊磊
钟 桦	黄志琴	肖 梦	王 璐	庞 潇
铁 天	杨海燕	杜 鑫	周芝峥	吴婧婧
张曜麟	王馨悦	游 佳	戴 睫	朱文娟
李慧芳	赵颖宇	赵瑛楠	薛 多	张雨嘉
侯冰洁	罗 浩	刘鑫希	徐文静	吴 倩
张 皓	张洁靓	黄 凯	操文岚	董悠扬
高威涛	刘 娟	孟 丹	沈运好	姜 星
丁雅超	王子畅	郭婕妤	石思琦	白茜莹
宋 航	王晓杰	崔 扬	宋 扬	温小芳
李 玫	吴 静	张 莹	刘文洁	叶春蕾
张多水	关 健	王紫君	王美姣	刘轩好
全 琦	刘春梅	张 洋	董 航	毛紫叶
李 洁				

三、商务学院

本科毕业生 382 人，专升本毕业生 242 人，本科结业生 8 人，专升本结业生 9 人。

金融学（本科）
毕业生（63 人）

张亚琪	孙金玲	冯宝林	吴晓悦	李洁瑶

方天意　王　硕　薄　岚　张　腾　姚新竹
王梦男　邢　琦　孙　强　吴林霖　高　梦
孙天一　何　溪　卢雨杰　王　铮　郭秋月
唐天晨　尚燕夕　洪振宇　彭思佳　段一雄
张　琦　雷　声　王　烁　李　阳　孙家澍
刘腾瑶　王钰洲　阿依古丽·努日　陈婉莹
胡　琪　高燕妮　金伊迪　郑经纬　索　韬
吴斯斯　勾海洋　赵红晨　金羽豪　姜　曦
张　彬　付立新　吕　阳　孙承钊　王琳彤
徐静筠　赵　凯　仇　玥　肖　湘　张超男
韩　露　贾家荣　陈　龚　郑　震　李　悦
刘　微　黄　旭　孟　丽　王斯婷

结业生（1 人）

何　群

金融学（专升本）
毕业生（117 人）

王杰辰　段利雪　詹　婧　金　硕　包胺娜
李彩霞　吕　涛　刘　健　刘晶晶　刘晓萌
郭利君　符箕愿　龙一首　董　希　樊凯雪
蒲亚菲　杨鼎基　赵　洁　刘思美　王君楠
齐鹏鹏　宋　胜　杨　宾　常芮瑄　经泽政
王莹雪　季小君　宋　双　刘燕西　张明卉
戴靖霏　赵梓涵　贾重阳　符武欢　韩佳星
刘　婷　方杨阳　王思雨　郑聪聪　潘　微
万淑婷　李　岩　王　丹　孔庆雪　赵　楠
任　敬　王晓杰　湛　超　葛冬雪　石　颖
敖彩群　姬万友　陈宏华　甄旎涵　张诚东
刘　洁　王亚梅　李昕冉　刘　爽　黄文韬
李　阳　黄　蕊　赵婧平　是欣萌　章偲媛
董　静　孔书培　王　婷　李晓曼　李雪岩
张　瑶　赵　丹　董　一　吴冬铭　朱莹莹
董　超　包熙雯　石　洋　芦　遥　范梦慈
索姣姣　王　磊　张佳雯　符方财　韩　爽
甫仁杰　郑　建　周李雅倩　师晓楠　刘甄真
高　云　闫　佳　王惜溪　可　静　钟凌凌
刘　丽　郝　博　张闽川　李梦宇　杨　月
姜金玲　盛晓云　冯凤伟　焦　巍　刘　然
于啸东　张婷婷　孙雨晨　王　童　赵泽瑜
张梦秋　马春晓　高伊敏　学昱霏　李潇桐
王维嘉　连　萌

结业生（9 人）

陈　锋　于　阳　鲁迪柯　陈　悦　许博雅

范元媛　赵慧芳　刘玉升　彭琰琰

国际经济与贸易（本科）
毕业生（59 人）

董　旺　刘蓝桥　钟醒晨　张　超　侯天旭
孙学敏　张　玉　郑亚楠　成思雯　李　晴
刘　宇　许梦祎　刘　佳　于嘉毅　徐　璐
米丽盈　王　佳　郑江舟　孙亚杰　路　爽
姜雨嫣　王晓龙　高岩崧　邓兆楠　刘坷鑫
陈诗涵　马庆伟　陈金辉　戴　岳　何　姿
何子威　王晓彤　李宗玥　李楷韵　刘　美
于　晨　鄢远飞　任子英　朱　洲　左倩茹
王江涛　陈　婷　张景炫　唐　彭　汤超群
田　珊　徐　茹　文永丹　韩秀俊　梁浩南
郝　帅　张宏畅　孙梦博　吕文杰　黄晓鑫
白雪梅　王　宁　魏少白　牛　丛

国际经济与贸易（专升本）
毕业生（70 人）

陈　强　肖　瑶　刘志艳　颜思思　安　琪
杜　珣　程敏林　郑　蕾　王柳原　李　曼
任九玲　任　毅　郝　悦　刘　畅　郭艳彬
龚雪云　张利娟　曾镝霏　郑青芬　李　爽
路　航　程　月　张　超　周　勤　周宗林
季向洋　吴　昊　江灵丹　刘晓萌　华　君
潘　婧　张　迪　曹　悦　赵婉霞　田翠芬
王　艺　陈丽莎　杨　雪　黄小莲　刘春燕
秦　璐　赵　振　姜英子　齐晓云　王　静
龙　妍　冯燕明　于晶晶　周海艳　谭　楠
张　静　崔文月　贠晓钰　郭文娟　贾正如
万　芳　李　昂　李博慧　郑天宇　宋　萍
张学棨　陈倩羽　孙　凯　孙　芳　魏成彪
范静思　谷丽曼　卓　雅　唐　敏　章静思

信息管理与信息系统（商务信息管理）（本科）
毕业生（6 人）

赵　翀　秦晓爽　樊　皓　赵振超　张超逸
刘　畅

市场营销（国际物流）（本科）
毕业生（60 人）

蒋然然　牛晨君　张　奇　秦梓峰　吴亚男
陆　露　葛泽辰　李小雪　王安琪　王明皓

韩婧楠	康 娜	陈凌飞	雷雨晴	高 喆
张 桐	白丽群	郑乖觉	李静楠	张 青
刘 帅	窦奕妍	任欣彤	赵 迪	马一鸣
韩嘉雄	李 颖	孙 娇	郭雨凡	郭 骏
秦东坡	张 晰	宋红旗	赵玮玉	陈 帅
李 沫	徐 洋	汪玫萱	樊亚会	邓 跃
赵霁娇	齐 畅	许 晴	李唯倩	董铭霞
孟凡君	侯 博	张 硕	王 凡	吴环宇
孟 佳	陆雪松	刘春雨	张 硕	姜丽丽
洪 阳	赵一尘	刘艾东	黄 晨	杨 彪

结业生（1 人）

李 维

市场营销（专升本）
毕业生（55 人）

李雪丽	刘莹娇	李 阳	林致永	王 迪
王 琦	韩 娟	秦玉慧	冯永聪	施 政
李 哲	李宜珂	张晓辉	王亚静	郝 雪
杨 晨	史本晓	马 萌	刘 达	陈 婷
王 婷	吕 冬	白禄月	黄斯曼	李 婧
朱雅琪	余 雨	杨瑞雪	颜 薇	赵硕炎
黄晓辉	杜 佩	董文颖	王 晶	徐盼盼
于 潇	张轶男	陈勇欣	李馨蕾	叶 阳
张 艳	王 娜	张亚伟	齐 姗	唐瑛雅婕
李晓彤	黄 莉	曹欣亮	武 艺	王 艺
刘书芳	朱 玥	胡晓雨	符冰卉	王 岩

工商管理（国际商务管理）（本科）
毕业生（54 人）

博 嵘	张丹丹	沈秀霞	闫存晗	王 婧
李 昭	葛 淼	邓 微	王 娟	高培笙
张亚君	陈飞燕	郝 钰	张海亮	程思齐
解子嫣	陈彬冰	刘伊娃	赵辰嵩	潘 晨
李佐昊	谢丹琦	许迪豪	王丹丹	安秋蕙
马 妍	汤申越	余小雨	于家悦	穆 峥
秘 蜜	吕 游	方睿予	马 硕	苏新宇
郭 晶	闫 坤	任 雨	田 丽	南承国
杨霖枫	付 杰	王玉峰	邱 悦	刘佳明
章宗宇	李文东	孙 超	张 泽	钱玉欣
韩子剑	庞晶晶	高欣怡	郭 强	

财务管理（本科）
毕业生（91 人）

曾 悦	张 力	侯艾林	曹 羽	刘宇铮
卫子凡	李 杰	郭 艺	常适仪	韩婉彤
刘 煦	何 威	陈心怡	石亚红	宋 鑫
张广萍	刘骏强	张 毅	于 晴	郝雅慧

刘思雅	夏 甜	张春露	张蕾丹	陈 庚
姚梦迪	徐 刚	关欣宇	付冰姗	卢 杨
闫奕天	高明月	沈 懿	秦 楠	毛瑞琪
韩思远	高悦然	杜 悦	徐 丹	何莉杉
许东京	张 旭	左德萍	李宣庆	曲嘉仪
彭思远	曹圣苑	刘伊璠	刘 欣	高 畅
何静芸	张 京	崔梦媛	刘怡冉	侯 旭
王锐凯	王 佳	薛 京	刘 洋	沈志雄
于 洋	刘 婷	刘 莹	曹 冉	段思铭
范博思	贾子玉	安 莹	张朝伟	赵 炜
宋 哲	刘晓丹	金 蕾	李祎璇	陈思齐
刘雅囡	孙佳琪	董其成	孙 伟	程芳菲
王 乐	许 旭	王芳琪	李文冲	贾 旸
冯 超	程 亮	张 慧	谢梦頔	任 义
脱 悦				

结业生（2 人）

张 婷 张 硕

会展经济与管理（本科）
毕业生（49 人）

余羽迪	梁明洋	邰 蒙	赵悦明	宋 璇
高 玉	胡旭然	孙宇恒	许 莹	谷宇祺
翟文硕	刘 成	李卓群	任梦园	张梦岩
李斯祺	白 禹	陈雨晴	胡金旸	田 晴
张 涵	王梓珑	张 钰	夏瑶瑶	赵胜楠
李 慧	陈 飏	杨 然	岳泽舟	李 彤
白孝飞	左 林	祁少蒙	张近楠	刘会颖
唐碧云	王 鑫	尹 明	郝思雨	汪 洋
耿丽珊	杜春燕	郝 娟	苏 然	仲晓琳
冷柏岩	李小飞	程 旭	王露禾	

结业生（4 人）

赵亚嫱 巩雪君 贺 莹 华一伟

四、生物化学工程学院

本科毕业生 445 人，专升本毕业生 170 人，本科结业生 15 人。

工业设计（本科）
毕业生（31 人）

周玉辉	王婧媛	熊思聪	赵 萌	刘碧茜
张 玥	于晨旭	张兆晨	贺新宇	金 贺
刘洪峰	赵 远	管萌萌	张 云	王雨薇
陈思雨	张瑞娴	黄晓婧	贾海斌	张 迪
刘 畅	许 佳	秦鑫月	王佳晨	陈 晨
谢 莉	宋立亚	訾晨光	王 赛	赵 辉
张 立				

材料科学与工程（质量工程）（本科）

毕业生（24 人）

杨　磊	刘晓滨	张松岩	韩　克	师　旭
叶志伟	柏　悦	莫　晖	郅天婵	吴　茜
刘建章	杨光烨	付国明	李　翼	杜艳彬
曹金龙	杜　迎	全升武	罗孝曦	李　挺
黄秉策	刘　巍	蔡小亮	张　波	

结业生（2 人）

李昊鹏　冯野茫

自动化（本科）

毕业生（33 人）

李世奇	吕宗东	王　艺	高　鹏	田晓东
周芹超	马凡杰	范吟雪	安　振	秦　汉
豆　智	于　跃	王　岩	王　林	李天白
王　兴	朱文君	徐　亮	齐春阳	崔鑫宇
郭兴宇	赵世豪	唐新磊	姚　茜	刘志成
阿克尤力·土逊汗	李春旭	杨海峰	耿双燕	
李卡德	常世有	卢夏润	马伟龙	

结业生（5 人）

常　驰　牛　磊　马　骏　冯家俊　皇春勇

建筑环境与设备工程（本科）

毕业生（52 人）

王　朝	武　优	张　岩	秦　岩	陈运生
桑仲仪	任　仁	刘兴旺	贾艳生	王　桐
任明利	裴　杰	刘　亮	刘　璐	张春跃
马　琦	李瑞雪	闫　洁	杨雪娇	牛爱林
彭玉林	李安阳	彭晓霞	周云柯	穆建强
徐　爽	孙　冉	李少晨	王　庚	王　拓
姜珊珊	徐　月	于晓晴	邸　昂	刘文颖
刘欣欣	王金婕	徐　鹏	王　迪	崔士伟
陈　鹏	蔡　洁	邓　一	董伯力	卢伟斌
杨伟堃	李　云	肖日熠	严　森	李俊刚
徐菁华	陈　龙			

建筑环境与设备工程（专升本）

毕业生（16 人）

阮存升	史　薇	陈国英	魏银漫	孙　晓
李双双	侯　宇	刘　毅	阮亚慧	郭莹莹
张梦迪	宋佰山	赵　月	赵鹏艳	高　悦
李一敬				

制药工程（本科）

毕业生（51 人）

刘婉英	马　赛	刘　影	陈立鹏	林　楠
唐雪莉	张思璐	王　瑞	柳　茜	张　磊

崔子旋	史　琳	袁　莉	赵　营	郑凤艳
徐媛媛	张　璐	王　宁	陈梦星	段志星
王贵玲	李　姗	赵明航	谷云鹏	肖　宇
薛明德	张　玥	于春蕊	高　岩	张泽昊
路中枢	韩鑫悦	郎　迪	张林林	张贺文
刘海月	高婉婷	石　波	张嘉熙	马晓萌
杨　阳	蒋嘉琦	王可争	董　月	钟　程
王　颖	蒋文婷	陈　颖	曲　菲	杨鹏越
李　佳				

结业生（1 人）

杨　静

包装工程（包装设计）（本科）

毕业生（23 人）

郭　祎	刘一波	张晓桐	孙　佳	王　露
刘　凯	王富晨	李　琛	芦　莹	李一芳
王　笑	魏　欣	王雯婷	张鹤川	杨　爽
王　颖	吴　丹	方玲月	张　杰	季　冲
张艳禧	马萧萧	张雪莹		

结业生（2 人）

谢昀冉　杨　浩

生物医学工程（本科）

毕业生（23 人）

孟思远	沈　毅	韩晓炜	詹晓炜	常　越
闫　竹	朱　珠	官　楠	王　可	高佳硕
黄　通	王　颖	王　超	田　雨	高翔宇
潘建平	白定超	张　玲	杨开创	田　甄
黄荣棠	吴大林	何凯源		

结业生（1 人）

罗杰文

生物工程（本科）

毕业生（50 人）

褚云鹏	杨　震	田朝阳	张　晨	王科力
董泉龙	史芳静	隋　宇	毛菁华	杜　利
辛跃亮	邢玮佳	郑秋实	杜博文	王青云
郭志斌	潘之琳	张甜甜	殷　雯	王　昆
翟红元	王群群	杨　怡	李香婷	柳　成
高春旭	贾俊杰	冯赛楠	韩　畅	牛　磊
杨丽洁	张　研	张国际	马艾琦	王奚瑶
刘　菲	华健宇	赵　翔	徐明川	阴藤霄
彭晓健	毛　毛	张　岩	宋亚萌	薛　峰
王鉴影	朱珺玎	蔡　帅	雷　宇	刘新宇

结业生（1 人）

李华旻

工程管理（本科）

毕业生（61人）

田 俊	樊 京	杭启韬	孙惠临	贾文鹏
田 丽	刘子怡	张 鑫	郭 嘉	苗天齐
朱博夫	田嘉星	朱 跃	梁 振	曾 哲
付攀祺	毛晓磊	高淑曼	王 祎	张 帆
唐文雅	刘 程	王丝丝	王 博	韩东祺
李 宇	胡倩颖	孙 勐	刘雨夕	李玉昆
李月新	梁如意	王 腾	付 琪	隋志亮
赵文硕	关 猛	刘 畅	刘天祎	张 然
张天成	王成鹏	赵毅立	魏 娜	彭连彬
马获蕾	王成越	戴 红	李 琪	吴浪花
杨 林	畅合欢	邱明亮	王 翔	李金梅
张金鑫	王 玉	陈泽生	彭 博	刘景阳
谢申阳				

结业生（1人）

高玉昌

会计学（本科）

毕业生（35人）

邹昀杉	张黎晴	褚朋霏	朱晨阳	沈冰莹
杜 悦	余焕然	王 帆	张 湜	夏 艺
王子强	李劭琛	王玉亮	孙叶迪	温 雅
孙 毅	闫 文	宋玉洁	陈 岩	杜天宇
薛东璞	牛育星	李坤宇	张奥宸	王珊珊
王 腾	周东阳	崔美惠	贾 杰	王 景
张莉莉	张 宁	王鹏跃	宋昱羲	张馨蕊

会计学（专升本）

毕业生（105人）

赵思禹	杨蕙宁	王子南	王冰洁	姜 旭
刘亚慧	张 倩	冯倩倩	刘 博	徐阿敏
潘立娇	刘 琳	魏彬彬	殷雨婷	刘朝晖
谢淑君	徐雯雯	李 营	王 然	崔碧嘉
陈甄静	宋双龙	侯 晨	戈 彬	杨 雪
张 林	秦 悦	刘宇超	王 蕙	张 森
陈 君	冯 顿	张 洁	张 宁	王秋平
常 晨	熊引迪	陈雨婷	张玉胜	张 洋
赵 超	王牧瑶	苑丽娜	陈小婷	穆林英
倪肖肖	徐文国	李幸子	袁成婷	房津卉
王柏茹	薛 瑾	刘珊珊	杨 淼	张银红
马 丽	曹立阳	赵玉婷	孙雪娇	张雪丽
李天烨	魏小雪	靳旭丽	王 骏	祖琳琳
郑北辰	侯晓婉	高 尚	吕 阳	席敏娜
郭淑玲	邓崇怡	刘 旭	陈 雨	王 颐
于彩彩	张国聪	李菁喆	毛明艳	白雨威
宋佳颖	高荟博	李艳丽	罗丹丹	胡光临

王永恒	赵斌惠	常 婧	王 博	崔贺贺
崔碧宁	陈海婷	郑一凡	王伟婧	汪 鑫
刘瑞露	果 淼	鲁小青	陈丛丛	陈 璠
果玉婷	张馨月	姚 奇	张 颖	王 雪

人力资源管理（本科）

毕业生（62人）

李 洋	郭蔚云	孙荣娜	梁霄霄	孙 畅
刘思媛	王瑞雪	薛婉婷	葛孟桐	吴 迪
周 婧	裴尹婧	周 雪	张赫伦	杨 平
兰雨桐	刘云鹏	杨 航	张翔宇	胡 迪
龙承伟	王梦瑶	王雨晴	高 雪	杨 静
张秋阳	黄雅菲	张鹏程	唐耀麟	彦佩良
赵梦实	郑霄依	张 欣	王笑然	赫雅婷
刘 峣	王 琼	魏 询	李 强	王秀丽
刘真琪	朱伟凡	李馨瑶	张艺昭	蔡钟萃
陈焕雨	张 杰	姜 梦	祁 硕	张 彤
王 祎	韩晓雪	夏 爽	赵宇辉	许 杨
刘思源	齐 乐	常 远	邢 硕	郭 晨
张皓晨	陆 超			

结业生（2人）

邵一扬 徐 橙

人力资源管理（专升本）

毕业生（49人）

王留成	袁子理	何淼男	闫思怡	王 晨
陈 乐	李 婧	李红玉	王文燕	李佳萌
王颖欣	王 茜	孟 雨	胡 健	崔 雅
刘 欣	赵 岩	刘晓菲	李梦琪	王诺言
韩 璐	李依若	赵振环	潘 畅	马敬峰
浮 姣	刘 柳	方亚楠	郑 宇	余华英
杨小灵	徐彬彬	钱泓埔	孙亚林	王红燕
王春月	柳 欣	孙茗蕾	陈 欧	蒋 雪
杨婉路	赵雨茜	尹穆沙	王菁源	刘曼茜
边晔迪	窦晓忱	陈 瑜	刘 洋	

五、旅游学院

本科毕业生239人，专升本毕业生169人，专升本结业生5人。

英语（本科）

毕业生（23人）

王 燕	许 焱	陈 曦	吕慧京	王 维
苏 获	韩 华	徐 航	汪海鹏	穆英杰
黄亚楠	马 琳	马晓烨	孙晓萌	郭晓萌
刘慧珊	刘晓彬	肖 垚	杨嘉怡	王雪可
高 雪	王泽佳	蒋 民		

英语（专升本）
毕业生（75 人）

何 牧	张 鑫	赵丹丹	贺娇阳	张 飞
顾冰星	任燕妮	于 娟	佰 雪	马 凯
邱梦安	文 娟	李 苗	汤苏琨	朱盈盈
李扬子	倪 娜	郭 婧	范伟辰	余文燕
秦路梅	仇 蕾	王 宇	郝 静	莫金萍
涂 娜	夏 青	曹明宇	王雪晴	张永玲
白金杨	刘文阁	李玲珊	邓贞贞	冯华苗
朱明阳	任 玲	郑慧子	庞 艺	祝赛男
李 梅	李勇峰	宋亚丽	杨 安	孟禄禄
戴苗苗	张 静	刘 璐	陈荣鹏	李 超
丛 莘	迟丽梅	陈 怡	朱 姝	黄 理
李媛媛	王 敏	王晓晓	李 媛	郑 洋
任明媚	杨梦琪	高 阳	田 甜	潘 澄
孙 欢	潘庆玲	胡 松	李彦爽	罗 薇
陈 颖	刘士嘉	刘爱艳	薄佳妮	杨 静

日语（本科）
毕业生（52 人）

孙国凯	苏 雷	许雅楠	郑浩宇	张 烁
胡禾亮	郝雅楠	张 莉	刘思蒙	刘东阳
周 莹	王掬周	李笑祎	毕 桐	刘卓尔
张 倩	杨一凡	张 凯	翟 洋	苏 超
李 钰	马明明	刘 莎	张子豪	陈 莹
金 峰	王从宇	马宏硕	王凯月	张云云
周京圆	孙宇辰	李 晨	吴倩文	边人杰
王 晋	张 蕾	葛 铮	刘依依	刘珊珊
王梦瑶	张 萌	邵宇华	于明璇	施逸星
闫墨妍	王 韦	李 昕	朱 朔	吴 茜
张晨光	张 硕			

日语（专升本）
毕业生（11 人）

孙茜雅	王浩然	王 惠	陈淋娇	付琳琳
刘 圆	吴月皓	高 放	杨怡靖	李京亚
段丽婷				

财务管理（本科）
毕业生（28 人）

刘 璇	李文博	徐长璐	肖 依	冯 琦
刘 冉	魏琳琳	王 欣	芮 迪	张 梁
李 婵	孙晓雷	翟 静	窦福庆	高如意
袁 茜	王子信	范慧霞	杨临格	张宝利
徐 爽	谷 薪	郑 策	李 洪	叶 维
翁 瑀	戴新鑫	益西旦增		

财务管理（博雅实验）（本科）
毕业生（13 人）

苏柳歆	彭 佳	王灿辉	吴倩妮	韩 笑
黄 琛	渠翔文	司马静	李丹丹	蔺乙曼
李艺天	黄仕楠	刘 申		

旅游管理（本科）
毕业生（61 人）

谷 也	游佳惊	康坤梅	姚 力	周 欣
王 唯	杨惊禹	杨马骏	周 雯	张纪民
雷 苗	朱鑫丽	王 超	吕 航	李艳君
白 婧	谷 娜	金 鑫	郑旭照	覃成丽
陈雨虹	黄 娟	李思雨	刘 婵	李艳淑
徐景新	柳秉昉	陈华珠	汪 涵	陈正阳
杨 涛	冉晓佳	田旭丹	刘叶桐	梁 静
孙 欣	贺晓晴	王一然	杨 依	孙 超
任 才	王亦凡	穆晶琪	石 爽	王 杰
付玉洁	夏晓光	夏 良	潘秋宇	曾慧子
蔡槟繁	王 玉	唐正秀	罗海霞	米宇璨
赵计博	李紫婷	赵春梅	张 微	唐晓璐
冼因赞				

旅游管理（博雅试验）（本科）
毕业生（19 人）

陈洁怡	常玮洪	刘玉芳	安 翼	陆小倩
吴亚男	王妙妙	万朝春	丁 瑜	关 慧
刘紫娟	李 婧	谢育聪	张 叶	侯梦滢
郑玲玲	陈来娣	商 奕	张宏宇	

旅游管理（专升本）
毕业生（53 人）

窦文慧	石 蕊	贾天静	王 泉	张嫒嫒
闫 雪	刘诗菁	刘惠心	张思思	李研君
高 歌	王美玲	崔 爽	张 晶	崔 哲
王 悦	王 晶	毕佳琪	马继骁	韩珏轩
曾雪晴	冯 宇	向 阳	王晓潇	刘可聚
魏 君	张丽雪	袁 祎	洪明萱	赵宇航
闫 吉	陈子谦	董 瑶	李晓彦	张英瑶
石 佳	姚 明	杨 爽	张丹丹	杨 嘉
辛 迪	白凌然	沈盈杉	纪 玲	王 尉
高 晨	丁 倩	任 莹	李关昊	侯琳睿
游天成	毕伊凡	孙黛琳		

结业生（4 人）

高一婧	王君鹏	姜宏佳	吴立民

酒店管理（本科）

毕业生（38人）

王思炜	魏 唯	杨 硕	王源婷	李若雪
吴 倪	李向东	周 帅	陈鹤文	包天诚
祖显亚	刘 旭	骆 佯	谢 普	段蒙蒙
索欣然	王宇辰	李喆轩	杨晓丹	肖沐晨
高 羽	周 奇	张 祎	徐 岩	王苏婧
骆欣怡	王思琦	孟晓竹	陈 旭	张蕙雯
薛 芳	王 紫	刘 帆	谢金玲	张亚晨
刘进军	吕晓轩	余任跃		

酒店管理（博雅实验）（本科）

毕业生（5人）

刘 溢	陈启萌	陈凌波	国 奥	罗雨薇

酒店管理（专升本）

毕业生（30人）

刘美超	吴 楠	陈 旭	刘雅彬	杨征艳
张思爽	张璐轩	宗利华	胡雅鑫	罗承男
陈亮亮	周茜婷	薛欣培	田 超	王婧婧
肖 东	张 艺	晁紫雯	王 昊	田 木
冉旭方	瞿维乾	饶肖好	靳 茜	曹雅丽
毛明富	李 盼	徐 洋	魏怀婧	马 瑞

结业生（1人）

王亚楠

六、信息学院

本科毕业生458人，专升本毕业生1人，本科结业生7人

电子信息工程（本科）

毕业生（82人）

赵警凡	侯俊辉	万李强	米 垒	徐 东
郑 彬	张 继	赵瀚洋	王敬泽	张天娇
刘 烨	马朦朦	武 磊	郝智鹏	范 芩
胡 博	胡建泊	虞海燕	胡 雪	武罍晨
金海楠	黄一杨	王 萌	盛曦娴	尹佳屾
蒋 涛	王 琨	程礼聪	张晓波	陈水旺
姜云飞	高翰西	翟国辰	芮 爽	连海洋
陆 洋	贾昊晖	谢欣鹏	陈旭东	梁 晨
田 圳	王 维	宋 雪	刘京寒	赵 飞
郭绍川	龙博慧	杨博文	张 俊	刘静怡
夏凡博	云 霞	陈 旭	卢 浪	哈 琦
钱石力	常 烁	何 亚	王赛男	王天牧
秦雪萍	孟凡强	周子翔	陈 翔	朱家钰
高 静	张翰璋	徐 进	张笑非	夏思田
杨 磊	张施晨	杨 浩	张 松	苏 李

高 昭	寿晓星	谭智勇	张 姣	朱 玲
彭鹏飞	冉建峰			

电子信息工程（实验班）（本科）

毕业生（32人）

罗叶贝	刘 璐	王家宝	华 磊	秦孝丽
贺丽丽	朱建文	付 强	肖欣欣	罗哲夫
曹华山	王健民	油振方	李冬冬	贾博文
王振继	李诗佳	赵李娟	陈昭朝	席 雯
熊 芳	邹珍凤	吕燕洁	李 璇	邹一森
苏爱淞	刘佳元	陈祺磊	全楠楠	于英杰
郑 澜	杨尚鹏			

通信工程（本科）

毕业生（106人）

高 旭	陈安冬	刘卫军	威力斯	肖 星
黄 凯	薛晨玫	路明远	樊 骞	陈 宇
孙 鹏	闻天博	刘亿凡	安 涛	王 聪
刘敏捷	李海洋	余贞武	刘彬达	张 洋
杨谨榕	马一阳	文健名	黄 俊	赵文一
林剑校	吕建兵	蓝 馨	吕云龙	李瀚夫
夏瑞麒	王 婷	陈 涛	徐尔仑	李长风
郑智星	邢 邗	曹伟奇	郭晓宇	康思亮
邓玉柳	冯嘉杰	张 劲	邢安琪	苏婉莹
孙 磊	唐爱洋	孙 震	满文章	靳小斌
宋 韬	唐 颖	张 麟	周 静	郎春燕
李 丹	时 特	李博文	李浩宇	周 禹
胡培源	何成功	苗 露	秦 楠	李雪晨
段奇岩	穆傲世	牛登宇	吴岭宽	李 飞
周义德	马运鹏	贾 威	董瑞晨	张 菁
胡晓波	赵 峰	许雨生	胡 悦	柳 臣
关永辉	王伟嘉	王 浩	康超博	张 浩
赵新宇	姜 琦	姚 叶	马 烁	刘雪涛
吴 迪	程 硕	蔡中葳	杨 楠	卢思源
池 瑞	李嵩扬	刘 琪	芦鸣飞	王 璐
徐 斌	张力超	武 煜	吕翌昕	张新栋
甄志楷				

结业生（1人）

邓晶晶

通信工程（实验班）（本科）

毕业生（29人）

熊 星	许永涛	邱星栋	张金波	李 雯
孟 爽	王增宝	邸 萌	宋媛媛	刘 亨
马纪桥	潘柳如	王久霜	程 瑶	陈天妹
吴 凯	唐诗敏	崔 侨	张金桃	鲁秀全
闫 磊	张建明	韩二辉	黄福城	王晓莲

王子慧　张淇伦　李润青　黄海丽

电子信息科学与技术（本科）
毕业生（49人）

王国显	刘　辰	李　郑	杨　龙	李　杨
王　丹	祝银桥	尹　磊	刘汉胜	谢智锋
李　晨	蔡寰宇	廖晓琳	何建华	张俊理
武　月	屈胜斌	徐　莹	张　琳	熊文景
曾海文	童林凡	洪旭烨	徐洪勇	崔晓丹
刘志远	王洪伟	喻小伟	卢静丹	张　震
李　欣	孙入兵	冯　毅	吴梦迪	魏　微
茹　森	刘晶晶	邢　朋	秦　宇	赵海洋
张海悦	芦湛鋆	侯宝成	崔　妍	周诚宇
庞文林	张思瀛	李亚鸿	侯　潇	

结业生（3人）

耿　琦　李　宇　罗　乐

计算机科学与技术（本科）
毕业生（160人）

周汉雄	张润泽	汪若陶	董克楠	冯　蕊
胡　迪	任从怡	刘旭彤	庹金成	曹映雪
马晨雨	葛云逸	蔡文明	戚绪明	马海松
熊兆祥	马骞丽	关　微	王丽珍	曹池莲
周心怡	戴枭杰	李　政	郭　昊	王　亮
林家祺	周莉楠	刘　挺	严志波	石　浩
罗晓东	鲁继祥	何伟名	张　浩	刘青松
王鑫伟	曹志攀	杨　硕	黄若鹏	程　科
牛　成	高翙翔	张启秀	张松亭	许莹烨
任运贵	王正捷	马从容	李剑南	蔺晓忱
韩　旭	王子晗	王　卓	乔晨松	刘晓雪
范同文	苏宇晨	吴婵婵	王　雪	蒋　静
汪　培	付　烨	李　琳	陈　祺	张　琴
乔佳玉	孙倩倩	王紫东	谷建鑫	王　磊
刘　彬	范玉娇	韩　颖	朱晨曦	吴涵秋
余东海	韩　瑶	任宏义	李晟元	浦　云
魏凯超	贾　悦	刘芷嘉	王萌冉	顾尚焱
彭玉录	高　山	王　征	张佳煊	王　阳
郭　靖	贾颜恺	韩伟光	何　杰	刘梦雪
朱天雨	王鑫垚	赵　希	宁靖雯	樊　锐
梁常会	张凤基	马　越	张　骁	李　颖
刘琳琳	蒋燕鑫	包　玉	林琳琳	黄　达
刘晓畅	崔琦璋	董　桐	李童齐	高　喆
胡　灿	马建夫	崔　圣	徐　然	刘　钊
于　澜	朱　路	阎晓燕	葛京文	崔　迪
胡昊荣	曲飞帆	王　吉	王振华	曹　飞
徐君文	王　华	郑继诚	杨清发	邓　健
杨　明	董佳婧	周　健	王振邦	孙金伟

陈　曦	杨亚刚	李海洋	石涌钰	赵启晨
褚海涟	黄晓婷	杨秀琼	王俏立	孙富宗
王阶琴	汪　骁	孙　帆	尚　宇	段　冉
卢曼青	王宝琛	马　婧	热依拉·依拉木	
马凌云				

结业生（3人）

苏　毅　李　鹏　周静辰

计算机科学与技术（专升本）
毕业生（1人）

侯旭宸

七、机电学院

本科毕业生164人，本科结业生7人，专升本毕业生116人，专升本结业生3人。

机械工程及自动化（本科）
毕业生（86人）

王正博	彭　磊	田丰艺	许高俊	郭铁峰
郭雪洁	齐江川	郭　震	魏佳轩	马迎节
李名扬	贺立春	薛鹏伟	任正星	杨　博
贾路阳	杨　乾	王　广	王仕月	宋　岩
何　丽	李雪松	姬　旭	张　偲	郭　寒
李思凯	赵　峥	李秉楠	王雪姣	刘　洋
刘博涵	魏　晨	王浩然	程　楠	李秭豪
王江涛	杨　慧	沈　宇	潘迪佳	杨　震
龚仕伟	李博维	李天伦	闫　雄	高　翔
石云飞	王泽军	田　梦	郝　帅	王　野
郭傲天	范雨秋	杨　曼	王晨宇	白志兴
晏易华	吴金枝	张梦迪	易文祥	夏　坚
赖富民	李骏骋	金小波	李　剑	邓　资
刘新胤	吴文泉	施　瑞	邹　健	刘福平
牟言亮	刘炳强	张博文	宋吉鹏	鲁晓琪
王智慧	王　俊	闫朝阳	龚华伟	刘亚东
王上朝	李飞龙	刘洋宏	王仁云	崔剑锋
彭正俊				

结业生（7人）

张爱鹏	罗天成	薛　沛	杜佰川	张勋志
曹容珩	霍梦阳			

机械工程及自动化（专升本）
毕业生（91人）

王海风	王河宁	李　莹	周会荣	施健勇
郭耀磊	田莎莎	杨　正	刘海双	王　伊
李富超	薛一江	雷　钊	耿特伟	赵飞飞
闫智鹏	朱旭天	陈　骏	刘　荀	崔雪洁
孙广旻	杜　佳	蒲晓龙	娄　超	李天志

王　凯　郝润璞　杨　勇　聂晓萌　王丁玎
方天雷　魏文涛　曹彬睿　周　倩　王中凯
程建杭　张星露　赵新萍　周　军　佟运杰
王　渊　李念龙　李婧璇　苏成章　尚　聪
王　禹　王　珊　董祥远　季　玮　张　进
赵　庚　陈敏珈　方亚东　马晨骁　韩　涛
彭军锋　徐佳旸　聂士旺　李佳洋　苗　涛
陈天博　王　骏　霍建新　张兰婷　郑婧鹏
李　贺　李　铮　刘少楠　徐　健　刘艳华
刘亚峰　李赞勤　贺晓佳　陈　冬　贾高魁
闫双双　蒋伯骏　颜　超　管骊阳　尹　硕
李　翔　王鹏飞　王　菲　武国辉　孟繁举
孙国香　魏潇祎　刘雪娇　马　静　王　峰
薛福生
结业生（3 人）
孟　雷　崔建华　刘　骉

汽车服务工程（本科）
毕业生（22 人）
袁　野　李　洋　王志强　张　睿　梁子阔
张　晴　桂　圆　李　娜　沈铎　李　航
刘一格　王思睿　彭　程　冯　潞　张　彬
许　迎　郑益明　纪　峥　李佳辰　蓝水泉
邱　爽　方　岩

材料科学与工程（检测与质量管理工程）（本科）
毕业生（28 人）
张昊天　程　旭　王传康　周　静　冯春雪
孙　娜　赵正冉　可佳峥　王温馨　杜维佳
李道宇　曹　蕊　于婧艺　于来春　吴宇佳
赵　琪　赵　颖　王金龙　刘瑞文　刘娇娇
杜珮瑶　付　硕　秦明慧　刘　葭　韩　星
杨　岭　张　冲　张坤阳

工业工程（现代制造工程管理）（本科）
毕业生（28 人）
王冬旭　傅　超　侯　磊　张　涛　王　亮
王君羽　解京京　赵振利　吴　迪　贾大盈
唐天诗　李天颖　魏　巍　黄添添　邢亚雯
段　威　高　英　李　娜　杨伊妮　钱宇飞
杨雪彤　李　梦　张京杨　霍建平　杜　峰
黎　宁　万孙燕　秦明月

工业工程（物流管理）（专升本）
毕业生（25 人）
李明月　江　潮　康雨婷　刘　帅　李晓晨
王明超　王梓伊　季东莹　张　艳　王　雪

杨　璐　贾　梦　金　骞　顾　或　刘　妍
贾俊营　梅云飞　刘　晶　肖骄阳　金丽娇
蔡新生　王安琪　王　颖　王　杰　赵　雪

八、自动化学院
本科毕业生 334 人，专升本毕业生 31 人，本科结业生 10 人，专升本结业生 1 人。

电气工程与自动化（本科）
毕业生（69 人）
张　铭　王志泉　杨伯威　毛思维　刘　畅
王　硕　魏佳文　骆家辉　王　萌　闫海泉
常　乐　刘麟佳　朱文涛　张雪锋　刘　昆
陈　文　胡朝伟　杨　杰　陈　徽　邝梓佳
余邦定　胡　东　黄　璐　李家勇　郭　暄
伍绍金　赵　磊　张晓雪　刘博超　孟昭静
孙美琪　陈晓彬　唐雪茵　郭　策　朱伦伦
陶子涵　王立春　李雪文　王新菊　王天旺
王　运　赵晓明　刘　铖　王潇赛　朱　强
薛腾飞　何　洋　张斯琦　刘　镭　金冬梅
张熙峰　李志垒　刘德磊　尚雯雯　许浩浩
邱　磊　王玉平　向小东　张振洋　董亚峰
陈金方　冉建军　邓亚军　董思琪　姜　孟
张小珺　浦同画　杨建锁　吴　鹏
结业生（1 人）
郝晨阳

电气工程与自动化（专升本）
毕业生（31 人）
陈　洁　孔祥祎　尹成波　徐曾雪　王怀杰
梁云清　黄振兴　丁文勇　许宇然　刘　琦
李　雪　刘天宁　陆　雅　杨　鹤　张慧群
张曦莹　吕创新　刘斯琦　高　洁　姚婉荻
关夕榕　张　伊　盛　洁　聂　萌　周长鹏
田　玥　刘　洋　王嘉扬　刘　鹤　张　博
安一飞
结业生（1 人）
邵　强

自动化（控制网络与控制技术）（本科）
毕业生（83 人）
苏　杰　付煜民　陈林林　赵　萌　常小龙
徐小迪　史　甜　贺海丽　汪　鑫　万兆武
刘佳鑫　戴兰芝　孙一函　曹海涛　焦栋强
李淑红　邹国梁　宋青松　崔少强　常　新
邱　杰　刘晓睿　曾圆圆　薛钦蓝　陈斯佳
高心悦　郝京伟　魏　峥　李　强　李孟竹

王文旭　马云霞　张继兰　刘　亮　李思远
李长宇　李俊宏　钟　鑫　李　硕　李　晶
罗伟敏　黄　诚　孙　右　齐晓强　刘娜娜
张鑫悦　宋晓峰　薛　峰　贾新宇　敖雪婷
赵伟杰　刘宇星　岳文倩　曹　宪　张一鑫
刘乃嘉　张　铎　周小伟　李　娜　黄丽莉
郭　峰　叶　枫　岳志鹏　贾海星　刘洋彦
张利坤　宋美茜　赵晓月　魏申聪　房长智
李飞琦　李　莉　周亚波　刘建文　熊远波
谭　镇　叶林丰　吴成洋　吴意凯　谢陈玉
陈志杰　江　岭　狄家明

结业生（1 人）

杨　昭

自动化（信息处理与智能技术）（本科）

毕业生（56 人）

张　磊　李　尚　王啸天　张文轩　刘彦超
王　超　姜志鹏　项　祥　许晓亮　闫丽影
许　好　代园园　李　晶　赵大帅　孙博轩
王　成　彭　忍　尹　捷　任莹莹　李宝英
刘泽鹏　王亚倩　贾智超　冯其林　宋晓帅
马　良　李　雪　陶晓申　李　尚　赵　兰
刘　沐　钱六平　李　旭　付　娟　张继超
刘利海　潘黎明　刘苏仨　李轶群　张金东
李宏伟　邵　振　李亚希　杜旭亮　韩向敏
朱奕波　翟昆鹏　易　伟　魏　玮　周燕琦
米也纳　梁　瑞　王　珏　曹永德　张　俊
杨　鹏

结业生（2 人）

吕志渊　董晨广

物流工程（本科）

毕业生（57 人）

沈　晗　岳博学　齐　航　苏　婷　金慧迪
俞　浩　张　涛　金碧珂　付　妍　张　颖
张上卉子　康　寅　郭　梦　杨阿华　代后木
林海灵　李永红　邵昱博　曹青青　赵　婕
杨逸菲　何赛赛　余尚杰　陈兵兵　陈雨杰
俞建腾　官承波　陈　倩　竺山岩　邢远航
徐　添　李超凡　李　强　刘　璁　张乾坤
李　强　高祎君　陈　震　范雪娇　李海燕
李君璇　张　琴　冉玲玲　张　涛　刘文文
张　叶　刘彩霞　员志艳　程杨峰　杨丽娟
郭景俊　高红兵　王银锋　罗堞源　祁家辉
陈伟楠　杨会松

建筑电气与智能化（本科）

毕业生（36 人）

兰锦辉　郑　磊　刘大兴　张雪冰　马城昊
寿文昊　何思源　陶　冶　孙　潇　张　天
付晓宁　袁　赫　张时雨　张秀闻　王　升
丁百龙　石　超　章文浩　程彦泽　朱　蓉
徐新鹏　石斌波　罗　雷　符兴宇　徐　新
袁金萍　庞　睿　王　沛　贾宏宇　季翔宇
李　炜　张　强　张伟龙　吴　静　向　铭
许路恒

结业生（6 人）

朴　亚　时奕光　康　恺　胡旭升　王　涛
杜海鹏

建筑电气与智能化（视听工程）（本科）

毕业生（33 人）

李　晨　李　翔　黄　果　宿文星　窦宇浩
唐剑峤　黄　旭　张　瑶　金　鑫　付光耀
伏宇蓉　李姗姗　辛胜男　特日格勒　赵霄宇
曹长江　张小雷　麻月薇　刘　欢　毛金金
周文进　赵雪晴　肖方圆　冯晓东　赵　伟
弓　箭　郑静静　李刘东　李祥飞　苏小平
万青春　牟得喜　魏　毅

九、管理学院

本科毕业生 406 人，专升本毕业生 345 人，本科结业生 11 人，专升本结业生 10 人。

金融学（本科）

毕业生（113 人）

赵晓雨　杨翕然　赵珞岑　刘　健　靳　萌
李　瑞　赵　娟　荆博强　孙　阳　刘相宏
韩潇潇　高靖雯　马珊珊　郝　欣　王梓涵
刘梦婕　邱　彤　陈清华　邓文韬　李　娜
游宇翔　巴雪微　合孜里古丽·加娜尔别克
阿卜杜热西提·艾麦提　杜伟彬　赵冰东
周春梅　桓　虹　刘方洲　白宝生　张　漪
高　钰　张福海　杨书华　向元媛　张露文
刘　璐　刘冰冰　汪　津　乔立志　赵蒲珍
游　蜜　付雨旋　王苗苗　谢洋洋　杨金凤
李昊匡　李国玫　樊广庆　邬嘉北　邢　飞
张子谊　刘文扩　王一钦　李婷婷　闫婷婷
王雅蓁　秦　菁　袁娜娜　李洋洋　吴　茜
黄　珊　张琬悦　李玉晴　王　鑫　穆雄江
钟　迪　田小伶　陈肇祯　吕俊琳　李惟廉
张春平　林　琦　张　慨　周　烨　王　勇
陈　悦　白嘎里　樊慧娟　杜秀艳　张　雪

赵梦娜　田　昕　李　桐　李银枢　张丹璐
郑朋飞　宋宸赓　李博文　安　坤　宋　词
史吉霞　郝艳艳　陈　敏　柴晓蕊　闫　旻
陈富琴　李昱欣　贺　林　周　爽　王雨晴
陆　群　张启然　孟祎龙　白　洁　张静萱
徐扬媚　罗宏宇　鞠　飞　丁　一　殷含玉
于子轩　黄和睿

金融学（保险）（本科）
毕业生（1 人）
何李超

信息管理与信息系统（本科）
毕业生（55 人）
沈延骐　刘孝笑　季弘烈　陆　瑶　王书雷
唐　浩　潘郑欣　苏　宇　王沈悦　岳　鸣
纪星宇　于　航　张信哲　姜　漪　刘　阳
孙　童　霍　贞　高　钰　韩慧君　别冬伟
韩　雪　陈玉敏　王　斌　王海涛　段　克
赵南国　赵思然　魏　博　武嘉艺　魏晶晶
贾梦顿　李子璇　李　毅　李　莉　曹　磊
张佳毅　范继蕊　王志斌　刘　达　王欣月
王　淼　封芳芳　杨梦璇　马　越　王倩云
何　戢　罗　一　宣　蕊　柴建伟　郭双雪
郝硕敏　井广生　陈瞳彤　李德隆　周　卓
结业生（4 人）
刘腾辉　王　浩　纪　鹏　张欣慰

信息管理与信息系统（专升本）
毕业生（98 人）
姜　雪　苗国润　张　浩　张春花　侯亚楠
张家玮　邢丹娜　庄征祺　张　雷　贯新蕾
谌德俊　焦　岩　许　鑫　郑汉雄　王小倩
高　雪　吴　浩　李　特　马婷婷　刘　旭
顾程程　杨雯钦　孙亚楠　王婷婷　武秋月
宗国艳　卢　瑞　马旭阳　孙雅菁　郭佳山
王　岩　刘　娇　李凯悦　范思特　徐思齐
王宏飞　胡　洋　陈佳欣　李立嫚　杨　晋
代安宁　毕士相　陈庆莉　殷　旭　陈　文
洪雪丽　周姗姗　刘　亮　李冠超　高珊珊
张佳琦　魏　欣　吴　怡　计树礼　赵晓光
贺　娟　王　颖　汪　洋　李齐佳　张亚楠
王亭亭　李　萌　张　颖　卢壮壮　王　灿
徐津萍　原　轲　陈　祝　姜维萌　徐嬖慈
贺　健　许　东　周　娜　张　敬　赵　娜
魏　勇　张　钊　王晨阳　徐志远　周润滋
张　莹　马长健　刘　颖　马燕驰　安向臣

莫思玮　李　恒　李若凡　郭建红　彭艾青
王　琛　张锦辉　徐天高　双琳琳　张　弢
冯天娇　刘　宇　刘芃芃
结业生（4 人）
祖　鲲　成启源　徐　翔　王　旭

工商管理（本科）
毕业生（38 人）
刘　琪　韩云鹤　张　晴　李　倩　张　冉
刘　策　杨雪梅　刘美娇　沈　馨　芦　茵
牛　婧　刘添禧　苏世斌　李　瑶　李晓萌
张雨婷　陆　遥　夏志强　张　苗　涂南珍
沈昊飚　徐婧颖　宋伟杰　孟馨蕊　周怡洁
汪传丹　丁　露　黄　睿　高　莹　杜　洋
周　静　李贝贝　苏楚元　李　萌　郭熙妍
闫　欣　李婷婷　张雅迪
结业生（2 人）
杨逸帆　丁莉莎

工商管理（国际商务）（本科）
毕业生（38 人）
李思乐　柳　峥　屈妍妍　王欣义　沈　磊
薛靖婉　巩伊伦　杨　琼　李　燕　吉梦婕
张佳丽　杨静文　张明月　李伯珺　薛　晗
张瀚杰　李　辰　关　粮　刘　斌　周　晶
赵隽鸽　祝安琪　李娅思　刘宛东　封　叶
张　晶　刘　璐　张　欢　王　迪　刘冰冰
陈蕾蕾　刘　硕　蒋登轩　王　鑫　张夕玥
徐克欣　戴　莹　张樱馨

工商管理（体优班）（本科）
毕业生（19 人）
崔岩军　房　飞　张晓华　谷丰臣　杨翔博
朱子文　邵　帅　杜　航　仲显卓　郭　爽
李建斌　李　鑫　孙爱旋　曲　威　王金鹏
曹乃文　董鸿艳　周启光　韩　朝
结业生（2 人）
张振宇　刘孟鑫

工商管理（专升本）
毕业生（145 人）
张　彬　周丽梓　马　悦　王红玉　曹艺玮
张　骁　刘　暄　孙晓梅　常珊珊　曹露桐
杨　凯　张赛赛　叶海洋　韩　璐　王　爽
马星月　杨需需　刘　博　李方方　王俊婕
张建勇　刘　艺　黄莞云　张　爽　史　良
王晓薇　刘　璐　朱淞霆　张　馨　郭亚男

张海美　胡玉蓉　钱京晶　宋杨杨　陈云超
徐　月　吴　冬　朱红娜　范依依　袁时健
田文丽　李丽娟　郝明霞　卢　进　邱菲菲
马梦姣　刘　悦　蒋威威　李海鸥　孟　聪
郭欣欣　李瑞云　肖春雷　李　骁　张梦芸
孙　杰　王方雅　朱金菊　夔伊雯　庞沙沙
王　婷　李晓亮　王　晨　朱　影　张亚军
张荣伟　蔡文静　朱婷婷　刘雅勋　田　甜
严　婷　石秀娟　冉　娟　董晓玲　田冬彧
吴文君　徐　晶　徐文君　侯冬雪　师娟娟
耿明佳　张雪娇　翁　杉　陈　思　胡雅倩
王海涛　张　军　于佳卉　郑亚军　蒋　丽
张金婵　于丹丹　鲁艳艳　苏钰淇　贾旭丽
周成龙　袁思琪　王锦雯　王　迪　任　亚
王　默　张　琳　张志芳　周　莹　戴晓东
姚宏雨　贾　静　郑立娇　蔡茜萌　郭瑛楠
尹丹旭　赵佳丽　乔书铭　马茜茜　耿学娟
靳利莎　吴静贻　张蒙蒙　毕　杨　朱晶晶
周吟雪　杨超男　方正生　张　莹　王双双
张凤梅　侯君飞　冯艳玲　薛巧娥　钟　响
刘　剑　孙亚楠　孙丹丹　张雅民　刘晶晶
王碧月　李之慧　薛　姬　沈晓晓　东　秋
刘　岩　林　青　孙燕齐　姚　洁　赵美娜
结业生（3人）
师俊彤　李国一　杨雨泽

会计学（本科）
毕业生（76人）
张　晶　成　功　牛宏庚　马双双　张力芳
张雨聪　刘天旭　王思柠　王晨明　陈斯娜
陈　茜　颜　怡　胡　嘉　杨　扬　李　霄
盖国京　李　雪　陶　琳　李　莎　周　桥
王彩月　李生芬　艾玉梅　李姗姗　葛思珩
李小彤　王　赛　崔琳琳　于利军　严　珂
何玲丽　饶　华　丁　琴　袁怀勤　郑　春
沈倩云　辛　妍　王　坤　王仕佳　李甜心
谢姗姗　杨晓芳　许　婷　刘旭芳　杨慧玲
吴昱瑾　阿玉君　张曼利　王　露　袁文忠
张　琳　梁　娜　吴　俊　马丽苹　纪　亮
李继锦　白永清　肖　燕　穆　莹　宋媛媛
贾　彬　李姝昕　孙　鹤　王苏悦　邵羽琦
李晨蕊　李雨祺　王　祺　章　雪　陈肖杉
王雅璐　张　涵　陈嘉怡　张耀允　杨丹伟
卢亚萱
结业生（1人）
陆子豪

会计学（专升本）
毕业生（36人）
杜思媛　徐　彤　杨　宸　申　思　吴飞虹
葛金京　王孟然　王　雯　王　帅　寇佳阳
顾　倩　潘佳新　赵　曼　赵晓雯　谭　慧
张　敏　李　烁　张　雪　董　丽　马迪悦
四秀贤　张志娟　姚　书　张潇蒙　邹明月
杜歆琼　王绿青　刘佳妮　于妍婷　王思棋
王　蓉　邵梦乔　连芙敏　赵雅娟　张若斐
李　维
结业生（1人）
郁佳蕴

电子商务（本科）
毕业生（66人）
贾学刚　郭　秦　姜孟旸　陈　娟　李　曒
支　旭　沈泓宇　郭斯聪　王　檬　张　雯
刘　燕　范天知　潘　晨　刘　灵　王　雨
舒雨朦　张紫剑　焦　珣　杨　莹　刘语丹
王　冉　邹冰芳　孙　喆　张　猛　于　涵
肖　瑶　杨睿可　张一帆　王健宇　郑　玲
王玮莹　马　娜　张彦祎　米雪娜　黄　震
高　赛　杨岩妍　张单美子　邢佳惠　李敬伟
张一丹　王　妍　王　水　刘　悦　徐　强
袁倩倩　武宏涛　赵国超　武　捷　文　静
冯　雪　杨春磊　刘晓蕾　王　鑫　张　蓉
李　昕　唐　璇　张　伦　陈丹蕾　马伊濛
吕晓璇　刘　洋　齐　菁　李　娟　李玖灵
张　萌
结业生（2人）
任　凯　安　旭

电子商务（专升本）
毕业生（66人）
唐　萌　刘昊轩　李自珍　焦　玉　罗淑清
张　雯　马文韬　裴雨晴　岳　宇　曹萃萌
郑　然　杨　辰　赵为民　付文通　闫　鸽
金瑞娟　康慧敏　申　晔　张赛楠　焦　颖
鲍淑莉　周思萌　王媛媛　经　宇　陈凤丽
高　岩　付　鹏　李敬远　侯　煦　高　佳
孙　竞　李雪禅　刘露萌　王　聪　王　薇
宋飞飞　孟　琪　李巧英　王晓婷　单世杰
王子昂　赵　宇　高　尘　陈瑞瑞　邱金莲
马　超　周芳芳　程冬梅　任明洋　杜怡欣
王艳玲　刘　丽　刘珊珊　邱小征　梁　雨
王　萌　李炽涵　张雨萌　李　娟　董志娇
陈　娜　郝英俊美　冯利江　苟梦乔　盛　飞

王　存

结业生（2 人）

华芳园　李　玥

十、特殊教育学院

本科毕业生 109 人，专升本毕业生 24 人。

学前教育（本科）

毕业生（28 人）

李　鑫　桑海容　刘　欣　刘　丹　朱　湘
张　辰　韩　妍　吴　双　卢雪纯　陈月辉
魏清溪　宋　淼　梁思洋　安　妮　王　静
李　静　朱文欣　刘　璐　彭一薪　邓　阳
赵　婉　索佳爽　崔　娇　单福建　穆春雨
刘赛玉　吴　雪　桂天天

学前教育（专升本）

毕业生（17 人）

陈国洋　张成楠　毛伟芳　祝紫怡　何梦华
戴　芬　申　雪　陈梦瑶　郭玲玲　葛玉姣
孙　欣　陈　丽　梁超珊　柴梦银　周丽娟
汪　莉　王　颖

特殊教育（本科）

毕业生（34 人）

张京蒙　孙　莹　李佳颖　李征南　刘嘉宾
李亚青　杨冰然　董　雪　韩　爽　周　莉
刘　阳　张艾文　刘境一　周　颖　耿　迪
李博鸣　张　爱　王宜人　张　雪　李玲杰
任　晴　李　称　崔　爽　任思维　高　静
刘　婷　马　涛　张　星　张　雪　李　宁
娄祎阁　王秋月　邱　波　高明肆

计算机科学与技术（本科）

毕业生（14 人）

夏盛业　杨　楠　曾祥海　殷丹丹　刘亚琛
张晓波　左振华　赵瀚恩　陈吴闯博　宋维文
王　响　贾兴华　胡子鑫　程　倩

计算机科学与技术（专升本）

毕业生（3 人）

韩玉琴　郭聪聪　安泓州

针灸推拿学（本科）

毕业生（13 人）

高正文　李　贺　杨云凯　吕巍凡　徐　橙
张　浩　梁佩玲　闫梦寒　刘　娇　于　莹

隋　毅　朱鹏凯　林　珊

艺术设计（本科）

毕业生（20 人）

俞　希　宋婧妍　王　欣　陈梦亚　任瑞玉
刘洪健　蔡华艳　刘爱迪　刘建超　牛原野
刘　可　连　谦　沈泽雪　高　鸽　乔旭茹
张思文　李佳伟　武　洋　王　帅　曹　琳

艺术设计（专升本）

毕业生（4 人）

言　双　张　莉　张　华　李彦澍

十一、广告学院

本科毕业生 285 人，专升本毕业生 163 人，本科结业生 25 人，专升本结业生 8 人。

广告学（本科）

毕业生（57 人）

肖伯宁　盛　洁　于　乐　高若兰　郝方宇
牟　琳　石　玥　王　闻　张雅蒙　车　丹
陈雪菲　陈银凤　陈婕宁　崔明湜　耿梦桥
顾云影　韩　娟　韩珊珊　侯　鸷　李秋婕
沈欣媚　苏　莹　田　浩　王大为　王一楠
张　希　韩　丹　刘　畅　马丽娜　米思婷
张　迪　赵玥莹　赵　丹　吕　琳　王丹丹
耿道来　张佩伦　侯　雪　耿孟哲　李　乐
张君羊　彭冰墨　姜　虹　崔锡彤　龙　莎
丁　婕　姜杏子　徐　琴　许　可　宋　霜
何　莹　王　维　钱　琴　吴佳能　张可艺
李　昀　王　敏

广告学（国际广告）（专升本）

毕业生（18 人）

张媛媛　陈　莉　赵　楠　刘梦迪　闫威扬
蔺　舸　文　燕　谢鏊雯　王紫珺　王昊青
刘晓瑞　邵　裴　张晨菲　陈　曦　杨　静
陈　琦　王婧琳　张　晶

结业生（1 人）

吴俞臻

绘画（本科）

毕业生（21 人）

鲁玉洁　张　赫　孙　奥　李思颖　盛世行
张爱利　朱立秋　王会珍　杨　帆　董玉婷
杨晓荣　于　虹　宁　莎　李燕汝　侯东坡
林姝言　宁晓红　黄　容　邓文江　田冠乔

袁子惠

结业生(1人)

郑　阳

表演(本科)

毕业生(75人)

孔繁慧　王　婷　白乾辉　沈　琦　李　骁
叶雨晨　孟　博　徐　鸿　范金玉　周　雪
于晓旭　张　倩　冯思妤　邵逸雪　丁　喆
何　玥　唐海洋　王骥龙　刘依依　戴蕙荞
聂依曼　高　崇　郭宇哲　齐亚秋　方跃龙
张　雪　孙宇昊　郄　明　高　莹　崔　强
程　斌　宋林昊　郝　星　胡永凯　曹恩泽
王　恺　葛家腾　武郑哲　高　敏　宋思佳
王艺媛　赵洋洋　杨艺星　李雅敏　梁泽鹏
范　一　连　玉　方　菲　武殷欣　韩　涛
王中楷　孙一博　李文杰　赵新宇　姜　鸽
张碧涵　周佳云子　俞婉岑　张汀琳　王梓玄
罗　凡　邢烁琦　赵乾屹　许亚岚　周桐宇
殷向新　潘晨晨　李　想　王诗赫　葛　畅
富梓铭　崔　尧　邬俊汉　谢　倩　李　然

结业生(9人)

李　更　张晓萱　胡　洋　安　冬　李　葳
丁雅婧　刘　帅　刘宣进　原弘博

表演(专升本)

毕业生(2人)

侯帅汐　于　姗

结业生(2人)

蒋奕昕　张骁男

艺术设计(数字艺术)(本科)

毕业生(88人)

张　凯　高　波　彭秀会　王希辰　时　蕾
刘琳怡　萧辛未　李　响　耿　凡　张恩亮
李　畅　芦　婷　邹　润　徐景峰　王亚昌
刘义阳　董月男　赵　依　步文浩　康凯璇
穆德君　谷　文　王　岩　付　钰　白　雪
张　武　王　珊　王　宇　罗　燕　李　昕
刘　映　王　炎　高　鑫　高　原　李　楠
李亚奇　靳如意　曹杜旺　刘雅静　肖　君
郑美玲　王艺潮　李耿彪　张丽媛　刘潔潼
乔　溪　王　醒　袁　婷　吴松澍　贾玉霖
唐璐璐　牛志丹　赵　楠　左莉亚　段介然
孙治华　刘　薇　宫悦钧　罗　洁　王　蕾
崔佳爽　吕　璇　刘　丛　王雯君　白　鹭
赵曼晨　廖　鸽　李璐菲　张乔羽　高　萌
高　冉　梁　琦　庞博宇　郭明明　崔理想
刘爱妍　于　琦　杨　堃　彭薪竹　周雪飞
张　敬　曹　靖　袁伟业　张琳琳　杨晓薇
山　月　郑　轩　蒋　澜

结业生(7人)

苏皓楠　卢俊毅　赵　杨　孟令晨　谢　晴
张胜男　贾钜程

艺术设计(数字艺术)(专升本)

毕业生(68人)

宋子轩　王　姣　田　乐　陈国庆　韩艳杰
冯娅露　汤紫玉　曹　营　朱玉茹　郑智勇
吴文杰　马　丹　陈雅楠　王泰晓杰　祁　放
周　静　高　尚　刘新宇　刘　苏　王培华
刘一凡　岳连阔　李健宁　任　凯　吴岱霖
谢添姣　石　雪　尹璐璐　刘晓园　甄美春
徐菲菲　赵惠娟　郭艾嫄　赵雅男　李　璐
于梦楠　高　展　戎官仁　雷亚琼　卢晓宇
杨　昊　杨　惠　王可歆　刘　丹　杨　晨
管　丹　穆晓红　温红红　宋　璐　郭　哲
梅　娜　孙梦君　胡晓莉　崔　月　刘　政
刘　慧　杜伟琳　崔玉坤　王立云　赵　倩
蔡文敬　罗亚飞　谢励成　朱博宇　马天峰
邢　铁　撒亚佳　方　岳

结业生(4人)

梅文娟　田梦迪　刘　多　张　茜

艺术设计(网络传播)(本科)

毕业生(44人)

高悦西　李泰然　牟　歌　周　琦　何宇婷
张曜同　李　轩　王雅伦　闫　玲　王　旭
陈润苓　吴雨璇　唐姣姣　唐莉莉　裴丽凤
邵　帅　张　欢　葛　楠　彭　焕　张　璐
郑欣然　陈　晨　王有君　许　靖　侯　秀
吴赛赛　徐　伟　邢欢欢　绳　艳　贾玉佩
杨依瑶　郭怡嘉　刘慧婷　仝佳伟　杜　睿
夏　洁　冯　畅　曲　静　唐静怡　朱　恂
徐嘉乐　孙文静　蔡　霞　刘　园

结业生(8人)

冯　伯　王婷婷　杨　凯　杨　然　张久松
井世峰　欧广令　程雁鸣

艺术设计(网络传播)(专升本)

毕业生(75人)

黄　超　高羽杉　丁　锐　张文毅　许盟函
郭轩丞　赵焕伟　吴水晶　王　超　艾美琴
赵　娜　李　瑛　王　岩　闫丽鑫　付小旻

田　情	刘慧媛	王　顿	韩景宜	石雨溱
孙　静	刘晓晨	邹婧绯	宋思源	李婧霖
黄　静	李晨雪	王　玥	盛　鑫	冯　艺
康　甜	邹　霞	孔令德	卢正中	罗广芹
邬佩佩	孟　醒	陈娅楠	张译文	毛　璐
寇　萌	孙　雅	尚　进	廖孟琨	马　莉
王莎莎	杨艳君	田亚辰	李　然	杨静茹
乐可依	常　洋	贺晓旭	吴　征	毕　然
吉秋霞	刘雪娇	薛　超	张冉冉	崔彩虹
安　婷	徐开明	徐成成	张靖悦	魏　森
刘佩瑶	任　菲	黄　宇	李光林	卢鑫亚
王敏佳	辛奕潇	郑婧欣	晋少奇	林　青

结业生（1人）

姚冠宇

十二、应用科技学院

专升本毕业生225人，专升本结业生5人。

计算机科学与技术（专升本）

毕业生（156人）

郭　威	孔维卫	姚　峥	李泽丹	汪天祺
孙雷明	王　灿	张　琰	刘燕保	慈新萌
王佳颖	吴京泰	邹森洲	刘　潞	丁　旭
陆怡然	孟　晨	李杨帆	贾国辉	米　阳
蔡子文	孟　倩	王　旭	郭　晨	赵国红
黄　河	郭　淳	左　甜	刘思雨	陈开仡
陈　薇	郭旭凯	崔云菲	竺　霖	罗卉宁
刘雨华	刘　畅	何　洋	李　田	许小萌
郭　宇	李　莹	程　宇	窦君逸	韩　婷
郝文凯	高姝玥	于　浩	黄苏铜	周立鹏
马馨怡	刘成功	胡国强	周思奇	田博洋
金　昱	侯瑨平	杨　光	赵晨宇	郭　娟
刘永良	孙泽彤	梁　蒙	高　岩	张　洋
宋冲亚	纪　然	郝敬峥	贾舒雅	刘京南
陈劭鹏	刘俊青	李明星	苏　峰	张浩然
赵末末	高　振	王　洋	梁　怡	刘　浩
山　珊	安芯蕊	徐　阳	许　悦	贾　宇

周武明	索丽明	李婷婷	赵　珺	张　京
邢子菲	杨晓璐	姜　睿	席　帅	张雨萌
杨　宇	刘敬茹	于学松	张　衍	宋　乐
孙志恒	张　岩	冯翌新	关雪琪	于朝博
刁岩峰	张胜利	胡　琪	冯博凯	肖司墨
李　静	王红梅	马巨川	张　默	赵明胜
祁施静	李　博	孙蓬健	李　帅	孙　伟
姜　珊	陈楚楚	严培佳	杨明康	李艺阳
张可歆	陈宝祥	张开莉	刘箐楠	张　明
续瑜晴	侯牛牛	张　晋	王　丛	常春燕
谢天童	鲁　楠	刘梦恺	沈慧琴	宋静静
卢爱萍	潘清峰	赵　晴	严　申	杨　贺
来　帅	高亚嵩	梁　骁	顾灏妍	刘　宁
孙静玫	魏智翔	吴　迪	孙赫洋	张启龙
张　政				

结业生（2人）

刘　勖　李震乾

电子信息工程技术（专升本）

毕业生（69人）

庞　磊	李昀鸿	穆仰川	朱芫毅	周禄禄
赵建良	章　东	史旭东	张　焱	陈泳宇
李泽南	徐　楠	曹海跃	马烨楠	耿艳云
吴海旭	高　峥	张　尧	李天宇	苗澍峥
吕　昆	陈　骅	张　倩	张志敏	吴凯亮
王栩铮	鲁　娜	郭　秦	于　磊	付萌桓
许　萌	张一桐	张　宇	杨　光	李劭楠
黄峻枝	隗佳宁	李鸿浩	杨青波	张鹏鹏
马　腾	刘茜苑	张　赛	曹　阳	陈刘科
陈一崧	常　安	崔　洁	霍　妍	花永梅
杨　帆	刘　亚	陈正华	牛　赫	柴玉星
刘云皓	侯迎杰	田　璐	曹哲轩	宋天宇
闫文杰	周　唯	孙　腾	马汉汀	夏　宾
高金强	闫亚丹	代　葆	穆　迪	

结业生（3人）

郑　栩　贺晓楠　王　欣

专科（高职）毕业生、结业生名录

一、师范学院

专科毕业生119人，专科结业生3人。

服装设计（专科）

毕业生（23人）

刘剑博　赵彦卉　蔡　婷　曹　丹　常亮亮

董春媛	方　雪	龚　悦	郭　艺	郎　顿
刘　莹	沈雯馨	王丹阳	王　杰	王孟璐
王胜君	吴　迪	杨天琦	禹萌萌	张宏愿
朱秋蕾	朱思哲	丁　玎		

结业生（1人）

王梦惟

文秘（专科）

毕业生（38 人）

李　佳	卢紫玄一	赵文宇	辛斡旋	李子鹏
陶思思	杨　烁	刘　琪	刘　悦	王思又
赵玉晰	罗　娅	郑　娜	陈　静	苏　琳
冯京楠	韩　月	张璐婷	孔惠子	李其学
乔　川	郭梐宁	袁　黎	吴　旭	王佳玉
杜　颖	孙楚翘	赵　丹	高娇娇	杨宇佳
高　阳	王利思	张　萌	贾红梅	王　冲
陈　静	李羽佳	董　鑫		

数字媒体技术（专科）

毕业生（27 人）

骆　腾	李冬阳	徐　洋	张子昂	郭亚乔
师　洋	王晓彧	吴瑞璇	钱　震	张晓雅
张兆一	王　晶	刘　伟	黄彦超	张　琳
唐楚蓉	刘梦菲	郭　瑞	刘金红	尚　悦
姚　丹	秦　师	白　云	李　月	李京徽
骆　征	王　涛			

结业生（2 人）

杨桉屹	贾智伟

音乐表演（专科）

毕业生（31 人）

邬任汁	黄非易	范秋萍	马晓萌	滕　子
杜　悦	高圣涵	郭莹旸	季晓丹	李欣蔚
李欣忆	李吟诗	李　舸	刘静谊	刘　洋
齐　琳	石　瑀	田　恬	田庄紫	王依梦
吴冬乐	武思廷	习　萌	杨力嘉	杨　宇
袁婧雯	张文奕	赵一帆	吴珊珊	刘　圆
张瀚月				

二、生物化学工程学院

专科毕业生 214 人，专科结业生 8 人。

会计（专科）

毕业生（95 人）

王立鑫	肖梦曦	韩李冉	金　桥	孙宇霆
李　楠	彭雨童	杨　婷	陈薜丰	宋　佳
李　硕	王晓童	韩　林	李毅恺	卜泽恩
张云驰	殷焱焱	张东东	于　越	崔一农
崔平平	李　硕	陈　嫱	李可心	王艾辰
满　茜	彭　彬	赵天星	马　琦	孙浩洋
李　颖	曹　宇	王亚楠	成思宇	陈乐楠
曹　晨	朴启超	刘　畅	刘　莉	单春菁
刘凯如	胡晨璋	陈　萌	于　沛	张婧芸
张若涵	毛慧莹	陈若虹	姚　杨	王子璇

唐耀先	曾子袁	张添宁	肖瑞祺	孙　梦
关　雪	陈　霄	李　桢	关　月	张　璐
路芷菁	于金田	王雪娇	刘明昊	李京蕾
祁丹妮	牛紫茜	赵　鹏	于　彤	刘孟月
黄文思	李　岩	马　喆	陈思雨	朱　婧
韩　爽	杨有楠	石　宇	李欣蕊	赵　爽
王依依	李　昕	田　帅	赵昌红	马　兰
王　沛	陆文劼	卢　健	陈泽东	牛蔚彬
谢宇蒙	郁芳卿	陈虹宇	宋雯清	李　问

结业生（1 人）

刘　翱

计算机控制技术（专科）

毕业生（17 人）

陈欣欣	刘　晨	李志远	郑宇斌	张　涛
谭武强	崔　伟	雷雨晴	沈鹏程	刘　焱
付家余	刘　征	苗　玥	王苏泰	张　意
贺虹瑾	王依依			

结业生（5 人）

刘莲洁	项　一	杨晓东	聂常宇	李颖翔

楼宇智能化工程技术（专科）

毕业生（29 人）

张　霄	谢泽宸	孙　玮	刘　聪	朱政东
赵　祺	曹天溢	韩　帅	宋子墨	柴　超
谭永刚	何　畅	姜　申	于连江	刘明炀
吕　萍	吴士臣	石　妍	程晓曼	段雨宁
李靓婷	华潞绅	李米兰	彭曦鸣	焦　洋
孟建宇	何晨宇	张　一	吴博宇	

结业生（1 人）

历　鑫

药物制剂技术（专科）

毕业生（73 人）

李　文	许思奇	孙京伟	唐雨佳	姜雯菊
曲桐菲	周　通	刘辰宇	王招娣	辛嘉豪
郭子敬	魏佳骏	蔡伶艳	周彤彤	周　琪
张燕航	赵润雪	徐　歌	胡　悦	李卓羲
梁瑞明	贾凤娟	周　静	孟　桐	顾云来
闫　俊	赵梓呈	王秋玉	张　雪	赵翔宇
商敬贤	宋　雨	焦　帅	栗荣生	马　暄
邱　波	魏秋杰	张希冉	陈安旭	王　蕊
于　瑶	赵自强	马小帅	高　杉	张鑫洋
周佳銮	刘　鹏	修　琳	张　雨	顾思娜
张晗玥	刘二嘉	端正平	贾　冰	郑　硕
王　亮	焦　博	赵　晨	蔡春芳	胡傲阳
安之康	左　征	唐志刚	陈佳梦	刘文吉

鞠丹妮　郭文硕　李梦媛　田　颖　毕孔君
宗瑞兴　李　然　李亚琦
结业生（1人）
李鹏达

三、旅游学院

专科毕业生189人，专科结业生10人。

应用日语（专科）
毕业生（24人）
安　冉　焦梓宬　王冰一　王　祺　王　潮
于　一　陈　晴　谈　蕊　王子健　霍　峰
伍宇涵　马楠楠　陈艳华　张　媛　宋　钰
田　晶　季玲岩　赵一冉　余思宏　刘静文
宋　梦　肖　尧　刘　梦　马晓月

应用法语（专科）
毕业生（1人）
孙　尧

财务管理（专科）
毕业生（34人）
崔　飒　崔博然　刘　炼　于　瑶　丁祎然
张　蕊　冯晓婷　陈　茜　张思洋　张蔚伟
王婧雯　周　旭　茅　冉　王美娟　王珊凝
王　帅　张梦琪　胡依萍　姜宜序　张婷立
蔡　梦　王　可　郑婷婷　马文竹　安维硕
李斯琪　郑　雯　宋　玥　胡　悦　曹　珊
孙　璐　闫　吉　刘　娇　赵　然

旅游管理（平谷）（专科）
毕业生（1人）
褚娴姊

旅游英语（专科）
毕业生（1人）
王潇潇

酒店管理（专科）
毕业生（70人）
毕松涛　董建春　陈思伟　孙　昊　刘偲尧
李　沫　郑　博　梁雨婷　何琦玢　咸　坤
刘　杨　郭绍峰　王　淼　学成杰　牛　蕾
赵雪轩　朱云龙　刘化雨　宋苗苗　董　威
李雪洋　郝鸿运　孟　斌　曹至雪　赵　宇
姚文斌　张　硕　孙东洋　郑　晶　张艳梁
魏　童　张　硕　耿　笑　郑　晴　侯嘉欣

姜　雪　黄　洁　金琳琳　赵翊程　李　琛
赵梦瑶　张建民　徐　赫　周新颖　田裴培
王　馨　张　宇　闫　妍　于洪杰　巩京博
毛晓彤　陈　硕　秦中吟　杨文贺　郭馨蕊
郭雪峰　王艳芳　庞梓煜　徐　娜　刘恺健
杨　飞　周新童　王晨薇　龙　越　吕　欣
王梓鑫　郑　茜　刘佳惠　马　悦　陈紫铭
结业生（2人）
栗天宇　张　赫

酒店管理（全聚德订单培养）（专科）
毕业生（24人）
隋　响　王鑫铭　甄靖宇　冯艳蕾　付　蕊
张　健　明朝燕　刘　旸　王　凯　李　乐
祁博远　姜　曼　叶存志　于冉冉　杜少龙
许晨亮　许添天　马一菲　王静雯　张　倩
赵维龙　张安琪　张　颖　文　迪
结业生（5人）
初　众　杨　钊　齐　鑫　杨　琳　韩　烨

酒店管理（中法项目）（专科）
毕业生（13人）
崔佳婧　童思琦　陈　颖　董宸轩　王　喆
崔　昊　马振森　肖　菲　张　晶　王　溪
侯玉键　陈丝蕾　吴　泓
结业生（1人）
肖冠洲

烹饪工艺与营养（专科）
毕业生（21人）
车美灵　高　特　郭明月　郝　婷　何牧卿
李香月　刘　畅　马　昂　桑倩倩　宋智昊
王　现　赵　兴　李雅坤　黄蕾屹　焦　战
王雷强　甄如月　张瑞青　张嘉婧　闫　佳
陈　虹
结业生（2人）
刘芷璇　陈雪娜

四、机电学院

专科毕业生120人，专科结业生13人。

数控技术（专科）
毕业生（78人）
马腾飞　吴玉娇　张金鹏　肖　薇　江　昊
李　扬　高旭斌　马　磊　寇佳杰　郝　辰
刘　昆　孙冬阳　杨博宇　赵　悦　王佳齐
王晨鑫　杨凌焱　武佩文　邱羽桐　李京锐

王京 杨宇莘 张建雄 张松睿 刘嘉睿
闫禛 王双 付永康 李晨 周洋
刘翔 孙鸣杰 李宏晨 张建 寿天翔
李莉 王宏基 闻金苹 包宇辰 辛琦
刘李同 满智伟 王忠祥 张梦杰 张晓轩
段英娜 魏玥 杨浩吉 王峥 郭岩伟
王贺赫 刘东 尹华 李京 张星
王雷 蒋思廷 张泽宇 吴浩 王海宁
李可维 陈博 金晓禹 任帅 刘连奇
李峙林 张学友 冯海涛 陈坤 朱磊
张雷 孙宇 武文慧 沈哲 刘云伟
霍涵秋 王雄 王峥
结业生(3人)
王卫彬 刘东 于强

汽车检测与维修技术(专科)
毕业生(42人)
高斌 张健 张博 陈玉皎 吴昊
赵立伟 戴瑞 吴凡 李欣 刘达
刘彬 王浩 董博腾 李远 马春蕊
张轩 韩鹏 凌晨 刘宇斌 闫郝
张鑫 王超 张士伟 李一明 刘帅
刘辉 郝自强 韩瑾 张辉 王永健
麻凯 刘壮 郑毅 陆鹏 姚伟男
王九力 勾晓腾 王伟成 李响 尚剑
陶峥 赵汇
结业生(10人)
李文明 张存亿 夏凯 高硕 刘梓钊
匡辰 郭帅 朱元璋 于天雨 吴梦遥

五、自动化学院
专科结业生1人。

楼宇智能化工程技术(专科)
结业生(1人)
门天娇

六、特殊教育学院
专科毕业生99人，专科结业生1人。

计算机应用技术(专科)
毕业生(18人)
蒋明阳 姜红卉 关晓浩 孙立昌 刘强
刘继闻 郭高强 卢云帆 李璟 阮蓉
姚涛 袁健 王冬生 黄维朋 梁梦梦
赵志鑫 周珩 何广武

视觉传达艺术设计(专科)
毕业生(44人)
侯昉 邢玉刚 虞天 汪秀 陈伟俊
易晶 张森 陈翠翠 邱月 刘怡
孙峻彬 葛瀚祥 魏珂 李虹怡 孙雪
栾心阳 林伟娟 杜佩瑜 徐琳 朱兴杰
李勇 郝云剑 刘环环 赵彦 郑伟
谢顿 鞠萍 吴涎 陈进 吴萍
王宾 梁立博 瞿贤龙 张能 安多
刘怡 郑金茹 程锋 王建超 韩小芳
张红 吕毅 李芬 王春光

听力语言康复技术(专科)
毕业生(21人)
王洁冉 范蓉楠 侯颖 杨逸尘 王祎阳
张梦尧 赵文可 杜斯慧 董青竹 李丽君
张晨 雷蕾 王敬媛 崔炳贤 于桂荣
李安琪 唐源昊 耿春蕾 闫姝瑄 汪元元
孙雪莹

音乐表演(专科)
毕业生(3人)
李云飞 马神鹰 唐玉
结业生(1人)
马神洁

园林技术(专科)
毕业生(13人)
具阿贞 迟旭 徐光涛 焦敏 卢林颖
孙千惠 段然 董卅 黄陈 孙滨滨
韦丹 孙鹤 李春旺

七、广告学院
专科毕业生78人，专科结业生22人。

信息传播与策划(现代传播)(专科)
毕业生(38人)
吕增 陈嘉文 张晨 程航 李冲
张佳月 王伟 梁恬 程蕾 宋晓雅
孙佳乐 张舸 易梦卿 张鹤 马佳
姜睿莹 王思佳 付梦迪 丁云婷 李姬蓉
郭莫驰 丁迅然 王超 田溪 郑翼
王雪影 刘嘉毅 杨珅 齐雯雯 滕菲
吴帆 王子豪 方一秋 纪欣怡 刘鸿太
徐璐 鲁健明 王爽
结业生(4人)
汪初出 王赛 赵佳明 陈可欣

广告设计与制作（专科）

毕业生（40）

白　杨	宋欣冉	陈禹豪	胡润泽	黄曦玥
李欣琦	石　赛	石　瑶	王　丹	杨　曦
张钟冉	陈梦佳	陈　伟	陈雅鑫	陈　越
胡鸣旭	孔祥慧	李喆尚	李　达	李淑畅
李盈盈	李霖子	刘墨姤	刘逸丹	刘　颖
刘　鑫	沈晶晶	宋　影	汪明煜	王　笛
王　雪	王湛秋	王　佶	王煜坤	王铎茗
线碧洁	杨云杰	袁　蕊	赵　彤	周　莹

结业生（18 人）

刘　超	马　腾	陈朝辉	陈雨晴	陈　泽
崔　颖	杜珊娜	巩　悦	任冰清	王志鹏
吴彩云	谢宇飞	邢　娇	徐飞鸿	杨　凡
杨诗梦	张小曼	赵　瞳		

八、应用科技学院

专科毕业生 809 人，专科结业生 40 人。

计算机信息管理（专科）

毕业生（27 人）

柴文鑫	鹿宇婷	杨　泽	周斯琪	王　宣
刘海涛	邵思玮	刘笑松	左天培	田昱昂
兰文博	王　博	梁　莹	范祎然	曲　诚
王　韬	刘浩宇	杨　钊	张　璐	刘　洋
鲁　帆	宋春杰	许　蕾	岳新珊	张　震
丁梓泰	王　珏			

结业生（2 人）

彭　真　邵　旭

电子信息工程技术（专科）

毕业生（31 人）

朱程光	周思琪	张天新	闫逸伟	赵博阳
马　越	席婧仪	张昱昭	王亦舟	马晓伟
张　成	张　帆	王树军	杨进玲	蔡中煜
胡　阳	刘思佳	胡宇澄	王　楠	左明祥
雒鹏举	芦志远	高佳旭	宋国浩	彭　硕
张　倩	卢武杰	蔡浩楠	袁梦婷	赵　冉
赵洪涛				

结业生（4 人）

范昊鹏	赵晓朦	吴云喜	王　萌

软件技术（专科）

毕业生（54 人）

于泽华	华　丽	唐溢辰	王一天	张　聪
韩　妍	李　鑫	刘　宝	崔明奥	冉梦娇
华一雄	沈伊硕	姜雅丽	李　钊	王　超

李金戈	逄慕晗	张君宇	龙　光	赵　琪
石　阳	袁利丽	李晓婷	郭海平	陈华若
马金锐	李　响	马伯驰	蔡秋红	徐成子
管文龙	汪　涛	刘宇奇	张　宇	王　楠
翟慧玲	郅菡颀	金　爽	吴雪刚	贾洪杰
朱光久	王　瀚	晏鹏宇	郤　冉	吕　斌
呼树明	司　路	张汉斌	孙　博	马　楠
范婷婷	郑茹月	梁　雯	罗世鹏	

结业生（2 人）

毛　瑞　赵明朝

计算机多媒体技术（动漫设计、影视技术）（专科）

毕业生（63 人）

周　航	张　童	任　萌	杨珂昕	常　珊
刘　芳	马一珺	王凯欣	曹　磊	杨　丹
刘雪娇	柳菲菲	侯婧怡	贾雨辰	赵　梦
杨　萌	任欣蕊	徐　葛	王　睿	徐　晨
李雪然	周子琪	王　锦	石　涛	杨春雪
李　俊	顾如炎	曾梦玲	任慧芳	刘春文
卢健宇	王思远	李云飞	李　野	李小琨
胡安娜	邢　丹	朱明珠	丁思都	李　欣
靳宇迪	王苏雅	侯晓慧	王　威	刘斯怡
齐云飞	安明莉	张　琪	潘晓政	刘彦杰
张　瑜	王　洁	陶　磊	赵　川	薛宇辰
姚　珏	于　然	何小娜	何润泽	李　浏
刘羑玥	马长江	郭飞飞		

结业生（1 人）

张　尊

视觉传达艺术设计（展示艺术设计）（专科）

毕业生（46 人）

陈绍雅	范永超	金　磊	郎瑞宸	李　玮
马　然	孙　鹏	王琳棋	杨　爽	赵紫彤
曹梦丹	曹　颖	陈　磊	董洛昕	方思森
高　敏	韩　旭	金紫祎	鞠　静	句芳伊
李　策	芮圣玥	李子峻	林晓阳	刘　畅
卢科蒙	马　月	任星瑶	宋子健	王佳莹
王孟原	王雨豪	王　苤	王　森	王　鑫
邢明珠	徐伟杰	杨　梓	杨雯玉	张嘉彤
赵鹏飞	赵璐婷	周铭权	蔺　桐	闫　光
逯　遥				

结业生（5 人）

牛晨旭	郭逸濛	李　悦	杨浩平	于博洋

金融保险（专科）

毕业生（64 人）

冯　磊	孙　甦	张雨萌	芮鹏飞	吕彦辰

曹娇	辛鑫	全新	崔莹	赵思宇
王慧媛	刘熠玮	赵天皓	徐姣	何海泉
安新延	赵雄	张道宁	翟佳宁	杨雪
李婧	韩钰	沙龙	刘杰	迟尚斌
王弘宇	刘颖	赵珊	张梦童	张乔乔
肖璇	常雪娇	沈融杰	曹丽佳	何书炎
陈雪彬	薛博文	陈晓朦	董鑫	王莹
安莹	龙海明	殷松曼	郭冉	茹峥
刘旭	李鹏	连宇	张欣言	张鑫
冯岩	黄璐晨	沈磊	刘昕炜	王申申
师硕	谢鹏	刁龙跃	石岢	段笑朗
吴波	张佳彬	袁茹月	芦旭	

结业生（2人）

王志豪　沈适

商务日语（专科）
毕业生（46人）

董一燕	田源一	董达	李泽钧	赵晨
张凡	杨壹植	孙玉翠	高唯宸	李璇
刘天伊	刘新蕊	权绍楠	闫旭	赵丹阳
李雪娇	王依依	张昭	刘璐	陈奥
孙伟光	孟子豪	刘畅	王祎梦	王思懿
李海童	王育	罗雅潇	周野桥	牛歌
刘佳馨	刘萍萍	程嘉彬	路斌	吕明琦腾
张冉	张伊然	许佳乐	张文博	王竹
王硕君	王金鑫	张兵	乔红	张尧
姚瑶				

商务英语（专科）
毕业生（58人）

赵蕾	王安	韩瑞琦	沈博昭	李天一
卢彤	郭仕杰	郭丽瑶	赵蕾	朱娅静
王哲	邢卓	李睿妍	李喆	李思睿
王铭泽	戴晓鸥	白京楠	周颖	蒋中豪
刘四维	李想	杜宏	高云龙	赵萌萌
李曼杰	路鸿彬	王金英	蔡妍	索菲
王思蕊	闫珅	董非凡	李靖	姜浩然
郭弘毅	李凯怡	冯硕	付佳婧	王思寓
刘蕊	赵晶	束泓翔	李言	赵星霖
张丛玮	孙盟	马赛邈	康晓媛	郭然
韩博	田金雄	刘吉	徐欢	丁汀
李俊	王鹏飞	王朝		

结业生（1人）

郑博觉

应用法语（专科）
毕业生（22人）

孟晰	张雅琦	孔祥鸣	杜蕊	肖萌
郭阳阳	王铮	张梦瑶	曹佳琦	林琳
张萌	张精培	黄炜祎	董宏浩	冯国蕊
王佳逸	朱长贺	李翔	徐思源	马钰
李冠玉	李佳慧			

应用西班牙语（专科）
毕业生（31人）

白璐	傅宇	杨帆	张凯奇	都潇蔚
李李	张婷	邢嫣	赵邯	李睿
周胤博	兰斯雨	王思思	张天穹	鲁玉
左尧戈	王腾蛟	田宏正	李宝珠	宋心怡
崔燕晓	郭斌	唐天玮	石昌艳	李赛
张夕鹤	魏晶	史欣玉	孙伊雯	刘熠
王思艺				

电子商务（专科）
毕业生（60人）

王连杰	赵天添	薛颖	刘洋	闫宏洋
董磊	黄欣怡	张心怡	李峥	袁旭
李熙贤	王兆融	刘奥	惠子	张轶朋
刘宇翔	沙浩飞	李璐	东芳	张颖
邹奥宇	张雨佳	闫子梦	李馨怡	吕晨宇
李丹妮	蔡清毅	高雨秋	张祎	王晗婧
王晗姣	马丹青	高蕊	汤亚平	赖明德
张凯	雷琳琳	霍红莉	王璐	商鸣飞
赵轩	赵弘锐	石雨	周旭	朱玉成
王续鹏	窦丙一	吴泽	徐兴	娄妍
刘鹤	刘娇	张睿智	许悠	孟娇
张弛	陈铮	谢戈	刘振	乔然

结业生（5人）

宋卫东　王吉　付海涛　刘宁　周而涵

国际商务（专科）
毕业生（66人）

王尚志	纪翔	吴昊	张雯	刘正辰
张培	薛爽	胡伯延	孙梦男	游可
唐伊含	岳婷	张璇	孟皖	李硕
高堃	冶腾飞	张菡	穆铭	刘燊
李先嫒	赵杰	曹剑	谢宁	孙勇强
周楷杰	马瑞雯	李超楠	王晓明	刘霖
王潇	张凯	常攀	张硕	金依依
张炎逸	田媛	姚雪	李雪丽	徐超
张辰	李靓雯	刘旭晨	李晓飞	文天怡
成婧	奚森	于潮	杨坤	崔晓彤

董冠英　范智群　王申坤　王　晴　张　熙
张宇新　崔　雄　邱晓宇　陈　璐　王　也
龚　赟　卢　迪　蔡思宇　宋玉田　董冠华
胡晓燕
结业生（1人）
聂钰申

会计（专科）
毕业生（101人）
王昊天　李　梦　闫　雪　高　晋　孙楚彤
郭　旭　赵祎懋　岳　越　王　璟　李　彤
杨汝楠　贾金爽　张晨影　陈华君　许卿泉
计　欣　李　啸　刘力维　张　洋　周少博
李云凤　韩　丽　范胜楠　孙玉姣　李　晔
付梦启　苗晓彤　赵　丹　田宏健　魏　来
白宗超　马　驰　刘秋梦　张依依　李广裕
王　迪　王京阳　方　楠　鲁玲　孟　婉
韩思童　周仁方竹　陈国歌　董　焱　何枫楠
张依娜　戴明煊　闫芳婕　刘　帆　余晨紫
郎　森　宋昊滢　王思雨　台　威　左佳慧
黄　旭　张妍妍　张　晶　李　静　史立平
许天姣　武　杰　田思佳　吴　博　郭　薇
董金然　胡翠红　李　宇　郭艳茹　杜　萌
董晨曦　刘　佳　曹　曼　李馥羽　何佳晨
黄　岩　庞文思　湛婷婷　孙　凡　王子晴
王心竹　安　冬　李　享　罗　莹　杜洪斌
罗洪伟　冯　皓　王丝雨　王宇萌　梁　月
贾征伟　刘　莹　呆　桐　李佳阳　彭仕儒
陈硕飞　安艳林　刁金华　陈　琳　秦思莹
张雪源
结业生（1人）
李爽

市场营销（专科）
毕业生（68人）
杨晓煜　赵艳华　张　旭　李雅欣　王　伟
王申艳　鄂　申　徐　颖　胡晓宇　高安迪
李　彬　骆　峰　赵　南　刘　超　刘书姣
于　莹　李　佳　侯　捷　杨成凯　李秋瑜

唐立凯　王雨轩　卢思悦　于莲梅　封明维
高　洋　徐安生　哈京辰　王晓庆　吴奕萱
安　芮　徐　唐　胡　芳　吕香果　刘伟光
张腾吉　谢晓晓　王小佳　李卓亭　王思鸣
刘雯滟　许　愿　李小琛　任　悦　陶佳蕊
桑梦龙　周　薇　宋　娜　李　洋　张克恭
安伟涛　冯思嘉　刘思宇　张志远　税鸿鹏
王睿喆　高鸿焱　王雪姣　李元明　徐　玮
高可欣　赵文博　刘　旭　王琳杉　于　涵
陈伦伦　姜　雪　李国杰
结业生（3人）
张　梦　常　笑　赵静泽

市场营销（医药）（专科）
毕业生（26人）
杨天昊　白　华　杜　燕　段　然　郝　超
李　明　刘　达　刘冠楠　刘　彤　娄安琪
吕晓文　穆　蒙　孙立森　唐　阔　田　歌
王进军　王　然　王　爽　王欣然　王　杨
姚　娜　张晶雪　张迎芳　张　璐　张　鑫
赵　欣

电脑艺术设计（专科）
毕业生（46人）
彭禹羲　常　萌　韩　轶　宁明晨　童　帅
王成名　王　萱　徐志跃　于远芳　袁　星
张海潮　张晓攀　隗　利　安俊雄　常浩然
陈碧珊　董建峰　董钰莹　巩瓃玫　何梦佳
侯维佳　季　琪　兰　杪　李惠子　李　想
刘　丽　刘　彤　刘文珊　刘新弟　刘雨晴
孙军威　王汋鹍　王赟文　王　琛　吴　帅
吴　越　武　鹤　杨　铨　尤美子　张　航
张林小雪　张　宇　赵丹妍　赵　蕊　朱丝雨
庄　媛
结业生（13人）
周　杨　李　政　陈川龙　陈剑雄　崔博识
郭晶晶　贾诚桢　李　笛　李明钰　刘　飞
牛　航　薛天文　张　鹏

（以上由校教务处提供）

成人学历教育（夜大学）毕业生名录

一、本科层次（49人）
艺术设计（14人，办学单位：师范学院）
郝　璐　宋丽媛　肖　娜　狄安娜　陈利军
王　迪　杜丽娜　单亦玲　仲　瑾　袁　宁

张娟娟　杨子璇　于　贺　郭雪莉

艺术设计（7人，办学单位：商务学院）
张梓袁　闫　琛　毛晓华　李月晨　田海竹

王文博　郭思佳

旅游管理(13 人,办学单位：旅游学院)

马　雪　王圆圆　岳　巍　杜梅花　邓　文
李文丽　常　明　许　婧　李　红　徐兆一
董京华　朱雅楠　白　森

工商管理(15 人,办学单位：机电学院)

江　琴　张　勃　王　妍　郭　鹏　武　燕
王　硕　李行行　邱　红　刘立涛　李　晶
刘京京　申发志　李　媛　王晓君　尹茜萌

二、专升本层次(536 人)

艺术设计(8 人,办学单位：应用文理学院)

张　浩　王法莲　刘怡彤　赵　明　宋珊珊
曹云成　周　满　陈子文

信息管理与信息系统(29 人,办学单位：应用文理学院)

杨　扬　王光富　熊明俊　杨承龙　何　赛
宁　辰　张玉明　陈家舲　赵　伟　王　硕
姜　薇　宋宝竹　张丽利　陈　雪　彭兴海
阮　芳　付新征　荣海峰　耿　迎　宋　晨
李豫鹏　郭荣华　关　帅　刘佳欣　宋媛媛
王晓萌　薛　峰　周俊通　惠　斌

会计学(27 人,办学单位：应用文理学院)

李　爽　王文跃　杨凤凤　张维维　柳　曼
王　娜　张春莲　赵振新　刘欢欢　李春兰
马　丹　闵　娜　裴丽丽　王　晶　孙红叶
荣　萱　李凌燕　刘文勇　武悦鹏　刘　思
吴　钧　张　平　吴岱霖　王　玥　孙　征
李　萌　刘　颖

艺术设计(14 人,办学单位：师范学院)

侯　宇　范振彪　赵海生　李彬飏　张　喆
田　杰　张　蕊　王　曦　侯思思　赵　昱
吴朝阳　黄敏娟　杨毅坤　赵　磊

音乐学(7 人,办学单位：师范学院)

王　然　马　健　杨　　周　宁　宋　昱
张曚亮　王心悦

会计学(22 人,办学单位：商务学院)

吕　奇　徐　佳　王丽欣　甘　丽　董春芳
王　菲　王　娜　孟宇莹　雨晓晔　王淑怡
林　霞　王　路　陈立华　石露茜　刘　颖
窦庆生　任立超　祁吉海　李亚南　张　颖
王　玲　任立杰

公共事业管理(14 人,办学单位：商务学院)

周增龙　王云雪　秦　凯　朱立超　赵　洋
邢东昊　张　玲　战　辰　迟欣然　于建海
刘　佳　韩岭岭　田　楠　黄　旭

工商管理(21 人,办学单位：商务学院)

郭书娜　万鑫玥　贡　镇　张　薇　李佳蕾
丰海立　易晓萌　桂梦迪　尹怀凤　邵　雯
牛青青　曾　薇　李　悦　朱彤彤　刘　祎
吕言娟　张园园　高文静　何玉兰　徐振振
徐　堂

化学工程与工艺(8 人,办学单位：生物化学工程学院)

刘　静　王永维　李晓涛　许亚明　高　峰
张玉波　杜丽媛　杜士娟

旅游管理(12 人,办学单位：旅游学院)

李　颖　褚　博　赵　欣　颜　烁　胡　浩
彭一帆　贾　佳　陈　浩　刘浩辰　汪　婧
曹　雪　王育坤

会计学(16 人,办学单位：继续教育学院)

尹思明　刘华林　刘　巍　张雨晨　高倩倩
赵雪静　陈荣辉　王　数　周　凡　马存德
周　萍　段　磊　谭霞辉　王　皓　徐燕楠
王　祎

艺术设计(23 人,办学单位：继续教育学院)

邵　冉　刘赞营　赵　欣　周亚雄　李彬彬
杨　力　魏　然　褚洛宁　陈　龙　吕　齐
王祎然　杨晓雨　谷　阳　金　龙　张　千
叶明昊　金智明　刘　腾　陆　莹　刘　蕾
王　超　李明星　邢　妩

公共事业管理(15 人,办学单位：继续教育学院)

尹文利　冉琳琳　李　楠　柳　舟　李晓炜
李　强　王　皓　蔡　栋　张　雪　赵　妍
吕　峥　焦墨驰　郭　玥　马　楠　曾　光

英语(13 人,办学单位：继续教育学院)

孔　喆　高建国　王　妍　刘　柳　石　晓
罗会敏　霍圣男　李卓玥　郭珂昕　张　硕
谷丽楠　庞英娣　王　维

工程管理（26人，办学单位：机电学院）

彭　博	郭亮亮	李　东	宋　彪	李燕珍
李晓冬	张　静	张立强	王纪红	陈　倩
王　超	朱　兰	徐明明	刘玉昭	刘　杰
王海旭	白雪婷	李席席	左　鲲	闫春晓
李叶朝	张　欣	刘新潜	刘　慧	朱清林
朱　琳				

工商管理（29人，办学单位：机电学院）

张祎雪	白　堃	董　超	樊申羿	周　蕾
程柏寅	杨　阳	刘　伟	曹吉鑫	房　岩
周玉蟒	郝　博	欧海泉	张　旭	王黎明
王浩宇	韩蔚盟	程　璇	董春婷	李　鹏
王　洋	刘娇阳	孙　伶	杨　红	张鹏伟
田乔东	杨　鹤	骆云杰	邵建节	

会计学（16人，办学单位：机电学院）

辛晶鹏	张雪梅	吕　昂	王　昫	瓮　帅
段　然	张晓乐	田　园	杜　宁	孟晶晶
杨建楠	李　月	张　愿	刘　洋	王　金
雒博宇				

机械设计制造及其自动化（67人，办学单位：机电学院）

王超颖	赵振华	李超伟	石　岩	李春远
焦照军	夏迎辉	张爱茹	高　阳	杜永春
杨　飞	庞晓飞	宁莎莎	张大伟	李甲征
张　默	张　帅	刘　磊	霍天驰	任会斌
王　迪	曹　帅	胡　淳	刘　苏	李福生
董　彬	焦　阳	杨　帅	蒋春雪	阚友国
陈红新	平艳松	崔　征	贾海生	高秀娟
王建丽	季建永	纪春刚	陈　伟	崔海健
张小伟	郝海丰	田　鑫	张　垒	焦精华
赵　磊	尹旭升	李　军	王　建	陈俊锦
徐星晨	张　娇	张吉刚	勾洪学	高　琦
董　宇	张立成	陈　宏	王嘉伟	张大伟
李永强	丁瑞雪	吴　锦	田　静	李金良
刘正龙	陈　兴			

艺术设计（1人，办学单位：机电学院）

刘　宁

教育学（12人，办学单位：特殊教育学院）

刘晓博	王　蕊	李宏杰	于全宝	张　静
高　娜	高京京	蒋丽丽	郑龙燕	石　巍
张育芬	仇海钰			

公共事业管理（7人，办学单位：特殊教育学院）

陈　旭	尚玉喜	于　洪	蒋晓平	潘兴红
邵　琳	田　阳			

针灸推拿学（54人，办学单位：特殊教育学院）

汪　涛	施向前	吴　健	田　骋	王浩楠
陶　寅	司海峰	林美霞	陈秋艳	李双双
陈小青	秦海权	张伟之	马昊远	张伯辰
王俊杰	杨　明	史延涛	乔鹏媛	宋　磊
曹　贵	王国强	蒋志敏	吴言广	孙佩宝
吴连军	王　茜	代劲君	闫　波	王忠岩
许伟明	郭艳林	李建强	郭　好	解恒文
李伟辉	刘辞蓉	王　刚	颜　敏	李　爽
刘　兵	王颖科	还剑东	安永勤	杜明辉
于安萍	孙　超	王建业	邱光林	陈　琴
黄　程	胡莉莉	王国春	盛国文	

工商管理（23人，办学单位：北四环校区）

宁　爽	谷雯雯	王　陆	陈璐莹	马　欣
贾思阳	张　弛	侯雪艳	王芷沂	崔东风
李　燕	郭　濛	张　珅	耿　鑫	孙　洁
王　彬	魏　峥	骆　杨	王　庆	王　莹
于芳旭	王　赛	钟德莉		

计算机科学与技术（21人，办学单位：北四环校区）

鹿雪琦	金　烨	孙羽锋	张建波	赵连军
赵　朋	王　岩	李　江	陈　彬	李瑞奇
曹　静	韩　冰	韩　迪	赵乐文	周　祎
田苗苗	张俊锋	侯振超	王　硕	陈思敏
靳雨蒙				

艺术设计（26人，办学单位：北四环校区）

沈留盈	郝浩军	任　维	刘　霄	叶　蕊
孔令昊	郑　骧	张　濛	张　楠	马　睿
徐秀丽	陈　羽	徐　文	车　路	楚新现
邵书婷	孙彦芳	赵　爽	王聪超	刘　颖
张　旭	沈　煦	孙熠康	袁　菱	马博杰
白　金				

公共事业管理（19人，办学单位：北四环校区）

曹红昊	潘　越	刘　旭	潘　超	尹　航
刘雪媛	郑　怡	魏瑾莹	范小青	王　茜
毛　婷	梁丁洁	姜　超	任梦杰	祁建军
靳建鹏	路　蒙	沈　跃	侯晓帆	

英语（6 人，办学单位：北四环校区）

孙　宇　张　娜　孙　浩　雷　燕　史京晶
王　宇

三、专科层次（1104 人）

广告设计与制作（14 人，办学单位：应用文理学院）

王　彭　魏振环　侯　斌　谷　珊　臧　冉
吕翔宇　祁继先　孟令超　孟可真　李振洁
潘　亮　谭　莉　张常顺　余　磊

会计（29 人，办学单位：应用文理学院）

徐　鲲　冯　磊　马　杰　桂乐林　路雪娥
张珊珊　翟春峰　刘　全　张立文　金　金
张彦红　孙　迪　李洋洋　黎　云　刘亚英
张　乐　何媛媛　孙学东　米冬梅　刘　璇
柳文军　张　擘　沈笑如　万　慧　张　宁
范利花　张海辰　底　梦　高　生

计算机信息管理（10 人，办学单位：应用文理学院）

高连硕　赵春良　马　琰　曹晓磊　张　蛟
张兴通　赵华锋　果　然　刘树义　李希宁

计算机网络技术（7 人，办学单位：应用文理学院）

孙静静　马传微　田英慧　李凤和　王　超
杜昊文　赵　峰

幼儿艺术教育（33 人，办学单位：师范学院）

贾珊珊　王　情　胡　菲　杨亚平　徐　琪
黄　鑫　刘紫薇　王梦缘　万彩云　刘　迪
王　朦　尹　洁　梁　雪　安　迪　麻　宁
段　璇　梁晓悦　路　雪　王　庆　张婉璐
徐　星　杨亚文　李　蓓　巨　晨　苏　颖
叶背背　张凯旋　张艳艳　俞璐璐　王晶晶
安　晶　卫情情　张尧尧

商务管理（49 人，办学单位：商务学院）

王林艳　边学成　王　聪　胡玉芳　徐亚娟
赵紫光　夏红月　刘晓凤　王璐瑶　徐银萍
任文敏慧　陈文魁　简伯皓　张　宇　李蕊蕊
何海林　王　帅　董佳红　顾　安　田文娟
韩雄飞　张　爽　崔静霞　田青妹　熊　莉
李颖娟　成兴田　刘　岩　宋　波　张　广
王　涛　杨曼曼　舒燕琪　王　钦　贺　茜
毕　颖　原凯丽　路婷婷　乔玉帅　王大权
杨晓伟　白彬阳　张　敏　保洲江　程延江

乔文军　李　伟　杜汶树　张　洁

会计（59 人，办学单位：商务学院）

张苗苗　许强波　李艳飞　李艳玲　梁艳婷
廖　莹　张小红　彭金凤　夏艳君　陈晓苏
高　颖　杨新颖　王翠芹　郝　柳　刘晓战
刘锦锦　宋婉楠　黄　婷　周　维　陈　晓
宋志芳　郭康康　宗培秀　叶丽环　李媛媛
郭　宝　张蜜凤　曹秀龙　雷　琳　罗瑞鹏
康　蕊　王晓玲　崔　林　何亚婵　王江红
赵一梅　唐玉平　马纯阳　杨成通　蔡慧琳
殷玉霞　张志浩　郭丽茹　薛　晨　江陈晨
梁媛媛　王玉玉　李雨鲛　贾司琪　游贤荣
何小琴　梁　婷　杨荣留　邱　琳　李冬梅
陈笑笑　强世文　任丽珠　孙　栋

计算机信息管理（21 人，办学单位：商务学院）

陈　凯　贾朋松　董方元　刘闲清　刘春超
董马良　常春红　张亚为　王新雷　李佳音
杨积纪　柴智星　朱忠翔　夏浩然　李　果
汪　超　王　准　赵　宸　许　岳　黄蔺郎
吕高梁

艺术设计（13 人，办学单位：商务学院）

王亚琴　石晓娟　赵明媚　佘培培　高景贤
聂一琳　邓文婷　张秋月　李　岩　张海莹
王瑜瑶　陈问芳　周　翔

工业分析与检验（12 人，办学单位：生物化学工程学院）

赵　磊　高　丹　闫荣荣　柳军梅　蒋飞娥
张艳芬　马静静　栾媛媛　常凯月　于晓娜
张雪妮　张源鑫

商务管理（6 人，办学单位：生物化学工程学院）

赵　欣　刘　富　骆　军　刘　桐　李海燕
李永波

影视动画（2 人，办学单位：生物化学工程学院）

于　兰　李　纯

旅游管理（65 人，办学单位：旅游学院）

邓　拓　任子元　王彬彬　韩英虎　全莎莎
李曼恬　刘宏亮　白思明　李　瑶　张　谦
祝　叶　李雅婷　崔　悦　邓　洁　秦　娜
潘　云　王　颖　田亚男　罗冬雪　王　迪
张　鹤　李音璇　严雪晴　王志英　刘娟娟

季　丰　孙如雪　张　冬　唐　欢　王丹丹
陈　颖　刘文婧　郭德祥　袁　梦　王非凡
杨晓娜　李天奇　包　蕾　石雅楠　于棋智
张　亮　杜　林　袁玮晨　王一卓　史亚斗
刘　晶　肖　杰　李丹芳　马文静　王　超
姚梦晨　任桂飞　刘子铭　马晓薇　季微微
唐　哲　潘　洁　陈香含　安小庆　尹　笛
梁书雅　莫　锐　廖鑫龙　郭鹏程　热伊米古丽
麦麦提

导游（1人，办学单位：旅游学院）
孙智强

影视动画（7人，办学单位：继续教育学院）
邢　悦　陈　思　万　龙　赵鹏飞　刘开琴
王　雨　刘　旭

艺术设计（17人，办学单位：继续教育学院）
冯春艳　陈红影　刘　颖　胡　涛　李雨信
董洪启　詹君莲　张　波　贾志鹏　洪孟芸
罗文文　魏雅栋　李　敏　陈　林　司营营
庄　园　韩　冰

旅游管理（228人，办学单位：继续教育学院）
顾丹丹　张菲洋　吴叔怡　刘文思　李丹丹
潘小平　付　卫　庞亚群　李　爽　陶　源
魏　妮　王　悦　杨　晶　沈　辉　杨福利
王　蕾　姜　军　李嘉丽　黄　蓉　李学法
童　聪　宫晓霞　张玲风　田　永　龙露露
韦　斌　王　晶　罗　宇　倪梦遥　郑肖君
陈绍润　丁彩雯　蔡华彦　季　颖　邢发东
赵璐璐　赵　丹　张颖娜　伍沛珍　唐　迎
曹文艳　康晓宁　王添福　徐　静　李文思
杨　梅　吴　比　柴赛男　王红玲　李青青
赵　静　徐澜城　李敬镜　冯莉蔓　赵　丹
田婧婧　付　杰　卜乐怡　任攀荣　黎文彩
胡思思　邹霜月　查　迷　吴尊海　张　帆
罗　杨　丛艳红　王雪婷　杨夏忆　刘岳文
宋　泽　陈　文　孙石娜　金陈丽　曹培培
石景奇　杨雅婷　靳国清　贾泽雨　何　婷
刘杉杉　杨　漫　张玮彬　许娜娜　潘斗梁
夏诗雨　赵　芮　戴　蓉　李　甫　刘晓敏
卢相豪　蒋　靖　张宜城　申文瑶　周　盼
孙青江　张筱婵　王玉凯　杭巧巧　陈亚萍
闵宇婷　马　彬　任延澎　崔　璐　赖金霞
范雪梅　张炜申　符开佩　刘赫楠　孙鑫晨
徐　翔　陈　坤　刘　玉　马安虎　尹　珊

吴爱卿　王东平　蒋麟丽　郭　飞　郭珏蓉
陈　晓　杨曼菲　张　艳　吴婷婷　卢晓玲
吴尊辉　厚金晶　凌　婷　康　婷　李佳慧
崔　凯　孙　阳　陶叶开　苏洪磊　边子童
于彩霞　沈　群　丛士棋　邵雪蔚　王雪菲
李婉钰　袁　雪　林衍辰　范铭坤　秦怀江
曾锦城　庾清翠　谢小雨　陈　曦　刘　琰
王迪迪　翟　明　盛琪琪　张　敬　冯博姣
索超越　徐冰奇　叶　静　王　迪　梁德龙
邹斯佳　刘思语　卫晓宇　雷　婷　张　楠
张　曼　张高杨　曾明章　梁文睿　王春晓
王美怡　沈晓倩　岳承天　翟　享　刘　涛
张世泽　邱子晗　吴凤彩　贾会娟　王　星
王亚新　刘　璇　宋　寒　钟寒雪　张建明
杜国东　芦珊珊　李青青　李　良　马海超
赵　叶　田　苗　苗有鹏　王达尔汉　杨丽娟
孙玉娇　周炜欣　刘浈治　彭　芬　敬　冰
曾　媛　鲍　芳　刘　璐　王杨贺　刘腾腾
杨小萱　王　晔　王青青　马乐乐　郭　鑫
唐　蕫　魏梦娇　成维豪　胡　浩　王　兵
张冬雪　胡伟涛　李艳玲　刘俊男　方凯峰
张鹏宇　迟　鹏　佘　瑞　钟米良　陈　铃
谢　玲　武晓静　王　露

多媒体设计与制作（74人，办学单位：继续教育学院）
张钰雪　史雅姗　崔　寅　孙玉玲　张远飞
黄　犇　李世龙　金姗姗　罗传号　李艳琪
刘云豪　陈　强　张莹莹　边　硕　王一凡
张清清　王　瑶　尚陈辉　孙雪萌　王可心
王　凯　孙笑顿　王　东　高　宇　牛逍遥
王俊颖　张钰琪　丁　爽　周雪建　李　丽
王建旭　侯　磊　石福阳　周恩志　赵　倩
王浩哲　皮满阳　米乐乐　祁晟锟　王兆亮
罗雪亮　张荣华　王　锐　张德建　汪　贝
周　伟　罗红艳　邹　云　何　飞　杭毅成
陈雅函　杜晨旭　李　洋　陆　爽　魏　奥
王靖荣　王梓豪　王　倩　冯振刚　张　建
高徐亚楠　韩　硕　雷　杰　刘　杰　马云鹏
赵东屹　景蕊君　杨忠杰　张　旭　范雪竹
于芊庠　刘　洋　贾丰豪　王　峥

广告设计与制作（18人，办学单位：继续教育学院）
郭天月　张　雪　王坤坤　刘　浩　王　森
王麒琪　张　帆　安　雪　张　宁　侯啸峰
丁明明　袁　满　王　寰　张　钧　孟　伟

张　静　李博铭　金　鑫

会计（38人，办学单位：继续教育学院）

李　芳　杨　柳　夏凡玉　宁宏娜　郭　思
叶娟娟　高晓玲　贾春旺　付秋硕　赵珂珂
陈　洁　马艳茹　左钰林　王晓龙　孙　鑫
王　鑫　张燕娟　王春燕　卢倩文　南雪琳
张　淼　张雪莹　赵　薇　邱　顺　刘　宇
姚语桐　张立民　宋莹莹　牟建花　朱茜阳
贺士渊　吕　婕　王　松　陈美容　赵兴妍
白　林　张　玲　赵晓晔

商务管理（55人，办学单位：继续教育学院）

张丽菁　慕雪凤　陈晓娇　李　佩　张相丽
黄富志　周　杰　黄玲玲　候晶迎　冯亚男
任亚帮　冯丽萍　刘美林　陈亚云　赵红伟
徐凤如　王元元　郝文姣　陈佛敏　朱彩凤
申梦蝶　彭婉茹　张　静　李林娟　吴　超
薛　辉　郑怡康　李　潇　曹　稳　袁书慧
吕春松　王丽丽　师海星　张培涛　杨镇宁
赵玉杰　张婉素　翟　明　孔　楠　赵继业
于龙霞　马秀平　赵雪春　高　璠　黄国标
杨　彬　冯麓宁　韩　冬　马　红　郭晓栋
白　金　刘　豫　吴佳辉　刘　伟　靳　升

计算机信息管理（27人，办学单位：继续教育学院）

李　鹏　李佳阔　李海亮　左欢欢　郭　旭
李冬冬　席宏峰　郑浩楠　葛勇剑　李　蕊
王懿轩　刘佳欣　王　欢　力虎成　孙安东
张　井　郭　然　李　毅　刘全昆　王林林
姚炳祺　张　赛　尚靖凯　高龙龙　张　科
陈　璐　牛　奔

幼儿艺术教育（12人，办学单位：继续教育学院）

刘　燕　胡梦娇　陈　辉　韩贝妮　李　瑶
曾　雪　贾毅雪　段云霞　林　雁　李亚琳
肖金玉　王枫林

会计（5人，办学单位：机电学院）

刘志琪　王贵文　卞　伟　张红美　张倩颖

机械制造与自动化（37人，办学单位：机电学院）

李　佳　侯凤明　刘　胜　蒋世杰　曹燕宝
王万田　刘海龙　闫　旭　赵金冬　王　燕
孙　贺　刘亚峰　陈　昆　李　超　邢　鑫
李　岩　王明亮　王　凯　程海洋　杨海波

王兴普　岳兴鹏　刘　军　薛东会　郑　伟
康　倩　石玉福　吕　征　侯明磊　崔艳明
张立明　徐海峰　时爱军　马贷新　苏艳飞
刘　继　李振东

艺术设计（8人，办学单位：机电学院）

张　超　李　宁　牛　雨　杨理钢　常小娟
卞　丽　郑京京　黄甜甜

针灸推拿（119人，办学单位：特殊教育学院）

赵　胤　白　庆　和昌煌　张王福　陈开发
李力华　李景昆　何文勇　张士保　张　强
穆金文　蔡蕊敏　周兴松　雷颖丹　高　高
王罗芳　谢　演　刘　彪　钟传锋　徐梦珺
付志彪　毛　辉　张立君　石小平　徐望荣
何　卉　肖聘婷　徐千君　李朋奇　罗　旭
彭仁耀　李　攀　周志家　何慧聪　王俊华
郑振佳　黄　波　斯　勇　盖利龙　张运磊
赵志欣　陈桂冰　郑华志　刘培兰　彭　传
蔺建忠　郑达权　谢　皓　陈雅兰　郝彦红
李振芳　郭俊清　李富杰　张荣红　南丕祥
胡存格　赵　强　乔　玉　杨晓清　杨文禄
刘　佳　郭　生　潘虹羽　夏永胜　刘淑裴
梁鑫鑫　吴玉文　王晓楠　刘艳霞　王长禄
李东升　王　杰　赵成鑫　马海涛　张云贺
袁丽娟　李　桃　刘景伟　刘海波　孔　芳
李春燕　曹　洋　张　萌　张建民　张　扬
刘建成　李　倩　王立朋　毕　森　庄　丽
蒲德明　张利杰　李　胜　张　斌　陈秋莲
崔武占　王　晶　韩　晨　姚思涛　叶　平
陈胜利　杨宝磊　姚旭翔　杜　兴　李业龙
尹晋平　付　帅　高　弘　刘　胤　杨　菲
李永胜　武少明　容明君　张敬德　薛聪明
刘晓玲　杨爱军　吴巧玲　许光辉

计算机网络技术（18人，办学单位：特殊教育学院）

子石桂　王　皓　和云美　邹　钰　谢林峰
刘剑萍　杨艳美　余江伟　明　英　刘德分
刘一栋　倪学彪　杨灿林　毛志东　王智文
李自林　杨雅雯　张宇翔

艺术设计（17人，办学单位 特殊教育学院）

莫柳艳　保　迎　郑红梦　和祺瑞　罗思思
何建军　张开明　张安洋　杨志桃　杨世云
王　欢　刘丽东　旮　璐　褚云飞　杨光丽
和双燕　李跃萍

计算机网络技术（5人，办学单位：北四环校区）
郭　峥　柏贵连　魏素娅　饶家林　康　宁

会计（5人，办学单位：北四环校区）
王　松　任荣波　李　慧　刘鑫丽　张　波

影视动画（29人，办学单位：北四环校区）
王雅丽　张　雷　穆嘉瑞　张文哲　金　鑫
陈亮远　宁莎莎　杨牵荣　琴　峰　刘彩虹
梁云浩　白泽元　艾　宇　檀　庆　肖　颖
范伊琦　朱相收　马正阳　张晓伟　姜　晗
李文祎　韩　烽　吴　翰　马文浩　刘诗旭
李庄琦　王守业　杨　雷　张　禹

广告设计与制作（14人，办学单位：北四环校区）
毛文海　王晓臣　刘晓娥　常　甜　李　瑞

韩欣玉　曹新月　陈建乐　史元霞　王丽娜
徐　洋　张　洋　张非凡　周灵敏

幼儿艺术教育（50人，办学单位：北四环校区）
李　丹　张娅晴　吴玉碟　董雯赫　熊玉婕
梁梦杰　盛濮洁　李阳阳　王凤娟　徐艾洁
李美娟　李子蒙　王　梦　曾　珍　乔　珊
张斯宇　侯　凌　祝文文　杨星桃　胡佳丽
秦晓艳　赵　偲　许丹凤　袁思晴　孝思超
桂迁春　曾雯雯　蔡珊珊　吴玲燕　张　迪
王　娟　王敬泉　张　静　林金香　李莉沙
窦茜倩　汪田利　管俊蕊　李倩倩　于　静
马　越　杜　娜　魏菲菲　尹洪琳　毛雨佳
黄素英　赵　丹　韩　悦　季丁丁　沈晓秋
（以上由培训中心提供）

· 表彰与奖励 ·

北京联合大学 2014 年获得的表彰奖励

序号	获奖名称	申报单位/组织参评单位	授奖单位
1	北京高校普法微视频征集展映活动优秀组织奖	党校办	中共北京市委教育工作委员会、北京市教育委员会
2	北京高校普法微视频征集展映活动微电影组二等奖	党校办	中共北京市委教育工作委员会、北京市教育委员会
3	北京市党的建设和思想政治工作先进普通高等学校提名奖	组织部	中共北京市教育委员会
4	2014 年北京高校青年教师社会调研工作优秀组织单位	宣传部	中共北京市委教育工作委员会
5	北京高校红色 1+1 示范活动优秀组织奖	学生处	中共北京市委教育工作委员会
6	北京高校国防教育突出贡献奖	武装部	北京高校国防教育协会
7	北京高校国防教育先进会员单位	武装部	北京高校国防教育协会
8	北京市 2013 年度高校征兵工作先进单位	武装部	北京市征兵工作领导小组
9	2012—2013 年北京高校党建与思想政治工作优秀成果奖三等奖	学生处	中共北京市委教育工作委员会
10	2013—2014 年度北京高校学生心理素质教育工作先进单位	学生处	北京高教学会心理咨询研究会、中共北京市委教育工作委员会宣教处
11	2014 年度国家安全人民防线建设工作先进集体	保卫处	北京市国家安全局
12	第三十一届全国部分地区大学生物理竞赛团体奖	基础课教学部	北京物理学会
13	北京市第二十五届大学生数学竞赛组织奖	基础课教学部	北京数学会大学委员会
14	北京市属高校数字校园示范校	信息网络中心	北京市教育委员会
15	2014 年北京市高等教育自学考试一等奖	培训中心	北京教育考试院
16	新疆生产建设兵团科学技术进步奖三等奖	商务学院	新疆生产建设兵团

北京联合大学 2014 年科研成果奖

获奖名称	获奖等级	成果名称	成果类型	单位排名	主要完成人	所属单位	授奖单位
北京市第十三届哲学社会科学优秀成果奖	二等奖	《混血的生长：二十世纪八十年代（1976—1985）对西方现代派文学的接受》	著作	第一	王德领	师范学院	中共北京市委、北京市人民政府

（校科研处提供）

北京联合大学 2014 年各级各类教育教学成果奖

一、2014 年获国家级教学成果奖名单

成果名称	成果完成人	完成单位	层次	获奖等级
中高本衔接框架下的中职电子商务职业教育教学探索与实践	侯光、鲍泓、王红蕾、薛晓霞、王春燕、魏志光、刘国成、高润泉、刘冬美、梁军、常胜军、刘爱华、肖芳、胡渤、陈道志、杨楠、鲍志林、段建	北京市商业学校、北京联合大学、北京中关村软件园发展有限责任公司、上海商派网络科技有限公司、北京博导前程信息技术有限公司	高职	一等奖
统筹规划，构建高职和专升本一体化人才培养模式的研究与实践	齐再前、黄先开、李宇红、孙晓鲲、罗映霞、支芬和	北京联合大学	高职	二等奖

（校教务处、应用科技学院提供）

二、2014 年获全国电子商务职业教育教学成果奖名单

成果名称	成果完成人	完成单位	层次	级别等级
北京联合大学"电子商务现代职业教育'立体化'实践教学体系的研究与实践"	鲍泓、高润泉、梁军、陈道志、王晓红、肖芳、杨楠、鲍志林、常胜军、敖静海、薛晓霞	北京联合大学	高职	特等奖

（应用科技学院提供）

三、2014 年获评"十二五"普通高等教育本科规划教材名单

教材名称	主编	所在单位	出版社	适用层次
圣经文学导读	黄宗英	应用文理学院	高等教育出版社	本科
计算机网络	袁家政	实训基地	西安电子科技大学出版社	本科
C 程序设计教程	崔武子	实训基地	清华大学出版社	本科
C 程序设计	谭浩强	信息学院	清华大学出版社	本科
C 程序设计学习辅导	谭浩强	信息学院	清华大学出版社	本科
建筑供配电与照明	范同顺	自动化学院	中国建材工业出版社	本科

（校教务处提供）

四、2014 年参加各级教学类比赛获奖教师名单

比赛名称	获奖等级	获奖教师	所在单位	授奖单位
第十四届全国多媒体课件大赛	微课组三等奖	赵立新、李平、于鑫、孙雪、耿钰	自动化学院	教育部教育管理信息中心
"高等教育杯"全国高等学校物理基础部课程青年教师讲课比赛	北京赛区预赛三等奖	吴萍	基础课教学部	北京物理学会
第二届全国高校（高职）微课教学比赛北京赛区	二等奖	陈玉花	应用科技学院	中国电子教育学会
2013 年北京市属高校"创想杯"多媒体课件制作与微课程大奖赛	二等奖	宋广荣、刘学惠、黄大庆	学生处	北京市教育委员会人事处、北京市高等学校师资培训中心
2013 年北京市属高校"创想杯"多媒体课件制作与微课程大奖赛	二等奖	田园	商务学院	北京市教育委员会人事处、北京市高等学校师资培训中心
国际汉语教学优秀课例大赛	二等奖	刘东青	国际交流学院	孔子学院总部
全国高校《经济学原理》课件大赛	二等奖	郑春芳、林妍梅、田园、邓晓红、徐怀礼、徐枫	商务学院	中国经济学年会秘书处、北京大学出版社有限公司
财经类专业师资培训基地会计专业教师微课教学比赛	二等奖	吴霞	应用科技学院	北京教育科学研究院职业教育与成人教育研究所

续表

比赛名称	获奖等级		获奖教师	所在单位	授奖单位
2014 年北京高校心理素质教育教师教学技能比赛	优秀奖		黄大庆	学生处	中共北京市委教育工作委员会、北京高教学会心理咨询研究会
北京联合大学第三届教学优秀奖	一等奖	文史组	赵永忠	人文社科部	北京联合大学教务处
			黄淑梅	师范学院	
		理工组	王廷梅	应用科技学院	
			张鑑	师范学院	
		英语及经管组	詹细明	生物化学工程学院	
	二等奖	文史组	郑晶	旅游学院	
			沈蕾	应用文理学院	
			王小明	应用文理学院	
			杭孝平	应用文理学院	
			刘东明	特殊教育学院	
		理工组	钱琳琳	自动化学院	
			刘建	机电学院	
			马小军	信息学院	
			孙雅煊	应用文理学院	
			陈晓丹	信息学院	
			张福贵	自动化学院	
		英语及经管组	张亮	师范学院	
			严鸿雁	管理学院	
			李丹丹	校外语部	
			韩莉	管理学院	
			杨艳芳	管理学院	
北京联合大学第三届中青年教师执教能力比赛	一等奖		孙洁	商务学院	北京联合大学教务处
			张羽佳	体育部	
			刘长青	机电学院	
			翟红英	师范学院	
			戴文俊	广告学院	
	二等奖		陈华	商务学院	
			付文宇	机电学院	
			房宏君	生物化学工程学院	
			姜喜龙	师范学院	
			张雷	特殊教育学院	
			朱淑琴	师范学院	
			徐梅香	应用文理学院	
			段耀武	生物化学工程学院	
			丁于思	旅游学院	
			陈晓丹	信息学院	

五、2014 年获得各类教学相关荣誉称号教师名单

获奖名称	获奖教师	所在单位	授奖单位
第十届北京市高等学校教学名师奖	许家成(本科)	特殊教育学院	北京市教育委员会
	张耘(高职)	应用科技学院	北京市教育委员会
高等教育教材工作先进个人	杨鹏	校教务处	北京市教育委员会
	陈蓉	校教务处	北京市教育委员会
北京市职业院校优秀青年骨干教师	彭爱美	应用科技学院	北京市教育委员会

（校工会提供）

六、2014 年校级优秀硕士学位论文

序号	学科	硕士生	导师	论文题目
1	食品科学	吴春彦	尚小雅	以基因序列分析为指导的海洋链考霉菌 7-145 抗耐药菌活性物质研究
2	专门史	褚旭	韩建业	镇江营遗址西周陶器制作工艺研究
3	计算机应用技术	孔祥玲	李红星	不对称温度场的模糊解耦控制的应用研究

（研究生处提供）

七、2014 年校级本科优秀毕业设计（论文）

序号	学院	学生	指导教师	毕业设计（论文）题目
1	管理学院	黄震	任广文	北京天赐宝石美容有限公司网站策划与实施
2	管理学院	莫思玮	祁梅	北京启明星辰信息安全技术有限公司财务部文档管理设计与开发
3	管理学院	陈云超	赵伯庄	京东商城物流配送环节客户满意度研究
4	管理学院	高佳	周晓璐	北京惠敏时尚眼镜行网站策划与实施
5	管理学院	赵晓光	祁梅	北京市中小企业专家咨询系统的设计与实现
6	管理学院	王沈悦	王艳娥	谛听物语公司进销存管理系统的设计与实现
7	管理学院	王鑫	裴一蕾	"鸽友之家"网站策划与实施
8	管理学院	刘悦	李立威	"糖总汇"网站策划与实施
9	管理学院	乔立志	韩莉	人民币"内贬外升"成因分析
10	管理学院	白嘎里	赵睿	阿里金融小微企业贷款定价机制研究
11	管理学院	纪星宇	黄艳	群体性劳资冲突应急管理系统的设计与开发
12	管理学院	郝硕敏	张士玉	北京市中小企业信息化服务平台的需求调研分析与结构设计
13	管理学院	杨静文	何勤	北京市某企业员工激励机制研究
14	广告学院	左莉亚	杨慧子	中国民间马勺脸谱在十二生肖系列文化海报设计中的应用
15	广告学院	周佳云子	王少艳	浅谈在规定情境中组织舞台行动
16	广告学院	范一	邹加倪	从《中国汉字听写大会》看综艺节目的文化传承
17	广告学院	高悦西	王欢	夏洛克福尔摩斯系列书籍插画的创作与研究
18	广告学院	耿梦桥	张立梅	论移动互联网的发展对广告行业的影响
19	广告学院	宋子轩	丁超	微电影《热情北京人》的创作与分析
20	广告学院	高尚	乔鸿雁	标志设计在"生肖花"品牌 VI 视觉形象设计中的应用与研究
21	广告学院	姜鸽	刘畅	浅谈演员如何用心象塑造人物形象
22	广告学院	于虹	戴文俊	《积染法在中国画"微醺"中的运用与研究》
23	广告学院	毕然	刘锐	色彩理论在南锣鼓巷文化主题招贴设计中的应用
24	机电学院	韩涛	雷保珍	基于加工中心的大减速比螺旋锥齿轮数控仿真加工
25	机电学院	孙娜	杨静馨	矿化胶原改性 PMMA 骨水泥生物力学性能的研究
26	机电学院	龚仕伟	张子义	物料输送演示设备—机械手结构设计
27	旅游学院	金峰	林晓	俳句の漢訳方法についての考察
28	旅游学院	李钰	林晓	井上靖の歴史小説における中国像
29	旅游学院	王宇	黄育红	功能目的论下国际商法长句英汉翻译
30	旅游学院	国奥	李享	住宿视角的延庆县与怀柔区旅游市场比较研究
31	旅游学院	姚力	刘啸	贵阳 7 日游全过程碳排放研究
32	旅游学院	米宇璨	孙梦阳	国内外官方旅游网站营销功能实证分析
33	旅游学院	黄琛	张奇	旅游综合体投资的财务风险
34	旅游学院	高阳	胡嫣茹	中西方非言语差异对跨文化商务谈判的影响
35	商务学院	任子英	田园	CEPA 对内地与香港经济效应的影响分析
36	商务学院	常适仪	邵军	煤炭行业上市公司社会责任会计信息披露问题研究
37	商务学院	白丽群	王瑞丰	北京大华天坛有限公司网络营销策略的研究
38	商务学院	米丽盈	张宇馨	湖南省外商直接投资现状、影响及发展对策
39	商务学院	徐璐	邓晓虹	中印纺织品贸易竞争力分析

序号	学院	学生	指导教师	毕业设计（论文）题目
40	商务学院	张钰	周彦	会展目的地形象的感知因子研究——以北京市为例
41	商务学院	吕阳	王玲	大陆与台湾大学生助学贷款制度的比较研究
42	商务学院	方天意	林妍梅	东亚银行北京地区个人消费贷款业务发展策略研究
43	商务学院	薄岚	张蓉	北京市朝阳区老龄化社会银行金融服务发展研究
44	商务学院	金伊迪	王慧	电商企业互联网金融对传统金融的影响研究
45	商务学院	陈彬冰	张万春	北京电信发展有限公司员工激励机制研究
46	商务学院	范博思	王彤彤	国内会计师事务所企业社会责任鉴证服务的问题探究及政策建议
47	商务学院	徐洋	郭慧馨	美宝莲化妆品店营销策略研究
48	商务学院	颜薇	刘宇涵	北京隆盛泰商贸公司的精准营销策略研究
49	生物化学工程学院	黄荣棠	杨芳	基于 ATmega16 单片机小车的红外自动跟随功能设计及实现
50	生物化学工程学院	付攀祺	蔡红	玫瑰假日别墅的 BIM 设计
51	生物化学工程学院	高婉婷	刘红梅	大孔树脂对紫米糠原花青素的动态吸附及穿透模型
52	生物化学工程学院	周云柯	丁容仪	江西九江某综合医院建筑 1、4 层空调设计
53	生物化学工程学院	郑秋实	陶凤云	人类致病真菌白念珠菌形态发生相关基因的功能研究
54	生物化学工程学院	杜悦	肖宁	顺丰速运有限公司应收账款管理
55	生物化学工程学院	薛东璞	詹细明	优先股对上市银行资本结构的影响
56	生物化学工程学院	刘兴旺	吴义民	自来水博物馆楼宇自动控制系统下位机程序设计
57	生物化学工程学院	于晨旭	冯豫韬	应用磁力连接的灯具设计
58	生物化学工程学院	郑一凡	王献东	企业成长、内部控制与公司价值
59	生物化学工程学院	刘宇超	李俊林	高新技术企业使用国家专项资金的效益研究——以北京市某区为例
60	师范学院	黄志琴	赖亚楠	"情系东方"主题系列家具及室内陈设品设计
61	师范学院	秦小童	曹建中	运用堆叠手法的创意女装设计
62	师范学院	王英棋	赵坚	包头市"1955"商业区建筑设计
63	师范学院	李宇峰	翟红英	基于 ios 的卡片益智游戏设计与实现
64	师范学院	王若舟	王德领	邓云乡散文研究
65	师范学院	张珂珮	曾美英	老年人团体心理辅导方案设计及效果研究
66	师范学院	黄鑫垚	王小力	萧友梅"拿来主义"音乐教育思想精髓
67	师范学院	刘志远	赵瑛	网络环境下个性化英语词汇背诵软件设计与开发
68	师范学院	胡蕾	曹建中	运用分割手法的创意女装设计
69	师范学院	韩芳烁	景怀宇	"丽齿萌牙"系列形象与宣传设计
70	特殊教育学院	安泓州	李妍	微软模拟飞行游戏真实机场场景设计
71	特殊教育学院	武洋	刘晓陶	中国画——梦雨水莲花
72	特殊教育学院	俞希	贾京鹏	Flash 动画短片创作——《乞丐与猫》
73	特殊教育学院	高明肆	许华红	正向行为支持对小学生时间管理倾向的个案干预研究
74	应用文理学院	艾民	吴蔚	论王国维《颐和园词》的家国境界
75	应用文理学院	鲁艳春	邓大跃	北京室内环境空气中苯系物污染分析调查
76	应用文理学院	张旭	杜剑峰	论张爱玲小说的视听呈现性
77	应用文理学院	邵鹏	刘建钢	非法吸收公众存款罪的刑法规制研究
78	应用文理学院	齐妍	张波	魔芋低聚糖对结肠溃疡的保护作用
79	应用文理学院	刘佳月	黄可佳	西周陶鬲的模拟复原研究：以北京地区陶鬲为例
80	应用文理学院	宋春未	戴雪伶	低聚壳寡糖对两种形态 β-淀粉样蛋白所致细胞毒性的影响
81	应用文理学院	高媛	顾军	东四十条历史变迁研究兼论北京胡同区传统风貌的保护
82	应用文理学院	王立青	朱海勇	基于 Web GIS 的圆明园电子地图系统设计
83	应用文理学院	王丫	熊黑钢	北京市三山五园地区土地覆盖类型变化研究
84	应用文理学院	刘盼盼	潘世萍	门头沟区档案馆利用工作研究
85	信息学院	张启秀	廖礼萍	基于 J2EE 的联大软件系教学平台
86	信息学院	唐诗敏	赵亦松	智能车自主驾驶决策规则库的设计与实现

续表

序号	学院	学生	指导教师	毕业设计（论文）题目
87	信息学院	陈旭东	姜余祥	基于 STM32 访问 usb 存储设备
88	信息学院	王振继	许立群	基于无线通信机器人控制系统
89	信息学院	孙帆	马小军	基于 ios 的四库电脑全书软件设计与实现
90	信息学院	孙富宗	刘宏哲	基于 ios 的手机报系统的设计与实现
91	信息学院	任运贵	刘畅	基于 WindowsPhone 的自由漫画研发
92	信息学院	陈曦	梁晔	基于安卓的手势识别系统设计与实现
93	信息学院	谭智勇	杭和平	基于飞思卡尔单片机 CAN 总线的出租车计价器设计
94	自动化学院	孙博轩	梁军	基于单目视觉的两轮自平衡循迹机器人设计及实现
95	自动化学院	官承波	刘景云	无线传感器网络技术在物流仓储系统中的应用
96	自动化学院	张振洋	童启明	QuaRC 直流调速系统的工程设计与分析
97	自动化学院	牟得喜	毛羽	金昌大剧院扩声系统设计
98	自动化学院	魏玮	佟世文	三容水箱系统的设计及网络化控制
99	自动化学院	刘镭	吕冀	基于 Android 系统的远程控制程序开发
100	自动化学院	杨丽娟	夏明萍	军一公司仓库选址问题研究

八、2014 年校级专升本优秀毕业实务专题

序号	学院	学生	指导教师	题目
1	应用文理学院	王文涛、姚洁、詹梦沁、李晨	王巧玲	综合档案馆公众形象测评方案设计及实证研究
2	应用文理学院	赵红、郭杰、唐利元、王丽娜、李洁、郑硕	郭娅丽	北京市典当行经营的法律风险调研报告
3	生物化学工程学院	郭莹莹、阮亚慧、张梦迪、宋柏山	田沛哲	北京大兴区康庄限价商品房商业楼空调系统设计

九、2014 年校级高职优秀毕业综合实践报告

序号	学院	学生	指导教师	报告题目
1	师范学院	钱震	徐燕妮	基于 SONY 导播平台的现场综合应用及解决方案
2	师范学院	董鑫	刘琪、李小贝	办公室秘书的综合技能
3	师范学院	郎頔	王京菊	借鉴日本江户时期贵妇服饰元素的礼服设计
4	生物化学工程学院	李硕	周凤、段莉莉	家电公司运用 EXCEL 提高会计工作效率的探讨——以福维克家电有限公司为例
5	生物化学工程学院	成思宇	王献东	会计专业知识在经济普查中的价值
6	旅游学院	马一菲	修宇	全聚德西翠路店餐厅部服务员岗位工作研究
7	旅游学院	庞梓煜	田彤	校园酒吧经营管理的工作研究
8	旅游学院	闫佳	乔支红	中国民间酸浆标准化生产工艺的研究
9	旅游学院	甄如月	朱莉	"博雅轩"特色湘菜的营养标签制作
10	特殊教育学院	周珩	李妍	辅导员及学生管理系统网站设计开发
11	特殊教育学院	陈伟俊	甄玮	十二生肖
12	特殊教育学院	张能	姚铁力、钟秀钦	《黑暗女王》建模设计和制作
13	应用科技学院	龙光	李爱菊、夏长胜	iPad 平板教学实现教育信息化的工作实践
14	应用科技学院	王申艳	李慧凤、刘在云	北京在校大学生网上购物状况调查分析
15	应用科技学院	高安迪	李宇红、章天一	新东方国际游学市场经营策略分析
16	应用科技学院	罗莹	王文媛、李淑芳	国库集中支付在北京联合大学的应用分析
17	应用科技学院	刁龙跃	王秦、刘彬	人保健康网络营销策划
18	应用科技学院	石岢	王秦、刘彬	人保健康"百万安行"产品营销分析
19	应用科技学院	刘鹤	常胜军、翟清潭	特力和乐永旺店网络推广策划方案
20	应用科技学院	杨泽	薛晓霞、燕华	手机网站的设计与实现

续表

序号	学院	学生	指导教师	报告题目
21	应用科技学院	付佳婧	王小梅、韦子静	高职商务英语专业学生词汇学习策略调查
22	应用科技学院	朱长贺	陈韶琼、赵悦茗	法国葡萄酒在中国市场
23	应用科技学院	赵紫彤	俞必忠、张尤亮	北京联合大学图书馆3层导视系统
24	应用科技学院	石涛	陈昱西	巴士数码视频媒体项目
25	应用科技学院	王琛	崔亚娟、崔利雄	北京联合大学昌平校区动画展示片
26	应用科技学院	董洛昕	周文辉	《小王子》图书封面版式设计

(以上由校教务处提供)

北京联合大学 2014 年学生学科竞赛获奖名单

一、市级及以上学科竞赛

（一）第九届全国大学生"飞思卡尔杯"智能汽车竞赛（华北赛区）

级别	等级	获奖学生	所在学院	指导教师
华北赛区	二等奖	刘帅、洪森林、尚方方	自动化学院	曲金泽、潘峰
		孙博轩、童天渝、吴其吉	自动化学院	潘峰、沈允中
		刘佳鑫、赵沙、黄晓钊	自动化学院	潘峰

（二）"金川杯"第七届全国大学生节能减排社会实践与科技竞赛

级别	等级	获奖学生	所在学院	指导教师
国家级	三等奖	戚新秋、张洋、孟亮、周羿旭、刘宇航、邓顺章	生物化学工程学院	朱永林、李玉玲
		齐百双、郭梦蕾、郭开轩、黄智刚、闫绪、李朋春、王汉平	生物化学工程学院	霍清
		邹国梁、李淑红、王宝华、孙达、王群、管珊珊、黄仁财	自动化学院	钱琳琳

（三）2014 年第五届"蓝桥杯"全国软件和信息技术专业人才大赛

级别	等级	获奖学生	所在学院	指导教师
国家级	二等奖	王浩	信息学院	张冰峰
		杨磊	信息学院	彭涛
		常杰	信息学院	张冰峰
		张翌	信息学院	张冰峰
		肖华	信息学院	
	三等奖	邓海辉	信息学院	
		刘小安	信息学院	彭涛
市级	一等奖	邓海辉	信息学院	
		常杰	信息学院	张冰峰
		曾志富	信息学院	彭涛
		肖华	信息学院	
		刘小安	信息学院	彭涛
		文海丽	信息学院	刘畅
		张翌	信息学院	张冰峰
		杨磊	信息学院	彭涛
		刘琼（专科组）	应用科技学院	
		周康平（本科组）	应用科技学院	

续表

级别	等级	获奖学生	所在学院	指导教师
市级	二等奖	王浩	信息学院	张冰峰
		李强	信息学院	孙力红
		李聚升	信息学院	
		李鑫铭	信息学院	林志英
		廖校均（本科组）	应用科技学院	
		吕庚育	信息学院	
		盛洁	信息学院	
		曹梦露	信息学院	
		郑曦	信息学院	彭涛
		蒋志威	信息学院	
		蔡少武	信息学院	彭涛
		周而复	信息学院	
		徐轩（专科组）	应用科技学院	
		程则山（专科组）	应用科技学院	
		律来先（专科组）	应用科技学院	
		邢继元	应用科技学院	
	三等奖	蔡寰宇	信息学院	孙力红
		喻小伟	信息学院	林志英
		孙浩	信息学院	
		王清林	自动化学院	高润泉
		鹿雅斐	信息学院	
		魏润辰	信息学院	
		李周玲慧	信息学院	
		苏乃活	信息学院	刘畅
		李珏雅	信息学院	
		石锐	信息学院	杨继萍
		李东	信息学院	
		孙冰涵	自动化学院	
		李然	应用科技学院	
		王立达	应用科技学院	
软件创业团队赛全国选拔赛二等奖		北京联合大学代表队		林志英、孙力红、刘劲松

（四）2014年全国大学生"西门子杯"工业自动化挑战赛

级别	等级	获奖学生	所在学院	指导教师
国家级	特等奖	彭广明、曹玉、周祖云	自动化学院	任俊杰
	一等奖	任赛楠、任水桃、张懿	自动化学院	刘彦彬
		王宝华、黄仁财、孙达	自动化学院	钱琳琳
华北赛区	特等奖	任赛楠、任水桃、张懿	自动化学院	刘彦彬
		彭广明、曹玉、周祖云	自动化学院	任俊杰
		李响、周森、甄雪艳	自动化学院	任俊杰
		周瑛子、张栋、陈璞	自动化学院	苏秀丽
		袁申斌、白启东、李湘凝	自动化学院	钱琳琳
		王宝华、黄仁财、孙达	自动化学院	钱琳琳
	一等奖	王群、胡裕赟、管珊珊	自动化学院	钱琳琳
	二等奖	李鸣、李浩然、徐锦州	机电学院	王淑芳

（五）2014年"高教社杯"全国大学生数学建模竞赛

级别	等级	获奖学生	所在学院	指导教师
国家级	一等奖	程则山、李然、贾宇铭	应用科技学院	陈战胜
	二等奖	陈志达、李娜、何二江	信息学院	张静
市级	一等奖	张璐、黄佳琦、张斯琦	应用科技学院	陈艳燕
		许武、孙冰涵、陈燕青	自动化学院	张静
	二等奖	刘飞、王程、郑杨江川	信息学院、管理学院	张静
		陈志达、钟启学、马鹏晨	信息学院	王笛
		龚玉山、姜玉杰、吕庚育	信息学院	张静

（六）2014年美国大学生数学建模竞赛（MCM/ICM）

级别	等级	获奖学生	所在学院	指导教师
国家级	二等奖	陈志达、李娜、何二江	信息学院	张静
		孙冰涵、杨育垚、吕庚育	自动化学院、信息学院	张静

（七）2014年全国职业院校技能大赛（高职组）

级别	组别	等级	获奖学生	所在学院	指导教师
国家级	烹饪赛项	三等奖	廖振华	旅游学院	郭晓赓、许荣华
			刘琛	旅游学院	修宇
			刘天俊	旅游学院	郭晓赓、许荣华
			刘子旷	旅游学院	郭晓赓、许荣华
			慕容斌	旅游学院	孟祥萍
市级	英语口语	一等奖	户宇	应用科技学院	冯媛媛
	会计技能		孔瑶、李馨苑、武兆辉、张境洁	信息学院	吴霞、朱东星
	市场营销技能	三等奖	周璐、张刘鎏、吴岳彬、关钰山	信息学院	李亚梅、刘军

（以上由校教务处提供）

（八）2014年全国高校移动互联网应用开发创新大赛

级别	组别	等级	获奖学生	所在学院	指导教师
国家级	本科组	一等奖	庄梓君、李强、黄俊伟	信息学院	马楠
		二等奖	李聚升、葛东芝、赵哲	信息学院	娄海涛、刘振恒
		三等奖	杨育垚、甘银云、孙聪	信息学院	姜余祥
	高职组	一等奖	张梦婕、张京、张梦梓	应用科技学院	盛鸿宇

（信息学院、实训基地提供）

（九）2014年全国高校商业精英挑战赛国际经贸与商务专业竞赛暨第二届海峡两岸大学生国际经贸与商务专题竞赛

级别	等级	获奖者	所在学院	指导教师
国家级	一等奖	蓝熙、周洁、卢文状	商务学院	张宇馨、刘洁
	最佳辅导教师	张宇馨、刘洁	商务学院	

（十）2014年全国高校商业精英挑战赛国际贸易竞赛全国总决赛

级别	组别	等级	获奖学生	所在学院	指导教师
国家级	国际贸易	二等奖	蓝熙、周洁、张宜驰、李婧文、史志明、卢文状、崔雯、张佳	商务学院	赵绍全、崔玮、邓晓虹
	最佳辅导教师		赵绍全、崔玮、邓晓红	商务学院	

（十一）第十一届(新加坡)国际市场营销大赛中国区选拔赛暨全国商科院校市场营销大赛

级别	组别	等级	获奖学生	所在学院	指导教师
国家级	中国地区	一等奖	蓝熙、谢林宇、刘莎莉、石露畅、周洁	商务学院	张宇馨

（十二）2014年全国商科院校技能大赛国际贸易专业竞赛总决赛

级别	等级	获奖学生	所在学院	指导教师
国家级	三等奖	蓝熙、谢林宇、刘莎莉、石露畅、周洁、钟明月、吴珊	商务学院	张宇馨、李宝柱
	优秀辅导教师	崔玮、李宝柱	商务学院	

（十三）第二届(2014年)北京市高校企业竞争模拟大赛

级别	等级	获奖学生	所在学院	指导教师
市级	三等奖	于泽、边成、杜营	商务学院	陈默
	优秀指导教师	郭彦丽	商务学院	

（以上由商务学院提供）

（十四）第五届中国大学生服务外包创新创业大赛

级别	组别	等级	获奖学生	所在学院	指导教师
国家级	自由命题类	二等奖	张海东、伍佳、张任鹏、李雷强、赵鑫	管理学院	梁磊
国家级	创业实践类	三等奖	李承学、刘睿、李佳璐、黄鹏	管理学院	盛晓娟

（十五）2014全国高等院校企业竞争模拟大赛暨全国MBA培养院校企业竞争模拟大赛

级别	等级	获奖学生	所在学院	指导教师
国家级	一等奖	张海东、周悦	管理学院	刘成

（十六）第三届全国高校模拟谈判大赛

级别	等级	获奖学生	所在学院	指导教师
国家级	二等奖	劳方：姜博文、王天宇、梁茜、刘青青 资方：张威、杨晨璐、梁九龙、李冰	管理学院	边婷婷、徐娟、张选伟、钟礼松、严鸿雁

（十七）第七届"邮政储蓄杯"全国网络商务创新应用大赛

级别	等级	获奖学生	所在学院	指导教师
国家级	二等奖	孙喆、王鑫、杨莹	管理学院	裴一蕾
市级	二等奖	张彦祎、舒雨滕、刘燕、张单美子、袁倩倩	管理学院	田玲
市级	三等奖	赵国超、黄震、刘悦、李敬伟、任凯	管理学院	田玲、盛晓娟

（以上由管理学院提供）

（十八）2014年"尚和杯"中国机器人大赛暨RoboCup公开赛

级别	组别	等级	获奖学生	所在学院	指导教师
国家级	动作投影对抗赛项目	一等奖	罗向阳、田发喆、火雄成、吴旭	信息学院	张军、李月琴、章学静
	标准平台仿人组(1v1)项目	二等奖	李英杰、史海森、任桐炜、李诚	信息学院	李月琴、张军、章学静
	标准无差别组(1VS1)项目	二等奖	袁汝诚、李渊森、梁晓云、文敏	信息学院	张军、李月琴、章学静
	优秀指导教师奖		张军、李月琴、章学静	信息学院	

（十九）2014 年"TI 杯"华北五省大学生物联网创意大赛

级别	等级	获奖学生	所在学院	指导教师
市级	一等奖	甘银云、孙聪、欧良丹、李金凤	信息学院	姜余祥
市级	二等奖	李强、马恒、黄俊伟	信息学院	杨萍
市级	二等奖	赵永永、王海、车贵红、赵小方	信息学院	田景文

（二十）2014 年"鑫台华杯"华北五省(市、自治区)及港澳台大学生计算机应用大赛

级别	组别	等级	获奖学生	所在学院	指导教师
市级	本科	特等奖	李聚升、葛东芝、黄祖会、薛岚显、赵哲	信息学院	刘振恒
	本科	一等奖	庄梓君、曹梦露、马恒、黄俊伟、李强	信息学院	马楠、姜余祥
	本科	二等奖	岑福燕、鹿雅斐、常杰	信息学院	刘畅
	本科	三等奖	杨育垚、孙聪、甘银云	信息学院	姜余祥、马楠
	优秀指导教师	马楠		信息学院	

（以上由信息学院提供）

（二十一）第三届北京市大学生交通科技大赛

级别	等级	获奖学生	所在学院	指导教师
市级	三等奖	宋青松、刘镭、吴鹏	自动化学院	吕冀

（二十二）2013 年北京市大学生物流设计大赛

级别	等级	获奖学生	所在学院	指导教师
市级	三等奖	陈兵兵、何赛赛、冉玲玲、刘彩霞、刘文文	自动化学院	曹丽婷、耿钰
	优秀指导教师	曹丽婷、耿钰		自动化学院	

（以上由自动化学院提供）

（二十三）台湾第 19 届大专校院资讯应用服务创新竞赛

级别	等级	获奖学生	所在学院	指导教师
国际赛事	最佳创新奖	张海东、伍佳、张任鹏、李雷强、赵鑫	管理学院	梁磊、盛晓娟
		李承学、刘睿、李佳璐、黄鹏	管理学院	梁磊、盛晓娟

（二十四）第四届全国大学生电子商务"创新创意及创业"挑战赛(北京赛区)

级别	等级	获奖学生	所在学院	指导教师
市级	一等奖	王北、陈震	管理学院	裴一蕾
	二等奖	程正芳、黄荟燕、马文丽、马茂云、杨雪燕	管理学院	盛晓娟
	三等奖	林融迪、李思琪、齐欣然、马开元、任爽	管理学院	李立威、牟静
		王泽晋、吴蒙蒙、曲伟莹、庞文杰	管理学院	田玲
		杨扬、王雅雯、吕薇、曹天虹、张甜雨、孙贺	管理学院	牟静

（以上由管理学院提供）

（二十五）2014 年北京市大学生电子设计竞赛

级别	等级	获奖学生	所在学院	指导教师
市级	一等奖	魏溦、崔晓丹	信息学院	许立群、陈婷婷
		谢荣盛、周道贤	信息学院	杭和平、邵明刚
		韩烁、马恒	信息学院	姜余祥、杨萍
	二等奖	魏诗瑶、史海森	信息学院	许立群、刘佳、吕彩霞
		全楠楠、张海悦	信息学院	许立群、张军
		袁汝诚、梁晓云	信息学院	邵明刚、杭和平
		李栋、卢永涛	自动化学院	张世德、陈辉东

续表

级别	等级	获奖学生	所在学院	指导教师
市级	三等奖	许广强、张福彬	信息学院	路铭、李爱菊
		白启东、杨凤满	自动化学院	陈辉东、张世德
		朱柳、包阿古达木	信息学院	路铭、申海伟
		罗崔力、许娟	信息学院	路铭、申海伟
		郭正五、张宏源	自动化学院	张世德、陈辉东
		张有明、张兆龙	信息学院	路铭、饶志强

（校教务处提供）

（二十六）2014 年第三十一届全国部分地区大学生物理竞赛获奖名单

级别	等级	获奖学生	所在学院	指导教师
市级	一等奖	李威	信息学院	姜黎霞
	二等奖	郑志勇	自动化学院	母小云
		袁姗姗	应用文理学院	陶进前
		刘丹	应用文理学院	陶进前
	三等奖	龙睿	信息学院	母小云
		罗军	自动化学院	孙会娟
		朱若男	信息学院	姜黎霞
		王金霞	应用文理学院	陶进前

（基础部提供）

（二十七）2014 年北京市第二十五届大学生数学竞赛获奖名单

级别	组别	等级	获奖学生	所在学院
市级	理工类	一等奖	余巧	自动化学院
			徐东方	机电学院
		二等奖	罗军	自动化学院
			莫普清	自动化学院
		三等奖	房博学	信息学院
			刘汉卿	信息学院
	经管类	二等奖	陈青青	管理学院
		三等奖	蔡曲	管理学院

（基础部提供）

（二十八）2014 年第六届全国大学生广告艺术大赛

级别	等级	获奖学生	所在学院	指导教师
国家级	银奖	李月星	广告学院	夏航
市级	金奖	蒋一鸣、李童谣	广告学院	乔鸿雁
	银奖	宋佳、孔令娟	广告学院	韩澄
		计美静	广告学院	王竹宝
		张南	广告学院	王竹宝
		燕宇明	应用科技学院	朱峰
	铜奖	李敬雯、齐思颖	广告学院	刘佳
		赵静	广告学院	王竹宝

（二十九）2014 年北京市大学生计算机应用大赛

级别	组别	等级	获奖学生	所在学院	指导教师
市级	本科组	特等奖	李聚升、黄祖会、葛东芝、薛岚显、赵哲	信息学院、特殊教育学院	刘振恒、王施
		一等奖	庄梓君、黄俊伟、曹梦露、李强、马恒	信息学院	马楠、姜余祥
			黄鹏、杨绪超、莫家意、李玉满、宋鹏飞	信息学院	黄静华
			刘小安、楚敏、吕庚育、裴盛琰	信息学院	廖礼萍、刘宏哲
			赵世旺、黄蕊莹、郜丽婷、梁明亮	信息学院	娄海涛

续表

级别	组别	等级	获奖学生	所在学院	指导教师
市级	本科组	二等奖	周康平、孙浩、刘杰	应用科技学院	刘琨、杜丽娟
			岑福燕、鹿雅斐、常杰	信息学院	刘畅
		三等奖	杨育垚、甘银云、孙聪	信息学院	姜余祥、马楠
			滕锦华、周恩德、刘沛然、赵一力、史宇虹	信息学院	王金华
	高职组	二等奖	程则山、任星尧、福声	应用科技学院	刘琨、赵海燕
			迈阔、张璐、马国瑞	应用科技学院	陈景霞、肖琳
		三等奖	刘琮、律来先、陈宇	应用科技学院	赵海燕、刘琨
			陈思、李旭军、陈晨	应用科技学院	陈景霞、刘建国
			霍玉超、孟德馨、兰迪	应用科技学院	王廷梅、李爱菊

（三十）2013 年北京市大学生物理实验竞赛

级别	等级	获奖学生	所在学院	指导教师
市级	二等奖	金琦翔、阚绪杰、蔡茂盛	特殊教育学院	李晓梅
		姜玉杰、张继琛、马忱	信息学院	高兴茹
	三等奖	尹传根、周伟	机电学院	王云志、倪苏敏
		李家勇、杨峰、赵伟	自动化学院	孙会娟

注：比赛时间 2013 年 11 月 18 日。

（三十一）2014 年"创青春"首都大学生创业大赛

级别	等级	获奖学生	所在学院	指导教师
市级	银奖	杨超、徐天亮、杨帆、杨风帆、赵乐、肖雅、孙鸿宇、杨梦凡、王萱怡	生物化学工程学院	张元
		李承学、刘睿、李佳璐、张强	管理学院	盛晓娟
	铜奖	张艳莉、周乐天、丁言乔、丁典、李雪丽、王邸、刘露	生物化学工程学院	李可意、李俊林
		臧蕊、张诗晗、于家乐、刘井阳、安星蓉、张宏建、贺迪、王东、夏海权、张思宁	生物化学工程学院	张元
		李飞、齐百双、郭梦蕾、贾涛、黄智刚、李文婷、郭开轩、何青青	生物化学工程学院	李昕、段辉琴
		王睿、李乐、汪嘉倩、郭航、王沈悦	生物化学工程学院	龚秀敏

（三十二）2014 年首届"青年服务国家"首都大学生创新大赛

级别	等级	获奖学生	所在学院	指导教师
市级	三等奖	及星、蒋林杉	生物化学工程学院	蔡红、王仕卿
		李震宇、陈瑶、张雨苗	商务学院	陈默

（三十三）第六届（2014）北京市大学生英语演讲比赛

级别	等级	获奖学生	所在学院	指导教师
市级	二等奖	李妮莘	应用文理学院	黄宗英

（三十四）2014"外研社杯"全国英语演讲大赛北京赛区比赛

级别	等级	获奖学生	所在学院	指导教师
市级	三等奖	刘牧云	师范学院	曾玲琴

（三十五）2014 年第三届北京市大学生书法大赛

级别	组别	等级	获奖学生	所在学院	指导教师
市级	软笔非专业组	一等奖	王若舟	师范学院	姚铁力
		三等奖	王然	特殊教育学院	姚铁力
			张君	特殊教育学院	姚铁力
	优秀指导教师		姚铁力		

（以上由校教务处提供）

（三十六）2014 年北京高等学校继续教育大学生计算机应用竞赛

级别	组别	等级	获奖学生	所在学院	指导教师
市级	视频短片组	一等奖	张强、李鑫、徐玲	继续教育学院	陈海龙
	优秀组织奖			孙擘	

（培训中心提供）

（三十七）2014 年北京市大学生人文知识竞赛

级别	等级	获奖学生	所在学院	指导教师
市级	二等奖	曹亦雄、胡原胜、柳皓宇、杨昱婷、庞梓铭	应用文理学院	罗茵
	三等奖	柳天骄、何敏、麻悦、刘嘉琛、王卓尔	应用文理学院	吴蔚

（三十八）2014 年北京市大学生模拟法庭竞赛

级别	等级	获奖学生	所在学院	指导教师
市级	二等奖	谭冬梅、徐俊哲、李斌、周昕宇、赵世豪、郭凯丽	应用文理学院	邵彦铭

（三十九）2014 年北京市大学生机器人大赛

级别	等级	获奖学生	所在学院	指导教师
市级	二等奖	张泽鹏、郭宝昆	机电学院	郭洪红
	三等奖	李超、陶立、张福坤、李鸣	机电学院	郭洪红、张建成
		李浩然、王倩、王静、王磊	机电学院	郭洪红、张东波
		柴帅华、鄢宝林	机电学院	张东波
		董少君、胡文阳、王杰、华杰	机电学院	张建成、张东波

（四十）2014 年北京市大学生物流设计大赛

级别	等级	获奖学生	所在学院	指导教师
市级	三等奖	陈兵兵、何赛赛、冉玲玲、刘文文、刘彩霞	自动化学院	曹丽婷、耿钰

（以上由校教务处提供）

二、校级学科竞赛

（一）2014 年北京联合大学第三届程序设计竞赛

组别	等级	获奖学生	所在学院	指导教师	级别
VB程序设计组	一等奖	张莹雪、董少君、赵新雅	机电学院	孙庆华	校级
		刘铸犀、刘乐晖、徐统	机电学院	刘彩虹	校级
	二等奖	安历、王香梅、郑凯梦	管理学院	齐华山	校级
		夏媛媛、刘鑫、何晓蕊	特殊教育学院	穆艳玲	校级
		王思远、杨燕、杨爱佳	特殊教育学院	穆艳玲	校级
		吴志超、黄波、陈天麟	机电学院	刘彩虹	校级
		麻琴琴、韩婷、付慧好	管理学院	付钪	校级
		杨晶、肖莹、张澍校	管理学院	付钪	校级
		黄文龙、王子豪、何小华	管理学院	梁爱华	校级
		杨晨璐、王睿绮、汲朋	管理学院	徐歆恺	校级
		刘思玉婷、李京、张鑫	特殊教育学院	穆艳玲	校级
		崔嘉瑞、申东旭、郑丹丹	特殊教育学院	穆艳玲	校级
		王文强、赵军舰、吕琳	机电学院	孙庆华	校级
数据库程序设计组	一等奖	刘倩、赵壮、麻雅楠	应用文理学院	常子冠	校级
		李莹、封金利、李明柳	应用文理学院	安继芳	校级
		闫思宏、杨茗、路鹤丽	商务学院	薛云	校级
		王雨婷、朱颖、郝婧伊	商务学院	黄金燕	校级
		易维、林伟健、杨枭	商务学院	黄金燕	校级
		黄筱博、任芳、高也	商务学院	李玉霞	校级
	二等奖	曹典典、代君、付怡然	应用文理学院	于宁	校级
		张柳、赵畅、张姣	应用文理学院	常子冠	校级
		李峥、马天悦、李祎森	应用文理学院	常子冠	校级
		赵翔帆、陈焕、郭彩云	旅游学院	安颖	校级
		李源、连奕光、胡建	生物化学工程学院	冯琼、刘丽	校级
		刘湘文、赵斌、任伟	商务学院	薛云	校级

组别	等级	获奖学生	所在学院	指导教师	级别
数据库程序设计组	二等奖	刘睿妍、王诗雨、勾雪莲	商务学院	薛云	校级
		金瑶、李梦晴、张逸冰	商务学院	陈默	校级
		王焱、方俊凯、陈明玉	商务学院	沈桂兰	校级
		段琢珉、郭馨阳、王慧文	商务学院	沈桂兰	校级
		黄鹤元、吴小敏、曹碧云	商务学院	李玉霞	校级
		袁铃萍、段香琴、赵春燕	广告学院	张利霞	校级
	三等奖	王舒欣、马伟洲、邓婉莹	应用文理学院	陈世红	校级
		左安娜、王琳淇、班雯	应用文理学院	于宁	校级
		张田宇、巫倩敏、赵燕婷	应用文理学院	侯爽	校级
		路瑶、徐修齐、李文旭	应用文理学院	侯爽	校级
		石珊、刘辉、杨阳	应用文理学院	侯爽	校级
		刘真、黎楚琦、何敏	应用文理学院	侯爽	校级
		范聪丛、王硕、罗红玉	应用文理学院	常子冠	校级
		许丹、赵超、高新竹	应用文理学院	安继芳	校级
		唐艳、袁宇倩、佘雅彤	应用文理学院	安继芳	校级
		卢思雨、徐天慧、杨剑峰	应用文理学院	安继芳	校级
		牛瑞祺、朱源、胡锦程	师范学院	李湛	校级
		王博翔、陈辰、刘凯	师范学院	李湛	校级
		马蒙、袁罗希、李新禹	师范学院	李湛	校级
		冷玲、于荣华、张美	旅游学院	安颖	校级
		任敏敏、陈敏、邸丹宁	生物化学工程学院	刘丽	校级
		乐菲、申婧玥、王珏	生物化学工程学院	刘丽	校级
		李汝、连童、马小琴	商务学院	薛云	校级
		秦青、熊雪萌、绳佳齐	商务学院	陈默	校级
		梁宏、刘冬悦、王睿婷	商务学院	李玉霞	校级
C语言程序设计组（通识课）	一等奖	李万镝、黄旭、李世臻	信息学院	高润泉	校级
		潘培晖、王德锋、韦杰龙	自动化学院	林志英	校级
		钟火权、宋印印、杨晓琴	信息学院	朱立平	校级
	二等奖	司雨晨、张铭、高鸿彬	自动化学院	林志英	校级
		何沛、冯志宇、张茜	信息学院	朱立平	校级
		李德彦、李威、田荣华	自动化学院	梁军	校级
		陈晓阳、李浩茹、陆明亮	自动化学院	崔武子	校级
		苏爽、王松涛、韩沛玲	信息学院	朱立平	校级
		罗大为、钟晓青、马杰	自动化学院	孙力红	校级
	三等奖	程浩、封白元、于亚萌	生物化学工程学院	潘志红	校级
		徐超、贺俊杰、刘赫	信息学院	倪景秀	校级
		谭学超、左楚君、关心	自动化学院	李青	校级
		顾然、张全军、郑智勇	自动化学院	孙力红	校级
		吕恒星、王雪静、刘思佳	自动化学院	和青芳	校级
		周羿旭、邢雨辰、陈思帆	生物化学工程学院	潘志红	校级
		胡恒齐、胡矩旗、胡晓尧	生物化学工程学院	潘志红	校级
		张立新、许田、尹翔	信息学院	梁军	校级
		李晓晗、刘思美、柏鹏飞	自动化学院	鞠慧敏	校级
		杜之凡、胡熏、牟永青	信息学院	倪景秀	校级
C语言程序设计组（非通识课）	一等奖	王松、马晶玲、房博学	信息学院	刘宏哲	校级
	二等奖	冯俊辉、刘金松、温翔	信息学院	杨继萍	校级
		陈方欣、黄嘉峰、任晓芸	信息学院	李文法	校级
		李晓兴、刘涛、范聪颖	师范学院	朱淑琴	
	三等奖	许树理、刘鹏、朱鑫宇	师范学院	刘莹	校级
		樊跃、徐霁冬、张思南	师范学院	魏威	校级
		季文健、程昊、刘诚诚	信息学院	孙悦	校级
		骆胤均、冯智、何腾江	信息学院	徐光美	校级

（二）2014 年北京联合大学第三届电子设计竞赛

组别	等级	获奖学生	所在学院	指导教师	级别
本科组	一等奖	袁汝诚、梁晓云	信息学院	邵明刚、杭和平	校级
		谢荣盛、周道贤	信息学院	杭和平	校级
		全楠楠、张海悦	信息学院	许立群、张军	校级
		魏溦、武月	信息学院	许立群、陈婷婷	校级
		刘玉莹、尚方方	自动化学院	田文杰、刘继承	校级
		周森、刘博存	自动化学院	田文杰、刘继承	校级
		李勇、王宏伟	自动化学院	刘继承	校级
	二等奖	蒋思齐、张铭	自动化学院	刘继承、李战	校级
		李栋、卢永涛	自动化学院	张世德、陈辉东	校级
		包琳婕、邱伟滨	自动化学院	刘继承	校级
		王群、杨凤满	自动化学院	陈辉东、张世德	校级
		郭正五、舒兴忠	自动化学院	张世德、陈辉东	校级
		韦国柳、王蔚	自动化学院	曲金泽、沈允中	校级
		韩烁、马恒	信息学院	姜余祥	校级
	三等奖	魏诗瑶、史海森	信息学院	许立群、刘佳、吕彩霞	校级
		孙聪、甘银云	信息学院	杨萍	校级
		黄俊伟、李强	信息学院	杨萍	校级
		凌维、王乐	自动化学院	李战	校级
		葛春法、常怀德	自动化学院 信息学院	陈辉东	校级
		胡鹏洲、左远超	自动化学院	陈辉东	校级
		李玉曼、王宁	自动化学院	刘继承	校级
		程琛、杜甫	应用科技学院	路铭、钮文良	校级
		张有明、张兆龙	应用科技学院	路铭、饶志强	校级
		薛丹丹、房贵花	应用科技学院	路铭、陈景霞	校级
		许广强、张福彬	应用科技学院	路铭、李爱菊	校级
		朱柳、包阿古达木	应用科技学院	路铭、申海伟	校级
		罗崔力、陈益杉	应用科技学院	路铭、申海伟	校级
专科组	三等奖	麦阔、张璐	应用科技学院	路铭、王廷梅	校级
		陈毅枫、王乐天	应用科技学院	路铭、陈景霞	校级
		朱海光、王勔	应用科技学院	路铭、申海伟	校级

（以上由校教务处提供）

（三）2014 年第四届电子产品制作竞赛

组别	等级	获奖学生	所在学院	级别
一年级	一等奖	赵沙	自动化学院	校级
		张文强	自动化学院	校级
		侯晨	信息学院	校级
		吴细华	信息学院	校级
	二等奖	张智良	信息学院	校级
		黄长翼	信息学院	校级
		马杰	自动化学院	校级
		李权	自动化学院	校级
	三等奖	陆明亮	自动化学院	校级
		李威	自动化学院	校级
		杨乘	自动化学院	校级
		陈磊	自动化学院	校级
		陈晓湖	自动化学院	校级
		郑智勇	自动化学院	校级
		杨翀	自动化学院	校级

组别	等级	获奖学生	所在学院	级别
二年级	一等奖	吴旭	自动化学院	校级
		熊磊	自动化学院	校级
三年级	一等奖	李琴	信息学院	校级
		蔡亚翠	信息学院	校级
		史海森	信息学院	校级
	二等奖	李英杰	信息学院	校级
		梁晓云	信息学院	校级
		孙聪	信息学院	校级
		赵小方	信息学院	校级
		田发喆	信息学院	校级
	三等奖	斗高甲	信息学院	校级
		蒋泽阳	信息学院	校级
		张雪	信息学院	校级
		任桐炜	信息学院	校级
		盛秀桦	信息学院	校级
		王欢	信息学院	校级

（四）北京联合大学动画与视频制作大赛

组别	等级	获奖学生	所在学院	级别
本科	一等奖	彭城、郭庆生	自动化学院	校级
	二等奖	王子帅、王帆、韩雨豪	自动化学院	校级
		曹梦露、裴盛琰	信息学院	校级
	三等奖	王金成	自动化学院	校级
		张清波、朱承林	信息学院	校级
		沈延骐	应用科技学院	校级
专科	一等奖	董绍奇、林怡茗、陈龙斌	广告学院	校级
	二等奖	叶雨、龙琴	广告学院	校级
		邢晓勇	广告学院	校级
	三等奖	钱成亮、李泽涵	广告学院	校级

（五）北京联合大学《大学计算机基础》和《计算机应用基础》(高职)课程竞赛

组别	等级	获奖学生	所在学院	指导教师	级别
本科组大学生计算机基础课程竞赛	一等奖	李敬鑫	商务学院	李玉霞	校级
		胡德鹏	机电学院	刘彩虹	校级
		洪琪儿	商务学院	黄金燕	校级
		张滢	应用文理学院	陈世红	校级
		任梦涵	商务学院	李玉霞	校级
		王超	师范学院	陈漫红	校级
		孙齐家	商务学院	薛云	校级
		贺江雁	旅游学院	马桂真	校级
		买丽旦木·阿布都沙拉木	商务学院	沈桂兰	校级
		王紫源	管理学院	李青	校级
		郭志鹏	生物化工学院	马永华	校级
		刘丝桐	应用文理学院	于宁	校级

续表

组别	等级	获奖学生	所在学院	指导教师	级别
本科组大学生计算机基础课程竞赛	二等奖	严嘉艺	旅游学院	彭霞	校级
		陈体雄	自动化学院	鞠慧敏	校级
		张艳	自动化学院	朱立平	校级
		陈龙	机电学院	王锦	校级
		陈雪艳	商务学院	沈桂兰	校级
		甄云梦	自动化学院	林志英	校级
		张晓雯	管理学院	李青	校级
		陈雪松	师范学院	邸燕	校级
		张梦来	广告学院	李论	校级
		李宗朔	特殊教育学院	关忠	校级
		杜艺	应用文理学院	陈世红	校级
		白松岩	机电学院	刘彩虹	校级
		安妮	师范学院	邸燕	校级
		毛润昕	旅游学院	于平	校级
		史婷	师范学院	李湛	校级
		李傲雪	管理学院	朱立平	校级
		王安琪	应用文理学院	常子冠	校级
		梅玉婷	生物化工学院	汤海凤	校级
		屠雨朦	广告学院	崔武子	校级
		陈子业	师范学院	王琦	校级
		鲁红飞	信息学院	李红豫	校级
		林墨涵	信息学院	何娟	校级
		王佳	管理学院	梁爱华	校级
		郑涛	机电学院	王锦	校级
	三等奖	陈正忠	机电学院	王锦	校级
		高鑫	信息学院	和青芳	校级
		黄凌思	应用文理学院	常子冠	校级
		王博雯	特殊教育学院	张利霞	校级
		王晓艺	生物化工学院	李志娟	校级
		王慧颖	师范学院	邸燕	校级
		喻晓惠	管理学院	和青芳	校级
		李启明	管理学院	李青	校级
		熊泽文	管理学院	鞠慧敏	校级
		姜贻丹	管理学院	孙力红	校级
		王晨	广告学院	李论	校级
		张达	广告学院	崔武子	校级
		石莹	旅游学院	于平	校级
		释圣仁	旅游学院	彭霞	校级
		余月月	旅游学院	彭霞	校级
		张靓	商务学院	薛云	校级
		王圆慧	商务学院	薛云	校级
		刘阳	商务学院	黄金燕	校级
		王雨琨	商务学院	李玉霞	校级
		张朝澍	商务学院	陈默	校级
		陈雪	师范学院	李湛	校级
		张迪	师范学院	陈漫红	校级
		韩雅昕	师范学院	王琦	校级
		卢新彤	师范学院	李湛	校级
		李娇	特殊教育学院	张利霞	校级
		陈淦	特殊教育学院	关忠	校级

续表

组别	等级	获奖学生	所在学院	指导教师	级别
本科组大学生计算机基础课程竞赛	三等奖	李慧子	特殊教育学院	关忠	校级
		江凌宇	信息学院	朱立平	校级
		张浩	信息学院	鞠慧敏	校级
		高洁	应用文理学院	侯爽	校级
		宋思瑾	应用文理学院	常子冠	校级
		孙腾	应用文理学院	侯爽	校级
		田博	应用文理学院	常子冠	校级
		闵泽昱	自动化学院	鞠慧敏	校级
		刘旭	自动化学院	孙力红	校级
		孟鑫鹏	自动化学院	林志英	校级
		张颖	商务学院	郑丽	校级
		刘赛	师范学院	陈漫红	校级
		张仲玮	应用文理学院	侯爽	校级
高职组计算机应用基础课程竞赛	一等奖	王美琪	旅游学院	安颖	校级
		李享	应用科技学院	尉林明	校级
		李明君	师范学院	常宏宇	校级
		江晓舒	旅游学院	杨新风	校级
	二等奖	冯子伎	应用科技学院	尉林明	校级
		凌嘉骐	应用科技学院	尉林明	校级
		鲍芳	师范学院	常宏宇	校级
		张杰	特殊教育学院	毛世春	校级
		张晨	特殊教育学院	穆艳玲	校级
		林宇欣	特殊教育学院	毛世春	校级
		郭绍华	应用科技学院	尉林明	校级
		胡贤依	应用科技学院	尉林明	校级
	三等奖	薛晨	应用科技学院	尉林明	校级
		朱思琪	应用科技学院	尉林明	校级
		梅晓菲	应用科技学院	尉林明	校级
		王可心	应用科技学院	尉林明	校级
		高璇	旅游学院	安颖	校级
		刘映辰	旅游学院	朱伟	校级
		普明	特殊教育学院	穆艳玲	校级
		关志强	特殊教育学院	毛世春	校级
		邵珂珂	特殊教育学院	毛世春	校级
		喻佩	特殊教育学院	毛世春	校级

（以上由电子信息技术实验实训基地提供）

（六）2014 年北京联合大学广告艺术大赛

作品类别	等级	获奖学生	所在学院	指导教师	级别
平面类	一等奖	陈凯歌	广告学院	邓亚楠	校级
		付志娟	广告学院	刘佳	校级
		王梦涵	广告学院	刘佳	校级
		郁孟佳	广告学院	刘佳	校级
		赵欣	广告学院	刘佳	校级
		郭佳明	广告学院	刘佳	校级
		邹小娟	广告学院	刘佳	校级
		计美静	广告学院	王竹宝	校级
		丰韵	广告学院	王竹宝	校级
		吕双双	广告学院	刘佳	校级
		王禹静	广告学院	乔鸿雁	校级

续表

作品类别	等级	获奖学生	所在学院	指导教师	级别
平面类	一等奖	马子凯	广告学院	乔鸿雁	校级
		许璨	广告学院	无	校级
		蒋悦	广告学院	王竹宝	校级
		李童谣、蒋一鸣	广告学院	乔鸿雁	校级
		王家家	广告学院	王竹宝	校级
		杨紫琨	师范学院	吕林雪	校级
		李璐贻	广告学院	王竹宝	校级
		陈轩宁	广告学院	王竹宝	校级
		胡雅坤	广告学院	王竹宝	校级
		蒋卓君	师范学院	裴朝军	校级
		龚京超	广告学院	刘佳	校级
		闫琦	广告学院	王竹宝	校级
		李静雯	广告学院	王竹宝	校级
		王谊、齐思颖	广告学院	刘佳	校级
		李长斌	广告学院	刘佳	校级
		席美侨	广告学院	刘佳	校级
		刘天童	广告学院	张立梅	校级
		李冰清	广告学院	张立梅	校级
		刘爽	广告学院	王竹宝	校级
		尚宁	广告学院	张立梅	校级
		张梦迪	广告学院	王竹宝	校级
		王若一	广告学院	王竹宝	校级
		冯磊	广告学院	刘佳	校级
		藏子昂	广告学院	王竹宝	校级
		穆奕如	广告学院	王竹宝	校级
		张一	广告学院	苏高峰	校级
		马可	广告学院	王竹宝	校级
		王硕	广告学院	刘佳	校级
		董枫	师范学院	裴朝军	校级
		杨宇婷	师范学院	裴朝军	校级
		曹雪	广告学院	王竹宝	校级
		梁研	广告学院	刘佳	校级
		闫萌萌	师范学院	景怀宇	校级
		李晓阳	广告学院	韩澄	校级
		李童谣	广告学院	王竹宝	校级
		王蕊	师范学院	裴朝军	校级
		李晓阳、李乔娜	广告学院	韩澄	校级
		陈志仨、杨晶晶、韩露露、张越	特殊教育学院	贾京鹏	校级
		汪祖亦	广告学院	刘佳、王竹宝	校级
		计美静	广告学院	王竹宝	校级
		槐倩宇	广告学院	刘佳	校级
		高宁	广告学院	无	校级
		赵静	广告学院	王竹宝	校级
		黄佳	广告学院	贾冉	校级
		许彦斌	广告学院	刘佳	校级
		刘熹妍	广告学院	刘佳	校级
		陈雷	师范学院	裴朝军	校级
		吕双双	广告学院	刘佳	校级
		何军	师范学院	裴朝军	校级

作品类别	等级	获奖学生	所在学院	指导教师	级别
平面类	二等奖	尉贺龙	师范学院	裴朝军	校级
		曾强	广告学院	乔鸿雁	校级
		于铭洋	广告学院	刘佳	校级
		鲁恒优	广告学院	乔鸿雁	校级
		杜星宇	师范学院	吕林雪	校级
		杨秋佳	师范学院	吕林雪	校级
		李园园	广告学院	刘佳	校级
		焦启辰	师范学院	吕林雪	校级
		谭森	广告学院	贾冉	校级
		杨雪梅	广告学院	王竹宝	校级
		卢佳琳	广告学院	王竹宝	校级
		王西博	广告学院	刘佳	校级
		宋佳、孔令娟	广告学院	韩澄	校级
		洪军阳、吴竹青、张星宇	特殊教育学院	贾京鹏	校级
		郑天奇	师范学院	裴朝军	校级
		崔智强	师范学院	裴朝军	校级
		谭正兴	广告学院	乔鸿雁	校级
		胡鑫元	广告学院	刘佳	校级
		易锦	广告学院	刘佳	校级
		聂媛媛	广告学院	张立梅	校级
		白阳	广告学院	刘佳	校级
		刘琪琳	广告学院	乔鸿雁	校级
		宋佳	广告学院	韩澄	校级
		王晨	广告学院	张立梅	校级
		王冠琪	广告学院	刘佳	校级
		庄蕊	广告学院	贾冉	校级
		李敏	广告学院	乔鸿雁	校级
		宋婧靓	广告学院	王竹宝	校级
		韩思格	广告学院	贾冉	校级
		崔杰	广告学院	王竹宝	校级
		铁皓月	广告学院	贾冉	校级
		刘琦	师范学院	裴朝军	校级
		龙琴	广告学院	乔鸿雁	校级
		胡雅坤	广告学院	王竹宝	校级
		蔺新阳	师范学院	裴朝军	校级
		王子童	广告学院	贾冉	校级
		曾文军	广告学院	王竹宝	校级
		甘禹	师范学院	裴朝军	校级
		刘安琪	广告学院	刘佳	校级
		杨思桐	广告学院	刘佳	校级
		刘念泽	广告学院	王竹宝	校级
		刘慧莹	广告学院	王竹宝	校级
		周悦涵	师范学院	裴朝军	校级
		李露	广告学院	王竹宝	校级
		马秋因	广告学院	刘佳	校级
		房梦芸	广告学院	王竹宝	校级
		王钰瑶	师范学院	吕林雪	校级
		谢雨杉	师范学院	吕林雪	校级
		李响	师范学院	吕林雪	校级
		娄玉阁	广告学院	刘佳	校级

作品类别	等级	获奖学生	所在学院	指导教师	级别
平面类	二等奖	杨培	广告学院	贾冉	校级
		徐晨	师范学院	裴朝军	校级
		闫琳	师范学院	吕林雪	校级
		黄雨婵	广告学院	刘佳	校级
		尹强	广告学院	乔鸿雁	校级
		贾姗姗	广告学院	刘佳	校级
		高诗淇	广告学院	刘佳	校级
		刘子欧	广告学院	王竹宝	校级
		吴丹	广告学院	刘佳	校级
		刘宇浩	广告学院	刘佳	校级
		许欣桐	广告学院	刘佳	校级
		王璐	师范学院	裴朝军	校级
		宋俞燕	师范学院	吕林雪	校级
		周聪颖	广告学院	刘佳	校级
		李瑞	广告学院	王竹宝	校级
		冯琦	广告学院	张立梅	校级
		王宏	广告学院	张立梅	校级
		韩美双	广告学院	张立梅	校级
		宋思蒙	广告学院	张立梅	校级
		李露霏	广告学院	张立梅	校级
		李郑	广告学院	贾冉	校级
		杨开鹏	广告学院	刘锐	校级
		孔令娟、宋佳	广告学院	韩澄	校级
		岳进、谢璐、杨子	特殊教育学院	贾京鹏	校级
		贾东旭	广告学院	刘佳	校级
		吕斌	广告学院	刘佳	校级
		赵丰悦	广告学院	王竹宝	校级
		邓墨	广告学院	王竹宝	校级
		宁琪	特殊教育学院	何海燕	校级
		韩雪	广告学院	王竹宝	校级
		丁宝宇	师范学院	裴朝军	校级
		李同辉	广告学院	王竹宝	校级
		王禹静	广告学院	王竹宝	校级
		丰韵	广告学院	王竹宝	校级
		崔蕊	广告学院	贾冉	校级
		王钰	师范学院	裴朝军	校级
		林子琦	广告学院	王竹宝	校级
		汤柳	广告学院	王竹宝	校级
		王泓普	广告学院	王竹宝	校级
		张梦	广告学院	贾冉	校级
		刘晔	师范学院	裴朝军	校级
		苏梦	广告学院	王竹宝	校级
		蒋一鸣、李童谣	广告学院	乔鸿雁	校级
		蒋一鸣	广告学院	乔鸿雁	校级
		胡雪儿	广告学院	王竹宝	校级
		朱庭毅	广告学院	王竹宝	校级
		方丹	广告学院	王竹宝	校级
		朱海	广告学院	王竹宝	校级
		侯佳雪	广告学院	刘佳	校级
		姚梦瑾	广告学院	刘佳	校级

作品类别	等级	获奖学生	所在学院	指导教师	级别
平面类	二等奖	胡雪	广告学院	刘佳	校级
		孔令娟	广告学院	刘佳	校级
		赵玥涵	广告学院	刘佳	校级
		赵研玮	广告学院	刘佳	校级
		邢晨晖	广告学院	乔鸿雁	校级
		乔荟	广告学院	王竹宝	校级
		郭远	广告学院	乔鸿雁	校级
		陆晓萌	广告学院	乔鸿雁	校级
		卢玥	广告学院	乔鸿雁	校级
		顾虹芳	广告学院	王竹宝	校级
		李晓月	广告学院	乔鸿雁	校级
		尹强	广告学院	王竹宝	校级
		张雅宁	广告学院	乔鸿雁	校级
		黄佳莉	广告学院	王竹宝	校级
		管甜	师范学院	裴朝军	校级
		侯姝鑫	广告学院	乔鸿雁	校级
		张立媛	师范学院	裴朝军	校级
		闫振华	师范学院	裴朝军	校级
	三等奖	陈梦	广告学院	无	校级
		杜思思	广告学院	贾冉	校级
		张静雯	广告学院	贾冉	校级
		程绪雄	广告学院	苏高峰	校级
		徐格	广告学院	贾冉	校级
		姚冉冉	特殊教育学院	何海燕	校级
		黄沛铮	广告学院	刘佳	校级
		吴京	广告学院	乔鸿雁	校级
		朱振林	广告学院	乔鸿雁	校级
		霍英楠	广告学院	刘佳	校级
		尹童	广告学院	刘佳	校级
		郭婉琪	师范学院	裴朝军	校级
		李鑫	师范学院	裴朝军	校级
		夏翠哲	广告学院	王竹宝	校级
		李翠	广告学院	贾冉	校级
		董雪	广告学院	贾冉	校级
		张家郡	广告学院	刘佳	校级
		安欣	广告学院	贾冉	校级
		王佳祺	广告学院	贾冉	校级
		姜远航	广告学院	刘佳	校级
		周思明	广告学院	贾冉	校级
		赵静雅	广告学院	贾冉	校级
		靳理博	广告学院	刘佳	校级
		李也	广告学院	乔鸿雁	校级
		何一男	广告学院	刘佳	校级
		郑明键	广告学院	王竹宝	校级
		李雨晨	师范学院	裴朝军	校级
		赵思远	师范学院	裴朝军	校级
		李婷	广告学院	乔鸿雁	校级
		齐鑫	广告学院	刘佳	校级
		陈凯歌	广告学院	邓亚楠	校级
		解博宇	广告学院	贾冉	校级

作品类别	等级	获奖学生	所在学院	指导教师	级别
平面类	三等奖	孙宇枫	广告学院	刘佳	校级
		张小英	广告学院	刘佳	校级
		马乐	应用科技学院	王竹宝	校级
		胡宇航	师范学院	裴朝军	校级
		闫隆顿	广告学院	刘佳	校级
		于文静	广告学院	王竹宝	校级
		王奇祺	广告学院	贾冉	校级
		张晓曦	广告学院	刘佳	校级
		傅蓉	广告学院	王竹宝	校级
		李梓毓	广告学院	乔鸿雁	校级
		刘硕	广告学院	王竹宝	校级
		韩雨桐	广告学院	贾冉	校级
		邢晨晖	广告学院	王竹宝	校级
		李晨依	广告学院	张立梅	校级
		程绪雄	广告学院	苏高峰	校级
		冯晨	广告学院	刘佳	校级
		尹强	广告学院	乔鸿雁	校级
		沈聪	广告学院	刘佳	校级
		张南	广告学院	王竹宝	校级
		张义羚	广告学院	王竹宝	校级
		郑良辰	广告学院	刘佳	校级
		袁之聪	广告学院	乔鸿雁	校级
		周丽	广告学院	乔鸿雁	校级
		曹帅	广告学院	刘佳	校级
		陈志仁	特殊教育学院	何海燕	校级
		王美娜	广告学院	刘佳	校级
		牛晋清	广告学院	刘佳	校级
		刘浩铭	广告学院	刘佳	校级
		于洋	广告学院	无	校级
		李乔娜	广告学院	王竹宝	校级
		庞运升	应用科技学院	王竹宝	校级
		王珊	广告学院	苏高峰	校级
		王彩花	广告学院	王竹宝	校级
		包妍	广告学院	王竹宝	校级
		毕雪	广告学院	王竹宝	校级
		雷鸣	师范学院	无	校级
		陈扬东易	广告学院	刘佳	校级
		崔雅琦	广告学院	贾冉	校级
		田炎	广告学院	王竹宝	校级
		李也	广告学院	王竹宝	校级
		申宇航	广告学院	刘佳	校级
		刘轩珂	广告学院	刘佳	校级
		彭如婷	广告学院	刘佳	校级
		田懿萌、刘洪涛	师范学院	吕林雪	校级
		王文	师范学院	吕林雪	校级
		张磊、田懿萌	师范学院	吕林雪	校级
		张艳	师范学院	吕林雪	校级
		吴益博	广告学院	邓亚楠	校级
		李宗睿	广告学院	王竹宝	校级
		张雯雯	广告学院	乔鸿雁	校级

作品类别	等级	获奖学生	所在学院	指导教师	级别
平面类	三等奖	邓墨	广告学院	王竹宝	校级
		刘洪涛、张磊	师范学院	吕林雪 景怀宇	校级
		吴亚男	广告学院	王竹宝	校级
		李一玄	广告学院	刘佳	校级
		魏梦妍	广告学院	乔鸿雁	校级
		冉宪昆	广告学院	刘佳	校级
		李静雯、齐思颖	广告学院	刘佳	校级
		贺恒言	广告学院	王竹宝	校级
		张晨蕊	广告学院	王竹宝	校级
		耿蕊	广告学院	王竹宝	校级
		詹云逸	广告学院	王竹宝	校级
		周轩伊	师范学院	裴朝军	校级
		王文	师范学院	吕林雪	校级
		赵茉钰	广告学院	贾冉	校级
		陈曦	广告学院	贾冉	校级
		张梦	广告学院	贾冉	校级
		王思涵	广告学院	王竹宝	校级
		董枫	师范学院	裴朝军	校级
		王丹	广告学院	王竹宝	校级
		房梦芸	广告学院	王竹宝	校级
		梁晶	广告学院	王竹宝	校级
		李晓雨	广告学院	邓亚楠	校级
		钟思	广告学院	刘佳	校级
		徐宁	广告学院	王竹宝	校级
		冯闯	广告学院	刘佳	校级
		陈智	广告学院	王竹宝	校级
		钟思	广告学院	王竹宝	校级
		张磊	师范学院	裴朝军	校级
		孟姣	师范学院	裴朝军	校级
		程绪雄	广告学院	苏高峰	校级
		朱广大	广告学院	刘佳	校级
		朱振林	广告学院	王竹宝	校级
		李鑫	师范学院	裴朝军	校级
		代瑞霞	师范学院	裴朝军	校级
		武永双	师范学院	无	校级
		王禹	广告学院	贾冉	校级
		张雅宁	广告学院	王竹宝	校级
		孙爽	师范学院	吕林雪 景怀宇	校级
		赵丰悦	广告学院	王竹宝	校级
		闫洁	广告学院	王竹宝	校级
		侯宗君	广告学院	乔鸿雁	校级
		云兰	广告学院	乔鸿雁	校级
		李晓雨	广告学院	邓亚楠	校级
		丁祺恩	广告学院	王竹宝	校级
		张艳阳	广告学院	王竹宝	校级
		叶雨	广告学院	乔鸿雁	校级
		申宇航	广告学院	刘佳	校级
		欧阳巧	广告学院	贾冉	校级
		孙地	广告学院	王竹宝	校级
		于思航	广告学院	乔鸿雁	校级

作品类别	等级	获奖学生	所在学院	指导教师	级别
平面类	三等奖	赵思楠	广告学院	王竹宝	校级
		申秋墨	广告学院	王竹宝	校级
		赵莎	广告学院	王竹宝	校级
		刘鑫	广告学院	刘佳	校级
		刘月	广告学院	刘佳	校级
		宋海芳	广告学院	刘佳	校级
		袁泽	广告学院	刘佳	校级
		徐鹏飞	广告学院	贾冉	校级
		娄玉阁	广告学院	王竹宝	校级
		王豫柔	师范学院	裴朝军	校级
		刘利	师范学院	吕林雪 景怀宇	校级
		王晨	广告学院	王竹宝	校级
		史学峰	广告学院	王竹宝	校级
		任靖怡	广告学院	贾冉	校级
		任嘉琪	广告学院	贾冉	校级
		蒋一鸣	广告学院	乔鸿雁	校级
		朱晴	广告学院	乔鸿雁	校级
		徐迎	广告学院	王竹宝	校级
		于思航	广告学院	乔鸿雁	校级
影视类	二等奖	闫萌萌	师范学院	景怀宇	校级
		李张玲、陈冰涛、薄晶晶、殷可馨	广告学院	夏航	校级
		谭正兴、马子凯、张文博、张晓敬、袁之聪	广告学院	高璐静	校级
		邢晓勇、汪源、徐衎、杨吉琳	广告学院	夏航	校级
	三等奖	周子涵、叶强强、吕慧轩、蔡欣燕	广告学院	夏航	校级
		马澍楠、冯翔、陈之旻、周梦宇	广告学院	夏航	校级
		周子涵、叶强强、吕慧轩、蔡欣燕	广告学院	夏航	校级
		陈惠聪、魏梦妍	广告学院	高璐静	校级
		闫萌萌	师范学院	景怀宇	校级
		张尼欣、刘玉、谢欢、祝志佼、曹小梅	广告学院	夏航	校级
		张雨同、胡紫微	广告学院	夏航	校级
		张书萍、张涵	广告学院	夏航	校级
		焦昀鹏、徐萌、啜凯瑶、杨硕、姚晓辉	广告学院	夏航	校级
		焦昀鹏、徐萌、啜凯瑶、杨硕、姚晓辉	广告学院	夏航	校级
		石兵兵、高少敏、董绍奇	广告学院	夏航	校级
		庞华、郭亮炜、樊婉一、郭凌洁、李亚楠	广告学院	夏航	校级
策划案	一等奖	王宏、王晨、祁子轩、王铁柱、韩雨桐	广告学院	张立梅	校级
	二等奖	张晗、陈亚兰、徐迎、范紫童、韩思格	广告学院	张立梅	校级
动画类	一等奖	魏梦妍	广告学院	乔鸿雁	校级
		李月星	广告学院	夏航	校级
		徐艺丹、李童、刘磊	应用科技学院	田丽艳	校级
		伍轩轩、黄其龙、庞宇玉	特殊教育学院	贾京鹏	校级
		武钰	广告学院	乔鸿雁	校级
	二等奖	高帆、刘一	特殊教育学院	贾京鹏	校级
		郭远	广告学院	乔鸿雁	校级
		刘美慧	广告学院	乔鸿雁	校级
		龙琴	广告学院	乔鸿雁	校级
		谭正兴	广告学院	乔鸿雁	校级
		武钰	广告学院	乔鸿雁	校级
		李婧、白欣煜、张思敏	特殊教育学院	贾京鹏	校级
		尚飞、文茜、王肖飞	特殊教育学院	贾京鹏	校级

作品类别	等级	获奖学生	所在学院	指导教师	级别
动画类	二等奖	王冬旭、乜野、刘翼飞	应用科技学院	田丽艳	校级
		于思航	广告学院	乔鸿雁	校级
		侯宗君	广告学院	乔鸿雁	校级
		张文博	广告学院	乔鸿雁	校级
	三等奖	李佳雯	广告学院	乔鸿雁	校级
		马子凯	广告学院	乔鸿雁	校级
		王森浩、孟新艳、吕晶	特殊教育学院	贾京鹏	校级
		宁琪、聂萍、周云芳、邵赞鹏	特殊教育学院	贾京鹏	校级
		刘婉竹、刘冉、刘一杰、高斯斯	广告学院	夏航	校级
		陈惠聪	广告学院	乔鸿雁	校级
		郭雯宁	广告学院	乔鸿雁	校级
		李敏	广告学院	乔鸿雁	校级
		卢玥	广告学院	无	校级
		陆晓萌	广告学院	乔鸿雁	校级
广播广告	二等奖	刘天童	广告学院	无	校级
微电影类	三等奖	白家豪、刘旭、袁尚、许欣	广告学院	夏航	校级

（七）2014 年北京联合大学第三届计算机应用大赛

组别	等级	获奖学生	所在学院	指导教师	级别
本科组	一等奖	黄鹏、莫家意、杨绪超、李玉满	信息学院	黄静华、三郁昕	校级
		岑福燕、鹿雅斐、常杰	信息学院	刘畅	校级
		郜丽婷、黄蕊莹、赵世旺、黄田刚	信息学院	娄海涛、李京平	校级
		周康平、孙浩、刘杰	应用科技学院	刘珉	校级
		杨育垚、孙聪、甘银云	信息学院	姜余祥、马楠	校级
		苗骐、薛岩、蔡政昕、龙碧瀛	师范学院	翟红英	校级
		滕锦华、周恩德、史宇虹、赵一力、郑宣枝	信息学院	王金华、张敬尊	校级
		刘小安、吕庚育、裴盛琰、楚敏	信息学院	廖礼萍、刘宏哲	校级
		庄梓君、曹梦露、马恒、黄俊伟、李强	信息学院	马楠、姜余祥	校级
		李聚升、赵哲、薛岚显、黄祖慧	信息学院 特殊教育学院	王旭、三施	校级
	二等奖	杨磊、曾志富、盛洁、王松、尹瑞荣	信息学院	彭涛、廖礼萍	校级
		李攀飞、王晴、刘佳辉、刘沛然、魏茹	信息学院	张敬尊、贾静华	校级
		高新蒙、彭鑫、耿箐雅	师范学院	翟红英	校级
		张骁、李业盛	信息学院	齐华山	校级
		陈宽、邓海辉、张静怡、洪华英、张文国	信息学院	黄静华、徐光美	校级
		梁明亮、雷梅妹、王娜	信息学院	沈辉、娄海涛	校级
		杨云祥、刘江、张越、苗春晨、杨洋	信息学院	马小军、张冰峰	校级
		赵永永、王海、车贵红、李冠京	信息学院	杨萍、范莉莉	校级
		刘冠伯、程皓哲、于君伟、张昊、李雪梅	信息学院	梁晔	校级
		王欣、刘鹏、李晓兴、靳宝、李岩	师范学院	翟红英、王波	校级
		马思佳、隗浩然、王天威、杨子郁、徐乾	师范学院	翟红英、王波	校级
	三等奖	李周玲慧、魏鑫	信息学院	范莉丽、廖礼萍	校级
		肖华、周志萍、秦国岩、郑曦、冯俊辉	信息学院	商新娜	校级
		张若阳、白石、孟佳慧	师范学院	李育芳	校级
		王仕禹、李晨、李汐寒、张晟昱	师范学院	王永平、朱喜福	校级
		张涛、宋明浩、于洋、王瀚晨、段烁	信息学院	梁晔	校级
		于萌萌、阿生立姑、杨梦琪、汪源、陈柏杰	信息学院	王金华、石丽萍	校级
		吴桐、李宁宁、佟世玮	师范学院	张银霞	校级
		张宇晨、殷源、赵小方、唐龙城、火雄成	信息学院	刘元盛	校级
		于泽瑞、曹海阳	师范学院	张银霞	校级
		李博、吴志笋、李嘉诚	信息学院	王育坚	校级
		马梦琦、袁静、裴亚林、傅笔贵	信息学院	李冬云	校级

组别	等级	获奖学生	所在学院	指导教师	级别
高职组	一等奖	迈阔、张璐、马国瑞、康健尧、刘洪林	应用科技学院	陈景霞、刘建国	校级
	二等奖	兰迪、霍玉超、王闯、王臣、孟德馨	应用科技学院	陈景霞、王廷梅	校级
		陈思、郭淳、李旭军、于昂君、黄博强	应用科技学院	王廷梅、肖琳	校级
	三等奖	程泽山、崔凯、徐轩、福声	应用科技学院	刘琨、赵海燕	校级
		刘琮、律来先、任星尧	应用科技学院	赵海燕、刘琨	校级

（八）2014 年北京联合大学第六届大学生人文知识竞赛

等级	获奖学生	所在学院	级别
一等奖	徐丹丹、张怡、崔旭、杨朔、刘昆	师范学院	校级
	麻悦、杨蕾、柳天骄、柳皓宇、杨昱婷	应用文理学院	校级
	安博、郎永欣、王笑、王雨佳、马玉	师范学院	校级
二等奖	崔雯、范惠莹、陈成冉、索朗卓嘎、常品涵	商务学院	校级
	曹亦雄、胡原胜、刘嘉琛、王卓尔、庞梓铭	应用文理学院	校级
	牛天娇、王敬峥、董义航、杨佳钰、熊颖	旅游学院	校级
	冯子真、寇修德、刘悦、戈馨冉、信溪	商务学院	校级
三等奖	杨松涛、李振华、刘承忍、王家扬、周翠翠	旅游学院	校级
	李亚楠、史秀平、刘田田、贾辰、刘洋	师范学院	校级
	赵默、廖迈伦、何馨颜、田野、郭倩文	师范学院	校级
	崔蓉、孙文、黄彬慧、刘文莉、孙静	商务学院	校级
	程灏、周熙、陈璐、耿鹏程	商务学院	校级
	尹黎、唐依婷、师建华、胡文涛、吴云洁	应用文理学院	校级
	肖长俊、易维、朱珺璇、王帅帅、王雨婷	商务学院	校级
	康超、艺赫、牛瑞琪、朱源、刘芳	师范学院	校级
	王冠雄、赵晓蒙、刘锦程、王宸、张婧玮	应用文理学院	校级
	王京蒙、刘婷婷、魏钟秀、吕文杰、闫梦磊	师范学院	校级
	张天慈、李慧石、高玥妍、张莞笛、朱梓弈	应用文理学院	校级
	胡雨宁、张珊、李倩雯、刘雨涵、胡锦程	师范学院	校级
	周创文、邓冬梅、林平、孙榕曼、张永梅	应用文理学院	校级
	陈默、秦婧昱、王策	旅游学院	校级
	万佳琦、楼航瑜、张春叶、兰秀莲	应用文理学院	校级
	侯赛、李洪玉、刘柳、胡祎、刘昊婧	应用文理学院	校级
	扈思雨、王子宜、陈旸、石雨、李润杰	广告学院	校级
	杨立奇、李再兴、任磊、刘东兴、张安昊	广告学院	校级
	钟明威、朱厚成、周明星	旅游学院	校级

（九）北京联合大学第四届高职人文知识竞赛

等级	获奖学生	所在学院	级别
一等奖	李泓潇、于梦夏、王静、陈琪、石佳丽	旅游学院	校级
二等奖	蒋东哲、张广义、李姝妍、陶汉瑛、朱银珂	旅游学院	校级
	周灵、吴雪晴、王文雪、常乔炜、张紫薇	应用科技学院	校级
三等奖	赵东芝、张璐瑶、周芮、张德博、候庚含	师范学院	校级
	刘涵、刘可依、沈嫣然、王泽龙、于小奇	师范学院	校级
	高琦雪、楚佳鹏、王瑞玥、杨念、张岳	应用科技学院	校级
优秀指导教师	王京香	应用科技学院	校级

（十）2014 年北京联合大学英语演讲比赛

等级	获奖学生	所在学院	指导教师	级别
一等奖	李妮苹	应用文理学院	黄宗英	校级
二等奖	刘牧云	师范学院	曾玲琴	校级
	易文雪	商务学院	张燕芳	校级
三等奖	刘懿浓	旅游学院	杨力红	校级
	冯碧泉	旅游学院	杨力红	校级
	朱俊杰	商务学院	张燕芳	校级
	罗淞	生物化学工程学院	冯韦珍	校级

（十一）2014 年北京联合大学英语写作比赛

等级	获奖学生	所在学院	指导教师	级别
一等奖	唐依婷	应用文理学院	迟红	校级
	赵祖祎	广告学院	杨志刚	校级
二等奖	易文雪	商务学院	张燕芳	校级
	薛楠	应用文理学院	黄宗英	校级
	徐楚嫣	信息学院	李桂芹	校级
三等奖	何星珧	信息学院	李桂芹	校级
	骆炜怡	自动化学院	李桂芹	校级
	张信	商务学院	张燕芳	校级
	时秀秀	管理学院	鲁勤	校级

（十二）2014 年北京联合大学第二届电子商务大赛

等级	获奖学生	所在学院	指导教师	级别
一等奖	李承学、李佳璐、刘睿、张强、黄鹏（信息学院）	管理学院 信息学院	盛晓娟	校级
	李子澜、欧阳慧、吴旭、许宁	自动化学院	刘景云	校级
	王北、陈震、孙喆、王鑫、杨莹	管理学院	裴一蕾、牟静	校级
二等奖	杨扬、吕薇、张甜雨、曹天虹、王雅雯	管理学院	牟静	校级
	程正芳、林雅兰、张一挥、王璐璐、潘爽	管理学院	盛晓娟	校级
	王仕禹、化子怡、沈雨辰、王晨	师范学院	王永平	校级
	丁鑫、王靖怡、陈露、康诗婧	应用科技学院	陈道志	校级
	庞运升、范雪娟、谢雨昊、谭佳豪	应用科技学院	王秦	校级
	王娟娟、李瑾、史京亚、杨娜娜	管理学院	田泠、郭峰	校级
三等奖	谢雨昊、郭子豪、常烁	应用科技学院	宵胜军	校级
	孙艳晶、赵娜、蒋丹	师范学院	翟红英	校级
	赵昀、刘梦澜、秦青、熊雪萌	商务学院	陈默	校级
	马天骏、石宇、孙贺、魏宏羽、许允耀	管理学院	薛万欣	校级
	张海东、张任鹏、赵鑫、李雷强、伍佳	管理学院	梁磊	校级
	陈卓、崔桢、温馨、王圆、王宗岳	师范学院	陈漫红	校级
	范思聪、高亚男、吴霜	商务学院	孙泻、沈桂兰	校级
	王顶文、林子叶、杨娜、邵依妮、王雨晴	管理学院	盛晓娟	校级

（十三）2014 年北京联合大学大学生物理实验竞赛

等级	获奖学生	所在学院	指导教师	级别
一等奖	朱苗、葛俊、倪晓苗	特殊教育学院		校级
	梁琼、武瑞强、姚天琪	信息学院		校级

等级	获奖学生	所在学院	指导教师	级别
二等奖	宋子琦、李刚	信息学院		校级
	王东明、闫成金、韩璧钧	机电学院		校级
	胡美娜、李冰、李晓晗	自动化学院		校级
三等奖	王金成、马杰、李权	自动化学院		校级
	华明瑶、郑熙峰、于润泽	特殊教育学院		校级
	吕恒星、赵玉林、李威	自动化学院		校级

（十四）2014 年北京联合大学第七届大学生物理竞赛

等级	获奖学生	所在学院	指导教师	级别
一等奖	姜雪	信息学院	母小云	校级
	李威	信息学院	母小云	校级
	朱子魁	信息学院	高兴茹	校级
	王晓果	信息学院	王雪梅	校级
	张敏	信息学院	王雪梅	校级
	陈方欣	信息学院	王雪梅	校级
	刘莲	信息学院	母小云	校级
	宋涛	信息学院	高兴茹	校级
	罗军	自动化学院	孙会娟	校级
	余巧	自动化学院	王云志	校级
	吕恒星	自动化学院	孙会娟	校级
	郑智勇	自动化学院	姜黎霞	校级
	张思琪	自动化学院	崔敬花	校级
	莫普清	自动化学院	王云志	校级
	潘培辉	自动化学院	王云志	校级
	刘金蓉	生物化学工程学院	张义民	校级
	赵明月	生物化学工程学院	张义民	校级
	周奕旭	生物化学工程学院	张义民	校级
	倪凯松	生物化学工程学院	傅毅梅	校级
	潘福娣	生物化学工程学院	张义民	校级
	袁姗姗	应用文理学院	陶进前	校级
	王金霞	应用文理学院	陶进前	校级
	刘丹	应用文理学院	陶进前	校级
二等奖	梁琼	信息学院	高兴茹	校级
	李坤雨	信息学院	高兴茹	校级
	石婷	信息学院	母小云	校级
	薛文广	信息学院	母小云	校级
	杨博	信息学院	母小云	校级
	陈明军	信息学院	吴萍	校级
	陈华松	信息学院	母小云	校级
	迟宇杰	信息学院	吴萍	校级
	张立新	信息学院	母小云	校级
	刘汉卿	信息学院	吴萍	校级
	赵屹方	信息学院	赵敏	校级
	何志涛	信息学院	母小云	校级
	彭斌	信息学院	高兴茹	校级
	李晨	信息学院	吴萍	校级
	刘垒	信息学院	高兴茹	校级
	王小凤	信息学院	母小云	校级
	纪晓亚	信息学院	母小云	校级

续表

等级	获奖学生	所在学院	指导教师	级别
二等奖	冯俊辉	信息学院	倪苏敏	校级
	梁献鹏	自动化学院	姜黎霞	校级
	丁庆涛	自动化学院	姜黎霞	校级
	海南	自动化学院	孙会娟	校级
	罗大为	自动化学院	姜黎霞	校级
	韦杰龙	自动化学院	王云志	校级
	畅波	自动化学院	姜黎霞	校级
	吴雪丽	自动化学院	孙会娟	校级
	李浩茹	自动化学院	崔敬花	校级
	钮凤桃	自动化学院	崔敬花	校级
	昝雨童	自动化学院	崔敬花	校级
	胡美娜	自动化学院	王云志	校级
	郝赵美楠	自动化学院	王云志	校级
	李瑞龙	自动化学院	姜黎霞	校级
	王文强	机电学院	钱开仙	校级
	颜超	机电学院	钱开仙	校级
	吴昂	机电学院	钱开仙	校级
	纪宪伟	机电学院	钱开仙	校级
	徐东方	机电学院	钱开仙	校级
	王东明	机电学院	钱开仙	校级
	吴春将	生物化学工程学院	傅毅梅	校级
	胡矩旗	生物化学工程学院	张义民	校级
	程浩	生物化学工程学院	傅毅梅	校级
	周文平	生物化学工程学院	张义民	校级
	黄蓉	应用文理学院	陶述前	校级
	白松源	应用文理学院	陶述前	校级
	陈柳翡	应用文理学院	陶述前	校级
	卓婷烨	应用文理学院	陶述前	校级
	靳晓红	应用文理学院	陶述前	校级
	鲍妍琳	应用文理学院	陶述前	校级
三等奖	龙睿	信息学院	母小云	校级
	丁宁	信息学院	母小云	校级
	苏宇琪	信息学院	赵敏	校级
	尹欣波	信息学院	母小云	校级
	王松涛	信息学院	母小云	校级
	时立新	信息学院	倪苏敏	校级
	钟火权	信息学院	母小云	校级
	雷晓钰	信息学院	吴萍	校级
	王松	信息学院	倪苏敏	校级
	王男	信息学院	母小云	校级
	杨倩	信息学院	母小云	校级
	魏威	信息学院	倪苏敏	校级
	宋印印	信息学院	母小云	校级
	房博学	信息学院	倪苏敏	校级
	马晶玲	信息学院	倪苏敏	校级
	马启新	信息学院	高兴茹	校级
	栗军霞	信息学院	母小云	校级
	叶傲霜	信息学院	母小云	校级
	苏爽	信息学院	母小云	校级
	王宏彦	信息学院	赵敏	校级

等级	获奖学生	所在学院	指导教师	级别
三等奖	何麒瑞	信息学院	母小云	校级
	陈优	信息学院	王雪梅	校级
	黄旭	信息学院	吴萍	校级
	龚丽	信息学院	母小云	校级
	徐楚嫣	信息学院	赵敏	校级
	孙先迪	信息学院	倪苏敏	校级
	李志成	信息学院	高兴茹	校级
	何腾江	信息学院	高兴茹	校级
	喻贝	信息学院	母小云	校级
	邹菲	信息学院	赵敏	校级
	谢玲	信息学院	倪苏敏	校级
	于蕊	信息学院	吴萍	校级
	梁宝宁	信息学院	母小云	校级
	李俊晓	信息学院	母小云	校级
	李权	自动化学院	王云志	校级
	魏秋明	自动化学院	孙会娟	校级
	付晓雪	自动化学院	孙会娟	校级
	蔺博勇	自动化学院	姜黎霞	校级
	何洄	自动化学院	姜黎霞	校级
	贾晓萌	自动化学院	崔敬花	校级
	骆炜怡	自动化学院	崔敬花	校级
	张祯	自动化学院	陆军	校级
	尹颉	自动化学院	陆军	校级
	马铭	自动化学院	崔敬花	校级
	周利杰	自动化学院	姜黎霞	校级
	赵沙	自动化学院	孙会娟	校级
	张洪铎	自动化学院	王云志	校级
	冯书情	自动化学院	孙会娟	校级
	王希	机电学院	钱卉仙	校级
	胡立辉	机电学院	钱卉仙	校级
	孙鲁	机电学院	钱卉仙	校级
	王乾	机电学院	钱卉仙	校级
	李小光	机电学院	钱卉仙	校级
	赵炜炜	机电学院	崔敬花	校级
	郑亚杰	机电学院	崔敬花	校级
	闫成金	机电学院	钱卉仙	校级
	黄波	机电学院	钱卉仙	校级
	贾小海	机电学院	崔敬花	校级
	姚猛	机电学院	钱卉仙	校级
	郑逢佳	生物化学工程学院	张义民	校级
	张玉娇	生物化学工程学院	张义民	校级
	彭枢才	生物化学工程学院	张义民	校级
	郑小伟	生物化学工程学院	张义民	校级
	于达	师范学院	王诞京	校级
	刘涛	师范学院	王诞京	校级
	尹畅	应用文理学院	陶进前	校级
	张凯	应用文理学院	陶进前	校级
	赵烜	应用文理学院	陶进前	校级

（以上由校教务处提供）

（十五）2014年北京联合大学第四届数学建模竞赛

组别	等级	获奖学生	所在学院	级别
本科组 A 题	一等奖	乐菲、范紫嫣、申婧玥	生物化学工程学院	校级
	二等奖	郭成、杨林棣、任欣月	生物化学工程学院	校级
		韩丽、刘静、杨涣群	机电学院	校级
	三等奖	黄智刚、郑依敏、倪凯松	生物化学工程学院	校级
		韩刚	生物化学工程学院	校级
		薛雪、化子怡、沈雨辰	师范学院	校级
本科组 B 题	一等奖	肖会改、李季红、李金玲	应用文理学院	校级
		陈志勇、王烘日、张青青	生物化学工程学院	校级
		王杰、曹帅、闫晓丹	机电学院	校级
		崔桢、王天威、陈卓	师范学院	校级
		付佳明、王妩妍、芮慧萍	生物化学工程学院	校级
		王清林、刘玉莹、彭城	自动化学院	校级
	二等奖	赵帅、郑宇、唐依彤	师范学院	校级
		李上海、王欣、李乐	应用科技学院	校级
		潘福娣、邱东雨、罗颖	生物化学工程学院	校级
		祝光彩、陈柳、朱鑫	信息学院	校级
		胡矩旗、王浩明、戚新秋	生物化学工程学院	校级
		李梦娇、张蒙蒙、王文强	机电学院	校级
		鲍娜娜、刘乐晖、任笑颖	机电学院	校级
		孙冰涵、陈燕青、许武	自动化学院	校级
		马馨蕊、李泽平	应用文理学院	校级
		吴春将、王高杰、焦丽娜	生物化学工程学院	校级
		刘嘉杨	生物化学工程学院	校级
		段惠斌、王宇晨、孟子言	生物化学工程学院	校级
	三等奖	杨义、罗秋雨、孙略腾	生物化学工程学院	校级
		张心宇、贾会娟、柳宗宝	生物化学工程学院	校级
		樊宁燏	生物化学工程学院	校级
		郭颖杰、刘婵、林思涵	师范学院	校级
		马文隆、司军伟、林平	应用文理学院	校级
		郭梦蕾、李佳丽、李朋春	生物化学工程学院	校级
		楚洪磊、俞益麟、林祥娇	应用文理学院	校级
		安欣、陈兴兴、王丽	生物化学工程学院	校级
		杨杰森、郭帅兵、梁海新	应用文理学院	校级
		徐东方、王希、吕琳	机电学院	校级
		左远超、姜丰、赵来元	自动化学院	校级
		张远、王堃、赵学鑫	师范学院	校级
		张有明、张兆龙、纪红霞	应用科技学院	校级
		张连超、秦志金、张笛	自动化学院	校级
		杨飞翔、杨伟超、吴鹤飞	应用文理学院	校级
		李军亚、宋静静、罗悦	应用文理学院	校级
		潘胜婷、刘晓柳、宋敏	生物化学工程学院	校级
		王宁、李玉曼、杨海梁	自动化学院	校级
		尹传根、李强、周伟	机电学院	校级
高职组	一等奖	白栩铮、杨楠	应用科技学院	校级
		房亚洲	生物化学工程学院	校级
	二等奖	程则山、吴冬龙、周鑫	应用科技学院	校级
		张璐、张斯琦、黄佳琦	应用科技学院	校级
		李蓓、付迪一、田佳丽	生物化学工程学院	校级

续表

组别	等级	获奖学生	所在学院	级别
高职组	三等奖	马占民、王红伟、王如意	生物化学工程学院	校级
		张艺、王思远、顾小申	应用科技学院	校级
		郑仪平、王啸宇、郭爽	生物化学工程学院	校级
		张丹、张雨晴	应用科技学院	校级
		刘鑫、杨林、吉星臻	应用科技学院	校级
		闫钰彬、赵爽	应用科技学院	校级
		孙汉、李华龙、高健	应用科技学院	校级

（基础部提供）

（十六）2014 年北京联合大学大学生数学竞赛

组别	等级	获奖学生	所在学院	指导教师	级别
本科工科组	一等奖	郑智勇	自动化学院	崔海英	校级
		周利杰	自动化学院	崔海英	校级
		潘培晖	自动化学院	王丽伟	校级
		莫普清	自动化学院	王丽伟	校级
		罗军	自动化学院	常广平	校级
		冯书情	自动化学院	常广平	校级
		袁姗姗	应用文理学院	吕书强	校级
		王金霞	应用文理学院	宋红敏	校级
		黄旭	信息学院	张立新	校级
		刘汉卿	信息学院	张立新	校级
		武瑞强	信息学院	贾文敬	校级
		彭斌	信息学院	贾文敬	校级
		楚敏	信息学院	邢春峰	校级
		时立新	信息学院	邢春峰	校级
		魏威	信息学院	邢春峰	校级
		何静文	信息学院	邢春峰	校级
		唐有莲	信息学院	邢春峰	校级
		朱若男	信息学院	张立新	校级
		李威	信息学院	夏伶莉	校级
		薛文广	信息学院	夏伶莉	校级
		刘涛	师范学院	张晓晞	校级
		王佳	师范学院	张鑑	校级
		程浩	生物化学工程学院	段耀武	校级
		周银平	生物化学工程学院	张洪	校级
		郑逢佳	生物化学工程学院	刘桂清	校级
		徐东方	机电学院	史凤丽	校级
		吴志超	机电学院	史凤丽	校级
		陈翰	机电学院	史凤丽	校级
		裘伟基	机电学院	史凤丽	校级
		孙鲁	机电学院	史凤丽	校级
	二等奖	张翠翠	自动化学院	崔海英	校级
		梁献鹏	自动化学院	崔海英	校级
		韦杰龙	自动化学院	王丽伟	校级
		余巧	自动化学院	王丽伟	校级
		吕恒星	自动化学院	常广平	校级
		李威	自动化学院	常广平	校级
		曹鹏	自动化学院	李林杉	校级
		昝雨童	自动化学院	李林杉	校级
		李浩茹	自动化学院	李林杉	校级

续表

组别	等级	获奖学生	所在学院	指导教师	级别
本科工科组	二等奖	高辰	自动化学院	李林杉	校级
		张思琪	自动化学院	李林杉	校级
		杜敏	自动化学院	徐茜	校级
		凌文浩	自动化学院	常广平	校级
		吴雪丽	自动化学院	常广平	校级
		郭一鸣	应用文理学院	吕书强	校级
		刘丹	应用文理学院	吕书强	校级
		杨钦渌	应用文理学院	宋红敏	校级
		张凯	应用文理学院	宋红敏	校级
		李世臻	信息学院	张立新	校级
		宋涛	信息学院	贾文敬	校级
		梁琼	信息学院	贾文敬	校级
		朱子魁	信息学院	贾文敬	校级
		赵平	信息学院	贾文敬	校级
		房博学	信息学院	邢春峰	校级
		谢玲	信息学院	邢春峰	校级
		冯俊辉	信息学院	邢春峰	校级
		赵屹方	信息学院	胡琳	校级
		陈方欣	信息学院	杨玉洁	校级
		王晓果	信息学院	杨玉洁	校级
		郜鹏飞	信息学院	张立新	校级
		陈明军	信息学院	张立新	校级
		迟宇杰	信息学院	张立新	校级
		李晨	信息学院	张立新	校级
		刘莲	信息学院	夏伶莉	校级
		宋印印	信息学院	夏伶莉	校级
		姜雪	信息学院	夏伶莉	校级
		杨博	信息学院	夏伶莉	校级
		罗永盛	信息学院	夏伶莉	校级
		石婷	信息学院	夏伶莉	校级
		范田旭	师范学院	张晓晞	校级
		范聪颖	师范学院	张晓晞	校级
		程思雨	师范学院	张鑑	校级
		刘娅	师范学院	张鑑	校级
		陈志勇	生物化学工程学院	张洪	校级
		刘成鹏	生物化学工程学院	段耀武	校级
		吴春将	生物化学工程学院	段耀武	校级
		刘嘉杨	生物化学工程学院	张洪	校级
		谢彩鹏	生物化学工程学院	刘桂清	校级
		潘福娣	生物化学工程学院	刘桂清	校级
		王希	机电学院	史凤丽	校级
		张玲玲	机电学院	史凤丽	校级
		单俊涛	机电学院	史凤丽	校级
		宋思琪	机电学院	冯远福	校级
		赵炜炜	机电学院	冯远福	校级
		康智武	机电学院	冯远福	校级
		孙业	机电学院	冯远福	校级
		吴昂	机电学院	史凤丽	校级
		徐潮	机电学院	史凤丽	校级

组别	等级	获奖学生	所在学院	指导教师	级别
本科工科组	三等奖	蔺博勇	自动化学院	崔海英	校级
		夏伟杰	自动化学院	崔海英	校级
		畅波	自动化学院	崔海英	校级
		胡美娜	自动化学院	王丽伟	校级
		刘思美	自动化学院	王丽伟	校级
		彭志慧	自动化学院	李林杉	校级
		陈晓阳	自动化学院	李林杉	校级
		骆炜怡	自动化学院	李林杉	校级
		贺思婷	自动化学院	李林杉	校级
		包安杰	自动化学院	徐茜	校级
		刘伟	自动化学院	徐茜	校级
		朱博帆	自动化学院	徐茜	校级
		贺萌	自动化学院	徐茜	校级
		何毅晨	自动化学院	常广平	校级
		孙康	自动化学院	常广平	校级
		方妍	自动化学院	常广平	校级
		赵沙	自动化学院	常广平	校级
		陈柳翡	应用文理学院	吕书强	校级
		杨智杰	应用文理学院	吕书强	校级
		卓婷烨	应用文理学院	吕书强	校级
		丁何畏	应用文理学院	宋红敏	校级
		姜敏	应用文理学院	宋红敏	校级
		鲍妍琳	应用文理学院	宋红敏	校级
		陈华松	信息学院	王玉枝	校级
		贺俊杰	信息学院	王玉枝	校级
		车水修	信息学院	王玉枝	校级
		叶傲霜	信息学院	王玉枝	校级
		王男	信息学院	王玉枝	校级
		任重儒	信息学院	王玉枝	校级
		马启新	信息学院	贾文敬	校级
		左佳悦	信息学院	贾文敬	校级
		郭婵娟	信息学院	贾文敬	校级
		万乾晟	信息学院	贾文敬	校级
		何腾江	信息学院	贾文敬	校级
		周纯洁	信息学院	贾文敬	校级
		刘垒	信息学院	贾文敬	校级
		龚红宇	信息学院	胡琳	校级
		谭卫雄	信息学院	胡琳	校级
		王松	信息学院	邢春峰	校级
		孙先迪	信息学院	邢春峰	校级
		胡宇帆	信息学院	邢春峰	校级
		王亮亮	信息学院	邢春峰	校级
		马晶玲	信息学院	邢春峰	校级
		程雪慧	信息学院	胡琳	校级
		邹菲	信息学院	胡琳	校级
		杨朋	信息学院	杨玉洁	校级
		黄嘉峰	信息学院	杨玉洁	校级
		张敏	信息学院	杨玉洁	校级
		展英英	信息学院	杨玉洁	校级
		陆显彬	信息学院	夏伶莉	校级

续表

组别	等级	获奖学生	所在学院	指导教师	级别
本科工科组	三等奖	王松涛	信息学院	夏伶莉	校级
		钟火权	信息学院	夏伶莉	校级
		王小凤	信息学院	夏伶莉	校级
		许俊杰	信息学院	夏伶莉	校级
		张立新	信息学院	夏伶莉	校级
		喻贝	信息学院	夏伶莉	校级
		徐乾	师范学院	张晓晞	校级
		陨浩然	师范学院	张晓晞	校级
		于达	师范学院	张晓晞	校级
		王皓月	师范学院	张鑑	校级
		陈庆秋	师范学院	张鑑	校级
		于梦杰	师范学院	张鑑	校级
		胡距旗	生物化学工程学院	方全有	校级
		陈思帆	生物化学工程学院	张洪	校级
		柳杰	生物化学工程学院	张洪	校级
		柳宗保	生物化学工程学院	段耀武	校级
		郑慧玲	生物化学工程学院	段耀武	校级
		鲍尹聪	生物化学工程学院	段耀武	校级
		齐百双	生物化学工程学院	张洪	校级
		袁静	生物化学工程学院	刘桂清	校级
		李京泽	生物化学工程学院	刘桂清	校级
		徐营营	机电学院	昝凤丽	校级
		王文强	机电学院	昝凤丽	校级
		姚猛	机电学院	昝凤丽	校级
		赵军舰	机电学院	昝凤丽	校级
		董道伟	机电学院	冯远福	校级
		郑亚杰	机电学院	冯远福	校级
		李琬玉	机电学院	冯远福	校级
		任笑颖	机电学院	冯远福	校级
		李小光	机电学院	昝凤丽	校级
		黄波	机电学院	昝凤丽	校级
		陈天麟	机电学院	昝凤丽	校级
		吴重光	机电学院	昝凤丽	校级
		闫成金	机电学院	昝凤丽	校级
本科经管组	一等奖	蒋曙凤	生物化学工程学院	孙文敏	校级
		姚凌云	生物化学工程学院	刘忠礼	校级
		王碧茹	生物化学工程学院	张洪	校级
		芮慧萍	生物化学工程学院	白凌	校级
		任敏敏	生物化学工程学院	白凌	校级
		刘晓艳	生物化学工程学院	白凌	校级
		马骁	商务学院	刘志刚	校级
		薛俏	商务学院	张衍平	校级
		乔艳林	商务学院	张衍平	校级
		汪晓玲	商务学院	张衍平	校级
		田洁	商务学院	张衍平	校级
		连童	商务学院	张衍平	校级
		朱颖	商务学院	徐玉洁	校级
		傅靖	旅游学院	刘大莲	校级
		周俊岭	旅游学院	刘大莲	校级
		刘露涵	旅游学院	支安锋	校级

组别	等级	获奖学生	所在学院	指导教师	级别
本科经管组	一等奖	蒋红梅	旅游学院	袁安锋	校级
		李晓平	旅游学院	王海菊	校级
		毛兴文	旅游学院	王海菊	校级
		范杰	管理学院	袁安锋	校级
		周梦玲	管理学院	袁安锋	校级
		剌文琪	管理学院	袁安锋	校级
		刘丽玮	管理学院	袁安锋	校级
		史国宁	管理学院	袁安锋	校级
		董青青	管理学院	王海菊	校级
		马芮	管理学院	王海菊	校级
		崔莹	管理学院	王海菊	校级
		林娴	管理学院	玄祖兴	校级
		郑凯梦	管理学院	侯文宇	校级
		欧阳建利	管理学院	侯文宇	校级
	二等奖	封小艳	生物化学工程学院	孙文敏	校级
		朱晓腾	生物化学工程学院	孙文敏	校级
		景雅倩	生物化学工程学院	张洪	校级
		刘逸文	生物化学工程学院	孙文敏	校级
		倪凯松	生物化学工程学院	刘忠礼	校级
		贾会娟	生物化学工程学院	刘忠礼	校级
		安青梅	生物化学工程学院	张洪	校级
		肖培怡	生物化学工程学院	刘忠礼	校级
		陈游平	生物化学工程学院	刘忠礼	校级
		乐菲	生物化学工程学院	张洪	校级
		陈贵斌	生物化学工程学院	白凌	校级
		苏妍	生物化学工程学院	孙文敏	校级
		谢冰玉	商务学院	刘志刚	校级
		任芳	商务学院	刘志刚	校级
		吴小敏	商务学院	刘志刚	校级
		王虹敏	商务学院	张衍平	校级
		古丽柯孜.伊敏	商务学院	张喜娟	校级
		房晓菲	商务学院	张喜娟	校级
		杨淳	商务学院	张衍平	校级
		熊雪萌	商务学院	徐玉洁	校级
		梁传珍	商务学院	徐玉洁	校级
		易维	商务学院	徐玉洁	校级
		李倩	旅游学院	刘大莲	校级
		牛天娇	旅游学院	顾英	校级
		陈晓娇	旅游学院	顾英	校级
		董义航	旅游学院	顾英	校级
		姚晓洁	旅游学院	顾英	校级
		文瑜瑛	旅游学院	袁安锋	校级
		吴航	旅游学院	袁安锋	校级
		曹青	旅游学院	袁安锋	校级
		张倩	旅游学院	袁安锋	校级
		简小易	旅游学院	王海菊	校级
		谢林娟	旅游学院	王海菊	校级
		仲亚琪	管理学院	袁安锋	校级
		胡倩	管理学院	袁安锋	校级
		刘宇轩	管理学院	袁安锋	校级

组别	等级	获奖学生	所在学院	指导教师	级别
本科经管组	二等奖	白顾文	管理学院	裴安锋	校级
		张静文	管理学院	裴安锋	校级
		盛梦雪	管理学院	裴安锋	校级
		张卓宇	管理学院	三海菊	校级
		刘洋	管理学院	三海菊	校级
		王睿绮	管理学院	三海菊	校级
		林淑芳	管理学院	三海菊	校级
		汲朋	管理学院	三海菊	校级
		兰芳萱	管理学院	三海菊	校级
		闫梦杰	管理学院	三海菊	校级
		罗翮	管理学院	三海菊	校级
		韩婷	管理学院	赵杰民	校级
		麻琴琴	管理学院	赵杰民	校级
		陈青青	管理学院	赵杰民	校级
		闫艺锦	管理学院	赵杰民	校级
		何小华	管理学院	玄祖兴	校级
		王香梅	管理学院	侯文宇	校级
		王高见	管理学院	易瑾	校级
		刘梦琪	管理学院	易瑾	校级
	三等奖	张嘉莉	生物化学工程学院	孙文敏	校级
		王丙亚	生物化学工程学院	张洪	校级
		王明	生物化学工程学院	孙文敏	校级
		豆佳钰	生物化学工程学院	孙文敏	校级
		王威	生物化学工程学院	孙文敏	校级
		罗秋雨	生物化学工程学院	孙文敏	校级
		杨义	生物化学工程学院	孙文敏	校级
		马西贺	生物化学工程学院	刘忠礼	校级
		李冬月	生物化学工程学院	刘忠礼	校级
		黄茜	生物化学工程学院	刘忠礼	校级
		郭梦庆	生物化学工程学院	刘忠礼	校级
		王座华	生物化学工程学院	张洪	校级
		张晓航	生物化学工程学院	段耀武	校级
		王妩妍	生物化学工程学院	白凌	校级
		刘妍昕	生物化学工程学院	白凌	校级
		方慧	生物化学工程学院	白凌	校级
		赵晓蕾	生物化学工程学院	孙文敏	校级
		党丹阳	生物化学工程学院	孙文敏	校级
		卢京华	商务学院	张衍平	校级
		武世强	商务学院	张衍平	校级
		王冕翔	商务学院	张喜娟	校级
		闫思宏	商务学院	张衍平	校级
		苏煜	商务学院	张衍平	校级
		刘湘文	商务学院	张衍平	校级
		荣丹丹	商务学院	徐玉洁	校级
		张鑫	商务学院	徐玉洁	校级
		刘莉	商务学院	徐玉洁	校级
		王乐言	商务学院	徐玉洁	校级
		孙甜	商务学院	徐玉洁	校级
		李凤	商务学院	徐玉洁	校级
		陈怡	商务学院	徐玉洁	校级

续表

组别	等级	获奖学生	所在学院	指导教师	级别
本科经管组	二等奖	肖长俊	商务学院	徐玉洁	校级
		刘蕊	商务学院	徐玉洁	校级
		潘雨婷	商务学院	徐玉洁	校级
		王帅帅	商务学院	徐玉洁	校级
		孙晓梅	商务学院	徐玉洁	校级
		周明星	旅游学院	刘大莲	校级
		陈默	旅游学院	刘大莲	校级
		朱厚成	旅游学院	刘大莲	校级
		张惠燕	旅游学院	顾英	校级
		熊颖	旅游学院	顾英	校级
		赵艳芳	旅游学院	顾英	校级
		高雪兰	旅游学院	顾英	校级
		黄安宇	旅游学院	袁安锋	校级
		马钰莹	旅游学院	袁安锋	校级
		刘贝贝	旅游学院	袁安锋	校级
		龚美瑶	旅游学院	袁安锋	校级
		房琳弦	旅游学院	袁安锋	校级
		崔丹丹	旅游学院	袁安锋	校级
		刘瑞璇	旅游学院	袁安锋	校级
		刘聪	旅游学院	王海菊	校级
		张云潇	旅游学院	王海菊	校级
		崔碧琳	管理学院	袁安锋	校级
		李凌宇	管理学院	袁安锋	校级
		曲英伦	管理学院	袁安锋	校级
		祝孟月	管理学院	王海菊	校级
		张颖	管理学院	王海菊	校级
		梁佳微	管理学院	王海菊	校级
		姚步晨	管理学院	王海菊	校级
		叶林	管理学院	王海菊	校级
		王通	管理学院	王海菊	校级
		梁茜	管理学院	王海菊	校级
		秦丽莉	管理学院	赵杰民	校级
		王思琦	管理学院	赵杰民	校级
		杨凤丹	管理学院	赵杰民	校级
		吴亚琪	管理学院	赵杰民	校级
		程作荣	管理学院	赵杰民	校级
		杨晶	管理学院	赵杰民	校级
		高丽萍	管理学院	赵杰民	校级
		陈容容	管理学院	赵杰民	校级
		崔霞飞	管理学院	赵杰民	校级
		田思彤	管理学院	玄祖兴	校级
		章玉	管理学院	玄祖兴	校级
		王畅丽	管理学院	玄祖兴	校级
		邹盼盼	管理学院	玄祖兴	校级
		赵海兰	管理学院	玄祖兴	校级
		于汪洋	管理学院	侯文宇	校级
		乔欢欢	管理学院	易瑾	校级
		钟佩	管理学院	易瑾	校级
		谢勇勇	管理学院	易瑾	校级
		韩伟伟	管理学院	易瑾	校级
		董文静	管理学院	易瑾	校级

（基础部、校教务处提供）

（十七）北京联合大学"启明星"第七届智能汽车竞赛

组别	等级	获奖学生	所在学院	指导教师	级别
电磁组	一等奖	白冰、孙达、刘永刚	自动化学院	潘峰、沈允中	校级
摄像头组	一等奖	刘帅、赵俊俊、张欢	自动化学院	曲金泽、潘峰	校级
光电组	一等奖	刘佳鑫、杨仁军、崔利申	自动化学院	潘峰	校级
	二等奖	蒋思齐、吕恒星、张忠书	自动化学院	杨青	校级
	三等奖	吴其吉、熊磊、赵银福	自动化学院	潘峰	校级

（十八）北京联合大学"启明星"第一届大学生创新创意大赛

等级	获奖学生	获奖作品	所在学院	级别
一等奖	及星、蒋林杉	北京环路老旧桥梁新型交通设计	生物化学工程学院	校级
	齐百双、郭梦蕾、李文婷、郝通、熊维灿、龙泽炎、黄智刚、刘雪延、李淑坤、王汉平	芯联心口罩	校级	
二等奖	王宇晨、王晓艺、王慧慧、郭成	基于语音交互功能的智能洗浴器	生物化学工程学院	校级
	及星、蒋林杉	桥梁积水问题分析和处理	生物化学工程学院	校级
	任敏敏、卢焱	北京丰台区"来福小院"流浪狗现状调研及救助方案	生物化学工程学院	校级
	李震宇、陈瑶、张雨苗	北京市文化创意产业集聚效应探究——以琉璃厂传承文化区为例	商务学院	校级
三等奖	赵明宇、张佳强、张桉、付海宝	儿童成长桌创新设计	机电学院	校级
	王逊、刘婷、田景双、芦靖	北京滨水区带状休闲文化产业研究——以北京永定河主要河段为例	商务学院	校级
	马玲、廉丹宁	北京市定制公交对缓解大众出行难的研究——基于大北京研究	商务学院	校级
	朱艳楠、李佳欢、齐鑫、李轩一、刘梦	北京非物质文化遗产的保护与发展——以天桥中幡为例	商务学院	校级
	姜然、董惠弘、王晓蕾、贺晓涵	北京市残疾人职业岗位调查	商务学院	校级
团体金奖	生物化学工程学院		校级	
团体银奖	商务学院		校级	
团体铜奖	机电学院		校级	

（十九）北京联合大学"启明星"第二届节能减排社会实践与科技竞赛

等级	获奖学生	所在学院	指导教师	级别
一等奖	彭雪琴、张天一、艾迎杰、常天怡、胡睿婷、李仕鑫、牛晶晶	生物化学工程学院	汪昕宇	校级
	戚新秋、张洋、孟亮、周羿旭、刘宇航、邓顺章	生物化学工程学院	李玉玲	校级
	邹国梁、李淑红、王宝华、孙达、王群、管珊珊、黄仁财	自动化学院	钱琳琳	校级
二等奖	杨杰、王琪、尹传根	机电学院	孙秀芳	校级
	赵昀、李薇、孙孟、孙丹雯、刘婷	商务学院	陈默	校级
	齐百双、郭梦蕾、郭开轩、黄志刚、闫绪、李朋春、王汉平	生物化学工程学院	霍清	校级
	汪鑫、万兆武、宋晓峰	自动化学院	任俊杰	校级
三等奖	刘籴、史诗、刘宇辰、郭薄、刘超凡	生物化学工程学院	张革	校级
	李文婷、陈思帆、孙然、易凯、张靖延	生物化学工程学院	时雨	校级
	武雪莹、刘楠、蔡靖怡、何爽	生物化学工程学院	刘传青	校级
	周阳阳、王艳芳、吴晓飞	机电学院	王慧	校级
	贺海丽、曹海涛、袁申斌、白启东、李湘凝、李娜、胡裕矕	自动化学院	钱琳琳	校级
	魏玮、杨仁军、熊磊、赵来元、邓望、高禄良、秦志金	自动化学院	佟世文	校级
	及星、蒋林杉、杨泽宇、万鑫、何一舟、赵雅薇、孙健	生物化学工程学院	蔡红	校级
	杨舒淇、吕佐丞、梁宇、王亚萌、王冰谊、杨林棣	生物化学工程学院	张罡	校级
团体金奖	生物化学工程学院		校级	
团体银奖	自动化学院		校级	
团体铜奖	商务学院		校级	

（二十）北京联合大学"启明星"第五届大学生创业计划竞赛

等级	获奖学生	所在学院	指导教师	级别
金奖	及星	生物化学工程学院	蔡红	校级
	王睿	管理学院	龚秀敏	校级
	李承学	管理学院	盛晓娟	校级
	张艳莉	生物化学工程学院	李可意、李俊林	校级
	贺迪	生物化学工程学院	张元	校级
	杨超	生物化学工程学院	张元、李新娥	校级
银奖	于丽梅	广告学院	孙蓉	校级
	陈炯榕	广告学院	孙蓉	校级
	杨松涛	旅游学院	相丹	校级
	尚辰	应用科技	彭爱美	校级
	杨舒淇	生物化学工程学院	张罡	校级
	何玥	商务学院	唐少清	校级
	耿美娟	管理学院	龚秀敏	校级
	高彬隽	生物化学工程学院	汪昕宇、葛喜珍	校级
	张雪桃	旅游学院	相丹	校级
	杨子汉	应用文理学院	李媛	校级
	王佳祺	广告学院	田寰宇	校级
	王宇晨	生物化学工程学院	李春旺、汪昕宇	校级
铜奖	黄鹏	信息学院	王金华	校级
	柳茜	生物化学工程学院	韩永萍、谷春秀	校级
	齐百双	生物化学工程学院	霍青、周凤	校级
	刘瑞璇	旅游学院	冯丽霞	校级
	高姗	应用文理学院	杨靖筠	校级
	张晓宇	广告学院	韩澄	校级
	王竞锐	广告学院	马君蕊	校级
	谢雨昊	应用科技	常胜军	校级
	王明超	机电学院	程光	校级
	高哲琳	旅游学院	赵晓燕	校级
	李晨华	商务学院	高成亮	校级
	韩翼	广告学院	马君蕊	校级
	张俊杰	特殊教育学院	赵磊	校级
	郎哲	应用科技	李爱菊	校级
	铁皓月	广告学院	何侃侃	校级
	吴莹	管理学院	李雅宁	校级
	石慧	广告学院	马君蕊	校级
	连奕光	生物化学工程学院	李鹏、骆祥	校级
	唐琛	管理学院	龚秀敏	校级
	董航铭	管理学院	田寰宇	校级
	张赛	商务学院	李斌	校级
	刘贝贝	旅游学院	马飞翔	校级
团体金奖	生物化学工程学院			校级
团体银奖	管理学院			校级
团体铜奖	广告学院			校级
优秀指导教师	蔡红、李可意、张元	生物化学工程学院		校级
	龚秀敏、盛晓娟	管理学院		校级

（以上由校团委提供）

（二十一）2014 年北京联合大学第二届动漫设计竞赛

作品类别	等级	获奖学生	所在学院	指导教师	级别
动画类	一等奖	伍轩轩	特殊教育学院	贾京鹏、王施	校级
		尚飞	特殊教育学院	贾京鹏、王施	校级
	二等奖	燕宇明、史健力	应用科技学院	陈昱西	校级
		常萌	应用科技学院	田丽艳	校级
		王琛	应用科技学院	崔亚娟	校级
		陈亚楠	广告学院	曾珠	校级
		蔡霞	广告学院	曾珠	校级
	三等奖	李梁、刘诗阳	应用科技学院	俞必忠	校级
		张宇晨	应用科技学院	陈昱西	校级
		刘磊、徐艺丹、张毅峰、李墨霖	应用科技学院	田丽艳	校级
		刘爽	广告学院	曾珠	校级
		高冉	广告学院	曾珠	校级
		卢佳琳	广告学院	曾珠	校级
		王砚焜	广告学院	曾珠	校级
		徐嘉乐	广告学院	曾珠	校级
		刘爽	广告学院	曾珠	校级
漫画插画类	一等奖	王嘉曼	应用科技学院	田丽艳	校级
		马荔	应用科技学院	杨丽珍	校级
	二等奖	易林晓醇	广告学院	曾珠	校级
		赵丰悦	广告学院	曾珠	校级
		何欣	应用科技学院	陈昱西	校级
		李童谣	广告学院	曾珠	校级
	三等奖	孙地	广告学院	曾珠	校级
		齐思颖	广告学院	曾珠	校级
		孙地	广告学院	曾珠	校级
		齐思颖	广告学院	曾珠	校级
		叶彤	应用科技学院	田丽艳	校级
		倪慧泽	应用科技学院	田丽艳	校级
		刘阳	应用科技学院	陈昱西	校级
		乔筱	应用科技学院	陈昱西	校级
		乔筱	应用科技学院	陈昱西	校级
视觉特效类	一等奖	孙浩翰	广告学院	曾珠	校级
	二等奖	冯宇、万珅瑞	应用科技学院	俞必忠	校级
	三等奖	赵莎	广告学院	曾珠	校级
互动作品类	一等奖	周俊宇	生物化学工程学院	刘丽霞	校级
	二等奖	李雪	应用科技学院	王丹妮	校级
		王妍	生物化学工程学院	刘丽霞	校级
	三等奖	石天奇	生物化学工程学院	刘丽霞	校级
		宋薇	生物化学工程学院	刘丽霞	校级
		李顾	生物化学工程学院	刘丽霞	校级
		贾元钰	应用科技学院	王丹妮	校级
		韩媛媛	应用科技学院	王丹妮	校级
		张婧怡	应用科技学院	王丹妮	校级

（二十二）2014 年北京联合大学第三届"红黄蓝"杯影像大赛

组别	等级	获奖学生	所在学院	级别
艺术表现摄影竞赛单元（单幅）	一等奖	李翠	广告学院	校级
	二等奖	迟昊辰	广告学院	校级
		欧阳巧	广告学院	校级
		计美静	广告学院	校级
	三等奖	王丹	广告学院	校级
		贾宾	应用文理学院	校级
艺术表现摄影竞赛单元（组照）	一等奖	杨怡	应用文理学院	校级
	二等奖	李瑞	广告学院	校级
	三等奖	贾宾	应用文理学院	校级
人文纪实摄影竞赛单元（单幅）	一等奖	刘洪健	特殊教育学院	校级
	二等奖	刘洪健	特殊教育学院	校级
		张莉	特殊教育学院	校级
		张紫薇	应用科技学院	校级
	三等奖	刘蓓蓓	广告学院	校级
		贾宾	应用文理学院	校级
		王丹	广告学院	校级
人文纪实摄影竞赛单元（组照）	一等奖	詹敏	应用文理学院	校级
	二等奖	尚宁	广告学院	校级
		贾宾	应用文理学院	校级
		王旻坤	应用文理学院	校级
	三等奖	刘淼	应用文理学院	校级
		庞宇玉、齐凡	特殊教育学院	校级
剧情短片竞赛单元	一等奖	郑伟、炜璠、璟瑶、翟国峥、顾珊珊、冯晨洪、蒋妍	应用文理学院	校级
	二等奖	赵雪菲、吴思雨、高晓萌、马志博、张旭	应用文理学院	校级
	三等奖	樊佳彤、刘硕、杨猛、任昭祖、刘莹、何柳、温馨、吕乔	应用文理学院	校级
		张薇、李丹、李萌、杜芳、尹婉菁、张爽悦	应用文理学院	校级
		王蕊、吴晶晶、马佳、王凌玲	应用文理学院	校级
		崔松松	应用文理学院	校级
纪录片竞赛单元	一等奖	曹正男	应用文理学院	校级
	二等奖	杜康	师范学院	校级
	三等奖	金雅昭、朱丽娜、吴伊凡、赵晨羽	应用文理学院	校级
公益广告竞赛单元	一等奖	周鹏、李婧	特殊教育学院	校级
	二等奖	曹营、朱博宇、杜伟琳	广告学院	校级

（以上由校教务处提供）

（二十三）2014 年北京联合大学第二届大学生书法大赛

组别	等级	获奖学生	所在学院	指导教师	级别
软笔组	一等奖	孙跃	特殊教育学院	姚铁力	校级
		王然	特殊教育学院	姚铁力	校级
		张君	特殊教育学院	姚铁力	校级
	二等奖	王若舟	师范学院	李艺	校级
		范金晶	师范学院	王兴旺	校级
		杨义	师范学院	姚铁力	校级
		白欣煜	特殊教育学院	姚铁力	校级
		李彦澍	特殊教育学院	姚铁力	校级

组别	等级	获奖学生	所在学院	指导教师	级别
软笔组	三等奖	吴珊	商务学院	李斌	校级
		刘雪婷	师范学院	无	校级
		郜唯	师范学院	无	校级
		邓成刚	管理学院	无	校级
		陈哲	特殊教育学院	姚铁力	校级
		李辉	特殊教育学院	姚铁力	校级
		项聪慧	特殊教育学院	姚铁力	校级
		李京	特殊教育学院	姚铁力	校级
		崔杰	特殊教育学院	姚铁力	校级
硬笔组	一等奖	贾辰	师范学院	无	校级
		安博	师范学院	李艺	校级
		韩森	师范学院	李淑琼	校级
		张懿	自动化学院	无	校级
		范金晶	师范学院	王兴旺	校级
	二等奖	王力	应用文理学院	无	校级
		纪星晨	师范学院	刘春艳	校级
		牛亚欣	应用文理学院	无	校级
		孙樱	师范学院	无	校级
		周雨	管理学院	无	校级
		李竹韵	管理学院	无	校级
		刘田田	师范学院	无	校级
		张思童	师范学院	无	校级
	三等奖	肖清华	应用文理学院	无	校级
		王少波	广告学院	王瀚	校级
		梁哲	管理学院	无	校级
		王雨佳	师范学院	李艺	校级
		郭桐玲	师范学院	无	校级
		吕君	管理学院	无	校级
		曾翙鸣	生物化学工程学院	杨志成	校级
		王艳	师范学院	无	校级
		马贺新	商务学院	无	校级

（校教务处、特殊教育学院提供）

（二十四）2014 年北京联合大学首届表演艺术大赛

组别	等级	获奖学生	所在学院	指导教师	级别
声乐类 流行唱法	一等奖	高可意	师范学院	无	校级
		王孝慈	广告学院	毛美娜	校级
	二等奖	张雪	师范学院	无	校级
		侯雨晨	师范学院	无	校级
	三等奖	张静怡	广告学院	王少艳	校级
		许禄	特殊教育学院	无	校级
		王飘	广告学院	王少艳	校级
		徐慧挺	特殊教育学院	无	校级
		王一木	特殊教育学院	无	校级
		何韦宁	特殊教育学院	无	校级
		郭蒙	师范学院	无	校级
		冯玖月	师范学院	无	校级
		李忠泽	特殊教育学院	无	校级

续表

组别		等级	获奖学生	所在学院	指导教师	级别
美声唱法		一等奖	周昊雨	特殊教育学院	付超	校级
		二等奖	孙赫泽	师范学院	黄淑梅	校级
			王者	广告学院	无	校级
			吴奇	广告学院	无	校级
民族唱法		一等奖	任天	广告学院	王少艳	校级
		二等奖	郭万成	特殊教育学院	杨万莉	校级
		三等奖	李畅	特殊教育学院	张颖	校级
			陆杨	广告学院	毛美娜	校级
			丛嘉	广告学院	无	校级
			郑鹤逸	师范学院	无	校级
舞蹈类		一等奖	李诗韵	广告学院	周筱真	校级
		二等奖	张祎琛、李介普、孙朕、杨芳、褚妍、魏来	应用文理学院	田梦	校级
		三等奖	万佳琦	应用文理学院	无	校级
			蔡素梅、何玉昕、杨茜茜、董旭燕、康丽佳、夏晚艳	特殊教育学院	无	校级
			周春蕊	应用文理学院	无	校级
主持类		一等奖	张冉	特殊教育学院	张建萍	校级
		二等奖	柳皓宇	应用文理学院	无	校级
		三等奖	张斌	广告学院	吴璇	校级
			吴奇	广告学院	周筱真	校级
			朱玉敏	特殊教育学院	无	校级
			刘唏奇	特殊教育学院	无	校级
			柳天骄	应用文理学院	无	校级
小品短剧类		一等奖	王昶、蔡琼卉、周浩宇、林昱宁、陈佳慧、李忠泽、王一木、黄琪玥	特殊教育学院	无	校级
			王智、刘振、刘澄、张杰、张国震、赵志恒	广告学院	武英洁	校级
		二等奖	张静怡、李诗韵、张翔玥、高泽宇	广告学院	周筱真	校级
			王淇、蒋婷婷、吴晓墨、丛嘉、张静怡、王珂、彭小艺、王雅洁、张翔玥、李诗韵	广告学院	周筱真	校级
		三等奖	杜天、高泽宇、孙耀震、王祎萌、曾珉、戴润哲、刘竞阳、蔡得雨、张轩语	广告学院	周筱真	校级
			张皓伦、李诗韵	广告学院	周筱真	校级
			王一平、苍玮轩	广告学院	武英洁	校级
			李栋笙、林东东	特殊教育学院	无	校级
			王子涵、陈哲、李斌、王冉、梅正林、房梦露、陈雨蒙、丁宇、王萌	特殊教育学院	无	校级
			曾致文、吉忠康、刘植炜、吴琦、张弛	广告学院	无	校级
			张硕晨、曾致文	广告学院	无	校级
			冀肖豫、李冰心	特殊教育学院	无	校级

（广告学院提供）

北京联合大学 2014 年学生获得的表彰奖励

一、2014 年度市级研究生优秀毕业生（3 人）

孔祥玲　吴春彦　褚　旭

二、2014 年度校级研究生优秀毕业生（8 人）

孔祥玲　王波波　李鹏飞　吴春彦　王阿利
唐　笛　褚　旭　韩修允

（以上由研究生处提供）

三、北京联合大学 2013－2014 学年国家奖学金（57 人）

研究生（4 人）

徐　成　赵艳萌　舒济世　刘　越

应用文理学院（6 人）

潘　婷　李　航　袁姗姗　薛　楠　文英姿
秦志娇

师范学院(5人)

杨子易　安　博　张小奇　刘志宏　张丽颖

商务学院(4人)

冯　杨　周　熙　梁传珍　王帅帅

生物化学工程学院(6人)

李　伟　尚应应　刘翰雯　胡矩旗　李　雪
张青青

旅游学院(4人)

陈　曦　苏文星　樊雪娟　周　钰

信息学院(5人)

甘银云　郜丽婷　吕庚育　杨　磊　刘小安

机电学院(2人)

鲍娜娜　王文强

自动化学院(4人)

任赛楠　吕恒星　陈晓倩　任水桃

管理学院(6人)

李洁洁　王　晓　杨晓璇　刘丽玮　马文丽
封鸣朝阳

特殊教育学院(2人)

赵　力　胡安娜

广告学院(4人)

宋宥嘉　林维文　董　琪　李　翠

应用科技学院(5人)

曲塑场　张斯瑀　邢继元　户　宇　王　艳
(研究生处、校学生处提供)

四、北京联合大学 2013—2014 学年特等奖学金
(36人)

应用文理学院(5人)

于佩宏　师健华　陈　戈　秦志娇　文英姿

师范学院(3人)

张丽颖　刘志宏　张小奇

生物化学工程学院(7人)

何青青　刘井阳　张青青　李　伟　刘喜凤
王丹妮　尚应应

信息学院(5人)

李珏雅　杨　磊　雷梅妹　吕庚育　徐　侃

机电学院(3人)

陈健楠　胡　娟　曹　帅

自动化学院(3人)

李　栋　赵小毓　任赛楠

管理学院(5人)

刘　璐　杨晓璇　马文丽　刘丽玮　封鸣朝阳

广告学院(2人)

林维文　卢佳琳

应用科技学院(3人)

张斯瑀　王晓京　姚　茜

五、北京联合大学 2014 级新生入学奖学金(23
人)

北京生源新生入学奖(2人)

应用文理学院

马久之

旅游学院

乐东晨

京外生源新生入学奖(21人)

京外生源理科入学奖

管理学院

张换换　马艺菲　董逸几　赵善强　刘晓雨
石方辉　侯棋耀　宿　杰

信息学院

王　正　李　阳　刘　欣

京外生源文科入学奖

管理学院

王天宇　陈璐颖　岳向友　孙慧莹　王欢欢
马　腾　计丕锐　李志毅　韩晓婧　付　芮

六、北京联合大学 2013—2014 学年校长特别奖

信息学院

计算机应用大赛参赛队

在 2013 年"天翼华为杯"华北五省(市、自治区)及
港澳台大学生计算机应用大赛中,代表学校参赛的文
海丽、陈晓易、吴娇娇、杨云超、鹿雅斐荣获本科组一
等奖。

自动化学院

"西门子杯"工业自动化挑战赛参赛队

在 2014 年"西门子杯"全国大学生工业自动化挑
战赛全国总决赛中,代表学校参赛的彭广明、曹玉、周
祖云、任赛楠、任水桃、张懿、黄仁才、孙达、王宝华荣获
特等奖和一等奖。

自动化学院、应用科技学院

数学建模与计算机应用竞赛团队

在 2013 年北京市大学生数学建模与计算机应用
竞赛中,代表学校参赛的自动化学院张伟、王磊、王晓
伟,应用科技学院陈华若、徐唐、马金锐、陈玉婷、连莲、
高宇荣获北京市一等奖。

应用科技学院

户　宇

在 2014 年北京市高职高专英语口语大赛中,代表
学校参赛的应用科技学院户宇荣获北京市一等奖。

信息学院

李珏雅

信息学院 2011 级计算机 1109B 班李珏雅平均学
分绩点为 4.42,学业基本分为 94.18,年级排名第一,
学习成绩特别优异。

应用科技学院

曲堃场

应用科技学院 2012 级电商 1202Z 班曲堃场平均学分绩点为 4.35，学业基本分为 93.45，年级排名第一，学习成绩特别优异。

七、北京联合大学 2013—2014 学年优秀学生干部（207 人）

应用文理学院（19 人）

周　航	穆　勒	张梦露	张逸晖	崔醒宇
万佳琦	徐　玉	宋晨光	靳　茗	李　进
黄　松	韩孟缘	李　珊	张悦鹏	康中阳
马　铭	张祎琛	朱　敏	曲丽洁	

师范学院（22 人）

苏　全	刘　争	赵　默	李文鑫	王梦月
卢　艳	薛　岩	李汐寒	汤蕾蕾	刘　涵
王斯杪	李　佳	刘美惠	尉贺龙	安　冬
王丽霞	杨　义	佟佩谦	许笑男	冯思宇
郑　辉	姚　姗			

商务学院（13 人）

刘佳滢	徐嘉君	张　帅	候　瑶	洪　涛
陈冬阳	刘　焱	张　贤	孙宏宝	李建珍
熊雪萌	李佳玮	石露畅		

生物化学工程学院（18 人）

郭　成	杨舒淇	周俊宇	周　璇	段惠斌
李莹莹	罗忠智	齐百双	江桐竺	舒　馨
肖　雄	李静莉	藉欣烨	王昕月	李　雪
汤雅君	商　博	刘　飞		

旅游学院（20 人）

律嘉琪	耿宏男	马俊翔	丁　洁	于芯薇
苗新越	冷　玲	杨继晖	刘　楠	樊雪娟
杨天天	李　朔	牛天娇	张美柔	张　晗
王晓宇	李泓潇	崔　鑫	朱伟汉	李明明

信息学院（21 人）

张静怡	张　玥	王佳威	张振远	郜鹏飞
杨　睿	黄　旭	张　雪	罗　锐	周而复
杨　涛	申大远	程爱粉	张军强	张建伟
刘鹏程	魏　潇	周　震	吴　旭	罗　凛
王荣琛				

机电学院（7 人）

王艳明	鲍娜娜	姜　天	郭　洁	韩璧钧
赵炜炜	任佳怡			

自动化学院（18 人）

李　娜	关　心	赵　俊	高禄良	曹碧莹
陈燕青	汪秋兰	汤　倩	张　姗	王　群
丁庆涛	赵来元	徐　洋	郭　强	曹　政
吴　雪	秦　乾	孟蓓新		

管理学院（26 人）

耿美娟	叶　林	邹　雄	刘　洋	郭恺妍
张金瑞	郭　静	宫立博	魏　颖	管　玫
田凤丽	李美娜	苏俊海	于亚巍	徐　俊
李志慧	郑宣枝	邵靖婷	张　娜	赵　爽
潘子秋	卢　梅	张迪鑫	时梦怡	潘柯吟
叶木吉星				

特殊教育学院（7 人）

沈　颖	程俊猛	解观有	祝梦婷	王腾华
张　森	王晨雪			

广告学院（12 人）

高　博	陈志超	方宏宇	杨瑞权	王旭君
李　然	杨安迪	段启文	杨开鹏	王梦凡
石兵兵	欧阳旭晴			

应用科技学院（24 人）

周　璐	李　梁	尹　帅	姜　森	唐　娜
姜　楠	刘彬彬	王思雯	周　浩	么　娆
张宇晨	楚佳鹏	王　晨	杨　雪	张一涵
郝文捷	张刘鎏	杨　晶	尹　茜	李　晨
苏炳文	曹雯凯	李　盼	姚　宇	

八、北京联合大学 2013—2014 学年学风建设先进个人（601 人）

应用文理学院（86 人）

邓玉箫	刘　俊	梁珊珊	田　鹊	刘　佳
吴思宁	赵丹阳	易正卫	刘　祎	杨昱婷
黄　丹	胡心然	冯　磊	王　璐	胡学明
白佳好	左倚天	卢松啸	周昕宇	白浩杨
孟天雨	刘忆晗	韩云潇	赵彬彬	吴思韬
张　玥	李　彤	曲　莹	向　峥	邢云翔
徐刃寒	盖旖婷	肖　瑞	皮　晓	冯楚懿
杨飞翔	刘有池	高　峰	刘淏田	侯妍珈
董　旭	赵庆乐	王宇佳	王雨楠	马晓芸
肖颖新	李双杰	刘梦晗	费思芸	王佳贺
蔡梦琪	马　捷	郭若男	罗红玉	于　涵
许思嘉	邢爕阳	陈思羽	于艳君	栗　磊
绳夏然	王　梓	杨婧琪	赵世豪	高　翔
王茗湄	吴　悦	赵妍婷	秦倩清	王琳淇
周　扬	刘绍庭	郑慧欣	刘　璐	王思琪
姜怡然	赵南伟	霍沂辰	刘　瑶	赵思萌
张明明	宋琳琳	赵　畅	杨建一	牛亚欣
雷倩琳				

师范学院（75 人）

卢烨璇	杨　阳	林张一	蔡清清	孙　嘉
陈艺璇	龙　姣	杨　姣	侯佳慧	郭　洋
张　远	张　楠	林可儿	陈家玉	张　琦
祁雪莲	李俊霖	刘雨晴	王豫柔	王　璐

尹菲　路芸　周峥　崔智强　白瑞
李玘豪　韩金亮　关心　杨阳　罗梦琪
李秋申　李硕　段然　赵显玉　孙莎莎
李宜瑾　沈雨辰　卢文怡　曹霁媛　马艳云
陈晨　史赛　张璐瑶　张学芳　刘春霞
刘一诺　暴凯莉　蔡雨琹　焦启辰　韩淼
董歆歆　刘晶　范海云　刘彩昭　董馨
刘凯　靳宝　于梦杰　代宁　赵娜
任梦露　吴佳怡　刘铜　孙雁　丁晓丹
于伯阳　陈瑞敏　王军皓　姚沛东　崔文静
蒋怡然　王晶　张静　李宛颖　王雨璐

商务学院(67人)

侯颖　漆红梅　郝欣　王灵慧　鲜欢
尹立梅　梁宏　冯佳燕　陈嘉旭　谭豆豆
武诗岚　马骁　赵雅琳　郭靖　周鹃
刘丁燃　林宝玲　艾静　高亚男　赵靓
刘丹　刘榕　李睿雅　刘晨　曲歌
陈倩　刘玉叶　谢朝昕　王雨婷　余赛寒
谷乔　孙颉　乔露平　许贺爽　高原
曹月泽　史梦静　曹圣洁　宋英惠　冯盼
王晓娟　李梦苏　胡金芝　张争　张亚楠
周末　陈琦琴　田佳慧　李雪鸥　黄平
张书阔　张歆熠　张颖　蒋伟　张梦瑶
董丽媛　石伟　郑重　龙霞　张倩
李思佳　张雨晴　蒋雯　刘睿妍　陈佳琪
汤灿　古丽巴哈尔·阿尔肯

生物化学工程学院(81人)

陈翀　周碧钰　仲冰峰　王韵杰　任雪景
叶宇彤　郭艳　刘亭好　蒋妮娜　刘强
翟宇楠　贾冠群　刘傲　赵亚丽　朱晓博
王绮　王志茹　康馨文　丁晴　李京平
关艺　李娜　张博阳　张寰　刘珊
李森　赵旭畅　王萱怡　张雅楠　刘红宇
郑小伟　王鑫　高艺　刘晔　李飞
王欣欣　李亚男　王芳芳　周梦　陈世超
赵文苑　王欣雨　张泽志　张天一　徐寻
刘天宇　张萌　郝冉　潘藤　李悰
李昊洋　周皖晴　赵青楠　景灏　王欣
庞博　张韫琦　单晓颖　高杉　尹若琳
秦玮赫　杨悦　李艺　李卫思　张翼芸
胡宝良　张鑫磊　刘硕　付佳明　高炳煜
王丽　韩莉　匙逸凡　张芸莹　李博
安冬　刘露　刘忻怡　纪旭　张萌
温玉博

旅游学院(57人)

蔡荻　李凯云　李扬安　粟泽辉　贾金颖
辇玮萍　刘娟华　张琦　韩蕾　李嘉钥
李瑞　徐静静　王策　于一凡　薛福超
余婷婷　吕悦　田雪姣　果洪洋　穆会敏

郭雁楠　刘梅　张叶青　张思思　秦菲菲
张欣颖　安雨婷　王依梦　边懿垚　马新丽
刘思源　张琪　张子叶　李佳雯　李春丽
杨菁晶　邓卓　李佳　潘璐　谢庭韵
孙继杨　何宇　杨焱　姜美玲　石晶晶
赵月　赵翔帆　姜红玉　刘静　苌泓
魏小爽　姜心鑫　李雪　冯盼祥　庞铄铄
翟敏　高嘉雯

信息学院(51人)

于蕊　张天霖　李博洋　魏诗瑶　崔娅倩
李博　李镇序　黎仕林　龚玉山　陈明玉
令杰　李浩然　王墨含　田轲　王磊磊
李洁榆　华靖桐　冯子豪　朱鑫　刘祺
司重远　宋菲娟　唐庶悦　莫倩雯　韩延智
赖俊光　刘明　王浚龙　马悦　丁倩
胡晓婷　黄博强　赵梅　单新鑫　张雄
王瀚晨　张涛　匡成　马启新　马梦琦
梅毅成　王晶　赵小方　车贵红　孙博雅
史建敏　马晶晶　石嘉铭　赵雪捷　魏鑫
刘柳

机电学院(7人)

柳月　李鑫　黄美琪　乐谱　贾彤彤
董富　耿超群

自动化学院(32人)

吕云玲　黄涛　刘文洁　胡裕覈　戴伟伟
张连超　黄静　卢雪竹　周钰莹　李家海
陈燕云　许益萌　李毅丰　胡静　许武
余文丽　海南　王溥禛　叶剑豪　郭磊
包琳婕　彭博　杨嘉硕　赵晓轩　陈丽冬
罗智　王晓伟　杨世杰　袁宁　李小寒
朱丽　苏静雯

管理学院(37人)

陈怡静　贾岩　王英培　胡秀莲　卫钟毅
于跃桐　付乔波　刘坤　刘梦花　石凯
祁际　王海东　张媛　张艺　李天慈
孙梦艺　林佳琦　赵峰　李小帆　秦丽莉
许超　杨爱鹏　伏丹丹　潘柯吟　王娇
梁婷婷　耿士其　湛芳慧　李海涛　杨晶
李佳倩　孙柯昕　曹虹宇　王琳　曲伟莹
薛晨颖　刘天予

特殊教育学院(29人)

蒋慧　李双钰　马欣然　赵金鑫　张星宇
马玉婷　王一木　王也　朱冬雪　张建设
朱霄鹏　李梦琪　张冬雪　张易　朱昭静
孙一旋　杨代琼　卢宇　李星　崔立佳
魏明月　魏洋洋　曹阳　王冉　王浩
田晨　周鹏　李缘　郭北

广告学院(39人)

孙辉芳　任冠霖　宋岩　陈曦　王艺静

李安然　王艺娇　赵文佳　姚逸欣　张帆
朱玺元　董璐璐　李梓毓　纪俊涛　张妍晴
吉忠康　单蕾　刘天奇　吕斌　李升
齐思颖　李露　徐丹阳　常帅　赵妍玮
于雪　钱程　赵东昊　钟涵轩　马伟恒
冯琦　韩美双　鄢慧　侯佳雪　王博
黄佳莉　朱晴　张英　胡瑞洁

应用科技学院（40人）

张子豪　赵果利　刘月明　陈益杉　薛萌
陶雯雯　靳伊萌　王盼　王耀坤　刘磊
尹唯一　王泽奇　杨帅　丁啸天　解晶
姚青　冯韵晗　范海晨　杨月辉　来玥
曹鸿　张闽雪　杨喆　孙畅　张仲涛
杜星　沈浩然　杨泰泽　吴倩　甄枫枫
张安　何旭　熊平平　丁辰文　张晨光
金子钿　胡静　杨念　廖校均　胡东霖

九、北京联合大学 2013—2014 学年三好学生（523人）

应用文理学院（58人）

文英姿　付娆　孙改红　马铭　杜娇
赵方慧　东岳　陈戈　石雅　于佩宏
王彭　贾丽娜　尚拉妮　卢思雨　陆云帆
柳皓宇　潘妍　刘丹　郭鹏鹏　侯霜
穆依兰　范哲铭　王雅欣　曲海旭　胡小雨
潘婷　赵紫寒　李斌　孙榕曼　李懿臣
刘锦程　王晨　吴瑾娴　郭凯丽　孟泽楷
齐震宇　吕赛　周英莺　周添良　陆娜
陈凯旋　王加册　左安娜　赵凯莉　师健华
谢洋洋　张琦　徐凌凌　秦志娇　倪铫
鞠曦中　李培　刘雨潇　唐艳　张晓涵
牛芸璐　陈柳翡　李超

师范学院（55人）

胡宇航　廖迈伦　王丹　王瑶　赵明明
韩奕　席莎莎　刘欣悦　周宏娣　李继东
化子怡　张丰　陈彦　宋玉竹　苗骐
邱琳　吴亚丽　薛伊琪　苟玉　陈天骄
王梦瑶　耿一方　牛瑞祺　刘涛　王梦月
王燕　王琳　杨子易　周翔宇　裴梦媛
周杰　王佳　李灵艳　王文　李濛
安博　苑冬羽　刘晔　沈嫣然　章雅琦
仙博源　曹玥绒　刘默　张小奇　吴忧
徐晨　沈倩楠　简嘉莉　孙歆　王璐
张庆盼　刘蒙蒙　徐蕾　闫琳　刘章一鸣

商务学院（40人）

李冬梅　张赫楠　杨金花　王喆　任芳
袁梦　刘可可　姜俊阳　田景双　林小燕
钟月明　刘莎莉　史志明　王虹敏　王慧文

高月娟　魏云云　张子依　张珊　葛秀梅
刘阳　邱迪　罗艳　廉枨　王冕翔
彭晓晓　房晓菲　何洁　张晓晗　郭艺
刘湘文　王乐言　梁传珍　王帅帅　郑依瑶
王菲菲　王云森　曹婳婷　雍泽轩　徐雪慧

生物化学工程学院（55人）

郑昊辰　王座华　闫静怡　胡矩旗　王妍
石天奇　安青梅　吕佐丞　王宇晨　周晓磊
周欣鑫　杨超　陈迎博　周盈　张可昕
张青青　薛科科　陈文文　江惠娟　双宝莹
李洋　谢彩鹏　王高杰　曹琦　丁典
周莉　刘喜凤　白迪　赵胜男　刘籴
石芳琳　程慧　刘翰雯　孔雯雯　樊星
张晓航　申婧玥　王碧茹　吴克强　刘晓艳
赵晓蕾　杨帆　尚怡　吉曙光　陈雪蒙
李晓华　马司宇　仇欣垚　马莉　李萍萍
罗彤　何青青　安欣　豆佳钰　蒋曙凤

旅游学院（41人）

王鹏飞　任雨欣　路月　于红瑶　王颖
付爽　纪子轩　牛建洋　林申　周钰
石细娥　于芯薇　郭宇忻　冯碧泉　赵敏
苗新越　张倩　李倩　陈珺　欧海璇
张鸿杰　苏文星　高哲琳　张雪桃　余娟娟
李跃　秦金月　魏兰　刘兰　牛天娇
毕茜　郑伊诺　陈曦　戴琳　张友鹏
刘童童　宋昕怡　朱银珂　张广义　陶汉瑛
邢懿

信息学院（46人）

梁琼　李志成　欧阳涛　雷梅妹　祝光彩
于萌萌　陈柳　陈园芳　陈秋香　傅笔贵
贾新娇　李世臻　魏芳　柳爱文　杨喜花
钟启学　刘莉莉　郭宏昌　房博学　时立新
赵屹方　徐楚嫣　陈方欣　陈优　遇丽昀
张莹莹　汪丽娟　肖华　杨磊　安昱宁
张晓芬　邬涛　王男　李英杰　梁晓云
徐侃　曾子虹　陈蕾　李晨　陈明军
杨博　薛文广　石婷　汪文妹　郭欣
刘盼盼

机电学院（20人）

胡娟　谢倩　杨毅　杨一楠　刘洋
尹传根　闫晓丹　王杰　王文强　陈天麟
董少君　王艳芳　刘乐晖　陈健楠　刘先冬
曹帅　韩丽　吴志超　任笑颖　闫成金

自动化学院（33人）

张俞晴　余巧　王甜蕊　吕恒星　葛宁波
安静　罗军　杨金玲　李晓晗　王金成
牛博　邢佳灵　周利杰　陈贞郁　李勇
李栋　曹珊　刘玉莹　赵小毓　赵玉林
张翠翠　管珊珊　周瑛子　王亚梅　韦杰龙

张怡良　马利英　贺思婷　陈晓倩　熊　磊
漆钰晖　朱博帆　周恩惠

管理学院(51 人)

史国宁　曲英纶　盛梦雪　崔碧琳　张　颖
闫梦杰　王香梅　郑凯梦　佘　雯　乔欢欢
钟　佩　王劲邦　钟　平　王　哲　蔡伊静
谭伊雪　李丹丹　王　喜　程晓林　李雪娇
侯双双　刘乐乐　刘安格　邵凌昀　杨　丽
苗晋莲　华国栋　陈莎莎　刘鑫龙　杨　扬
邵依妮　胡　锋　熊　任　张任鹏　李　敏
杨雪燕　李　菁　李　欧　赵伟伟　赵雪晴
李　雪　邵　茹　董玉晴　陈　弘　胡　进
曹洪慧　朱喜苗　王　晓　刘　乐　刘鹏飞
路志星

特殊教育学院(20 人)

薛岚显　胡安娜　武向驰　周佳琳　王　菲
赵　力　杨　子　刘慎思　杨　勇　李　亮
王鑫童　周玉洁　于俊涛　梅正林　刘　鑫
陈　哲　杨　燕　沈　婷　郑丹怡　刘思玉婷

广告学院(32 人)

赵春燕　袁铃坪　王　硕　王　智　杨睿欣
王　博　张晓宇　钟连博　王聪颖　刘　振
牛月莹　金　晖　王铁柱　钱成亮　赵　宁
高　升　陈　旭　张佳婕　徐　硕　王思思
李晓雨　庞　华　周　丹　王　颖　何继昌
云　兰　张乾慧　蒋海妮　邢　琳　张欣晔
贺嫣茹　薄晶晶

应用科技学院(72 人)

张　章　屈　明　崔　宇　武兆辉　张雪雍
胡一帆　张文婷　史新页　房贵花　范雪娟
王亚桐　邢　洲　郭瀛璐　孙　童　房紫薇
刘思雨　郎佳宁　曲塑场　冯　玥　刘　佳
武可馨　朱　煜　李丹阳　张宇晨　郭　佳
杜哲怀　董　蕊　赵婧哲　吴　浩　何月宁
杨　潇　吴意婷　户　宇　阮云歌　孙婉琪
杜婧慧　高　宇　唐佳琪　侯　雅　王冰洁
邢继元　王　梅　乔　侨　刘　琼　张斯瑀
福　声　燕宇明　赵凌玥　张刘鎏　田兆钧
刘潇依　孙雅欣　李　睿　郭　浩　张福彬
许广强　李　盼　刘彦欣　韩　晴　许兴阳
王立达　张　艺　李世香　姚　茜　杨珊珊
张　璐　刘　楠　井少楠　胡　汐　陈　思
杨鑫泽　王　茜

十、北京联合大学 2013—2014 学年先进班集体(60 个)

应用文理学院(6 个)

文理历史 1202B　文理法学 1301B
文理规划 1302B　文理档案 1301B
文理英语 1301B　文理食品 1301B

师范学院(7 个)

师范英语 1201B　师范数媒 1301B
师范视传 1301B　师范环艺 1301S
师范心理 1301B　师范音乐 1101B
师范汉语 1201B

商务学院(5 个)

商务信管 1202B　商务财务 1201B
商务国贸 1202B　商务财务 1202B
商务国商 1201B

生物化学工程学院(6 个)

生化工设 1101B　生化建能 1301B
生化制药 1101B　生化人力 1202B
生化工管 1103B　生化会计 1302B

旅游学院(5 个)

旅游管理 1303B　酒店管理 1301B
日语 1301B　旅游烹饪 1301Z
会展经济与管理 1201B

信息学院(5 个)

信息软件 1205B　信息通信 1201B
信息电子 1101B　信息软件 1301B
信息计算机 1302B

机电学院(3 个)

机电机械类 1301B　机电机械类 1305B
机电机械 1201B

自动化学院(4 个)

自动化电气 1201B　自动化物流 1201B
自动化电气 1304B　自动化物流 1301B

管理学院(5 个)

管理工商类 1301B　管理工商类 1309B
管理金融 1301B　管理信管 1302S
管理金融 1202B

特殊教育学院(3 个)

特教针推 1001B　特教学前 1201B
特教园林 1201Z

广告学院(4 个)

广告广告学 1101B　广告表演 1103B
广告艺设 1201B　广告数媒 1302B

应用科技学院(7 个)

应科会计 1301Z　应科金保 1201Z
应科市营 1204Z　应科商英 1302Z
应科计算机 1301S　应科计媒 1302Z
应科广告 1301Z

十一、北京联合大学 2013—2014 学年优良学风班(84 个)

应用文理学院(8 个)

文理食科 1201B　文理规划 1301B
文理地理 1301B　文理法学 1201B
文理档案 1302B　文理新闻 1201B

文理汉语 1201B　文理历史 1301B

师范学院（10 个）

师范音表 1201Z　师范心理 1202B

师范计算机 1201B　师范电子 1201B

师范服装 1201B　师范艺设 1103B

师范视传 1301S　师范英语 1301B

师范汉语 1301B　师范英语 1301S

商务学院（7 个）

国贸 1201B　国贸 1302S　财务 1201B

财务 1202B　经贸 1303B　工商 1101B

经贸 1301B

生物化学工程学院（9 个）

生化建环 1101B　生化建环 1201B

生化生物 1101B　生化生物 1301B

生化会计 1202B　生化人力 1203B

生化人力 1204B　生化人力 1302S

生化工管 1302B

旅游学院（6 个）

英语 1301B　财务管理 1201Z

旅游管理 1204B（博雅试验）　酒店管理 1201B

旅游烹饪 1302Z　旅游烹饪 1303Z

信息学院（7 个）

信息计算机 1202B　信息电子 1201B

信息软件 1302B　信息计算机 1201B

信息通信 1303B　信息软件 1303B

信息电子 1301B

机电学院（3 个）

机电机械 1302S　机电工业 1201B

机电机械类 1302B

自动化学院（6 个）

自动化自控 1201B　自动化交通 1201B

自动化电气 1303B　自动化物流 1302B

自动化电气 1103B　自动化物流 1102B

管理学院（7 个）

管理金融 1203B　管理工商类 1307B

管理工商 1303S　管理工商类 1302B

管理会计 1103B　管理工商 1101B

管理金融 1201B

特殊教育学院（5 个）

特教计科 1101B　特教特教 1101B

特教语康 1201Z　特教针推 1301B

特教艺设 1202B

广告学院（6 个）

广告广告学 1301S　广告表演 1301S

广告绘画 1301B　广告艺设 1204B

广告艺设 1205B　广告数媒 1305B

应用科技学院（10 个）

应科创新 1201Z　应科旅馆 1301Z

应科营销 1201Z　应科电信 1301Z

应科计网 1201Z　应科视传 1301Z

应科会计 1204Z　应科商英 1302Z

应科广告 1302Z　应科电商 1202Z

十二、北京联合大学 2013—2014 学年"我的班级我的家"实践活动获奖集体（34 个）

十佳示范班集体名单（10 个）

师范学院	音乐学 1101B　汉语言 1202B
商务学院	国贸 1102B　财务 1102B
信息学院	信息计算机 1302B
机电学院	机电工业 1201B　机电机械 1302S
管理学院	金融 1202B
特殊教育学院	特殊教育学院针推 1001B
	特教学前 1201B

示范班集体名单（12 个）

应用文理学院	法学 1301B　新闻 1302B
师范学院	数媒 1301B
生物化学工程学院	建能 1301B　会计 1302B
旅游学院	英语 1201B
信息学院	信息通信 1201B
自动化学院	物流 1201B
管理学院	管理工商 1309B
广告学院	艺设 1201B
应用科技学院	应科营销 1204Z
	应科广告 1301B

优秀班集体名单（12 个）

应用文理学院	档案 1301B
师范学院	语言系英语 1202B
商务学院	国贸 1202B
生物化学工程学院	制药 1301B
旅游学院	旅游管理 1303B
	旅游管理 1301B（博雅实验）
自动化学院	电气 1304B
管理学院	管理工商 1301B
广告学院	表演 1201B　绘画 1301B
应用科技学院	应科创新 1201Z
	应科应西 1302Z

十三、北京联合大学 2013—2014 学年红色"1＋1"示范活动获奖集体（19 个）

一等奖（6 个）

应用文理学院	食品科学系本科生党支部
	历史文博系学生党支部
生物化学工程学院	工程与艺术系学生党支部
旅游学院	酒店管理系学生党支部

机电学院	机械工程及自动化系学生党支部
广告学院	设计系学生第二党支部

二等奖(6 个)

应用文理学院	法律系专升本第二党支部
师范学院	艺术设计系环艺党支部
商务学院	国经系国贸专升本党支部
信息学院	计算机系学生党支部
机电学院	工业工程与物流系学生党支部
特殊教育学院	特教系、应用技术系、医学与音乐系联合学生党支部

三等奖(7 个)

商务学院	金融财务系财务学生党支部
生物化学工程学院	生物医学系学生党支部
信息学院	通信系学生党支部
自动化学院	12 级学生党支部
	13 级专接本党支部
管理学院	金会系学生党支部
广告学院	设计系学生党支部

十四、北京联合大学 2013—2014 学年学生"十佳党支部"(10 个)

应用文理学院(1 个)
食品科学系学生党支部
师范学院(1 个)
语言文化系学生第二党支部

商务学院(1 个)
电子系信管学生党支部
生物化学工程学院(1 个)
工程与艺术系学生党支部
信息学院(2 个)
通讯系学生党支部　计算机系学生党支部
机电学院(2 个)
机械工程及自动化学生党支部　工业工程与物流系学生党支部
特殊教育学院(1 个)
应用技术系学生党支部
广告学院(1 个)
表演系学生党支部

十五、北京联合大学 2013—2014 学年学生"十佳党员"(10 人)

应用文理学院	刘 瑶	
师范学院	刘 晔	
商务学院	徐嘉君	石露畅
信息学院	李洁榆	
自动化学院	袁申斌	
特殊教育学院	杨 子	薛岚显
广告学院	王海利	王梦凡

(以上由校学生处提供)

北京联合大学 2014 年教职工或集体获得的表彰奖励

一、2014 年北京市师德先进个人(4 人)

商务学院	林妍梅
生物化学工程学院	陈福祥
应用科技学院	陈战胜
校基础课教学部	戈西元

(校工会提供)

二、2014 北京高校青年教师社会调研优秀项目(7 人)

一等奖(4 人)

应用文理学院	黄可佳	
商务学院	王彤彤	薛云
党委宣传部	安 娣	

二等奖(3 人)

应用文理学院	李菊丹	王巧玲
商务学院	刘宇涵	

三、2014 年北京高校优秀共产党员(2 人)

商务学院	牛洁珍

校人事处	曲学利

四、2014 年北京高校优秀党务工作者(1 人)

广告学院	高玉培

五、2013—2014 年度北京高校优秀德育工作者(11 人)

应用文理学院	杨丽华
师范学院	郭 堃
商务学院	丘 莉
旅游学院	冯丽霞
机电学院	程永清
自动化学院	孟秀霞
特殊教育学院	王 昕
广告学院	王竹宝
校学生处	杨 飞
校团委	赵 珏
校人文社科部	韩 强

六、2013—2014 年度北京高校德育工作先进集体
(4 个)

应用文理学院党委
师范学院艺术教育系
校学生处
商务学院学生处

七、2013—2014 年度北京高校优秀辅导员(5 人)

商务学院	曹海娟
生物化学工程学院	李崇圆
机电学院	卢丹蕾
自动化学院	冯玮
广告学院	晏强

八、2014 年北京高校红色"1＋1"示范活动(6 个)

一等奖(1 个)

生物化学工程学院	工程与艺术系学生党支部

三等奖(5 个)

应用文理学院	食品科学系本科生党支部
	历史文博系学生党支部
旅游学院	酒店管理系学生党支部
机电学院	机械工程及自动化学生党支部
广告学院	设计系学生第二党支部

九、北京联合大学 2013—2014 学年十佳辅导员
(8 人)

师范学院	张德兰
商务学院	曹海娟 刘 静
生物化学工程学院	李崇圆
机电学院	孙丽娟 唐 武
自动化学院	冰 冰
广告学院	晏 强

十、北京联合大学 2013—2014 学年优秀辅导员
(31 人)

应用文理学院	李 娜 孙 静 陈 琪
	杨丽华
师范学院	崔晓静 窦秀明
商务学院	秦二娟
生物化学工程学院	马丽萍 辛俊卿 蒋丽平
旅游学院	相 丹 郭 鹏 马飞翔
信息学院	李 茜 沈春玲 付 鹏
自动化学院	吴巧慧
管理学院	徐 娟 曹 敏 王 项
	许 擎
特殊教育学院	赵 磊 王 昕
广告学院	张 奕 孙 蓉
应用科技学院	赵 欣 刘 洋 谢 鑫
	李 彩 李 鹤 胡斯杰

十一、北京联合大学 2013—2014 学年优秀班主任(110 人)

应用文理学院(11 人)

惠伯棣	孙雅煊	刘建钢	李玉红	尹 凌
叶莎莎	叶盛东	张远索	徐梅香	罗 茵
温玉萍				

师范学院(13 人)

赵 瑛	王永平	边 红	曹颖娜	蒋大平
崔晓静	李淑琼	袁 洁	张嘉秋	车卫东
黄金龙	金 光	牟 书		

商务学院(10 人)

陈 默	陈 跃	田 园	李 斌	刘宇涵
张文溥	王 玲	姜鹏飞	孔繁潮	英燕云

生物化学工程学院(13 人)

贾丽智	李俊林	王献东	李志娟	丁容仪
李树贤	谷春秀	霍 清	蔡 红	吴义民
曾凤彩	肖 宁	刘红梅		

旅游学院(8 人)

周 彦	耿玉环	王 恒	田 奕	王蕴喆
黄建伟	修 宇	姜 慧		

信息学院(9 人)

刘 畅	张玉祥	韩 玺	王 玉	刘元盛
邵明刚	章学静	何 宁	李冬云	

机电学院(5 人)

张京辉	付文宇	段凯路	李伟华	王训伟

自动化学院(6 人)

胡立栓	赵丽华	龙 浩	郭 峰	王秀英
孙 迪				

管理学院(11 人)

王晓芳	王 娜	边婷婷	曹 敏	陈 岩
张利霞	王 项	吴 纯	张金瑞	盛晓娟
周春丽				

特殊教育学院(7 人)

张 琳	郭 楠	刘志丽	姚登峰	刘晓明
付涌玉	孙 岩			

广告学院(8 人)

夏 航	苏高峰	刘 佳	曾 珠	贾 冉
王丹谊	解 嵩	王彦霞		

应用科技学院(9 人)

亢淑萍	吕广革	付春茹	敖静海	周文辉
石国华	加米拉	赵 欣	尉林明	

(五至十一由校学生处提供)

十二、北京联合大学 2014 年"三育人"先进集体
(21 个)

应用文理学院教务处
应用文理学院体育教研室
师范学院教务处
师范学院艺术教育系

商务学院党委组宣部
旅游学院旅游管理系
生物化学工程学院生物医药系实践教学中心
生物化学工程学院人力资源管理专业教研室
特殊教育学院应用技术系
管理学院工商管理系
继续教育学院党政办公室
机电学院机械工程及自动化系
自动化学院电气与控制工程系
信息学院学生工作办公室
应用科技学院公共基础部
广告学院学生工作办公室
党委组织部
校人事处
校学生工作部（处）
校门诊部
后勤服务公司运输服务中心

自动化学院　　　　　冯　玮
信息学院　　　　　　马　楠
广告学院　　　　　　刘　畅
应用科技学院　　　　王　秦
党校办　　　　　　　王文杰
校教务处　　　　　　刘春玲
校招就处　　　　　　王　翎
高教研　　　　　　　孙建京
校体育教学部　　　　张宗程
实验实训基地　　　　张文阁
人文社科教学部　　　吕会华
校图书馆　　　　　　杜建萍
北苑校区　　　　　　王维达

十三、北京联合大学 2014 年"三育人"先进个人
（32 人）

应用文理学院	罗　茵　逯燕玲　刘守合
	张亚军
师范学院	韩天炜　陈卫红　刘光恩
商务学院	崔　玮　刘　静
旅游学院	王　丽　相　丹　王春才
生物化学工程学院	赵欣华　蒋丽平　刘忠礼
	李树贤
管理学院	付　彬
特殊教育学院	张　琳
机电学院	卢丹蕾

十四、北京联合大学师德先进个人（18 人）

应用文理学院	杜剑峰　熊黑钢
师范学院	李红梅　黄淑梅
商务学院	林妍梅
旅游学院	姜　慧
生物化学工程学院	陈福祥　陈雄鹰
管理学院	张　峰
特殊教育学院	张　颖
机电学院	王淑芳
自动化学院	任俊杰
信息学院	张冰峰
广告学院	刘　丽
应用科技学院	陈战胜
机关和直属单位党委	朱松岭　刘晓玲　戈西元
	（以上由校工会提供）

十五、北京联合大学 2014 年教职工获得的其他市级及以上奖励

所在单位	获奖人	获奖名称	授奖单位
校纪检监察办公室	欧阳媛	2012—2014 年度北京市优秀纪检监察干部	中共北京市纪委
学生处	晏宁	北京高校心理素质教育工作先进个人	北京市委教育工作委员会
离休退休人员工作处	张佐友	北京市离退休干部先进个人	中共北京市委组织部、北京市老干部局、北京市人力资源和社会保障局
校工会	张俊玲	中国教科文卫体工会 2014 年度优秀调研成果评选一等奖	中国教科文卫体工会全国委员会
保卫处	满东升	2014 年度首都国家安全人民防线建设工作先进个人	北京市国家安全局
科研处	李林	2014 年度北京市社会科学基金项目管理工作先进个人	北京市哲学社会科学规划办公室
人文社会科学教学部	王辉	北京市青年岗位能手	共青团北京市委员会北京市人力资源和社会保障局
电子信息技术实验实训基地	盛鸿宇	2014 年度"Google 奖教金"	Google 大学合作部

所在单位	获奖人	获奖名称	授奖单位
电子信息技术实验实训基地	盛鸿宇	2014年全国职业院校技能大赛优秀工作者	全国职业院校技能大赛组织委员会
培训中心	鲍桂莲	优秀学员	北京市教委高教处
北京市政治文明建设研究中心	杨积堂	北京市同邪教斗争先进个人	中共北京市委防范和处理邪教问题领导小组办公室 北京市人力资源和社会保障局
北京学研究所	张勃	第9届中国文联文艺评论奖二等奖	中国文艺家联合会
北京学研究所	张勃	2014北京文化论坛征文奖二等奖	北京市社科联、北京社会主义学院等
北京学研究所	苑焕乔	北京市统战系统优秀调研成果	中共北京市委统战部
商务学院	王崇桃	新疆生产建设兵团科学技术进步奖三等奖	新疆生产建设兵团
旅游学院	徐菊凤	2014年首都劳动奖章	北京市总工会、北京市人力资源和社会保障局
旅游学院	徐菊凤	优秀旅游学术成果奖学术论文类三等奖	国家旅游局
旅游学院	李京颐	中国商业联合会科学技术奖	中国商业联合会
机电学院	王超	2013年北京市职工优秀技术创新成果二等奖	北京市总工会、北京市科学技术委员会、北京市经济和信息化委员会、北京市知识产权局
机电学院	郭洪红	2013年北京市职工优秀技术创新成果优秀奖	北京市总工会、北京市科学技术委员会、北京市经济和信息化委员会、北京市知识产权局
机电学院	卢丹蕾	第二届北京高校辅导员职业能力大赛二等奖	中共北京市委教育工作委员会、北京高校辅导员培训研修基地（北京师范大学）
机电学院	李伟华	2014年度首都大学生暑期社会实践先进工作者	共青团北京市委员会、中共北京市委宣传部、中共北京市委教育工作委员会、首都精神文明建设委员会办公室、北京市学生联合会
管理学院	张波、徐娟	2014年首都大学生暑期社会实践先进工作者	共青团北京市委员会、中共北京市委宣传部、中共北京市委教育工作委员会、首都精神文明建设委员会办公室、北京市学生联合会
特殊教育学院	许家成	交通银行特教园丁奖	教育部办公厅、中国残联办公厅、交通银行股份有限公司办公室
特殊教育学院	钟经华	首都市民学习之星	北京市建设学习型城市工作领导小组
特殊教育学院	宋雪瑞	《星空幻想曲》荣获第四届（2014）北京青年艺术节青春艺术奖评活动优秀指导老师	北京市文化局、共青团北京市委员会
广告学院	武英洁	2014年金刺猬大学生戏剧节剧目奖	北京戏剧家协会
广告学院	刘欢	"建国杯"第四届全国大型音乐展演活动指导教师奖（金奖获得者）	中国大众音乐协会
广告学院	毛美娜	"建国杯"第四届全国大型音乐展演活动指导教师奖（银奖获得者）	中国大众音乐协会
广告学院	丁超	第19届中国电视纪录片十优作品	中国电视艺术家协会
广告学院	杨慧子	第十一届"北京礼物"旅游商品大赛设计创意大赛铜奖指导教师	广告学院
应用科技学院	齐再前	2014年国家级优秀教学成果奖	中华人民共和国教育部

十六、北京联合大学 2014 年各单位获得的其他校外集体奖励

获奖单位	获奖名称	授奖单位
校党委宣传部	2014 年北京高校宣传工作先进单位	北京教育杂志社
科研处	2014 年度北京市社会科学基金项目优秀二级管理单位	北京市哲学社会科学规划办公室
校工会	全国教科文卫体系统模范职工之家	中国教科文卫体工会全国委员会
校团委	2014 全国大中专学生志愿者暑期"三下乡"社会实践活动先进单位	共青团中央委员会学校部、中华全国学生联合会秘书处
校团委	2014 年首都大学生暑期社会实践先进单位	共青团北京市委员会、中共北京市委宣传部、中共北京市委教育工作委员会、首都精神文明建设委员会办公室、北京市学生联合会
后勤服务公司	北京市模范集体	中共北京市委、北京市人民政府
北京市政治文明建设研究中心	北京市同邪教斗争先进集体	中共北京市委防范和处理邪教问题领导小组办公室 北京市人力资源和社会保障局
北京学研究基地	北京市哲学社会科学研究基地三期验收评比优秀研究基地	北京市哲学社会科学规划办公室、北京市教育委员会
商务学院	2014 年度全国高等院校企业竞争模拟大赛省市赛最佳组织奖	高等学校国家级实验教学示范中心联席会、中国管理现代化研究会决策模拟专业委员会
旅游学院	《旅游学刊》获 2014 中国最具国际影响力学术期刊	《中国学术期刊（光盘版）》电子杂志社有限公司；清华大学图书馆；中国学术文献国际评价研究中心
旅游学院	《旅游学刊》获"中国人文社会科学综合评价 AMI"权威期刊	中国社会科学院中国社会科学评价中心
特殊教育学院	全国教育系统先进集体	中华人民共和国人力资源与社会保障部、中华人民共和国教育部
特殊教育学院	残疾人之家	国务院残疾人工作委员会
特殊教育学院	北京市三八红旗集体	北京市妇女联合会、北京市总工会、北京市人力资源与社会保障部
特殊教育学院学前 1201B	2013—2014 北京市首都大学、中专院校"先锋杯"竞赛活动优秀团支部	共青团北京市委员会、京市学生联合会
特殊教育学院针推 1001B 班	北京市示范班集体	中共北京市委教育工作委员会
北京联合大学残疾人艺术团	2014 北京青年艺术节第四节青春艺术奖舞蹈《星星幻想曲》（团体）	北京市文化局、共青团北京市委员会

·人 物·

2014 年硕士生导师名录

（共220人，按姓氏笔画排序）

于 洪	万鹰昕	马丽仪	马榴强	王 平	张子义	张宇馨	张远索	张连城	张泽一
王 卓	王 静	王 慧	王利红	王育坚	张宝秀	张荣齐	张宪玉	张艳贞	张艳秋
王春才	王崇桃	王淑芳	王维国	韦 恒	张凌云	张益农	张景秋	张慧姝	陆 军
支芬和	毛智勇	方建军	孔令学	孔昭林	陈 文	陈 岩	陈 星	陈 琳	陈建斌
古红梅	左芙蓉	石金莲	石美玉	卢振洋	陈悦新	陈雄鹰	邵彦铭	武家璧	林 强
叶 晓	田 园	田 娥	田景文	冯小波	尚小雅	季 皓	周小华	周玉基	周考文
玄祖兴	宁泽群	宁淑荣	曲学利	朱 莉	庞昊勇	郑 晶	郑广永	郑春芳	郑海霞
朱永杰	朱传华	朱松岭	乔东亮	任金舸	房 燕	孟 斌	赵 卓	赵 睿	赵永林
刘 东	刘 宇	刘 红	刘 洁	刘 峰	赵亚平	赵连稳	赵林惠	赵晓红	赵晓燕
刘 啸	刘 敏	刘元盛	刘文忠	刘东明	郝传萍	荣瑞芬	胡艳君	钟经华	钮文良
刘全礼	刘迎春	刘宏哲	刘彦文	刘晓明	段素菊	姜招峰	秦立栓	秦岭南	袁家政
刘婧娟	刘瑞祥	齐再前	闫文杰	米生权	夏齐霄	顾 军	徐 华	徐 娟	徐永利
许 峰	许家成	孙业红	孙兆慧	孙红云	徐志军	徐英俊	徐凯波	徐菊凤	高引民
孙连英	孙爱萍	孙雅煊	牟 书	牟 静	高丽萍	高美娟	郭彦丽	郭娅丽	郭素红
劳凤学	杜 煜	李 立	李 克	李 享	唐莹莹	陶秋燕	黄汉昌	黄先开	黄迎春
李 琛	李 媛	李文法	李世刚	李宇红	龚 平	常 敏	崔 玮	崔英楠	符亚明
李红星	李金平	李剑玲	李祖明	李振广	梁 瑞	彭 涛	葛喜珍	董 焱	董恒年
李哲英	李娟华	李晗静	李雅宁	杨 宜	韩 强	韩 澄	韩建业	惠伯棣	程 光
杨 鹏	杨金花	杨积堂	杨靖筠	肖文东	程艳玲	傅巧灵	傅宏宇	雷保珍	鲍 泓
何 宁	何 芳	何 勤	汪昕宇	汪艳丽	裴一蕾	熊黑钢	黎 嶷	滕祥东	薛万欣
宋淑玉	张 宁	张 军	张 波	张 波(女)	霍 清	穆红莉	鞠 晔	魏 涛	魏 微
张 勃	张 威	张 峰	张 崎	张 蓉					（研究生处提供）
张 楠	张 旗	张士玉	张万春	张义君					

2014 年正高级专业技术职务人员名录

（共217人，按姓氏笔画排序）

2014 年度教师岗位教授（研究员）名录
（184 人）

正高级二级（17 人）

卢振洋	冯小波	乔东亮	刘全礼	许家成
杨 宜	杨 鹏	张宝秀	姜招峰	顾 军
徐永利	陶秋燕	黄先开	韩 强	韩建业
鲍泓	熊黑钢			

正高级三级（33 人）

尹庆民	王美萍	王维国	石美玉	田景文
刘在云	孙建京	孙爱萍	杜 煜	李 享
李宇红	李红星	杨积堂	汪艳丽	张 波
张晓晞	张景秋	范同顺	范清惠	林 强
周考文	郑广永	赵亚平	赵晓红	钟经华
钮文良	袁家政	高丽萍	曾美英	程 光

葛喜珍　谢职安　薛万欣
正高级四级（148 人）

于　平	于丽娟	于春洋	于增信	马小芳
马晓钧	马榴强	王　平	王　卓	王　梅
王　静	王　毅	王成尧	王利红	王育坚
王信峰	王晓红	牛洁珍	方忠权	方建军
孔令学	左芙蓉	叶　晓	付晨光	邢春峰
朱　莉	朱传华	朱松岭	刘　莹	刘元盛
刘文忠	刘迎春	刘宏哲	刘彦文	刘晓玲
闫喜霜	许　峰	许晓平	孙连英	孙建华
孙雅煊	劳风学	李　艺	李　克	李　胜
李　媛	李九丽	李大矛	李红梅	李春旺
李俊卿	李祖明	李振广	李娟华	李晗静
李慧凤	杨亚军	杨洪志	杨靖筠	吴勤学
何　芳	宋长来	张　宁	张　波	张　勃
张　蓉	张　静	张　旗	张士玉	张义君
张子义	张玉凤	张东昌	张永敬	张连城
张明贤	张俊玲	张恩祥	张益农	张路光
张殿恩	张嘉秋	陆　军	陈　文	陈　琳
陈世红	陈玉花	陈志刚	陈建斌	陈悦新
邵　军	杭和平	尚小雅	周文华	周志成

庞昊勇	郑　丽	郑春芳	郑海霞	孟　斌
赵　卓	赵　睿	赵平勇	赵杰民	郝家林
荣瑞芬	茹秀华	段素菊	秦立栓	贾少英
夏齐霄	徐　华	徐志军	徐英俊	徐菊凤
高引民	高兴茹	高美娟	高满茹	郭　堃
郭娅丽	郭素红	唐少清	黄迎春	黄宗英
龚　平	常　敏	崔　珏	崔英楠	符亚明
逯燕玲	葛海燕	董　焱	董南萍	惠东坡
惠伯棣	程德林	傅宏宇	鲁彦娟	雷保珍
鲍新中	窦晓霞	蔡　红	蔡　春	霍　清
穆红莉	魏　涛	魏　微		

其他专业技术系列岗位人员名录（19 人）

正高级三级（4 人）
曲学利　周小华　赵连稳　滕祥东

正高级四级（15 人）

王　彤	王德领	齐再前	李亚青	李培刚
宋淑玉	张　楠	张祖明	武家璧	范　蓓
欧阳媛	周华丽	顾志良	唐小恒	窦　群

2014 年新聘特聘教授

（共 3 人，按姓氏笔画排序）

袁其朋（生物化学工程学院）　　　　　　黄　和（生物化学工程学院）
徐常胜（自动化学院）

2014 年新聘客座教授

（共 4 人，按姓氏笔画排序）

师范学院　　　　　　　　　　　　　　**信息学院**
李　方　　　　　　　　　　　　　　　　程学旗
商务学院　　　　　　　　　　　　　　**管理学院**
刘建军　　　　　　　　　　　　　　　　马中骏

2014 年认定的双师型教师

（共 47 人，按姓氏笔画排序）

应用文理学院（15 人）　　　　　　　　**师范学院**（3 人）

王巧玲	叶盛东	朱建邦	米生权	孙雅煊
孙爱萍	李祖明	吴晓红	邹柏贤	沈　蕾
张　敏	张艳贞	惠伯棣	谢永宪	潘世萍

代小东　李红梅　张　婍
商务学院（1 人）
郭彦丽

旅游学院（1人）

秦　明

机电学院（7人）

于增信　张子义　张建成　赵林惠　徐志军
程　光　雷保珍

自动化学院（4人）

李　平　佟世文　耿　钰　夏明萍

管理学院（9人）

苏艳芝　李立威　肖文东　房　燕　赵凤云
盛晓娟　梁　红　程　翔　裴一蕾

广告学院（2人）

王彦霞　刘　畅

应用科技学院（5人）

王　秦　王廷梅　刘　军　李　伟　陈道志

（以上由校人事处提供）

2014 年担任各级人大代表、政协委员人员名录

（按姓氏笔画排序）

北京市第十届人大代表

杨　宜

北京市第十一次党代会代表

徐永利

北京市第十二届政协委员

许家成　徐永利

北京市海淀区第九届政协委员

袁家政

北京市朝阳区第十二届政协委员

何小莉

北京市朝阳区第十五届人大代表

张恩祥　邵　军　徐永利　曾　泓　雷　红

北京市丰台区第十五届人大代表

滕祥东

（组织部提供）

2014 年"从教三十年"教职工

（共 57 人，按姓氏笔画排序）

应用文理学院（9人）

于满生　方继俭　肖　京　宋金凤　张　健
孟庆伟　赵红曼　赵连生　姜　涛

师范学院（1人）

李小苓

商务学院（4人）

马　光　王树兰　刘朱仪　蔡　玲

生物化学工程学院（7人）

吕春莲　刘　丽　谷京云　汪馨桂　龚　平
梁卫平　董建华

旅游学院（3人）

卢建华　杨力红　董　帆

继续教育学院（1人）

黄　标

信息学院（3人）

田　胜　张宝森　奚荣华

机电学院（7人）

万春萍　王小燕　孙建东　李秀彩　张京辉
程永清　雷　红

管理学院（1人）

傅宏宇

特殊教育学院（3人）

王文明　刘淑毓　郝传萍

广告学院（1人）

史桂林

校机关（5人）

王　翎　付晨光　陈　波　麻一青　鲍　泓

基础部（1人）

肖宏龄

人文社科部（3人）

刘国庆　张　利　孟宪东

实训基地（1人）

高润泉

图书馆（1人）

杨自有

后勤服务公司（6人）

王金志　牛淑玲　李春明　张长利　张雅璇
靳凤林

（校工会提供）

·大事记·

1月

1月1日 学校后勤班车调整线路，取消2条，调整6条，新增加开往通州大方居和常营2条线路的班车，极大地方便了居住在前述距离校本部25公里以上且人数众多的教职工的上班出行。调整后，全校班车线路仍为28条。

1月3日 学校先后召开校志年鉴工作会和校史展陈工作总结会。校党委书记徐永利、副书记周志成、校纪委书记张楠，离退休老领导熊家华、白炳琦、孙权、黄海洋、郭淑敏、孔繁敏等出席。徐永利指出，北京联大的历史应当用史志来记录，史志工作力求质量，史志工作人员要加强学习，提高素质，增长才干。他强调，站在新的历史起点上，北京联合大学要全面深化发展，除了依靠经费、人才、教学、科研等支持，还需要文化的动力，要加强档案工作，要研究学校的历史，从历史中提炼增长的动力，这项工作是强校之基。张楠指出，史志工作利在当代、功在千秋，既是学校基础性工作，也是全局性工作。校史馆是全校职工、广大校友齐心协力、艰苦奋斗的成果，是学校文化建设的重要内容，要维护好、利用好、发展好。

1月4日 广告学院教师丁超作为总导演创作的100集大型环境教育系列片——《环境保护与可持续发展》，获第三届中国出版政府奖之音像制品奖。中国出版政府奖是中国出版领域的国家级最高奖项，分为图书、期刊、音像制品等门类，每三年评选一次，其中音像制品奖每届仅9名。该片由环保部、高等教育出版社制作，高等教育出版社、高等教育音像出版社于2013年出版。

1月6日 北京市公示2013年市级社会组织评估结果，北京联合大学校友会获评北京市3A级社会组织。

1月7日 召开全校党风廉政监督员座谈会。徐永利强调，设立党风廉政监督员是党加强自身建设的重要制度，是党干事业、谋发展的重要保障。要科学认识监督员在学校发展全局中的地位，监督员要争当群众的代表、健康发展的代表，讲事实、摆道理的监督，主动深入群众倾听意见，按照科学发展观的要求主动践行监督，在不同战线上共同为实现"联大梦"贡献力量。张楠感谢党风廉政监督员认真履职，在学校发展的关键时期发挥重要监督作用。她表示，今后将加强党风廉政监督员的培训和交流工作。

1月10日 市教委副主任叶茂林带领科研处处长赵清、学生处副处长张宪国、高教处处长张树刚一行4人来校调研。校长卢振洋，副校长黄先开、鲍泓、古红梅等接待。叶茂林听取了学校本专科教学、学科建设和研究生教育、就业等方面工作及下一步改革措施的汇报；肯定了联大在理清办学思路，明确学校发展定位及学科建设、人才培养、校区建设等方面所做的努力和取得的成绩；介绍了市教委即将实施的"北京高等教育协作发展计划"。他指出，协作、协同、发展、创新是这个计划的主导思想，目的要推进三个层面的"融合发展"，即市属高校之间、市属高校与中央部委高校之间、高等学校与各行业领域之间、市属高校与国外高等教育资源之间，不断提高高等学校的核心竞争力和对北京经济社会发展的贡献率。卢振洋表示，资源短缺严重制约学校办学质量的提升，目前学校主要在"统筹"上下功夫，着重整合资源、提高效益。学院发展主要在明确学院定位和发展思路基础上，采取有效措施，促进特色发展。

1月11日 学校教职工书法展暨书法协会成立揭牌仪式在特殊教育学院（以下简称"特教学院"）举行。校党委书记徐永利、北京市残疾人联合会副理事长吕争鸣等出席。

1月13日 凭一卡通可在任何一个学院（区）借全校图书馆的书，实现了各学院（区）之间的馆藏资源共建共享、通借通还，有助于充分发挥全校图书馆的整体优势和使用效益。

1月14日 北京联合大学与慈文传媒集团股份有限公司战略合作启动仪式在北四环校区举行。慈文集团总裁马中骏与校长卢振洋签订了战略合作框架协议。双方表达了在学科和专业建设、人才培养、师资队伍等方面开展合作的愿望。副校长黄先开、乔东亮，校长助理兼教务处长杨鹏等出席。

1月16日 中国科教评价网发布信息，学校被评为"2014—2015年中国酒店管理专业大学竞争力排行榜第二名"。

1月17日 北京三石文化传播有限公司创始人、广告学院2011届毕业生韩磊，经学校推荐，作为全国唯一的大学生创业代表到中南海参加了李克强总理主持召开的教科文卫体人士和基层群众代表对政府工作报告的意见和建议座谈会。

1月 获悉《旅游学刊》入选"2013中国最具国际影响力学术期刊（人文社科类）"（Top 5%）。这是该刊继上一年获此荣誉之后，再次获评。

2月

2月18—19日 召开校党委四届六次全委（扩大）会，传达习近平总书记对北京工作重要批示及在中纪委十八届三次全会、党的群众路线教育实践活动第一批总结暨第二批部署会议上的重要讲话精神。校领导就分管工作的思路、措施和目标等进行了交流。卢振洋就袁贵仁部长在2014年全国教育工作会议上的讲话和北京高校协作发展计划进行了讲解。徐永利以《以质量为核心 用标志性成果带动学校全面发展》为题发表讲话。

3月

3月11日 学校与北京凌盛集团、中国互联网新闻中心（中国网）共同举办"凌风展翅盛爱无疆——政协委员献策特殊教育与残疾学生手牵手暨北京联合大学凌盛奖学金颁奖典礼"活动。校领导徐永利、周志成与6位关心特殊教育事业的全国政协委员：邰丽华、王书平、孙惠玲、刘红宇、孙洁、朱建民，以及全国政协教科文卫体委员会办公室副主任张武军、市教委副主任付志峰，中国互联网新闻中心（中国网）副总编辑薛立胜、北京凌盛集团董事长于立荣等出席。

3月14—15日 召开党委四届七次全委（扩大）会，传达、研讨习近平总书记在北京考察工作结束时的重要讲话精神。卢振洋指出，要深入研究讲话精神和高等教育结构调整综合改革方案，想方设法把应用型人才培养贯穿到人才培养的各个环节，主动研究、积极适应将会发生的变化。徐永利指出，要学习贯彻好总书记重要讲话、和市委十一届五次全会精神，按照北京城市发展战略新定位，进一步明确学校的改革发展方向，加强协同创新，提升学校服务北京经济社会发展的能力，在京津冀高等教育协同发展中发挥作用。

3月21—22日 副校长、国家级暨北京市服务外包人才培养模式创新实（试）验区负责人鲍泓等出席第三届中国服务外包领军者年会；鲍泓当选中国服务外包校企联盟副理事长，并作为高端对话嘉宾出席专题论坛。北京联合大学国家级暨北京市服务外包人才培养模式创新实（试）验区荣获"2013年中国服务外包教育机构最佳实践十强"称号。

3月24日 荷兰职业教育院校联盟主席甄凡·基尔（Jan van Zijl）一行7人来访，鲍泓与来宾就高等职业教育领域合作进行了广泛深入的交流。

3月26日 匈牙利埃斯特哈奇卡洛里大学校长利普泰博士一行4人来访。双方就教师交流、学生交换、科研合作等领域交换了合作意见。徐永利代表学校与埃斯特哈奇卡洛里大学签订了合作协议书。

3月27日 中国残联主席张海迪、副理事长程凯等一行9人到特教学院调研。校领导徐永利、周志成、张连城等接待。张海迪指出，联大特教学院建设体现了人文关怀，经验值得推广；学院要以残疾人为本，注重教育公平，进一步研究和推进残健融合教育，加强特殊教育师资的培养，把学院建设成为中国一流的特殊教育学院。

3月 获悉，根据中国人民大学人文社会科学学术成果评价研究中心发布的"2013年度《复印报刊资料》转载学术论文指数排名"，学报（人文社科版）按全文转载率排名第27位，已进入前5%，在北京市属高校主办的学报中位列第一；按综合指数排名第40位，在北京市属高校主办的学报中位列第二。

4月

4月10日 徐永利、卢振洋带领校党委理论学习中心组一行23人赴中国空间技术研究院学习考察，并与北京卫星制造厂签署战略合作框架协议。协议包括科研项目合作、共建实验室、学术交流、人才培养等方面的内容。

4月11日 中州大学校长司福亭等一行9人到特教学院调研，卢振洋校长就特教学院的发展定位做了讲话。

4月14日 卢振洋、鲍泓，旅游学院党委书记曹长兴等一行6人赴云南省西双版纳州，与当地政府签订战略合作协议。西双版纳州副州长唐家华等出席签字仪式。双方就合作展开了深入交流。

4月17日 学校成立"北京联合大学加快推进科技成果转化和科技协同创新领导小组"，由卢振洋校长任组长。

4月17日 卢振洋会见台湾彰化师范大学陈明飞副校长一行，双方就学生交流、学生管理、教师交流、教师发展等问题进行了会谈。

4月17日　在第三届"石狮杯"全国高校毕业生服装设计作品大赛中,师范学院艺术设计系学生胡蕾作品《末未》获最佳创意奖、陈尧作品《塑悟》获优秀奖。

4月19日　中国政治学会会长(扩大)会议在学校召开。中国政治学会会长李慎明,北京联大党委书记、北京市政治文明建设研究中心主任徐永利等出席。

4月21日　在北京市文资办组织的2014年北京市文化创意产业人才培养基地的评审工作中,师范学院与广告学院联合申报的"北京市文化创意产业人才培养基地"获批准。

4月22日　西城区区委书记、校友王宁等一行9人来校调研。校领导徐永利、卢振洋等接待。

4月22—25日　广告学院应邀参加第十六届国际学生广告节,共提交248件作品,获金、银、铜奖各1项,北京联大还获得最佳组织奖。

4月23日　徐永利、周志成等一行4人,赴北京瑞斯福高新科技股份有限公司天津生产基地考察,并出席校企合作启动仪式。

4月23日　北京市属高校数字校园示范校建设项目顺利通过市教委验收,被评为"优秀",学校获得"北京市属高校数字校园示范校"称号。

4月24日　举行学专融合育良才工作研讨会。校领导卢振洋、周志成、黄先开等出席。周志成做了题为《推进学专融合　实施全员育人》的报告,对学专融合工作做了阶段性总结并对今后工作提出要求。卢振洋进一步强调了推行学专融合工作模式的意义。

4月24日　副校长张连城一行7人赴河北大学,围绕京津冀文化传承发展等问题考察交流,并签署《京津冀文化传承发展协同创新中心校校合作协议》。

4月28日　市委教育工委副书记、市政府教育督导室主任唐立军到校反馈信息:在第七次北京市党建和思想政治工作先进校评选中,学校党建工作获得市委"北京市党的建设和思想政治工作先进普通高等学校提名奖",奖励金额20万元。此前,考察组一行16位专家在3月7日到校,进行考察。

4月29日　召开反腐倡廉建设专题报告会暨2014年党风廉政建设工作会议。北京市纪委预防腐败二室主任李固作专题报告,徐永利、付晨光、周志成、张楠、乔东亮、古红梅出席。

4月29日　召开新时期首都城市战略定位下特殊教育发展研讨会暨2013年国家社科基金重大项目《汉语盲文语料库建设研究》开题会。中国残疾人联合会副事理长程凯,北京市教委副主任叶茂林,北京联大卢振洋、张连城、鲍泓等出席。

4月30日　对外经济贸易大学校长施建军等来校调研,与卢振洋、张楠、鲍泓等就两校开展的人才培养、教学科研和联合培养博士生等进行座谈。

5 月

5月6日　团中央统战部副部长达娃次仁一行到校参加主题团日活动。

5月7日　副校长鲍泓与西门子(中国)有限公司总监孙利梅、经理郭威,就新能源汽车、智能电网、物流交通、工业发展及城市建设等方面的合作进行了洽谈。

5月10日　以"学以致用　圆梦联大"为主题的北京联合大学第十四届运动会在奥林匹克体育中心举行。徐永利、卢振洋等学院领导及22000余名师生参加。来自市体育局等相关单位以及北京30多所高校的体育部主任等出席开幕式。

5月13日　市教委公布市属高校数字校园示范校建设项目验收结果,北京联大被评为"优秀",获得"北京市属高校数字校园示范校"称号。

5月13日　鲍泓会见美国杰克逊维尔州立大学副校长特纳(Turner)教授一行。双方就教师交换、学生交换、2+2学分交流项目、合作科研等方面进行了深入交流。

5月14日　北京市委社会工委副书记、市社会办副主任张坚来校调研,鲍泓接待。双方就社会治理、社区治理以及社区治理人才的培养等问题进行了研讨。

5月15日　学校与北京市7所小学签署校际合作协议。市教委主任线联平、校长卢振洋、副校长黄先开、师范学院党委书记陈志刚、院长顾志良等出席。

5月15日　河北大学王凤鸣副校长一行4人来校考察。校领导徐永利、张连城,应用文理学院院长张宝秀接待。双方围绕京津冀文化传承发展、学科专业建设、研究平台建设、校园文化建设等内容进行了深入交流。

5月16日　第五次全国自强模范暨助残先进表彰大会在北京人民大会堂举行。北京联大特教学院荣获全国助残先进"残疾人之家"荣誉称号。学院党委书记滕祥东代表该院领奖,受到习近平等党和国家领导人的集体接见并合影。

5月19日　北京市人民政协理论与实践研究会与学校合作建立"人民政协理论与实践研究中心"成立仪式举行。市政协党组书记、主席、研究会会长吉林出席揭牌仪式并讲话。

5月25—27日　徐永利、黄先开等一行6人赴福建三明市,与当地领导研讨旅游项目开发并签署战略合作协议。三明市常务副市长朱昌贤、旅游局局长陈欣,以及凤凰文化教育、陕西旅游管理股份有限公司、福建旭景恒丰公司等单位领导出席签约仪式。

5月27日 召开校友会第一届常务理事会。会议听取了关于第二次会员代表大会筹备工作的汇报，审议通过了提交第二届校友代表大会讨论的《北京联合大学校友会理事会工作报告》《北京联合大学校友会财务工作报告》《北京联合大学校友会监事会工作报告》和新修订的《北京联合大学校友会章程（草案）》等文件；通过了第二届校友会会员代表大会代表名单、理事候选名单、常务理事候选名单、监事候选名单和领导机构候选名单。

5月27日 由自动化学院和应用科技学院等单位承担的北京市思想政治工作研究会微博群合作项目签约仪式在北四环校区举行。北京市思想政治工作研究会会长周欣、调研室主任陈列，副校长鲍泓及相关负责人出席签约仪式。

5月27日 北京瑞斯福高新科技有限公司董事长邹怀森一行6人到校洽谈校企合作。校党委副书记周志成等接待。

5月27日 副校长古红梅会见美国北园大学副校长内森冒特（Nathan Mouttet）教授一行，就深度合作进行会谈。

5月29日 北京市文化创意产业人才培养基地授牌仪式在北京文化创意产业展示中心举行。广告学院负责人代表学校接受授牌。

5月 经国务院学位委员会批准，学校申报的教育、法律、金融3个硕士专业学位授权点通过授权审批。

6月

6月2日 广告学院表演系学生在第十届"百年中国全国校园文艺展演大赛"全国总决赛中获得青年组4项金奖1项银奖，北京联大被授予"优秀组织奖"。

6月2—9日 校务委员会主席徐永利率团访问匈牙利埃斯特哈奇·卡洛里应用科技大学（Eszterhazy Karoly College）和土耳其叶迪特佩大学（Yeditepe University）两校，就学生互换交流、教师交流、科研合作及学术论文出版等事宜与两校达成协议。

6月6—7日 学校台湾研究院主办的"台湾政局与两岸关系学术研讨会"在北京会议中心举行。副校长、京台文化交流中心主任乔东亮致辞，国台办原副主任、台湾研究院名誉院长唐树备出席并作总结讲话。

6月7日 学校召开第五次学生代表大会，来自各学院的246名学生代表参加。校党委副书记周志成、北京市学生联合会驻会执行主席付娇娇等出席。

6月9日 山东女子学院范素华院长一行8人来考察交流。副校长张连城、应用文理学院院长张宝秀接待。

6月11日 学校与北京迪信通电子通信技术有限公司正式签署校企战略合作协议。迪信通公司总经理齐峰、副校长古红梅共同为大学生就业基地揭牌。

6月12日 市委教育工委主办、北京联大承办的"首都高校思想政治理论课专题教学改革论坛"在学校举行。教育部社科司思政课教学处调研员陈睿，市委教育工委副书记郑萼，校党委书记徐永利、副书记周志成等出席。

6月12日 卢振洋会见台湾建国科技大学吴联星董事长一行，双方就两校发展、学生学习、教师教学等问题交换了意见。

6月13日 卢振洋、周志成等5人赴金隅集团洽谈合作事宜。金隅集团党委书记、董事长蒋卫平，党委副书记吴东等接待。

6月13—14日 学校召开"新型城镇化与传统文化——第十六次北京学学术研讨会"。副校长乔东亮致辞，市哲学社会科学规划办公室副主任李建平发表讲话。文化部民族民间文艺发展中心主任李松、北京市文物局原局长孔繁峙、北京地理学会秘书长王越等参会。

6月14日 教育部部长袁贵仁来校视察。袁部长听取了校党委书记徐永利、校长卢振洋关于特教学院发展、学科建设、研究生教育、校园基础建设以及当日学校全国大学生英语四级考试考点情况等工作汇报，并视察了考场、旅游实践教学中心等。

6月14日 在第二十三届时报金犊奖决赛颁奖典礼上。广告学院学生制作的微视频"泸州老窖之心敌"获得"指定品牌类"大陆地区一等奖。

6月20日 北京教育学院院长方到师范学院调研。校党委书记徐永利，师范学院党委书记陈志刚、院长顾志良、副书记郭塾等接待。

6月21日 召开第三届教职工暨工会会员代表大会第四次会议。校领导徐永利、卢振洋、付晨光、张楠、张连城、黄先开、鲍泓、乔东亮、古红梅及全校202名"双代会"代表出席。大会主要审议了《北京联合大学章程（草案）》。

6月24日 卢振洋会见美国南方大学常务副校长斯带布菲尔德（Stebbfield）一行。双方就学生交换、教师交换、合作科研等方面进行交流探讨。

6月26日 北京高校纪念中国共产党成立93周年表彰大会召开。校党委书记徐永利、副书记付晨光，学校"北京高校优秀共产党员""北京高校优秀党务工作者"获得者参加。徐永利代表学校接受"第七次北京市党的建设和思想政治工作先进普通高等学校提名奖"颁奖。

6月27日 召开"三个体系"建设试点总结会。校领导付晨光、周志成、张楠、张连城及"三个体系"建设调研组全体成员、试点单位负责人参加。会议邀请北京工商大学纪委副书记潘伯洲、清华大学纪委副书记单际国、北京科技大学纪委副书记曲雁、北京航空航天大学正处级纪检监察员常军勤到会对试点成果进行研讨。

6月28日 召开校友会第二次会员代表大会。校领导及校友会第一届理事会、监事会领导以及100余名会员代表和列席代表参加。大会表决通过了校党委书记、校友会第一届理事会会长徐永利作的第一届理事会工作报告,校党委副书记、校友会第一届理事会常务副会长周志成作的财务工作报告,校友会第一届监事会监事长黄海洋作的监事会工作报告以及《北京联合大学校友会章程》《北京联合大学校友会换届选举办法》等。大会选举产生了校友会第二届理事会、监事会领导机构。

7 月

7月4日 学校召开内控体系建设布置会。卢振洋、张楠出席,各学院、校机关和直属单位负责人、内控工作组成员参加。

7月9日 学校与慈文传媒集团股份有限公司合作共建的"文化创意产业研究院"举行签约仪式。卢振洋、鲍泓出席。

7月11—12日 召开党委四届八次全委会。付晨光报告《北京联合大学章程(草案)》的形成、修改情况以及下一阶段要开展的工作。卢振洋指出,《章程》是规范学校未来办学思路的指导性文件,要结合《章程》认真思考联合大学如何发展的问题,尤其要搞清楚如何把"学以致用"落到实处。徐永利发表题为《凝聚全面深化改革的动力》的讲话指出,今年是"十二五"规划的第四年,要实现"达到市属高校中等水平"的目标,要解决发展动力问题。

7月14日 据京联发〔2014〕15号文件,学校新增5家校级院管科研机构(北京联合大学创新企业财务管理研究中心、北京联合大学机器人研究所、北京联合大学考古学研究中心、北京联合大学人力资源管理研究所、北京联合大学旅游发展研究院),撤销2家校级院管科研机构(北京联合大学环境保护研究所、北京联合大学职能建筑技术研究所),变更2家科研机构名称(原北京联合大学生物化工技术应用研究所更名为北京联合大学生物工程研究所,原北京联合大学职业技术教育教师教育研究所更名为北京联合大学教师教育研究所),变更2家科研机构的依托单位(北京联合大学会展经济研究中心由原先依托商务学院,改为依托旅游学院;北京联合大学首都金融研究中心由原先依托管理学院,改为依托商务学院)。

7月28日 学校旅游学院承办的"2013—2017教育部高校旅游管理类专业教学指导委员会第三次全体会议"举行。教育部高教司副司长刘贵芹,北京联大党委书记徐永利、副校长黄先开出席。

8 月

8月1日 市教委副主任何劲松带领市教委基建处人员来校调研,徐永利、张连城等接待。

8月4—6日 徐永利、黄先开、旅游学院党委书记曹长兴等赴甘肃省陇南市及下辖康县考察交流,并签署战略合作框架协议。陇南市委书记孙雪涛,市委副书记、市长陈青等接待。

8月15日 市经济和信息化委员会副主任姜贵平等一行来校调研。徐永利、张连城、鲍泓等接待。

8月19日 张连城代表学校参加中关村科学城第五批建设项目授牌座谈会并接受牌匾。

8月23—25日 在全国大学生"西门子"杯工业自动化挑战赛全国总决赛中,学校代表队荣获1个特等奖和2个一等奖,连续三年取得优异成绩。

8月26日 黄淮学院党委书记杨德东、副校长牛耀堂等一行7人来校考察。卢振洋、黄先开接待。

8月27日 学校召开助老助残机器人协同创新平台研究会。鲍泓出席。

8月 《北京联合大学志(2001—2010)·学校篇》由北京大学出版社正式出版。

9 月

9月1日 科技部发布《关于国家科技支撑计划公共安全及其他社会事业领域2014年项目立项的通知(国科发技〔2014〕242号)》:黄先开教授承担的"文化旅游资源挖掘与体验式平台研发与示范"项目中的"博物馆文化旅游价值智能挖掘及展示技术研发与应用示范"课题正式获批,课题总经费753万元。这是学校首次承担的"十二五"国家科技支撑计划项目(课题)。

9月5日 校党委书记、人民代表大会制度研究所所长徐永利应邀带领教师和学生代表共10人,参加中共中央、全国人大常委会在人民大会堂隆重举行庆祝全国人民代表大会成立60周年大会。习近平、李克强、俞正声、刘云山、王岐山、张高丽等党和国家领导人出席该会。

9月5—6日 法国法兰西商学院副校长沈岱教

授一行来访。徐永利、卢振洋等接待。双方讨论了师资交流、学生培养等问题。

9月9日 特教学院荣获"全国教育系统先进集体"称号。学院党委书记滕祥东代表北京联合大学在人民大会堂参加表彰大会，受到中共中央总书记、国家主席、中央军委主席习近平等党和国家领导人的集体接见并合影。

9月10日 召开北京市特殊教育教师座谈会。市教育工会主席史利国、市总工会女工部部长张秀萍等出席，副校长张连城带领相关负责人及特教学院教师代表参加。

9月13日 召开"人民代表大会制度与依法治国——纪念全国人民代表大会成立60周年"研讨会。校党委书记、人大制度研究所所长徐永利、副校长鲍泓，全国人大法制办主任许安标、市社科规划办主任王祥武等出席。

9月17日 与故宫博物院签署合作框架协议。故宫博物院院长单霁翔、副院长宋纪蓉、娄玮及相关部门负责人，校长卢振洋、副校长张连城，应用文理学院院长张宝秀及相关部门负责人参加签约仪式。

9月18日 南非国家旅游局副部长卡萨（Tokozile Xasa）女士一行来访。徐永利、黄先开，旅游学院党委书记曹长兴接待。双方就旅游教育资源互换、旅游从业人员培训、旅游学术研究、旅游人才培养等进行了探讨。

9月19日 北京市学位委员会转发国务院学位委员会文件，学校获批临床医学（中医）硕士专业学位授权点，培养领域为针灸推拿。据此，学校硕士学位授权学科点增至10个，其中学术型硕士学位学科点6个（考古学、计算机科学与技术、食品科学与工程、软件工程、工商管理、专门史），专业型硕士学位学科点4个（金融硕士、教育硕士、法律硕士、临床医学硕士）。

9月19日 在首届中国微电影大赛颁奖典礼上，广告学院选送的普法题材作品《谢师宴》获"最佳影片奖""最佳编剧奖"，廉政题材作品《送礼》中的局长扮演者苏仲博荣获"最佳男演员奖"；广告学院获"优秀组织奖"。

9月19日 校长卢振洋、商务学院院长杨宜会见来京访问的国际高等商学院协会（AACSB）亚洲区副总裁艾琳·皮科克（Eileen Peacock）女士。

9月23日 北京农产品中央批发市场管委会党委书记赵文广、副主任吴守荣、工会主席谭经文等一行5人来校考察。徐永利、张楠、鲍泓等接待。双方就加强校企合作进行座谈。

9月29日 市委常委、教育工委书记苟仲文带领市教委委员李奕及市委教育工委、市教委、市特殊教育中心相关部门负责人，来特教学院调研。卢振洋、张连城、黄先开接待。

9月29日 北京国家旅游局复函，同意学校旅游学院建立国家智慧旅游重点实验室。同时，希望旅游学院充分发挥实验室作用，汇聚各方人才和资源，加强国际交流与合作，重点围绕我国智慧旅游发展的实际需要，在智慧旅游发展模式、技术标准以及智慧旅游管理、服务和营销等方面取得具有前瞻性、引领性的理论及技术成果，为支撑中国智慧旅游可持续健康发展发挥积极作用。

9月30日 举行与对外经济贸易大学战略合作峰会。对外经贸大学党委书记王玲、校长施建军、副校长赵忠秀，学校党委书记徐永利、校长卢振洋、纪委书记张楠、副校长黄先开、鲍泓出席。双方围绕北京市政府提出的"三高计划"，就两校深层次合作进行探讨。

9月 国务院学位委员会批准北京联大临床医学专业新增为硕士专业学位授权学科点。

9月 北京市新闻出版广电局发布2014年度北京市报刊出版引导资金资助项目评选结果，《北京联合大学学报（人文社会科学版）》被列为北京市属优秀学术期刊，获得3万元资助，是5个受资助的市属优秀学术期刊之一。

12月3日 在"弘扬宪法精神，构建法治校园"——12.4国家宪法日普法活动暨北京教育系统法治教育成果展示现场会上，北京联大荣获北京高校普法微视频征集展映活动优秀组织奖，《谢师宴》荣获北京高校普法微视频征集展映活动微电影组二等奖。

10月

10月10日 与九寨沟管理局签署合作框架协议，"北京联合大学九寨沟社会实践基地"揭牌。四川省阿坝州政协副主席、九寨沟管理局局长章小平等领导，国家旅游局信息中心副主任信宏业，校长卢振洋、副校长兼旅游学院院长黄先开等在九寨沟出席仪式。

10月17日 举办第四届首都旅游发展论坛。校党委书记徐永利、副校长兼旅游学院院长黄先开出席。国家旅游局等政府部门、高等院校、科研机构以及大型旅游企业集团等各方代表200余人参加。

10月18日 举办"微时代·微动漫·微传播——2014数字动漫艺术与文化传播"国际论坛。教育部社科中心文化美育处处长马建辉、市教委人事处处长吴武、市文化产业局产业处副处长武宁，校院领导徐永利、付晨光、乔东亮、古红梅、陈志刚、顾志良、唐小恒等出席开幕式。

10月18—19日 学校举办2014《旅游学刊》中国旅游研究年会。国家旅游局副局长王志发、中国旅游协会旅游教育分会会长保继刚、校长卢振洋出席开幕式并致辞。

10月16—17日 学校举办《旅游学刊》第三期国际旅游研究高级研修班。

10月25日 校教育基金会举行成立仪式。校领导、基金会第一届理事会理事、监事、捐资单位及个人代表、校友代表、各学院师生代表、社会媒体代表等300多人参加。至成立仪式前，校教育基金会接收到各支持单位、社会各界人士、校友及教职员工捐款1179.6475万元。

10月27日 西班牙曼内德兹佩拉跃国际大学副校长塞巴斯迪安教授率团来访，副校长黄先开接待。双方就学生交流、教师交流、科研合作以及其他相关领域进行交流。

11 月

11月13日 教育部与光明日报联合举办的高校思想政治理论课教师学习贯彻党的十八届四中全会精神座谈会在学校召开。教育部副部长李卫红、社科司司长张东刚，光明日报社总编辑何东平、理论部主任李向军，教育部主任王保纯，教育部社科司副司长徐艳国，市委教育工委副书记郑萼，校领导徐永利、付晨光、周志成、张楠、黄先开、古红梅，以及来自北京联大和清华大学、北京大学等6所高校的专家出席座谈会。

11月15日 举办"鑫台华杯"2014年华北五省（市、自治区）及港澳台大学生计算机应用大赛总决赛，来自5个分赛区54所学校的107支代表队（其中台湾高校2支）约500余人进入总决赛。华北五省学科竞赛领导小组成员、市教委委员黄侃，副校长黄先开出席。学校5名同学组成的"心感"代表队获得大赛特等奖。这是本赛事连续4届特等奖空缺后首次评出的奖项。

11月15—16日 2014年"中国智能车未来挑战赛"在江苏常熟举行，来自北京联合大学及中科院、清华大学、军事交通学院等11家单位的22支车队参加比赛。学校参赛车辆"京龙1号"和"京龙2号"分获第三、四名。其中，京龙2号（C30）是比赛中唯一的纯电动车；该车还承担了中央电视台实况转播车的任务。

11月17日 黄先开会见建国科技大学（台湾）副校长黄清和，就两校合作、学生交流等方面进行会谈，希望在教学管理及工科专业方面开展深度合作。

11月18日 旅游学院与IBM公司联合打造的"旅游大数据协同创新中心"签约仪式暨媒体发布会举行。国家旅游局信息中心副主任信宏业出席，副校长兼旅游学院院长黄先开与IBM中国区政府与公共事业部总经理陈志远共同签署合作框架协议。中国教育

报、北京晨报、新京报、网易等多家媒体记者参加。

11月22日 中国社会科-学院中国社会科学评价中心发布《中国人文社会科学期刊评价报告（2014年）》，学校主办的《旅游学刊›被评为人文地理学唯一权威期刊。

11月24日 北京农产品中央批发市场管委会（北京菜篮子集团）与学校战略合作框架协议签订仪式举行。北菜集团主任、董事长刘春广，党委书记赵文广，校党委书记徐永利、校长卢振洋、纪委书记张楠等出席。

11月 学校选拔、培训的388名志愿者参与了北京APEC志愿服务，具体分布在国家会议中心46人，工商领导人峰会25人，机场托离迎送10人，残疾人主题活动组10人，水立方迎宾297人；累计志愿服务时长5845小时。

11月 全国高等学校文科学报研究会公布第五届全国高校社科期刊评优活动获奖名单，学校人文社会科学版学报荣获"全国高校精品社科期刊"称号。这是学校人文社科版学报自创刊以来，继获得"全国高校优秀社科期刊""全国高校百强社科期刊"称号之后，再获殊荣。

12 月

12月5—7日 徐永利、黄先开带领相关部门负责人，赴湖南省教育考试院、中南大学和吉首大学考察交流，并签署战略合作协议。

12月10日 共青团中央、全国学联联合下发文件，学校荣获2014全国大中专学生志愿者暑期"三下乡"社会实践活动"先进单位"称号。这是学校首次获此殊荣。我校活雷锋"孙茂芳工作室"志愿服务实践团荣获"优秀团队"称号。

12月13日 由学校承办的2014年全国高校移动互联网应用开发创新大赛总决赛举行。教育部科技发展中心主任李志民，副校长黄先开、鲍泓等出席。本次大赛以"移动互联开发创新"为主题，历时9个月，覆盖全国20多个省市、440所高校，参赛学生接近3000人。学校2支参赛代表队分别荣获本科组一等奖和高职组一等奖。

12月14日 白银市干部教育培训北京联合大学基地合作签约挂牌与开班仪式召开。白银市委副书记宋奋吉，校党委书记徐永利、副书记付晨光，继续教育学院院长单金成出席，白银市委组织部负责人及50多名80后年轻正科级干部、北京联合大学机关有关部门负责人参加。

12月16日 中国学术期刊电子杂志社推出中国

最具国际影响力学术期刊及中国学术期刊国际、国内引证报告。学校主办的《旅游学刊》继 2012 年、2013 年两度入选后,第三次被评为"中国最具国际影响力学术期刊"。

12 月 30 日 由市委教育工委副书记、市政府教育督导室主任唐立军等组成的检查组,对北京联大 2014 年落实党风廉政建设责任制情况进行检查。校党委书记徐永利作党委落实主体责任情况工作汇报。围绕主体责任的 11 个着力点,介绍了学校党风廉政建设责任制落实的总体情况、主要成效、工作特色以及今后的努力方向。校纪委书记张楠作纪委落实监督责任情况工作汇报。

12 月 30 日 举行以"唱联大颂歌 做联大好人"为主题的"唱响联大"校园原创歌曲演唱会。校党委副书记周志成、副校长张连城出席。

12 月 31 日 召开干部宣布大会,宣读市委、市政府的干部任免决定:范宝祥任生物化学工程学院党委书记;免去单金成继续教育学院院长职务,并办理退休手续;张辉任继续教育学院党委书记、院长。

12 月 获悉鲍泓教授主持申报的国家自然科学基金重大研究计划项目"智能车驾驶脑认知技术、平台与转化研究"获批(项目批准号:91420202)。这是学校首次在自然科学领域承担国家重大研究计划项目。

· 媒 体 报 道 ·

媒体重要报道要目

序号	报道时间	报道媒体	报道名称/报道内容
1	2014 年 1 月 16 日	《北京晨报》	武平——兴趣为师 实力为盾
2	2014 年 1 月 11 日	千龙网	北联大成立艺术教育中心大学生将有更大舞台
3	2014 年 1 月 11 日	《光明日报》	《唐代节日研究》：激活记忆中的节日
4	2014 年 1 月 9 日	《北京晨报》	创业圆梦 大学生活为未来奠基
5	2014 年 1 月 23 日	《北京晨报》	联大毕业生与总理面对面谈创业
6	2014 年 1 月 24 日	《北京晨报》	赵培峰——"这么近 那么远"
7	2014 年 2 月 21 日	《中国社会报》	北京：智慧社区建设提升基层应急管理能力
8	2014 年 3 月 5 日	《北京青年报》	联合大学开展学雷锋志愿服务
9	2014 年 3 月 10 日	中国台湾网	习近平讲话深入浅出、充满理解和亲情
10	2014 等 3 月 11 日	中国网、新华网	邰丽华等政协委员献策特殊教育与残疾学生手牵手
11	2014 年 3 月 11 日	中国网政协	邰丽华等政协委员献策特殊教育与残疾学生手牵手
12	2014 年 3 月 12 日	《中国教育报》	"委员献策特殊教育与残疾学生手牵手活动'举行
13	2014 年 3 月 12 日	千龙网、中国日报网	六名全国政协委员向残疾大学生颁发奖学金
14	2014 年 3 月 12 日	中国网	中国网建"政协委员牵手残疾学生献策特殊教育"专题网页
15	2014 年 3 月 13 日	《北京晨报》	献策特殊教育
16	2014 年 3 月 17 日	《检察日报》	政协委员"牵手"残疾大学生
17	2014 年 3 月 19 日	《北京日报》	千手观音 关爱残疾人
18	2014 年 3 月 20 日	《北京晨报》	高校师生热议全国两会
19	214 年 3 月 21 日	新华网	"魅力高校中国行"——走进北京联合大学
20	2014 年 4 月 3 日	中国旅游新闻网	北京西城 50 个"不可错过"新鲜出炉
21	20414 年 3 月 31 日	《中国日报》	铜仁市以淳朴美景开拓境外市场
22	2014 年 3 月 20 日	法制网	旅游法实施近半年乱象仍在旅游顽疾变戏法
23	2014 年 4 月 9 日	《北京考试报》	走一线 课下"动起来"就业"用起来"——走进北京联合大学
24	2014 年 3 月 21 日	中国台湾网	学者：推动两岸政治关系合情合理安排
25	20144 年 3 月 19 日	中国政府网、新华网	两岸学者深入探讨两岸政治关系的合情合理安排
26	2014 年 4 月 12 日	新华网	云南发挥区位优势 推进边境游发展
27	2014 年 3 月 19 日	中国新闻网	两岸青年学者"友好互掐"
28	2014 年 4 月 14 日	光明网	第九届全国旅游景区创 A 培训班在沂南举办
29	2014 年 4 月 16 日	千龙网	北京首所市属高校商务学院冲刺 AACSB 国际认证
30	2014 年 4 月 17 日	《北京晨报》	联大商务学院公布"学院使命"
31	2014 年 4 月 18 日	搜狐网	乘国际认证东风建设特色学科服务地方经济
32	2014 年 4 月 17 日	新浪网	践行学院使命助力学生成长成才成功
33	2014 年 4 月 17 日	腾讯网	构建 AOL 学习质量保障体系提升教学品质
34	2014 年 4 月 17 日	腾讯网	构建 AOL 学习质量保障体系提升教学品质

续表

序号	报道时间	报道媒体	报道名称/报道内容
35	2014 年 4 月 17 日	网易网	AACSB 认证：迈向国际化商学院之路
36	2014 年 4 月 17 日	《北京晨报》	关注 2014 年北京高招·二志愿计划 预留二志愿少 一志愿录取率高
37	2014 年 4 月 21 日	千龙网	中国工业设计学科奠基人受聘北联大
38	2014 年 4 月 20 日	《国际商报》、中华人民共和国商务部网站	外包人才如何跟上时代？
39	2014 年 4 月 22 日	千龙网	北联大 29 位大学生服装设计作品将亮相时装周
40	2014 年 4 月 23 日	中国社会科学网	北京市社科院和北京联合大学开展战略合作
41	2014 年 2 月 18 日	新浪网	艾未石与北京联合大学共建专业实习实训基地
42	2014 年 4 月 23 日	《北京青年报》	联合大学校企合作培养"订单人才"
43	2014 年 4 月 18 日	新华网	北京联合大学：卢丹蕾
44	2014 年 4 月 24 日	《北京晨报》	联大党建工作位列高校前列
45	2014 年 4 月 23 日	中国教育在线	2014 年北京联合大学按分数高低择优录取
46	2014 年 4 月 23 日	中国网	2014 年北京联合大学本科专业 67 个其中有 1 个新增专业
47	2014 年 4 月 25 日	中国教育新闻网	北京联合大学获市党建和思政工作先进高校提名奖
48	2014 年 4 月 25 日	新华网	北京联合大学积极加强党建工作
49	2014 年 4 月 28 日	千龙网	北联大学生服装设计作品亮相多元风格夺人眼球
50	2014 年 4 月 30 日	千龙网	北联大将建设汉语盲文语料库填补国家空白
51	2014 年 4 月 29 日	中国新闻网	中国国际大学生时装周开幕北京联大学生作品亮相
52	2014 年 5 月 1 日	搜狐网	北京联合大学 2014 年高招解读：师范类招生大幅增加
53	2014 年 4 月 22 日	千龙网、和讯网	北联大 29 位大学生服装设计作品将亮相时装周
54	2014 年 4 月 30 日	CCTV	现代技艺演绎传统元素新生代设计师正在成长
55	2014 年 4 月 30 日	新华网、网易网	我国建设汉语盲文语料库
56	2014 年 3 月 19 日	千龙网	【北京历史上的今天】3 月 19 日北京联合大学成立
57	2014 年 4 月 30 日	新华网	北京联合大学：北京市唯一一个办特殊教育的高校
58	201 年 4 月 10 日	《北京商报》	业界激辩：主办方是否有权处理展会纠纷？
59	2014 年 4 月 24 日	《光明日报》	旅游纪念品应该成为金矿
60	2014 年 4 月 24 日	《光明日报》	旅游纪念品为何多为"地摊货"
61	2014 年 5 月 7 日	中国高等教育学会秘书学专业委员会	2014 年庆祝国际秘书节暨秘书教育改革与创新座谈会在京举行
62	2014 年 4 月 28 日	人民网	北京联合大学 2014 届毕业生服装设计作品发布会
63	2014 年 5 月 6 日	千龙网	北联大大学生团日活动与校友分享成长经历
64	2014 年 5 月 7 日	《北京青年报》	传承五四精神激扬青春梦想
65	2014 年 5 月 5 日	《北京日报》	传承历史文脉是可持续发展的重要底蕴
66	2014 年 5 月 5 日	中国社会科学网	从传统到当下——张勃的节日研究之路
67	2014 年 4 月 25 日	《中国社会科学报》	地方学的设立标准和学科内涵
68	2014 年 5 月 11 日	千龙网	北京联合大学第十四届运动会开幕（组图）
69	2014 年 5 月 8 日	《北京晨报》	北联大服装作品亮相"时装周"
70	2014 年 5 月 12 日	《北京晨报》	我国首次建设汉语盲文语料库
71	2014 年 5 月 13 日	《光明日报》	大学生国际时装周表达设计未来之梦
72	2014 年 5 月 12 日	《北京日报》	北汽智能电动车年内路测
73	2014 年 5 月 14 日	《北京考试报》	北京联合大学 29 位毕业生作品入围 2014 年中国大学生时装周
74	2014 年 5 月 12 日	《光明日报》	我国开展汉语盲文语料库研究
75	2014 年 5 月 14 日	《现代教育报》	我国将建首个汉语盲文语料库
76	2014 年 5 月 13 日	《中国教育报》	首都城市特殊教育发展研讨会举办
77	2014 年 5 月 9 日	《人民日报》	加强监督途径研究（课题追踪）

序号	报道时间	报道媒体	报道名称/报道内容
78	2014 年 5 月 15 日	《北京晨报》	联大体育育人显成效
79	2014 年 5 月 15 日	千龙网	北京 20 所大学与小学结对发展体育和美育教育
80	2014 年 5 月 6 日	人民网	29 个单位与北京 140 所小学结对 将促进体育美育教学
81	2014 年 5 月 16 日	《现代教育报》	更快更高更强
82	2014 年 5 月 19 日	《北京考试报》	北京联合大学举行第十四届运动会
83	2014 年 5 月 20 日	《北京考试报》	北联大牵手 7 所小学 引进优质体美资源
84	2014 年 5 月 19 日	《人民日报》	旅游日 如何更有内涵(走转改·一线调查)
85	2014 年 5 月 23 日	《人民政协报》	北京联合大学：以国际化促进个性化
86	2014 年 5 月 22 日	《北京晨报》	联大"非遗传承"走进社区
87	2014 年 5 月 19 日	千龙网	北京非遗绝活进社区居民家门口可"淘宝"
88	2014 年 5 月 26 日	《光明日报》	大学生把非遗送进社区
89	2014 年 6 月 9 日	《教育》旬刊	考古求是传道授业——记教育部新世纪优秀人才、北京联合大学考古学科带头人韩建业
90	2014 年 6 月 9 日	中国社会科学网	传承中国记忆 品味中国味道———中国第二届非物质文化遗产知识竞赛颁奖仪式在京举行
91	2014 年 6 月 9 日	中国文物网	中国第二届非物质文化遗产知识竞赛颁奖仪式在京举行
92	2014 年 6 月 9 日	中国文艺网	中国第二届非物质文化遗产知识竞赛颁奖仪式在京举行
93	2014 年 6 月 9 日	中国文化报	第二届非遗知识竞赛在京颁奖
94	2014 年 6 月 10 日	中国台湾网	台湾政局与两岸关系研讨学者关注"大一中架构"
95	2014 年 6 月 10 日	《北京日报》	古代北京书院：文教传承的重镇
96	2014 年 6 月 12 日	《北京晨报》	联大牵手 7 所小学助力特色发展
97	2014 年 6 月 12 日	《北京晨报》	北京联合大学师范学院量身定制培养卓越师范人才
98	2014 年 6 月 13 日	《人民日报海外版》	两岸关系不会受"风雨"干扰
99	2014 年 6 月 15 日	千龙网	蓝皮书建议北京试点农村集体经营性用地交易
100	2014 年 6 月 16 日	《中国旅游报》	需警惕和遏制公共资源"景区化"
101	2014 年 6 月 16 日	《北京商报》	暑期旅游经济需精准定位
102	2014 年 6 月 17 日	中国社会科学网	《中国城乡一体化发展报告·北京卷(2013~2014)》出版发行
103	2014 年 6 月 17 日	中国社会科学网	第十六次北京学学术研讨会在京召开 学者共话新型城镇化与传统文化的关系
104	2014 年 6 月 17 日	中国网	中国探讨主题公园发展之路剖析 20 年世界之窗现象
105	2014 年 6 月 17 日	《新京报》	世界遗产游离不开"利益方的参与合作"
106	2014 年 6 月 17 日	《京华时报》	联大信息学院学子竞赛夺冠
107	2014 年 6 月 18 日	《中国旅游报》	三明与北联大旅游学院合作
108	2014 年 6 月 18 日	千龙网	中法两校 19 年互派学生 800 人被誉为"典范'
109	2014 年 6 月 18 日	《参考消息》	北京 20 所大学"牵手"小学结对开展体育和美育教育
110	2014 年 6 月 19 日	《现代教育报》	北京联合大学参加电子设计竞赛获佳绩
111	2014 年 6 月 20 日	《中国旅游报》	北京联合大学旅游学院与法国克里斯勒内—奥弗莱旅游酒店管理学院合作办学十九周年暨第二届中法餐饮文化节在京举行
112	2014 年 6 月 20 日	搜狐网	走出国门的联合大学国际学术交流会
113	2014 年 6 月 20 日	新浪网	商院关注：格拉斯哥商学院举行学术交流会
114	2014 年 6 月 20 日	《北京考试报》	生生不息，薪火相传——士大夫和北京古代书院
115	2014 年 6 月 23 日	光明网	学者共话新型城镇化与传统文化的关系
116	2014 年 6 月 23 日	《北京晨报》	联大大学生办展会吸引名企参展
117	2014 年 6 月 24 日	《北京考试报》	生生不息，薪火相传——士大夫和北京古代书院(2)
118	2014 年 6 月 26 日	《检察日报》	人大制度与时俱进是国家治理体系现代化重要环节
119	2014 年 6 月 26 日	《北京晨报》	内夯基础外拓市场共建应用型精品学院
120	2014 年 6 月 30 日	中国台湾网	大陆学者："张王会"开两岸关系新局

序号	报道时间	报道媒体	报道名称/报道内容
121	2014 年 6 月 30 日	中国新闻网	张志军访台争取台湾民心澄清两岸关系五大疑虑
122	2014 年 7 月 2 日	中工网	关爱未来之星构建幸福家庭——北京联合大学举行首届教职工亲子趣味运动会
123	2014 年 7 月 3 日	《中国社会科学报》	"海外中国共产党研究"学术研讨会举行党史研究成观察现实中国重要窗口
124	2014 年 7 月 3 日	《北京日报》	北京市党的建设和思想政治工作先进普通高等学校
125	2014 年 7 月 4 日	《北京晨报》	北京联合大学管理学院青年博士快速成长担当教学科研重任
126	2014 年 7 月 6 日	千龙网	大学生农村"插队"先当"村官"再从政
127	2014 年 7 月 9 日	中国社会科学网	"大师与古都——侯仁之与北京城"学术研讨会暨展览举办
128	2014 年 7 月 14 日	《北京考试报》	北联大师范学院 20 名毕业生当"村官"
129	2014 年 7 月 15 日	中国社会科学网	《拉贝日记》：历史事实的客观记录
130	2014 年 7 月 15 日	《北京教育》	抓好党建是学校科学发展的动力——专访北京联合大学党委书记徐永利
131	2014 年 7 月 16 日	《北京晨报》	产学合作培养高素质应用型工程技术人才
132	2014 年 7 月 21 日	《中国文化报》	"大师与古都"学术研讨会在京召开
133	2014 年 7 月 21 日	千龙网	为保莲花池地理学家力荐北京西站东移百米
134	2014 年 7 月 21 日	《北京晨报》	教改稳步前进学术研究显著提高
135	2014 年 7 月 21 日	北京体育广播	联大教师做客体育广播畅聊长跑与健身
136	2014 年 7 月 21 日	《中国教育报》	北京联大学生推动"非遗"产业化
137	2014 年 7 月 25 日	《北京晨报》	联大广告学院：先进理念培养高端实用性人才
138	2014 年 7 月 28 日	《北京日报》	轮椅少年圆梦联合大学
139	2014 年 7 月 28 日	《新京报》	卢振洋 当一个转变观念的校长
140	2014 年 7 月 28 日	《中国档案报》	北京联合大学开展"家庭档案进社区"活动
141	2014 年 7 月 28 日	新华网	怪村太平鼓的非遗之困
142	2014 年 8 月 4 日	《北京日报》	品味园林形态所承载的京西历史文化——专家学者谈《三山五园和京西文化研究与保护利用》
143	2014 年 8 月 7 日	《中国青年报》	增强社会认同推进京津冀一体化
144	2014 年 8 月 7 日	《中国社会科学报》	国外邓小平研究不断拓展
145	2014 年 8 月 9 日	《中国旅游报》	高校旅游专业教指委研讨教学质量国标
146	2014 年 8 月 14 日	《中国旅游报》	北京联大与甘肃陇南签署合作协议
147	2014 年 8 月 18 日	《北京日报》	北京日报全文转载吉林在我校学报发表的署名文章
148	2014 年 8 月 22 日	中国经济网	北京联合大学信息学院学生在 2014 年"尚和杯"中国机器人大赛中获佳绩
149	2014 年 9 月 1 日	福建新闻网	"走向世界的地方学研究"学术研讨会福建泉州举行
150	2014 年 9 月 1 日	光明网	共助泉州学走向世界
151	2014 年 9 月 1 日	《北京晚报》	今天开始学习是第一要务
152	2014 年 9 月 2 日	中国社会科学网	国家社科基金后期资助项目出版成果选介发布
153	2014 年 9 月 2 日	《北京青年报》	肌无力新生大学报到 联大食堂门口建斜坡
154	2014 年 9 月 2 日	《北京晨报》	高校旅游管理类专业研讨教学国标
155	2014 年 9 月 2 日	《中国教育报》	八面来风
156	2014 年 9 月 3 日	《China Daily》	Scholars explore Deng's impact
157	2014 年 9 月 3 日	《China Daily》	Deng's legacy goes a long way
158	2014 年 9 月 3 日	《人民政协报》	国家治理体系和治理能力现代化需要健全社会主义协商民主制度
159	2014 年 9 月 4 日	《北京日报》	市属高校牵手中央部属高校共建，推出校际游学——本科上六年可拿双校双学位
160	2014 年 9 月 4 日	《北京晨报》	"轮椅少年"10 分钟完成入学报到
161	2014 年 9 月 5 日	《中国社会科学报》	深入开展协商民主理论与实践研究

序号	报道时间	报道媒体	报道名称/报道内容
162	2014 年 9 月 9 日	《甘肃日报》	陇南市与北京联合大学校地合作拉开帷幕
163	2014 年 9 月 9 日	人民网	北京联合大学箜篌乐团精彩亮相《我爱我的祖国》
164	2014 年 9 月 10 日	《延安日报》	北京艺术生来延创作历史题材画作——20 个主题故事连环画将在北京中小学巡展
165	2014 年 9 月 11 日	中国台湾网	2014 年台湾游程规划表演比赛在京举行
166	2014 年 9 月 11 日	凤凰网	智慧旅游：打造可"身临其境"的数字景区
167	2014 年 9 月 11 日	《中国青年报》	河南导游收小费或将合法化
168	2014 年 9 月 12 日	《北京晨报》	徐焰少将为联大军训教程作序
169	2014 年 9 月 16 日	正义网	《声音周刊》创办十周年座谈会在京举行
170	2014 年 9 月 16 日	《延安日报》	"我心中的宝塔山"实践日记
171	2014 年 9 月 18 日	《现代教育报》	"轮椅少年"就读联合大学——联大为其制定个性帮扶方案，调整上课教师，配备成长导师
172	2014 年 9 月 18 日	中国青年网	"智力西部行"用知识叩开孩子心灵的窗
173	2014 年 9 月 19 日	人民网	专家热议国务院旅游工作部际联席会议制度建立
174	2014 年 9 月 22 日	《新京报》	北京联大举行人大制度研讨会
175	2014 年 9 月 22 日	《检察日报》	16 个关键词看中国式民主发展
176	2014 年 9 月 22 日	《北京考试报》	"情系三农·新绿"微电影展映启动
177	2014 年 9 月 24 日	《人民日报》	孔子学院，为世界捧出"中国读本"
178	2014 年 9 月 24 日	中国沿河网	北京联合大学"智力西部行"社会实践爱心支教活动圆满结束
179	2014 年 9 月 24 日	中国陇南网	北京联合大学旅游学院学生社会实践基地暨陇南市新创建 4A 级景区授牌仪式举行
180	2014 年 9 月 25 日	中国教育新闻网	国内首个视障生源临床医学专硕授权学科点获批
181	2014 年 9 月 25 日	《北京晨报》	"数字视听媒体联合工作室"成立
182	2014 年 9 月 25 日	《现代教育报》	联大与中传联合培养数字媒体领域人才
183	2014 年 9 月 26 日	搜狐网	2014 北京国际设计周·设计之旅
184	2014 年 9 月 26 日	《光明日报》	首个面向视障生临床医学硕士学科点获批
185	2014 年 9 月 26 日	凤凰网	2014 北京国际设计周·设计之旅
186	2014 年 9 月 28 日	《中国教育报》	北京高校军训学生"特训营"正式开营
187	2014 年 9 月 28 日	《中国教育报》	北京高校军训学生"特训营"掠影
188	2014 年 9 月 28 日	《中国教育报》	把国家和民族前途命运掌握在人民手中
189	2014 年 9 月 28 日	千龙网	北京大学生热拍微电影 并不只是"玩票"
190	2014 年 9 月 29 日	千龙网	北京国际设计周大师之作亮相
191	2014 年 9 月 29 日	中国社会科学网	加强海外邓小平研究评析 开拓邓小平研究新视野
192	2014 年 9 月 30 日	《人民代表报》	人大制度与依法治国
193	2014 年 9 月 30 日	《检察日报》	重大事项决定权需通过立法进行完善
194	2014 年 9 月 30 日	《北京考试报》	工美大师作品亮相北联大师范学院
195	2014 年 10 月 9 日	新华网	专家解读——习近平讲话明确宣示实现两岸和平统一的立场和决心
196	2014 年 10 月 9 日	《参考消息》	北联大与中传媒联合培养数字新媒体人才
197	2014 年 10 月 9 日	《参考消息》	"北京手艺"亮相北联大师范学院
198	2014 年 10 月 10 日	《北京青年报》	联大学生牵手丰台怪村助力非遗太平鼓产业化
199	2014 年 10 月 10 日	《现代教育报》	大学生进村助力非遗传项目"走出去"
200	2014 年 10 月 11 日	《中国教育报》	北京联合大学今年新生军训突出反恐防暴主题
201	2014 年 10 月 14 日	《新京报》	北京联合大学新增 4 个"专业硕士"点
202	2014 年 10 月 16 日	《北京日报》	两年军营生涯值得骄傲一生
203	2014 年 10 月 16 日	《北京晨报》	反恐防暴首次进入新生军训
204	2014 年 10 月 16 日	《现代教育报》	北京联合大学教育硕士新增三个方向
205	2014 年 10 月 16 日	《北京晨报》	北京联合大学金融硕士助力小微企业发展

序号	报道时间	报道媒体	报道名称/报道内容
206	2014 年 10 月 20 日	《中国教育报》	报道我校旅游学院建立国家智慧旅游重点实验室
207	2014 年 10 月 21 日	《人民画报》	关爱的力量创造奇迹
208	2014 年 10 月 21 日	搜狐网	北京联合大学召开 2014 数字动漫艺术与文化传播国际论坛
209	2014 年 10 月 22 日	千龙网	北联大首设"教育智能化技术"硕士专业
210	2014 年 10 月 22 日	《光明日报》	北联大成为北京国际设计周一站
211	2014 年 10 月 22 日	光明网	"2014 数字动漫艺术与文化传播"国际论坛在京举行
212	2014 年 10 月 22 日	新华网	刘子琪讲音乐类微电影创作　为人民创作时代好作品
213	2014 年 10 月 23 日	人民网	2014《旅游学刊》中国旅游研究年会在北京召开
214	2014 年 10 月 23 日	中国教育新闻网	2014《旅游学刊》中国旅游研究年会在京召开
215	2014 年 10 月 23 日	《北京晨报》	数字动漫与文化传播论坛召开
216	2014 年 10 月 25 日	《中国教育报》	教师费心费力　学生活学活用——北京联合大学深化思政理论课教育教学改革纪实
217	2014 年 10 月 25 日	人民政协网	搭建"爱"与"责任"的桥梁——北京联合大学教育基金会揭牌成立
218	2014 年 10 月 26 日	千龙网	北联大教育基金会成立　社会各界捐款 1000 万
219	2014 年 10 月 27 日	人民网	北京联合大学教育基金会举行成立仪式
220	2014 年 10 月 27 日	千龙网	"活着的阿炳"现身北京高校 传唱非遗开花调
221	2014 年 10 月 27 日	《中国旅游报》	《旅游学刊》举办 2014 年会
222	2014 年 10 月 27 日	搜狐网	探寻新常态下旅游研究的新课题——2014《旅游学刊》中国旅游研究年会在北京召开
223	2014 年 10 月 28 日	《人民日报》	增强用历史唯物主义指导工作的自觉性
224	2014 年 10 月 28 日	光明网	北京联合大学教育基金会成立
225	2014 年 10 月 30 日	中国教育新闻网	"北京联合大学教育基金会"成立仪式举行
226	2014 年 10 月 30 日	《北京晨报》	联大成立教育基金会——架起传递"爱"与"责任"的桥梁
227	2014 年 10 月 31 日	《北京考试报》	北联大成立"动漫与文传青年学者创新联盟"
228	2014 年 10 月 31 日	《现代教育报》	陈力丹：微信严重影响现实社交活动
229	2014 年 11 月 2 日	《中国旅游报》	首都旅游发展论坛聚焦旅游改革
230	2014 年 11 月 5 日	光明网	法学家刘隆亨等提出为推进全面依法治国作新贡献
231	2014 年 11 月 5 日	光明网	APEC 志愿者——独特的青春名片
232	2014 年 11 月 7 日	《北京青年报》	APEC 志愿者获赠"问不倒""笑容美"等贴标
233	2014 年 11 月 8 日	《北京青年报》	会议包六大件彰显中国文化
234	2014 年 11 月 10 日	《北京青年报》	APEC 志愿者"心愿墙"上贴愿望
235	2014 年 11 月 10 日	《北京日报》	志愿者 37 秒装好一个包
236	2014 年 11 月 14 日	《光明日报》	高校思想政治理论课教师座谈学习贯彻四中全会精神
237	2014 年 11 月 14 日	中国广播网	两周年特别评论节目：如何做好对农广播？
238	2014 年 11 月 14 日	中工网	北京联合大学举办第二届教职工运动会
239	2014 年 11 月 17 日	《现代教育报》	北联大教育基金成立　社会各界捐款 1000 万
240	2014 年 11 月 18 日	中国作家网	专家研讨中外文学中的都市想象
241	2014 年 11 月 18 日	《光明日报》	弘扬法治精神　提高法治素养　推进法治建设——"高校思想政治理论课教师学习贯彻党的十八届四中全会精神座谈会"发言摘要
242	2014 年 11 月 19 日	《中国社会科学报》	学以致用　趣在求是——北京联合大学致力培养应用人才
243	2014 年 11 月 19 日	网易旅游	"旅游大数据协同创新中心"在京正式创立
244	2014 年 11 月 19 日	《中国教育报》	旅游大数据协同创新中心创立
245	2014 年 11 月 20 日	《中国电子报》	北京联合大学旅游学院与 IBM 携手创立"旅游大数据协同创新中心"
246	2014 年 11 月 20 日	网易网	聚焦移动终端应用创意与程序设计——"鑫台华杯"2014 年华北五省（市、自治区）及港澳台大学生计算机应用大赛决赛在京举行
247	2014 年 11 月 20 日	《北京晨报》	联大学生获计算机应用大赛特等奖
248	2014 年 11 月 24 日	《新京报》	联大打造"旅游大数据"

序号	报道时间	报道媒体	报道名称/报道内容
249	2014 年 11 月 25 日	《北京日报》	让实践成为思想政治教育的重要源泉
250	2014 年 11 月 25 日	中国机器人网	大型娱乐机器人亮相京城
251	2014 年 11 月 27 日	中国消费网	北京联合大学旅游学院与 IBM 携手旅游大数据协同创新中心成立
252	2014 年 11 月 27 日	《中国旅游报》	北联大旅游学院与 IBM 携手创立"旅游大数据协同创新中心"
253	2014 年 11 月 28 日	《中国社会科学报》	柯棣华："洒尽热血写友谊"
254	2014 年 11 月 28 日	千龙网	北联大学生开发游戏获大奖 专为盲人设计
255	2014 年 11 月 28 日	《中国教育报》	北京地区大学分校中的改革逻辑——对 1978 年至 1985 年北京地区大学分校的回溯与思考
256	2014 年 12 月 2 日	中华网	"鑫台华杯"2014 年华北五省及港澳台大学与计算机应用大赛决赛在京举行
257	2014 年 12 月 8 日	《新京报》	北联大座谈首个国家宪法日
258	2014 年 12 月 9 日	中工网	联合大学举行 2014 年"厨厨动人"青年教工厨艺大赛
259	2014 年 12 月 10 日	《扬子晚报》	搭建学生创业平台 推进校企深度融合
260	2014 年 12 月 10 日	中国日报网	校企对接零距离 实习就业直通车——北京联合大学应用科技学院订单班校内培训工作圆满落幕
261	2014 年 12 月 8 日	《前线》	《前线》刊发徐永利书记文章：切实抓好高校党风廉政工作
262	2014 年 12 月 12 日	光明网	北京联合大学开展国家宪法日系列宣传教育活动
263	2014 年 12 月 15 日	《北京商报》	会场搜索平台开拓线下会奖版图
264	2014 年 12 月 16 日	中国社会科学网	有感于习主席提到国际友人拉贝
265	2014 年 12 月 16 日	中国教育新闻网	2014 设计教育创新论坛在京举行
266	2014 年 12 月 16 日	千龙网	北联大与企业共建创业园鼓励学生当老板
267	2014 年 12 月 18 日	中国青年网	第六届食品科技北京论坛隆重召开
268	2014 年 12 月 18 日	《中国食品安全报》	第九届常务理事单位：北京食品学会举行第九次会员代表大会
269	2014 年 12 月 4 日	中国演艺科技网	北京联合大学自动化学院举行"视听工程 20 周年庆典"
270	2014 年 12 月 17 日	网易新闻	内夯基础 外拓市场共建应用型精品学院
271	2014 年 12 月 18 日	新华网	2014 年全国移动互联网应用开发创新大赛成功举办
272	2014 年 12 月 19 日	凤凰网	"亚太设计教育联盟"在京成立 柳冠中任首届轮值主席
273	2014 年 12 月 19 日	《参考消息》	北联大"三业共建"培养设计人才
274	2014 年 12 月 19 日	中国网	全国高校移动互联应用开发创新大赛决赛在京举行
275	2014 年 12 月 19 日	搜狐教育	2014 全国高校移动互联网应用创新大赛总决赛在京举行
276	2014 年 12 月 23 日	千龙网	北京一高新技术企业再次向北联大捐资助学
277	2014 年 12 月 23 日	千龙网	北联大 10 名大四学生被"高价订购"
278	2014 年 12 月 23 日	中国科技网	北京联合大学成立创新创业工作坊与民企签约合作
279	2014 年 12 月 23 日	《新京报》	北京联大获 20 万元捐赠
280	2014 年 12 月 24 日	《新京报》	北京联大研讨人才培养
281	2014 年 12 月 24 日	《北京青年报》	北联大将打造国际化商学院
282	2014 年 12 月 25 日	首都之窗	2014 设计教育创新论坛在京举行
283	2014 年 12 月 25 日	《参考消息》	北联大师范学院打造综合实践教学平台
284	2014 年 12 月 26 日	新浪网	第二届北京高校企业竞争模拟大赛结束
285	2014 年 12 月 26 日	搜狐网	第二届北京市高校企业竞争模拟大赛圆满结束
286	2014 年 12 月 29 日	《新京报》	北联大商务学院跻身世界行列
287	2014 年 12 月 29 日	《中国教育报》	全国研究生招考首次单考单招视力残疾考生
288	2014 年 12 月 29 日	新华网	18 名视障考生参加首次全国硕士研究生招生单独考试
289	2014 年 12 月 29 日	千龙网	校园视频被曝粗制滥造 大学生影视教育迫在眉睫
290	2014 年 12 月 29 日	《现代教育报》	北联大商务学院将打造国际化商学院
291	2014 年 12 月 30 日	千龙网	第二届北京市高校企业竞争模拟大赛在京颁奖

媒体报道选登（摘选）

《唐代节日研究》：激活记忆中的节日

（《光明日报》，2014 年 1 月 11 日）

我国的传统节日承载着中华民族的历史与文明，其中的节日文化价值不仅体现在物质文化层面，也贯穿于各个领域。在主张文化多样性和非物质文化遗产保护的背景下，节日文化研究随之发展。张勃女士十余年来致力于节日研究，在大量积累的基础上出版了一部学术专著——《唐代节日研究》。

全面展示了唐代节日风貌

在我国节日文化发展的链条上，唐代是最为光彩夺目的一环。《唐代节日研究》以四十余万字的篇幅，全面展现了唐代节日全貌，深入分析了其流变以及文化、社会的背景，在节日文化史断代研究领域具有重要的意义。

作为一部断代史，该书对唐代节日的总体面貌进行了阐述，列出了唐代 25 个主要节日以及相关的活动。在对唐代节日的全面掌握的基础上，提出唐代节日有"新旧并存""节日交往超越血缘和地缘关系，建立在志缘关系的基础上"以及"胡风弥漫"等六个特征，准确地把握了唐代节日与前朝后代相区别的一些重要元素。

作者在研究中利用大量的历史文献，对唐代节日全貌做了极其严谨可信的呈现。如书中"唐代节日名目"一节，短短一个表格，注释倒有百余条，十分翔实。凡有观点提出，哪怕是极小的观点，也必有大量的史料佐证，几乎做到言必有据。这样扎实的研究使得书中的结论可以直接为后来者所使用，书中的资料在占有、辨析方面更能造福后学。

深入探讨节日的起源和演变

断代史的研究难免会面临一个问题，就是断代的选择以及选取的这个"代"和研究对象自身发展节律之间的矛盾。

《唐代节日研究》顾名思义是以政治史为断代依据，但若泛泛而谈唐代节日文化，将其看成一个没有变化的整体，其意义就不大，从全局而言，也很难和别的节日断代史"首尾相接"形成整体。况且有唐一代近三百年，在漫长的节日发展史上，是一个因节俗变化而引人注目的时代；这三百年间，要考虑到节日文化整体的发展以及各个节日的起落以及地域之间的传播，更是复杂。本书没有回避这些问题，而是迎难而上，始终把研究重点放在"变迁"二字上，做到了断代不断流，以描述和阐释唐代的"新情况"为主。正是在对这些"新情

况"的不懈追问中，将唐代的节日史描述为一个动态的、有生命的过程，也顺理成章地进一步分析了这些"新变"背后的文化、社会成因，将节日史作为文化史、政治史的一个有机组成部分来解读，抓住了唐代节日开风气之先的特质，探讨了唐代新兴节日和传统节日，从而全面展现了唐代节日的风采。

行动者的独特角度

节日相关的行为有其明显的集体性和主体性，在节俗的变迁中，个人是主动的建构者，尽管由于身份、职业、社会地位的差异，这种建构的影响或大或小，但节日中的每一个人都参与了这种建构。因此，在节日史的研究中，个人在节日中的行为、对节日的看法都是重要的材料。在这一点上，该专著做出了极为重要的创新。

作者提出的一个鲜明的观点：行动者的选择和实践是唐代节日传承和变迁的决定性力量，而节日又反过来型塑着行动者的日常生活和精神世界。这是第一次在节日历史研究中清晰地将"行动者"这个概念推向前台，从个体实践的角度来解释节日变迁，进而展现节日文化内涵和人生境界。

本书选取了李隆基和白居易这两个人物进行研究，很有代表性和分析价值。李隆基作为一代君王，他的节日实践活动在唐代的节日发展史上有着无人可比的影响力；而白居易享年 74 岁、生活经历丰富并留下了大量作品。"于李隆基，更多地偏向于探讨他在唐代节日发展中扮演的角色和发挥的作用；于白居易，则更多地偏向于展示他的节日生活并阐释它何以如其所是"。在专著的结语部分，作者还专门阐述了行动者和节日之间的辩证关系，认为行动者决定了节日的传承和变迁，节日则塑造了行动者的生活方式和精神世界。正如作者在后记中所言："唐代行动者在尊重过去的同时又具有纳异的广博胸襟，国家、社会为个体行动者的选择和实践提供了较为充分的空间和较多的可能性，所以，唐代行动者具有更多选择和实践的自由，他们的节日生活因此而丰富多彩！"这或许是唐代节日在整个节日发展史上重"新"重"变"的恰当注解。

唐代煌煌盛世、繁荣张扬，在这三百年间，人们享受了中国历史上最自由开放的空气，谱写了节日文化独特而又辉煌的篇章。读完《唐代节日研究》，掩卷沉思，大唐帝国丰富多彩的节日文化在脑海徐徐展开。

作者数载埋首故纸,在那段远逝的时光里上下求索、对千余年前的节俗艰难勾勒,遥想"当年",还原记忆、认识自我,把存活于"当下"又活跃于"记忆"中的节日展示出来,历史和现实在敏锐的思考和研究中穿越、呈现,实属难得!

"委员献策特殊教育与残疾学生手牵手活动"举行

(《中国教育报》,2014 年 3 月 12 日)

今天下午,由中国互联网新闻中心(中国网)、北京凌盛集团、北京联合大学共同举办的"凌风展翅盛爱无疆——政协委员献策特殊教育与残疾学生手牵手"活动在北京联合大学特殊教育学院举行。

邰丽华、王书平、孙惠玲、刘红宇、孙洁、朱建民等来自全国政协教育界、文艺界、社会福利和社会保障界等各界别关心特殊教育事业发展的多位政协委员出席活动,他们结合调研、提案情况,为特殊教育鼓呼建言。委员们与优秀残疾学生建立"手牵手"联系,以期在未来给他们的学习与生活更多关爱、指导,并为他们颁发了"凌盛奖学金"。据悉,该奖学金是北京凌盛爱心公益基金会设立的专门帮扶和鼓励残疾学生的慈善奖项。

(作者王惠妍)

北京联合大学积极加强党建工作

(新华网,2014 年 4 月 25 日)

北京联合大学近日获得北京市党的建设和思想政治工作先进高校提名奖,这标志着该校党建工作已向先进行列迈进。

近年来,北京联大在教育教学、科研工作、基础建设等方面不断推出创新举措,并积极推动党建和思想政治工作。

2012 年,学校获北京市教育教学成果奖 14 项,在北京市属高校名列前茅。近三年,学校获批国家自然科学和社会科学项目超过前 10 年总和。2013 年获批北京市社科基金项目数量跃居市属高校第一,国家社科基金年度项目数量位居市属高校第二;基本建设取得重大突破,改扩建蒲黄榆校区,新建综合实训楼、体育中心综合楼、学院路校区学生宿舍楼等。

学校将党建工作与重视民生相结合,注意善待学生、厚待教工,持续推进实施"健康幸福工程",加强教职工教育培训,助力学生成长成才。从 2010 年寒假开始,每逢寒暑假,学校后勤部门负责人都牺牲休息时间,奔赴陕西、山西、安徽、甘肃等地走访慰问职工和家属。

(记者李江涛)

激光雷达摄像头护航无人驾驶实验里程累计
3000 多公里北汽智能电动车年内路测

(《北京日报》,2014 年 5 月 12 日)

5 月 9 日,在北京联合大学的实验场上,北汽新能源无人驾驶智能汽车正在进行连续拐弯路段行驶试验。

北京联合大学北苑校区,一辆北汽 E150 纯电动轿车在实验场上跑得正欢。锥筒码放形成的 S 形急弯道上,E150 一次次灵巧地匀速通过。令人惊讶的是,车内空无一人,方向盘如同被施了魔法般呼呼转动。减速、方向盘打死、快速回轮……车道尽头的墙根底下,E150 以一气呵成的漂亮折返完成自动驾驶的测试科目,稳稳停在了模拟行车道旁,整个过程几乎听不见任何噪声。

"北京智能纯电动轿车"——车身侧面的字样,标注了这辆神奇小车的独特身份。这是北京联合大学与北汽集团合作进行的无人驾驶智能车研究项目,两辆北汽自主品牌汽车基础上改装的智能车已经累计完成3000多公里场地实验,下月起将转入实际道路测试阶段。

智能装备价值远超车价

"怎么样?驾驶技术比一般司机都强吧?"联合大学智能车研究团队的现场工程师杨青手握遥控器在测试场地上仔细观察车辆行进的状态。

不同于遥控小车靠人来判断障碍物再发布操控指令的模式,他手上的遥控器只有一个功能:紧急状态下遥控刹车以确保安全。正常状态下,这辆E150智能电动车都是靠自己的感知系统和控制系统自动行驶。

这个小运动场改造而成的封闭智能车测试场,跑道变成了有行车标线的模拟车道,还有红绿灯和斑马线。智能车从跑道入口起步,临近红绿灯时自动减速、停车,信号灯变绿后再起步。绕测试场行驶一圈后,智能车进入锥筒穿行的"特技"训练环节,最后是围墙附近的自动折返。

从去年10月份开始,这样的实验流程日复一日,研究团队的师生们一点点完善环境感知和决策控制程序的技术参数,让这辆电动小车变得聪明而灵巧。

"车道宽度可以从3米进一步收缩到2.8米。"正在重新调整锥筒码放位置的测试人员透露:"弯道的方向形状也可以随意调整,不管怎么调,车辆都能自动感知精确行驶。"他反复提醒追着智能车拍照的摄影记者别超过车头位置,否则会被识别为障碍物引发智能车紧急避让。

是什么让智能车能有这样的"智商"?

打开车门,自动驾驶的奥秘显露无遗:两台电脑被固定在前排座椅靠背上,成为处理复杂图像和数据的神经中枢,代替驾驶员向车辆控制系统发出精确指令。车内摄像头、车顶导航仪、车头激光雷达共同组成的"感知系统",则负责收集交通信号、路况、障碍物等信息。这些高端装备的电线一直连到后备箱,为集纳各种控制开关,还特意支起了一个操作平台。

"车辆改装和设备成本,加起来四五十万元,可比车价贵得多了。"技术人员介绍,随着智能驾驶技术的推广应用,昂贵的装备成本会因为规模化生产大幅降低。

自动驾驶反应速度0.1秒

测试车辆中控台最左侧位置,加装了智能驾驶开关,可以实现人工驾驶与智能驾驶的切换。

"下一步还会实现自动切换,只要感知到有人动方向盘,就会无缝切换到人工驾驶。最涉及安全的刹车踏板,可以同时接受人工驾驶和智能驾驶的指令。"智能车项目管理办公室负责人杨飒教授透露,按计划,智能电动车下个月将开始上路测试,开始会选择相对封闭的实际道路环境,再到比较复杂的路段按照指定路线行驶。

虽然无人驾驶的真正商业化应用还有待时日,但研究成果已经在汽车主动安全领域开始应用,如车道偏离警告、自动巡航、紧急避让和防撞系统等辅助驾驶手段。北汽与联合大学的无人驾驶项目合作,首要目标就是要从量产车型入手,加快自主品牌主动安全技术和节能减排功效的提升。

以高速路行驶为例,智能驾驶可以在0.1秒内做出刹车反应,而普通人的平均反应速度为0.6秒。当车辆以每小时120公里行驶时,半秒钟足够车辆前进近20米。因此,智能驾驶应用可大幅降低交通事故的风险。北汽方面透露,如果项目推进顺利,智能驾驶模块将尽快应用于自主品牌高端车型供车主选装。结合车联网技术,北汽纯电动车还将帮助车主在剩余电量不多时,自动搜寻到最近的充电桩。

北京联合大学智能车项目,依托学校和北汽为人工智能专家李德毅院士建立的院士专家科研工作站,组建起了多达三四十人的跨学科联合研究团队。李院士为项目组拟定了"从天安门广场开到首都机场航站楼"的目标,让智能车不仅能在高速公路自动驾驶而且可以在更复杂的城区道路上自动驾驶。

新闻分析

无人驾驶真正上路还要等一二十年

无人驾驶离消费者还有多远?北京联合大学副校长鲍泓教授分析,无人驾驶商业化应用还要再等10—20年,会经历半自动驾驶、全自动驾驶到真正无人驾驶的阶段性演进。届时车主们可以从长时间驾车的辛苦中解放出来,享受汽车自动行进而自己在车上浏览新闻甚至闭目养神的惬意。

在国内,无人驾驶的技术研究起步并不晚,基本与国际汽车智能技术研究同步,但商业化应用推广的步伐却明显滞后。谷歌无人驾驶车已经在高速公路累计行驶70万公里以上,目前,已转入在其总部所在城市的道路测试。沃尔沃100辆自动驾驶汽车,已经在哥德堡市内及周边约50公里的指定道路进行测试,覆盖高速行驶、缓慢行驶和交通拥堵等常见交通状况,完全在真实的日常交通场景下进行。日产汽车也高调宣布,2020年起将投放自动驾驶量产车,再花8—10年的时间逐渐将这类技术渗透至旗下各个车型中。

"智能驾驶技术未来很可能上升到汽车安全标准的高度,国内车企要加大投入加快产业化进程,占领这一技术高地。"鲍泓特别强调,由汽车企业主导,与高校联合的产学研一体化,是加快无人驾驶产业化进程的现实途径。

(记者涂露芳)

我国开展汉语盲文语料库研究

（《光明日报》，2014 年 5 月 12 日）

国家社科基金重大项目"汉语盲文语料库建设研究"开题报告会日前在京举行，该项目将从盲文出版物、非正式盲文出版物和盲人个人三个方面采集盲文语料，采用文理相结合的研究方法，探索建立适应汉语盲文特点的语料库规范标准，解决盲文语料库的平衡性、盲文语料的加工深度、计算机辅助软件研发与训练等问题。

"通过盲文语料库提供的大量真实语料及统计数据，分析客观存在的差异，将为国家通用盲文标准的修订、完善提供基础数据平台。"项目首席专家、北京联合大学特教学院教授钟经华表示，盲文语料库的建设将助力盲文信息化，可促进面向盲文的语言科技进步。

（记者邱玥）

首都城市特殊教育发展研讨会举办

（《中国教育报》，2014 年 5 月 13 日）

首都城市特殊教育发展研讨会举办活动由北京联合大学特殊教育学院组织，与会专家就特殊教育的人才培养、社会服务等方面进行研讨。该校将依托汉语盲文语料库建设研究，探索建立适应汉语盲文特点的语料库规范标准。

课题追踪：加强监督途径研究

（《人民日报》，2014 年 5 月 9 日）

徐永利承担的国家社科基金项目《加强人大常委会依法行使监督的途径研究》，密切联系人大常委会开展监督工作的实际，较为深入地论述了监督实效、监督形式与监督途径的密切关系。该课题认为：监督权蕴含在程序之中，监督途径作为监督权力实现和发挥作用的具体过程，必须有完整明确的监督程序。加强人大常委会监督途径，应完善监督程序，做实监督程序，增强监督的权威性和约束力。对于增强人大常委会的监督实效来说，重点在于立足党的领导、人民当家作主和依法治国三者有机统一，加强人大常委会监督途径制度建设，完善其运行状态。

大学生把"非遗"送进社区

（《光明日报》，2014 年 5 月 26 日）

5 月 18 日，花园路社区街道中心的大厅里，挤满了社区居民和各个学校的学生。北京联合大学应用文理学院历史文博系学生党支部和花园路社区党支部在这里联合举办的"以大学辐射近邻，用青春传承文化"主题活动，以"5·18"国际博物馆日为契机，发挥大学生的临近优势和历史专业特长，走进周边社区宣传文化遗产保护与传承的理念。

为了这次展示活动，学校请来了不少老百姓熟知的非遗项目传承人，其中不乏北京毛猴制作第四代传人肖静、糖人金第六代传人金福宝、北京料器第七代传人刘宇、面塑工艺大师闫兆栋、内画大师李国峰这样著名的民间文艺家。这些名家的积极性也很高，他们希望能有更多的人了解传统的民间技艺。

手里还拎着菜篮子的穆大姐正准备回家为女儿做午饭,却在路上被热情的人潮吸引到这里了。"非遗嘛！我知道！就是那些老北京传统的手工艺！"当学生志愿者提出一些问题时,穆大姐笑呵呵地回答道,"但是具体的东西我也没听说过,难道不是那些老北京有

趣的东西吗？"

活动现场,学生们热情地讲解,有趣的知识问答,让社区居民们了解到不少非物质文化遗产的知识。穆大姐临走时笑呵呵地说："你们什么时候还有这样的展览？我让女儿也过来长长见识！"

（作者康中阳）

北京联大学生推动"非遗"产业化

（《中国教育报》,2014年7月21日）

7月15日,北京联合大学生物化学工程学院工业设计专业师生与北京市丰台区王佐镇怪村党支部召开座谈会,共同商讨怪村非物质文化遗产——太平鼓的历史传承与当代创新。自2012年以来,该专业的师生

本着结合专业特长、学以致用的原则,为太平鼓设计了全新的鼓面、宣传册及周边产品,形成了这一非物质文化遗产产业化尝试的社会实践项目。

（作者余灵）

轮椅少年圆梦联合大学

（《北京日报》,2014年7月28日）

他4岁时,医生曾预言他活不过18岁;今年他18岁,不仅勇敢地参加了高考,还被第一志愿顺利录取。自此,总是在不断挑战极限的"轮椅少年"曹兆昱又有了新的目标。

今年高考、发榜时,本报均报道了自小患上"进行性肌营养不良症"的"轮椅少年"曹兆昱的高考故事。昨天,北京联合大学学生处处长张文杰向记者证实:曹兆昱已被该校软件工程专业录取。

两天前,曹兆昱已从网上查到自己被录取的消息,非常高兴。

再次坐在记者面前,曹兆昱已脱去穿了六年的人大附中第二分校校服,换上一件白色衬衫,经历了高考的"轮椅少年"更显成熟。六年中学时光,自己的身体、家庭的变故曾令他一度产生退学念头,是奶奶和学校

老师、同学的关爱和帮助,令他坚持至今。

凭借超凡的毅力,曹兆昱在今年高考中考出了503分的好成绩,因为是少数民族,还有5分加分。"一本肯定没戏,二本应该差不多。"高考前,"轮椅少年"给自己定下实际可行的目标。如今,他完成了目标,被第一志愿的第一专业录取。见证了他的坚持和努力的奶奶以及老师、同学都为他高兴。

就像高考时,曹兆昱未申请特殊考场等照顾一样,他也未向联大提出照顾要求。但联大希望能为坚强的"轮椅少年"做点什么。据张文杰介绍,联大将免去曹兆昱的军训、体育课,还将在资助政策上对他予以倾斜。学校还计划在学生中组建互助组,并为他配备成长导师,努力帮助"轮椅少年"顺利完成学业。

（记者贾晓燕）

卢振洋当一个转变观念的校长

（《新京报》,2014年7月28日）

北京联合大学——承接北京学生人数最多的高校,10个北京学生上大学,其中就有1个在联大读书。在北京联合大学校长卢振洋看来,北京联大应改革开放而生,伴高等教育普及化而长,以"学以致用"为校

训,以应用型人才培养、建设应用型大学为目标。

除了校长身份,卢振洋还是我国焊接领域的专家,他和他的团队的研究成果,与北京卫星制造厂密切合作,完成了大型空间主体结构的焊接工作,为我国的航

天事业做出了贡献。

四年本科,修读双学位,进修在职研究生,41岁考博,7年啃下学位……回顾卢振洋个人经历,终身学习和学以致用一直伴随着他。

想做业务却被分配干行政

高中毕业后,卢振洋在顺义农村干了四年农业的体力活。1977年,听说邻居家有人考上了大学,在好奇心驱使下,他也弄了张当年的高考试卷做了做,感觉题目自己也都会。

第二年,卢振洋也报名参加了高考,最终如愿考上了北工大材料系。

本科毕业后,卢振洋留校工作。一心想做业务的他,却被分配到材料系当团支部书记和班主任。这期间,他到北科大攻读了双学位。1987年,读书归来的卢振洋被任命为系里的副书记,29岁的他成为北工大当时最年轻的处级干部。

行政转科研从修机器开始

1987年开始,卢振洋正式走上讲台为学生讲课,与此同时,他也开始跟着教研室老师做一些科研项目。

见一直在行政岗位上工作的卢振洋想做科研,一位曾教过卢振洋的老师给他出了个题:河北有个工厂的设备不能运行,半年多都没能找到原因,你去试试吧。

拿着图纸和实验室钥匙,卢振洋把机器打开从头到尾检查了一遍,没发现任何问题。"这是怎么回事?"他琢磨了半个月,突然有一天开了窍,兴冲冲地跑进实验室,将机器拆了,按照他的想法重新组装了一下……

"看着我修好的机器,老师当时很惊讶。"这台坏机器让卢振洋真正开始了他的科研生涯。

东跑西颠提高学校科研经费

1990年卢振洋报考了北工大在职研究生。读研期间,他被聘任为建设部建筑工程焊接领域的专家,凡涉及焊接方面的标准问题,都会邀请他参加讨论。

1998年,卢振洋任北工大科技处处长,适逢学校申报进入"211"高校,能不能进入"211"高校,最重要的标志就是学校的科研规模。他记得,北工大那时每年的科研经费在3000万左右,学校提出了每年科研经费必须递增提高的目标任务。

那段时间,卢振洋天天在外面为学校的科研经费东跑西颠。那时要想在办公室见到他,必须在早上8点之前,"我那时一星期有一天在单位待着就算不错了。"几年间,北工大的科研经费已突破了1亿元。

10年努力承接航天焊接任务

1999年,41岁的卢振洋开始了北工大的博士求学生涯,因工作太忙,这个博士他读了7年。

同年,卢振洋所在的科研团队——北京工业大学焊接研究所,开始了一项重要的研究项目——航天焊

接技术。这个科研项目一直持续到2008年才告一段落,因属国家保密项目,直到2011年才被解密,公之于世。国家载人航天总体部、北京卫星制造厂等为表彰他们所做的贡献,特送锦旗和感谢信到北京工业大学,并邀请其参观了"神舟八号"的现场发射。

希望做一个转变观念的校长

2012年8月,卢振洋正式担任北京联合大学校长。因为此前对联大并不了解,卢振洋为自己制定了"三个一"任务——每月至少听一次课,到学生食堂吃一次饭,开一次学生座谈会。到校两三个月后,他发现联大自身的办学水平、教师水平其实比社会上认知的高很多。

"学以致用"是北京联合大学的校训。卢振洋说,他希望在自己的任期内,将"学以致用"的校训更好地落到实处,而这首先需要转变人的观念,其中就包括老师的观念。

卢振洋认为,教育是一种精神劳动,人才培养任务的完成是学校各个环节集成起来的综合结果,特别是教师的每一节课的潜移默化的累积过程。因而,教师,也包括职工干部的观念是影响人才培养效果的最主要因素。"转变观念是完成一个精英型教育为起点的大学逐步实现以应用型人才培养为目标的大学转变的根本问题。"

"我来联大后给自己的定位是:要当一个转变观念的校长,不是当一个转变管理的校长。"卢振洋说。

■校长说

今年本科二批一次性招满

【怎么定位联大角色?】

卢振洋:"应用型"的概念最早其实是针对精英教育提出来的,现在北京的录取率已经达到80%以上,北京已经进入普及高等教育阶段。

既然是普及教育,为北京服务的这些高等教育要进行重新定位,联大作为北京市市属市管规模最大的一所高校,完成高等教育普及化是我们的角色定位,而不是精英教育。作为一所普及化大学,首先要以应用为目标,否则学生毕业后就不适应社会需求。

【为何总谈学以致用?】

卢振洋:联大从区域需求到未来社会角色的扮演,都应该贯彻"学以致用"这个理念。联大所录取来的学生,大部分属于二本学生,这些学生进入联大后很少会再选择后续教育。我们每年招的学生大约在8000人左右,但考上研究生的只有约300人。绝大部分学生毕业后都直接进入了人才市场。

为什么我们一直提学以致用?因为大部分学生不会再进行全日制后续教育,我们是学生人生中最重要的一段教育,把这段教育完成以后,要能满足他们未来几十年的职业发展需求,而不是简单地帮助学生完成

四年学业。

【平行志愿对学校有何影响?】

卢振洋:确实有些影响,今年学校招生情况很好,本科二批所有专业一次性招满。在京外招生状况更好,多个省份都是一本线上几十分录取的。近几年,随着学校办学条件的改善,越来越被家长和学生所认可。

校长语录

转变观念是完成一个精英型教育为起点的大学逐步实现以应用型人才培养为目标的大学转变的根本问题。——卢振洋

首个面向视障生临床医学硕士学科点获批

(《光明日报》,2014 年 9 月 25 日)

日前,北京联合大学获批国内首个面向视障生源的临床医学专业硕士授权学科点。该专硕点培养领域为针灸推拿(中医),招生培养对象为视障人员。该专硕点的获批,有助于我国残疾人高等教育体系的完善。

(记者郑北鹰)

教师费心费力　学生活学活用
——北京联合大学深化思政理论课教育教学改革纪实

(《中国教育报》,2014 年 10 月 25 日)

"问题导入式"教学,如今已成为北京联合大学全新的思政理论课教学方式。其通过对传统教材体系进行专题再造,构建起全新思想政治理论课讲授、实践、考核体系,是学校一项重要的教改成果。

这是北京联合大学一堂普通的思想政治理论课。上课铃声响起后,教师马小芳首先向学生们提出两个问题:当今时代,毛泽东思想是否过时了? 今天我们为什么还要学习毛泽东思想? 刚才还有些嘈杂的教室一下安静了下来,学生们陷入沉思。

像马小芳这样以问题导入的上课方式,如今已成为北京联大全新的思想政治理论课教学方式。这种"问题导入式"教学,通过对传统教材体系进行专题再造,构建起全新思想政治理论课讲授、实践、考核体系,是学校一项重要的教改成果。

告别灌输的"问题导入式"教学

喜蕾是北京联大一名资深的思想政治理论课教师,她教的"思想道德修养与法律基础"课,是学校最受学生欢迎的思想政治理论课之一。一名学生告诉记者:"喜老师擅长用现实生活中的一些案例引导大家去思考严肃的问题,讲到精彩处,大家会不自觉地鼓掌。"

有一次讲述有关道德的专题时,喜蕾先通过 PPT 为学生们播放了一段视频,讲的是广东东莞有一家机构创办"女德班"的新闻。接着,喜蕾提出问题:如何看待"女德班"?

不等喜蕾点名,学生们纷纷站起来发表观点,甚至还出现了争论。最后,喜蕾总结说,这种要求女性"打不还手、骂不还口"的教育,与社会主义核心价值观格格不入,必须进行批判。

"以问题导入的教学方式,的确是我校思想政治理论课改革的亮点。"学校人文社科部主任韩强说,但是,"问题导入式"教学不只是提几个问题那样简单,而是通过对传统教材进行专题改造,构建起全新的思想政治理论课教学体系。

韩强所说的专题改造,是指学校要求各思想政治理论课教研室在吃透教材内容的基础上,每门课程都要从问题出发,对教材的内容进行专题化凝练。比如,"中国近现代史纲要"课把教材的 3 编 10 章的内容,凝练调整为 12 个专题。

"目前,经过两轮的凝练,学校所有思想政治理论课的专题改造基本成型,今后教师上思想政治理论课都要放弃对教材的依赖。"韩强说,"但是,这样也等于给每个教师增加了压力,教师必须在课前查阅更多的资料,做更扎实的准备工作。也就是说,教师更加费心费力了。"

学校还鼓励教师通过教学方法、过程等的创新,使专题教学活跃、生动起来。有的教师搜集大量资料做成 PPT,提高了课堂的吸引力;有的教师在课前提出

辩论题,让学生分组进行辩论,提高了学生主动学习的兴趣;有的教师把一周的时政要点融入课堂教学,引导学生从现实问题入手学习理论知识。

深受学生欢迎的"社会观察"课

李锦譞是北京联合大学管理学院金融专业三年级学生,今年上半年在上"马克思主义基本原理概论"课时,老师要求每四五个学生自由组成小组,自由选择小课题,通过社会调查写出报告。

听到老师布置的任务后,李锦譞和其他4名同学经过讨论后,选择了一个很有意思的题目:在市场经济条件下,如何看待金钱的作用?谈到为何选择这个题目时,李锦譞说:"现在在社会上都说,一切向钱看,我们不认同这个观点,就想通过自己的调查了解当下人们到底是如何看待金钱的。"

在经过一番"理论研究"和资料搜集工作后,5名学生开始分工合作,讨论、撰写调查问卷,然后分头拿着问卷上街头发放、收集。"虽然也碰了不少钉子,但我们都没有放弃,最终顺利完成了问卷调查。"李锦譞说。

更为重要的是,5名学生在调查中发现,很多接受调查的普通市民并不认同"金钱至上"的观点。"这让我们很受教育。"李锦譞说。

这5名学生的小调查活动,是学校构建思想政治理论课教学社会实践体系的重要环节。韩强说,这个被称为社会观察课的活动占3个学分,一般由思想政治理论课教师负责实施,随课堂同步进行。为组织好"社会观察"课,学校人文社科部建立了观察题目拟定、制定社会观察报告撰写要求、课程动员与布置、指导督促、评优反馈等工作机制。

2012年,学校人文社科部组织开展了优秀观察报告的评比活动,由任课教师从每个班级择优选择部分社会观察报告参与评奖。最终,共有30篇社会观察报告获一等奖,57篇获二等奖,115篇获三等奖。李锦譞他们的那篇小调查报告就是30篇一等奖的报告之一。

注重体验的"综合社会实践"课

今年暑期,信息学院学生杨涛组织了一次"智力西部行"大学生联盟赴贵州山区小学的支教活动。杨涛和几名组织者通过网上征集志愿者的方式,招揽了包括其他几所高校在内的共21名大学生加入到活动中。

出发前,支教团队争取到一家企业和一家慈善机构的赞助,为贵州的农村小学多购买了价值2万多元的体育和学习用品,他们还精心准备了文化课和音乐、绘画、书法、电脑和体育等课程。

当支教团辗转到达贵州省沿河县后坪乡楠木完小时,呈现在眼前的景象让他们震撼。崎岖的山路、破旧的农舍、简陋的校园……尽管只能睡大通铺、吃得也不好,晚上还要忍受蚊虫叮咬,但是,大家都没有退却,咬牙坚持了下来。

一个月的支教活动结束后,当地村民洒泪为他们送别,孩子们也依依不舍。"看到村民们的神情和孩子们渴求知识的眼神,我们真的觉得自己做了一件十分有意义的事。"杨涛说。

同样是今年暑期,与杨涛的支教不同,学校广告学院的李翠等8名美术专业学生,来到延安开展历史题材连环画创作活动。在延安,8名大学生参观了杨家岭、枣园、王家坪、鲁艺等革命旧址,走访了民间艺术家。

回到学校后,他们创作了20个与延安有关的主题故事连环画,并在北京部分中小学进行了巡展。"延安之行,我们真正认识到什么是延安精神,身心接受了一次前所未有的洗礼。"这是8名同学参加活动后的切身体会。

杨涛和李翠等同学参加的暑期活动,是北京联大思想政治理论课改革增加的学生"综合社会实践"环节。为了增加学生的社会体验,学校要求由校团委负责组织实施"综合社会实践"课,同样占3个学分。

"综合社会实践"课主要集中在大一第一个暑假进行,一般由辅导员与思想政治理论课老师共同商定实践主题,采取诸如社会调查、社会服务、文化交流基地实践等形式。

(记者蔡继乐)

学以致用趣在求是——北京联合大学致力培养应用人才

(《中国社会科学报》,2014年11月19日)

北京联合大学是北京市重点建设的应用型人才培养基地。该校14个校区分布于北京6大城区,形成以北四环校区为中心,集中与分散相结合的办学布局。日前,就治学理念与教学实践问题,本报记者采访了北京联合大学党委副书记付晨光。

一技之长服务首都

《中国社会科学报》:请您简要介绍一下北京联合大学的办学情况。

付晨光：北京联合大学是 1985 年 1 月经教育部批准建立的北京市属综合性普通高等学校。学校现有应用文理学院、师范学院、商务学院等 14 个学院，本科专业涉及经济学、法学、教育学、文学等 10 大学科门类，拥有考古学、计算机科学与技术等 5 个一级学科硕士学位授权点和 1 个专门史二级学科硕士学位授权点。2012 年，学校与其他高校合作建立两个博士后科研工作站。目前，经济法学、计算机应用技术、食品科学、特殊教育学、人文地理学、旅游管理学 6 个学科被评为北京市重点建设学科。学校专任教师近 1600 名，其中，具有高级职称的有 685 人，国家级优秀教师 1 人、长城学者培养对象 6 名、市级拔尖创新人才 13 人。

《中国社会科学报》：贵校是北京市重点建设的应用型人才培养基地，学校应用型人才培养有哪些理念和特色？

付晨光：学以致用是我校"发展应用性教育，培养应用性人才，建设应用型大学"办学宗旨的核心内容，是"面向大众，服务首都，应用为本，争创一流"办学定位的精炼表达。在这里，"学以致用"是学了为用、学用一体，不可分离；是勤学善用，学用相长；学无止境，用无止境。其意在训导学生，也在勉励教师。教师之学、之教都在致用。要有学以致用之学生，须先有学以致用之教师；善于教人学以致用者，必先自己善于学以致用。

培养应用型人才，高校首先要准确定位。北京联合大学每年毕业 8000 名学生，其中有 6000 名是北京本地人，以郊区县低收入家庭为主。学校毕业的学生以服务首都为主，为北京最基层的经济添砖加瓦，这就要求我们培养的学生必须要有一技之长。

《中国社会科学报》：培养应用型学生对教师队伍的配置提出怎样的要求？

付晨光：培养应用型学生要求教师必须是双师型，既能上讲台讲理论，又要有企业或行业的实际技能。同时，在教学计划的安排、教师队伍的配置上也要

有所考虑，培养的学生要接地气，既有实践经验，又有远大目标。北京联合大学培养的学生应以此为奋斗目标。

因材施教分层培养

《中国社会科学报》：学校在培养学生动手能力方面有何独到之处？

付晨光：我校采取因材施教的方针，狠抓学生的动手能力，出台了教师教学执教能力提升计划。从去年开始符合条件的学生可以转专业，目的就是让学生有选择的机会。而分层培养政策的实施，则主要面对高考分数高、接受能力强的学生，他们对未来的期望值比较高，因此，对其的教学进度、难度可能要快一点、高一点。培养学生的动手能力，关键是使其毕业后能够迅速上岗。近几年，用人单位对我校毕业的学生比较认可，认为他们的动手能力比较强。这与我们的培养模式、培养计划有很大关系。

学校在教师队伍建设上提出，上要仰望天空，下要脚踏实地。为此，学校出台一系列相关政策以夯实教学基础。教师队伍建设不能搞一刀切，有些专业要招一些有企业实践经验的教师。学校鼓励教师攻读博士学位，但是教师出国攻读学位期间，学校对其暂时解聘，回来后再续聘。解聘期间，学校与之不断联系，吸引优秀人才回校。去年我们出台了一个政策：凡 40 岁以下未取得高级职称的博士，以 5 年为限期，每月给予 1000 元津贴，鼓励年轻博士把更多精力花到做学问上，尽快发表高水平的论文，提高自己的学术水平。年轻博士作为主力教师，他们的科研水平上去了，学校的整体水平就上去了。教师心情舒畅，授课时自然就能够感染学生。当然，关怀的同时我们也对其严格要求。自去年开始，教师每个聘期如果工作未达到岗位职责要求，下一次聘任可能会降级。青年教师每个聘期必须做学生的指导教师或辅导员，学校将这个要求视为青年教师公共服务的职责，实行一票否决制，目的就是促进大学生的健康成长与成才。

让实践成为思想政治教育的重要源泉

（《北京日报》，2014 年 11 月 25 日）

理论的价值在于科学性和强大的说服力，而把实践升华为理论的唯一途径就是研究和提炼，这是一个从个别到一般的抽象过程，高校思想政治教育工作者要善于从北京改革开放以来的巨大发展变化中深入思考原因，找出规律，预见未来。

用中国特色社会主义实践教育大学生是首都高校

思想政治教育工作者的重要任务，能否完成好这一任务是衡量首都高校思想政治教育质量的重要标准。

体验、观察与思考是人们形成正确认识的必要前提，只有让大学生从身边的发展事实出发，引发他们思考，才能使他们认同北京发展，深化对中国特色社会主义的认识；相反，如果他们对北京的发展充斥不满和抱

怨,缺乏认同感,也很难建立起对中国特色社会主义理论、制度和道路的认同与自信。要加强对北京中国特色社会主义实践经验的研究。作为高校思想政治教育工作者,就要善于从北京改革开放以来的巨大发展变化中深入思考原因,找出规律,预见未来。目前对于北京实践的经验总结还处在初步阶段,首都思想政治理论工作者要增强使命感和紧迫感,在研究总结北京改革发展经验,用以教育学生方面走在前列。

要不断创新中国特色社会主义实践融入首都高校思想政治教育的方式方法。学生的情况千差万别,教育也要因材施教,其中讲求方式方法是基本的成功之道。在这个融入过程中,也要把创新方式方法作为基础性工作,尤其要探索融入教材、课堂教学和社会实践的方式方法,同时寻找具体的融入路径,包括形成教学专题、精选案例、外请报告、参观考察、参与研究等等,这些都是教育学生的有效手段,需要我们因地制宜,就地取材,活学活用,提高实效。

切实抓好高校党风廉政工作

(《前线》杂志,2014 年第 12 期)

崇尚廉洁可以跨越时空,腐败奢靡遗臭万年。习近平总书记在党的群众路线教育实践活动总结大会上的讲话中讲了 90 多个"严"字,旗帜鲜明地提出要反腐倡廉,从严治党。高校学习领会习近平总书记重要讲话精神,就要切实将"八点要求"内化于心、外化于行,在日常工作中始终践行群众路线,持续加强作风建设,真正实现为民、务实、清廉。

高校党风廉政工作"从严"已是"新常态"

在党的群众路线教育实践活动总结大会上的讲话中,习近平总书记提出:"活动收尾绝不是作风建设收场",表达了党中央决心以教育实践活动为新的起点,把作风建设不断引向深入,在新形势下坚持从严治党的决心。十八大之后,中央对从严治党、从严管理干部、从严管理党员,对党风廉政建设的重视程度前所未有。党的制度改革方面,与经济制度改革、政治制度改革、文化制度改革、社会制度改革、生态文明体制改革五大改革同步部署、同时推进。反腐倡廉、正风肃纪已成为党建"新常态"。

大力反腐倡廉、严格党风廉政建设,就是为了更加有效地推进全面改革和发展,促进国家富强和人民幸福,为了实现中华民族伟大复兴的"中国梦"。高校严格抓好党风廉政建设,从狭义角度是为了保证学校风清气正,集中精力提高办学质量和水平,从广义角度讲,是培养好社会主义的合格建设者和可靠接班人,顺应中央实现伟大目标的大局。

随着高等教育改革发展事业的逐步深化和高校建设事业的全面推进,高等教育领域的腐败案件呈现易发、多发态势。根据媒体资料不完全统计,十八大以来,仅一年多时间里,查处的高校案件中,涉及校级领导的就有近 50 人,其中一把手约占 45%,在已明确问题中,因校园建设引发的案件占 80% 以上。因此,加快高校领域的腐败查处节奏,加大对高校领域腐败的查处力度,从严管理干部,应然并已然成为高校党风廉政建设工作的一种常态。

抓实抓好高校党风廉政建设

全局工作需要纪检监察这个"刹车系统"。要实现学校办学目标,就要抓实、抓牢党风廉政建设,为事业改革发展提供坚强保障。

要落实党委主体责任,纪委监督责任。高校党委落实党风廉政建设主体责任,党委主要负责人承担"第一责任人"责任,领导班子其他成员承担"主要领导"责任,每个成员都肩负"一岗双责",除了所承担的本职业务工作外,还必须对本人和所分管部门、单位的党风廉政建设负责。落实主体责任更直接地体现在四个方面:一是全力以赴地支持纪委的工作;二是加强领导,培养好人、选好人、用好人,防止出现选人用人上的不正之风和腐败问题;三是预防和教育,强化对权力运行的制约和监督,从源头上防治腐败;四是对违规、违法乱纪等腐败问题"零容忍",党纪条规是"高压线",党委要坚决纠正损害群众利益的行为。纪检监察部门必须履行好监督责任,既要协助党委加强党风建设,组织协调反腐败工作,又要对学校各单位落实党风廉政建设责任情况进行经常性监督检查。要通过落实党委、纪委"两个责任",狠抓制度建设,真抓实干,形成不敢腐、不能腐、不想腐的反腐倡廉良好机制氛围。

完善制度,将权力关进制度的笼子里。毛泽东同志曾经说:"没有严明的纪律,就不可能有严谨的工作作风;没有严谨的工作作风,就没有组织的权威"。习近平总书记在党的群众路线教育实践活动总结大会上指出,"从严治党靠教育,也靠制度,二者一柔一刚,要同向发力、同时发力。"学校工作点多线长、知识经济复杂,资金渠道权限不同,一些权力集中领域的干部如不能正确对待手中的权力,很容易导致违法违纪案件的发生,所以高校要从严管理干部、从严管理党员,这既是党委重视纪检监察工作的重要体现，也是凝聚发挥正能量的方式。中央出台的《深化党的建设制度改革实施方案》提出，到2020年建立成熟、完备、定型的党的建设制度体系，高校也要通过制定章程，完善各项规章制度，尤其是一定要健全干部选用、基建、后勤、招生等腐败易发领域的规章制度，并经常检查其执行落实情况，让管事、管钱、管物的人照章办事、依法办学、依规理教，用制度管好权力、用好权力。

教育要有针对性，惩治要有效果。高校选拔干部对其基本素质都有较高要求，比如新入职的副处长以上干部，要有研究生学历、在学校工作几年、有党龄和职称要求等。因此，对高校处级干部的教育要有针对性，尤其是要注重加强理想信念修身和党纪条规教育，通过教育提高干部对廉洁政治的认识，要能分清好坏，明白道德、法纪。习近平总书记指出要"坚持思想建党和制度治党紧密结合"，"思想教育要突出重点，加强党性和道德教育，引导党员、干部坚定理想信念，坚守共产党人精神追求。"要通过有针对性的教育，让干部切身体会廉洁政治对自己成长、发展的意义，缺乏此点认识很可能会"栽跟头"。但是，反腐败仅有教育是不够的，还需对腐败行为有钢铁一样强有力的惩治，对违规违纪行为，明确责任人，要坚决查清惩处。

要积极培育和践行社会主义核心价值观

学校要积极培育和践行社会主义核心价值观。2014年五四青年节，习近平总书记在北京大学考察时强调，青年要自觉践行社会主义核心价值观，与祖国和

人民同行，努力创造精彩人生。高等院校是塑造青年、培育青年价值观的主阵地，作为高校的党员干部、教师要时刻铭记教书育人的使命，积极主动弘扬和培育社会主义核心价值观，让大学生在开拓人生、奉献社会的进程中，自觉践行社会主义核心价值观，书写无愧于时代的壮丽篇章。

北京联合大学将培育和践行社会主义核心价值观与弘扬党的优良传统和加强党的作风建设紧密结合在一起，注重把社会主义核心价值观日常化、具体化、形象化、生活化，通过专家导学、干部领学、活动促学等几种方式落实"三进"，使社会主义核心价值观内化为精神追求，外化为实际行动。例如围绕培育和践行社会主义核心价值观，学校组织开展了"我与联大共奋进"宣讲活动，通过"身边人讲身边事"的形式，在全校形成学习、培育和践行社会主义核心价值观的良好风尚。

改进作风，践行核心价值观，要从管好自己开始。党的十八大要求，党员干部要增强自我净化能力、自我完善、自我革新和自我提高的能力。事业的改革发展要由人完成，成败在人，所以干部的要管好自己。常见的作风问题表现为"庸懒散"，那如何变"懒"为"勤"、变"庸"为"能"、变"散"为"聚"？要想办法，要形成团队、凝聚正能量。"权力有风险"，干部管人、管财、管物、管事，但最重要的是管好自己。如果管不住自己，不但什么都管不好，可能还会毁灭自己。要用铁的纪律打造铁的队伍，在管别人的时候更应该管好自己。

（作者为校党委书记徐永利）

全国研究生招考首次单考单招视力残疾考生

（《中国教育报》，2014年12月29日）

12月27日至28日，首次全国硕士研究生招生考试视力残疾考生单考单招，在北京联合大学特殊教育学院举行。今天上午，来自北京、山东、新疆和辽宁4个省份的18名视力残疾考生进行了中医综合科目的考试。

记者在考试现场看到，6名盲生在一个考场，考点为他们提供了盲文试卷；12名低视力考生在另外一个考场，试卷是专为他们设计的"大字卷"，以方便试题阅读及答题。"大字卷"的字号为三号字，大于一般试卷的四号字，考点还为低视力考生配备了助视器。考试时间也由3个小时延长至4个小时。

2014年，北京联合大学获批国内首个专门面向视力残疾生源的临床医学（中医）硕士专业学位授权点，面向全国实行单考单招，自主命题、单独招生。中国残联教育就业部副主任李东梅说，此前，我国单独面向残疾人的高等教育仅有本专科两个层次，不能满足残疾人接受更高层次高等教育的需求。专门面向视力残疾生源，让他们和健全人一样享受硕士学位教育，这在我国残疾人高等教育史上具有重要意义。

（记者余闯）
（以上由宣传部提供）

北京联合大学 2014 年各项统计资料

北京联合大学 2014 年基本情况

统计项		统计数据
学校占地面积 其中：产权占地面积		671381 平方米 406707 平方米
校舍建筑面积 其中：产权校舍建筑面积		618075 平方米 463992 平方米
图书馆藏书	纸质图书	243.57 万册
	电子图书	10000GB
固定资产总值 其中：教学仪器设备值		165167 万元 74260 万元

注：数据统计时间截至 2014 年 8 月 31 日

（党委办公室、校长办公室提供）

北京联合大学 2014 年校区分布及学院设置

校区	地址	学院
北四环校区	朝阳区北四环东路 97 号（100101）	旅游学院 信息学院 自动化学院 管理学院 国际交流学院
学院路校区	海淀区北土城西路 197 号（100191）	应用文理学院
双清路校区	海淀区于庄子路 32 号院（100085）	
外馆斜街校区	朝阳区安定门外外馆斜街 5 号（100011）	师范学院
红领巾桥校区	朝阳区延静东里甲 3 号（100025）	商务学院
垡头校区	朝阳区垡头西里三区 18 号（100023）	生物化学工程学院
盆儿胡同校区	西城区白纸坊东街盆儿胡同 55 号（100054）	继续教育学院
白家庄校区	朝阳区白家庄西里 12 号（100020）	机电学院
蒲黄榆校区	丰台区永外蒲黄榆二巷甲 1 号（100075）	特殊教育学院
昌平校区	昌平区石牌坊南（102200）	广告学院 应用科技学院
北苑校区	朝阳区北苑路 6 号院甲 1 号（100012）	
什刹海校区	西城区前海东沿 50 号	
次渠校区	通州区台湖镇兴光三街 5 号	
丰盛校区	西城区丰盛胡同 13 号	

北京联合大学 2014 年教职工情况

单位：人

统计项		统计数据
在职教职工总数		3108
人员结构	教师岗位人员数	1631
	其他专技岗位人员数	944
	管理岗位人员数	373
	工勤岗位人员数	160
外籍教师数		0
离退休人员数		2442

（校人事处提供）

北京联合大学 2014 年教职工及专任教师职称、学历结构

统计项		教职工		专任教师	
		人数（人）	比例（%）	人数（人）	比例（%）
职称结构	正高级	194	6	161	5
	副高级	690	22	516	17
	中级	1611	52	844	27
	初级	252	8	67	2
	无职称	361	12	43	1
学历结构	博士研究生	444	14	434	14
	硕士研究生	912	29	639	21
	本科	1342	43	537	17
	专科及以下	410	13	21	0.70

（校人事处提供）

北京联合大学 2014 年学生情况

单位：人

统计项		招生数	在校生数	毕业生数	取得学位人数
研究生		101	216	39	39
本科生		4273	17207	4007	3728
专升本学生		1554	3347	1850	1782
专科生		1279	4991	1726	—
成人教育	本科生	790	1979	657	109
	专科生	1598	2999	1479	—
留学生		184	740	109	106

（研究生处、校教务处、培训中心、国际交流学院提供）

北京联合大学 2014 年科研机构设置

序号	科研机构名称	机构性质	依托单位	负责人
1	生物活性物质与功能食品北京市重点实验室	市级	应用文理学院	姜招峰
2	北京市信息服务工程重点实验室	市级	信息学院	鲍泓
3	北京学研究基地	市级	学校直属	张宝秀
4	北京市政治文明建设研究中心	市级	学校直属	徐永利
5	京台文化交流研究中心	市级	学校直属	乔东亮

序号	科研机构名称	机构性质	依托单位	负责人
6	生物质废弃物资源化利用北京市重点实验室	市级	生物化学工程学院	张恩祥
7	北京联合大学人民代表大会制度研究所	校级校管	学校直属	徐永利
8	北京联合大学台湾研究院	校级校管	学校直属	谭文丛
9	北京联合大学应用性高等教育发展研究中心	校级校管	学校直属	耿晓冬
10	北京联合大学北京学研究所	校级校管	学校直属	张宝秀
11	北京三山五园研究院	校级校管	学校直属	徐永利
12	北京联合大学创新企业财务管理研究中心	校级院管	管理学院	鲍新中
13	北京联合大学首都经济与企业发展研究所	校级院管	管理学院	郑海霞
14	北京联合大学中小企业研究中心	校级院管	管理学院	陶秋燕
15	北京联合大学文化创意创新研究中心	校级院管	广告学院	张旗
16	北京联合大学广告研究所	校级院管	广告学院	楚天
17	北京联合大学传动研究所	校级院管	机电学院	雷红
18	北京联合大学旅游发展研究院	校级院管	旅游学院	张凌云
19	北京联合大学会展经济研究中心	校级院管	旅游学院	王春才
20	北京联合大学餐饮科学研究所	校级院管	旅游学院	闫喜霜
21	北京联合大学现代休闲方式与旅游发展研究所	校级院管	旅游学院	宁泽群
22	北京联合大学海外中国学研究中心	校级院管	社科部	韩强
23	北京联合大学首都金融研究中心	校级院管	商务学院	杨宜
24	北京联合大学服务经济与贸易研究所	校级院管	商务学院	崔玮
25	北京联合大学管理科学与应用研究所	校级院管	商务学院	陈建斌
26	北京联合大学人力资源管理研究所	校级院管	生物化学工程学院	汪新宇
27	北京联合大学生物工程研究所	校级院管	生物化学工程学院	龚平
28	北京联合大学艺术设计研究所	校级院管	师范学院	李红梅
29	北京联合大学教师教育研究所	校级院管	师范学院	徐英俊
30	北京联合大学计算机技术研究所	校级院管	实训基地	袁家政
31	北京联合大学特殊教育研究所	校级院管	特殊教育学院	许家成
32	北京联合大学考古学研究中心	校级院管	应用文理学院	韩建业
33	北京联合大学人居研究中心	校级院管	应用文理学院	张景秋
34	北京联合大学民族与宗教研究所	校级院管	应用文理学院	杨靖筠
35	北京联合大学城市与区域发展研究所	校级院管	应用文理学院	熊黑钢
36	北京联合大学文化遗产研究所	校级院管	应用文理学院	顾军
37	北京联合大学首都法治研究中心	校级院管	应用文理学院	杨积堂
38	北京联合大学档案事务研究所	校级院管	应用文理学院	孙爱萍
39	北京联合大学功能食品科学技术研究院	校级院管	应用文理学院	姜招峰
40	北京联合大学微电子应用技术研究所	校级院管	信息学院	杭和平
41	北京联合大学信息技术研究所	校级院管	信息学院	鲍泓
42	北京联合大学可靠性检测与传感网技术研究所	校级院管	信息学院	田景文
43	北京联合大学机器人研究所	校级院管	自动化学院	方建军
44	北京联合大学现代物流研究所	校级院管	自动化学院	李平
45	北京联合大学自动化工程研究所	校级院管	自动化学院	李红星

（校科研处提供）

北京联合大学 2014 年硕士学科点

序号	学科名称	学科代码	类别	获批时间	自主设置二级学科点	代码	获批时间	学科门类
1	专门史	0602L3	学术型二级学科点	2006				历史学
2	考古学	0601	学术型一级学科点	2011	文化遗产区域保护规划	0601Z1	2013	
3	计算机科学与技术	0812	学术型一级学科点（2006～2011年为计算机应用技术二级学科）	2011	教育智能化技术	0812Z1	2013	工学
					制造业信息化	0812Z2	2013	
4	食品科学与工程	0832	学术型一级学科点（2006～2011年为食品科学二级学科）	2011	食品科学	083201	2012	
					食品生物分离技术	0832Z1	2012	
5	软件工程	0835	学术型一级学科点	2011	信息无障碍辅助技术	0835Z1	2012	
					数字艺术	0835Z2	2013	
					智能交通工程	99J3	2014	
6	工商管理	1202	学术型一级学科点	2011	投融资管理	1202Z1	2013	管理学
					商务法律	1202Z2	2013	
					移动商务	99J1	2013	
					信息资源管理	99J2	2014	
7	金融	025100	专业硕士学科点	2014				经济学
8	法律	035100	专业硕士学科点	2014				法学
9	教育	045100	专业硕士学科点	2014				教育学
10	临床医学	105100	专业硕士学科点	2014				医学

（研究生处提供）

北京联合大学 2014 年本科专业设置

序号	专业名称	专业代码	学科门类	二级学科	学制	所在学院
1	经济学	020101	经济学	经济学类	4	应用文理学院
2	金融学	020301K	经济学	金融学类	4	管理学院、商务学院
3	国际经济与贸易	020401	经济学	经济与贸易类	4	商务学院
4	法学	030101K	法学	法学类	4	应用文理学院
5	学前教育	040106	教育学	教育学类	4	特殊教育学院、师范学院（2014年）
6	特殊教育	040108	教育学	教育学类	4	特殊教育学院
7	汉语言文学	050101	文学	中国语言文学类	4	应用文理学院、师范学院
8	英语	050201	文学	外国语言文学类	4	应用文理学院、旅游学院、师范学院
9	日语	050207	文学	外国语言文学类	4	旅游学院
10	新闻学	050301	文学	新闻传播学类	4	应用文理学院
11	广告学	050303	文学	新闻传播学类	4	广告学院
12	网络与新媒体	050306T	文学	新闻传播学类	4	广告学院
13	历史学	060101	历史学	历史学类	4	应用文理学院
14	文物与博物馆学	060104	历史学	历史学类	4	应用文理学院
15	信息与计算科学	070102	理学	数学类	4	应用文理学院
16	人文地理与城乡规划	070503	理学	地理科学类	4	应用文理学院
17	地理信息科学	070504	理学	地理科学类	4	应用文理学院
18	生物技术	071002	理学	生物科学类	4	应用文理学院
19	应用心理学	071102	理学	心理学类	4	师范学院
20	机械工程	080201	工学	机械类	4	机电学院
21	工业设计	080205	工学	机械类	4	生物化学工程学院

序号	专业名称	专业代码	学科门类	二级学科	学制	所在学院
22	汽车服务工程	080208	工学	机械类	4	机电学院
23	材料科学与工程	080401	工学	材料类	4	机电学院
24	电气工程及其自动化	080601	工学	电气类	4	自动化学院
25	电子信息工程	080701	工学	电子信息类	4	信息学院、师范学院（2013 年停）
26	通信工程	080703	工学	电子信息类	4	信息学院
27	电子信息科学与技术	080714T	工学	电子信息类	4	信息学院
28	自动化	080801	工学	自动化类	4	自动化学院
29	轨道交通信号与控制	080802T	工学	自动化类	4	自动化学院
30	计算机科学与技术	080901	工学	计算机类	4	信息学院、师范学院、特殊教育学院
31	软件工程	080902	工学	计算机类	4	信息学院
32	数字媒体技术	080906	工学	计算机类	4	师范学院
33	建筑环境与能源应用工程	081002	工学	土木类	4	生物化学工程学院
34	建筑电气与智能化	081004	工学	土木类	4	生物化学工程学院
35	制药工程	081302	工学	化工与制药类	4	生物化学工程学院
36	包装工程	081702	工学	轻工类	4	生物化学工程学院
37	交通工程	081802	工学	交通运输类	4	自动化学院
38	环境科学	082503	工学	环境科学与工程类	4	应用文理学院
39	生物医学工程	082601	工学	生物医学工程类	4	生物化学工程学院
40	食品科学与工程	082701	工学	食品科学与工程类	4	应用文理学院
41	食品质量与安全	082702	工学	食品科学与工程类	4	应用文理学院
42	生物工程	083001	工学	生物工程类	4	生物化学工程学院
43	针灸推拿学	100502K	医学	中医学类	4	特殊教育学院
44	信息管理与信息系统	120102	管理学	管理科学与工程类	4	商务学院、管理学院
45	工程管理	120103	管理学	管理科学与工程类	4	生物化学工程学院
46	工商管理	120201K	管理学	工商管理类	4	商务学院（2012 年停）、管理学院
47	市场营销	120202	管理学	工商管理类	4	商务学院
48	会计学	120203K	管理学	工商管理类	4	管理学院、生物化学工程学院
49	财务管理	120204	管理学	工商管理类	4	商务学院、管理学院（2012 年招）、旅游学院（2012 年停）
50	国际商务	120205	管理学	工商管理类	4	商务学院
51	人力资源管理	120206	管理学	工商管理类	4	生物化学工程学院
52	公共事业管理	120401	管理学	公共管理类	4	应用文理学院
53	档案学	120502	管理学	图书情报与档案管理类	4	应用文理学院
54	物流工程	120602	管理学	物流管理与工程类	4	自动化学院
55	工业工程	120701	管理学	工业工程类	4	机电学院
56	电子商务	120801	管理学	电子商务类	4	管理学院
57	旅游管理	120901K	管理学	旅游管理类	4	旅游学院
58	酒店管理	120902	管理学	旅游管理类	4	旅游学院
59	会展经济与管理	120903	管理学	旅游管理类	4	旅游学院
60	音乐学	130202	艺术学	音乐与舞蹈学类	4	师范学院、特殊教育学院（2013 年）
61	表演	130301	艺术学	戏剧与影视学类	4	广告学院
62	绘画	130402	艺术学	美术学类	4	广告学院
63	视觉传达设计	130502	艺术学	设计学类	4	师范学院、特殊教育学院
64	环境设计	130503	艺术学	设计学类	4	师范学院
65	产品设计	130504	艺术学	设计学类	4	师范学院
66	服装与服饰设计	130505	艺术学	设计学类	4	师范学院
67	数字媒体艺术	130508	艺术学	设计学类	4	广告学院

北京联合大学 2014 年专升本专业设置

序号	专业名称	专业代码	学科门类	二级学科	学制	所在学院
1	金融学	020301K	经济学	金融学类	2	商务学院
2	国际经济与贸易	020401	经济学	经济与贸易类	2	商务学院
3	法学	030101K	法学	法学类	2	应用文理学院
4	学前教育	040106	教育学	教育学类	2	特殊教育学院
5	英语	050201	文学	外国语言文学类	2	旅游学院、师范学院
6	日语	050207	文学	外国语言文学类	2	旅游学院
7	新闻学	050301	文学	新闻传播学类	2	应用文理学院
8	广告学	050303	文学	新闻传播学类	2	广告学院
9	生物技术	071002	理学	生物科学类	2	应用文理学院
10	机械工程	080201	工学	机械类	2	机电学院
11	电气工程及其自动化	080601	工学	电气类	2	自动化学院
12	电子信息工程	080701	工学	电子信息类	2	应用科技学院
13	计算机科学与技术	080901	工学	计算机类	2	特殊教育学院、应用科技学院
14	信息管理与信息系统	120102	管理学	管理科学与工程类	2	管理学院
15	工商管理	120201K	管理学	工商管理类	2	管理学院
16	市场营销	120202	管理学	工商管理类	2	商务学院
17	会计学	120203K	管理学	工商管理类	2	管理学院、生物化学工程学院
18	人力资源管理	120206	管理学	工商管理类	2	生物化学工程学院
19	档案学	120502	管理学	图书情报与档案管理类	2	应用文理学院
20	工业工程	120701	工学	工业工程类	2	机电学院
21	电子商务	120801	管理学	电子商务类	2	管理学院
22	旅游管理	120901K	管理学	旅游管理类	2	旅游学院
23	酒店管理	120902	管理学	旅游管理类	2	旅游学院
24	音乐学	130202	艺术学	音乐与舞蹈学类	2	师范学院、特殊教育学院
25	表演	130301	艺术学	戏剧与影视学类	2	广告学院
26	视觉传达设计	130502	艺术学	设计学类	2	师范学院、特殊教育学院
27	环境设计	130503	艺术学	设计学类	2	师范学院
28	服装与服饰设计	130505	艺术学	设计学类	2	师范学院
29	数字媒体艺术	130508	艺术学	设计学类	2	广告学院

北京联合大学 2014 年高职专业设置

序号	专业名称	专业代码	学科门类	二级学科	学制	所在学院
1	园林技术	510202	农林牧渔大类	林业技术类	3	特殊教育学院
2	药物制剂技术	530305	生化与药品大类	制药技术类	3	生物化学工程学院
3	供热通风与空调工程技术	560402	土建大类	建筑设备类	3	生物化学工程学院
4	楼宇智能化工程技术	560404	土建大类	建筑设备类	3	生物化学工程学院
5	计算机应用技术	590101	电子信息大类	计算机类	3	特殊教育学院
6	计算机多媒体技术	590103	电子信息大类	计算机类	3	应用科技学院
7	软件技术	590108	电子信息大类	计算机类	3	应用科技学院
8	电子信息工程技术	590201	电子信息大类	电子信息类	3	应用科技学院
9	金融保险	620106	财经大类	财政金融类	3	应用科技学院
10	会计	620203	财经大类	财务会计类	3	应用科技学院
11	市场营销	620401	财经大类	市场营销类	3	应用科技学院
12	电子商务	620405	财经大类	市场营销类	3	应用科技学院
13	旅游管理	640101	旅游大类	旅游管理类	3	应用科技学院
14	酒店管理	640106	旅游大类	旅游管理类	3	旅游学院
15	烹饪工艺与营养	640202	旅游大类	餐饮管理与服务类	3	旅游学院

序号	专业名称	专业代码	学科门类	二级学科	学制	所在学院
16	商务英语	660108	文化教育大类	语言文化类	3	应用科技学院
17	商务日语	660110	文化教育大类	语言文化类	3	应用科技学院
18	文秘	660112	文化教育大类	语言文化类	3	师范学院
19	应用西班牙语	660119 京	文化教育大类	语言文化类	3	应用科技学院
20	听力语言康复技术	660411 京	文化教育大类	教育类	3	特殊教育学院
21	视觉传达艺术设计	670103	艺术设计传媒大类	艺术设计类	3	应用科技学院、特殊教育学院
22	电脑艺术设计	670104	艺术设计传媒大类	艺术设计类	3	应用科技学院
23	广告设计与制作	670112	艺术设计传媒大类	艺术设计类	3	应用科技学院
24	音乐表演	670202	艺术设计传媒大类	表演艺术类	3	师范学院

（以上由校教务处提供）

北京联合大学 2014 年成人高等教育专业设置

序号	专业名称	层次	培养方式	学制	所在学院
1	艺术设计	专升本	业余	2.5	应用文理学院、师范学院、生物化学工程学院、继续教育学院、北四环校区、蒲黄榆校区
2	信息管理与信息系统	专升本	业余	2.5	应用文理学院
3	会计学	专升本	业余	2.5	应用文理学院、商务学院、继续教育学院、北四环校区
4	资源环境与城乡规划管理	专升本	业余	2.5	应用文理学院
5	音乐学	专升本	业余	2.5	师范学院
6	学前教育	专升本	业余	2.5	师范学院
7	汉语言文学	专升本	业余	2.5	师范学院
8	工商管理	专升本	业余	2.5	商务学院、北四环校区、白家庄校区
9	计算机科学与技术	专升本	业余	2.5	北四环校区
10	公共事业管理	专升本	业余	2.5	应用文理学院、商务学院、继续教育学院、北四环校区
11	工程管理	专升本	业余	2.5	生物化学工程学院、白家庄校区
12	制药工程	专升本	业余	2.5	生物化学工程学院
13	机械设计制造及其自动化	专升本	业余	2.5	白家庄校区
14	旅游管理	专升本	业余	2.5	旅游学院
15	教育学	专升本	业余	2.5	蒲黄榆校区
16	英语	专升本	业余	2.5	继续教育
17	针灸推拿学	专升本	业余	2.5	蒲黄榆校区
18	艺术设计	高起本	业余	5	师范学院、商务学院、继续教育学院
19	旅游管理	高起本	业余	5	旅游学院
20	工商管理	高起本	业余	5	北四环校区、白家庄校区
21	广告设计与制作	高起专	业余	2.5	应用文理学院、继续教育学院、北四环校区
22	会计	高起专	业余	2.5	应用文理学院、商务学院、继续教育学院、北四环校区
23	计算机信息管理	高起专	业余	2.5	应用文理学院、继续教育学院、白家庄校区
24	文化事业管理	高起专	业余	2.5	应用文理学院
25	幼儿艺术教育	高起专	业余	2.5	师范学院、继续教育学院、北四环校区
26	商务管理	高起专	业余	2.5	商务学院、生物化学工程学院、继续教育学院
27	艺术设计	高起专	业余	2.5	商务学院、继续教育学院、蒲黄榆校区
28	影视动画	高起专	业余	2.5	生物化学工程学院、北四环校区
29	旅游管理	高起专	业余	2.5	旅游学院、继续教育学院
30	导游	高起专	业余	2.5	旅游学院
31	旅游英语	高起专	业余	2.5	旅游学院
32	计算机网络技术	高起专	业余	2.5	继续教育学院、蒲黄榆校区
33	多媒体设计与制作	高起专	业余	2.5	继续教育学院
34	机械制造与自动化	高起专	业余	2.5	白家庄校区
35	针灸推拿	高起专	业余	2.5	蒲黄榆校区

北京联合大学 2014 年高等教育自学考试专业设置

序号	专业名称	层次	培养方式	所在学院
1	酒店管理	本科	自考	旅游学院
2	中文导游	专科	自考	旅游学院
3	广告学	本科	自考	继续教育学院
4	广告	专科	自考	继续教育学院
5	物业管理	本科	自考	生物化学工程学院

（培训中心提供）

北京联合大学 2014 年市级以上精品视频公开课

序号	课程名称	主讲教师	学院	评定年份	级别
1	英美诗歌名篇选读	黄宗英	应用文理学院	2014	国家级

北京联合大学 2012—2014 年市级以上精品资源共享课

序号	课程名称	主讲教师	学院	评定年份	级别
1	应用数学与计算	陈玉花	应用科技学院	2013	国家级
2	Web 技术应用基础	薛晓霞	应用科技学院	2014	国家级

北京联合大学 2011—2014 年市级以上精品教材、经典教材

序号	教材名称	主编	学院	出版社	出版年	级别	类型
1	多媒体技术与应用实例教程	沈洪、施明利、朱军	信息学院	清华大学出版社	2008	国家级	2011 精品教材
2	计算机网络基础教程	杜煜	信息学院	人民邮电出版社	2008	市级	2011 精品教材
3	C 语言程序设计	崔武子	实训基地	清华大学出版社	2008	市级	2011 精品教材
4	网络数据库技术（第 2 版）	逯燕玲	文理学院	电子工业出版社	2009	市级	2011 精品教材
5	基于 Rup 的软件测试实践	姚登峰	特殊教育学院	清华大学出版社	2009	市级	2011 精品教材
6	界面设计与 Visual Basic（第 2 版）	崔武子	实训基地	清华大学出版社	2009	市级	2011 精品教材
7	市场营销实践教程	李宇红	应用科技学院	人民邮电出版社	2009	市级	2011 精品教材
8	国际贸易——理论、案例与分析	赵亚平	商务学院	清华大学出版社、北京交通大学出版社	2010	市级	2011 精品教材
9	客户管理管理理论与实践	刘在云	管理学院	清华大学出版社、北京交通大学出版社	2010	市级	2011 精品教材
10	旅游调查研究的方法与实践	李享	旅游学院	中国旅游出版社	2010	市级	2011 精品教材
11	国际服务贸易——理论、政策与实践	赵亚平	商务学院	清华大学出版社	2011	市级	2013 精品教材
12	推拿手法学	刘东明	特殊教育学院	人民军医出版社	2011	市级	2013 精品教材
13	计算机网络（第三版）	袁家政	实训基地	西安电子科技大学出版社	2011	市级	2013 精品教材
14	工业机器人技术	郭洪红	机电学院	西安电子科技大学出版社	2012	市级	2013 精品教材
15	建筑供配电与照明	范同顺	自动化学院	中国建筑工业出版社	2012	市级	2013 精品教材
16	创业实务教程	李宇红	应用科技学院	北京大学出版社	2012	市级	2013 精品教材
17	C 程序设计教程（第三版）	崔武子	实训基地	清华大学出版社	2012	市级	2013 精品教材
18	经济法概论	刘隆亨	应用文理学院	北京大学出版社	2012	市级	2013 经典教材

（以上由校教务处提供）